정치편
관습조사(3)
역주 민사관습회답휘집

정치편

일제침탈사
자료총서 15

관습조사(3)

– 역주 민사관습회답휘집

동북아역사재단 일제침탈사편찬위원회 기획
심희기·왕현종·방광석·심희찬 편역

발간사

　　일본이 한국을 침탈한 지 100년이 지나고 한국이 일본의 지배로부터 벗어난 지 70년이 넘었건만, 식민 지배에 대한 청산은 이루어지지 못하고 있다. 일본의 독도영유권 주장은 도를 넘어섰다. 일본은 일본군'위안부', 강제동원 등 인적 수탈의 강제성도 인정하지 않고 있다. 일본군'위안부'와 강제동원의 피해를 해결하는 방안을 놓고 한·일 간의 갈등은 최고조에 이르고 있다. 역사 문제를 벗어나 무역 분쟁, 안보 위기 등 현실 문제가 위기 국면을 맞고 있다.

　　한·일 간의 갈등은 식민 지배의 역사를 어떻게 볼 것인가 하는 역사인식에서 기인한다. 역사는 현재와 과거의 대화이며 이를 기반으로 미래로 나아갈 수 있다. 과거 침략의 역사를 미화하면서 평화로운 미래를 말하는 것은 불가능하다. 식민 지배와 전쟁 발발의 책임을 인정하지 않고 반성하지 않으면 다시 군국주의가 부활할 수 있고 전쟁이 일어날 위험성도 배제할 수 없다. 미래지향적 한일 관계를 형성하고 나아가 동아시아의 평화와 번영의 기틀을 조성하기 위해 일본은 식민 지배의 책임을 인정하고 그 청산을 위해 노력해야 할 것이다.

　　식민 지배의 역사를 청산하기 위해서는 식민 지배가 어떻게 이루어졌는지 그 실상을 명확하게 규명하는 일이 긴요하다. 그동안 일본제국주의에 맞서 조국의 독립을 위해 헌신한 독립운동가들의 활동을 찾아내고 역사적으로 평가하는 일에는 상당한 성과를 거두었다. 반면 일제 식민 침탈의 구체적인 실상을 규명하는 일에는 충분한 노력을 기울이지 못하였다. 제국주의가 식민지를 침탈한 것은 너무나 당연한 사실로 여겨졌기 때문에, 굳이 식민 지배에서 비롯된 수탈과 억압, 인권 유린을 낱낱이 확인할 필요가 없었는지도 모른다. 그러는 사이 일본은 식민 지배가 오히려 한국에 은혜를 베푼 것이라고 미화하고, 참혹한 인권 유린을 부인하는 역사부정의 인식을 보이는 데까지 이르고 있다. 일제의 통치와 침탈, 그리고 그 피해를 종합적으로 조사하고 편찬할 필요성이 여기에 있다.

　　일제 침탈사를 체계적으로 정리하는 일은 개인이 감당하기 어렵다. 이에 우리 재단은 한국 학계의 힘을 모아 '일제침탈사 편찬위원회'를 꾸렸다. 편찬위원회가 중심이 되어 일제의 식민지 침탈사를 정치·경제·사회·문화 모든 방면에 걸쳐 체계적으로 집대성하기로 하였다. 일제 식민 침탈의 실체를 파악하기 위해 2020년부터 세 가지 방면으로 사업을 추진하고 있다. 하나는 일제 침탈의 실상을 구체적이고 생생한 자료를 통하여 제공하는 일로서 〈일제침탈사 자료총서〉로 편찬한다. 다른 하나는 이들 자료들을 바탕으로 연구한 결과물을 〈일제침탈사 연구총서〉로 간행한다. 그리고 연구의 결과를 대중들이 이해하기 쉽게 〈일제침탈사 교양총서〉를 바로알기 시리즈로 간행한다. 자료총서 100권, 연구총서 50권, 교양총서 70권을 기본 목표로 삼아 진행하고 있다.

〈일제침탈사 자료총서〉에서는 정치·경제·사회·문화 모든 방면에 걸쳐 침탈의 역사를 자료적 차원에서 종합하였다. 침략과 수탈의 역사를 또렷하게 직시할 수 있도록 생생한 자료를 제공하는 데 목표를 두었다. 그동안 관련 자료집도 여러 방면에서 편찬되었지만 원자료를 그대로 간행한 경우가 많았다. 이번에 발간되는 자료총서는 해당 수제에 대한 침탈의 실상을 체계적으로 이해할 수 있는 구성방식을 취했으며, 지배자의 언어로 기록되어 있는 자료들을 독자들이 쉽게 읽을 수 있도록 모두 번역하였다. 자료총서를 통해 일제 식민 지배의 실체와 침탈의 실상을 있는 그대로 이해할 수 있게 되기를 기대한다.

2024년
동북아역사재단 이사장

| 편찬사

　1945년 한국이 일제 지배로부터 해방된 지 79년의 세월이 지났다. 그럼에도 불구하고 일본 사회 일각에서는 여전히 일제의 한국 지배를 합리화하고 미화하는 주장이 나오고 있으며, 최근에는 한국 사회 일각에서도 일제 지배를 왜곡하고 옹호하는 주장이 나오고 있다. 이는 한국과 일본 사회, 한일 관계와 동아시아 국제 관계의 미래를 위해서도 결코 바람직하지 않은 일이다.

　이에 동북아역사재단은 일제의 한국 침략과 식민 지배에 대한 학계의 연구 성과를 총정리한 〈일제침탈사 연구총서〉를 발간하기로 하였다. 이에 따라 2019년 9월 학계의 전문가를 중심으로 편찬위원회를 구성하였으며, 편찬위원회는 학계의 연구 성과를 토대로 정치·경제·사회·문화 부문에서 일제의 침탈이 어떻게 이루어졌는지 정리하여 연구총서 50권을 발간하기로 하였다.

　주지하듯이 1905년 일제는 러일전쟁에서 승리한 뒤, 한국에 군대를 주둔시키면서 한국의 외교권을 빼앗고 통감부를 두어 내정에 간섭하였다. 1910년 일제는 군사력으로 한국 정부를 강압하여 마침내 한국을 강제 병합하였다. 이후 35년간 한국은 일제의 식민 통치를 받았다.

　일제는 한국의 영토와 주권을 침탈하였을 뿐만 아니라, 군사력과 경찰력으로 한국을 지배하면서, 정치·경제·사회·문화의 모든 부문에서 한국인의 권리와 자유, 기회와 이익을 박탈하거나 제한하였다. 정치적으로는 군사력과 경찰력, 각종 악법을 동원하여 독립운동을 탄압하고, 한국인의 정치활동을 억압하고 참정권을 박탈하였으며, 집회와 결사의 자유를 억압하였다. 경제적으로는 일본자본이 경제의 주도권을 장악하고, 일본인 위주의 경제정책을 수행했으며, 식량과 공업원료, 지하자원 등을 헐값으로 빼앗아 갔고, 농민과 노동자 등 대다수 한국인의 경제생활을 어렵게 하였다. 사회적으로는 한국인들을 차별적으로 대우하고, 한국인의 교육의 기회를 제한하고, 한국인으로서의 정체성을 박탈하여 결국은 일본의 2등 국민으로 만들고자 하였다. 문화적으로는 표현과 창작의 자유, 종교와 사상의 자유를 억압하고, 한글 대신 일본어를 주로 가르치고, 언론과 대중문화를 통제하였다. 중일전쟁, 아시아태평양전쟁을 도발한 뒤에는 인적·물적 자원을 전쟁에 강제동원하고, 많은 이들을 전장에 징집하여 생명까지 희생시켰다.

〈일제침탈사 연구총서〉는 침탈, 억압, 차별, 동화, 수탈, 통제, 동원 등의 단어로 요약되는 일제의 침략과 식민 지배의 실상과 그 기제를 명확히 밝히고자 하였다. 이를 통해 일제의 강제 병합을 정당화하거나 식민 지배를 미화하는 논리들을 비판 극복하고, 더 나아가 일제 식민 지배의 특성이 무엇이었는지, 식민 통치의 부정적 유산이 해방 이후에 어떤 영향을 미쳤는지를 밝히고자 하였다.

편찬위원회는 연구총서와 함께 침탈사와 관련된 중요한 주제들에 관하여 각종 법령과 신문·잡지 기사 등 자료들을 정리하여 〈일제침탈사 자료총서〉도 발간하기로 하였다. 아울러 일반인과 학생 들이 보다 쉽게 읽을 수 있는 〈일제침탈사 교양총서〉를 바로알기 시리즈로 발간하기로 하였다.

일제의 한국 침략과 식민 지배의 역사는 광복 후 서둘러 정리해 냈어야 했지만, 학계의 연구가 미흡하여 엄두를 내기 어려웠다. 이제 학계의 연구가 어느 정도 축적되어 광복 80주년을 맞기 전에 이와 같은 작업을 할 수 있게 된 것을 다행으로 생각한다. 한일 양국 국민이 과거사에 대한 올바른 역사인식을 갖고 성찰을 통해 미래를 향해 함께 나아갈 수 있기를 기대하면서 삼가 이 책들을 펴낸다.

2024년
동북아역사재단 일제침탈사 편찬위원회

| 차례

발간사 ·········· 4
편찬사 ·········· 6
편역자 서문 ·········· 11

I 해제 ·········· 17

II 일제 식민지 시기 민사 관습 관련 신문 자료
1. 신문 자료 해제 ·········· 28
2. 신문 자료 목차 ·········· 30
3. 신문 자료 본문 ·········· 36

III 『민사관습회답휘집(民事慣習回答彙集)』
1. 인쇄본 『민사관습회답휘집』과 필사본 『속편고(1945)』 해제 ·········· 162
2. 인쇄본 『민사관습회답휘집』과 필사본 『속편고(1945)』 목차 ·········· 172
3. 인쇄본 『민사관습회답휘집』과 필사본 『속편고(1945)』 본문 ·········· 188

Ⅳ 「구관·제도조사위원회 결의」

1. 「구관·제도조사위원회 결의」 해제 ············ 644
2. 「구관·제도조사위원회 결의」 목차 ············ 654
3. 「구관·제도조사위원회 결의」 본문 ············ 657

Ⅴ 조선총독부 중추원 관련 조선 관습조사 사료 목록(1910~1945) ············ 701

참고문헌 ············ 729
찾아보기 ············ 732

일러두기

1. 일제침탈사 자료총서는 가급적 일반 시민들이 읽고 이해할 수 있는 현대적인 문장과 내용으로 구성했다.
2. 인명 및 지명 등 고유명사는 처음 등장할 때 원어를 병기하고 이후에는 한글만 표기했다. 한국어 표기는 국립국어원 외래어표기법에 따랐다.
3. 낱말이나 문구에 대한 설명이 필요한 경우 또는 편찬사업의 취지에 따라 자료 해설이 필요한 경우 편역자 주를 적극 활용했다. 별도 기재가 없을 경우 본문의 각주는 모두 편역자 주이다.
4. 연도는 서력 표기를 원칙으로 하고 관련 연호를 병기했다. 그러나 기사 자료 등에서 문맥상 필요한 경우 원문의 연도 표기를 그대로 옮겼다. 날짜는 원문 그대로 표기하고 음력과 양력 여부를 알 수 있는 경우에만 '(음)', 또는 '(양)'으로 기재했다.
5. 숫자는 가급적 천 단위까지 아라비아 숫자로 표기하고 만 단위 이상은 '만' 자를 넣어 표기했다. 그러나 문맥에 따라 필요한 경우나 도표 안의 숫자는 그대로 표기했다.
6. 탈초만으로 문장을 이해하기 힘든 국한문 혼용체 자료는 가급적 현대어에 가깝게 윤문했다. 낱말이나 문구에 대한 설명이 필요한 경우, 또는 편찬사업의 취지에 따라 자료 해설이 필요한 경우 편역자 주를 적극 활용했다. 단, 편역자 주는 각주를 활용했고, 원자료의 주석은 글자 색을 연하게 하는 등으로 표기했다.
7. 원문에서 위첨자, 홑낫표, 홑따옴표 등으로 강조 표시된 부분은 꼭 필요한 경우에만 그대로 살려서 표시했고, 나머지는 과감하게 생략했다. 원문에서 판독이 불가한 글자의 경우 ■로, 원문에서 삭제된 것은 ×로 표시했다. 원문 자료상의 오기(특히 원문 자료 중 한 지역의 이름이 정반대되는 답변에 중복되어 기록된 경우가 많다)는 그대로 옮기되, 설명이 필요한 곳에 주석을 통한 설명을 붙였다. 원문 작성자가 물음표와 함께 다소 확신 없이 기록한 부분은 기울임체로 옮겼다.
8. 한자 표기, 자료의 번호, 소목차 등은 원문을 존중하되, 가독성을 위해 일관성과 통일성을 고려하여 수정·보완했다.
9. 자료 본문에서 일본식 순서를 표시하는 이로하(い.ろ.は.) 방식은 한글 ㄱㄴㄷ순으로 바꾸었다.
10. 책, 잡지, 자료집 제목은 『 』, 논문, 소책자, 문서 제목은 「 」, 신문, 잡지 제목은 《 》, 기사문 제목은 〈 〉로 구분했다. 법령명, 정책명은 필요한 경우에만 〈 〉을 사용했다.

편역자 서문

이 책은 일제침탈사 자료총서 15 『관습조사(3)』으로 기획되었다. 일제가 수행한 조선 관습조사와 식민지 법제의 창출과정을 살펴보기 위해 일제의 관습조사 자료의 편찬을 크게 네 시기로 나누어 정리하기로 방침을 세웠다. 첫째, 부동산법조사회에서 수행한 조선 관습조사 시기(1906. 7~1907. 12), 둘째, 법전조사국을 설치하여 한국 법제 조사와 동시에 식민지 법제 수립을 위해 활동한 시기(1907. 12~1910. 9), 셋째, 조선총독부 취조국과 참사관이 주관하여 조선 관습을 정리한 시기(1910. 9~1915. 4), 넷째, 조선총독부 중추원 구관조사 시기(1915. 4~1938)로 나누었다. 이번 3차년도의 연구주제는 '일제 중추원의 관습조사와 식민지 법적 실태'를 살펴보는 것으로 시기적으로 앞의 3번째와 4번째 시기를 포함하며, 일제의 강제병합과 식민지 통치 시기 전체(1910. 8~1945. 8)를 포괄하고 있다.

1910년 이후 조선총독부 중추원은 구관조사와 관련된 사업으로서 『조선반도사(朝鮮半島史)』편찬, 『조선인명휘고(朝鮮人名彙考)』편찬, 조선 사회사정 조사, 『조선지지((朝鮮地誌)』편찬, 부락 조사 등 사업의 영역을 확대하였다. 이후 중추원은 토지소유권의 연혁 및 현행 법령과의 관계, 계(契), 호적, 성명 및 관(貫), 혼인요건 등을 조사하였다. 민사관습에 관한 각종 조사보고서는 『소작에 관한 관습조사서(小作에 關한 慣習調査書)』(1930), 『민사관습회답휘집(民事慣習回答彙集)』(1933), 『이조의 재산상속법(李朝의 財産相續法)』(1936), 『조선제사상속법론서설(朝鮮祭祀相續法論序說)』(1939) 등을 차례로 편찬하였다. 조선총독부가 역점을 두고 추진한 민사관습에 관한 조사는 친족, 상속, 부동산 물권에 집중되어 있고, 대략 1930년대 말에 종료될 예정이었다. 이는 조선총독부가 민사관습을 조사하여 관습법을 정립하고 동시에 조선의 친족상속에 관한 관습을 성문법화하려는 계획과도 밀접한 관련이 있었다.

일제의 침탈사에 관한 자료로서 일제의 조선 관습조사 사업에 관한 주요 사료의 수집·정리·해제·번역 작업을 추진한 관습조사 자료는 3년에 걸쳐 편찬되었다. 이 책은 『관습조사(1)-일제의 관습조사와 토지법제 인식』(1차년도, 부동산법조사회가 수행한 관습조사의 내용을 취급하고 2021년 간행)과 『관습조사(2)-일제의 조선 관습조사와 식민지 법제 추진』(2차년도, 법전조사국의 설립과 활동을 중심으로 정리하고 2022년 간행)에 이은 세 번째 책이다.

1. 조선총독부 중추원의 구관조사 사업 개요

1915년 5월 조선총독부 관제와 중추원 관제가 개정되어, 구관과 제도에 관한 조사 사업의 주관주체가 참사관실에서 중추원으로 이관되었다. 중추원은 1915년 7월 데라우치 총독의 결재를 거쳐서 크게 세 가지 조사방침을 세웠다. "1. 사법(司法)에 관한 관습조사를 완결하고 편찬할 것, 2. 구래의 제도를 널리 조사할 것, 3. 행정상이나 일반의 참고가 될 만한 풍속과 관습을 조사하여 편성할 것" 등이다.[1]

중추원은 조선의 관습과 제도를 밝히고, 통치에 활용되기를 기대하였다. 1915년에 수행된 전적조사에서는 역둔토와 각 궁장토에 관한 사항 외 17개항을 수행하였다. 또한 실록 중에서 법전 외 12개항에 관한 사항을 조사, 발췌하였다. 실지조사는 특별사항을 조사하기 위한 합천 외 12개 지방 출장과 물권·채권·기타 사항을 조사하기 위한 강원도와 함경북도 관내 출장으로 진행되었다.

1918년 말에 구관심사위원회가 설치되어 매월 회의를 개최하기로 결정되었으므로 의안과 기타 회의 준비로 바빠졌다. 그러나 1919년에 이르러서도 예정한 전 항목에 대해서 충분한 조사를 할 수 없었다. 1920년도부터 다시 제2차 실지조사가 수행되었다. 각 도별로 조사구(1도의 각 군을 3~4개로 나눔)를 정하여 순서대로 전국에 걸친 보충조사가 계획되었다. 그 준비작업으로 종래 조사한 내용을 담은 조사보고서를 정리하는 작업이 진행되었다. 이 시기에 정리된 분야는 "(1) 조사보고서 편찬을 대략 완료한 것: 토지소유권 연혁, 전당권, 소작권, 보증채무, 객주, 능력(법인을 제외), (2) 자료 정리를 대략 마친 것: 지상권, 지역권, 입회권, 유치권, 선취특권, 연대채무, 채무의 양도, 매매, 가(家), 친족의 명칭, 친족의 범위, 친등(親等, 촌수), 친족 관계의 발생과 소멸, 혼인(혼인의 연령, 종류, 제한), 친자, 친족회, 부양의무, 거간(居

---

[1] 이하 내용은 왕현종·김경남·이승일, 2016, 『일제의 조선구관제도조사와 기초자료』, 혜안(『朝鮮舊慣制度調査事業槪要』 번역·주석본) 참조.

聞), 위탁, 중개, 수형(手形, 어음), 운송, 해상(海商)" 등이었다. 이후 민사관습조사보고서를 간행하기로 하고, 다음과 같은 일정이 마련되었다.

2. 민사관습조사보고서 서술 예정기간

친족: 1930년 8월부터 1934년 7월까지 4년
상속: 1934년 8월부터 1936년 1월까지 1년 6개월
물권: 1936년 2월부터 1937년 12월까지 1년 11개월
채권: 1938년 1월부터 1941년 11월까지 3년 11개월
총칙: 1941년 12월부터 1942년 12월까지 1년 1개월

그러나 이 계획은 실행되지 못하였고, 1936년 말까지 "1. 토지소유권의 연혁과 현행 법령과의 관계, 2. 계(조합), 3. 호적, 4. 성명과 본관, 5. 혼인의 요건" 등의 원고를 탈고하는 데 그쳤다. 한편 1918년 9월 26일 중추원에서 종래 진행된 구관조사 내용을 심의하기 위해 '구관심사위원회'를 설치하였다. "중추원에서 조사할 제도와 구관은 현행 법령에서 관습에 의할 수 있는 경우를 인정한 결과, 직접 재판상의 준서법이 된다. 또한 조선인에 관한 입법에서는 관습을 기초로 하거나 관습을 참작하여 규정을 설치하는 경우가 적지 않다. 기타 일반 행정에서도 종전의 제도와 관습을 참고할 필요가 있다는 것은 말할 것도 없다."라는 이유였다. 1921년 1월에는 다시 구관조사 방침이 변경되어 새로이 '구관·제도조사위원회'를 설치하였다. 이 위원회는 신계획의 핵심이 되는 조사 항목, 진행 순서, 기타 관습에 관한 사항을 심의하고, 구래의 제도·관습·풍속 등을 적당히 고려해야 하는 법령과 시설에 대해서 미리 그 가부(可否)를 심의하기 위해서 조직되었다.

일제의 지배정책에 따라 민사령 규정도 여러 차례 개정되었다. 특히 친족과 상속의 일부를 민법 규정에 따르기로 하였지만, 대부분 관습에 의거했기 때문에 관습에 관한 문의와 회답을 모아 정리할 필요가 있었다. 이에 조선고등법원의 노무라 조타로(野村調太郎), 기토 헤이이치(喜頭兵一) 두 판사에게 위촉하여 1933년 12월에 『민사관습회답휘집(民事慣習回答彙集)』을 발간하였다.

3. 『관습조사(3)』의 내용 구성 및 대상 자료 해제

이번 3차년도 사업에서는 조선총독부 중추원에서 산출한 주요 자료 3종을 수록하였다. 우선 일제침탈하《매일신문》을 비롯하여《동아일보》,《조선일보》 등 신문 기사에 나타난 관습조사와 각종 위원회 관련 기사를 채록하였다. 다음으로『민사관습회답휘집』은 1933년에 발간된 인쇄본이 보급되어 있으나 그것 외에도 필사본인『민사관습회답휘집 속편고(民事慣習回答彙集續編稿)』를 추가로 발굴하고 이 책에서 양자를 통합하여 역주하였다. 또한『민사관습회답휘집』에는 부록으로「구관·제도조사위원회 결의」가 실려 있는데 일제강점기에 정립된 친족상속관련 조선 관습법의 정립 경위를 파악하는 데 중요한 사료라는 관점에서 이에 대한 상세한 역주를 부가하였다.

『관습조사(3)-역주 민사관습회답휘집』수록 자료

	대상 자료	제목 및 내용	원본 형태	수록 방식
1	민사 관련 신문 기사 자료	민사 관련 신문 기사 및 논설 등(1911~1945, 총 96건)	신문 기사 추출	선별 번역
2	『민사관습회답휘집(民事慣習回答彙集)』과『속편고(續編稿)』	조선의 민사관습에 관하여 제기된 조회(질의)와 그 회답을 모은 것	인쇄본과 필사본	번역 역주
3	「구관·제도조사위원회 결의」	『민사관습회답휘집』부록	인쇄본	번역 역주
4	중추원 관련 관습조사 자료 총목록	1910년부터 1945년까지 조선 관습에 관하여 중추원이 생산한 자료의 상세목록 수록	목록	

『민사관습회답휘집』의 대본은 인쇄본『휘집(1933)』이고,『속편고(1933~1945)』의 대본은 대법원도서관에 소장된 필사본이다. 총 17꼭지를 담고 있는 필사본『속편고』의 13꼭지는 인쇄본『사법협회잡지(1922~1945)』에 게재된 것을 필사한 것이지만, 4꼭지는 필기체로 작성된 회답 원본이거나 그 회답 원본을 대본으로 삼아 필사한 것으로 보인다. 따라서『속편고』의 대본은 대법원도서관에 소장된 필사본으로 상정하고, 판독이 어렵거나 의심스러울 때에는 인쇄본『사법협회잡지』에 게재된 것을 참조하여 보충하였다. 그런데『민사관습답

휘집』과 『속편고』에는 때로 지나치게 난삽하거나 부실한 기록이 삽입되어 있다. 주로 '참고 사항'이나 '별지'라는 표시로 기록된 것인데, 그 내용이 본문에서 충분히 묘사된 것을 반복하는 수준이어서 불필요한 중복으로 판단될 때에는 역주를 생략하였다.

다음에 일본 민법식 용어는 현대 한국의 민법 용어로 변경하였으며, 기타 생소한 용어로 판단되는 경우에는 각주에서 간단한 용어해설을 부가하는 것이 독자에게 편리할 것으로 생각되지만 네이버 사전이나 『표준국어대사전』에 용어해설이 수록된 용어에 대해서는 굳이 용어해설을 달지 않았다. 네이버 사전이나 『표준국어대사전』에 수록되지 않은 생소한 용어에 대해서는 『민족문화대백과사전』의 기술을 토대로 편자의 개인적인 지식을 가미하여 해설을 부가하였으며, 전공자에게 중요한 학술적 의의가 있다고 판단될 때에는 참고문헌을 밝혔으니 참고하기 바란다.

마지막으로 재정적 지원을 아끼지 않고 유익한 조언을 주신 동북아역사재단의 담당자와 익명의 심사위원님들에게도 심심한 사의를 전한다.

편역자를 대표하여
심희기

I

해제

1. 『휘집(1933)』・『속편고(1945)』・「결의(1921~1923)」

『민사관습회답휘집(民事慣習回答彙集)』(이하『휘집(1933)』으로 약칭함)은 조선총독부 중추원이 1933년에 펴낸 책이다. 이 책의 편찬 계기는 "조선총독부 취조국이 편찬한『관습조사보고서』[1](이하『보고서』로 약칭함)가 초창기에 급히 조사한 것으로 불비한 점이 있을 뿐만 아니라 이후의 조사에 의하여 견해를 달리하게 된 사항도 적지 않"고, "민사령[2]의 규정도 그 뒤 여러 차례 개정에 의하여 친족 및 상속에 관해서 어느 정도 메이지(明治) 민법의 규정에 따르게 되었지만 아직 대부분은 관습에 따르지 않으면 안 되기 때문에 이러한 관습의 조사·연구를 소홀히 할 수 없"을 뿐만 아니라, "조회(照會)[3]에 대한 회답을 한 책에 수록하여 많은 사람이 참고하도록"(『휘집(1933)』서문) 하려는 데 있었다.

이 책의 역주 대상인『민사관습회답휘집』은 크게 세 편으로 구성되어 있다. 하나는 1933년에 인쇄하여 배포된 인쇄본(이하『휘집(1933)』으로 약칭함)이고, 또 하나는 필사본으로 전해 오는『민사관습회답휘집 속편고(續編稿)』(이하『속편고(1945)』[4]로 약칭함)이고, 또 하나는 인쇄본 부록으로 실려 있는「구관·제도조사위원회 결의」(이하「결의(1921~1923)」로 약칭함)이다.

양적으로 분석하면『휘집(1933)』의 분량이 가장 많다. 조회에 대한 회답을 시간순으로 편철한『휘집(1933)』의 주제는 324개이고, 각 주제에서 취급하는 이슈가 여러 가지일 때 편의상 그 이슈를 소주제 몇 개로 쪼개어 그 수를 합하면 970여 개(『휘집(1933)』서문)에 달한다. 이에 비하여『속편고(1945)』속에 편철된 주제는 17개에 불과하다. 그러나 대체로『속편고(1945)』에는 회답의 이유가 부기되어 있어 일제강점기에 기록된 관습의 성격을 분석하

---

[1] 『관습조사보고서』: 1910년판, 1912년판, 1913년판의 3종이 있다. 내용상 약간의 추가·변경이 있을 뿐 전반적으로 크게 다르지 않다.
[2] 민사령: 조선민사령을 지칭한다. 1912년에 제정되어 1943년까지 17차례 개정되었다. 제정 조선민사령에서는 일본법을 적용하면서도 조선의 사정을 고려하여 친족상속 분야와 민사소송절차에서 예외를 인정하였다. 조선총독부는 조선민사령을 개정하여 친족상속법 분야에 일본법의 적용을 확대하였으며, 1939년에는 사실상 일본의 민사법을 강제로 의용(依用)하였다.
[3] 조회(照會): 어떤 쟁점에 대하여 무엇이 조선의 관습인가를 문의한다는 뜻이다.
[4] 『속편고(1945)』: 그 대부분은 간헐적으로『사법협회잡지』에 활자본으로 게재되었다.

는 데 매우 중요한 사료가 된다. 다음에 「결의(1921~1923)」의 양은 얼마 되지 않지만, 매우 산만한 기록이던 『보고서』에 명확성을 부여하여 일제강점기에 기록된 관습의 성격을 분석하는 데 매우 중요한 사료가 된다.

2. 조선의 관습법 단편들을 수록한 책자들

『조선친족상속관습법종람(朝鮮親族相續慣習法綜攬)』[5](이하『종람(1926)』으로 약칭함)이라는 책이 있다. 편자 바바 야시로(馬場社)는 1926년 이 책이 출판될 때 변호사였지만, 오랫동안 "조선총독부(朝鮮總督府) 법무국(法務局)에 근무하면서 틈틈이 자료를 수집하여 조선의 친족·상속에 관하여 무엇이 관습법인지 찾아보기 쉽게 하나의 책자에 담았다."[6]라고 한다. 이 책이 출간되기 전에 먼저 출간된 비슷한 성격의 책자[7]가 없지 않았지만, 1910년에 초판이 출간된 『보고서』[8]의 내용에 덧붙여 추가한 내용이 많지 않아 실무적 편리성이 그리 높지는 않았다. 그러나 『종람(1926)』은 조선 관습법의 모든 법원(法源)들을 망라하여 짤막한 단편(斷片, 소주제)으로 쪼갠 다음, 단편마다 일련번호를 붙이고 메이지 민법의 편장(編章)과 법조문 순서대로 배열하여 조선에 진출한 일본인 실무가들이 찾아보기 쉽게 편집한 책이었다. 단편의 수는 친족편 538개 항목(1~538항, 1~363쪽, 이하 같음), 상속편 296개 항목(539~834항, 364~561쪽) 등 총 834항목이다. 『보고서』가 취급한 항목은 민법 총칙 20개 항목(1~20항), 물권 30개 항목(21~50항), 채권 54개 항목(51~104항), 친족편 53개 항목(105~157항), 상속편 23개 항목(158~180항), 상법 26개 항목(181~206항) 등 합계 206개 항목[9]이었는데, 『종람

---

5 바바 야시로(馬場社), 1926, 『朝鮮親族相續慣習法綜攬』, 大阪: 屋號書店.
6 『종람(1926)』, 「자서(自序)」, 1쪽. 또 이 책에는 오다 미키지로(小田幹治郎)가 일본으로 돌아간 이후 조선 관습법의 권위자로 통한 노무라 초타로(野村調太郎)가 이 책의 교열자(校閱者)로 이름을 올렸다.
7 기리야마 도쿠타로(切山篤太郎)·하루자와 도쿠이치(春澤得一) 편, 1920, 『朝鮮親族相續慣習類纂』, 巖松堂京城店. 부록으로 첨부된 친족도(親族圖)를 제외하고 165쪽 분량으로, 1910년에 출간된 초판본 『관습조사보고서』를 보충하는 정보의 양이 그리 많지 않다.
8 『보고서』: "조선의 민법 편찬의 자료에 제공하려고 구한국의 법전조사국이 1908년부터 1910년까지 조사한 민상사 관습의 요강(要綱)을 편찬한 것"(1913년판 『보고서』 서문)이다. 그 후 "1911년부터 1912년까지 조선총독부 취조국에서 추가로 조사하여 정정·보충"한 것을 재판한 1912년판, 1913년판이 있다(1913년판 『보고서』 서문). 정정·보충한 부분의 질과 양은 크지 않다.
9 206항목: 206항목을 『종람(1926)』이나 『유집(1935)』의 편집방침처럼 단편으로 재구성하면 그 수가 비약적으로 늘

(1926)』은 오직 조선의 친족편·상속편 부분만을 편집하여 834항목을 만들었으니 추가된 내용이 방대함을 알 수 있다.

조선의 국가권력을 행사한 식민지 지배기구(조선총독부)는 친족과 상속 영역, 그리고 물권 영역에서만 조선인 사이의 민사적 분쟁해결기준으로 관습법을 채택하는 '구관온존(舊慣溫存)' 정책[10]을 선택하였다. '구관온존'이라고 하지만 식민지의 법제를 종주국의 법제와 구별하여 별도로 운영하는 것은 매우 불편한 일이었으므로 구관온존 정책은 '동화(同化) 정책 안에서의 극히 작은 변통(變通)'에 불과하였다.[11] 일제강점기의 전 기간 동안 동화정책과 구관온존 정책이 공존·경쟁하였으나 전체적인 흐름은 동화정책이었다.[12] 그럼에도 시간이 지날수록 관습법 단편들의 양은 증가하는 추세였다. 일제강점기에 일본인 사법관료들이 기록한 관습법 단편들은, 시간이 지날수록 일본인 사법 실무가들이 식민지 조선의 실정과 식민정책에 합치[13]되게 만든 제정법의 성격으로 변질되어 갔다. 이 관습법들은 제정의 주체가 식민지 주민들의 의회(議會)나 종주국의 의회가 아닌 전직(前職)·현직(現職)의 사법관료들이라는 점에서 세계 법제사상 매우 특이한 사례에 속한다.

『종람(1926)』의 포맷을 유지하면서 그 내용을 증보(增補)한 책자가 나구모 고키치(南雲幸吉) 편, 『현행조선친족상속법유집(現行朝鮮親族相續法類集)』[14](이하『유집(1935)』으로 약칭함)이다. 이 책은 1935년 초판이 출간되고 1939년 재판(再版)과 1942년 삼판(三版)이 출간될 정도로 조선에서 활동하던 일본인 사법 실무가들이 애용한 책자였다. 단편들의 수는 친족

어날 것이다.
10 조선민사령 제1조 민사에 관한 사항은, 본령 외의 법령에 특별히 정함이 있는 경우를 제외하고는 다음 법률에 의한다. 1. 민법 제11조 (이하 생략) // 조선민사령 제11조 ① 제1조의 법률 중 능력, 친족 및 상속에 관한 규정은 조선인에게 이를 적용하지 않는다. ② 조선인에 관한 전 항의 사항에 대해서는 관습에 의한다. // 조선민사령 제12조 부동산에 관한 물권(物權)의 종류 및 효력에 대해서는 제1조의 법률에 정하는 물권을 제외하고 관습에 의한다. '구관온존' 정책이라는 용어는 요시카와 미카(吉川美華), 2014, 「舊慣溫存の臨界: 植民地朝鮮における舊慣溫存政策と皇民化政策における總督府のジレンマ」, 『アジア文化研究所研究年報』 49호에서 빌려 왔다.
11 李昇一, 1999, 「日帝時代親族慣習의 變化와 朝鮮民事令改正에 關한 研究」, 『韓國學論集』 제33輯, 168쪽.
12 초대 조선총독 데라우치 마사다케(寺内正毅)는 "조선인을 융합·동화시켜 충량한 제국신민이 되도록 해야 한다."라고 발언하였고, 제2대 총독 하세가와 요시미치(長谷川好道)는 "조선 통치 8년 동안 동화의 방침을 견지하였다."라고 발언한 바 있다. 홍양희, 2006, 「植民地時期 親族·相續 慣習法 政策」, 『정신문화연구』 제29권 제3호, 286쪽에서 재인용.
13 이상욱, 1988, 「일제하 호주상속관습법의 정립」, 『법사학연구』 제9호, 54쪽.
14 나구모 고키치(南雲幸吉) 편, 1935, 『현행조선친족상속법유집(現行朝鮮親族相續法類集)』, 大阪: 屋號書店.

편 705개 항목(1~296쪽), 상속편 370개 항목(297~450쪽) 등 총 1,075개 항목으로 늘어났다. 『유집(1935)』에는 상속편 뒤에 제3편 조선민사령 관련 493개 항목(451~586쪽), 제4편 관계 법령 관련 46개 항목(588~611쪽)도 각각 하나하나의 단편으로 쪼개져 실려 있어 사법 관련 실무가들이 찾아보기 편리하게 편집된 책임을 알 수 있다.

이 단편들을 제작한 주체는 거의 전부가 전직·현직의 일본인 사법관, 재판소 서기(書記)들이었다. 『유집(1935)』 초판의 편집자인 나구모 고키치는 1935년 당시 조선고등법원 소속의 서기였다. 1908년 이후 1923년까지 조선 관습법의 권위자로 간주된 오다 미키지로(小田幹治郞, 1875~1929, 이하 '오다'로 약칭함), 그가 일본으로 돌아간 후에 조선관습법의 또 다른 권위자로 등장한 노무라 초타로(野村調太郞, 1881~?, 이하 '노무라'로 약칭함)는 일제강점기 조선 관습법의 내용에 가장 정통한 인물로 꼽힌 사람들로, 대표적인 전직·현직의 사법관료들이었다.

3. 관습법실재론과 관습법창출론의 대립

21세기에 사는 한국인들의 대부분은 『종람(1926)』과 『유집(1935)』에 실려 있는 단편(소주제)들을 조선의 '진정한 관습법(genuine traditional customary law)'으로 간주하고 있지만, 이런 통설에 대해서는 '왜곡된 관습법'이라거나 한술 더 떠 '창출된 관습법'이라는 도전이 거세다.

관습법실재론과 관습법창출론의 대립에 해답을 줄 수 있는 핵심적인 연구 대상은 『종람(1926)』, 『유집(1935)』, 『보고서』, 『휘집(1933)』, 『속편고(1945)』, 「결의(1921~1923)」의 6가지 책자들이다.

이들 책자에 실려 있는 하나하나의 항목(주제와 소주제)에 대하여 실재론과 창출론의 대립이 피상적으로 표출된 사례가 더러 있고 창출론을 전개하는 포괄적인 연구논저들[15]이 있지만, 그것만으로 실재론이 극복되었다거나 창출론이 충분히 치밀하게 논증되었다고 말하

---

15 洪良姬, 2005, 「植民地時期親族慣習의 創出과 日本民法」, 『精神文化硏究』 第28卷 第3號; 洪良姬, 2006, 「植民地時期 相續 慣習法과 '慣習'의 創出」, 『법사학연구』 第34號; 洪良姬·梁鉉娥, 2008, 「植民地司法官僚의 家族慣習認識과 젠더질서─『慣習調査報告書』의 戶主權에 대한 인식을 중심으로」, 『社會와 歷史』 제79호.

기는 어렵다. 이 책은 관습법실재론이든 관습법창출론이든 좀 더 치밀한 연구논저를 준비하는 연구자를 위한 역주서이다.

4. 조선시대 민간규례(民間規例)의 존재

1896년 7월 18일 자 『김산군송안(金山郡訟案)』[16]에 다음과 같은 기록이 있다.

"황간(黃澗)의 김억득이 소장을 올렸는데 '반곡에 사는 남가춘이 경작하고 있는 논을 빼앗고 또 보리의 수확을 반분하자고 하니 억울합니다.'라는 내용이다. 수령이 "민간에서 통행되는 규례가 있으니 그(남가춘)가 어찌 홀로 강취하겠는가. 이 제사(題辭)를 보여 주는데도 그가 고집을 피우면 다시 와서 고하라."

위 인용문에 보이는 '민간에서 통행되는 규례[民間通行之規例]'가, 일본인들이 찾아 기록하고자 했던 조선의 '관습(법)'에 가장 가까운 실체였다. 그러나 현재까지 전해 오는 조선시대의 기록에서 확인되는 '민간에서 통행되는 규례'의 내용은 양적 측면에서 매우 희소하다.

1897년(광무 1) 8월에 김산군 내군면 중리에 사는 오조이(吳召史)가 김산군수에게 다음과 같은 소지(所志)를 올렸다.

"제가 팔자가 기구하여 남편을 잃고 과부로 살며 두 아들을 길렀습니다. 둘째 아들 판대(判大)가 분호(分戶)할 때 11두락을 분재(分財)하여 지급했습니다. 판대가 아버지 없이 배우지 못한 까닭으로 일로 떠돌아다니다가 작년 가을 그 논 11두락을 헐값에 몰래 팔고 도망갔습니다. 뜻하지 않게 지금 판대의 이름으로 결전(結錢) 18냥 전을 성화같이 독촉받고 있습니다. 대체로 결전이란 전답을 현재 경작하는 자[時作者]에게서 받는 것이며 논의 옛 주인과는 무관한 것이 농가의 예[農家之例]입니다. 또 지금 저는 아침저녁의 생계를 꾸리기도 어려운 사정입니다. 실로 경작한 토지의 결전조차 납부하기 어려운데, 하물며 재산

---

16 규장각한국학연구원 소장, 奎古5125-115. v.1.

을 나눠 준 둘째 아들이 이미 방매한 논의 결전을 어찌 감당할 수 있겠습니까. 이런 연유로 우러러 하소연하오니 특별히 처분을 내리시어 잔약하고 불쌍한 사람이 백지(白地)의 결전을 징납당하는 지경에 이르지 않도록 명령을 내려 주십시오."[17]

이 청원에 대하여 김산군수는 "논을 새로 산 사람이 있는데 결전을 옛 주인에게 징수하는 것은 일이 심히 이치에 맞지 않다. 옮겨 징추[移錄徵推]하여 원통함을 하소연하는 데 이르지 않도록 하라. 19일 세무소(稅務所)[18]에게."라고 지시하였다. 오조이가 소지에서 "결전(結錢)이란 전답을 현재 경작하는 자[時作者]에게서 받는 것이며 논의 옛 주인과는 무관한 것이 농가의 예[農家之例]"라고 주장하였는데, 김산군수는 그 주장을 수용하였다. 여기서 언급되는 '농가의 예[農家之例]'도 조선시대의 규례 중의 하나였지만, 이와 같은 조선적 규례는 일제강점기 일본인들의 조사 대상이 아니었다. 반대로 일본인들이 그렇게 알고 싶어 한 사항들은 조선의 민간에서 관심이 희박한 사항들이었다. 예를 들어 일본인들이 알고 싶어 한 사항들은 다음과 같은 것들이었다.

"제1. 태아(胎兒)의 권리를 인정하는가, 제2. 성년(成年)의 정함이 있는가, 제3. 정신병자의 행위의 효력 여하, 제4. 농자, 아자, 맹자, 낭비자 등의 행위의 효력 여하, 세5. 저의 능력에 제한이 있는가. (이하 생략)"[19]

보호국 시기(1905~1910)와 식민지 시기(1910~1945)의 일본인 사법관료들이 알고 싶어 한 관습법 유사의 실체가 조선시대에 있었다면 그것은 '규례(規例)'나 '구례(舊例)', '전례(前例)'였을 것이다. 그러나 일본인 사법관료들은 이들에 관심이 없었고, 반대로 규례 등에는 일본인이 알고 싶어 한 규범(예를 들어 메이지 민법·상법에 규정되어 있는 내용들)이 포함되지 않았다. 왜 이렇게 되었는지, 그 의미가 무엇인지 등은 향후 상세한 연구·검토가 필요한 주제들이다.

---

17 규장각한국학연구원 소장, 奎古5125-113. v.2.
18 세무서(稅務所): 갑오개혁의 일환으로 1895년 9월 20일에 각 군(郡)에 설치된 부서이다. 담당 업무는 징세사무였다.
19 『慣習調査問題(1908)』.

5. 조선시대의 민간규례와 일제강점기의 관습법의 대조

조선시대의 민간규례와 일제강점기 일본인들이 기록한 관습이 어떻게 관련되는가의 문제는 향후 연구자들이 치밀하게 분석해야 할 연구과제이다. 여기서는 다음과 같은 몇 가지 점들을 개략적으로 언급하는 데 그친다.

첫째, 조선시대의 분쟁해결사로 기능한 수령층과 그 상급의 감독자들(관찰사와 중앙의 관료들)은 가끔 원고와 피고에게 민간에서 통행되는 규례에 따를 것을 지시하였지만, 그것들을 체계적으로 기록하여 차후의 재판에서 원용하려는 발상은 하지 않았다. 이에 반하여 일제강점기의 식민지 정치권력은 그들이 상상하는 조선의 관습(慣習)·관례(慣例) 들을 매우 치밀하고 체계적으로 조사하여 기록하고, 그것들을 입법·행정·사법에 적극 활용하려는 자세를 견지하였다. 이런 확고한 정책적 목표가 있었기 때문에 일제강점기에 수많은 기초사료들이 수집되고 정리되었다. 『보고서』와 『휘집(1933)』 등의 책자들은 수많은 기초사료들을 일정한 원칙하에 압축적으로 정리한 책자들이다.

양자(조선의 관습과 『보고서』 등에 기록된 관습들)를 대조하기 위하여 향후에 조선시대의 그것은 '규례', 일본인들이 기록한 규범은 '관습' 혹은 '관례'로 지칭하기로 한다. 가끔 기록에 등장하는 조선시대의 민간규례들은 대체로 농경사회(agricultural society)적 규범의 성격을 듬뿍 담고 있다. 그러나 1906년부터 일본인들이 기록한 관습법은 상업사회(commercial society)적 규범을 지향하는 성격을 지닌다. 예를 들어보자.

약 1,000개에 달하는 김산군 '소지-제사'의 초개기록(抄槪記錄, 1896~1897년)에서 '민간에서 통행되는 규례'가 언급된 사례는 앞에서 인용한 바 있는 몇 개의 사례에 불과하다.

문준영이 상세히 조사한 『영광군 민장치부책』의 6,552개 사례 중 민간규례로 언급되는 사례는 "타인의 송아지를 24개월 동안 기르면 송아지 주인이 송아지 1마리를 사 주는 것이 통행되는 예[通行之例]"[20]라는 등 몇 개의 사례에 그친다.

---

20 1870년 7월 8일 자, "道內 外新村 庚道中 狀以 '他人之犢 喂養二十四朔 則犢主之買給一犢 此是通行之例 而西部 黃先達 不爲買給事' 題內 '此規似是通行之例 何不依例得給有此呈訴 卽爲得給毋至更訴向事"; 문준영, 2019, 「19세기 후반 지방사회에서 민소(民訴)와 청송(聽訟) 실무: 전라도 영광군 민장치부책(民狀置簿冊)의 분석」, 『法學硏究』 제60권 제1號·通卷99號, 부산대학교 법학연구소, 33쪽.

'통행지례(通行之例)', '통행지규(通行之規)', '통례(通例)', '통행규례(通行規例)'가 일본인 사법관료들이 상상하는 관습법에 가장 가까운 실체였다. 관습조사에 임한 일본의 법률가·법학자·관료 들이 조선인들에게 '무엇이 조선의 관습, 관례였는가'라고 묻지 말고 무엇이 조선의 '통행지례, 통행지규, 통례, 통행규례였는가' 하고 물었다면 좀 더 유의미한 답이 나오지 않았을까?

통행지례의 용례는 16세기, 17세기, 18세기, 19세기에 걸쳐 골고루 발견되고 있다. 그런데 조선시대에도 어떤 이는 통행지례라고 주장하고, 어떤 이는 그 존재를 인정하지 않는다. 또 지방관 사이에도 견해가 다를 수 있고, 수령과 관찰사 사이에도 이견(異見)이 있을 수 있었다.

조선시대 관습적 규범의 존재를 확인하는 일은 대단히 어려운 일이다. 조선시대의 실정법 조문 한두 가지, 그리고 연대기 자료의 사례 몇 개, 20세기 초의 조선인들 중 선발된 복수의 사람들을 대상으로 면접조사한 기록들을 가지고 당시의 관습을 추리해 내는 일(일본인들이 이른바 조선의 관습을 조사하는 통상적인 방법이었음)은 너무나 조악(粗惡)한 논증이다. 그렇듯 조악한 논증을 수단으로 형상화된 규범들이 이른바 '조선 관습법'이라는 덩어리들이다.

그리고 조선인들에게는 '통행지례, 통행지규, 통례'를 조사하여 집대성하려는 발상(중세 프랑스에서의 관습법전 성립의 발상임)이 발견되지 않는다. 또 조선인늘에게는 법원(法源)의 순시를 '실정법 → 관습법 → 조리'로 서열화하고자 하는 발상(메이지 민법과 현행 민법의 발상), '지역적 규범은 사실인 관습, 전국적 관습이 관습법이라는 발상'[21](『관습조사보고서』와 『민사관습회답휘집』 편찬자의 발상)도 존재하지 않았다.

아무쪼록 이 책이 관습법에 관심을 가지는 연구자들에게 단서를 제공하고 연구의 발판을 마련하는 데 조금이라도 기여하기를 바란다.

---

21 관습이 확인되지만 법적 확신이 부여(재판소에서 인정됨)되지 않은 관습을 사실인 관습, 재판소에서 법적으로 확인되는 관습을 관습법으로 구별하는 것이 일본 민법과 일본 민법학의 입장이었고 현재도 그렇다. 그러나 조선시대에 그와 유사한 용어법은 존재하지 않았다.

Ⅱ

일제 식민지 시기 민사 관습 관련 신문 자료

1.
신문 자료 해제

일제 식민지 시기(1910~1945) 민사 관습에 관한 신문 기사로, 1910년부터 1945년까지 《매일신보》, 《동아일보》, 《조선일보》 등 주요 일간 신문을 대상으로 선별한 기사 중 96건을 추린 것이다. 민사 관습에 관한 기사를 크게 4개의 범주로 나누어 수록하였다.

1. 민사 일반 기사 및 구관 조사 관련 기사(25개 기사) ················· 37p
2. 민사령 개정 관련 기사(32개 기사) ································· 68p
3. 조선 사법법규 조사위원회 관련 기사(9개 기사) ···················· 104p
4. 조선민사령(친족법, 상속법 등) 관련 개정 기사(30개 기사) ········· 116p

일제 식민지 시기의 민사 관습에 관한 기사 자료를 다음의 원칙대로 수록하였다.

1) 각 주제와 관련된 주요 신문 기사(사설, 칼럼 포함)를 추려 내어, 이를 기사의 전문 그대로 싣는 것을 원칙으로 하였다. 단 일부 기사 중 관련이 적은 부분은 생략하였다.
2) 각 주제 분류 내에서 연월일순으로 배치하였다.
3) 자료의 정보는 [자료 번호], [출처], [제목], [원제], [내용](요약), [본문] 등의 순서로 정리하였다.
4) 주요 인물 및 주요 사건에 대해서는 선별하여 각주로 설명하였다.
5) 주요 신문 기사 이외에도 일부 잡지에 실린 내용이 관련이 되는 경우에는 이를 포함하였다.
6) 원문에서 보이지 않는 글자는 □으로 처리하였다.

2.
신문 자료 목차

번호	제목	출전	발행일	쪽수
1	조선총독부 시정 1주년간의 사업-데라우치 총독의 소감	매일신보	1911. 10. 1.	37
2	오다(小田) 사무관 내거	매일신보	1912. 10. 31.	38
3	구관(舊慣)의 열심 조사	매일신보	1913. 1. 31.	39
4	전주의 구관 조사	매일신보	1913. 3. 19.	39
5	문헌 이외에 조선을 연구하시오	조선급만주	1915. 11. 1.	40
6	사민수지(士民須知): 법률 일일 문답	매일신보	1916. 8. 3.	41
7	금년부터 어떤 일을 고칠까(내외하는 법)	매일신보	1917. 1. 13.	42
8	조사관 내구설	매일신보	1917. 2. 10.	43
9	여자가 묘주, 관습에 없는 일이라고	매일신보	1917. 12. 1.	44
10	조혼(早婚)의 폐해와 그 책임자	동아일보	1920. 6. 22.	44
11	묘지 규칙에 대하여	조선일보	1920. 9. 3.	47
12	독자문란: 향촌의 폐습	매일신보	1921. 3. 12.	49
13	시정자료에 제공하고자	동아일보	1921. 4. 30.	50
14	재차 중추원 참의더러	조선일보	1921. 5. 14.	51
15	능력규성 세출 중추원회의에	동아일보	1921. 5. 9.	54
16	구관조사위원회	동아일보	1921. 8. 7.	55
17	중추원회의 종료	동아일보	1921. 12. 18.	55
18	조선사정 조사연구의 필요	조선일보	1925. 11. 30.	56
19	전 조선변호사 대회의안 26일부터 공회당에서	조선일보	1927. 6. 25.	57
20	관습적 제 법령을 개신하라	동아일보	1929. 8. 19.	57
21	법학상의 결혼관	조선일보	1931. 4. 29.	59
22	상제에 대한 재음미,『조선제사상속법론서설』을 읽고(1)	조선일보	1940. 2. 15.	60
23	상제에 대한 재음미,『조선제사상속법론서설』을 읽고(2)	조선일보	1940. 2. 16.	61
24	상제에 대한 재음미,『조선제사상속법론서설』을 읽고(3)	조선일보	1940. 2. 17.	62
25	조선학계 총동원 하기특별논문⑭ 조선법전고(하)	조선일보	1940. 8. 1.	65
26	민사령 중 개정 14일 제령 발포	동아일보	1921. 11. 14.	68

번호	제목	출전	발행일	쪽수
27	민사령 일부 개정에 대하여(2)	조선일보	1921. 11. 16.	69
28	민사령 개정의 효과	동아일보	1921. 11. 17.	71
29	남자 17세 여자 15세 결혼법 무신고면 내연부부, 개정법이 불원간에 발포, 조선관습상 폐풍을 타파	매일신보	1922. 11. 30.	72
30	민사령 개정 전문	동아일보	1922. 12. 7.	73
31	개정된 민사령 및 호적령의 요지(3)	동아일보	1922. 12. 19.	75
32	민사령 및 호적령(4)	조선일보	1922. 12. 20.	77
33	개정된 민사령 및 호적령의 요지(12)	동아일보	1922. 12. 29.	79
34	정무총감 훈시(4)	동아일보	1923. 5. 21.	80
35	개정된 호적제도의 요점에 대하여(속)	동아일보	1923. 6. 30.	81
36	민사령 개정과 혼인예약을 논함(1)	동아일보	1923. 7. 3.	81
37	민사령 개정과 혼인예약을 논함(2)	동아일보	1923. 7. 4.	83
38	가족제도상 합리적 개정이다-마쓰데라(松寺) 법무국장 대담	매일신보	1926. 6. 23.	84
39	세계적 공통법-박승빈(朴勝彬) 씨 대담	매일신보	1926. 6. 23.	85
40	미래의 습관-김보옥(金寶玉) 여사 대담	매일신보	1926. 6. 23.	86
41	구미의 예에 모방하여 가사심판법을 제정	매일신보	1926. 7. 19.	87
42	속히 실현을 열망, 조선의 특수관습도 참작하여-변호사 이인(李仁) 씨 대담	매일신보	1926. 7. 19.	88
43	법조계의 명성이 함집하여 희유의 대논전 개시, 민사령과 신문지법 개정 요구, 전선변호사대회 초일	매일신보	1927. 6. 27.	89
44	호적법 개정 계획	동아일보	1926. 8. 24.	90
45	법률 고문	동아일보	1929. 10. 26.	91
46	법률 고문	동아일보	1929. 10. 30.	92
47	친족상속법 제정에 이르러	동아법정신문	1930. 2. 8.	93
48	조선친족법과 상속법 획기적 대개정안, 실현 시기는 아직 의문이나 성본주의와 가계주의를 병용할 수 있는 이성(異姓)과 서양자(婿養子) 가능	매일신보	1930. 9. 27.	94

번호	제목	출전	발행일	쪽수
49	조선민사령 개정, 연내 공포에 실시, 금후 1차만 협의를 거치면 구체안이 완성	매일신보	1931. 2. 20.	95
50	민사령 개정은 언제 될지 모르겠다	동아일보	1932. 6. 29.	96
51	민사령 개정 혼인 관계 보류	동아일보	1933. 2. 16.	97
52	가정 고문	동아일보	1934. 3. 29.	98
53	상속세령은 조선 관습을 존중, 내지의 불비한 점을 완전히 보충, 7월 1일 공포 실시	매일신보	1934. 6. 1.	99
54	조선 관습법 시비	매일신보	1935. 7. 30.	99
55	관습법 개정에 대한 동본동성 상혼 시비, 민간 측은 이를 어떻게 보나	매일신보	1937. 6. 11.	100
56	관습상 존재인 덕대, 법률 해석에 연패	매일신보	1937. 7. 17.	102
57	동본 결혼의 오뇌	매일신보	1937. 7. 29.	103
58	조선 친족상속법 관습을 주요 안목으로 법규 제정, 성문화 조사위원회 창설	매일신보	1937. 1. 16.	104
59	일반의 영향 대다, 관습법을 성문법으로 조선민사령을 대개정, 사법법규조사위원회 설치하고 시대성도 충분 참작	매일신보	1937. 2. 2.	105
60	사법법규개정조사회 설치	조선일보	1937. 4. 19.	106
61	6월에 위원회 개최하고 법규 개정에 착수	조선일보	1937. 5. 23.	108
62	사법법규개정위원회 임명	조선일보	1937. 6. 11.	109
63	위원들도 임명, 법규 개정에 착수	조선일보	1937. 6. 12.	111
64	조선민사령 개정에 대한 소위원회를 설치	조선일보	1937. 7. 8.	112
65	사법법규개정조사위원회 제2회 위원회 개최	매일신보	1938. 7. 9.	113
66	은거제도의 인정? 친족상속에 관한 관습법 시정	동아일보	1938. 7. 11.	114
67	민사령 개정에 제(際)하여	동아일보	1933. 2. 17.	116
68	민·형법 개정 초안 검토, 조선 관습법을 통하여(1)	동아일보	1934. 1. 14.	118
69	민·형법 개정 초안 검토, 조선 관습법을 통하여(2)	동아일보	1934. 1. 16.	120
70	민·형법 개정 초안 검토 (11) 계출주의(屆出主義)의 폐해	동아일보	1934. 2. 1.	122
71	풍속·관습을 중시 조선 상속령 심의	동아일보	1934. 4. 25.	125

번호	제목	출전	발행일	쪽수
72	전세는 저당이 아니다 관습의거 신 판례, 전세잔금으로 일어난 소송 상고심서도 원고패	매일신보	1935. 9. 24.	125
73	호적상 엄금되는 동성동본혼	동아일보	1936. 4. 22.	127
74	조선선 호주임의로 가족의 이적을 못 한다, 대구복심법원의 판결 이유에 의하면 호적령 규정과 관습이 그러하지 않다고 고등법원 판결이 주목처	매일신보	1936. 4. 17.	128
75	좋지 못한 경향, 자유결혼은 퇴영하고 조혼이 의연 성행	동아일보	1936. 5. 11.	129
76	공서를 지킴에 있어서 유해한 관습은 시인하지 못한다, 민법 제467조 제1항을 인용하여 상거래의 일 경종(警鍾), 고등법원에서 내린 신 판례	매일신보	1937. 6. 11	130
77	친족상속의 관습 준용 성문법 불원 제정	동아일보	1937. 10. 27.	132
78	동성 상혼의 가부	동아일보	1937. 10. 28.	132
79	호주중심주의로 전 가족은 동성 호칭	매일신보	1937. 11. 27.	134
80	조선 민사제도와 은거제도를 개정	조선일보	1938. 5. 2.	135
81	'시대순응'을 원칙으로 친족상속법을 개정, 7월 8일부터 2일간 8개 사항을 협의·결정하기로 관습법에서 형식법으로!	매일신보	1938. 6. 29.	136
82	조선에도 서양자제도 실시하기로 방침 결정	조선일보	1938. 10. 31.	137
83	종래 관습법을 버리고, 상속·친족법 성문화	조선일보	1938. 12. 1.	139
84	절가의 사후양자는 유산상속권 불인정	조선일보	1938. 12. 21.	140
85	호적상 적출자에 대하여 당자는 번복할 수 없다	조선일보	1939. 2. 14.	140
86	관습법의 실시 범위 축소, 조선민사령 대개정	조선일보	1939. 4. 5.	141
87	가족적 분쟁 해결하고자 전문판사 6명 배치	동아일보	1939. 4. 28.	142
88	민사령의 근본적 개정, 조선은 독자적 단행	조선일보	1939. 5. 26.	143
89	서양자제도 10월부터 실시 결정	조선일보	1939. 8. 9.	144
90	이성양자·씨제도 제정, 가정제도 일부 개정	동아일보	1939. 11. 10.	146
91	조선민사령 개정을 중심으로② 성은 과연 변하는가	조선일보	1939. 11. 19.	148
92	구관과 무지의 철문 속에 우는 여성, 조선의 고민	동아일보	1939. 11. 24.	151

번호	제목	출전	발행일	쪽수
93	씨 설정·계출 수속 등 관계 법령 전부 발포	조선일보	1939. 12. 28.	153
94	씨는 호주가 창설, 법무국 발행 팸플릿 내용② 성 없애는 것은 아니다	조선일보	1940. 2. 14.	155
95	가족이 양자 들이려면 호주의 동의가 요건	동아일보	1940. 6. 1.	158
96	장자상속의 원칙을 관습만으론 불합리, 이와지마 법무국 민사과장 대담	매일신보	1940. 10. 30.	159

3.
신문 자료 본문

1. 민사 일반 기사 및 구관 조사 관련 기사

자료 1 | 《매일신보》, 1911. 10. 1, 4면 5단 기사

조선총독부 시정 1주년간의 사업 - 데라우치 총독의 소감
朝鮮總督府 始政 一周年間의 周年間의 事績-寺內總督의 所感

총독부 시정 1주년을 맞이하여 데라우치(寺內) 총독의 시정정치에 대한 소감을 소개하며, 시정경영 방침과 토지조사 사업 등 여러 시책 중 풍속관습 및 재판사무에 대해 설명한 기사

△ 풍속관습조사

이조 창업 이래로 유학을 숭상하고 불교를 배척하여 오륜오상(五倫五常)의 도(道)로서 인민 일상 행위의 기준이 되게 함이 5백 년이라. 그 결과에 다소 유폐(流弊)는 없지 않았거니와 제도의 훼폐(毀廢)와 인심의 위미(萎微)함을 불구하고 지금까지 조선인이 도덕의 염(念)을 실타(失墮)함에 이르지 아니함은 모두 유교 고취의 효력이라. 금일까지 존속한 미풍양속은 금후에 더욱 조장하여써 풍교(風敎)를 유지하고자 한 소이로 경학원(經學院)을 신설하고 어하사금(御下賜金) 25만 엔을 기본금으로 충당한 후 각도의 유림 중 학식 덕망이 있는 자를 발탁하여 제주(祭酒) 또는 강사(講士)로 채용하고, 문묘의 제사 및 경학의 학습을 계속해서 겸하여 풍교덕화(風敎德化)를 비보(裨補)하게 함을 기하였고,

△ 재판사무 독려

한국병합 이래 외국인은 모두 우리의 법률하에 설립하였다 할지라도 원래 영사재판권의 철회는 단순히 병합과 공히 구조약이 소멸하는 결과에 불외(不外)하고, 일이 급거에 나온 고로 열국 중에 수속을 하는 데 불황(不遑)한 자가 있음과 같도다. (중략) 차등 외국 거류민은 구미인됨과 청국인됨을 불문하고 병합 이전에 치외법권(治外法權)의 보장을 향유할 뿐 아니라

소만(疏漫)한 한국정치하에 있어 비교적 자유의 생활을 운영하였더니, 지금에는 우리의 관할에 복종할 때 그 습관이 익숙하지 못한 제국(帝國)의 법규·관례에 의하여 구속된 결과로 각종의 불리·불편을 느끼고 우리 관헌의 태도에 대하여 이유가 없는 불평을 고창하며 또는 불만족한 감념(感念)을 일으키는 우려가 없지 않으니, 차제에 저들 외국인에 대하여 특히 신중한 태도를 보고할 필요가 있음을 생각하고 관계 관헌에게 독려를 가하여 법규의 범위 내에서 엄히 그 마땅함을 얻은 조치를 집행함에 유루(流漏)가 없게 한 결과로, 재류외국인도 또 우리의 시정하는 진의를 요해(了解)하고 불평을 제창하는 자가 없게 할 뿐만 아니라 도리어 점차 우리에게 친근한 상태가 있음은 가히 기쁠 바이다.

자료 2 | 《매일신보》, 1912. 10. 31, 1면 5단 기사

오다(小田) 사무관 내거
小田 사무관 來去
총독부 사무관 오다 미키지로(小田幹治郎)가 촉탁 김한목과 함께 군산, 임실, 남원, 전주 등 관습조사를 수행했다는 기사

총독부 사무관 오다 미키지로(小田幹治郎) 씨는 촉탁 김한목(金漢睦) 씨와 같이 군산, 임실, 남원에 관습조사 겸 시찰하고, 25일에 전주에 와서 26일 군청에서 중요한 관습을 조사하고, 27일 아침에 출발하여 익산군으로 향하였더라. (전주통신)

자료 3 | 《매일신보》, 1913. 1. 31, 1면 4단 기사

구관(舊慣)의 열심 조사
舊慣의 열심 조사

총독부 참사관실 관습조사위원 아리가 게이타로(有賀啓太郞) 등이 평안남도의 친척 및 혈족 상속 등을 상세하게 조사하는 기사

목하에 평양에 체재 중인 총독부 참사관실에서 파견한 관습조사위원 아리가(有賀) 및 김(金) 양 씨는 평안남도의 종래 관습을 열심 조사 중인데, 조선인의 친척 관계 및 혈족 상속 등에 이르러 더욱 상세하게 조사할 목적이라더라. (평양통신, 30일)

자료 4 | 《매일신보》, 1913. 3. 19, 2면 3단 기사

전주의 구관 조사
全州의 舊慣 조사

총독부 안도 시즈와 박종렬이 전주에서 친족, 상속, 유언 등 구관습을 조사하는 기사

총독부 속 안도 시즈(安藤靜), 총독부 촉탁 박종렬(朴宗烈) 양 씨는 구습관을 조사하기 위하여 지난 8일 전주에 와서 10일부터 군청에서 도부군참사(道府郡參事)로 윤회 입회하게 하고 지방 신사 제씨를 초대하여 2주일간 예정으로 구습관을 조사하는데, 그 문제는 즉, 친족, 상속, 유언이다. 이것이 재판 관계에 가장 중요한 이유가 있은즉 부득불 충분하게 조사한다더라. (전주지국)

자료 5 | 『조선급만주(朝鮮及滿州)』(1915. 11. 1. 발행, 100호, 44~45쪽)[1]

문헌 이외에 조선을 연구하시오
文獻以外に朝鮮を研究せよ
조선의 법률에 관한 문헌 자료 이외에 다른 자료를 연구할 것을 촉구한 글

"우리가 조선에서 법률사건을 취급함에 있어 가장 고통과 불편을 느끼는 것은 조선인의 관습이 명료하지 않다는 것입니다. (중략) 그 때문에 당국자도 일찍이 이 점에 저술하여 일본 민법·상법에 해당하는 관습을 조사하고 있습니다만, 그 연구의 근본이나 조선인 자체, 풍속, 습관을 직접 연구했다고 함과 달리 이왕가, 기타 조선에 존재하는 문헌을 재료로 편찬된 것이 많은 것 같습니다. … 조선인의 법률적 관습도 혹은 주자의 『가례』에 준거한다고 할 수 있습니다. 조선에서도 『형법대전』과 그 밖의 법률은 종래 존재하고 있고 또 관습조사 보고서에도 요지부동 인용되어 있습니다만, 병합 이전의 법원, 감옥의 유치한 모습으로는 도저히 실행된 것이라고 믿을 수 없습니다. … 너무나 조선에 접근하여 있기 때문에 객관적인 연구가 매우 결여되어 있다고 생각합니다. … 불편은 어디까지나 불편하고 고통은 어디까지나 고통이라고 보면 당국자도 앞으로 이 부분에 유의하여 진지한 연구에 노력할 수 있기를 희망하는 바입니다."

---

1 工藤忠輔, 1915, 「文獻以外に朝鮮を研究せよ」, 『朝鮮及滿洲』 100호, 44~45쪽.

> 자료 6 | 《매일신보》, 1916. 8. 3, 4면 3단 기사

사민수지(士民須知): 법률 일일 문답
士民須知: 法律日日問答

> 법률 일일 문답으로, 행위능력의 성년을 15세로 하지만 보호자가 있는 경우에 행위무능력자로 부른다는 설명 기사

문 1. 내지에는 소원법(訴願法)이 있어 소원법에 규정된 사건에 대하여 당해 행정청에서 위법처분을 행할 시는 직접 상급행정청에 소원을 제출함을 얻으니, 조선에도 우법(右法)의 준용됨을 얻을 수 있는가.

문 2. 조선인으로 만 15세의 사람이 차금 계약으로 금전을 차용한바 아버지가 이를 발견하고 그 행위를 취소하고자 하니, 채권자는 민사령 제11조를 논하면서 조선인의 능력은 조선관습에 의하라 하였으며 조선인은 만 15세에 이르면 성년자라 하여 호패를 패용하던 관습에 비추면 상당한 성년자라 주장하고 취소에 대항하니 취소가 용이할까. (문의자 봉래정 1 의문)

답 1. 조선에서 소원은 관세에 관하여 허할 뿐이오, 다른 행정처분에 대해서는 소원을 허락하는 것이 없으므로 소원을 하지 못할지라. 다만 탄원적으로 청원함은 무방할지라.

답 2. 조선에서는 남자가 15세에 이르러 관(冠)이란 것도 하고 또는 최근에 이르러 정년(丁年)을 15세로 하는 고로, 관습상 행위능력의 성년을 15세로 한지라. 그러나 15세 이상이라도 행위능력을 인정치 않고 보호자가 대표하는 자가 혹 있으니, 15세를 성년으로 함은 단지 행위능력됨을 인정함에 대하여 하나[一應]의 표준이 될 뿐이오, 이에 대하여만 의함은 얻지 못한지라. 행위능력 유무의 문제에 대해서는 일면으로는 연령을 표준으로 하고 다른 면으로는 보호자의 유무를 표준으로 할지라. 즉 15세 이하의 사람 및 15세 이상이라도 보호자가 있는 자는 행위무능력자라 이름함을 득할지니, 본문의 조

선인은 15세 이상의 남자이지마는 그 부, 즉 보호자가 있으니 행위무능력자인 고로 보호자는 즉 그 아버지가 본문의 행위를 취소함을 얻을지라. (총독부 편찬, 『관습조사보고서』 참조)

자료 7 | 《매일신보》, 1917. 1. 13, 3면 1단 기사

금년부터 어떤 일을 고칠까(내외하는 법)
금년부터 何事를 改할까

예로부터 전통 예법으로 남녀가 지켜야 할 내외(內外)하는 법의 문제점을 모 귀족부인의 말을 빌려 비판하는 세태 비판의 글

△ 금년부터 어떤 일을 고칠까. 내외의 풍을 폐하라, 사평 있어서 이름을 숨기는 모 귀족 부인의 말

갑오년에 첫 번째 개화가 들어오고 갑진년에 두 번째 개화가 들어온 후로부터 고래의 풍속이 차차 변하여 평생에 가마 속이라는 적은 천지에 갇혔단 이야기 외에는 중문 밖의 세상은 별로 구경도 하지 못하고 깊은 안방에 드리엎되여 (중략).

△ 내외하는 법

내외하는 법이 이런 습관으로 생각하면 당연한 듯하지만 여러 가지 불편과 장애가 이로부터 일어나는 것은 우리가 날마다 겪는 바가 아닌가. 또 그때도 자연히 폐하여 가는 것을 보아도 내외를 하는 것보다 안 하는 것이 편할 줄로 가히 알 것이 아닌가. 우리는 실로 내외의 제도로 인하여 생활하는 위에 비상한 손해를 입으며 또 우리 부인의 수백 년 래로 작고 퇴축된 것이 전혀 이에서 말미암았다고 해도 가할지라. 생각하여 보시오. 남녀가 서로 보지 아니할 까닭이 무엇인가. 어떠한 사람은 이것으로써 음란한 풍속을 막는다 하지만 그것은 잘못된 생각인 듯하니, 남의 집 부인이라도 모두 내어놓고 얼굴을 보면 이것이 상사가 되어

별로 이상한 생각도 날 까닭이 없지마는 이와 반대로 보기를 않으면 궁금한 생각도 나며 또 어떻게 보기만 하면 신기한 생각도 나는 고로, 사람의 마음이라는 것은 실로 이상스러워서 아무리 좋은 것이라도 항상 보는 것은 심상히 여기고 아무리 흉한 것이라도 보이지 않으면 보고 싶어 하나니 내외법[2]의 폐해도 실로 이 이치로부터 생기는 것이라.

> **자료 8** | 《매일신보》, 1917. 2. 10, 4면 4단 기사
>
> ## 조사관 내구설
> 조사관 來邱說
>
> 중추원 속 아리가 게이타로와 김돈희가 대구에서 조사를 마친 후 경북 지역으로 조사활동을 계속할 예정이라는 기사

중추원 속 아리가 게이타로(有賀啓太郎) 및 김돈희(金敦熙) 양 씨는 관습조사하기 위하였는데, 당지 조사를 마친 후에는 의성, 안동, 영주, 예천 등 군으로 전향한나너라. (내구)

---

2 내외법: 내외(內外)는 성리학적 윤리관에 따라 남녀간에 지켜야 할 행동규범을 의미한다. 남자와 여자는 본래부터 주어진 역할이 다르며[夫婦有別], 서로 간의 예의를 지키기 위하여 자리를 같이 하지 않는다든지[男女七歲不同席], 음식을 같이 먹지 않는다든지[男女不共食] 하는 규범을 가지고 있었다. 이는 남녀가 본래부터 주어진 역할이 다르며, 생활 속에서 서로 회피하므로써 예의를 지킬 수 있다는 인식을 반영한 것이다.

자료 9 | 《매일신보》, 1917. 12. 1, 3면 5단 기사

여자가 묘주, 관습에 없는 일이라고
여자가 墓主, 관습에 없는 일이라고

서울 거주 최영식과 최재승이 무교정에 사는 최송설당을 상대로, 누대 분묘를 훼손하여 여자의 이름으로 석물을 개조한 일에 대하여 손해배상을 청구한 사건 기사

경성 중학동 120번지 최영식(崔榮湜)과 낙원동 거주의 최재승(崔在昇)은 무교정 94번지 최송설당(崔松雪堂)을 상대자로 경성지방법원 민사부에 손해배상청구의 소송을 제기하였는데, 원고의 주장하는 요지인즉, 원고의 누대 분묘가 고양군 벽제면 목암리에 있어 대대로 상승하며 삼백 년간 수호하여 오던 중 1916년(다이쇼 5) 4월 중 피고 최송설당은 돌연히 분묘에 만들어 놓은 비석물을 훼파하고 자기의 이름으로 석물을 개조하여 세운바, 피고는 선조의 후손도 아닐 뿐아니라. 조선관습상 여자는 묘주가 되지 못하며 또 남자라도 장자손이 아니면 분묘를 가지지 못하는 법인데, 피고는 함부로 불법행위를 하였으니 손해배상금으로 880원을 청구하는 소송이더라.

자료 10 | 《동아일보》, 1920. 6. 22, 4면 6단 기사

조혼(무婚)의 폐해와 그 책임자
早婚의 弊害와 其責任者

조선에서 혼인하는 여러 폐해에 대해 설명하면서 조혼, 이혼 등을 지적함

1. 조혼(무婚)의 폐해와 그 책임자－소천(小泉) 조우(趙宇)

오늘날 우리 조선의 혼인하는 상태를 관찰하면, 참으로 말할 수 없이 비참한 지경이오,

볼 수 없이 비열한 광경이외다. 아 무엇이 원인인가? 저 소위 계벌귀족(桂閥貴族)을 위시한 조혼(早婚)의 폐습악속(惡習弊俗)은 결수(決水)의 급세로 어느덧 전사회를 풍미(風靡)하고, 전 민족을 감염하더니, 금일에 이르러서는 빈부의 분(分)과 귀천의 별(別)이 없이 상사(常事)로서 예행하게 되어 필경 구생구취(口生乳臭)의 아(兒)로 결혼함을 성예문(聲譽門)의 일대미사(一大美事)로 자신하며 부호가의 끝없는 과장(誇張)으로 인식하게 되었으나, 슬프다. 사회의 법제가 이와 같이 해이하고 인민의 예의가 이렇게 타락하고, 사회가 아무리 번영하려 한들 어찌 가능하며 인민이 아무리 행복의 생활을 득하려 한들 어찌 용이하리오.

이에 그 혼인하든 진상을 간략하게 약설하면, 신랑 측에서 신부될 여성을 선택할 때 과연 맹목적이다. 그 심의(心意)의 선부(善否)와 용모의 덕(德) 부덕(不德)과 예지(禮肢)의 갖춤과 불구(不具)는 어떠하였든지 단지 그 가문이 성문(聲門)이오, 그 가산이 부요(富饒)만 하다면 연령이나 서로 맞든지 말든지 열광적으로 바로 구혼하며, 여자의 측에서도 역시 동일한 모양으로 문벌과 가산만 중시하여 그 처지가 도회면 요리점, 향촌이면 주막 같은 곳에서 주저 없이 허혼(許婚)하면서 취안(醉眼)이 몽롱하여 마상허혼(馬上許婚)이 남아의 일대 쾌사라고 혼인을 허락한다(이는 우리 사회 전반이 다 그러함은 아니나 대부분은 이와 같은 상태하에서 결혼하는 말이라). 그러하여 신랑 될 남자가 겨우 11, 12세만 되면 가정의 일대 영화라 하여 혼례를 거행하나니 이는 우리 사회 무산계급에 있는 극빈가정을 제하고는 전반이 의례히 행하는 관습이 되었다. 그러므로 야호모유(夜呼母乳)하게 된 신랑이 신부를 자처(自妻)로 알지 못하였고, 방기(芳紀)의 신부는 규중고등(閨中孤燈) 하에서 슬픔과 탄식을 금지하지 못하였으니 통재라. 이도 또 부모가 자녀를 사랑하노라고 한 일이 될까.

이와 같이 법제도 아니고 예의도 없이 강제혼인(强制婚姻)에 신성한 연애가 있기 만무(萬無)하며, 화락(和樂)한 가정을 성립하기에 지난할 것은 필연의 세이며 피할 수 없는 일이라. 그러므로 예의상 가히 인정할 수 없는 이혼(離婚) 문제는 해가 갈수록 늘어나고 인도상 용허할 수 없는 축첩(蓄妾)의 폐해는 달로 날로 더욱 심하여, 사회의 풍기는 대문란에 이르고 국민의 이성은 대방탕(大放蕩)에 빠졌다. 이와 같은 위기에 실로 사회의 장래를 우려하고 동포의 현상을 비관하는 지사가 되어서 묵묵히 보고도 참지 못함은 당연한 일이라. 그러하므로 웅건예필(雄健銳筆)로 신문잡지상에 백폐를 해석하여 만선(萬善)을 보(補)할까 하여 천매만유(千罵萬諭)로 심혈을 다 쓴 문사(文士)가 하나둘이 아니었고, 또 열변(熱辯)으로 설단타액(舌

端唾液)이 다 고갈하고 배척에 유한(流汗)하도록 역설 창도한 연사야말로 헤아릴 수 없이 많았건만, 지금까지도 본받음을 보지 못함은 고사하고 점점 우심(尤甚)한 상태이니 곡재(哭哉)라 문구언사(文句言辭)에 각성치 못하는 민족이 장차 또 무슨 위대한 세력이 오는 것에 각성할는지?

　이 조혼의 책임자인 부로(父老) 제씨는 '삼십이유실(三十而有室)'이라는 고경(古經)을 주야로 낭송하면서 어찌하여 스스로 아 자아(自我)라 쓰면서 십유이삼(十有二三)에 실(室)을 미사과장으로 성행하며, 또 혼인은 인생의 최대 중요한 일이오 부부는 만복의 근원이라 횡설수설하면서 어찌하여 경솔하게 마상허서(馬上許婿)를 쾌남아가 하는 일로 잘못 인식하는가? 각성하라! 우리 조선 부로는 신사상과 신제도가 의사에 적합지 못하여 일제에 혁신을 바라기 어렵거든 이 혼인 일사에 대하여 차라리 구법(舊法)을 준행하라. 그것이 도리어 금일에 행하는 제도보다는 폐해가 적을까 하며, 유즙(乳汁)의 아해(兒孩)로 예혼(豫婚)을 서로 약속하는 소위 대혼(待婚)을 절대로 말지어다. 우선 생사(生死)도 구분하지 못하려니와 그 강보의 아기가 장래 발육이 어떻게 되는지 그와 같은 어리석은 계산과 망령된 행동을 하는가? 저 남들은 신성한 자유혼을 위주로 하는 이 시대에 구생유취(口生乳臭)의 유아로 혼인함은 실로 사회를 위하고 민족을 사랑하는 우리의 통탄을 금할 수 없을 바이다.

　그런데 정치 당국에서 만반 정치를 완전히 보완하여 결점이 없이 한다 할지라도 이 조혼의 악풍이 막심한 금일에는 가만히 묵시(默視)함은 무슨 이유이며, 무슨 심정인가? 민적법에 남자는 17세로 여자는 15세로 혼년(婚年)을 정하였다 하나 금일까지 철저하게 시행치 아니하니 혼인법은 일종 허문(虛文)에 불과하였다. 이같이 조혼하는 폐습을 엄절(嚴切)히 금지하였으면 조혼의 폐해란 말은 벌써 미문(未聞)에 돌아갔으련만, 보고도 보지 않은 채 하는 태도로 묵허(默許)하여 오기 때문에 그 17세란 법정 혼년이 신고연한이 되어서 폐습은 날로 더욱 심하나니, 그러므로 필자는 조선 부로의 올바른 깨달음이 없음을 탄식하는 동시에 당국의 정치가 철저하지 못함을 슬프다 하기를 그치지 않노라.

　마침에 한마디로 갈망함은 조선을 힘써 행하는 제씨는 사회의 장래는 불고(不顧)할지라도 자녀만을 진정으로 사랑하거든 목우죽마(木牛竹馬) 만들기로 일과(日課) 삼는 아동에게는 혼인하지 말며, 또 정치 당국에서는 조선 민족을 근본적으로 위하고 진심으로 사랑하거든 우선 정치를 철저히 하며 취조를 엄밀히 하여 금일부터라도 이와 같은 악풍폐습을 없도록 하기를 간절히 원하노라(6. 7일).

자료 11 | 《조선일보》, 1920. 9. 3, 석간 2면 기사(사회)

묘지 규칙에 대하여
墓地規則에 對하여

묘지규칙 등 조선 관습의 폐단에 대한 오쓰카 내무국장과의 대담 기사

△ 묘지 규칙에 대하여-오쓰카(大塚) 내무국장 이야기

근래 묘지 규칙 개정에 대하여 종종의 설을 하는 자가 있는 듯하니 즉 묘지 규칙은 악정의 하나라 운하고 또 혹은 총독이 문화적 시설 중에서 천려일실이라 창하나, 그러나 그 말하는 바를 문한즉 심히 편견무망의 언을 하는 자요 불연하면 그 규칙 개정의 의의를 오해하는 자에 불외한 지라. 다수한 인사는 여사한 오해 편견이 만무한 줄로 사하나 혹 일부의 인이 차등의 설에 오해하는 자가 없다고 말하기 불능하니, 개성의 취지에 대하여 설명을 가하고자 하노라.

속에 소위 공동묘지 규칙이라는 것은 1912년(메이지 45) 6월에 조선총독부령으로 발포된 묘지, 화장장 매장 및 화장장 체규칙인데 그 규칙에 의하면 모든 묘지는 총히 부, 면, 리, 동, 기타 지방 공공단체 또는 이에 준할 자가 신설할 사가 불능한 사로 되어 차등의 단체는 공동묘지를 설하여 이에 그 지방의 시체를 매장하게 된 일을 원칙으로 하고, 특별의 사정이 있는 자에 한하여 단독 또는 일족 혹은 합족의 묘지를 설치할 일을 허하는 규정이 유하나, 이 특별한 사정이라 하는 사는 극히 엄격히 해석이 되어 귀족 또는 지방의 명족으로 국가에 공로가 있는 자에 한정되었으므로 원칙으로 묘지는 공동묘지 이외에 인정치 아니하였다 말해도 당연하다.

유래 조선에서는 조상을 숭배하고 장상을 존경하는 미풍이 있으므로 조선의 분묘를 존중함은 비상한 자가 유하여 그 염려의 응결한 바로 이미 각종의 미신도 생함에 이르러 소위

풍수의 설이 일반에 행하여 묘지를 선정함에는 타인을 범하고 국법을 파하는 극단의 관습을 생하는 것은 금상 세인의 숙지하는 바이니, 즉 암장, 투총, 늑장 등을 행하여 묘지에 관한 소송이 대부분을 점하였다 말하는 상태이다. 조상 숭배의 미풍도 이에 이르러 폐습에 화함이 있으므로 병합 당시 정부는 이 점에 유의하고 미신 등에 기한 폐풍을 일소하여 사회의 질서를 유지함과 공히 국토의 이용 및 위생상의 근본으로부터 앞의 규칙을 제정하여 공동묘지 제도를 여행하게 하여 제도로는 극히 공정한 이상에 기한 자라 말할 자가 유하나, 그러나 이 제도는 일의 폐해를 제함에 급하여 반대로 일반 인민의 도덕적 관념을 압박한 듯한 감이 있고 또 이 개혁은 조선의 일반 민지에 비추어 위태롭게 급격에 과하다고도 말할지라. 즉 조선에 일반지의는 아직 이 제도의 정신을 양해함에 충분한 정도에 달하지 못하고 설사 그 취지를 요해할지라도 실정을 이에 만족하지 아니 여기는 자도 다할지라. 환언하면 이 제도는 민도에 비하여 심히 진함에 과함이 있다.

　총히 법제는 사회의 사정을 전제하여 그 사회 사정에 적절하지 아니치 못함이 진리가 되어, 사회의 사정을 생각하지 아니한 제도는 여하히 선미한 자가 있을지라도 실효를 기함이 불능한 고로 법제상에 있어서도 묘지에 관한 조선 재래의 폐습은 원래 이를 제외하지 아니하면 불가하고, 이와 동시에 묘지를 존중하는 사상은 조상 숭배 장상 존경의 정신으로부터 유출한 것이므로 도덕적 근거의 심심한 미속에 불외한 것인즉 이 미속을 불고하고 위태롭게 절대적으로 사설 묘지를 인정치 아니 하겠다 운함은 각을 교하고 우를 죽이고자 함에 유사하여 사회의 실정에 맞지 못한지라. 소위 공동묘지 제도가 인민 불평의 적이 됨은 이에 불외하므로 당국은 이에 본 바가 있어 1918년(다이쇼 7)에도 그 일부를 개정하여 그 제한을 완화해서 일족 또는 합족의 분묘를 집장하기 위하여 기히 존재한 분묘의 경역에 의하고 혹은 이에 접속하여 묘지를 만들고자 하는 경우는 이를 허가한 사가 되어 이 일족 묘지, 합족 묘지는 이후 그 일족 또는 합족의 묘지로 매장을 허한 것이 있었으나 충분히 조선 민정에 흡요한 사가 능치 못한 것은 심히 유감이므로, 현 총독 취임의 초에 위선 이 점에 영국(英國)을 가하여 조선의 현상에 요응하게 하기 위하여 크게 그 제도를 관화하게 할 동시에 종전과 같이 (미완).

자료 12 | 《매일신보》, 1921. 3. 12, 4면 2단 기사

독자문란: 향촌의 폐습
讀者文欄: 鄕村의 弊習

신막 최영창이 향촌의 폐습에 대해 조혼의 습, 명당 미신, 혼인과 상례의 사치 등 8가지 폐단을 지적하면서 문명 개조의 시대에 폐습을 개조해야 한다는 주장

△ 향촌의 폐습-신막(新幕) 최영창(崔永昌)

습(習)이라 하는 것은 선습(善習)도 있고 악습(惡習)도 있나니, 장구한 세월을 경과하며 단련하여 뇌의 인(印)하며 심의 명(銘)하여 일조일석에 졸연히 변경치 아니하는 확호(確乎)한 의의를 이를 가리켜 습이외다. 고로 습관은 인생 제2의 천성이라는 어의까지 있다. 그런데 우리 인류가 선의 습관이 되면 다행이어니와 만일 악의 습관이 되면 개인으로나 사회로나 무쌍(無雙)한 해독(害毒)이 되므로 이를 가리켜 폐습이라 할 것이다. 그러한즉 폐습이라 하는 것을 발견하게 되면 발견한 즉시로 용감한 사상과 명철한 정신으로써 단당(斷當)하고 혁신하며 개조치 않으면, 장차 고질을 이루어 종후 부패에 귀(歸)할 것은 다시 췌론(贅論)치 아니하여도 누가 알지 못하리오. 그런데 이제 우리 향촌에 폐되는 습(習)이 얼마나 되는가?

(1) 조혼의 습, (2) 명당(明堂) 산지의 구복(求福)하는 미신의 습, (3) 노소편당하여 작사영위(作事營爲)에 방해하는 습, (4) 혼상간(婚喪間) 회집에 화려사치를 주로 하여 경제하지 못하는 습, (5) 자녀의 교육은 여하하게 되든지 재산유전을 본능적으로 배금(拜金)하는 습, (6) 사신(私神)에게 구복하는 습, (7) 반상차별의 습, (8) 관존민비(官尊民卑)의 사상으로 허영부화(虛榮浮華)의 습(면장의 탁자를 점령하고자 하여 10여 년간 면서기로 근로하면서 가산을 쇠패(衰敗)하게 되는 청년도 있듯이 우재(愚哉)). 이 외에도 일일이 매거하기 어려운 폐습이 정신상으로나 풍습상으로나 불가승수(不可勝數)이나 일후 기회를 얻어야 추조(追條) 거론하려니와, 향촌 형제여 현대는 야만적이 아니라 문명적이며 보수적이 아니라 개조시대이외다. 오인이 아무리 초야우부(草野愚夫)로 칩거 향곡하여 정와(井蛙)가 해양의 격을 알지 못하여 세계 대세를 알지 못한다 할지라도, 이목이 보패(寶貝)라 들음도 있고 봄도 있을 지라. 그러하면 현금 20세기에 문화가 여하하게 발달됨과 인지가 여하하게 향상됨을 참작하여 시대에 순응하며 풍조

에 보조해야 안락한 생활을 도모하며 건전한 사업을 영위하나니, 이에 반대로 석시(昔時) 암흑시대에 행동을 탈피치 못하면 당당한 개명세계에 타인과 공히 행을 열하며 견을 비하여 문명 경주에 승리를 득할까? 서철(西哲)이 말하되 석인(昔人)과 그 행위를 탈기(脫棄)하고 신인(新人)을 의(衣)하라 하였으니, 이는 세대 역사가 반구(反久)할수록 인지(人智)가 일신 향상됨에 수반하여 시세에 적당한 행동을 권함이니, 현대 문명이 일신(日新)하는 이 세상에 처한 오인이 석일 만풍(蠻風)을 고치지 않음은 스스로 그 멸을 취함이라 하노라.

최후 극단적으로 일언하노니, 나의 후손을 미워하면 이렇게 하거니와 만일 사랑하면 오른쪽에 말한 바 모든 악습을 일거에 혁신해야 하겠도다. 하고(何故)이냐 하면 습관이라 하는 것은 부전자전하여 그의 선악을 불구하고 거익난난발(去益難亂拔)함이니, 이처럼 폐습을 우리 후손에게 전수함이 가(可)한가 아닌가. 각자 반성할지어다. 동포여.

자료 13 | 《동아일보》, 1921. 4. 30, 2면 기사(뉴스, 정치)[3]

시정자료에 제공하고자
施政資料에 供하고자
제도 구관 조사위원회 규정 발표를 통하여 조선의 제도 및 구관을 각 방면에서 조사할 예정이라는 마쓰에 중추원서기관장과의 대담 기사

마쓰나가(松永) 중추원 서기관장(中樞院書記官長) 대담

조선의 고래의 문화 및 관습 등으로써 양호한 것은 될 수 있는 대로 이를 채용하여 시정의 자료에 제공하고자 하는 일은 총독 취임 당시에 성명한 바요, 그 후 이것의 준비를 진행하여 필요한 경비의 증액을 얻어 이번에 제도 구관 조사위원회 규정의 발포를 보기에 이른 것인데, 이 위원회는 정무총감(政務總監)을 위원장으로 하고 본부 및 소속 관서의 고등관 및

---

[3] 동일 기사: 《조선일보》, 1921. 4. 30, 석간 2면 기사(사회).

일본과 조선 민간에서도 이 사무를 학식 경험을 가진 자를 위원으로 촉탁하여 이를 조직할 터이라.

조선의 제도 및 구관을 조사하여 시정의 참고에 제공할 일은 통치상 가장 긴요한 일로 구관에 이르러서는 총독부 설치 이래 취조국 및 중추원에서 이를 속행하여 조사서류보고서 등도 상당히 작성하였으나, 이를 시정의 자료에 제공하여 참고하기로 위함에는 일찍이 이미 한층 조사의 범위를 확장하고 또 그 진척을 도모하여 동시에 그 조사와 각 일반 시정의 연결을 취할 일이 필요하므로 금회는 조직을 새로이 하고 인원을 충실하고 크게 그 진척을 도모하게 하였도다. 따라서 금후의 조사 범위는 구관 이외의 고대 일본과 조선 관계로부터 각시대에 있는 관제, 사회, 경제 각 방면의 제도·풍속으로부터 다시 나아가 부락에 관한 사회적 조사 등까지 실행할 예정이며, 조사회는 이들의 대강을 정하여 진행계획 및 조사의 결과를 어떻게 이용할까 등에 대하여 심의를 행할 터이므로써 조사의 진보에 따라서 조선 통치상에 대공헌이 있을 줄로 믿노라 운운.

자료 14 | 《조선일보》, 1921. 5. 14, 석간 1면 기사(정치)

재차 중추원 참의더러
再次 中樞院 參議다려

수년 전부터 민사령 개정 의논이 일어나 민사령개정위원회를 설치하여 여러 관습을 조사하였으나 이번에 중추원 관제를 개정하고 제1회 자문회의를 연 결과를 설명한 기사

종래 조선에는 민사에 관한 성문법이 없고 전부 관습에 따라 불문법을 행하였으나, 이와 같아서는 법치상 지장이 적지 않다 하여 10년 전에 비로소 민사령을 제정할 때 재산, 능력, 친족, 상속 중에 우선 재산권에 관한 규정만 설치하였고, 능력 이하에 대하여는 조선 독특의 관습이 있으므로써 그 관습에 의하기로 하여 금일까지 연급(延及)한 것이라. 그러나 관습상

심히 불명확한 자가 많고 다음 시대의 진운에 수반하지 않은 유감이 있어 최근 수년 전부터 민사령 개정의 의논이 일어나서 민사령개정위원회라는 것을 설치하고 제종 관습을 조사하였으나 급히 결정되지 못하여 아직 실현됨을 보지 못한 것이다.

그런데 지난번에 중추원 관제를 개정하고 제1회의 자문회의를 연바, 당일 벽두에 당국에서 제출한 의안은 종래 조선인에 한하여 규정이 없던 민법상 능력에 관한 규정이 없으니 개언하면 성년, 처의 능력, 금치산(禁治産)·준금치산에 관한 자, 아울러 친권자, 후견인, 보증인, 친족 등을 설치하고자 함이라. 제1성년으로 논한즉, 일본 민법에는 만 20세로 하였으나 조선에는 이 규정이 없어 성년·미성년이 쟁의가 있을 때에는 법관이 수의로 인정하는 경우가 있으므로 일반 법률행위에 막대한 지장을 생기게 할 뿐 아니라 이로 인하여 조선인은 불이익의 복법(服法)을 하지 아니치 못할 고경(苦境)에 빠지니 반드시 일정한 표준 연령을 정하고자 함이오, 처의 능력이라 함은 조선에서는 그리 중대한 문제는 되지 않을지라도 하여간 처 된 자의 공 행위에 대하여 일정한 범위를 정하여 범위를 벗어나는 행위를 방지하고자 함이오, 금치산이라 함은 일본 민법에는 정신 상실의 상태에 있는 자는 재판소에서 그 친족이나 검사의 요구에 인하여 금치산의 선고를 하는 동시에 차 후견을 부(附)하고 금치산자의 제반 행위는 이들 일절 작소(消)한다 하였으니 이는 즉 풍전(風癲, 정신병)과 백치(白痴) 등 무능력자의 생명·재산의 위험을 방지하고자 함이오, 준금치산이라 함은 일본 민법에 심신 모약자, 농자, 아자, 맹자 및 낭비자(浪費者)인데 이에는 보좌인을 부(附)한다 한다. 이 중 불구자 등의 행위 제한은 물론이거니와 소위 낭비자의 제재는 현재 조선 사회에 가장 긴급한 문제다.

유래 조선은 도회나 지방이나 귀족이나 부호를 불문하고 기천 기만의 부랑자제가 조선 전래의 유업을 탕패하여 부모 처자 및 기타 일가족속으로 하여금 구학(溝壑)에 전전하게 함이 부지기수일 뿐 아니라, 그 반면으로는 사회의 풍기를 문란하고 발전을 저해하여 소위 "본인의 자가 성본부랑(性本浮浪)하여 여향(閭鄕)에 출몰하며 하하(何何) 소유 토지를 전집(典執) 낭비하고자 하니 내외국인은 절물견기(切勿見欺)하리." 하는 광고를 신문상에서 산견함은 오인이 연래의 유감을 금하지 못하던 바라. 이로 인하여 가산의 탕패는 물론하고 조선 윤리상 부자 형제의 은정이 단절하여 가정의 풍파가 일기하고 혹자는 그 부(父)를 소(訴)하며 제는 그 형을 소하여 가히 타인에게 사문(使聞)하지 못할 광상(狂狀) 비극을 연출하니, 현재 준금치산자의 일 되는 낭비자의 행위를 제재하는 법규가 실행되면 조선 부형 된 자가 생명 재산에 대한 안심을 득하는 동시에 사회의 풍기를 진숙하는 광명을 보일지라. 이것이 이번에 의안으로 제출된 골자인 듯하니 속히 실시됨을 일반이 갈망하는 바이어니와.

대저 회의의 경과를 누문(漏聞)한즉 각 의원 제군은 이에 대하여 충분한 의견과 구체적인 입안을 진술 혹은 제출치 못하고 무용의 지엽적인 문제로 회의의 시간만 낭비하였다 하나, 원래 의원 제군으로 논하면 그 지방의 명망가일 터이며 유자산(有資産) 계급일 터이며 유지식(有智識) 계급일 터이며 해당 지방 인민의 대표일 터이며 당국의 신임자일 터이다. 그러면 금후 당국의 조선에 대한 시정 방침에 대하여는 아무쪼록 시정상 실조(失措)가 없도록 협조하는 자가 될 것이오, 조선 민중의 이익을 도모하도록 분발하는 자가 될 것이오, 자기의 명망과 타지를 유지하도록 노력하는 자가 될 것이라. 고로 당국은 제군의 자순의 규관(規關)에 거(擧)하였고 민중은 제군으로 하여금 어느 정도까지의 기대하는 초점을 삼았도다. 만약 제군이 철저한 의견도 없이 구체의 성안도 없이 무의식적으로 무정견적으로 다만 당국의 제안에 유유히 퇴하고 또는 골자를 제외한 지엽 문제로만 횡수설거하여 도리어 의사의 진행 지장을 생기게 하면, 당국의 신뢰하며 민중의 기대하는 본지 위반됨이 다(多)함은 췌언을 부대할 것이다.

고로 제군은 각기 책임의 중차대함을 명각(銘刻)해서 조선의 관습과 풍속과 물정을 십분 관찰하여 제반 사항을 의결함에 현대 문화의 진운에 역행치 않도록 현시 조선의 민도에 순응하도록 분려 노력해야 할 것이오. 만약 이번과 같이 불철저 무연구의 의견을 토로하다가 일중 불결(不決)의 실태를 연출함을 예선(豫先) 주의치 아니치 못할지라.

금자 조선 민중이 복리 증진 또는 발전 향상에 취하여 완급 지속 간에 제군의 추기는 훼예(毀譽)의 부(府)가 되었나니, 이번 조선 민법 제정에 대하여 금후에도 다소 제군의 의견을 징(徵)할 바가 있을지 부지(不知)하거니와, 그 외 교육이니 위생이니 농사 개량이니 토목 사업이니 하는 각반 지방 시설에 관해서도 제군은 평소 심의 숙려하였다가 기회가 있을 시마다 당국에 제성하여 조선의 문화를 옥성하고 조선 민중의 복리를 증진함에 공헌하는 바가 다대함을 갈망할 뿐.

자료 15 | 《동아일보》, 1921. 5. 9, 2면 기사(뉴스, 정치)

능력규정 제출 중추원회의에
能力規定 提出 中樞院會議에

중추원에 제출된 조선민사령 중 능력 규정에 관한 개정에 대해 하라 민사과장과의 대담을 실은 기사

△ 하라(原) 민사과장(民事課長) 대담

6일 중추원 회의에 제출된 조선민사령(朝鮮民事令) 중 능력에 관한 규정을 설치할 건에 대하여 법무국 민사과장 원정정(原正鼎) 씨는 대담하여 말하기를, 종래 조선에는 민사에 관한 성문법이 없고 전부 관습에 따라 불문법이 행하였도다. 이와 같음은 통치상 장애들이 생기는 일이 적지 않은 고로 1912년(메이지 45)에 처음으로 민사령이란 것이 제정되어 재산능력(財產能力), 친족(親族), 상속(相續) 중 먼저 재산권에 관한 규정이 설정되었는데, 능력 이하에 있어서는 조선 독특한 관습이 있으므로 이에 따라 되어 금일에 급한 것이라. 그러나 관습상 심히 명확을 결여하는 일이 많다 하며, 또 시대의 진운에 수반치 아니하는 혐(嫌)이 있어 1918년(다이쇼 7) 중에 민사령 개정의 의(議)가 일어나 민사령 개정위원회란 것을 설치하여 여러 종의 관습을 조사하여 금일에 이른 것이라. 그렇지만 전부를 완성하기까지는 도저히 용이하지 아니한 고로 작년에 일선인통혼령(日鮮人通婚令)이란 것이 제안되어 법제국과 협의하여 연락을 취하게 되어, 그 수속은 본년 4월 17일에 발포한 터이나 실체법에 이르러서는 법제국의 의견도 있어 이를 발포하지 아니한 것이라. 이는 대만과도 연락을 취할 필요가 있어 급히 결정하기 어려운 것이라. 이와 같이 우선 급한 것은 능력 문제라. 그래서 금회에는 능력에 관하여 제정할 의(議)를 중추원 회의에 제출하였는데, 제1일에 의사로 진행되어 다소의 문의도 있었으나 결국 만장일치로 채택되었도다. 금일까지에는 관습으로 낭비자(浪費者) 등에 대한 처분이 없는 고로 이로 인하여 비상한 폐해가 있었도다. 이 능력에 관한 문제는 결코 본인의 능력을 제한하여 고통을 부여하는 것이 아니요, 전혀 보호의 목적으로 제정하는 것인즉 본인을 위해서도 다대(多大)한 이익이요, 부수하여 사회의 질서를 보지(保持)함에 일일이라도 불가결할 양법(良法)이라. 고로 재산권의 보호를 충분히 그 목적을 달

하게 될지라. 운운.

자료 16 | 《동아일보》, 1921. 8. 7, 2면 기사(뉴스, 사회)

구관조사위원회
舊慣調查委員會
구관조사위원회 동정 기사

조선총독부 구관제도조사위원회는 지난 6일 오후 9시 반부터 총독부 제1회의실에서 각 조사위원이 참집(參集)하여 조선 고래의 관습에 대하여 협의하고 정오에 폐회하였더라.

자료 17 | 《동아일보》, 1921. 12. 18, 2면 기사(뉴스, 정치)

중추원회의 종료
中樞會議終了
중추원 회의 중 이혼 관계 등에 관한 논의 기사

조선민사령 개정에 수반하여 조선의 일반 조혼 폐습을 교정하기 위하여 조선인의 결혼 연령을 법규상에 명정(明定)할 필요가 있는 동시에, 종래 관습법에 의하여 온 재판상의 이혼 관계를 법규에 명확하게 할 필요가 있어, 총독부에서는 전기 2건을 자문하기 위하여 15일 내로 중추원회의를 소집 중이던바, 자문안에 대하여 답신이 종료되었으므로써 어제 17일 오전 11시 30분 미즈노(水野) 정무총감이 자리에 임하여 폐회식을 거행하였다더라.

자료 18 | 《조선일보》, 1925. 11. 30, 석간 1면 기사(사회)

조선사정 조사연구의 필요
朝鮮事情 調査硏究의 必要
조선사정 조사연구의 필요성으로 관습, 풍속 등을 조사할 것을 요청하는 기사

(전략)

3. 이러한 의미에 있어서 우리는 금번에 모모 유지 제씨(某某有志諸氏)로 인하여 조선사정 조사연구회의 성립을 보게 된 것을 환영한다. 우리가 해당 회에 대하여 특별히 바라는 것은 해당 회가 수우(數字)의 관념을 우리 조선 사람의 두뇌 속에 넣어 주라는 것이다. 우리는 천언만어(千言萬語)로써 미언가구(美言佳句)를 연결하여 인심을 취하게 하기는 그다지 어려운 일이 아닐 것이오, 또 독자나 청중으로 말하더라도 그러한 문장이며 또 언어는 용이하게 청수(廳受)할 수 있을 것이다. 그러나 적확한 숫자를 열거하여 사실을 천명하는 것은 일층 더 어려운 일이다. 그러나 우리는 이 어려운 일을 수행해야 하겠다. 그리해야만 우리는 참으로 확신을 얻게 되는 것이라 설사 일본인이 조선에 경제적으로 침입하였다는 것을 우리는 누구나 다 인정하는 바이라. 그러나 그 확실한 숫자를 열거하여 일본인의 토지소유가 기하 또는 일본인의 수입이 기하 조선인의 취입(取入)은 얼마며 또 여하히 발전 천이되어 왔는가 하는 것을 표명해야만, 근본적으로 그 대책을 연구하기에 편리할지며 또 여실하게 우리의 앞에 경제적 침략의 사실을 폭로시킬 수 있는 것이다.

4. 조선사정 조사연구라 하면 물론 숫자적 조사연구에만 그칠 것이 아니요, 관습이라든지 풍속이라든지 역사적 역성(力性)에까지도 추급될 것은 물론이다. 그러나 무엇을 하든지 항상 숫자를 근거로 하고 조사하며 연구해야 할 것이다. 설사 역사를 연구한다 하더라도 어느 때 어느 장소에서라는 것이 중요할지며, 습관이라 하더라도 어느 때에 어느 장소에서 또는 얼마만한 사회계급에서 있었다는 것을 아는 것이 필요불가결할 일이다. 이와 같은 중대한 사업은 일개 사적(私的) 단체가 잘 수행할 수 있을 것이 아니다. 그러나 우리 처지로 앉아서는 불완전하고 또 미력하나마 우리 조선 사람의 사적 단체에 있어서 그러한 사실을 착수 실행하지 아니할 수 없다.

자료 19 | 《조선일보》, 1927. 6. 25, 조간 1면 기사(정치)

전 조선변호사 대회의안 26일부터 공회당에서
全朝鮮 辯護士大會議案 廿六日부터 公會堂에서
전 조선 대회의안 설명 기사

(생략)

1. 조선인의 친족상속에 관한 법규를 성문법에 규정할 사-일변(日辯)
1. 조선인의 친족 및 상속에 대해서는 조선의 관습을 기초로 하여 속히 성문법을 제정할 사, 그 성문법의 제정에는 위원회를 설하고 법률의 소질 있는 조선인 다수를 이에 더할 것-선변(鮮辯)
1. 조선인 간의 친족 및 상속에 관한 사항에 취하여 속히 성문법을 제정할 사-평양(平壤)
1. 조선인 간의 친족상속에 관한 성문법을 제정할 사-함흥(咸興)
1. 민사령 제11조를 개정하고 연령에 있어 친족상속에 관하여 일반으로 인정된 관습은 명백히 이를 규정하고 기타는 관습에 의할지의 규정을 할 사-전주(全州)

자료 20 | 《동아일보》, 1929. 8. 19, 1면 기사(사설, 사회)

관습적 제 법령을 개신하라
慣習的 諸法令을 改新하라
관습적 제 법령을 개정하라는 사설

△ 관습적 제 법령을 개신하라, 사회 진운에 필연한 요구

1. 조선에 있어서 이미 있어야 할 법령이 존재치 않고 또 이미 없어야 할 법령이 아직껏 존재하여 민중을 부자유의 곤경에 함입(陷入)하게 하고 있다 하는 것은 오인 본란에 누누이

논설한 바이어니와, 당국이 이에 대하여 하등 감촉하는 바 없고 도리어 반동적 기세를 심히 해가는 것 같음은 일종 한심하다 하리만 한 시대착오의 완고자라 하겠다. 왈 보안법, 왈 출판법, 왈 인민의 자유를 구속하는 민사령 등등 이미 새로 만든 지 20년이 된 금일 당연 이것은 폐지 또는 개정해야 할 것이어늘 하등 대책이 없고 또 제정해야 될, 예를 들어 공장법, 소작법, 차지차가법 등등을 아직껏 염두에 두지 않고 있음은 그 어떠한 심사에서 나온 것이랴.

2. 조선도 이미 신문화를 수입하여 점차 각성의 역에 달하였다 하는 것은 자타가 공인하는 바이어니와, 이것을 수십 년 이전의 동양의 상태로 간과한다 하는 것은 너무도 시대를 몰이해함이 혹심하다 안 할 수 없다. 보라, 조선에도 민중의 각성이 점차 보급되어 구시대 부자유의 법령을 비난할 정도에 이르지 않으며, 공장에서의 고주(雇主) 대 용인(傭人) 간의 무제한한 노동계약이 존재됨도 불합리하다 않으며, 또 소작법에 있어서도 관행을 그대로 시인하기 때문에 무제한한 지주의 염출이 있음을 불공평하다 않는가. 도회에 있어서의 차지차가법은 존재치 않고 가주 대 차가인 간의 자유계약은 차가인의 불리한 입장에 있어 항상 참패를 당하고 만다. 이 어찌 인민의 전 이익을 공평히 대표하는 국가로서 이것을 묵시하고 있을 것이냐. 선진사회에서는 이미 공장법이 있음은 물론이고 소작법, 차지차가법 등등이 있어 근로민을 보호하게 되어 있다. 그런데 이것이 조선에 적용되지 않을 이유가 어디에 있는가.

3. 조선에 실업군이 나날이 증대하고 빈궁의 정도가 다달이 심해 간다 하는 것은 다른 선진사회에 볼 수 없는 참담한 현상이라 하겠거늘 선진사회보다 고용 내지 차용하는 조건에 있어 위 이상의 가혹한 제도가 있다 하는 것은 논리상 너무도 모순된다. 물론 이상의 관습적 악제도가 상존하기 때문에 빈궁을 촉진하는 하나의 이유로 되지만 위와 같은 관습을 그대로 둠은 소위 민습(民習)을 존중하는 미명하에 악습을 그대로 조장하는 것이니, 속속(速速)히 이것을 폐할 필요가 있다. 법률은 곧 시대 진운에 적용되어야 한다. 이미 시대에 뒤진 악법령이 오래 존재하여 민중을 지배한다 하면 그는 미풍의 존중이 아니오, 도리어 악풍의 조장이오, 선정이 아니라 악정이다. 소위 조선의 관례에 의하는 제 법령을 진보적 신 법령으로 개정하지 않으면 안 된다. 언론, 집회, 출판, 결사, 매매, 이혼, 거주의 제 자유를 방해하는 제 법령은 전부 개폐해야 한다. 고용, 차지, 차가의 제 법령은 전부 신제하지 않으면 안 된다. 이것이 현하 조선에 시급한 정치상, 사회상 가장 긴절한 요구이다. 구실을 붙여 날짜를 천연

(遷延)하는 것은 오직 불합리한 현 제도를 두호(杜護)하려 하는 한 방편으로밖에 생각되지 않는다. 이것을 당국에 일언하는 바이다.

자료 21 | 《조선일보》, 1931. 4. 29, 석간 4면 기사(문화)

법학상의 결혼관
法學上의 結婚觀(一), 金埈源
법학상의 혼인제도 요건에 대해 설명하는 기사

△ 법학상의 결혼관(1)-김준원(金埈源)

◇ 결혼제도의 변천

◇ (전반부 생략)

대저 남녀의 공동생활은 남녀 양성의 생리상 자연적 성질과 인류 종족의 번식을 필요로 하여 원시사회로부터 세계 각국을 불문하고 성적 교집으로 말미암은 인구 증가의 유래적 사실이 존재하여 온 것은 역사적으로라도 능히 알게 된 것이나, 그러나 가까운 시기 법률사상이 발달되어 단순히 생식적 결합으로 생활 단체를 조성함만으로서는 혼인 자체를 시인치 못하게 되었는바, 소극적으로 재혼·이혼 등으로 인한 일부다처주의를 방어하기 위하여 법률상 어떠한 형식을 취하여 '사실혼주의'와 '형식혼주의'를 학자 간에 고창하게 된 것이다.

따라서 혼인제도는 민족적 민정과 풍속의 관계로 사회의 관습상 혼인이라고 인정할 만한 어떠한 사실만 현재하다면 혼인은 성립된 것이라고 주장하는 주의와, 혹은 종교적으로 의식의 거행을 조건으로 혼인 성립의 여부를 정하는 주의와, 혹은 법적 수속을 일정한 방식으로 이행함으로써 정당한 결혼은 성립하는 것이라는 주의가 혼인의 근본적 체계를 형성한 것이다.

과도기의 우리 조선도 고래의 관례로 혼론(婚論)이 있으면 신부가의 허혼서(許婚書)를 신랑가에서 접수한 후 사주단자를 보내어 택일하게 되면 납폐와 예서 등을 신부가에 송정(送

못)함을 비롯하여 혼례식의 수다한 절차로 소정한 예식의 거행으로써 신랑가의 예의식을 마치고 신부의 전안례(奠雁禮)와 근배례를 필하므로 혼인은 이때에 성립되는 것이었으며, 관청에 계출(屆出) 등의 수속이 혼인의 요건이 되지 아니하였었다. 이에 따라서 혼인 당사자의 연령, 의사 합치 여하를 불문하고 부형(父兄)의 주선하에 명령적으로 의식을 요건으로 하여 혼인은 성립되어 왔던 바이나, 현행 법률은 사실혼주의를 초과한 법률혼주의로서 형식적 수속을 요하게 입법된 것이다. 환언하면 사실상 재래 관례에 의한 의식을 준행한 혼인이라 할지라도 조선호적령 시행 이후인 오늘날에 있어서는 법률상 일정한 수속이 없고는 부부 관계의 적법한 혼인임을 주장하지 못하게 된 것이다. 이는 조선민사령 제11조에 혼인은 부윤 또는 면장에게 신고함에 인하여 효력을 생함이라는 규정이 되어 있다.

자료 22 | 《조선일보》, 1940. 2. 15, 석간 3면 기사(문화)

상제에 대한 재음미,『조선제사상속법론서설』을 읽고(1)
喪祭에 對한 再吟味『朝鮮祭祀相續法論序說』을 읽고(一)
『조선제사상속법론서설』을 읽고 비평한 정광현(鄭光鉉)[4]의 논문

△ 상제에 대한 재음미,『조선제사상속법론서설』을 읽고-정광현(鄭光鉉)

조선 친족상속법 부문의 최고권위로 다년간 고등법원에서 명재판장의 성가가 높던 현 평양복심법원장 노무라 조타로(野村調太郎) 씨가 중추원의 촉탁을 받아 중추원 조사과에서

---

4   정광현(鄭光鉉, 1902~1980). 1919년 평양고등보통학교 재학 중 일본 도쿄 메이지학원 중학부로 유학하여 1925년 도쿄제국대학 법학부 법률학과에 입학하여 1928년 3월에 졸업하였다. 졸업 후 다시 도쿄제국대학 경제학부 경제학과에 학사편입하였다가 9월부터 평양 숭실전문학교 교원으로 부임하였다. 1930년 4월 연희전문학교 교원으로 부임하고, 1938년 흥업구락부 사건으로 강제 사직할 때까지 법학 전임교원으로 재직하며 국내법제, 민법과 상법 과목을 강의하였다. 1944년 4월 조선총독부 중추원 구관제도조사과 명예촉탁이 되어 친족상속관습에 대한 조사와 연구를 계속할 수 있었고, 첫 저서인『성씨논고: 조선가족법논고』(동광당서점, 1940)를 출판하였다. 주로 조선민사령에 대한 글을 썼으며, 일본인의 한국법제사에 대한 저서에 관한 논평을 남겼다(정긍식, 2016,「雪松 鄭光鉉 선생의 생애와 학문의 여정」,『법사학연구』54, 한국법사학회, 168~174쪽 참조).

제공한 자료에 씨 자신이 섭렵한 신고(新古) 문헌을 많이 가미하여 편찬한 것이 『조선제사상속법론서설』이다. 그러므로 본서가 '중추원 조사과 편'으로 되어 있으나 실상 야촌(野村) 씨 개인의 저술로 취급해도 무방할 바는 본서를 일독하는 자 누구나 느낄 바로 생각한다.

그런데 조선의 '상제에 관한 관습'론이라는 부제를 가진 본서가 조선제사상속법의 서론이 되는 것은 원래 조선의 관습상 친족의 원근이 상복 관계에 나타나 있으며 또 "제사가 없으면 상속이 없다(Nulla hereditas sine sa).''라는 로마 교회법의 유명한 법률격언과 가치, 제사와 상속이 밀접불가분의 관계에 있기 때문으로, 친족 관계 내지 제사자를 정하는 기왕의 종법을 따라서 조선상속법을 이해하기 위하여는 상찰의 예제 내지 관습에 대한 지모가 필요하다. 그러므로 일반 조선인의 상속에 관한 본의를 구명하기 위한 조선 제사상속법의 서설로서 상제와 예제의 논술이 필요한 까닭이다. (이하 생략)

자료 23 | 《조선일보》, 1940. 2. 16, 석간 3면 기사(문화)

상제에 대한 재음미, 『조선제사상속법론서설』을 읽고(2)
喪祭에 對한 再吟味 『朝鮮祭祀相續法論序說』을 읽고(二)

『조선제사상속법론서설』을 읽고 비평한 정광현의 두 번째 논문

△ 상제에 대한 재음미, 『조선제사상속법론서설』을 읽고(2)-정광현(鄭光鉉)

(이상 전략)

씨에게는 다년간 이 방면에 관하여 허다한 논문을 발표해 오던 중 비교적 최근의 것으로, (1)「서모(庶母)의 신위」(본서 242쪽), (2)「분묘의 영축에 관한 조선의 관습」(본서 371쪽 내지 402쪽), (3)「조선의 관습상의 제사의 객체」(본서 419쪽 이하 제신론), (4)「종중에 관한 법률 관계」(본서 509·540쪽), (5)「위토」(본서 540·560쪽) 등은 본서 중의 논술 내용과 대동소이하다. 즉 자구의 보정 내지 논술상 순서의 부분적 전환, 설명양식의 간략 등 문장 형식상의 차이에 불과하다.

그리고 씨는 아직 앞으로 본서의 내용과 별 차이 없는 논문을 계속하여 발표할 것 같이 생각되는데, 기왕이면 문장상의 퇴고에만 그치지 말고 또 사료에만 국한하지 말고 씨의 섭렵한 참고문헌을 더욱 많이 소개·논평하는 바 있기를 바란다. 「분묘의 기지」의 의의에 대한 논술, 씨의 소위 「현시(現時)의 판례(判例)」(본서 379쪽)는 어떠한 판례인지 여기에 대한 명시가 없으나, 그것은 (1) 1916년(大正 5) 11월 7일 고등법원 판결(동 판결록 3권 5쪽), (2) 1927년(昭和 2) 3월 8일 고판(高判)(동 판결록 15권 62쪽), (3) 1928년(쇼와 3) 5월 15일 고판(동 판결록 15권 149쪽) 등으로 생각한다. 또 본서는 제사상속법론의 서설로서 상제에 관한 의례와 제도를 논술한 것인데 본서 2쪽 서언 중 "애(愛)에 공구하려고 하는 상속의 사상도 가장, 즉 호주의 지위의 승계가 주(主)라 운운"한 바는 어떠한 착오에 나오지 않았을까 생각된다.

또 노무라(野村) 씨는 본서의 논술은 "전혀 선례 및 신고문헌에 의거하였고 편자 일개의 억단은 이를 개진함을 피(避)하였다."(범례 중)라고 한다. 그러나 종회 초집 통지에 관한 520쪽의 논술은 선례 내지 신고문헌에 의한 것이 아니요, 편자의 억단이라고 볼 수 없지 않을까 생각된다. (계속)

자료 24 | 《조선일보》, 1940. 2. 17, 석간 3면 기사(문화)

상제에 대한 재음미, 『조선제사상속법론서설』을 읽고(3)
喪祭에 對한 再吟味 『朝鮮祭祀相續法論序說』을 읽고(三)
『조선제사상속법론서설』을 읽고 비평한 정광현의 세 번째 논문

△ 상제에 대한 재음미, 『조선제사상속법론서설』을 읽고(3)-정광현

선조의 분묘 있는 토지[位土]의 소유권은 누가 갖고 있는가에 대한 논술(본서 534쪽, 주 19)에서 여기에 관한 동 취지의 판례를 망라 인용한 듯하다. 그러나 그 밖에도 동 취지의 1934년(쇼와 9) 11월 27일 선고 고등법원 판결이 있으며(『사협(司協)』 14권 1호, 89쪽; 『회답집

록』711쪽), 또 "선조의 분묘 있던 임야소유권을 문중 합유의 것으로 추정한다."라는 매우 중요한 판결을 1935년(쇼와 10) 3월 12일 고등법원에서 선고한 바 있는데, 이 판결이 빠져 있음은 실로 유감이다. 단 본 판결은 동 연도 고등법원 판결록에도 채록되지 않았고 또 『사법협회잡지』의 고등법원 참고판례 요지란에도 보도되어 있지 않고 오직 《법정신문》이 이를 보도하고 있을 뿐이다[1935년(쇼와 10) 4월 15일부 발행,《법정신문》호외판 판결집록 제16권 3호 참조]. 물론 판결록에는 가장 중요한 것을 집록하는 것이 방침이겠지마는 채록되지 않은 것이라 하여 모두가 중요하지 않은 것이 아니다. 매우 중요한 판결이 채록되지 않는 경우도 적지 아니한 것은 나카가와(中川善之助) 씨가 일찍이 대심원판례집에 관하여 지적 논의한 바 있다(동씨 저, 『친족상속판례(親族相續判例)』총평(總評) 제1권 9쪽 및 171쪽 및 동 제2권 129쪽 이하 참조).

또 논술의 체재상으로 보아 (1) 분묘의 법률상 성질에 대한 논술(371쪽)은 차라리 분묘의 의의의 논술(327쪽)에 계속함이 적절하지 않을까 생각하며, 또 (2) 위토는 현시에 있어서 대개 종재산에 속하므로(547쪽) 위토론(540쪽 이하)은 종중재산(520쪽 이하) 중에서 하는 것이 적절하지 않을까. 또 (3) 부향자(祔享者)[기출(旣出)의 범위에 관한 논술이 본서 각소(各所) (가) 447쪽 내지 449쪽, (나) 45쪽 내지 453쪽, (다) 457쪽 내지 458쪽]에 산재하여 있는데, 그것을 1개소에서 논술하는 것이 적당치 않을까 한다.

(7) 또 본서의 논술 중 사법협회결의, 고등법원 참고판결요지, 최근의 중추원 회답 등이 인용문헌을 『사법협회잡지』에서 인용하였는데, 그중의 대부분은 사법협회 편찬인 『결의회답집록(決議回答輯錄)』[1932년(쇼와 7) 7월 말 발행] 또는 『속결의회답집록』[1938년(쇼와 13) 9월 말 발행] 등에 있으므로, 이것에 의하여 인용하는 것이 독자에게 편할 줄 생각한다. 그것은 편자가 마치 민사관습에 관한 정무총감 회답, 중추원의 회답 등에 관한 인용문을 『민사관습회답휘집』에 의하고 『사법협회잡지』 등에 의하지 아니한 취지와 다름없다.

최후로 본서 중에 오식(誤植) 내지 약호(略號)에 대하여 일언으로서 독후감을 마치려고 한다. 원래 본서는 엄밀한 교정을 한 바로 오식이 별로 없는 것은 와타나베 교시(渡邊業志) 씨의 힘이다. 그러나 (1) 다비(茶毘) 화장(火葬)이 다비로(9쪽 4행), (2) 가묘(家廟)가 종묘로(585쪽 난외 및 416쪽 6행 참조)로 된 약간의 오식은 있다. (3) 또 『사법협회잡지』의 약칭은 『사법지(司法誌)』로 하기로 하였는데(범례 중), 어떤 곳에서는 약칭을 쓰지 않고(441쪽) 어떤 곳에서는 『사지(司誌)』(557쪽) 혹은 『지』(535쪽)라고 한 데도 있다.

(4) 또 『호례(戶例)』라는 약칭을 쓸 데가 있던데(본서 618쪽), 이것은 1933년(쇼와 8) 개정 조선호적예규의 약칭이지만 이것을 명시하지 않고 약한 것은 다소 무리한 감이 있다.

(5) 또 조선에서의 양친은 기혼남으로 실자손(實子孫)이 없는 자라야 된다는 1915년(다이쇼 4) 8월 7일 관통첩 240호는 조선민적예규(35쪽)에 있는데, 이것을 명시하지 아니함도 다소 유감이다(본서 470쪽).

본서에 대한 이상의 독후감 외에 필자는 학술적으로 논의할 약간의 점을 가지고 있으나 본지의 성질상 이는 할애한다. 이상의 독후감은 본서의 일 국부 문제요, 말초 부분적 문제에 속한 것이라 할 수 있다. 그러므로 본서의 가치와는 관계없는 것이므로 필자의 약간의 결점 지적으로 인하여 본서의 가치가 조금이라도 감소될 바는 아니라고 생각한다.

본서의 가치는 본서 자체 내에서 보는 것보다 수년 전에 기토 헤이이치(喜頭兵一) 씨가 또 중추원에서 제공한 자료에 의하여 편찬한 『이조의 재산상속법』과 비교해 볼 때, 더욱 그 우수성이 확연하게 나타난다. 즉 『이조의 재산상속법』은 동서 예언에서 말한 바와 같이 "중추원에서 제공한 자료를 정리·배열하여 다소라도 사열함에 편리함이 본서의 주안이다." 그러므로 본서의 가치는 법규의 설명에 있지 않고 자료의 제공 자체에 있다는 말과 조금도 차이가 없다. 그러므로 문헌의 원문(한문) 자체를 본문의 설명에 인용하여 한문독해력이 부족한 독자로 하여금 해독하기에 매우 불편을 주고 있다. 그러나 노무라(野村) 씨의 본서는 본문에서 원문의 취지에 의한 평이한 설명을 하고, 원문은 주에 전부 인용하여 본문의 논술 이상의 상세한 것을 원하는 분의 참고에 제공하고 있다. 또 『이조의 재산상속법』은 서명 자체가 표시하는 바와 같이 문헌사료의 범위가 이조시대에 국한하여 그 전에 소급하지 않았고, 또 합병 후의 그것에도 언급하지 않았다. 그러나 노무라 씨의 본서는 조선 전 사료와 중국의 사료에까지 모두 인용하였으며 또 고등법원 판결의 자세한 인증까지 하여 관습의 현상을 구명하고 있다.

본서는 난삽한 상제의 관습을 정확한 사료로써, 또 현시 판례로써 분명히 하여 준 명저로 조선친족상속법연구가, 조선법제사학가는 물론 민속학, 사회학 등에 관심을 갖는 분이 필독할 것으로서 강호에 추천하고 싶다.

이와 같은 향기 높은 저술에 대한 노력에 무한한 경의를 표하고, 동시에 씨로 하여금 본서 편집의 자료와 기타의 편의를 제공한 중추원 조사과에게도 감사의 마음을 금할 수 없다.

원컨대 중추원 조사과의 조선 구관조사 사업이 예정대로 착착 진보하여 본서의 속편인 『조선제사상속법본론(朝鮮祭祀用續法本論)』이 1일이라도 속히 출현하기를 고대하여 마지않으며 이에 각필(擱筆)한다. (완)

자료 25 | 《조선일보》, 1940. 8. 1, 석간 1면 기사(문화)

조선학계 총동원 하기특별논문⑭ 조선법전고(하)
朝鮮學界 總動員 夏期特別論文⑭ 朝鮮法典考(下)
『조선법전고』에 대한 내용 분석하고 비평하는 정광현의 논문

11. 조선법전의 특징

조선법전은 기술한 바와 같이 중국의 당률(唐律), 명률(明律)을 모방한 것이므로 중국법의 특색을 조선법전에서도 볼 수 있으며, 그 전부가 이조봉건사회의 산물로 봉건사회의 유지·발전에 적당한 내용적 특징을 구비한 것이다. 즉 형벌이 대체로 준엄·가혹하며 그 반면에 금품에 의한 속형제도(贖刑制度), 관민간의 처벌상 차별, 봉건도덕 위반자에 대한 엄벌, 가족주의의 옹호에서 이적이재(異籍異財), 분가분재(分家分財)의 금지 등 근대법에서 볼 수 없는 규정이 많이 있다. 그리고 그 형식상으로 보더라도 -『경국대전(經國大典)』 내지 『대전회통(大典會通)』-(1) 그 편별이 중국 『주례(周禮)』 육전(六典)설에 의하여 이전, 호전, 예전, 병전, 형전, 공전의 육부로 분류하여 이전에는 관제에 관한 사항, 호전에는 재정에 관한 사항, 예전에는 과거·제사·연향·입후·혼가·학교·예식 등에 관한 사항, 병전에는 군정에 관한 사항, 형전에는 사법에 관한 사항, 공전에는 축성·영선·공예 등에 관한 사항을 규정하였다. 그러나 이 육부 분류법은 비논리적이라는 비난을 받고 있다[아사미 린타로(淺見倫太郞), 『조선법제사고』, 305쪽]. 이와 반대로 『형법대전』의 편별은 논리체로 되어 있다. 그러나 거기에는 아직 관리복무기율, 소송법규정, 민법규정 등 형사실체법 이외에 속하는 규정이 잡거하고 있으며, (2) 법문의 용어는, 전자는 순한문체로 조문의 번호가 없으나 후자는 한언혼합체로 장절의

구분, 조문의 번호가 있다. (3) 그리고 근대의 법전에는 현행법만을 규정하나 『대전회통』의 규정은 반드시 현행법만이 아니다. 즉 거기에는 이미 일언한 바와 같이 폐지된 규정도 『금폐(今廢)』, 『금혁(今革)』이라고 주기(註記)하여 그냥 존치해 둔 것이 있다. 또 근대법의 시행일은 반포일 이후에 속하나 『대전회통』 시행일은 그것의 반포일 전에 속한다. 그것은 이 내용이 『경국대전』 이래의 제 법령을 집록하고 있기 때문이다. 그러므로 그중에는 이조 국초부터 시행되고 있는 것도 있다.

12. 여론(餘論)-법률의 형식과 실제

끝으로 일언하고자 하는 바는 법률의 형식과 실제의 운용은 다르다는 것이다. 『대전회통』의 규정 중에는 당시에도 실제상 그대로 적용되지 못한 것이 적지 않지만은 그 중에도 심한 것이 있다.

이조시대의 형정의 실제를 보라. 의용법률인 『대명률』 「명례율」에 의하면 형벌의 종류는 태형, 장형, 도형, 유형, 사형(참 및 교)의 소위 '오형(五刑)'이 있다. 그러나 실제 사형을 집행하는 경우에도 참(斬) 또는 교(絞)에 의하여 집행하지 않고 거열형(車裂刑), 책형(磔刑), 약살(藥殺)에 의한 바도 있고 또 의형(劓刑, 범인의 하고를 절단하는 형), 급칙(及則, 범인의 족을 절단하는 형), 단근형(斷筋刑) 등의 법외의 체형이 있었던 것이며, '능지처참(凌遲處斬)', '육사형(戮死刑)' 등은 광해군 시대에 설정된 시체에 대한 가중형으로 인조왕 시대에 엄금한 법정형이 아님에도 불구하고 개국 503년(갑오)인 고종 31년(메이지 27) 3월에 김옥균의 시체에 대하여 공공연히 행해졌고(『조선사』 6편 4권, 1,049쪽) 동년 12월에 이르러 처참능지 등의 형의 폐지령[행형(行刑)의 용교용포(用絞用砲)에 관한 건]이 공포 때까지 실제 계속이 되었다.

그뿐 아니라 소위 고문제도를 보라.

고문제도는 『경국대전』 이래의 제 법전에 법정되어 있던 당시에도 법정고문형은 '신장제(訊杖制)'의 일종이었다. 이것도 1904년(광무 9) 『형법대전』의 제도에 의하여 소위 '추급혁편제(箠及革鞭制)'로 전환되었다가(『형법대전』 100조 및 121조), 또 이것도 1907년(광무 11) 6월 27일에 공포한 '신문형에 관한 건' 제1조 "민사와 형사를 물론하고 소송 관계인에 대하여 고신(拷訊)함을 얻치 못함"에 의하여 엄금하고, 『형법대전』상의 법문도 융희 연간의 대개정 시에 삭제되었다[내지에서 고문제도가 법문상 금지된 것은 구 형법 실시일인 1882년(메이지 15) 1월

1일부터임].

그러나 실제의 고문 역사를 볼진대 고문 공인시대에는 법정 외의 가혹한 고문형이 있었다. 즉 (1) 태배형, (2) 압슬형, (3) 전도주뢰형, (4) 낙형, (5) 난장형, (6) 주장당문형 등이 그것인데, 이 법 외 고문형에 대해 영조시대에 제폐(除廢)의 교가 있었으나 실제로는 그 후에도 계속되었기 때문에 1894년 7월 9일의 의안으로 재차 법 외 고문 금지령이 내리게 된 것이 아닌가.

법률의 외피와 실제 운용 사이의 현격한 차이는 이조사회에서 이상형을 취할 수 있다. 필자는 이조사회의 형정의 실제를 회고하며 현금에 형정의 진보성을 더욱 통감하는 바이다. (완)

2. 민사령 개정 관련 기사

자료 26 | 《동아일보》, 1921. 11. 14, 2면 기사(뉴스, 정치)

민사령 중 개정 14일 제령 발포
民事令中 改正 十四日制令發布
민사령 중 개정 내용을 소개한 기사

△ 민사령 중 개정

조선민사령 중 개정할 건은 아래와 같이 11월 14일부 총독부 제령 제14호로서 12월 1일부터 이를 시행하는데, 그 개정 조항은 아래와 같다더라.

조선민사령 중 아래와 같이 개정함. 제11조 조선인의 친족 및 상속에 관해서는 제1조의 법률에 의하지 않고 관습에 의함. 단 친권(親權), 후견보좌인(後見保佐人) 및 무능력자(無能力者)를 위하여 설정한 친족령에 관한 규정은 다음의 한에 부재함.

제73조 중 실종을 친권의 상실, 재산관리권의 상실로, 실권(失權)은 취소, 금치산, 준금치산 및 실종으로 개정함.

부칙

본령은 1921년(다이쇼 11) 12월 1일부터 이를 시행함.

본령 시행 전에 생긴 사항에 대해서는 민법시행법 및 상법시행법 중 무능력자, 친권, 후견 및 보좌인에 관한 규정을 준용하고, 그 규정에 의하여 구법을 적용할 경우에는 조선의 종래의 예에 의함. 본령 시행 전부터 독립하여 상업을 경영하는 미성년자는 본령 시행의 일로부터 상업에 관한 성년자와 동일 능력을 가짐.

자료 27 | 《조선일보》, 1921. 11. 16, 석간 2면 기사(정치)

민사령 일부 개정에 대하여(2)
民事令 一部 改正에 就하여(二)
민사령 개정에 관한 설명과 민사과장 하라 마사카나에와의 대담 기사

△ 민사령 일부 개정에 대하여(2), 민사과장 하라 세이테이(原正鼎) 대담

대저 본 개정의 내용은 주로 제11조에 있고, 제13조의 개정은 제11조 개정의 당연한 결과임에 불과하다. 그리고 종래의 민사령 제11조는 조선인의 능력, 친족 및 상속에 관해서는 제1조의 법률(민법 등)에 의하지 않고 관습에 의한 취지의 규정이었는데, 개정 법문은 그 전단(前段) 본문에 있어 '능력' 두 글자를 삭제한 것임으로써 조선인의 능력에 관해서는 당연히 제1조의 원칙에 의하여 민법의 적용을 받게 되었다. 또 개정 제11조는 그 전단 본문에 있어 친족에 관하여 제1조의 법률에 의하지 않고 관습에 모두 의하는 뜻을 규정하였으나, 단서에는 무능력자의 보호기관되는 친권·후견·보좌인 및 무능력자를 위하여 설치할 친족회에 관한 규정을 본문으로부터 제외하여, 이들 무능력자의 보호기관에 관해서는 또 제1조 원칙에 의하여 민법의 적용을 받을 취지인즉, 결국 본 개정의 결과 능력 및 무능력자의 보호기관에 관해서는 일본인과 조선인 공히 실질적으로 법률제도를 동일하게 함에 이른 것이다. 본 개정을 행함에 당하여 일본 법제와 동일하게 할 여부에 대해서는 당초부터 심심한 고려를 비(費)한 바인데, 위에 서술한 중추원회의에 자문한 때에도 이 점에 이르러 다소간 논의가 있고 의원 중으로부터 특수한 규정을 설함에 대하여 의견 및 희망의 제출이 있으므로써 신중한 심의를 하였다. 현시 조선의 사회적 정세에 비추어 입법의 추세를 계(稽)하며 법제, 통일 등의 여러 점을 고찰하여 확정 법문과 같이 일본과 동일 철(轍)에 나오게 하는 최선의 책이라는 최후의 결정을 득하여 의결에 도착한 것이라.

나아가 개정 제도의 구 제도에 비하여 상이한 주요점을 약설하고 본 개정이 조선인의 재산의 보호상 및 일반거래상 또 재판수속상에 여하며 중요한 가치를 있음을 천명할진대, 조선의 관습에도 능력이 완전한 자와 불완전한 자를 구별하여 그 능력의 불완전한 자의 행위에는 법리상 완전한 효력을 부여하지 않는다. 또 이들의 자를 위하여 보호기관을 부여하는

제도가 있음은 명백하지만 과연 여하한 조건으로써 능력자와 무능력자의 차이를 인정할까 함에 이르러 명확하게 결여한 것이 있다. 더구나 성년의 도(度)를 인정하지 않은 결과로 연령으로 인한 무능력자, 즉 미성년자가 없고 사람의 능력의 유무는 전혀 사실문제가 되며 각인에 이르러 사실상의 판단에 의하여 그 유무를 결정할 것이 되었다. 이에 이르러 현금의 재판례도 또 사람의 능력에 이르러 각개의 소송사건에 있어 일일이 당사자의 신체·지능 발육의 상황을 심사한 후에 그 유무를 결정해야 될 현황이라. 그 번노(煩勞)는 대개 예상 외이며 하물며 또 이들 사실상의 판단되는 것은 재판 외에 있어 더욱이 적정 획일(劃一)을 기하기 어려운 경우가 없지 않은지라 왕왕 능력자를 무능력자로, 무능력자를 능력자로 삼는 판단을 내려 헤아릴 수 없는 손해를 입게 하는 우려가 있는 것이니 무능력자 보호상에 있어 결코 완전치 못함은 물론일뿐더러, 일반인에 있어서도 거래할 적마다 상대자의 능력에 대하여 심사를 할 필요가 있으며 또 자기의 판단이 타일 분쟁을 생한 경우에 과연 재판소의 판단과 일치할지 여부에 대하여 항상 위구하는 염려를 가질 수밖에 없다. 거래 안전은 가망외(可望外)라 하겠다.

  신 제도는 만 20년으로써 성세(成歲)로 하나 성년에 달한 자는 타에 무능력한 원인이 없는 한에는 모두 이를 완전히 능력자로 삼고, 만 20세에 달하지 않은 자는 이를 미성년자라 칭하여 모두 무능력자로 삼아 원칙으로 법정대리인(혹은 친권자 또는 후견인)에 의하든지 혹은 법정대리인의 동의를 득함이 없으면 완전히 법률행위를 하지 못한다. 단독으로 한 행위는 미성년자 및 그 법정대리인이 임의로 이를 취소함을 얻기로 한 것인데, 우선 신 제도는 이 성년제도의 확립에 관하여 연소자 보호의 확실, 거래의 안전재판, 수속의 간첩(簡捷)한 점에 있어 구 제도에 비하여 정(正)히 동일한 이야기가 아님을 알아야 한다. 도리어 또 이 성년의 제에 관하여 하나 주의할 것이 신 제도 시행의 현재 20년 미만이라도 구 제도에 의하여 심신이 정상적이어서 사실상 완전한 능력자로서 행동하는 자가 있음을 위의 설명에 의하여 이를 상상하기 어렵지 않다. 그리고 이들 구 제도에 의한 능력자라 할지라도 신 제도 시행의 때에, 즉 본년 12월 1일 현재에 있어 20년 미만일 시는 신 제도에 의하여 같은 날부터 무능력임에 이를 사(事)가, 즉 이에 따라 차등의 자가 신 제도 시행 전부터 소송의 당사자가 되어 시행의 제에 지난날 소송이 번속 중일 때에는 소송 수속의 중단을 생기는 것으로 하였으나, 위에 서술한 미성년자가 신 제도 실시 전부터 독립하여 상업을 경영하는 경우에 신 제도의 시행과 함께 일조(一朝)에 이를 무능력자라고 함과 같음은 그 영향하는 바가 심대하여 일반의 경우와 동일하게 논할 수 없는 고로, 특히 부칙에 위와 같은 자는 신 제도 시행 후는 그 상업에 관하여 성년자와 동일한 능력을 인정받을 뜻을 규정하였고, 다만 이로써 선의의 제3자에 대항하기 위함에는 상법 제5조 일률 적용에 의하여 상업등기부에 등기함을 요하게 하였도다.

자료 28 | 《동아일보》, 1921. 11. 17, 2면 기사(뉴스, 정치)

민사령 개정의 효과
民事令 改正의 効果
민사령 개정 효과에 대한 이승우 변호사와의 대담 기사

△ 민사령 개정의 효과, 변호사 이승우(李升雨) 씨 대담

금번 민사령이 개정되어 그긴 심히 불원전히던 조선의 민법도 점차 안전히 됨에 따라서, 제반 거래상 폐해가 백출(百出)하던 민법상 능력에 관한 법률상 행위에 대해서도 점차 명확한 제정이 생겨 금후 이들 폐해가 없기에 이르름은 실로 가희(可喜)할 일이라 하노라. 종래에 제반 거래상 폐해가 거듭 일어남은 물론이요 소송상 분쟁도 실로 적지 않았어도, 풍전(風癲)·백치(白痴) 등의 무능력자, 즉 미성년자의 법률행위에 대하여 민법상 명확한 제정이 없어 성년 추정 연령을 16, 17세 혹은 20세 등 각기 그 사람의 신체·지능 발달 여하에 의하여 임의로 판정하게 되어 소송상 분쟁은 물론이요 관청에 쓸데없는 번폐(煩弊)가 많았다 하였던바, 금번 이 법령이 개정되었으니 금후 이들 폐단이 점차 감소할 뿐 아니라 무능력자의 보호상 심히 편의할 줄로 생각하노라. 운운.

자료 29 | 《매일신보》, 1922. 11. 30, 3면 4단 기사

남자 17세 여자 15세 결혼법 무신고면 내연부부, 개정법이 불원간에 발포, 조선관습상 폐풍을 타파

男子十七歲 女子十五歲 結婚法 無申告면 內緣夫婦, 개정법이 불원간에 발포, 조선관습상 폐풍을 타파

조선 민사령의 개정 중에서 결혼 신고의 연령을 일본과 같이 남자 17세, 여자 15세로 제정하고, 내연의 부부가 되지 않도록 하는 방향으로 개정하는 취지의 기사

일본의 형사소송법의 개정과 화의법(和議法)의 제정 등에 관련하여 조선의 민사령, 형사령, 재판소령의 개정을 하게 되어 불일간 발령을 하는데, 형사령·재판소령은 형사소송법 등과 한가지 내부의 취급에 관한 것이나 민사령은 직접 민중과 깊이 교섭을 하는 것이라 민사령의 개정 중에서 특별한 것은 "종래 조선에서는 이혼의 원인을 인정치 않았지마는 이 뒤로는 이것을 인정하게 된 것은 아무쪼록 사회에 영향을 미치지 않도록 한 것이라."이다. 이번의 법령개정 중에서 제일 크게 영향을 미치는 것은 종래 신고가 없던 조선의 결혼에 대하여 신고를 하게 된 것이라. 이로부터 더한 안은 결혼 능력자의 연령을 일본의 현행법과 마찬가지로 남자 17세, 여자 15세로 제정한 것이라. 따라서 결혼으로는 결혼식만 하고 신고를 하지 않아도 좋은데, 이것도 하지 않고 신고가 없는 경우 결혼의 효력이 없고 전부 내연(內緣)[5]이 되는 까닭이라. 또 결혼 연령은 조선 관습상 종래 남자보다도 여자의 편이 나이가 많은 것은 전혀 폐풍이라. 개정법으로는 남자의 편이 많고 여자의 편이 나이가 적게 거슬려 된 일인데, 당국자는 "그러한 걱정할 만한 내연의 부부가 되지 않도록 주의할게요. 종래에 비하면 이번의 개정법이 어디까지나 일반에 이익과 행복을 많이 줄 것을 미리 알 것이라."라고 말하는데, 어떻든지 개정법이 발포되면 조선의 결혼법은 종래의 폐풍 많던 것이 아주 일소

---

5 내연(內緣): 법적인 혼인신고는 하지 않았으나 실질적으로 부부생활을 하고 있는 관계를 이른다. 일제하에서 아직 형식혼주의가 정착하지 못하여 혼인신고를 하지 않고도 부부생활을 하는 경우가 많았다. 조선총독부는 이를 시정하여 혼인신고를 반드시 제출하도록 함으로써 형식혼주의를 세우려고 하였다.

되리라더라.

자료 30 | 《동아일보》, 1922. 12. 7, 2면 기사(정치)[6]

민사령 개정 전문
民事令 改正 全文
민사령 개정 중 제11조의 내용 개정을 공포함

△ 민사령 개정 전문

조선민사령 중 개정의 건은 1911년(메이지 44) 법률 30호 제1조 및 제2조에 의하여 7일부로 아래와 같이 공포한다더라.

제령 제13호
제1조 중 제11호, 제12호 및 제16호를 아래와 같이 개정함.
    11. 파산법(破産法)
    12. 화의법(和議法)
    16. 삭제
제11조 조선인의 친족 및 상속에 관하여는 별단의 규정이 있음을 제한 외에 제1조의 법률에 의하지 않고 관습에 의함. 단 혼인 연령, 재판상의 이혼, 인지(認知), 친권(親權), 후견(後見), 보좌인(保佐人), 친족회(親族會), 상속의 승인 및 재산의 분리에 관한 규정은 그렇지 않음. 분가(分家), 절가재흥(絕家再興), 혼인(婚姻), 협의상의 이혼(離婚), 결연(結緣) 및 협의상의 파양은 이를 부윤 또는 면장에 신고함에 인하여 그 효력이 생김. 단 유언(遺言)에 의한 결연에서 그 신고는 양친(養親)의 사망 시

---

6 동일 기사: 《조선일보》, 1922. 12. 7, 석간 2면 기사(사회).

에 소급하여 그 효력이 생김.

제11조의 2. 조선인의 호적에 관해서는 제7조의 규정에 의함.

제11조의 3. 호적사무의 관장상 호적법 제1조, 제2조, 제4조 및 제7조의 규정에, 호적의 정정(訂正)에서는 호적법 164조 및 제165조의 규정에, 호적사건의 항고(抗告)에서는 호적법 169조 내지 제175조의 규정에, 과료(過料)의 재판에서는 호적법 179조의 규정에 의함. 단 호적법 중 시정촌장(市町村長)이라 서(書)함은 부윤 또는 면장으로, 시역소(市役所) 또는 정촌역장(町村役場)은 부청 또는 면사무소로, 구재판소라 서(書)함은 지방법원에 해당함.

제11조의 4. 호적사무는 부청 또는 면사무소의 소재지를 관할하는 지방법원의 원장이 이를 감독함. 호적사무의 감독에 대해서는 사법행정의 감독에 관한 규정을 준용함.

제11조의 5. 정당한 이유 없이 기간 내에 행할 신고 또는 신청을 행하지 아니한 자는 10엔 이하의 과료(科料)에 처함.

제11조의 6. 조선총독부가 정한 바에 의하여 부윤 또는 면장이 호적사무에 관한 기간을 정하여 신고 또는 신청의 최고(催告)를 행한 시에는, 정당한 이유 없이 그 기간 내에 신고 또는 신청을 행하지 아니한 자는 20엔 이하의 과료에 처함.

제11조의 7. 부윤 또는 면장은 아래의 경우에는 30엔 이하의 과료에 처함.

　일. 정당한 이유 없이 신고 또는 신청을 수리하지 아니한 시.

　이. 호적의 기재를 태만한 시.

　삼. 정당한 이유 없이 호적부, 제적부 또는 조선총독이 정한 바에 의한 열람을 허한 서류의 열람을 거절한 시.

　사. 정당한 이유 없이 호적 또는 제적된 호적, 호적등본·초본 또는 조선총독의 소정에 의한 교부할 증명서의 교부를 하지 아니한 시.

　오. 기타 호적사무에 대하여 직무를 태만한 시.

제11조의 8. 호적의 기재를 요하지 아니할 사항에 대하여 허위의 신고를 행한 자는 1년 이하의 징역 또는 100엔 이하의 벌금에 처함.

제11조의 9. 제11조의 3. 및 제11조의 4.에 규정한 자 외에 호적부, 호적의 기재수속, 신고, 기타 호적에 관한 필요한 사항에 대해서는 조선총독부가 정한 바에 의함.

제38조 삭제

제72조 중 '및 1890년(메이지 23) 법률 32호 제1018조에 의한 경매'를 삭제함.

제73조 제1항을 아래와 같이 개정함.

> 인사소송수속법 제10조 및 제11조의 규정은 인사에 관한 소송으로 하여 인사소송수속법에 규정이 없는 것에 대해서는 이를 준용함.

부칙

본령 시행의 기일은 각 조에 대하여 조선총독이 이를 정함.

본령 시행 전에 생긴 사항에 대해서는 민법시행법 중 이혼, 상속의 승인 및 재산의 분리에 관한 규정을 준용함.

자료 31 | 《동아일보》, 1922. 12. 19, 2면 기사(사회)[7]

개정된 민사령 및 호적령의 요지(3)
改正된 民事令及戶籍令의 要旨(三) - 法務局原民事課長談
개정된 민사령과 호적령의 요지를 설명한 법무국 하라 민사과장과의 대담 기사

△ 개정된 민사령 및 호적령의 요지(3) - 법무국 하라(原) 민사국장 대담

(전략)

제2. 조선인의 친족상속에 관한 사항

민사령에 이르러서는 그 제정 당시에 조선인의 능력, 친족 및 상속에 관한 사항은 민법 및 기타 법률에 의하지 않고 모두 조선의 관습에 의하도록 이를 정한 것이나, 조선과 일본 간에 사정을 달리한 10여 년 전의 입법으로는 지당한 조처라 할 수 있었다. 그러나 이래 조

---

[7] 동일 기사: 〈민사령 및 호적령(3)〉, 《조선일보》, 1922. 12. 19, 석간 2면 기사(정치).

선의 문화는 장족의 진보로 발달하여 능력, 친족 및 상속에 관한 관습도 자연 그 영향을 받아 변개함이 많고, 혹은 구 제도와 관습을 유지하기 부적당함에까지 이른 것과 혹은 불가불 신 제도를 요할 것도 있어 이같이 전연 새로 발생한 사항에 관해서는 이를 규율할 하등의 관습도 없으므로 도저히 종래의 관습에 의하여 통용하기 불능하며 또 시세에 부적당함이 많으므로, 당국은 이에 느낀 바가 있어 1918년(다이쇼 7)에 개정조사위원회를 처음 설치하고 그 조사에 착수하여 각반의 관습 중 조선 고래의 관습이라도 존중할 것은 이를 존중시하는 동시에 다른 면으로는 그 관습이 현재의 사회제도에 적당하지 못하거나 또는 관습에 없는 사항에 대해서는 신 제도의 수립을 필요로 할 것의 유무를 조사하게 하였다. 그리고 이들 관습에 대신할 신 제도의 창정에는 일본과 조선의 법제의 통일을 명확히 하기 위하여 일본법을 조선인에게 적용함에 대한 가부 여하도 고찰한 후 신중한 심의를 거쳐 다시 일의 완급 순서를 계산하여 먼저 제1차로 작년 말에 민사령의 종래 규정에 개정을 가하여 인의 능력과 무능력의 구별을 명료히 하고 또 무능력자 보호를 완전하게 하기 위하여 민법 중 능력자, 친권자, 후견인, 보좌인, 무능력자에 관한 친족회 규정을 조선인에게 적용하게 하여 이에 성문상의 신 제도를 수립한 것이나, 금번의 개정은 다시 그 범위를 확장한 것으로 민법이나 기타의 법률 중 혼인, 연령, 재판상의 이혼, 사생자의 인지, 일반 친족회의 상속의 승인 및 재산의 분리에 관한 규정을 조선인에게 적용하게 하였고, 오히려 분가, 절가재흥, 혼인, 협의상 이혼, 양자 및 협의상의 파양 등 신분상의 법률행위는 부윤 또는 면장에 계출함으로 인하여 그 효력을 발생하게 할 일을 정한 것이다.

그리고 이 신 제도 중에는 상술한 취지로 종래의 관습을 변개한 것도 있고, 또는 관습상 없었는데 전연 신 규정을 설정한 것도 있으므로, 이하에는 그 신 제도의 중요한 점에 대하여 약설하고자 하노라. (미완)

자료 32 | 《조선일보》, 1922. 12. 20, 석간 2면 기사(정치)

민사령 및 호적령(4)
民事令及戶籍令(四)
민사령 및 호적령에 관한 개정 요지를 설명한 연재 네 번째 기사

△ 민사령 및 호적령 개정(改正) 요지(要旨)

1. 혼인 연령이라고 말하는 것은 남녀가 법정상 유효한 혼인을 함에 적당한 연령의 제한의 것이나 조선에서는 금일 일반이 이 연령에는 관습상 정한이 없는 자로 인정되어 따라서 일반이 조혼의 풍이 치성(熾盛)한데, 근년 교육 보급의 결과 점차 풍습이 개혁하는 중인 듯하나 단연 이를 근저로부터 개정할 동기가 없으므로 이제 오히려 구습에 의하여 조혼하는 자가 적지 않고 그중에는 심히 극단의 조혼도 있는 듯한지라. 그러나 하등의 연유로 이와 같은 조혼을 하지 않으면 아니 될 필요가 있겠으나, 오인은 그 이유에 대하여 굳이 합리적인 설명을 청하였음이 없을 뿐 아니라 반대로 식자의 간에는 그 폐해에 대하여 십분의 이해가 있는 것이라. 조혼은 그 일신일가에 미치는 해독이고, 이를 크게 말하자면 사회국가에 미치는 폐해에 내하여는 현재 다시 첩첩(疊疊)을 필요로 하지 않는 일이라. 더군다나 문명 제국 중 어느 나라든지 혼인의 연령에 제한을 설하여 조혼에서 생기는 폐해의 예제(刈除)를 시(試)하지 아니하는 자가 없는 것이라. 지금 우리 조선에서도 위정자는 빨리 조혼의 폐해를 인하고 법령으로써 허혼(許婚) 연령에 제한을 가하였음은 일재(一再)에 부지(不止)하는 것이라. 즉『경국대전』,『대전회통』,「개국 503년 의안」및「1907년(융희 원)의 조칙」등에 허혼 연령의 일이 명료히 규정되어 있으나, 불행히 엄금되지 못하고 필경 금일의 습을 성함에 이른 것이라. 1915년(다이쇼 4) 이 폐습의 개선을 촉진하는 취지로 관통첩을 발하여 민적의 취급상 만 17년 이상의 남 및 15년 이상의 여 사이의 혼인은 그 신고를 수리하지 아니하기로 한 것이나, 이는 단순히 민적 취급상의 준칙에 불과한 것이므로 이로써 혼인 연령에 관한 법령이 있는 것이라고 함은 불능한 고로, 차제 법령으로써 적당한 혼인 연령을 정하여 종래의 폐습을 일소(一掃)하는 것이 국가 영원의 책이라고 말할지라.

다음에 기(起)하는 것은 그러하면 그 혼인 연령을 정하는 표준이 문제이나, 이는 어디까

지나 남녀의 육체 및 정신이 혼인의 수용을 감당할 정도에 발송한 것으로써 표준을 삼을지라. 그러나 이 표준은 인종, 국정, 풍토에 의하여 자연 상위(相違)되지 않으면 아니 될 터인 것이나, 민법은 여러 종의 방면에서 신중한 연구를 성취하고 또 문명 제국의 남(男) 입법을 참작하여 남 17년 이상, 여 15년 이상으로써 남녀 혼인을 함에 적당한 제한 연령으로 정한 것이라. 그러면 조선인의 혼인 연령은 여하히 정하면 적당하겠는지 개정 민사령은 결국 이를 민법과 동일하게 정한 것이나 이는 결코 만연 민법에 모방한 터가 아니요, 아래에 기술한 2개의 이출(理出)에 기한 것이라. 즉 하나는 인종, 기후, 풍토 및 관습을 비교하여 혼인 연령을 정함에 있어 조선인과 일본인을 구별할 특별한 사정이 존재치 아니할 일, 다음 두 번째는 전술한 융희 원년의 조칙에서 이미 조선인의 허혼 연령을 남 17년 이상, 여 15년 이상으로 명정(明定)한 것이라. 대개 금일 허혼 연령을 정함에 있어 이 표준에 칙(則)하였다고 말함은 참으로 적당한 일로, 상응하는 어떤 사람이든지 이론(異論)이 없을 줄로 믿는 바이라. 필경 실시한 후는 남 17년 이상, 여 15년 이상의 자가 아니면 법률상 유효한 혼인이 불능하고, 설사 혼인하더라도 무효로 법률은 이를 부부로 인정치 않고 따라서 그동안에 자가 생기더라도 그것은 적출자가 아니 되는 것이라. 오히려 이 점에 대하여 일언을 부가하고자 하는 것은, 앞서 서술한 바와 같이 현행 민적의 취급 수속에 있어서도 취지는 약간 다르나 같이 남 17년 미만, 여 15년 미만의 자의 혼인신고는 이를 수리치 않고 또 그동안에 생긴 자는 적출자(嫡出子)로 취급하지 아니하기로 된 고로, 이 결과로 보면 개정 전후에 의하여 하등의 다른 점이 없고 단순히 개정 전은 민적상의 문제이던 것이 금후는 실체법상의 문제가 된 관계에 불과한 것이라. 본년 춘경(春頃)인 듯 기억하나 모 지방에서는 민사령 개정 후는 혼인 연령은 남녀 만 20년으로 정하고 다음 혼인은 일정한 혼인장에서 일정한 요금을 납부하여 거행함을 요하고 이에 위반하면 엄벌에 처하는 풍설이 행하여 이에 미혹하여 졸연히 혼인하는 연소자가 격증한 것을 전문(傳聞)하였으나, 유언비어도 이와 같게 되면 철저한 것이라. 말하는 자, 믿는 자가 모두 실로 언어도단이라 말하지 아니치 못할지라.

자료 33 | 《동아일보》, 1922. 12. 29, 2면 기사(사회)

개정된 민사령 및 호적령의 요지(12)
改正된 民事令及戶籍令의 要旨(十二) – 法務局原民事課長談

민사령 및 호적령에 관한 개정 요지를 설명한 연재 열두번째 기사

△ 개정된 민사령 및 호적령의 요지(12)-법무국 하라(原) 민사국장 대담

그 사실과 민적과를 일치하기 위하여 신분상의 변경이 있는 때에는 반드시 신고를 할 의무를 과한 것이나, 상술한 각종의 신분상의 변경에 대한 개정의 신청은 혹은 사실의 보고가 아니오, 그 신청에 의하여 비로소 신분상의 변경이 있게 되는 사례가 있다. 예를 들어 남녀가 1월에 화촉의 전(典)을 거행하였으나 그 신청을 행하지 않으면 언제든지 혼인의 효력이 발생하지 않고 따라서 법률상 부부라고 인정하지 못하며, 만약 3월 1일에 이르러 그 신청을 하였다 하면 3월 1일에 비로소 그날로부터 시작하여 부가 되며 처가 되는 관계가 있게 되는 것이다. 고로 혼인이나 기타의 신분상 법률행위를 강제하지 아니하는 동일한 이유로 금번에 그 신청을 당사자의 의무로 하였다. 그러므로 이를 태(怠)하면 그 효력이 발생치 아니하므로 실시에 불측(不測)의 지이(齟齬)를 일으켜 종종 불이익을 몽(蒙)치 아니치 못할 것이므로 당사자는 이후 일층의 주의를 요할 필요가 있다.

이상은 지금 개정에 의하여 새로 정한 성문법상의 신 제도이오, 이 외 작년 말 개정의 때에 설정한 능력 및 무능력자의 보호기관에 관한 제도 이외의 친족상속에 관한 사항은 의연히 조선의 관습에 의하여 지배될 것이다. 그리고 이들의 보존된 관습상 제도는 모두 다 완전한 것이라 말하기 불능하면 또는 금일의 시세에 적응치 못할 것이라고 말하기 불능하다. 대저 관습이라는 것은 성문법상의 제도와 상이하여 고정적인 성질을 가지지 않고 시세의 추이에 따라 점차 변천하며 진보하는 것이므로 이와 같이 시세의 추이 발달에 수반치 않고 실생활에 순응하지 못한 때에 비로소 개정의 문제가 생기는 것이다. 그러므로 먼저 민사령 개정 후로는 처의 고유의 성(姓)을 버리고 부성(夫姓)에 따른다는 풍설까지 유행하여 일부 간에 의론이 있다 하나 이는 오전(誤傳)이다. 성은 일본인의 씨라는 것과는 상이하여 가의 명칭이 아니오 혈통의 명칭이므로 혼인을 하였다 할지라도 그 성을 변경할 이유가 없다. 고로 현

재 성의 이동을 인정하는 관습이 절무(絶無)하므로 이들 관습의 변개는 용이한 것이 아니다. 고로 서양자 및 입부혼인(入夫婚姻)의 제도를 설정함에도 자못 문제를 일으켰으나 이는 종종한 점이 많으므로 타일의 기회에 양보하노라. (미완)

> **자료 34** | 《동아일보》, 1923. 5. 21, 2면 기사 (기획/연재, 사회)
>
> ## 정무총감 훈시(4)
> **政務總監訓示(四)**
> 정무총감의 훈시를 설명한 네 번째 기사

조선민적에 관한 제도는 여러 차례의 변천을 거쳐 금일에 이르렀으나 오히려 불비한 점이 많아 원활한 운용을 기하기 어려우므로 금회 조선인의 상속 친족에 관한 법규의 개정을 하는 동시에 민적법을 폐지하고 호적령을 발포하여 가까이 실시를 보게 할 터인바, 본 제도는 조선의 관습 및 기타 특수한 사정을 제외한 외에 모두 일본 호적법에 의거하였고, 이의 직접 감독은 재판소의 권한에 속하였으나 그 사무는 부·면으로 하여금 취급하게 하였으므로 제군은 이원(吏員)을 지도하여 속히 취급에 습숙(習熟)하게 하여 법규의 운용상 유감이 없기를 바라노라. 오히려 한마디 하고자 함은 현 총독은 종래 중앙집권의 주의를 고쳐 크게 지방장관의 권한을 확장하게 하였으므로 따라서 제군의 책임도 자중하였은즉, 이들 처리에 대하여는 일층 신중히 하리라 믿으나 이중 판임관 이하의 선서(選敍)는 제군의 전행(專行)에 속하였으므로 그 선임에 대하여는 충분히 용력하여 정실이 개입하는 것 같음이 없게 하고 또 상벌을 명확히 하여 능력자, 근면자 등을 등용하고 그렇지 않은 자는 물리쳐 믿음으로 무리를 통솔하고 각근정려로써 봉공의 성을 드러내도록 독려하기를 절망하노라. (하략)

자료 35 | 《동아일보》, 1923. 6. 30, 2면 기사 (사회)

개정된 호적제도의 요점에 대하여(속)
改正된 戶籍制度 要點에 就하여(續)
개정된 호적제도의 요점에 관한 미야모토 민사과장과의 대담 기사

△ 개정된 호적제도의 요점에 대하여(속)-미야모토(宮本) 민사과장 대담

종래 조선의 관습으로 혼인은 그 거식(擧式)을 성립요건으로 하여 거식만 있으면 혼인은 유효하게 성립된 것으로 인정하였으며 기타 협의상 이혼, 입양, 협의상 파양, 인지, 분가, 절가재흥 등은 사실상 의사표시가 있으면 이에 법률행위는 유효하게 성립된 것으로 하여 민적법은 이들의 법률행위를 일정한 자가 신고할 의무가 있다 하였으나, 혼인의 거식은 대세적 공시방법으로 충분하지 못할 뿐만 아니라 증거로도 확실하지 못하며 또는 협의상 이혼 등과 같이 하등 의거한 방식이 없으므로 과연 성립하는지의 가부가 실로 확실하지 못한 바이라. 이와 같은 방식은 복잡한 금일 사회생활에 적응하지 못하다 인정하였으므로 개정 호적제도의 확립에 수반하여 인지에 대해서는 민법의 규정에 의하게 하고 분가, 절가재흥, 혼인, 협의상의 이혼, 입양 및 협의상의 파양에 대해서는 직접으로 규정하여 모두 계출(屆出)에 의하여 효력을 생기게 하였으며. (미완)

자료 36 | 《동아일보》, 1923. 7. 3, 1면 기사 (사회)

민사령 개정과 혼인예약을 논함(1)
朝鮮民事令 改正과 婚姻豫約을 論함(一)
민사령 개정과 혼인 예약에 관한 손치은의 투고 기고문

△ 민사령 개정과 혼인예약을 논함(1)-도쿄에 있는 손치은(孫致殷) 기고

(2) 조선의 혼인제도

조선에서는 금년(1923) 6월 30일까지는 사실혼인주의의 적용을 받게 되었고, 7월 1일부터는 법률혼인주의의 적용을 받게 됩니다.

상고시대의 법규는 말하지 않고 이조시대의 법규로는 『경국대전』, 『대전통편』, 『대전회통』, 『형법대전』 등의 8, 9종의 법규가 있었고, 근대에 와서는 호적을 작성하였으나 전기 법규에 특별히 혼인의 성립, 즉 유효 요건을 요구한 구절이 없는 듯합니다. 또 소위 호적의 작성은 속담에 인구성책이라 하여 인구의 기하(幾何)를 알려 함이 주된 목적이었습니다. 다시 말하자면, 우리는 사실상 혼인, 즉 연령의 여하도 관계없이 혼례식만 거행하든지 혹은 부부라 칭하고 부부로 인정할 만한 행동만 하면 법률상 완전한 부부가 되고 인족(姻族) 관계가 발생되었습니다. 자못 그 행동으로써 혼인을 성립, 즉 유효하게 해도 무방할까 아니할까 하는 것은 오직 관습과 사회통념에 비추어 보았을 뿐이었습니다. 이러하던 중에 1912년(메이지 45) 4월 1일, 현행 조선민사령 시행일이라는 날부터 조선민사령이라는 제령의 적용을 받게 되었습니다. 같은 제령 제1조에 말하기를 민사에 관한 사항은 "본령 및 기타 법령에 특별한 규정이 있는 경우 외에는 좌의 법률에 의함"이라 하였고, 그 제2항 제1호에 민법을 기재하였습니다. 즉 그 제령 및 기타 법령에 특별한 규정이 없었으면 적부는 고사하고 혼인에 대하여 당연히 메이지 민법 제775조의 주의(일본 민법 제755조의 내용과 효력이 상기 제령의 내용과 효력이 되었던 것임)의 적용을 받아 혼인의 성립에는 형식적 조건이 있게 되었을 것이올시다. 즉 우리에게 오랫동안 적용되던 사실혼인주의제도가 법률혼인주의제도로 변경되었을 것이올시다. 그러나 같은 제령 제11조에 말하기를 제1조의 법률 중 능력, 친족 및 상속에 관한 규정은 조선인에게 이를 적용치 아니함(동조 제1항), 조선인에 관한 사항에 대해서는 관습에 의함(동조 제2항)[동 제11조는 1921년(다이쇼 10) 제령 제14호로서 개정되었으나 혼인에 관한 의미에는 변경이 없기에 개정전의 원문을 역기(譯記)함]이라 하였습니다. 즉 이 제11조의 전문이 동 제령 제1조에 말한 본령의 특별한 규정에 해당하였습니다. 따라서 변경될까 하던 혼인제도가 도로 사실혼인주의의 제도로 있게 되었습니다. 그러나 사회의 진운과 형식주의의 법률사상이 보급되는 주의의 환경은 사실혼인주의로서 불편하게 생각하는 점이 많았습니다.

자료 37 | 《동아일보》, 1923. 7. 4, 1면 기사(사회)

민사령 개정과 혼인예약을 논함(2)
朝鮮民事令 改正과 婚姻豫約을 論함(二)

민사령 개정과 혼인예약에 관한 손치은의 투고 기사 두 번째 연재물

△ 민사령 개정과 혼인예약을 논함(2)-도쿄에 있는 손치은(孫致殷) 기고

(전략)

갑. 개정 전의 제11조 전문[제11조의 전문 전출 참조] 그중 친족이라는 용어에 혼인제도가 포함됨.

을. 개정 후의 제11조 전문 조선의 친족 및 상속에 관해서는 별단의 규정이 있는 것을 제외한 외에 제1조의 법률에 의하지 않고 관습에 의함. 단 혼인 연령, 재판상 이혼, 인지, 친권, 후견, 보좌인, 친족회, 상속의 승인 및 재산의 분리에 관한 규정은 그렇지 않음.

(동조 제1항) 분가, 절가재흥, 혼인, 협의상 이혼, 입양 및 협의상 파양은 이를 부윤 또는 면장에게 계출하므로 인하여 그 효력이 생김. 단 유언에 의한 입양에서 그 계출은 양친(養親)의 사망 시에 소급하여 그 효력이 생김(동조 제2항 전출 일본 민법 제775조 참고). 신구 민사령 제11조를 대조하여 일관하면 누구든지 혼인제도가 변경된 것임을 알 수 있습니다. 즉 구 민사령에는 혼인제도를 일반 친족제도와 같이 관습에 의하여 행할 것을 명언(明言)하였습니다. 신 민사령에는 이와 반대로 관습에 의할 친족제도 중 특히 혼인제도에 관해서는 단 서(書)로 발출(拔出)하여 동령 제11조 제1항 본문의 소위 별단(別段)의 규정을 만들었던 바였습니다. 환언하면, 구 민사령 제11조는 사실혼인주의를 선명(宣明)한 것이요, 신 민사령 제11조 제2항은 법률혼인주의를 선명한 것이올시다(신 민사령은 다음 7월 1일부터 시행될 듯함. 동령 부칙 제1항 조선호적령 제218조 제1항 지난 4월 20일부 각 도지사 완(宛), 법무국장 통첩 참조). 이러하므로 금년 7월 1일 이후부터는 조선 청년남녀 중에는 혼인예약 문제로써 경제상으로나 정신상으로나 적지 아니한 고통을 받을 이가 속출될 것은 명약관화일 줄 믿습니다. 그중에도 여자의 최고 명예로 아는 정조유린에 대한 복구책을 천일(天日)에 읍소할 여자도 적지 아니할 것이올시다. 청년남녀 자신보다도 그의 부형되신 이의 특별한 주의가 필요한 점이올시다. 즉 우리

가 지금까지 내오던 경험과 관습상 당당히 부부이겠지마는 이후로는 부윤이나 면장에게 혼인의 계출을 않으면 부부가 아니올시다. 따라서 간음(姦淫) 행위에 대해서도 간통죄(姦通罪)라는 문제가 발생되지 아니합니다. 또 일방이 살기 싫다 할지라도 하등의 이혼문제가 발생되지 아니합니다. 자못 남는 문제는 혼인을 약속한 결과물의 질적 혹은 정신적으로 당한 다른 방법의 손해배상 문제뿐이올시다.

자료 38 | 《매일신보》, 1926. 6. 23, 1면 1단 기사

가족제도상 합리적 개정이다-마쓰데라(松寺) 법무국장 대담
가족제도상 합리적 개정이다-松寺 법무국장 담

조선총독부 법무국장 마쓰데라 다케오(松寺竹雄)가 조선의 가족제도 중에서 처가 부의 성을 따를 것을 주장하는 내용으로, 일본의 민소법 개정에 따라 조선민사령 개정의 필요성을 강조한 대담 기사

처가 부의 성을 따를 것에 대해서는 지난해 중추원 회의에 자문하였던바, 일부의 반대론이 있었으나 필경 다수의 찬성으로 가결된 것이다. 언제 원래 조선에는 처의 성이 부와 상이한 것이 일종 관습이다. 그러나 이 관습만은 불합리한 점이 많으니, 우선 일가 내에 있는 부부가 재산을 소유하는 때에 등기부상에 표시된 것이 우선 그 성이 상이하고 또 비근한 예로 부부가 여행을 하더라도 숙박부에는 별개의 가족과 같이 오인되기 쉬운 것이다. 그리고 사실에 있어서는 이 관(貫)이 철저하게 이행되지 못하고 오히려 '부(夫)'에 종(從)'하는 예도 적지 않으나 '하하(何何) 조이(召史)'이라던지 또는 '하하(何何) 공부인'이라든지 하는 것은 전부 부의 성을 지칭하는 것, 아직 이것을 부처에 구별 없이 통일하는 것은 오인(吾人)의 일종 생활상 필요에 적절한 것이라 할 것이다. 그러므로 본국(本局)에서는 이를 실시하고자 법규를 개정하랴 할 제, 적절히 일본의 민소법(民訴法)이 개정될 기운(機運)에 있으므로 조선민사령을 개정할 시에 통할하여 이 관습을 개정하라고 중지하였던 것인데, 개정 민소법도 오히려

다음 17년(1918)부터 실시하게 되었으므로 목하 조선민사령도 개정 준비 중인데, 동 초안에는 이를 가입하게 되었다. 그 실은 이와 같은 관계로 실시 기일이 지연되었으나 17년부터 어긋나지 않게 실시될 줄로 생각된다.

자료 39 | 《매일신보》, 1926. 6. 23, 1면 2단 기사

세계적 공통법-박승빈(朴勝彬)씨 대담

세계적 공통법-朴勝彬 씨 담

처의 성이 부의 성을 따르는 것은 세계적 공통법이라고 하면서 일본 관습을 그대로 이식한다고 볼 수 없다는 박승빈의 대담 기사

처의 성이 부의 성과 다른 것은 지나(중국)의 유풍을 계승한 것이니 세계 각국 중 조선만 제외하고는 전부가 다 부성(夫姓)에 따르는 것인즉, 조선도 그 같이 되는 것이 당연한 귀결이겠지요. 물론 이에 대해서는 반대의견을 가지는 자가 있을 것이다. 그러나 이 같은 관습은 이를 법률로써 변혁하더라도 하등 폐해가 없을 뿐아니라 오히려 일상생활에 간편한 실익이 많을 것은 반대론자도 긍정하는 바이다. 이것을 단순히 일본 관습을 그대로 이식한다고는 볼 수 없다. 세계적 공통관습을 우리 조선이 지금 겨우 수종(隨從)하는 것이다. 그리고 조선에서도 벌써부터 실제에 들어서는 부성을 따르는 예가 많으니 무슨 부인이니 무슨 소사이니 무슨 여사이니 하는 것은 대개 그 남편의 성을 관칭(冠稱)하는 것이 많이 유행되는 중인즉, 부인계에서도 환영할 터이지오. 그러나 잘못 생각하면 여권을 무시하고 성까지 박탈하였다고 반대나 아니 일어날까요? 하하.

자료 40 | 《매일신보》, 1926. 6. 23, 1면 3단 기사

미래의 습관-김보옥(金寶玉) 여사 대담
미래의 습관-金寶玉 여사 담

수천 년 동안 내려오는 관습으로 부부의 성이 각기 다른 것이 미래에는 부의 성을 따르는 것으로 바뀐다면 도리어 새로운 습관이 될 수도 있다는 김보옥 여사의 대담 기사

    수천 년을 내려오는 관습인 고로 다소간에 섭섭한 것도 같고 어쩐 일인지 불합리한 듯도 하여 일종 망발인 감도 없지는 않습니다. 그러나 사실로 부부의 성이 각이(各異)한 지금에는 불편한 경우도 적지 않을 것이올시다. 그러고 전부터 저는 생각한 바가 있는데, 설사 남편이 이씨요 아내가 김씨인 경우에 부부 사이에 출생한 자녀의 성은 이씨로 쓰니, 이씨와 김씨 간에서 출생한 자면 이금(李金)씨 혹은 김이(金李)씨가 되어야지 어찌하여 이씨가 되는가? 그런데 여자가 출가하면서 남편의 성을 쓰면 결국 이씨의 자녀가 이씨, 김씨의 자녀가 김씨로 될 것이올시다.

자료 41 | 《매일신보》, 1926. 7. 19, 1면 1단 기사

구미의 예를 모방하여 가사심판법을 제정
歐美의 例를 模倣하여 家事審判法을 制定

최근 인사소송에서 가사쟁의에 속하는 이혼, 파양, 기타 상속 등에 관한 사건이 격증하므로 일본에서처럼 가사심판법 시행에 따라 조선의 소송에도 적용하겠다는 내용을 마쓰데라(松寺) 법무국장의 대담으로 확인하는 기사

△ 구미의 사례를 모방하여 가사심판법을 제정

최근 인사소송 중 가사쟁의에 속한 이혼, 파양 및 기타 상속 폐제 등에 관한 사건이 격증함에 따라 사법당국에서는 예를 구미선진국에 모방하여 가사심판법이라는 단행법을 제정하여 보통 인사소송(人事訴訟)이나 비송(非訟) 사건과 분리하여 심의의 정확을 기하는 동시에, 종래 공판공개주의를 배격하고 비공개주의를 취하여 사회의 질서와 가정의 도덕을 유지하려는 계획을 품고 이래 조사심의를 진행하던 중 재야 법조계의 의견 구신(具申)도 집계하였으므로 다음 52번째 의회에 정부법률안으로 제출되리라는데, 동 법안이 가결·확정되는 때에는 조선에도 당연히 적용하게 될 것은 근래 조선의 이혼수송이 연년(年年)히 격증하는 현상에 감(鑑)하여 의심하지 않을 바이라 하겠더라.

△ 조선 내에도 물론 적용한다-마쓰데라(松寺) 법무국장 대담

일본 사법당국에서 가사심판법을 제정할 계획이 있는 것은 이미 수년 전의 일이올시다. 원래 인사소송 중 이혼소송이든지 또는 파양소송과 같은 것은 현행법이 구미 선진국에 비하여 큰 결함이라 할 수 있습니다. 특히 공판공개주의는 이같은 특수 소송에도 당연 적용될 터이므로 형편에 의하여 가정의 비밀을 세간에 공포하게 되어 가족제도 내지는 사회의 질서와 도덕을 무형적으로 해하는 혐(嫌)이 없지 않음은 현 제도의 대불비(大不備)라 할 수 있으니, 당국에서 다음 의회에 가사심판법을 제안하고자 하는 이유도 또 이에 있다 할 수 있습니다. 그런데 조선에도 동 법을 시행할 여부에 대해서는 지금 그 법문의 내용을 상세히 보지 못하였으므로 법안 전부를 시행할지 또는 조선에 필요한 조항만 이를 시행할지는 아직 확

언하기 어렵다. 하여간 동 법이 조선에도 시행될 것만은 의심할 바가 없으니 이는 최근 조선의 인사소송에는 이혼사건이 그 대부분을 점하는 소이(所以)이외다. 그리고 금번 사법당국이 취한 가사심판법이 북미합중국법을 모체로 하였는지 또는 구주대륙법에 방(倣)하였는지 불명하나 북미법은 주로 이혼소송에만 적용되는 것이외다.

자료 42 | 《매일신보》, 1926. 7. 19, 1면 1단 기사

속히 실현을 열망, 조선의 특수관습도 참작하여-변호사 이인(李仁) 씨 대담
速히 實現을 熱望, 朝鮮의 特殊慣習도 參酌하여-변호사 李仁 씨 담

인사소송 중 이혼소송 또는 가독·상속소송 등 가정의 쟁송에 대해 조선에서는 친족 및 상속에 특수한 관습이 있을 터인즉, 이를 참작하여 시행해야 한다는 변호사 이인의 주장

일본에서는 이미 수년 전부터 가사심판법 제정에 대한 조사심의를 진행하여 재야 법조계의 의견까지도 청취함으로써 다음 의회에 제안하기로 내정되었다고 전하는데, 동법의 목적은 인사소송 중에도 이혼소송이라든지 또는 가독·상속소송과 같은 한 가정의 쟁송을 사회에 누시(漏時)하지 않고 이를 심판하여 가정의 평화를 유지하려 함인즉, 특히 가족제도를 중시하는 우리 사회에 법이 일일이라도 속히 실현되기를 간망(懇望)하는 바이다. 그런데 조선은 친족 및 상속에 특수한 관습이 있을 터인즉, 법무 당국은 반드시 일본의 태도만 고면(顧眄)할 것이 아니라 조선으로서 취할 바가 있을 터인데, 하등 이에 대한 조사·심의가 없는 것은 심히 유감이다. 당국의 태만에 대해서는 오인(吾人)이 항상 불복을 제창하는 터이다. 고로 당국은 차제에 이에 관한 조사를 급히 진행하여 조선에도 동 법을 시행하도록 하기를 바랄 뿐이다.

자료 43 | 《매일신보》, 1927. 6. 27, 1면 3단 기사

법조계의 명성이 함집하여 희유의 대논전 개시, 민사령과 신문지법 개정 요구, 전선변호사대회 초일
法曹界의 明星이 咸集하여 稀有의 大論戰 開始, 民事令과 新聞紙法 改正要求 全鮮 辯護士大會 初日

전선변호사 대회에 관한 동정 및 관련 법조인 소개 기사

　　전선변호사대회는 예정과 같이 6월 26일 오전 9시 반 경성공회당에서 전선변호사 130여 명이 출석하여 성대히 개최하였는데, 내빈으로 마쓰데라 법무국장, 경성복심법원장 외 목하 사법관회의 출석차로 입경한 각지 법원장 13명, 구사바 경성복심법원장 외 검사장 2인, 경성지방법원 검사 정 외 10인, 사법성 서기관장 시마(島毅)·이와무라(岩村通世) 양씨와 도미나가(富永) 총독부 보안과장, 토시(土師) 경기도 경무부장, 미즈노(水野) 법무과장 등 다수 사법 관계 관리가 열석한 후 다카하시(高橋章之助) 씨(경기변호사회장)가 개회를 선언하고, 개회사에 대신하여 본회를 개최하기에 이르기까지 경과 및 각지에서 제출한 의안을 취사함에 대하여 승인을 구하고, 원사법대신으로부터 사사키(佐佐木) 변호사에게 주는 서한 중 사법관회의에 식민지 변호사 회장을 열석하게 하자는 의향의 서신을 낭독하고 다케오(武尾) 씨의 발의에 의하여 의장선거에 들어가 동 씨의 지명으로 다카하시 씨를 제1일 의장으로 이승우(李升雨) 씨(경성변호사회장)를 제2일 의장으로 추천하여 이에 전선변호사대회의 성립을 고하고, 즉시 의안의 검토에 옮겨 마쓰모토(松本寬) 씨로부터 사법제도 개선의 건에 관하여 그 의견을 진술하고, 차에 정구영(鄭求英) 씨(경성)로부터 재판소 검사국의 직원을 증원할 일에 대하여 현재 조선 내의 재판소 검사국의 직원 수를 보면 판사 183인, 검사 75인, 서기·통역생을 합하여 664인으로 매년 증가하여 가는 다수의 민·형사를 취급하기에는 너무 인원이 부족하여 사무의 민속(敏速)을 기하기 어렵다는 의견을 말하여 재판소 검사국의 직원 증원을 역설, (중략) 이승우 씨 등은 조선인 친족·상속에 관한 성문법을 속히 제정할 일에 관하여 이는 현하 상태에 감(鑑)하여 긴급하고 또 필요한 문제인즉 조선 관습에 적합하도록 속히 그 성문법을 제정하라는 간단명료한 의견 진술이 있고 강단(降壇)하자, 이때 다카하시 의

장이 기립하여 이 의안을 당국에 제출할 일을 일동에 자문하여 만장일치로 가결한 후. (이하 생략)

자료 44 | 《동아일보》, 1926. 8. 24, 1면 기사(뉴스, 경제)

호적법 개정 계획
戶籍法 改正 計劃
호적법 개정 계획 중 성명 변경에 대한 기사

△ 호적법 개정 계획, 성명 변경 간이화(姓名變更簡易化)하고저

사법성(司法省)은 사세의 요구에 응하여 종래의 호적법을 개정하고 성명의 변경에 대하여 이를 간이화하게 하는 계획이 있다는데, 즉 종래는 성명의 변경이 자못 곤란한 것으로 되어 있고 더욱 구래의 관습에 의하여 극히 읽기 어려운 한자를 사용하는 결과, 금일에 이르러서는 극히 불편을 느끼면서도 그의 개정이 곤란하므로 그 어려운 성명을 어쩔 수 없이 몇 대나 상속하여 오던바, 사법성으로도 이 점에 유의하여 문부성이 제정한 한자제한안에 기초하여 그 범위를 동일자음(同一字音)이면서 이를 용이하게 개정할 수 있도록 개정하려는 의향이라 하여 그와 같이 가명(假名) 문자의 성도 인정하는 의도도 있더라. (도쿄에서 전보)

자료 45 | 《동아일보》, 1929. 10. 26, 6면 기사(사회)

법률 고문
法律顧問
민사 관련된 법률 상담에 관한 문답 내용 기사

문 저는 여자올시다. 지금으로부터 21년 전에 은희순(殷熙淳)이란 남자에게 재가(再嫁)한 바, 가서 보니 본처는 박출(薄出)시키고 호적은 그대로 두었던 모양이야요. 동거한 21년 간에 2남 2녀를 났습니다. 7년 전부터 첩을 얻고는 본인을 또 축출합니다. 그간에 물론 악형을 부지기수로 당했으며, 작년 8월 중 친부 제사 지내려 온 동안에 가산을 압수해 감추고 집에 쇠를 잠그고 하인을 수직(守直)해서 내려갔다 못 살고 왔으며, 자녀 4명도 전주로 쫓았다가 신문이 나니까 자녀만 데려갔습니다. 20년 전에 가난했지만, 지금엔 10만 원 이상 부(富)합니다. 본인은 51세 된 여자로 살 수가 있습니까. 법률로 해결하려 하오니 잘 지도해 주세요. 증인은 많사오나 모두 은씨(殷氏) 사람뿐이외다. 은(殷)이 본처는 없으나 본인을 첩으로 호적해 있습니다. 장자도 다시 축출이외다. (정읍군 어느 여자)

답 지금에는 위자료는 청구할 수 없고, 단 여자의 특유한 가산등물(家産等物)은 찾을 수 있습니다. (변호사 김병로)

문 입양에 대하여 의부(義夫)는 기혼 남자에 한합니까? 만약 그렇다 하면, 이를 보지 말고 미혼 남자가 수년 전에 부적임자(不適任者)인 원족(遠族)을 양자로 입양신청서를 면사무소에 접수시켜 이미 미혼 남자의 호적에 그 양자가 등록되었을 때, 양부와 이해 관계가 있는 양부의 같은 선조(先祖)를 가진 최근친자가 입양의 파양을 구소(求訴)할 수 없습니까? 또 이 불완전한 계서(屆書)를 수리한 면장에게 문책할 수 없을까요? 단 양부는 호주며 당 25세인데, 어머니만 있습니다. 그리고 법률상 선고를 받지 않았으나 정신병자인데, 이는 양자 및 양부의 모 사이에 일종의 고의로 입양을 하였습니다. (문의한 어떤 사람)

답 입양의 실질요건은 조선 관습에 의함인즉 이론을 주장하는 이도 있을지 모르나, 해답자의 믿는 바는 조선 관습상 미혼자는 양자를 들일 수 없는 것이 현저하니 사친등내(四親等

內)의 친족이 파양의 소송을 제기할 수 있습니다. (변호사 김병로)

자료 46 | 《동아일보》, 1929. 10. 30, 6면 기사(사회)

법률 고문
法律顧問
민사 관련된 법률 상담에 관한 문답 내용 기사

문 25세의 미혼자가 입양의 양부(養父) 자격이 있습니까? 만약 불비한 점이 있다 하면 입양 신청서를 접수시켜 호적상에 이미 입양한 일은 어찌됩니까? 양부, 양자 및 그 친권자 이외의 자로 항고하여 파양(罷養)을 할 수 없을까요? (청주 사람)

답 혼인의 실질적 요건은 조선 관습에 따라 합니다. 그러므로 나의 생각에는 조선 관습상 미혼자는 양자를 들일 수 없으므로 인사소송수속법 제26조 2항의 규정에 의하여 입양 무효의 소를 제기할 수 있을 줄 압니다. 그러나 이에 반대론자도 있을지 모르겠습니다. (변호사 김병로)

자료 47 | 《동아법정신문(東亞法政新聞)》, 1930. 2. 8, 191호[8]

친족상속법 제정에 이르러
親族相續法制定に就て
친족상속법 제정에 대하여 의견을 개진하는 기사

조선에서는 현재 친족법, 상속법은 관습에 의하는 것으로 되어 있다. 이는 과도시대의 입법으로서는 어쩔 수 없는 것이다. 개개 친족법. 상속법이 관습을 기초로 해야 하는 것은 당연하고, 또 성문법이라고 하기는 쉬운 사업이기 때문에 성문법이 될 때까지는 관습법에 의하는 것이 가장 타당하기 때문이다. 그러나 이것은 경과적 규정으로서 타당하다고 하는 데 그치고, 사회질서의 유지 위에서도 신분권·상속권의 귀속을 명확히 하기 위해서라도 조만간 성문법 제정이 필요하다는 것은 논의의 여지가 없다. (중략) 본 문제가 제1회 전선변호사대회에 상정 토의되었을 때의 이승우 군의 토론. (중략) 일경 이 관습이라는 것이 고등법원에도 능히 알려져 있지 않다. 고등법원에서는 관습을 적용하는 것이 아니라 관습을 만들어 내는 어떤 관습을 만들어 낼지, 고법 자신도 짐작하지 못하고 있다.

---

8   미야자키 다케시(宮崎毅), 〈親族相續法制定に就て〉, 《東亞法政新聞》 1930년 2월 8일(191호), 10쪽.

자료 48 | 《매일신보》, 1930. 9. 27, 2면 1단 기사

조선친족법과 상속법 획기적 대개정안, 실현 시기는 아직 의문이나 성본주의와 가계주의를 병용할 수 있는 이성(異姓)과 서양자(婿養子) 가능

朝鮮親族法과 相續法 劃期的 大改正案, 實現 時期는 아즉 疑問이나 성본주의와 가계주의를 병용할 수 있는 異姓과 婿養子 可能

총독부 법무국에서 조선민사령의 개정 중 상속법과 친족법을 개정하는 부문에 대한 동향 기사

총독부 법무국(法務局)에서는 오래전부터 조선사법법규조사위원회(朝鮮司法法規調査委員會)를 설치하고 조선에서 현행되는 사법법규(司法法規) 중 시세에 적용하도록 개선하고저 하는 중이라 함은 이미 보도한 바이다. 그중에도 법무당국에서 가장 주력을 기울이고 있는 것은 조선민사령(朝鮮民事令)의 개정인데, 그중 상속법(相續法)과 친족법(親族法) 등에 대해서는 연전 중추원 참의회의(中樞院參議會議)에서 그 개정을 결의한 바도 있었으므로 법무국에서는 근근 이에 관한 개정을 실시하고저 목하 각 방면으로 연구하는 중이다. 그리하여 금번 중추원 참의회의 석에서 후카자와 신이치로(深澤新一郞) 법무국장으로부터 이에 대하여 진술한 바도 있었는데, 개정의 요지는 현행 민사령은 상속법 · 친족법 등에 관하여 조선 재래 관습에 의하는 막연한 규정이 있으나 장차는 이에 대한 법문을 만들어 대개 일본의 현행 민법에 준거하되 여기에 조선 특수의 관습을 참작하여 시세에 적합하도록 개정하려는 것이다. 아직 확실한 성안을 얻기 전이므로 자세한 것은 알 수 없으나 양자(養子), 서양자(婿養子) 또는 상속 문제 등에 대하여 일본의 민법과 기타에 따라 개정하되 여기에 성본주의(姓本主義)와 가계주의(家系主義)를 끼어 설사 양자가 어떤 집에 입양을 하면 그 집의 가계, 즉 그 집의 성을 따르되 양자 개인에 있어서는 자기 본래의 성을 그대로 사용할 수 있다는 규정으로 만들고, 또 그 후 동성동본(同姓同本)인 문제에 대해서도 조선의 특유 관습을 참작하여 조선민사령 가운데 새로운 성문법(成文法)을 설정하려는 것이다.

자료 49 | 《매일신보》, 1931. 2. 20, 1면 5단 기사

조선민사령 개정, 연내 공포에 실시, 금후 1차만 협의를 거치면 구체안이 완성

朝鮮民事令改正, 年內公布에 實施, 今後一次만 協議를 經하면 具体案이 完成

조선민사령의 개정 전망에 관한 기사

조선민사령 개정은 연전 중추원 참의회의의 의결로 있었을 뿐만 아니라 총독부 법무국에서도 조선의 실정에 감(鑑)하여 그 필요를 통감하고 작년래 조선사법법규개정조사위원회를 누누(屢屢)히 개최한 후 이에 관한 조사와 연구를 거듭하여 왔었는데, 금년에 들어서는 지난 1월 중에 동 회를 처음으로 개최하였었고, 또 동월에도 수일 전 동의를 얻은 후 민사령 개정에 관하여 여러 가지로 협의한 결과 대체의 성안을 득하여 금후 또는 일차 동 회를 개최하고 상세 협의하여 구체안을 결정하게 되리라 한다. 내용은 친족편과 상속편의 개정으로서 조선민사령은 민법에 의하여 조선의 관습법을 가미하여 실시한 것으로, 관습상 서양자(婿養子) 같은 것은 아직 인정하지 않았으나 이번 개정하려는 것은 친족편에 있어 법정 친족의 범위를 확장하고 가계와 기명(家名)을 존중하는 동시에 자녀에게도 상속권을 주고 서양자를 상정하려는 것이 요지인데, 이에 대한 구체안이 결정되는 대로 개정령을 제령으로써 입안하여 근년 내에 공포·시행을 보도록 하려는 예정이라 한다.

자료 50 | 《동아일보》, 1932. 6. 29, 2면 기사 (뉴스, 사회)

민사령 개정은 언제 될지 모르겠다
民事令改正은 不知何歲月
조선민사령의 개정 지연에 대한 비판 기사

△ 민사령 개정은 언제될지 모르겠다(상속법과 친족법이 문제), 법무국도 형세 관망

조선민사령은 고래의 조선 관습을 기초로 하여 제정한 법규로 시대가 바뀐 오늘에 있어 그 법을 운용함에 불편하고 모순된 점이 많으므로 연래로 법무국에 조직된 조선사법법규개정위원회에서는 상속(相續)과 친족(親族)의 두 가지 법규에 대한 개정을 행하고자 연래로 연구·심의 중이더니 지난 봄 행정정리 중에 이 위원회가 해소되어 그 심의에 돈좌(頓挫)를 보게 되었다. 그러나 그 연구·심의를 중단할 수는 없다고 법무국 관계자가 그냥 계속은 하는 중이나 거의 이 사무는 휴지상태에 있다.

종래 심의하던 문제 중에 주목을 끄는 것은 은거(隱居)와 재산상속에 관한 상속법과 혼인양서(養婿)에 관한 친족법의 두 가지 법규를 개정 혹은 실시함에 대한 것으로 일본의 상속법을 조선에도 실시하여 종래로 분쟁이 많이 나는 재산상속싸움을 미연에 방지하게 하는 동시에 이에 대한 규범을 세우고자 하는 것이오, 또 일본의 은거법을 조선에 시행하여 이미 실시된 준금치산법(準禁治産法)과 아울러 젊은이의 낭비를 제어하는 동시에 집안을 다스릴 능력이 없어진 노인의 전횡도 제어하고자 하는 것이다.

친족법의 개정 실시는 무엇보다도 동본동성의 혼인을 법으로 허락하여 종래의 민사령이 있기 때문에 일어나는 여러 가지의 결함, 즉 종래부터 많은 사후양자(死後養子)의 분쟁이나 또는 자기혈육은 남에게 시집보내고 그 대신 친족의 남자를 양자로 정하여 가독을 상속시키는 불합리를 광정하고자 하는 것이다.

이상 여섯 가지 문제에 대하여 법관과 민간에도 찬성이 없지 않으나, 조선인 고로(古老) 계급과 중추원의 다수가 상속법에는 별로 이의가 없으나 친족법에서는 그것이 조선 재래의 순풍양속을 파괴하는 것이오 또 일본의 관습을 조선에 강제하는 것 같이 보이는 것은 민심에 영향을 좋게 하지 못한다는 반대가 상당히 있어 법무국도 형세를 관망하는 상태에

있다.

그러므로 민사령 개정은 언제 될는지 알 수 없는 모양이다.

자료 51 | 《동아일보》, 1933. 2. 16, 2면 기사(뉴스, 사회)

민사령 개정 혼인 관계 보류
民事令改正 婚姻關係保留
민사령 개정 중 혼인 관계 개정에 관한 기사

△ 민사령 개정 혼인 관계 보류, 일본과는 사정이 다르다는 관습상 반대를 존중

조선은 고래의 관습이 일본 관습과 달라 일본 민법을 그대로 조선에 시행하지 않고, 1912년(메이지 45) 제령 제7호도 조선민사령을 발포하여 조선 관습이 다른 것은 일체 이 민사령에 의하였다.

그러나 시대의 추이에 따라 조선 관습에도 변천이 많았다. 즉 동성동본의 혼인을 절대로 하지 않은 것이 일본과 같이 동성동본 혼인의 정도를 넘어 친척 혼인까지 하는 사람도 생기고 또 일본의 은거법을 조선에 시행함이 좋겠다는 의견이 대두하고 일본의 양자(양사위)나 입부혼인(入夫婚姻)의 제도를 조선 민사령에 넣도록 함이 시대의 요구일뿐더러, 이런 관계로 일어나기 쉬운 범죄를 미연에 방지할 수도 있다는 말이 있어 총독부에서는 수년 전부터 법규개정조사위원회에서 민사령 개정 문제를 심의하여 결국 친족, 혼인, 은거법, 입부혼인 같은 것은 조선에도 적용할 필요가 있다고 하여 거의 시행하게 될 지경에 이르렀던 중 작년의 법규개정조사위원회가 행정정리통에 해산은 되었으나 한 주일에 한 번씩 법무국장 이하 사법 관계자가 모여 계속 심의하더니, 최근에 이르러 친족 혼인법 시행은 아직 조선의 고유 관습에 저촉된다는 조선 민간의 반대가 없지 않으며 또 법만 세우더라도 관습이 이에 따르지 않는 이상 법령의 적용이 별반 필요가 없다고 하여 시행을 유보하게 되었다.

친족간의 결혼, 즉 사촌 간의 결혼 같은 것은 조선서는 호적에 올리지 않으나 일본에 가

서 사는 사람이 혼인계를 일본 관청에 제출한 것으로 조선으로 회송하면 접수하여 왔었다고 한다.

자료 52 | 《동아일보》, 1934. 3. 29, 6면 기사(사회)

가정 고문
家庭顧問
민사 관련 법률 상담으로, 동성동본 결혼에 대한 기사

△ 동성동본 결혼에 대하여

일전에 동성동본이라도 김해 김씨면 법률상 결혼을 할 수 있다 한 데 대하여 다시 문의한 독자도 있었으므로 좀 더 자세히 대답하겠습니다

동성동본이 결혼하지 않는 것은 조선 재래의 관습으로 거의 어길 수 없는 철칙이 되어 있는 바입니다. 동성동본뿐만 아니라 이성 간에라도 결혼 못하는 성씨가 여럿이 있습니다. 일례를 들어보면 김해 김씨는 김해 허씨와 결혼을 안 하기로 되어 있습니다. 그러나 김해 김씨에게는 이른바 선김과 후김이 있어 같은 김해 김씨라도 선김과 김후이면 결혼할 수 있는 것이오. 따라서 이것이 법률상으로 인정되어 있습니다. 지난번에 동성동본이 결혼할 수 있는 예로 김해 김씨를 든 것은 이런 경우를 가리킨 것입니다. (어느 기자)

자료 53 | 《매일신보》, 1934. 6. 1, 1면 2단 기사

상속세령은 조선 관습을 존중, 내지의 불비한 점을 완전히 보충, 7월 1일 공포 실시
相續稅令은 朝鮮慣習을 尊重, 內地의 不備한 點을 完全히 補充, 七月一日公布實施
조선 관습과 관련하여 상속세령의 불비한 점을 보충하여 공포하는 기사

　조선 기관의 관제 소득세령, 농지령 등 이미 공포된 것과 시가지 계획령, 조선상속세령, 수세령 등 금후 발포될 제 법령에 관하여 작년 12월 상경 이래 반세(半歲)를 거쳐 법제국과 절충한 기시(岸) 본부 심의실 사무관이 6일 귀임하였는데, 전기 법령 중 중대한 시가지 계획령과 상속세령에 대하여 다음과 같이 말하였다.

　조선의 시가지 계획령은 일본의 도시계획과 건축 양법을 겸비한 것으로 각 관계 과에서 연구에 연구를 거듭한 것인 만큼 그 내용의 완비에는 법제국에서도 감탄하고 있었다. 특히 운용에 대하여 일본의 불비점을 충분히 보충한 셈이다. 오직 자구에 대하여 다소 수정이 있었는데, 법제국 심의는 전부 마치고 각의만 남았으므로 금요일이나 내주의 화요일에는 각의에 상정하게 될 것이다. 상속세령은 일본과 습관이 상이한 반도의 사정을 참작하여 현행 민법에 의하지 않고 조선 재래의 관습에 중점을 두었다고 하였다.

자료 54 | 《매일신보》, 1935. 7. 30, 5면 9단 기사

조선 관습법 시비
朝鮮慣習法是非
조선 관습법에 관한 논란 기사

　조선 관습법(慣習法)을 채택할 것인가, 조선에 있어서 앞으로 조선 관습법을 철폐하고 현

재 법규를 채택할 것인가를 결정지을 경성고등법원의 양자확인소송(養子確認訴訟)에 관한 연합 재판은 기보한 바와 같이 지난 19일 조선재판소 창설 이래 두 번째 법조계에서 센세이션을 일으키고 기토(喜頭) 판사가 재판장이 되어 신중히 타협한 결과, 아직도 조선 관습법을 소홀히 할 수 없다는 의견에 일치되었음인지 구두변론을 중지하기로 하고 30일 최후심판을 내리기로 되었다. 과연 이 연합재판의 결과 신 판례를 빚어낼 것인가?

자료 55 | 《매일신보》, 1937. 6. 11, 9면 1단 기사

관습법 개정에 대한 동본동성 상혼 시비, 민간 측은 이를 어떻게 보나

관습법 개정에 대한 同本同姓相婚是非, 민간 측은 이를 어떻게 보나

관습법 개정에 관한 동성동본 결혼에 관한 여론 동향 기사

이번에 조선민사령이 개정될 터이라 함은 본보에도 여러번 소개된 바이어니와, 특히 친족상속(親族相續) 법규에 있어서 종래의 동본동성의 상혼을 금지하였던 것을 없애 근친의 이것을 허락한다 함에 대하여 일반사회에서는 그 시시비비를 여러 가지로 비판하게 되었으며, 이것이 장구한 동안 지켜 오던 미풍양속의 관습인 만치 이제 개정을 앞두고 이에 대한 여론이 차차 사회화하려는 기세를 보이고 있습니다. 그러므로 우선 일부 사회의 대표될 만한 인사들의 의견을 소개하여 보겠습니다.

△ 좋은 풍습으로 조장은 할지언정 고칠 필요는 없다-양주삼(梁柱三) 씨 대담

동성동본의 혼인을 허락하는 것은 찬성하지 않습니다. 남녀 관계는 제한이 있어야 하니까요. 그리고 현대 과학은 혈족결혼의 좋지 못한 결과를 명백하게 설명하고 있지 않습니까. 도덕적으로 보든지 과학적으로 보든지 찬성할 수 없는 것입니다. 종교적 의미로서 어떠냐고요? 종교는 어느 의미로, 즉 도덕이니까 도덕적으로 나쁘다는 것과 같은 이유로 말할 수

있습니다. 그리고 이것은 고래로 우리가 가지고 있는 좋은 풍습인데 이것 때문에 별로 폐해가 없는 것을 구태여 지금 와서 고칠 필요가 무엇입니까? 원시시대가 아닌 현대에 있어 동성동본이 아니라도 넉넉히 결혼할 수 있을 만치 인구가 번성한데 왜 하필 동성동본을 찾아야 합니까. 내가 서양서 사촌끼리 결혼한 것을 보았으나 그 결과는 좋지 못합니다. 그리고 동성동본 속에서 촌수를 따져서 허락하는 것은 결국 동성동본의 결혼을 근본으로 허락하는 것과 다를 것이 없겠습니다. 그리고 동성동본끼리 결혼하지 않는다는 습관이 다른 나라에서 보지 못할 만치 뚜렷하게 있는 것을 새삼스럽게 없앨 필요가 없으며, 그것이 어느 곳으로 보든지 있는 것을 깨트릴 까닭은 없겠습니다.

△ 무엇 때문에 그럴 필요가 생기오. 나는 절대 불찬성-권동진(權東鎭) 씨 대담

나는 이 문제에 대하여 말하고 싶지 않습니다. 원래가 문제 되지 않은 문제이니까요. 대체 동성동본이 결혼해야 할 필요가 어디 있습니까? 만일 인종이 희박하다면 그도 할 수 없겠지요. 그러나 동성동본 아니라도 얼마든지 결혼의 대상을 구할 수 있습니다. 현대에 있어서 무슨 까닭으로 이러한 문제가 생겼는지 예전부터 내려오던 이 좋은 풍습이야말로 영원히 남겨 놓고 싶습니다.

△ 의학상으로도 폐해가 많다-의사 임명재(任明宰) 대담

동본동성은 멀리 그 선조를 캐어 보면 같은 조상이므로 결국 같은 혈통 속에 있는 것으로 볼 수밖에 없습니다. 의학상으로 보면 같은 혈통끼리 결혼을 하면 소위 열성유전(劣性遺傳)이라 하여 저능아(低能兒)를 낳기 쉬울 뿐 아니라 점점 그 자손의 지능이 저열해 가는 것입니다. 이러한 의미로 보아서 동성동본의 결혼은 절대로 좋지 못합니다. 아무리 촌수가 멀다 해도 같은 혈통 속에 있는 만치 아주 딴 성을 가진 사람과는 비교할 수 없는 것입니다.

자료 56 | 《매일신보》, 1937. 7. 17, 3면 3단 기사

관습상 존재인 덕대, 법률 해석에 연패
慣習上存在인 德大, 法律解釋에 連敗
상관습상 덕대에 대한 법률 해석 논의 기사

    조선의 광산 경영에서 중요한 역할을 하는 덕대(德大)라는 존재에 대하여 중대한 법률적 해석을 내리는 판결이 16일 고등법원 민사에서, 앞으로 덕대는 물론 일반 광산 관계자들에게 큰 충동을 주게 되었다.

    청주군 청주읍 본정(本町) 3정목 136 사다 데이치(佐田定一) 씨는 덕대의 관습에 따라 경성부 본정 4정목 155 기타시마 히사오(北島尙勇)과 동정 40 이치카와 고에몬(市川幸右衛門) 양씨 소유의 청주군 이북면(二北面) 소재 금은광에서 전기한 양 광주가 지정 분여(分與)한 한 광구에서 채굴선광하여 생산액의 2할을 광주 인전귀 양씨에게 주기로 하고 1935년(소화 10) 2월 21일부터 사업을 시작하였는데, 동년 7월에 이르러서 돌연 관계 관청으로부터 두 달 동안 채굴한 금 316돈을 차압당하고 동시에 채굴 중지를 당하게 되었는데, 그 이유는 그 광구가 전라북도 이치카와 양씨의 광구가 아니라는 것이다. 이에 이르러 사다 씨는 남의 광구를 분여한 것이 고의이냐 혹은 과실이냐를 불문하고 그 결과 받은 손해는 광주인 양씨가 배상할 것이라 하여 경성지방법원에 3,055엔 18전의 손해배상을 청구하였는데, 그 결과 1심에서는 패소, 2심에서도 패소를 당하게 되어 다시 불복 상고(上告)를 하였는데, 고등법원에서는 "조선광업령 17조 제2항이 규정한 … 광산은 질권(質權)과 용익권(用益權)의 목적이 될 수 없다."라고 하였다. 그러므로 앞에서 기록한 바와 같이 양자 간에 2할의 이익분배를 받기로 하고 광구를 분여한 것은 종래 덕대가 해 온 항간의 관습적(慣習的) 행위에 불과할 뿐이오 법률적 행위는 아니다.

    "또 동 령 시행세칙 제27조가 규정한 … 광업권자(鑛業權者) 자신이 광업을 관리하지 않을 때에는 광업 대리인을 정하여 연서(連署)하여 계출하라."라는 세칙에도 따르지 않고 임의로 상호간 관습에 따라서 광산의 일부 관리를 위임하는 덕대라는 것은 그 관습 여하를 불문하고 법률상으로 하등 권리를 주장치 못한다 하여 3심에서도 결국 사다 씨가 패하고 말았다.

이것으로써 관습상 중요한 존재인 '덕대'라는 것은 법률적으로는 일종의 무능력자(無能力者)와 같은 것으로 결정되어서 앞으로는 파문을 던지게 된 것이다.

자료 57 | 《매일신보》, 1937. 7. 29, 2면 7단 기사(사회)

동본 결혼의 오뇌
同本結婚의 懊惱
동본 결혼의 고뇌에 관한 사회면 기사

△ 동본 결혼의 오뇌, 관습 질곡에 개본계출(改本屆出)하고 잠적, 대구법원에 생긴 화제

[대구] 경북 칠곡군 칠곡면 읍내동(邑內洞) 이인동(李仁同, 26)과 부근에 거주하는 동리에서 평판 높은 처녀 이순애(李順愛, 20)(모두 가명)는 서로 사랑하여 오던 중 작년 5월경에는 드디어 부모의 허락을 얻어 정식 결혼을 한 후 동거하여 오던바, 요즘 결혼 계출을 하고서 호적등본을 찾아보니 본관이 성주(星州)로써 남녀 모두 동본동성인 것이 판명되었으므로 조선 재래의 관습상 절대로 용서치 못할 것이라 하여 그 부모들은 당황하여 본관을 변경하여 농서(隴西)로 고쳐서 변조한 후 계출을 하였었다 한다. 그리고 전기 남녀는 더욱 그럴수록 생기는 사랑을 억제하지 못하여 손을 굳게 잡고 멀리 내지 방면으로 가버린 채 소식조차 없으므로, 이것을 처리하고저 머리를 앓고 있던 대구지방법원에서는 최근 본인들이 없으므로 그들의 부모를 찾고자 극력 수사 중 최근 탐문한 바에 의하면 변조 혼인계출을 내어 놓은 부모들 역시 행방을 알 수 없으므로 이것을 처리하기에 곤란하다고 한다.

3. 조선 사법법규 조사위원회 관련 기사

자료 58 |《매일신보》, 1937. 1. 16, 3면 1단 기사

조선 친족상속법 관습을 주요 안목으로 법규 제정, 성문화 조사위원회 창설
朝鮮親族相續法 慣習을 主要眼目으로 法規制定, 成文化 調査委員會 創設
조선친족상속법 관습을 개정하기 위한 법규제정 조사위원회 창설 기사

    조선 친족상속에 관한 법규(法則)는 옛 관습에 의하게 되어 이에 관한 계쟁(係爭)은 재판정에 나와서 비로소 그 판결에 의하여 결정되게 되는데 이것은 대단히 불편이 많고 더구나 시대가 변천되어서, 총독부 법무국(法務局)에서는 새로 관습을 근본으로 하여 조선의 친족상속 법규를 제정하기를 계획하고 이에 관한 예산이 각의에서 결정되어 4월부터 '조선 친족상속에 관한 법규개정조사위원회'를 창설하여 권위 있는 위원회를 통하여 관습을 조사하게 하는 한편 이를 법문화(法文化)하기로 되었는데, 조선 법조계에서도 획기적 사업으로 주목을 끌고 있다.

자료 59 │ 《매일신보》, 1937. 2. 2, 3면 1단 기사

일반의 영향 대다, 관습법을 성문법으로 조선민사령을 대개정, 사법법규조사위원회 설치하고 시대성도 충분 참작
一般의 影響 大多, 慣習法을 成文法으로 朝鮮民事令을 大改正, 司法法規調査委員會 設置하고 時代性도 充分參酌

관습법을 성문법으로 개정하기 위한 사법법규조사위원회 설치와 활동에 관한 기사

    본부 법무국에서는 조선민사령을 개정하기 위하여 오는 5, 6월경에 조선사법법규조사위원회(朝鮮司法法規調査委員會)를 설치하게 되었다. 위원회의 조직은 정무총감을 위원장으로 하고 법무국과 재판소의 간부를 비롯하여 법조계의 유력자와 민간 학자 성대(城大, 경성제국대학) 교수 등을 망라할 터라는데, 이 위원회는 금년과 명년 양년간 존속하게 하되 한 해의 예산을 5,000원씩 결정하여 이미 예산을 요구하였다. 그런데 이 조사위원회에서는 현재 조선에서 관습법으로 되어 있는 친족상속법(親族相續法)을 성문화(成文化)하되 재래의 관습법을 많이 개정하게 된다 한다.

    개정 요점은 물론 조사위원회에서 토의 결정을 보기 전에는 전면적으로 이렇다 할 수 없지만, 법무국에서 개정하려는 것 중 주요한 것은 동본동성 사이의 결혼을 재래에는 인정하지 않았는데 이것을 시대의 진운에 비추어 인정하기로 할 것, 여서(女壻)의 양자로 입적하는 것을 인정할 것, 상속에서 장자와 차자 이하 등의 재산분배에 대해 법률로 그 분배율을 확정하여 가산분배를 둘러싸고 일어나는 분쟁을 방지할 것 등, 기타 현행 관습법 중 시대의 진운에 적합하지 않거나 또는 원칙상 불합리한 것은 전부 개정하여 이것을 조선민사령에다가 성문법으로 만들어 넣게 하는 것이다. 그리고 순조롭게 예산이 진행되면 4월 말에 위원을 임명하여 5월 초에 제1회 위원회를 열고 의회가 해산되면 추가 예산으로 될 것이므로 6월 말에 위원을 임명하여 7월 초에 제1차 위원회를 열게 된다는데, 요컨대 이 위원회에서 개정할 민사령은 재래의 관습법을 성문법으로 고치는 것과 또 그 관습법을 시대의 진운에 적합하게 개정하는 데 근본적 의미가 있는 것이다.

△ 2개년 계속 사업으로 친족상속법을 개정, 위원은 민간에서도 선정할 터-마스나가 쇼이하지(增永正一) 법무국장 대담

앞에서 기록한 바와 같이 친족상속법의 개정과 성문화를 위하여 사법법규조사위원회를 설치할 작정으로 방금 준비를 하고 있는 마스나가(增永) 법무국장은 다음과 같이 말하였다.

"금년부터 2개년의 계속 사업으로 친족상속법을 성문화하며 개정하기 위하여 조사위원회를 설치할 터이다. 이것은 현하 조선 사회사정의 진운에 적합하게 일한합병 이래 관습법으로 내버려 두었던 것을 개정하여 성문화시키려는 것으로, 위원은 사법부 내에서만 아니라 민간에서도 상당한 수를 선임할 터인데 예산만 결정되면 곧 위원을 임명하여 회의를 열 터이다.

자료 60 | 《조선일보》, 1937. 4. 19, 석간 1면 기사(정치)

사법법규개정조사회 설치
司法法規改正調査會 設置
사법법규개정조사회의 설치에 관한 기사

△ 민법 중 개정할 점 몇 가지

1. (생략)

2.
현재 통용되는 민법 중 가장 개정을 급히 할 것은 호적, 상속에 관한 법규이다.

첫째 조선인은 동성동본은 절대로 결혼할 수 없게 되어 있다. 이것은 우생학상으로 보면 매우 좋은 법규이나 그 실상 번성한 성씨로는 부자유가 많다. 설사 같은 전주 이씨라도 30대를 지난 금일에는 그 가문이 몇만, 몇십만으로 헤아릴 터인데 이때의 혼인을 금지함은 사실상 무의미하며 불편할 것이다. 그러므로 일본과 같이 삼등친(三等親) 이내에만 혼인을

금하는 것까지는 조선 관습상 불가하니 12촌 이상을 넘은 때에는 동성동본이라도 결혼을 허해도 무방할 것이다.

둘째는 입양, 이혼에 관한 것이다. 양자는 지방에 따라 혹은 계급에 따라 구별이 있어 어떤 이는 일가문중이거나 동성동본은 안 되게 되었고 어떤 지방은 타성이라도 무관하게 되었는데 이미 양자라 하면 타성에서 고름도 좋을 것이고, 조선에서는 서(婿)가 자가의 성을 그대로 답습하나 이것은 입서의 본의를 망각한 것이니 마땅히 처가의 성을 계승하여 모든 권리와 의무를 양수(讓受)하게 할 일이다.

3.

셋째는 결혼과 이혼에 부모의 동의를 필요로 한 것이다. 결혼과 이혼은 인생의 중대한 문제이므로 신중을 기하는 의미에서 부모의 동의를 얻게 한 것일지나 성년 이전의 사람은 모르지만 나이 3, 4십을 지나도 부모의 동의를 꼭 얻게 하는 것은 부당하다. 조선도 본인이 만 25세 이상만 되면 당사자 간의 협의로 결혼 이혼을 자유로 행할 수 있도록 개정해야 할 것이다.

넷째는 서자, 사생자라는 명칭이다. 첩제도가 불가하며 정식의 결혼을 하지 않고 동거생활을 하는 것이 불가하지만, 인간생활의 복잡화에 따라 정식으로 결혼하지 못하고 사실상 동거생활을 할 밖에 없는 경우에 있는 사람이 많아졌다. 또 설사 이것이 불가하다 할지라도 새로 세상에 나오는 그 무고한 어린이까지 사생자, 서자란 누명을 씌워 인생 최초의 출발로부터 인권을 유린함은 현대 입법 정신에 위반된다. 그러므로 첩은 인정하지 않더라도 무배우자 간의 동거는 결혼으로 인정하며, 혼인계 없이 동거하며 출생한 자녀는 사생자, 서자의 이름을 부치지 말고 사실상 그 부의 적자로서 호적에 등록하게 할 것이다.

4.

다음 상속에 관하여 조선에서는 장자에게만 상속의 권리가 있고 차자, 삼자 이하 및 여자에겐 상속권이 없는데 이것은 이론적으로 부당하고 사실상으로도 불공평하여 그 폐해가 적지 않다. 같은 자녀로서 왜 장자만 상속권을 가지고 차자 이하와 여자는 상속권이 없는가. 현행 상속의 관습은 장자가 4분의 3, 차자 이하가 그 나머지 4분의 1을 분배하는데,

1인이 4분의 3을 가지고 4인이나 5인이 4분의 1을 가진다는 것은 무슨 점으로나 이해할 수 없다. 장자는 봉제사, 접빈객(接賓客)의 의무가 있으므로 상속할 권리를 가졌다 하지만 근대의 생활은 이러한 것을 준행하는 이가 적으며, 있다고 하더라도 그 재산의 대부분을 여기에 쓸 사람은 없다. 물론 장자는 부모의 봉양, 제사 등의 의무가 있으니 차자 등보다 다소 많은 유산을 상속시킴은 가하다. 그러므로 자녀가 3인이면 그 반을, 5인이면 3분의 1을 장남이 가지고, 나머지를 2인 또는 4인이 분재하도록 규정함이 가하다. 그리고 출가한 여자에게 상속할 권리를 인정하지 않고 입서한 양자에게 재산을 상속하게 하는 것은 당연한 결론이다.

5.
이 밖에 처에게도 재산권을 인정하며, 후견인의 순서에 대한 규정을 확정함도 또 사법법규 개정에서 주의점이 될 것이다.

자료 61 | 《조선일보》, 1937. 5. 23, 조간 2면 기사(사회)

6월에 위원회 개최하고 법규 개정에 착수
六月에 委員會 開催 法規 改正에 着手
사법법규 개정에 관한 위원회 개최와 개정 착수 기사

△ 조선 관습을 존중하는 동시에 성문화에 일층 노력

사법법규 개정에 대하여 총독부 법무국에서는 오는 6월 중순 경에 사법법규개정위원회를 개최하기로 되었다. 이 위원회에서 개정안이 성립될 것이다. 민법은 지난 1918년(다이쇼 7)에 시행된 것인데 친족상속에 관한 대부분은 조선의 습관에 의한 것이므로 이것을 성문법으로 할 것, 유산상속에 대하여 명확한 습관법도 각 지방에 따라 구구한 습관에 의한 것이므로 이것을 성문법으로 개정하는 동시에 전반적으로 일정한 규정을 세울 것, 동성동본의 결혼은 현재 습관을 존중하여 금지되어 있으나 이것을 근본적으로 개정할 것.

자료 62 | 《조선일보》, 1937. 6. 11, 석간 1면 기사(정치)

사법법규개정위원회 임명
司法法規改正委員會 任命
사법법규개정위원회의 임명 기사

지난번 제정된 사법제도조사위원회 규정에 기초한 동 위원회는 10일 각 위원 간사를 다음과 같이 임명하여 총독부 부내에 신설하게 되었다.[9] 동 위원회는 지금 사법관회의에 열석 차로 출장중인 마쓰나가(增永) 법무국장이 내 27일 귀임(歸任)하게 되었으므로 그 이후에 제1회 위원회를 열고 먼저 일본의 민법 개정과 병행하여 조선의 관습법, 특히 친족상속(親族相續) 관계를 성문화(成文化)할 것인가를 심의할 터이다.

위원(委員)-마쓰나가(增永) 법무국장(法務局長),[10] 야마자와(山澤) 심의실 사무관(審議室事務官),[11] 오하라(大原) 법무과장(法務課長),[12] 미즈타(水田) 사계과장(司計課長),[13] 니시오카(西岡) 지

---

9 사법법규개정조사위원회 위원으로 법무국장 마쓰나가 쇼이치(增永正一) 이하 15명(事務官 山澤和三郎, 事務官 大原龍三, 事務官 水田直昌, 事務官 西岡芳次郎, 事務官 小野勝太郎, 事務官 美根五郎, 判事 小川悌, 判事 野村調太郎, 判事 喜頭兵一, 判事 宮本元, 判事 渡邊純, 檢事 福田甚二郎, 京城帝國大學 敎授 安田幹太, 事務官 大原龍三, 事務官 小野勝太郎)이 1937년 6월 10일에 임명되었다(『조선총독부관보』 3119호, 1937년 6월 10일 자 임명 기사).

10 마쓰나가 쇼이치(增永正一, 1882~1944): 도쿄제국대학 법과대학 독법과 졸업, 사법관 시보를 거쳐 요코하마 지방재판소 판사 등을 거쳐 1920년 조선총독부재판소로 전임하였고, 1925년 구미로 출장한 후 1934년 다시 조선총독부 법무국장이 되고 1937년 고등법원 검사장으로 취임했다가 1943년 퇴임하였다(朝鮮人事興信所 編, 『朝鮮人事興信錄』, 朝鮮人事興信錄編纂部, 1941 참조).

11 야마자와 와사부로(山澤和三郎, 1895~?): 1919년 도쿄제국대학 법학부 졸업, 1918년에 고등시험 행정과에 합격하여 조선총독부 사무관으로 근무하기 시작하여 1931년 구미 시찰 이후 총독부 식산국 상공과장, 1935년 농림국 농산과장이 되었고, 1938년 조선총독부 총재관방 심의식 사무관을 역임하였다(『조선인사흥신록』; 『조선총독부직원록』, 1938 참조).

12 오하라 류조(大原龍三, 1889~?): 1914년 교토제국대학 법학대학 독일법률학과 졸업, 1918년 사법관 시보에 임명된 후, 1920년 조선에 건너와 조선통독부 검사로 임명되어, 경성지방법원 검사, 조선총독부 전옥을 역임하고 1927년 대구복심법원 검사, 1934년 경성복심법원 검사 겸 법무과장이었다(『조선인사흥신록』, 87쪽; 「法務局法務課長ヲ命ス 事務官 大原龍三」, 『조선총독부관보』 2324호, 1934년 10월 2일 자 임명 기사 참조).

13 미즈타 나오마사(水田直昌, 1897~1985): 1921년 도쿄제국대학 졸업, 대장성에 들어가 이재국에서 근무한 후, 1925년 조선총독부로 옮겨 조선총독부 사무관에 임명되었다. 1928년 조선총독부 재무국 사계과장, 1937년 조선총독부 재무과장을 역임하였다(『조선총독부관보』 2697호, 1936년 1월 10일 자 임명 기사 참조).

방과장(地方課長),¹⁴ 오노(小野) 법무과 사무관(法務課事務官),¹⁵ 미네(美根) 심의실 사무관(審議室事務官),¹⁶ 오가와(小川) 판사(判事),¹⁷ 노무라(野村) 판사,¹⁸ 기토(喜頭) 판사,¹⁹ 미야모토(宮本) 판사,²⁰ 와타나베(渡邊) 판사,²¹ 후쿠다(福田) 검사(檢事),²² 야스다(安田) 성대 교수(城大敎授)²³

---

14 니시오카 요시지로(西岡芳次郎, 1895~?): 도쿄제국대학 법학부 독법과 졸업, 고등시험 행정과 합격, 조선총독부 속, 경찰관강습소 교수, 충북지방과장 등을 거쳐 총독 관방심의실 근무 등을 하였다. 1943년에 퇴관하였다(『조선인사흥신록』, 1939;「內務局地方課長ヲ命ス 事務官 西岡芳次郎」,『조선총독부관보』1432호, 1931년 10월 12일 자 임명 기사 참조).

15 오노 가쓰타로(小野勝太郎, 1902~?): 1922년 도쿄제국대학 법과대학 법률과 졸업, 1922년 사법관 시보 임명된 이후 1925년 조선에 건너와 조선총독부 판사보, 대구지방법원 판사, 경성지방법원 판사, 1934년 총독부 사무관 법무국 근무로 이전되었다(『조선인사흥신록』74쪽;「조선총독부)법무국)법무과 事務官」,『조선총독부직원록』, 1936).

16 미네 고로(美根五郎, 1900~1971): 1924년 고등시험행정과에 합격하여 다음 해 도쿄제국대학 법학부를 졸업하고, 조선총독부에 봉직하여 경상남도 경부, 전라남도 학무과장, 함경북도 재무과장, 총독부 관방 심의실 사무관 문서과장 겸 인사과장을 맡았다. 1942년 총무국 감찰과장으로 취임하고 1944년에 퇴관하였다(秦郁彦,『戰前期日本官僚制의制度·組織·人事』, 東京大學出版會, 1981;『조선총독부직원록』, 1936 참조).

17 요가와 요시(小川悌, 1876~?): 1903년 도쿄제국대학 법학과를 졸업하고 도쿄지방재판소 판사 등을 거쳐 1920년 조선총독부 재판소 판사가 되어, 고등법원 판사, 대구지방법원장, 고등법원 판사, 경성복심법원장을 거쳤으며, 1934년 고등법원장에 취임하였다. 이때 司法法規改正調査委員會 委員으로 임명되었다(『조선인사흥신록』, 1935;『조선총독부관보』3119호, 1937년 6월 10일 자 임명 기사 참조).

18 노무라 조타로(野村調太郎, 1881~?): 1902년 도쿄법학원을 졸업하고, 1903년 판사임용시험에 합격하여 1905년 9월 판사에 임명되었다. 1914년 조선총독부 판사로 전임되었고, 경성지방법원 판사, 경성복심법원을 거쳐 1923년 조선고등법원의 판사로 보임하였다. 1934년 평양복심법원장으로서 1941년 정년을 맞이하였고, 1944년에는 경성변호사회 회장으로 선임되었다(홍양희,「조선총독부 판사, 노무라 초타로(野村調太郎)의 조선사회 인식-가족제도에 대한 인식을 중심으로-」,『가족법연구』23-1, 63~67쪽).

19 기토 헤이이치(喜頭兵一, 1884~1955): 1909년 도쿄제국대학 법과대학 졸업 후 통감부 판사를 거쳐 조선총독부 판사가 되었다. 경성지방법원 부장, 고등법원 판사를 역임하고 1927년 구미제국 유학 후 경성제국대학 법문학부 강사를 겸임하고, 1943년 고등법원장에 취임하였다(『조선인사흥신록』, 1939).

20 미야모토 하지메(宮本 元, 1889~?): 1914년 도쿄제국대학 법과대학 독법과를 졸업하고 나가사키 지방재판소 판사 등을 거쳐 1920년 조선총독부 판사로 전임하여 경성지방법원 판사, 경성복심법원 판사, 조선총독부 법무국 민사과장, 경성지방법원 부장, 고등법원 판사를 역임하였다. 1929년 구미 각국을 시찰하고 귀국 후 경성지방법원장, 법무국장을 역임하고 1943년 경성복심법원장을 복무하였다(『조선인사흥신록』, 1935).

21 와타나베 준(渡邊純, 1888~?): 일본 교토제국대학 법학과 출신으로, 1933년 구미에 유학하였다. 1927년 5월 4일 사법법규개정조사위원회 설치 시 조선총독부 사무관으로서 참여하였다(이승일,『조선총독부 법제정책』, 역사비평사, 2008, 제3부 제1장 1. 1920년대 친족상속법 개정 논의 참고).

22 후쿠다 신지로(福田甚二郎, 1886~?): 1913년 도쿄제국대학 법과대학 독법과 졸업, 1913년 橫濱지방재판소 및 횡빈구재판소에 사법관 시보로서 근무하였고, 1918년 8월 臺北지방법원 검찰관으로 갔다가 1924년 경성지방법원 검사에 임명되어 조선으로 와서, 1926년 함흥지방법원 검사, 1928년 평양지방법원 검사로 전직하였고, 1930년 경성지방법원 검사, 1932년 2월 광주지방법원 檢事正을 역임하였다. 1933년 8월 경성복심법원 검사가 되었다(『조선인사흥신록』, 395쪽 참조).

23 야스다 미키타(安田 幹太, 1900~1987): 일본의 법학자·정치가, 1923년 도쿄제국대학 법학부 영문과 졸업 후 도쿄지방재판소 판사, 1927년 구미 유학하여 주로 독일 민법학을 연구, 경성제국대학 교수로 취임하고, 1942년 도쿄제국대학에 의해 법학박사를 받았고, 1947년 제23회 중의원 의원에서 당선되었다.(『九州國際大學五十史』, 學校法人九州國際大學, 1997 참조).

간사(幹事) – 오하라(大原) 법무과장, 오노(小野) 법무과 사무관

자료 63 |《조선일보》, 1937. 6. 12, 석간 2면 기사(사회)

위원들도 임명, 법규 개정에 착수
委員들도 任命 法規 改正에 着手
조선사법법규개정위원회 법규 개정 착수 기사

△ 민사령 개정 등 주목되는 바 많은 조선사법 법규 개정

조선 민사령을 개정하기 위하여 조직된 조선사법법규개정위원회는 조직 이후 여러 가지 준비에 분망 중이던바, 10일 마쓰나가(增永) 법무국장, 야마자와(山澤) 심의실 수석사무관, 오하라(大原) 법무과장, 오가와(小川) 고등법원장, 야스다(安田) 경성제국대학 교수 등 14인의 위원을 정식으로 임명하였다. 방금 도쿄 출장 중인 마쓰나가 법무국장이 오는 27일에 돌아오므로 이날 말경에 제1회 위원회를 열고 일본의 민법 개정과 병행하여 조선의 민사령, 특히 조선 관습법, 친족상속법 등에 중점을 두어 가지고 개정안을 협의할 터인데 이번 중추원 참의회의에서 반대론이 일어난 동성동본 결혼 문제와 시집가면 남편의 성을 좇는 소위 처종부성(妻從夫姓) 문제도 협의 결정될 모양이다.

자료 64 | 《조선일보》, 1937. 7. 8, 조간 1면 기사(정치)

조선민사령 개정에 대한 소위원회를 설치
朝鮮民事令 改正에 對한 小委員會를 設置
조선민사령 개정을 위한 소위원회 설치 및 임명 기사

△ 사법법규 개정 제1회 조사회

총독부 사법법규개정조사위원회 제1회 회의는 7일 오전 10시부터 총독부 제3회의실에서 개최되었는데 위원장 오노 정무총감 이하 위원으로서 마쓰나가 법무국장, 오하라 법무와 미즈타 사계 및 니시오카 지방 각 과장, 오가와 고등법원장, 노무라 평양복심법원장, 기토와 와타나베 양 고등법원 판사, 미야모토 경성지방법원장, 후쿠다 동 검사정, 야스다 경성대 교수, 이범익(李範益)과 이승우(李升雨) 양 중추원 참의 등이 출석하여 먼저 오노 위원장으로부터 조사회 설립의 취지 및 구성 등에 관하여 인사가 있은 후 마쓰나가 위원으로부터 금후 조사심의 방법에 대하여 설명이 있었고, 제일로 착수할 조선민사령 개정에 대하여 친족상속의 습관법에 관하여 소위원회를 설치하고 원안을 작성하기로 하고 아래의 네 사람을 소위원에 임명하고 11시에 산회하였다.

기토, 와타나베 양 고등법원 판사, 미야모토 경성지방법원장, 오노 법무국 사무관, 오노 위원장 인사

과반 사법법규개정조사위원회를 설치하고 위원 등을 임명하여 금일 자에 제1회 위원회를 개최함에 제하여 일언 소회를 서술하려 한다.

조선에 있어 사법법규는 일한병합 이래 역대 당국에 의하여 착착 정비되어 반도 민중의 법률생활에 현저한 향상을 재래하였으나 아직도 유감되는 점이 있다는 것은 부인할 수 없다. 더욱 일신하는 사회진보에 따라 이들 법령 중 개폐를 요할 것도 적지 않고 피차 상사(相俟)하여 현하 조선에 있어 제정·개폐할 필요가 있다고 인정하는 사법법규는 다만 하나 둘에 멈추지 않는다. 특히 당면의 급무로 지목되는 것은 조선인의 친족, 상속에 관한 관습의

재검토와 그것의 성문화 사업이다. 종래 이 점에 대하여 관습이 불명확한 점이 있어 일반 민중이 입은 불리불편은 상상 이상이므로 속히 성문법을 제정할 것이라는 것은 모두 요망하는 바이다.

일본에서는 민법 친족·상속편의 개정 사업이 크게 진보되어 이미 그 대강에 대한 성안을 얻게 되었으므로, 조선에서도 이 기회에 현행 관습을 검토하여 현대 사회생활에 즉한 적절한 성안을 얻어 이 요망에 응하여 기타의 사법법규에 대해서도 완급을 고려하여 점차 조사를 진행함으로써 그 완정(完整)을 기하고자 한다.

그러나 법령 개지(改止) 사업은 비상히 곤란을 수반할 뿐만 아니라 개정의 당부는 직접 민중에 다대한 영향력을 부여하고 특히 전술한 관습의 성문화와 같은 것은 그 중대함을 통감하는 바이다. 따라서 그 조사의 신중을 기할 것은 물론 본위원회 설치 취지도 역시 이에 있다.

각 위는 본무(本務) 다단할 줄로 아나 이상의 취지를 삼가 양해한 후 본위원회가 소기의 성과를 완수하도록 충분히 협력하기를 희망하여 마지 않는다

자료 65 | 《매일신보》, 1938. 7. 9, 1면 10단 기사

사법법규개정조사위원회 제2회 위원회 개최
司法法規改正調査委員會 第二回 委員會 開催
사법법규개정조사위원회 제2회 위원회 개최 동정 기사

제2회 사법법규개정조사위원회는 8, 9일 양일 본부 제1회의실에서 전 위원이 출석하여 미야모토(宮本) 법무국장 총재하에 개최되었다. 이 위원회는 기보(旣報)한 바와 같이 현행 친족상속법이 관습법에 의거하고 있으므로 이것을 현재의 사회·가족제도에 적합하도록 개정하는 동시에 성문법화하고자, 작춘(昨春)에 사법법규개정조사위원회를 설치한 이래 법무국에서 예의 조사·연구 중이던바, 다시 금회의 위원회에서 아래 문제에 대하여 신중한 심의를

하게 된 것이다.

1. 이적(離籍) 제도의 인정 가부(可否), 거종 금지(去宗禁止)는 법정의 추정가독상속인뿐만 아니라 장손에게도 미치게 할 필요가 있을까.
1. 수반입적(隨伴入籍)에 대하여 특별 규정을 설정할 필요가 있을까.
1. 호주의 권리의무에 대하여 특별 규정을 설정하는 일의 가부.
1. 은거제도(隱居制度)를 인정할지의 가부. 만일 인정한다고 하면 민법의 규정에 의할 것이냐, 혹은 별개로 은거에 의하지 않은 출가(出家)를 인정할 것인가.
1. 종전과 같이 널리 동본동종 상혼의 금지를 인정할 것인가. 불연(不然)이면 여하한 범위에서 이를 인정할 것인가.
1. 이성(異姓) 혈족 간의 상혼 금지에 대하여 특별 규정을 설(設)할 것인가.
1. 혈족 외의 친권, 또는 친족이 어떤 자와의 혼인 금지에 대한 특별 규정을 설할 필요가 있을 것인가 등.

자료 66 | 《동아일보》, 1938. 7. 11, 2면 기사(뉴스, 사회)

은거제도의 인정? 친족상속에 관한 관습법 시정
隱居制度의 認定? 親族相續에 關한 慣習法 是正
친족상속에 관한 관습법 중 은거제도를 인정하는 방향으로 심의하는 기사

△ 은거제도의 인정? 친족상속에 관한 관습법 시정, 사법법규개정위원회

조선사법법규개정조사위원회는 8일 오전 9시부터 총독부 제3회의실에서 개최하였는데, 위원장 오노(大野) 정무총감의 인사가 끝난 후, 조선민사령의 개정을 앞두고 친족상속에 관한 종래의 관습법을 시정하여 성문화함을 주안으로 다음 제 사항에 대한 심의를 하였다는데, 회의는 9일에도 계속될 예정이다.

1. 이적(離籍)의 제도를 인정할 것이냐.
2. 거가 금지(去家禁止)는 법정의 추정가독상속인 뿐 아니라 장손에도 미치게 함을 요할 것이냐.
3. 수반입적(隨伴入籍)에 대한 특별 규정을 설정할 필요가 없느냐.
4. 호주의 권리의무에 대하여 특별 규정을 설정할 필요가 없느냐.
5. 은거(隱居)의 제도를 인정할 것이냐, 그렇다면 민법의 규정에 의함으로써 족할 것이냐, 별도로 은거에 의하지 않는 출가(出家)를 인정할 것이냐. 기타 3건.

4. 조선민사령(친족법·상속법 등) 관련 개정 기사

자료 67 | 《동아일보》, 1933. 2. 17, 1면 기사(사설, 사회)

민사령 개정에 제(際)하여
民事令 改正에 際하여
민사령 개정에 관한 《동아일보》 신문 사설

1. 현행 조선민사령은 1912년(메이지 45) 제령 제7호로서 발포한 법령인바, 그간 사회적 추이에 수반하여 다소 개정을 요하는 점이 있으므로 총독부에서 연래에 개정을 심의 중이라 한다. 개정의 범위를 확탐(確探)할 기회가 없었거니와 알려진 범위 내에서 약간의 비판과 약간의 희망(특히 친족법)을 진술함도 헛된 수고는 아닐 것이다.

2. 듣는 바에 의하면, 금번 개정하려는 친족법은 일본에서 실시되고 있는 (1) 친족결혼, (2) 입양[양서(養婿)를 포함], (3) 입부(入夫)의 제도가 관습상 조선에서 실행되지 않고, 또 관습상 환영하지 않으므로 법률이 습관에 앞설 필요가 없다며 그대로 중지하기로 하였다 한다. 당국이 조선의 관습을 존중한다 하는 점에서는 무조건으로 찬의를 표하고 싶으나 양자(양서), 입부의 제도에 있어서는 반드시 그렇지도 않으니 사실은 희망하면서도 법률 때문에 구애되고 있는 편이 많은 것이 아닌가 한다. 소위 가족불화의 원인을 보면 흔히 친녀(親女)가 있으면서도 상속할 권리가 없어서 부득이 인연(因緣) 친척(동성동본이어야 하므로)을 양자를 들임으로써 일어나게 하나니, 만일 양서 혹은 입부의 제도가 법률적으로 효과가 있게 되면 대개는 양서 혹은 입부의 제도를 써서 추악한 가족불화를 완화할 것이다. 그리고 친족결혼에서도 동성동본의 결혼을 불허하고 있어 생물학적으로 보면 우수한 효과가 있을지 모르나 동성동본의 사람이 백만 인으로 추산하는 종중의 수가 많은 조선에서 이것을 고집하는 것은 우생학적으로도 별반 효과가 없을 것이오, 도리어 문벌 관념, 가족주의만 팽창시키

는 혐의가 있을지니 이것에도 근친을 제외한 원격한 친척 간의 결혼을 허하는 정도로 완화할 필요가 없지 않을까 한다.

    3. 그리고 이에 관련하여 생각되는 것은 본래 양자제도 아닌 양자제도가 가정불화의 원인이 되는 것은 전술한 바와 같이 친녀가 있을 때에도 허하는 때문이다. 그러므로 개정 민사령은 양서제도를 허락하는 동시에 양자는 이조 초에도 그러하였음과 같이 적서간 모두 무자녀라는 조건 밑에 성립하는 것으로 규정할 필요가 있다고 믿는다.

    그 밖에 서자, 사생자라는 명칭의 존속, 혼인 및 이혼에 부모의 동의를 요하는 것 등도 개정할 필요가 있다. 서자, 사생자라는 말은 요컨대 법률상 정당하게 결혼하지 않은 남녀 간에 출생한 자녀에 대한 명칭이니 그들 부모를 사회적, 도덕적으로 제재하는 의미에서 이것이 나왔다 할지라도 그 자녀가 되는 이는 하등 책임 없이 출생하면서부터 천대받을 이유는 없지 않은가. 일본 민사령도 이에 대하여 개정을 심의 중이라 하니 조선도 이 기회에 개정을 단행하기를 바란다.

    4. 그리고 혼인에 대하여 부모의 동의를 요하는 것은 미성한 20세 이내의 사람은 몰라도 3, 4십 세에 제 일을 판단하지 못할 사람은 없을지니 일본과 같이 25세 이상 남녀의 결혼 및 이혼에는 부모의 동의를 요하지 않기로 해야 할 것이다.

    이 밖에 결혼계출 외의 동거생활을 결혼으로 인정할 것도 방금 일본에서 심의 중에 있다 하거니와 조선에서도 이번 기회에 아울러 인정하고 개정하기를 바란다.

자료 68 | 《동아일보》, 1934. 1. 14, 4면 기사(칼럼/논단, 사회)

민·형법 개정 초안 검토, 조선 관습법을 통하여(1)
民·刑法 改正草案檢討, 朝鮮慣習法을 通하여(一)
민·형법 개정에 관해 조선 관습법을 반영하라는 김정실의 논단

△ 민·형법 개정 초안 검토, 조선 관습법을 통하여(1)-김정실(金正實)

도쿄에서의 전보에 의하면, 사법성에서는 신춘 벽두에 다년간 현안이던 민법과 형법 개정 초안의 완성을 보았다 한다. 15, 16년의 장구한 시일과 전문가들의 심사·연구를 거쳤고, 의회의 통과와 재가, 공포의 수속을 밟지 않았으나 법률로 변형되어 직접·간접으로 조선에 적용될 것과 조선의 특수한 입장에서 동안(同案)을 논하는 것도 흥미 있는 일인 동시에 중요성을 부인 못할 것이다. 편의상 양안(兩案)을 구분하여 술하려 한다.

1904년(메이지 37) 법률 9호로 공포된 친족법과 상속법 양편은 제정한 즉시로부터 규정한 가족제도가 현대인의 생활과 상거(相距)가 멀다거니 선량한 고대 가족제도로 복귀할 수 있는 규정이 못 되었다거니 하는 것 등으로 비난의 소리가 높아 오다가, 1919년(다이쇼 8) 하라(原) 내각 때에는 임시교육심의회가 이 여론을 아전인수 격으로 인용하여 현행 외래의 제도로 된 법령은 일본의 가족제도와 상호 모순되는 조항이 다수이다. 교육에 있어 존중하고 있는 가족제도를 입법에 있어 경시하는 것은 당착이 이보다 더 심할 수 있으랴, 속히 조사기관을 설립하여 국속에 맞지 않는 법규의 개정에 착수하기를 바란다는 것이 요지인 건의서를 수상에게 제출하였던바, 이를 채용한 하라 다카시(原敬)는 즉시 임시법제심의회를 설치하여 친족법과 상속법 개정안을 배심제도와 함께 자문하여 답신을 구하였던바, 친족편 중 개정 요강은 1925년(다이쇼 14)에, 상속편 중 개정 요강은 1927년(쇼와 2)에 동 회의 결의를 거쳐 단일안으로 발표되었기에 1927년 말이었고, 동안을 기초로 심의하여 드디어 16년 만에 초안의 완성을 보게 된 것이라 한다.

봉건시대의 가족제도로 돌아가는 것이 이상이라는 견해로서 출발점을 삼은 개정안의 필연한 운명은 시대가 요구하는 법률사상과 배치되는 바 있다 치더라도 사회 사조의 일면을 반영하지 않을 수 없었다는 것이 규정 자체 내에서 산견(散見)할 수 있는 것을 볼 때에는,

동안(同案)을 싸고도는 학자의 고심을 규지(窺知)할 수 있는 것이 역시 쾌미(快味)도 있는 바이다.

조선에는 조선 사람의 친족상속에 관하여 성문법규를 가지지 못하였다. 1912년(메이지 45)에 제령 제7호로 공포된 조선민사령에는 제11조의 규정에 의하여 원칙적으로 일본 민법에 의하지 않고 관습에 의한다 하였고, 다만 1921년(다이쇼 10)의 개정으로 혼인 연령, 재판상 이혼, 인지, 친권, 후견, 보좌인, 친족회, 상속의 승인 및 재산의 분리에 관한 규정은 민법에 의하고, 또 분가, 절가재흥, 혼인, 협의상 이혼, 입양 및 협의상 파양은 이를 부윤 또는 면장에게 계출하므로 그 효력이 생기게 하였다. 단 유언에 의한 입양에 관한 계출은 양친이 사망한 때에 소급하여 그 효력을 생기게 한다는 규정이 있을 뿐이다.

유교의 번쇄한 도덕사상을 근저로 한 조선의 관습은 상속 문제를 중심으로, 혹은 유산을 싸고 각양 추태를 폭로시키는 한편, 허례와 폐풍으로 일관한 가족제도는 자유영기(自由英氣)의 양생을 조해(阻害)하는 바 실로 심대하여 자체 내에 포장한 부패와 아울러 최후의 파멸을 초래하게 되었으니, 성문의 법규를 두지 않는 것은 조선의 선풍미속(善風美俗)을 따르게 함이라는 구실을 내게 하는 본의가 어디 있으랴.

고등법원의 판결례를 유일한 신조로 할 수밖에 없는 처지로서는 일본의 친족상속법의 개정안이 성립됨을 보게 되는 때를 기하여 비비한 조선의 법제에 대한 통한을 느끼는 동시에, 조선에도 완전한 법규가 되어 분규를 일소할 수 있게 되도록 촉성(促成)하는 여론과 운동이 없다는 것은 일종 불가사의요 또 불만을 느끼는 바이다.

이하 개정안을 친족제도, 가족제도, 상속제도 및 혼인제도의 4장에 요약하여 조선 관습과의 관계, 신진 학설과의 대조를 통하여 다소 논평을 가해 볼까 한다.

자료 69 | 《동아일보》, 1934. 1. 16, 4면 기사(칼럼/논단, 사회)

민·형법 개정 초안 검토, 조선 관습법을 통하여(2)
民·刑法 改正 草案 檢討, 朝鮮 慣習法을 通하여(二)

민·형법 개정에 관해 조선 관습법을 반영하라는 김정실의 두 번째 논단

△ 민·형법 개정 초안 검토, 조선 관습법을 통하여(2)-김정실(金正實)

민법편【2】제1. 친족제도(1)-친족 범위의 확장

　일본 현행 법에는 6친등(六親等) 내의 혈족, 배우자, 3친등 내의 인족(姻族)에 제한되었던 바, 개정안은 친족(親族)의 범위를 크게 확장하여 첫째 직계혈족은 제한 없이 친족으로 하고 방계혈족과 배우자 및 인족에서는 현행법대로 하고 여기에다가 직계혈족의 배우자와 3친등 인족의 배우자, 아들 배우자의 부모, 양자의 부모, 아들의 양부모를 가하여 친족으로 하여 개산(槪算)만 해 보더라도 친족의 범위가 현행법의 범위에 2배 이상 되었으니, 여러 나라의 법률이 친족의 범위를 점차 제한하여 친족 관계의 면 사람에게 법률상 관계, 즉 권리를 부여하고 의무를 부담시키는 것이 부당하다 생각하거늘 하필 시대의식에 역류하는 제도를 채용할 이유가 어디 있으랴.

　현행 민법상 친족 범위 전부에 미치는 법률 관계를 생기게 하는 일은 극히 드물다. 즉 금치산, 준금치산 선고청구 및 취소청구에는 4친등을 한도로 하고, 근친혼인의 금지는 직계혈족 및 방계 3친등 내에 제한되고, 부양의 의무는 훨씬 축소되어 열기적(例記的)이고, 제1차 선정 가독상속인의 범위 역시 열기적으로 제한되어 있고, 전 친족에 걸쳐 적용되는 규정은 가족이 되는 권리, 친족회의 소집 청구권, 제2차 선정가독상속인이 되는 권리가 있을 뿐으로 개정안에 확장된 친족에 대하여 법률상 의의가 있다면 이 세 가지 점에 불과할 것이니, 이상 세 점에 대하여 원척(遠戚)까지 친족 관계를 발생시켜야 할 요구가 어디 있으랴. 하물며 친족 범위가 넓은 것이 갖은 폐해를 초래하고 있는데, 감(鑑)하여 축소를 논하는 자가 있었을지언정 현행 친족의 범위가 협소하니 확장시키라는 요구는 한 번도 없었거늘 정의상 친족을 포함시키기까지 확장할 필요는 없다.

　조선에서는 「구관 및 제도조사위원회의 결의」를 보면, 조선에서 친족이라 칭하는 범위

는 심히 광범하다 하나 그중에 특히 유복(有服)의 친족으로 근친이라 했으니, 이것을 법령에 친족이라 칭하는 자의 범위라 할 수밖에 없다 하였다. 일반 관념상으로 친족이라면 본종(本宗) 및 이성(異姓)의 유복친(有服親)은 물론 단문친(袒免親) 및 무복친(無服親)의 전체를 포함시키는 터이나, 이 친족의 범위는 동 시조의 제사 또는 혈족 이외의 자의 상례 등에 의하려 상긍간(相亙間)의 의례(誼禮)에 기초한 것으로 이 범위를 그대로 법률상의 친족이라 할 수 없다 하여 특히 혈족 및 인족의 유복친에 한하였던 것이다. 그러면 관습상의 유복친은 얼마나 되나. 자기를 표준으로 부, 모, 조부, 조모 등으로부터 직계의 혈족은 물론 인족의 남매이모(姨母) 등에 이르기까지 무릇 127개의 친족 명칭을 만드는 것이다. 관혼상제의 번다한 폐습의 거성(釀成)도 사실상 근저는 이에 둔 것임을 알 수 있다. 우리는 일본의 개정안이 점차로 조선의 친족법에 접근해 오는 것이 아닌가 하여 고소(苦笑)를 금할 수 없는 바이나, 각종 폐단을 상반(相伴)하면서도 또 그것을 법률상 유효한 관계를 맺게 될 수 없음을 알 때 오히려 이 범위를 축소시킴이 가(可)할 것이라 하겠고 한편 자존독립의 사상을 좌절시키는 의뢰심을 방지하는 의미도 되리라 하겠다.

계친자의 명칭, 선처(先妻)의 자에 대하여 후처를 계모라 하고 선부(先父)의 자와 후부(後夫)의 사이에 계부자(繼父子)의 관계를 생기게 하여 전자에 있어서는 실모자(實母子)의 관계가 생기나 후자에는 친자 관계가 생기지 않는 것이 조선의 관습으로 되어 있는 데 만하여, 개정안은 계친자는 타에서 입가한 부나 모의 배우자 사이의 관계에 한한다 하였으니 입부혼인(入夫婚姻)이나 서양자제도(婿養子制度)가 없는 조선에 계부자 관계에 상이가 있을 것은 재언할 여지도 없으나 양자를 동일하게 인족과 친족의 1친등으로 함으로써 계친자 관계가 생기는 가족 풍파를 일으킴이 없게 하는 것이 당연하지 않을까 한다.

자료 70 | 《동아일보》, 1934. 2. 1, 4면 기사(칼럼/논단, 사회)

민·형법 개정 초안 검토(11) 계출주의(屆出主義)의 폐해
民·刑法 改正 草案 檢討(十一) 계출주의의 폐해

민·형법 개정에 관해 조선 관습법을 반영하라는 김정실의 열한 번째 논단

△ 개정 민·형법 초안 검토(11) 혼인제도, 계출주의(屆出主義)의 폐해-김정실(金正實)

현행 민법은, 혼인은 이를 호적리에게 계출(=신고)해야 효력을 낳는다고 규정하여 소위 계출주의를 채용하고 있다. 그러나 이 규정이 일반 혼인의 성질에 맞지 않을 뿐 아니라 수천 년 전래의 관습에 서로 합하지 않으므로, 민법이 시행된 지 30여 년을 내려오는 동안에 민법이 요구하는 혼인을 한 것은 하나도 발견하지 못하게 되고 금후로도 역시 다름이 없을 것이다. 물론 규정 자체는 이론적일지 모른다. 즉 혼인할 때 신랑과 신부는 호적계에 출두하여 혼인하는 뜻을 계출하거나 혹은 서명한 신고서를 제출하는 풍속이 일반에 행해지게 되면 폐해라든지 개정의 필요가 없어질 것이다. 그러나 사실은 이와 상반되어 보통으로는 우선 혼인식을 거행하여 부부 관계를 맺은 후 수개월 혹은 수년을 지난 후에 계출하거나 또는 전연 계출이 없이 지나는 것도 하나둘이 아님을 본다. 이 현상은 소위 무식 하층계급에만 있는 것이 아니고 학자나 법률가라도 다 그런 것이다. 그러므로 법률 그 자체를 추상적으로 연구해 볼 때에는 이상적일지 모르나, 그것이 국민에게 준수되지 않고 국민생활과 전연 상배(相背)되는 고로 악법이 된 것이다. 이것이 사실상 현행 혼인법이 허다한 폐해를 생기게 하는 참 원인인 동시에 개정을 정당화하는 데에 이유도 되는 것이다.

민법의 규정과 국민의 실제 생활이 불일치하기 때문에 생기는 폐해는 무엇인가.

1. 내연(內緣)의 부부가 증가하는 것이다

완전히 혼인식을 거행하여 당사자는 물론 제3자나 세상이 다 그리 알고 또 도덕관으로 보아도 정당한 부부의 사이가 다만 계출이라는 형식을 밟지 않았다는 것으로 해서 내연부부로 취급된다. 그 수가 기십만, 기백만이겠는가. 현재 부부 중에 백이면 백이 내연 관계를 맺은 후에 계출을 해서 법률혼으로 되는 것이라는 말이 과언이 아닐 것이다.

2. 다음은 사생자(私生子)가 증가하는 것이다

남자의 사적 관계에서 생기는 자녀를 사생자로 취급하는 일은 혹은 부득이한 일이라 하지마는, 혼인식을 거행하여 도덕이나 관습상 정당한 부부로 인정되는 자들 사이에 생기는 자녀를 사생자로 취급되게 되는 것은 법률이 잘못되었기에 생기는 폐해가 아니랄 수 없다. 물론 내연부부(內緣夫婦)가 사생자를 계출하면 준정(準正)으로 적자가 되기는 하나 한번은 사생자가 되는 것이다. 만일에 거행동거 후 남녀 중 한편이 변심하여 계출을 거절할 때에는 양자 간에 생긴 아이는 영구히 사생자가 되고 만다. 부모의 부주의라기보다도 법률이 국민의 혼인관에 적합하지 못하는 관계로 죄 없는 아이가 평생 사생자로 취급되게 되니, 이 위에 더한 폐해가 또 있으랴.

3. 상대자에게 평생토록 씻지 못할 손해를 끼치는 일이 많다

아무리 떳떳하게 혼인은 하고 식은 치러 누구나 정당한 부부로 믿고 있음에도 불구하고 계출이 없는 이상 혼인이 성립되지 않는 것으로 간주하게 되는 고로, 남녀 일편이 무도(無道)하게도 계출을 거절하는 때 상대자는 일평생 회복할 수 없는 손해를 입게 된다. 판례는 혼인 예약 불이행자라 해서 금전으로 손해배상을 치르게는 하였지만 사실상 손해의 10분의 1도 배상되지 못하고 또 금전으로 회복하지 못하는 것도 있을 것이디.

이상의 불행에 우는 자가 천하에 얼마나 많을 것인가. 국민 일반적으로 정당한 혼인이라 믿는 것이 법률상 혼인으로 인정되지 않는 데에 그 원인이 있음은 누구나 알게 될 것이다. 그러면 개정 법안은 이에 대하여 어떠한 태도를 취했는가? 그리고 조선의 혼인은 무엇으로 성립되는가?

개정안의 사실혼주의

형식혼인 계출주의(屆出主義)에 폐해를 느낀 개정안은 그 요강 '12. 혼인 성립의 조항' 하에 혼인은 관습상 인정된 의식을 거행함으로 성립되는 것으로 하여 성립·증명의 방법을 법률에 정할 것이라는 규정이 있다. 고래로 혼인은 4대례(四大禮)의 하나로 가장 정중하게 거행되어 내려와 과도한 비용으로 폐단이 생기기는 했으나, 빈부간에 어떠한 형식으로든지 의식을 거행한 것이었다. 조선에서는 고래로 이 제도가 그대로 법규가 되어 사실혼인 이외에 특정한 법률혼이 있지 않았고, 사실의 유무를 등록하는 데 불과한 공부에 기재가 있어 아무런 불편을 느낄 것이 없었던바, 1923년(다이쇼 12) 7월 1일부터 실시된 조선민사령에 의하여 계출혼(屆出婚)으로 된 것이다. 민사령 제11조 제2항에 혼인은 이를 부윤 또는 면장에게 계출함으로 그 효력이 생김이라는 법규에 의하여 천년의 관례이던 사실혼이 형식혼으로 변경되게 강요되어, 아무리 완전한 예식을 해서 치렀다 해도 법률은 조금도 효력을 인정하지 않고서 내려오기 십여 년을 지난 오늘 개정안이 사실혼을 인정하게 되니 조선의 관습을 재차 법제화하는 듯한 감을 가지게 하는 바이다. 그러나 개정안에 대한 두세 가지의 의문되는 점을 들어보려 한다.

첫째, 혼인의식의 불통일을 어떻게 할 것인가가 문제라 할 것이다.

관습상 인정된 의식은 무엇을 말함인가. 현행 조선의 대표적 예식이라 할 만한 것은 조선 고래의 식이 그 하나, 종교식이 둘째, 소위 명사를 주례자로 삼은 신식으로, 이 세 가지를 들 수가 있겠다. 이 3종 외에 또 지방에 따라서와 경우에 따라서 형형색색으로 다를 것이고 또 전기 3종의 의식도 각각 상이한 것이나, 요컨대 양인의 성혼을 위한 의식을 거행하는 것만은 그 골자를 이루는 것이다. 그러므로 그 시대, 그 지방에서 일반이 혼인의식으로 인정하는 형식을 좇아 거행하였으면 족할 것이다. 하필 고래의 구관만 지키고 새로운 형식을 부인할 아무 이유도 없으리라 생각된다. 그러나 동 조항 3에는 제1항에 의하지 않은 경우에는 혼인은 계출로 인하여 성립하는 것이라 할 것이라 규정하여 관습에 의한 의식을 거행하지 않은 혼인은 계출로서 성립된다 하였으니, 말하자면 혼인을 체결하는 방법에 율(律)이 있는 셈으로 되는 동시에 타면 벌률혼을 인정하여 병립시키는 것이 되는 바이다.

둘째로는 가적(家籍) 관계를 여하히 할 것인가가 염두에 떠오른다.

현행법에는 계출로 혼인이 성립되는 동시에 송적(送籍)이 된다. 처는 남편의 가적에 들어가는 동시에 실가의 가적을 떠나게 되어 부부동가의 원칙이 실행되나, 관습에 의한 의식으로 인하여 혼인이 성립된다면 혼인은 성립되어도 송적의 수속을 마치지 못하여 부부가 가를 달리하게 되는 것이다.

자료 71 | 《동아일보》, 1934. 4. 25, 2면 기사(뉴스, 사회)

풍속·관습을 중시 조선 상속령 심의
風俗 慣習을 重視 朝鮮 相續令 審議

조선 상속령 개정에서 풍속과 관습을 중시하여 가독상속세를 저율로 공포하는 기사

△ 풍속·관습을 중시하는 조선 상속령 심의, 세금은 가독상속편이 저율, 5월 1일경에 공포

조선 상속령(相續令)은 목하 도쿄 법제국(法制局)에서 심의를 급히 하고 있어 이달 중으로 끝을 마칠 모양이다. 상속령의 내용에 대하여 듣는 바에 의하면, 일본과 풍속습관이 다르고 사회시설의 입장에서도 역시 서로 다르므로 세율(稅率) 등에는 자연 다르고 얼마쯤 저율이 될 모양인데 초과누진률에 의하여 부과될 것이라 한다.

일본에서는 현재 법령상 상속세금의 부과는 1천만 원의 가독상속은 1할 1푼 6리, 유산상속에서는 1할 6푼을 과세하여 5개년의 연부로 증수하고 있으나, 조선에는 이보다 저율이 될 것으로 보아 가독상속세와 유산상속세를 구분하여 전자를 후자보다도 저율로 하여 가독상속인에게 선조의 제사를 시킬 방침이라는데, 공포는 5월 1일 경일 것이라 한다.

자료 72 | 《매일신보》, 1935. 9. 24, 5면 5단 기사

전세는 저당이 아니다 관습 의거 신 판례, 전세잔금으로 일어난 소송 상고심서도 원고패
傳貰는 抵當이 아니다 慣習依據 新判例, 전세잔금으로 일어난 소송 上告審서도 原告敗

전세 관습에 의거한 전세잔금에 대한 신 판례에 관한 기사

△ 전세는 저당이 아니다 관습의거 신판례 전세잔금으로 일어난 소송 상고심서도 원고패

대경성을 형성하고 있는 40만 부분의 3분의 1을 점령하고 있는 '샐러리' 서민층의 심각한 생활고를 맛보는 주택문제-이들은 사글세이면 전셋집[傳貰家屋]을 찾아 전전하는 것이다. 이리하여 전세계약 문제로 시비가 분분한 이즈음 23일 경성고등법원 민사부에서 「저당권의 부당한 실행과 불법행위」라는 제하에 신 판례를 빚어내어, 전세계약의 시효 문제를 밝히고 계약 당사자 간의 채권채무에 대한 관계를 명료히 하여 빈번히 발생되는 전세싸움을 확실히 밝힌 바 있었다.

사건의 발생은 부내 태평통(太平通) 1정목 16의 3 안경(安敬)이라는 사람이 재동(齋洞) 79 김정규(金晶圭)를 상대로 전세금에 관한 잔금 1,432원 청구소송을 경성지방법원에 제기한 데서부터 발단된 것인데, 1심과 2심에서 패소를 보고 23일 고등법원에서도 상고기각의 쓴 맛을 보고 만 것이다.

그런데 원고(전세 든 사람)의 주장은 원고가 1929년(소화 4) 9월 13일 피고의 소유 태평통 1정목 16의 3(현재 원고가 들어있는 집)의 가옥을 저당잡고 지급 기한을 소화 5년 9월 말일로 정한 후 2,600원을 피고에게 대부하여 주었는데, 피고가 전기 기한이 만료되어도 전기 대차금을 지출하지 않으므로 1932년(소화 7) 8월 23일에 저당권을 실행하여 전기 가옥을 경매에 부쳐 1,168원을 받았으므로 이에 대한 잔금 1,432원을 마저 지급하라는 것이다.

그런데 피고(전세 준 사람)의 주장은, 당초에 2,600원을 받았음은 전세금으로 받은 것이니 저당권 설정을 함이 아니겠고, 또 전세금 반환은 가옥을 명도한 후에 청구함이 당연한 바이니 가옥을 명도하지 않고 전세금을 반환하라 함은 부당하며 또 남의 소유가옥을 경매처분함은 불법행위라고 주장한 것인데, 결국 고등법원에서는 "조선 재래의 관습을 보아 이 사건을 전세계약으로 볼 수밖에 없으며 이를 저당권 설정에 인한 질권(質權)이 있다 볼 수 없다. 따라서 전세금은 가옥명도와 동시에 지급할 것이다."라는 견해로 최초 약정한 지급기한을 경과하였다 하더라도 가옥명도 후가 아닌 이상 저당권을 실행할 시기에 도달되지 못하였으므로 본건 원고의 행위는 불법행위라는 판결을 내린 것이다.

◇ 판결 요지(참조)

"저당권의 부당한 실행과 불법행위 채권 및 저당권이 존유(存有)할 경우라 하더라도 채권자가 아직 저당권의 실행을 할 수 없는 시기에 그 실행을 함으로써 채권자로 하여

금 저당물건의 소유권을 상실하게 하였을 때 채무자에게 불법행위의 책임을 지는 것으로 함", "저당권의 실행을 할 수 있는 시기"에 대하여 채권자는 특약이 없는 한 채무자가 이행지체에 있을 때에만 저당권의 실행을 할 수 있는 것으로 함.

자료 73 | 《동아일보》, 1936. 4. 22, 2면 기사(뉴스, 사회)

호적상 엄금되는 동성동본혼
戶籍上 嚴禁되는 同姓同本婚
호적상 엄금되는 호적상 문제에 관한 비판 기사

△ 호적상 엄금되는 동성동본혼, 재래의 관습 타파, 호적에도 의젓한 부부로

호적상의 관습으로써 동성동본의 혼인을 엄금하고 있는 조선에서는 사실상의 동성동본자의 혼인자가 해마다 격증하고 있어 그들의 구제는 사회정책상 초미의 문제로 되어 있다고 한다. 그리하여 총독부 법무국에서는 조선에서의 동성동본의 혼인자를 조사하는 동시에 그들의 생활 상황까지를 시급히 조사 중이라 한다. 동 조사가 끝나는 대로 그같이 폐해 많은 관습을 타파하여 동성동본의 혼인을 관습상으로 인증하도록 개정할 터라는데, 그 수속으로서는 이것이 관습이었던 만큼 그의 개정을 중추원이 인정만 하게 되면 문제없이 재판소가 인정하고 따라 동성본의 혼인자의 결혼신고를 수리하게 될 터라는 것이다. 그의 관습을 하루바삐 개정하려는 이유는 동성동본의 혼인을 인정하지 않아서 사실상 동성동본의 혼인자들이라고 혼인신고를 하지 못하고 그대로 부부생활을 하므로 둘 사이에서 나는 자식은 자연히 사생아가 되고 마는 등 가정적 비극이 하나둘이 아니요, 정신상 또는 사회에 미치는 악영향이 적지 않기 때문이라 한다.

자료 74 | 《매일신보》, 1936. 4. 17, 3면 2단 기사

조선선 호주 임의로 가족의 이적을 못 한다, 대구복심법원의 판결 이유에 의하면 호적령 규정과 관습이 그러하지 않다고 고등법원 판결이 주목처

朝鮮선 戶主 任意로 家族의 離籍을 못 한다, 대구복심법원의 판결 이유에 의하면 호적령 규정과 관습이 그러하지 않다고 高等法院 判決이 注目處

조선에서 호주 임의로 가족을 이적시키지 못한다는 대구복심법원의 판결 기사

△ 조선선 호주 임의로 가족의 이적을 못 한다, 대구복심법원의 판결 이유에 의하면 호적령 규정과 관습이 그러하지 않다고 고등법원 판결이 주목처

전라북도 익산군 춘포면(春浦面) 신동리(信洞里) 756번지 강기형(姜基馨)은 현재 시내 원서정(苑西町) 52번지에 거주하는 그 며느리 김씨를 자기 집 호적에서 이적(離籍)시켜 달라는 소송을 전주지방법원에 제기하여 원고의 패소로 되었던 것을 다시 대구복심법원에 항소하였는데, 또 원고의 패소로 된 것을 16일에 경성고등법원에까지 상고하여 와서 이 문제가 여하히 전개될는지 크게 주목된다는데.

사건 내용과 2심 판결의 이유 등을 적어 보면 아래와 같다.

사건 골자는 1921년(다이쇼 10) 2월 8일에 원고의 장남인 동시에 피고의 남편인 강세희(姜世熙)가 사망하였는데, 피고가 1928년(쇼와 3) 음 7월 중 친정인 충청남도 대전군 진잠면(鎭岑面) 방동리(芳洞里) 김두환(金斗煥) 방에 유숙하면서 전주지방법원에 원고(시아버지)를 상대로 유산상속회복소송과 1928년에 토지등기말소청구소송을 각각 제기하였으나 원고의 승소로 되었으나 피고가 다시 1929년(쇼와 4) 11월 19일에 대구복심법원에 항소한 것을 원고가 가정의 평화를 유지하기 위하여 계쟁 중에 있는 토지 가운데서 1년 추수 300석 되는 토지를 피고에게 주면서 친정에 있지 말고 원고의 집으로 오라고 애원하였음에도, 피고는 전기의 토지를 전부 매각하여 소비하였을 뿐만 아니라 현주소인 앞의 곳에 주거를 정하고 또다시 원고를 상대로 손해배상청구소송을 제기하여 1심, 2심에서 피고의 패소로 되었는데, 작년 봄에 와서는 앞의 손해배상사건에 관련하여 마름[舍音]인 최경직(崔敬直)과 최봉

환(崔鳳煥) 양명을 상대로 이리경찰서에 횡령죄로 고소를 제기하였는데, 원고도 그 공범자로 걸어 놓았던 것이 불기소로 되고 말았다. 이렇게 며느리로서 시아버지를 몰라보는 동시에 십 수 년래로 적대행동을 취하는 며느리는 같은 호적에 그냥 둘 수 없다며 이적을 신청하였다. 대구복심법원에서 판결한 이유는, 조선에서는 호주가 가족을 이적하는 관습은 아직 인정하지 않는 터로서 조선호적령에도 이적 수속을 규정하지 않으며 따라서 피고에게 원고의 주장하는 바와 같은 배신이나 불행적의 행위가 있든가 없든가를 불문하고 이적을 구하는 원고의 청구는 실당(失當)으로서 인용(認容)하기 어렵고 이것을 배척한 원판결(1심)은 상당하니까 본건 항소는 기각하지 않을 수 없다는 이유로 기각하였다.

일본에선 가능-민법 제749조에 의하여
그런데 일본에서는 민법 제749조에 의하여 이적하는 수가 있는 터이어서 이것이 고등법원에서 여하히 재단될 것인가가 일반의 주목처이다.
○ 민법 제749조: 가족은 호주의 의(意)에 반하여 그 거소를 정함을 부득(不得). ○ 가족이 전항의 규정에 위반하여 호주가 지정하는 거소에 있지 않은 때에 호주는 이에 대하여 부양의 의무를 면함. = 전항의 경우에 있어서 호주는 상당한 기간을 정하여 그 지정한 장소에 거소를 이선할 뜻[旨]을 최고(催告)할 수 있다. 만약에 가족이 그 최고에 불응하는 때 호주는 이를 이적할 수 있음. = 단 가족이 미성년자인 때에는 그렇지 않다.

자료 75 | 《동아일보》, 1936. 5. 11, 2면 기사(뉴스, 사회)

좋지 못한 경향, 자유결혼은 퇴영하고 조혼이 의연 성행
좋지 못한 傾向, 自由結婚은 退嬰 早婚이 依然盛行
자유결혼이 퇴영하고 조혼이 의연 성행하는 경향에 대한 비판 기사

△ 좋지 못한 경향, 자유결혼은 퇴영하고 조혼이 의연 성행, 현행법의 결함도 원인, 법무당

국도 시기 보아 개정할 터

개성의 향상·발달을 따라 최근 청춘남녀들은 물론 식자들 간에 자유결혼의 법적 인증을 고조하고 있는 경향이 현저하다고 한다. 현행 법령이 특별한 규정이 있는 경우를 제한 외에는 종래 관습에 의하기 때문에 청춘남녀들의 결혼이 법적으로 반드시 부모 또는 후견인의 동의를 얻어야 하는 것이 규정되어 있다. 그리하여 상당한 연령의 남녀들도 반드시 부모 또는 후견인의 동의를 얻어야 하기 때문에 그 결과는 결혼 당사자들의 자유의사에 반하는 불행한 결혼생활을 하게 되는 것이라 한다. 그리고 일반적으로 단순한 부모들의 의사로써 법정 연령에 달하지 못한 소년소녀들의 죄악적 결혼이 성행하여 그 조혼의 폐해야말로 직접 당사자들의 불행은 물론 사회에 적지 아니한 악영향을 미치고 있는 중이라 한다. 그 같은 현상은 서양은 물론 동양에도 조선에만 있는 좋지 못한 관습으로 총독부 당국에서도 그의 시정을 고려 중이라 한다. 단순한 관습에 의한 것으로 총독부 법무국에서는 시기를 보아 개정하리라 한다.

자료 76 | 《매일신보》, 1937. 6. 11, 6면 3단 기사

공서를 지킴에 있어서 유해한 관습은 시인하지 못한다, 민법 제467조 제1항을 인용하여 상거래의 일 경종(警鐘), 고등법원에서 내린 신 판례

公序를 지킴에 있어 有害한 慣習은 是認하지 못한다, 民法 第四六七條 第一項을 引用하여 商去來의 一警鐘, 高等法院서 내린 新判例

상거래 관습상 매매계약서를 주고받음으로써 거래가 성립되는 개성 지방의 상관습을 인정하지 않고, 채권양도에 대해서는 계약에 근거하여 권리의 이전 효과를 갖는다는 민법 규정을 들어 계약의 당사자 권리를 확정한 신판례를 소개한 기사

법률에서 관습(慣習)은 때로는 성문법 이상의 힘을 가지게 되는 경우가 많다. 그러나 관

습이란 어느 정도까지 이를 용허(容許)할 것인가는 법률에서 항상 중대한 이론(理論)을 일으키게 되는 것이다. 금일 고등법원에서는 이 관습에 대한 법적 견해에 중대한 시사를 주는 신 판례를 내렸다.

1935년(쇼와 10) 8월 25일 개성부 만월정(滿月町) 630 김대흥(金大興) 씨가 유한춘(兪漢春) 씨에게 콩[大豆] 193석 6두를 팔기로 계약을 하고 내금(內金)을 받고 현물은 동년 12월 말일까지 인도하기로 계약을 하였는데, 그 후 매수인 유한준 씨는 그 콩을 다시 개성부 남본정(南本町) 540 황종우(黃宗祐) 씨에게 넘겨 팔았다고 한다. 그것은 물론 현물의 매매가 아니요, 다만 김대흥 씨와 유한춘 씨가 계약한 매매계약서를 유한춘 씨와 황종우 씨가 양수수(讓受授)한 데 불과한 것이다. 그 후 황종우 씨는 김대흥 씨에게 "그대가 유씨에게 판 콩을 내가 샀으니 콩을 나에게 인도하라."라고 수차 요구하였으나, 기일이 되어도 이에 응하지 않고 "나는 유씨와의 사이에 매매계약하였으나 그대(황씨를 가리킴)와는 아무런 관계가 없으니까 콩을 인도할 수 없다."라고 주장하므로, 황씨가 개성지방법원에 김씨를 상대로 고소를 한 것이다. 황씨의 고소의 내용은 이러하였다.

"피고 김씨는 원고인 나와의 간에 하등 법적 계약이 없으므로 콩을 줄 수 없다고 하나, 매매계약서만을 수수(受授)함으로써 매도인(賣渡人)과 전매인(轉賣人)의 간에 하등의 새로운 계약이 없더라도 매매가 성립되어서 그 권리를 주장할 수 있다는 것은 우리 개성(開城) 지방의 수백 년 동안을 전하여 오는 상관습(商慣習)인즉 비록 현행 성문법규(成文法規)에 어그러진다 하더라도 콩을 나에게 줌이 옳다."라고 주장한 것이었다.

이 고소의 결과는 과연 1, 2심에서는 황씨의 주장이 옳다며 그 관습에 따라야 된다는 판결이 내렸는데, 김씨가 불복 상고한 결과 9일 고등법원에서는 "관습! 물론 그것은 중대한 것이나 그것이 만약 공서(公序)를 지킴에 있어서 해가 되면 그 관습을 그대로 시인(是認)하지 못한다. 이 사건과 같은 경우에 채권양도(債權讓渡)에 대하여 계약서의 수수만으로 채권의 양도와 채무의 인수를 하여 권리 이전의 효과(效果)로 한다 함은 민법 제467조 제1항에 규정한 강행규정(强行規定)에 위반되는 것이므로 이러한 '관습'과 특약(特約)은 무효이다."라고 하여 드디어 1, 2심을 깨트리고 만 것이다.

자료 77 | 《동아일보》, 1937. 10. 27, 2면 기사(뉴스, 사회)

친족상속의 관습 준용 성문법 불원 제정
親族相續의 慣習 準用 成文法 不遠 制定
친족상속에 관한 관습을 준용한 성문법이 조만간 제정되리라는 전망 기사

△ 친족상속의 관습 준용 성문법 불원 제정, 조사위원회에서 대체 성안 얻어 금월 중 전체 위원회

조선에는 아직 신분(身分)에 관한 법규, 즉 친족상속에 관한 성문법이 성립되지 않아 고등법원의 판례에 의하여 조선 종래의 관습을 준용하여 오던 중에, 과반(過般) 총독부에서는 조선사법법규개정조사위원회를 조직·설치하고서 불비한 법령의 개정을 진행하기로 하고 지난 7월 7일에는 그의 제1회 위원회를 개최하고 이 위원회에서 결정한 소위원회에서는 이래 10여 회를 회합하여 연구·조사한 결과, 근근 수 건의 성안을 얻었으므로 금월 28, 29일 양일간에 18명의 전체위원회를 개최하고서 신중 협의하기로 되었고, 앞으로도 1년간에 수차 심의하기로 되어 조선의 친족상속법도 불원간 성문법의 제정을 보게 되었다 한다.

자료 78 | 《동아일보》, 1937. 10. 28, 3면 기사(사설, 사회)

동성 상혼의 가부
同姓 相婚의 可否
동성이 서로 결혼하는 것에 대한 가부를 논한 사설

1. 조선에는 아직 친족상속의 성문법이 성립되지 않고 종래의 관습에 의한 고등법원의 판례를 준용하여 오던바, 총독부에서는 과반래(過般來) 사법법규개정조사위원회를 조직 설치하고서 불비한 법령의 개정을 진행시키기로 되어 조선의 친족상속법은 불원에 성문법으

로 제정됨을 보리라 한다. 이제 그 성안의 내용은 아직 발포 전이라 확실히 알기 어려우나 측문(仄聞)컨대 그중에 종래의 관습상 인정하지 않던 몇 가지가 새로 설정될 듯하다 한다. 즉 서양자제도(婿養子制度)와 동성동본의 상혼(相婚)과 여자상속제의 확충 등이다. 그런데 이에 대하여 오인은 전적으로 찬동할 수 없다. 대개 관습이라는 것은 그 지역의 그 사회에 있어서 다수인의 준용을 받아 오는 것으로서 그 사회의 도덕이요 문화인 것이니, 세의 진운에 따라서 비록 혹 변개의 필요를 느낀다 할지라도 그 사이에 반드시 정당한 이유가 있어야 할 것이다. 관습이란 맹목적으로 준수할 것도 아닌 동시에 함부로 변개할 것도 아니기 때문이다. 함부로 변개하면 도리어 공서(公序)와 양속(良俗)을 해하는 수가 있는 것이다.

2. 오늘날은 옛날과 같이 남존여비(男尊女卑)의 사상으로만 일관하여 여성의 존재를 단지 남성에의 종속물로 인정함에 그칠 것이 아니라, 여성도 한 명의 인간으로서 남성과 대등한 입장에 서게 하여 행복과 권리를 향수하게 하는 것이 가장 타당한 일로 되어 있다. 사회가 완전한 발달을 거두기 위해서는 남녀대등은 절대로 필요한 일이기 때문이다. 이러한 견지에서 여자의 상속권을 인정하는 것은 사회적 필요이며, 또 사회적 정의의 요청하는 바이다. 더구나 금일 여자의 지력과 활동은 상속권의 향수를 가능하게 할 정도로 향상되어 있는 것이다. 이런 경우에는 관습만 고집하여 여자상속권의 설정을 거척(拒斥)할 것이 아니라 마땅히 세의 진운에 순응한 변개가 있어야 할 것이다. 서양자의 인정도 한편으로 보면 여자상속권의 인정과 같이 종래의 혈족남계상속의 관습을 양기(揚棄)한 것으로서 이 또 여자상속권의 인정과 동시에 용인되어야 할 일이다. 그러고 이것은 조선 구관에 전연 없던 일도 아닌 것이니 외손봉사(外孫奉祀)를 용인하던 생각을 가지고 보면 별도로 새로운 것이라 할 것이 없지 않은가.

3. 그러나 동성동본의 상혼은 조선의 씨족제도의 근간을 흔들어 놓는 대문제로서 오인은 이에 찬동할 수 없다. 이것은 우리의 구관 그대로가 과학적으로든지 윤리적으로든지 가장 진보된 것임을 확신하는 까닭이다. 오늘날 소위 선진사회 중에서는 혹 동성동본의 상혼을 허하는 일이 있지마는 그것은 결코 진보된 양식은 아니다. 과학적으로 본다 할지라도 멘델의 유전법칙은 근족상혼에는 체질을 저하시키고 악질을 유전시킬 위험이 있다 하므로, 조선의 이성 상혼은 근대적인 과학에 비춰 보아서 가장 좋은 것이니 모처럼 진보된 것을 구태여 후퇴시킬 필요는 없지 아니할까. 근친상간은 어느 사회에서든지 기(忌)하거니와 조선

의 이성 상혼은 근친상간을 제물로 막는 것이니 윤리적으로 보아도 조선의 혼인관습은 가장 진보된 것이라 할 것이다. 이리하여 전래로 동성 상혼을 금하여 오는 사회에 가끔 혈족상간의 해거(駭擧)가 있음은 세교(世敎)의 해이한 탓으로 보아 다시 금할 법은 하거니와, 그러한 종류의 행위에 타당성을 주기 위하여 법을 굽힘은 고려할 점이다.

자료 79 | 《매일신보》, 1937. 11. 27, 3면 1단 기사

호주중심주의로 전 가족은 동성 호칭
戶主中心主義로 全家族은 同姓 呼稱
호주중심주의로 전 가족을 동성 호칭하는 민사령 개정 기사

△ 호주중심주의로 전 가족은 동성 호칭, 출가입적하면 남편 성을 좇도록 일본동양[內地同樣] 민사령 개정

금차 사변을 계기로 하여 분연히 일본국민 됨의 자각에 깨인 반도인이 더욱 더욱 그 생활에 있어서도 내선일체의 실을 발휘할 기운이 익어 가고 있어, 종래 조선인으로서 일본인의 성명과 비슷한 이름을 호적(戶籍)에 계출할 때에는 그것을 개정하도록 하여 왔는데 이 방침을 버리고 조선인도 일본인과 같은 이름을 사용하는 것은 하등 관계가 없다는 취지를 총독부로부터 관계 방면에 통첩을 발하였던바, 총독부에서는 다시 일보를 나아가서 일본의 가족제도를 점차 반도인에도 철저시키고저 방금 사법법규개정조사위원회(司法法規改正調査委員會)에서 연구 중의 조선민사령 개정에 당하여 민법 제746조 "호주 및 가족은 그 집의 성을 칭함."의 규정을 조선에도 실시하고저 법무국(法務局)에서 신중 연구 중이다. 즉 조선의 관습법(慣習法)상 "타가에 입적(入籍)해도 그 성은 변할 수가 없다."라는 견지에 의하여, 출가를 해도 의연히 구성(舊姓)을 써서 일가의 중에 호주의 성과 다른 성의 식구가 다수 있어서 상업거래상, 기타 법규 운용상에 종종 지장이 있는 점도 적지 않아 이것을 호주 중심에 의하여 가족은 전부 호주의 성을 호칭(呼稱)시키려는 것이다. 그리고 조사위원회의 한 개정 초안

(草案)은 대체 성안(成案)을 얻고 있는데, 이에 따르는 호적령의 개정과 가사심판법(家事審判法), 교정원법(矯正院法), 기타의 실시 등에 대하여 신중 조사·연구를 진행하고 있다.

자료 80 | 《조선일보》, 1938. 5. 2, 석간 1면 기사(정치)

조선 민사제도와 은거제도를 개정
朝鮮 民事制度와 隱居制度를 改定
조선 민사제도와 은거제도를 개정하는 관련 기관 기사

△ 조선 민사제도와 은거제도를 개정, 중추원 본회의에 자문

총독부 법무국에서는 조선민사령의 개정에 관하여 목하 예의 연구를 진행하고 있다. 그 안목으로 하는 바는 내선일체에 있어 가급적 조선 구래의 관습을 타파하고 급속히 개선 불능한 것은 점차 일본 민법에 근사하게 하려고 유의하고 있는데, 오는 20, 21일 양일 총독부에 개최될 금년도 중추원 본회의에 "조선에 은거제도를 실시할 필요가 없을까?"하는 총독 자문을 부의하여 그 답신을 구하기로 되었다. 위 답신에 터 잡아 조선민사령을 개정할 경우에 은거제도를 이에 가할 의향으로, 현재 조선에는 은거제도가 실시되지 않는 한 관계상 부친이 연로하여 실권이 그 자에 있어도 법적으로 이를 인정하지 않아 종종 재산권 및 기타에도 지장이 생겨 실제에는 노령자가 은거 상태에 있어도 사자(嗣子)는 공적으로 하등 권리가 인정되지 않는 현상이므로 은거제도는 민사령 개정과 함께 필연 고려될 것으로 보인다

자료 81 | 《매일신보》, 1938. 06. 29, 2면 1단 기사[24]

'시대순응'을 원칙으로 친족상속법을 개정, 7월 8일부터 2일간 8개 사항을 협의·결정하기로, 관습법에서 형식법으로!
'時代順應'을 原則으로 親族相續法을 改正, 七月 八日부터 二日間 八個 사항을 협의결정키로, 慣習法에서 形式法으로!

친족상속법 개정을 위해 7월 8일부터 8개 사항을 협의하기로 했다는 기사

조선에서의 친족상속(親族相續)에 관해서는 재래의 습관을 주로 하여 관습법(慣習法)에 의한 것이 많았던바, 이 관습법도 시세의 변천과 진전에 따라 복잡화해 가므로 상당한 고려를 요하게 되었다. 그런데다가 총독부의 시정(施政) 도입의 27년간 긴 세월을 지냈고, 반도에서의 친족상속에 관한 법률과 신념도 점차로 형식법(形式法)으로 순치(馴致)되어 가는 기운이 보이므로, 총독부 법무국에서는 이러한 형편에 비추어 반도의 친족상속법을 원칙으로 시대에 순응하는 개정법으로 통일한다고 하는 주안을 가지고 작년에 사법법규개정조사위원회(司法法規改正調査委員會)를 조직하여 예의 조사·연구를 거듭한 결과 오는 7월 8일과 9일의 양일간 총독부 제3회의실에서 제2회 위원회를 개최하고 다음의 각항을 심의하여 조선의 친족상속에 관한 법정(法政)의 완벽을 기하게 되었다.

1. 이적(離籍)의 제도를 인정할 것인가?
2. 거가 금지(去家禁止)는 법정(法定)한 추정 가독상속인뿐만 아니라 장손(長孫)에게도 미치게 할 것을 필요로 할 것인가?
3. 수반입적(隨伴入籍)에 대하여 특별 규정을 설정할 필요가 있을까?
4. 호주의 권리의무에 대하여 특별 규정을 설정할 필요가 있을까?
5. 은거제도(隱居制度)를 설정할 필요가 있다면 민법의 규정으로서 족한가? 또는 별도로 은거에 의하지 않은 출가(出家)를 인정할 것인가?
6. 종래와 같이 널리 동성 혼인(同姓婚姻, 男系血族)의 금지를 인정할 것인가? 그렇다면 어

---

24 동일 기사: 〈종래의 관습법을 형식법으로!〉,《조선일보》, 1938. 6. 29, 석간 2면 기사(사회).

떠한 범위에서 인정할 것인가?
7. 이성(異姓) 혈족 간의 상혼 금지에 대하여 특별 규정을 설치할 필요가 있을까?
8. 혈족 외의 친권, 혹은 친족이 어떤 사람의 혼인을 금지하는 것에 대하여 특별 규정을 설치할 필요가 있을까?

자료 82 | 《조선일보》, 1938. 10. 31, 석간 2면 기사(사회)

조선에도 서양자제도 실시하기로 방침 결정
朝鮮에도 婿養子制度 實施키로 方針 決定
조선에서 서양자제도 실시하기로 했다는 방침에 관한 기사

△ 가독상속인이 있더라도 입양은 무방, 단 상속권만은 불인정

조선의 친족상속법, 습관법, 기타 조선에 특유한 법률을 개정하기 위하여 1927년(소화 2)에 설치된 조선사법법규개정조사위원회에서 이번에 조선에 서양자제도(婿養子制度)를 실시하기로 결정하였다.

조선에 이 서양자제도를 실시하기로 결정한 조선사법법규개정조사위원회는 총독부 법무국장을 위원장으로 하고 고등법원을 필두로 전 조선 복심법원, 지방법원 등 각 재판소 관계 판사와 총독부 법무국 사무관을 망라하여 조직된 강력한 법률 개정 기관이다. 이와 같이 강력한 기관에서 춘풍추우(春風秋雨) 10여 성상 동안 조사·심의를 거듭한 결과, 조선에 서양제도 실시를 결정한 것인즉, 장차 발포·실시까지에는 허다한 수속이 걸린다 할지라도 필경 실시될 것만은 틀림없는 사실이다. 대체 이 서양자라는 것은 어떻게 하는 것인가? 그 내용에 대하여 현행 민법을 근거로 조사하여 보면 대개 이러하다.

민법 제839조 = 법정의 추정가독상속인인 남자가 있는 자는 다른 남자를 양자로 함을 부득(不得)함. 단, 여서(서양자)로 하기 위하여 하는 경우에는 그렇지 않음.

동 제973조 = 법정의 추정상속인은 그 자매를 위하여 하는 입양으로 인하여 그 상속권

을 침해받지 아니함.

서양자에 대한 법률상 조문으로 보면 대개 이상과 같고, 또 현행 민법에 의하여 파양이 유효하게 성립함에는 다음과 다른 여러 가지 조건이 구비되지 않으면 안 된다.

1. 당자 간에 참으로 양친자(養親子) 관계를 맺을 의사가 없으면 안 된다. 이 요건이 결여된 서양자입양은 무효이다.
2. 법정 추정가독상속인인 남자가 있더라도 서양자입양은 무방하다.
3. 어떤 가정이든지 법정가독상속인이 있더라도 그 가독상속인의 자매를 위하여 하는 서양자입양은 얼마든지 할 수가 있다.

현행 민법에 의해 일본에서 실시하고 있는 서양자의 내용은 대개 이상과 같은데, 서양자가 현재 조선에서 관습법으로 실시하고 있는 양자와 다른 점은 가독상속인이 있더라도 얼마든지 서양자는 할 수가 있는데 그 상속권만은 서양자에게 오지 않는다. 그리고 또 서양자로 들어가면 반드시 그 처가의 성을 좇게 되는 그것이다.

이상과 같은 내용으로 조선에 실시할 것만은 이미 결정하였으나, 이것을 어떠한 법령에 근거를 두어 가지고 어떠한 수속을 밟아서 실시해야 할는지? 이 실시에 대해서는 법무국에서도 워낙 문제가 중대한 만치 상당히 고심하는 중인데, 개정될 민법 중에서 이것만 따로 떼어 가지고 먼저 실시하게 된다면 명년도에는 실시를 보게 될 모양이다.

별항과 같이 조선에도 서양자제도가 새로이 실시되는 동시에 호적법의 일부를 개정하여 여자가 혼인을 하여 입적하는 동시에 남편 성을 따르는 것으로 된다. 즉 김씨가 이씨라는 남자와 혼인하여 입적하면 이씨로 성을 갖게 되는 법이다. 이것은 일본과 서양 각국에서 그 전부터 실시하여 내려오는 제도이나 조선과 지나(중국)만이 달리하여 왔던 것으로, '여필종부(女必從夫)'의 옛 사상을 이름에까지 철저히 하는 방침으로서 개정은 수천 년 동안의 조선 관습에 일대 변혁을 일으킬 것으로 주목을 끄는 바이다.

자료 83 | 《조선일보》, 1938. 12. 1, 석간 2면 기사(사회)

종래 관습법을 버리고, 상속·친족법 성문화
從來 慣習法을 揚棄, 相續親族法 成文化
상속법과 친족법의 성문화를 실현하기로 했다는 전망 기사

△ 종래 관습법을 버리고, 상속·친족법 성문화, 입안 13년 만에 대체의 윤곽을 잡아 명년 중에 드디어 실현

조선에는 종래로 상속 문제를 비롯하여 신분상 소송분쟁이 그칠 새 없이 많은 현상인데, 이런 분쟁을 처리하는 법률로서는 다만 민사령에 규정된 대로 별단의 규정이 없는 한 민법의 적용을 받지 않고 조선의 관습에 따르기로 되어 있어서 조선에 친족법과 상속법을 성문화시킬 필요가 오래전부터 요망되어 왔다. 총독부 법무 당국에서는 이미 1927년(쇼와 2)부터 이 친족상속법의 입법을 목적하여 지금까지 12년 동안이나 예의 심의를 거듭하여 오는 터인데, 오는 12월 8일부터 이틀 동안에 총독부 제3회의실에서 열리는 사법법규개정조사위원회의 제4회 총회로써 그 대체의 심의가 끝나게 되었다. 이와 같이 심의를 끝낸 다음 곧 각편 각장의 초안을 하게 되었는데 명년 중으로는 심의실의 심의를 끝마쳐서 이 입안에 대한 심의가 시작된 지 13년 만에 드디어 성문화하게 되었다. 그동안 심의된 내용은 조선의 재래 관습과 현행 민법을 비교하여 취사선택하였고, 특히 조선의 관습 중에도 최근 시대의 변천에 따라 당연히 양기(揚棄)되어야 할 것과 보존해야 할 것을 신중히 가리게 되었는데 서양자제도를 비롯하여 호주, 가족, 부양의무, 가독상속, 유산상속, 재산분리, 유언 등에 걸쳐 현행 관습보다 상당히 근본적 개정이 되리라고 한다.

자료 84 | 《조선일보》, 1938. 12. 21, 석간 2면 기사(사회)

절가의 사후양자는 유산상속권 불인정
絶家의 死後養子는 遺産相續權 不認定
절가의 사후양자에게 유산상속권을 불인정하는 고등법원 신 판례 기사

△ 절가의 사후양자는 유산상속권 불인정-"조선 관습상 절가를 다시 일으키는 자는 전 호주의 유산을 상속할 수 없다."라는 고등법원의 신 판례

20일 고등법원에서는 상고인 충남 예산군 봉산면(鳳山面) 박시양(朴始陽)과 상고인 예산읍 이군용(李軍用), 최재현(崔載鉉)에 관한 토지소유권 이전등기 말소청구소송에 대하여 와타나베(渡邊) 재판장으로부터 상고기각 판결을 내리는 동시에 이것을 신 판례로 채택하였다.

사건 내용은 1심 원고인 박이, 이군용의 선친이 되는 이호재(李鎬載)로부터 임야를 샀는데 이호재는 토지소유권 이전등기를 끝마치지 못하고 1919년(다이쇼 8) 7월에 사망하였다. 그런데 이군용은 이호재의 사후양자가 되어 앞의 토지의 명의가 아직 이호재의 명의로 있는 것을 기화로 이것을 최재현과 공모하고 최에게 매매계약을 함과 동시에 소유권 이전등기를 하였으므로 원고가 이 소송을 일으킨 것인데 1심과 2심에서 모두 피고 양명이 패소하고 상고심에서도 같은 이유로 상고기각 판결을 내린 것이다

자료 85 | 《조선일보》, 1939. 2. 14, 석간 2면 기사(사회)

호적상 적출자에 대하여 당자는 번복할 수 없다
戶籍上 嫡出子에 對하여 當者는 飜覆할 수 없다
호적상 적출자에 대한 당자는 번복할 수 없다는 고등법원 신 판례 기사

△ 추정 관습에 대한 고등법원 신 판례

"조선 관습에 의하면 처가 혼인 중에 잉태한 아들은 그 남편의 아들이라고 추정하며 이

추정에 대해서는 남편이 부인에 의해서만 번복할 수 있고, 자식이 그 어머니가 본남편 이외의 사람과 사통하여 자기를 나았다고 주장하는 것은 어떠한 사람에 대한 관계에서도 용인할 수 없는 것이다."라는 적출자(嫡出子) 추정의 관습에 대한 고등법원의 신 판례. (중략)

13일 고등법원에서는 경북 의성군 의성면(義城面) 김재원(金在遠)이 동소 김용하(金龍河)와 김인택(金麟澤) 양명을 걸어 친자(親子) 관계 부존재 확인 청구소송을 하여 1심과 2심에 원고가 패소하고 상고한 데 대하여, 와타나베(渡邊) 재판장으로부터 상고기각 판결이 내리는 동시에 이것을 신 판례로 채택하였는데 사건 내용은 다음과 같다. 즉 원고의 모친 소외(訴外) 주금옥(朱金玉)은 현재 호적상으로 원고의 부친이 되어 있는 피고 김용하와 결혼생활을 하던 중 김용하가 여행을 간 동안 한 동리에 사는 피고 김인택과 사통을 하여 임신을 하여 원고는 호적상 피고 김용하의 아들이 되어 있으나 사실은 김인택의 아들이라고 앞의 양명을 걸어 소송을 제기하였던 것인데, 이상과 같은 경우에 친자 관계를 번복시킬 수 있는 것은 호적상의 부친 김용하밖에 없으니 원고인 김재원이 이 추정을 번복시킬 수 없다는 것이다.

자료 86 | 《조선일보》, 1939. 4. 5, 소산 2면 기사(정치)

관습법의 실시 범위 축소, 조선민사령 대개정
慣習法의 實施範圍 縮少 朝鮮民事令 大改正
관습법의 실시 범위를 축소하는 조선민사령 대개정에 관한 소개 기사

△ 오는 7, 8일 양일간 법규개정위원회 개최, 성문화시켜 심의실에 회부

총독부 안에 있는 조선사법법규개정조사위원회에서는 당면의 긴급을 요하는 조선민사령을 개정하기 위하여, 오는 7, 8일 양일 동안 오전 9시 반부터 총독부 제3회의실에서 오노(大野) 위원장(정무총감) 대리 미야모토(宮本) 법무국장 통제하에 회의를 열고 민사령 개정안에 대한 것을 전면적으로 토의·결정한 후 이것을 성문화시켜 가지고 심의실을 거쳐서 법제국에 회부하기로 되었다.

이 사법법규개정조사위원회는 지금으로부터 13년 전에 설치된 기관으로서 이래 개정을 요하는 법규의 조사·연구를 계속하여 왔으나, 아직까지 참신한 개정을 보지 못하고 개정에 필요한 자료를 수집하는 정도에 불과하였다. 그런데 이번에 이틀 동안 개최되는 회의는 종래 개최하던 회의와 그 내용이 다른 동시에 자못 중대성을 띠고 있다. 즉 일본의 여러 가지 법령에서 일부씩을 따다가 특수성을 가미하여 실시하고 있는 민사령을 전면적으로 개정하는 것인데, 그중에도 종래 조선 독특한 습관법의 실시 범위를 현재보다 훨씬 줄이는 동시에 지금까지 조선에는 실시되지 않던 친족상속법을 조선에도 실시하려는 것이다. 그리고 이 밖에도 일반 민간에 대한 모든 법령을 개정하여 현하 실정과 민도에 적합하게 하려는 것이다.

이 조선민사령은 1912년(메이지 45) 3월 제령 제7호로서 발포·실시한 것인데, 실시 이후 28년 동안에 전 12회의 개정이 있기는 하였으나 그때그때마다 극소 부분의 개정이 있었을 뿐으로 거의 28년 전 법령이 그대로 있다고 보아도 과언이 아닐 만한 정도인데, 이렇게 되면 종래 조선에는 없던 민사법령도 상당히 많이 신설되어 실시될 모양이다.

자료 87 | 《동아일보》, 1939. 4. 28, 2면 기사(뉴스, 사회)

가족적 분쟁 해결하고자 전문판사 6명 배치
家族的 紛爭 解決하고자 專門判事 六名 配置
가족법 분쟁을 해결하기 위해 전문판사를 배치했다는 기사

△ 가족적 분쟁 해결하고자 전문판사 6명 배치, 가사조정령도 성안되어 불원 공포, 7월 1일부터 예의 실시

복잡하고 미묘한 가정의 여러 가지 분쟁을 법조(法條)에만 의거하여 판결을 기다리지 않고 원만한 조정에 의하여 해결하자는 취지에서 인사조정법(人事調停法)이 의회를 통과하였다. 조선에서도 이 취지에 의하여 가사조정령(家事調停令)을 실시하기로 하고 총독부 법무

국에서 준비를 진행하여 오던 중 벌써 성안을 얻어서 법제국에로 회부하였으므로 머지않아 공포를 보게 되었다.

일방 이 조정령을 실시하자면 사무 확대에 따르는 기구를 확충해야 하므로 각 재판소에는 가사조정 전문의 판검사(判檢事)를 두기로 하였다. 그래서 법무국 관하에 사무관 1명, 판사 6명, 검사 2명, 속(屬) 서기, 통역생 등 기타 상당한 수의 증원을 하기로 결정하고, 오는 7월 1일부터 동령을 실시하는 동시에 이 관계관도 모두 배치하기로 되었다. 그러나 역시 정원 관계로 각 재판소에 전부 전문판사를 배정하지 못하고 중요한 지대에만 배치하기로 되었으며, 가정의 분쟁은 어디보다도 조선에 가장 많다고 할 수 있고 또 상속 등 문제로 적서(嫡庶) 간의 분쟁이 격심한 터이므로 조정제도에 의한 분쟁의 해결이 기대되는 바 있다. 그뿐 아니라 조선에는 아직 완성된 친족상속법이 실시되지 못하고 복잡한 가사의 분쟁을 고등법원판례에 준거하고 있는 만치 가사조정제도의 운용 여하에 주목되는 터이고, 그 전문판사와 전문검사에는 조선의 친족·상속 관습에 통달한 사람으로써 명철한 조정이 실행되기를 요망하는 터이라 한다.

자료 88 | 《조선일보》, 1939. 5. 26, 조간 2면 기사(사회)

민사령의 근본적 개정, 조선은 독자적 단행
民事令의 根本的 改正, 朝鮮 獨自的 斷行
조선민사령을 근본적으로 개정하기 위해 조선이 독자적으로 단행해야 한다는 논설

△ 민사령의 근본적 개정, 조선은 독자적 단행, 중앙에 추수하려 시일만 끌 필요 없다, 금년 중으로 공포 기운

총독부 법무국에서는 조선민사령 대개정을 하는데, 오는 의회에서 민법 개정이 실현되는 것이 틀림없게 되면 개정 민법을 참작하여 이에 맞추어서 민사령을 개정하기로 하고, 조

만간에 민법 개정이 실현되지 않을진대 조선만의 자주적 입장에서 민사령의 대개정을 단행하기로 2단(段)의 준비를 하고 있다. 즉 조선의 현행 민사령은 멀리 1912년(메이지 45)에 발포·시행된 것인데, 일본에서 시행되고 있는 민법의 일부만이 들어 있어서 친족상속 등에 관한 주요한 법률은 재래의 조선 관습법을 따르고 있는 터이므로, 조선에도 일본의 민법을 전부 시행할 수 있도록 조선민사령을 근본 개정하고자 총독부 안에 있는 사법법규개정조사회가 중심이 되어 작년부터 본격적 법안 심의를 하여 요즘 거지반 성안이 되었다. 최근 일본에서 현행 민법에조차 불비가 많다고 하여 대개정이 구체화되어 지난 의회에서 사법대신이 다음 의회에는 개정 민법을 상정하겠다고까지 답변하였으므로, 총독부에서는 과연 다음 해에 민법이 개정될 것 같으면 이왕이면 개정 민법을 기다려서 이를 참작하여 조선민사령 개정을 단행하는 것이 좋다고 생각하고 있다. 그러나 오는 의회에 반드시 민법 개정이 되리라고는 못하겠은즉, 만약 민법 개정이 공연히 시일만 천연하여 조만간 실현되지 않을 모양이면 조선만이라도 성안에 따라 혹은 금년 안에라도 대개정을 단행하리라고 한다.

자료 89 | 《조선일보》, 1939. 8. 9, 석간 2면 기사(사회)

서양자제도 10월부터 실시 결정
婿養子制度 十月부터 實施 決定
서양자제도를 10월부터 실시하기로 결정한 기사

△ 서양자제도 10월부터 실시 결정, 법령 수속은 불일(不日) 중으로 완료

조선인도 일본인과 같이 시집가면 남편의 성을 따르고 또는 데릴사위로 서양자가 되는 등 조선인 서양자제도는 지난봄 이래 총독부에서 법령안을 작성하여 지난봄에 법제국에 보내어 심의 검토를 구하였던바, 대개 원칙적으로 양해 협찬을 얻었으므로 정식 결재를 거쳐서 오는 10월 1일부터 실시하기로 내정한 후 총독부에서는 법제국의 정식 심의 결재를 촉진하는 동시에 실시를 준비하는 중이다.

이 조선인 서양자법은 민사령 개정안 중의 하나로서 발포되는 것인데 일반 민사령 중에 편입하지 않고 단행법인 제령으로서 실시하기로 되는 것이나, 이 법령안의 내용인즉 이상에 말한 바 같이 아내는 남편의 성을 따르고 아들 없는 사람은 데릴사위 양자를 한다. 그리고 또 각지 희망에 의하여 일본인의 성명을 따르는 등을 골자로 하여 오랫동안 전해 오던 관습적 제도를 타파하는 것으로서, 오랫동안 두고 실시 여부에 대하여 여러 가지 말은 많았으나 아직까지 구체화되지 못하고 있던 중 드디어 이번에 이것이 실시하게 되는 것이다. 그리하여 총독부에서는 법제국의 요구에 의하여 불일간 법무국 이와시마(岩島) 사무관을 법제국에 보내서 이에 대한 세목을 설명하게 하기로 되었는데, 이 설명만 끝나면 법제국의 수속은 끝을 마치게 되는 고로 곧 실시의 수속에 들어가게 되는 것이다.

△ 니시오카(西岡) 사무관 이야기

이에 대하여 오랫동안 도쿄에 출장 중이던 총독부 심의실 니시오카 수석사무관은 다음과 같이 말한다. "조선인 서양자 법령안은 방금 법제국에 가 있는데 의외로 속히 끝나서 실시하게 될 듯하다. 이에 대하여 법제국에서 총독부 측의 설명을 요구하므로 법무국 이와시마 사무관이 변호사 시험(오는 13일)만 끝나면 곧 도쿄에 출장하여 설명하게 될 것이다. 나진청(羅津廳) 관세 문제와 미곡시강령 문제 등 기타 여러가지 미진한 것이 있으므로 나도 오는 17, 18일경에 또다시 도쿄에 출장하려고 한다."

자료 90 | 《동아일보》, 1939. 11. 10, 2면 기사 (뉴스, 사회)[25]

이성양자·씨제도 제정, 가정제도 일부 개정
異姓養子·氏制度 制定, 家庭制度 一部 改正
이성양자·씨제도의 개정으로 가정제도를 일부 개정하는 기사

△ 이성양자·씨제도 제정, 가정제도 일부 개정, 조선민사령 중 서양자·씨제도를 개정, 다음 해 1월 1일부터 실시, 사위 양자의 경우에는 여자의 성을 따른다, 출가하면 남편의 성을 추종

종래 조선인에게는 친족상속에 관해서는 원칙적으로 민법에 의지하지 않고 재래의 습관이 되어 온바 이번에 시대의 요구에 따라 총독부 법무국에서는 사법법규개정조사위원회에서 전반적으로 친족상속에 관한 법령 편찬을 도모하고 있는 중이나, 그중에서 시급한 것으로 내선일체의 정신하에 서양자제도(壻養子制度), 이성양자제도(異姓養子制度), 씨제도(氏制度)를 설치하기로 하여 전번에 내각에서 민사령 개정을 보았으므로 9일에 제령 제19호와 동 제령 제20호로 공포되어 명년 1월 1일부터 실시하기로 되었다. 상세한 내용은 별항과 같으나 그중에서 중요한 점은 앞으로 조선에도 씨제도를 신설하고, 사위양자를 법적으로 인정하는 동시에, 동성동본이 아니더라도 양자 관계를 맺게 하고, 가족은 호주의 씨를 따르게 되므로 이제부터는 여자가 한번 시집가면 남편의 씨를 따르게 되었다.

이제 새로 실시되는 사위양자, 이성양자와 씨제도의 제정 내용은 다음과 같다.

서양자제도(壻養子制度)-사위양자는 입양과 혼인을 결합한 법률행위이므로 그것을 동시에 부윤과 읍면장에 계출하면 되는데 남자가 여자의 집으로 들어가는 때와 전연 이성양자(異性養子)의 두 가지 경우가 있다.

부(夫)의 입가(入家)-양자는 양친의 집으로 가고 아내는 남편의 집으로 들어가는 것이므로 사위양자의 경우에는 사위양자가 아내의 집으로 들어가게 된다. 그리고 종래 관습상 양자가 파양으로 양가를 떠날 때 또는 입양을 취소, 즉 파양할 때 그 처자는 남편을 따라서 그

---

25 동일 기사: 〈서양자, 이성양자 및 씨제도〉, 《조선일보》, 1939. 11. 10, 석간 2면 기사(사회).

집을 떠나게 되었는데, 사위양자는 가녀(家女)와 양자(養子)의 사이에 생긴 아들을 제2차의 상속인으로 만들게 되므로 설사 사위양자가 취소되어 그 집을 떠나더라도 그들의 직계비속, 즉 아들과 딸은 그 양가에 남아 있게 된다. 또 사위양자에서 입양과 혼인이 같이 붙게 되는 것이므로 혼인 또는 입양 중 한 가지만 취소되면 다 취소된다.

이성양자(異姓養子)-조선관습에 의하면 동성동본(同姓同本)이 아니면 양자가 될 수 없었고 또 일방 동성은 서로 혼인할 수 없게 되어 있는데, 금번에 이것을 개정하여 조선인의 양자는 양친과 성을 같이 할 필요가 없게 하였다. 원래 조선의 양자제도는 봉사(奉祀)와 부단(不斷)과 혈통(血統)의 연속을 목적으로 한 것이므로 직계혈통이 끊어질 때 의제(擬制)의 아들을 될 수 있는 대로 친아들과 같이 하고자 동성동본의 원칙을 확립한 것이어서 좋은 일이나, 그러나 헛되이 그에만 고집하여 가명(家名)을 가지고 제사를 받으려는 수양아들이 있고 또 그 관계가 친자와 다름없는데도 불구하고 동성동본의 사람이 아니라 하여 집안의 다른 사람을 양자로 데려왔었다. 이것은 인정 자연에 맞지 않으므로 앞으로는 동성동본의 사이가 아니더라도 양자를 들일 수 있게 하였고, 일방에 사후양자(死後養子)에 한해서는 여러 가지 분쟁을 일으킬 염려가 있으므로 이것을 전연 인정하지 않게 되었다 한다.

△ 관습도 수시 적종(適從)해 간다-법무국장 미야모토(宮木) 씨 대답

현재 조선인의 친족상속에 대해서는 원칙으로 민법에 종래의 관습에 따르고 있는데, 관습 중에는 시세의 진운에 맞지 않는 것이라든지 때가 지날수록 어떻게 할 수 없는 것이 있으므로 법적 생활의 합리성과 안전성을 확보하기 위하여 관습의 성문화가 필요하게 된다. 이 때문에 사법개정조사위원회에서 친족상속에 관한 전반적 성문화를 계획하고 있으나, 민법의 친족편과 상속편의 개정이 20여 년의 세월을 지낸 데 불구하고 아직 결정안을 얻지 못하였으므로 그것을 급속히 실현할 수는 없다. 그런데 오래전부터 일어나는 사위양자제도의 실현에 대한 요청이 치열하고 또 황도정신에 불타는 조선인의 일부에서는 일본인의 씨의 설정을 요망하는 경향이 있으므로, 금번에 조선민사령을 개정하고 친족상속에 관한 전반적 입법의 하나로서 사위양자, 씨와 그에 관련되는 관계가 있는 이성양자와 재판상 파양제도에서 규정을 설치하게 되었다.

자료 91 |《조선일보》, 1939. 11. 19, 석간 1면 기사 (정치)

조선민사령 개정을 중심으로② 성은 과연 변하는가
朝鮮民事令 改正을 中心으로② 姓은 과연 變하는가

조선민사령 개정 중 성의 변경에 관한 정광현의 논문

△ 조선민사령 개정을 중심으로 ② 성은 과연 변하는가-정광현(鄭光鉉)

1.

'씨' 제도를 실시하면 성이 변경 내지 폐지된다는 근거 없는 풍설이 시중을 방황하고 있으며 원(元)경성제대 교수 변호사 야스다 미키타(安田幹太) 씨는 지난 12일 자《경성일보》지상에 〈성 변경의 합리성〉이라는 논제로 '씨'는 성 대신 생겨났다라고 견해를 발표하고 있다. 그러나 '씨' 제도는 성 대신 생긴 것이 아니며 성외(姓外)에 새로 생긴 것이다. 그러므로 '성'은 '씨' 제도 실시 후에도 없어지는 것이 아니라는 것을 논증하고자 한다.

야스다 씨는 말하기를 "조선의 금일에 있어서 성의 칭호를 유지할 만한 합리적 이유가 전연 존재하지 않을 뿐 아니라 차라리 성 대신 새로 씨의 칭호를 설정하여 이것을 각가각별(各家各別)로 칭하는 것이 필요하다. 금차 개정령의 제2점은 이 일에 감(鑑)하여 성의 칭호를 배척하고 씨의 명칭을 신설한 것으로 조선 현시의 신장세에 응하여 구관(舊慣)을 수정한 것으로 극히 지당한 주장이다. 개정령에 의하여 조선인의 각가는 새로 씨가의 칭호인 씨를 정하여 각인은 종전의 성 대신 씨를 칭하게 되었다."라는 망설을 공개하고 있다. 그러나 아래와 같은 여러 가지 이유로 야스다 씨의 견해는 그릇되었다고 본다.

2.

(1) 법무국장 대담을 보라. '성'은 남계의 혈통을 표시하는 칭호로 현존하는 바이나 가를 표시하는 칭호가 조선에는 없어 그는 마치 국가에 국군(國君)이 없는 것같이 기이(奇異)도 하거니와 기타 법률상 여러가지 불합리한 점도 있으므로, 금번에 가의 칭호로서 '씨'라는 제도를 새로 정하게 된 것이라고 말하고 있으며 "재래의 성을 폐지한다든가", "성 대신 씨를 정하게 한 것"이라는 말은 법무국장은 물론 미나미(南) 총독도 표명한 일이 없다. 그런즉 야

스다 씨의 견해는 당국담에 근거 둔 바도 아니요, 야스다 씨 개인의 그릇된 해석이라고 볼 수밖에 없다.

(2) 또 혹 야스다 씨는 금번 공포한 조선민사령 중 개정 제령 부칙에 이 개정령 시행 후 6개월 이내에 각기 호주가 씨를 신정하지 않는 경우는 "본령 시행 당시의 호주의 성이 씨가 된다."라고 규정한 문구에 얽매여 성 대신으로 씨를 설정한 것이라고 해석하는지 알 수 없으나, 그렇다면 이것도 역시 그릇된 해석이다.

여기서 말하는 "호주의 성이 씨가 된다."라는 문구의 의미는 각가는 반드시 씨의 명칭을 가져야 되는 관계상, 설사 필자(호주라고 가정하고)가 씨의 명칭을 법정 기간 내에 정하여 계출하지 않을 때 국가는 필자의 '씨'의 명칭을 본래 본인의 혈통을 표시하고 있는 정(鄭) 자로 하는 것이며, 재래의 성을 '씨'로 간주한다는 것을 의미하는 것이다. 즉 이 경우에는 필자의 성자인 '정'은 필자의 가적을 표시하는 '씨'의 명칭도 되고 겸하여 필자의 혈통을 표시하는 성의 명칭도 여전히 되고 있는 것이다. 그러므로 이 경우에는 필자의 성의 명칭과 씨의 명칭이 우연히 일치된 셈이다. 그러나 이와 반대로 필자가 만일 씨의 명칭을 '중도(中島)'라고 정하였다면 '중도'는 나의 가의 법률상 칭호로만 통용되고 성의 명칭으로서는 통용되지 못하고 성은 역시 '정'인 것이다.

(3) 또 이미 말한 바와 같이 당국은 씨를 설정한다고 하고 성을 변경한다거나 성 대신으로 씨를 만든다고는 말한 바 없다. 그러므로 '성'과 '씨'의 관계는 마치 소유권상에 저당권이 설정되어 있는 것과 상사(相似)하다. 즉 저당권을 설정하였다 하더라도 소유권 자체는 여전히 남아 있는 것과 같이 '씨'가 새로 '가'에 설정되더라도 재래의 성은 다음과 같은 법률적 의의를 여전히 가지고 있는 것이다.

3.

(1) 사후양자입양 요건의 하나로 성은 법률적 지위를 가지고 있다. 금번 개정된 조선민사령 규정 제11조의 제1항 본문에 의하면 이성양자를 할 수 있게 되었다. 그러므로 보통양자(여기서는 사후양자 제외함)를 입양하는 경우에는 성이 문제되지 않는다. 그러나 동조 동항 단서에는 사후양자입양의 경우는 이미 있는 관습법대로 동성동본 간이라야 입양이 법률상 유효하기로 되어 있으므로, 성은 사후양자입양의 법률상 요건의 하나로서 법률적 지위를

가지고 있다.

(2) 또 성은 혼인 요건의 하나로서 법률적 지위를 가지고 있다.

일본에서는 사촌 간이라도 혼인할 수 있지마는(민법 769조) 조선에서는 널리 동성동본 간의 혼인은 대체로 금지하고 있다. 물론 동성동본 간이라도 동일한 남계의 혈족이 아닌 특수한 경우에는 현재 혼인할 수 있으나 그것은 예외다[나구모 고키치(南雲幸吉) 편, 1935, 『현행 조선친족상속법류집(現行朝鮮親族相續法類集)』, 오사카야서점(大阪屋書店), 136쪽].

그러나 금번의 민사령 개정에는 여기에 대한 규정이 없다. 이것은 이와시마 법무국 사무관의 담화(본보 11일부, 석간 2면 소재 기사 중)와 같이 이 점은 아직 보류되고 있는 것이므로, 동성동본 간의 혼인을 인정하는 법령이 공포·실시될 때까지는 씨제도 실시 후라도 여전히 동성동본 간은 혼인할 수 없다. 설사 김(金) 성을 가진 갑을 형제가 있어 각자 호주인데 형은 '씨'의 명칭을 '중촌(中村)'이라고 작정하고 제는 '씨'의 명칭을 작정하지 않으면, 상술한 바와 같이 개정 제 부칙에 의하여 제의 '씨'의 명칭은 성자를 따라 '김'이 될 것이다. 이 경우에 형의 가족인 장남 병과 제의 가족인 장녀 정은 '씨'의 명칭이 서로 다를 것이다. 그러나 병남과 정녀는 동성동본 간이므로 혼인할 수 없는 것이다.

(3) 또 '씨명'이라는 용어는 전일 논한 바와 같이 전에도 '성명'이라는 용어와 혼용하여 많이 사용해 왔거니와 '씨'제도 실시 후는 일층 더 널리 사용하게 될 것은 사실이다. 즉 금후로는 조선호적령에 의한 각종 계서(출생계, 사망계, 분가계)도 성명이라는 용어 대신 대부분은 씨명이라는 용어로 사용될 것이다. 그러나 혼인계, 사후양자입양계 등 혈통 관계를 명시할 필요 있는 계서에는 또 '씨' 외에 '성'을 명백히 할 필요가 있으므로 따라서 호적부상 '성'과 '본'에 관한 부분을 여전히 남겨 두어야 될 것으로 생각된다.

(4) 또 '씨'의 명칭을 선정함에 대한 제한규정[1939년(쇼와 14) 11월 제령 20호] 가운데 타인의 성 자를 자기의 씨의 명칭으로 선정하는 것이 금지되어 있다. 법무국장 대담에 의하면 "타인의 성을 취하여 씨를 정하는 것은 의미가 없을 뿐 아니라 혼효를 생기게 하기 쉬우므로 금지하게 되었다."라고 한다. 예를 들어 경주 손씨와 경주 이씨, 김해 김씨와 김해 허씨는 동본이성인데 이러한 경우에 여기서 말한 손 성을 가진 자가 자기의 '씨'의 명칭을 '이' 자로 혹은 김 성을 가진 사람이 자기의 '씨'의 명칭을 '허' 자로 작정한다면 그들은 원래 이성동본이면서도 일견 동성동본같이 보여 혼동될 것을 염려하는 점을 통해 보더라도, 재래의 성은 성

그대로 존속시키려는 정책을 위정 당국이 가진 것으로 관측할 수도 있다.

4.

이상 논술한 바와 같이 '성'은 성으로서 법률상 아직 존재하고 있다. 그러므로 '씨'제도는 야스다 씨의 소론과는 반대로 성 대신 생긴 것이 아니다. 성 외에 성과는 다른 사명을 가지고 탄생한 것임을 가히 알 수 있겠다. 중언하나니 '씨'제도의 실시로 말미암아 재래의 성이 변경 내지 폐지되지 않고 있다는 것을 필자 상술의 논거로 확신하는 바이다.

또 전하는 바에 의하면 금후 조선인의 '씨'의 명칭이 전부 일본인 '씨'의 명칭과 같이 되는 것같이 항간에 전파되고 있으나 결코 그렇지 않다. 일본인식 '씨명'을 가질 수 있는 길을 열었을 뿐이오, 전 조선인에게 이것을 강제하는 것이 아니라 함은 미나미 총독의 의(議) 형식으로 발표되어 있다.

또 '씨'제도 실시 후의 과도기적 현상으로 일본인식 '씨명'을 가진 사람과 조선인식 인사를 할 때에는 "당신의 본성은 무엇입니까?" 하고 묻게 되는 일이 일상교제상 빈번할 것 같이 생각되며, 또 일본인식 씨명을 가진 사람과 일본인식 인사를 할 때에는 "당신의 본적이 어디시오?" 하고 묻는 경우가 적지 않을 줄로 생각된다. 아무리 일본인식 씨명을 사용하더라도 본적을 일본으로 전적히지는 못하게 되어 있다(법무국장 대담). (계속)

자료 92 | 《동아일보》, 1939. 11. 24, 2면 기사(뉴스, 사회)

구관과 무지의 철문 속에 우는 여성, 조선의 고민
舊慣과 無知의 鐵門 속에 우는 女性, 朝鮮의 苦悶
조선 여성의 가정 범죄에 대한 비판 기사

△ 구관과 무지의 철문(鐵門) 속에 우는 여성, 조선의 고민, 법창에서 엿보는 여성관, 무엇이 그들을 법정에 끌었나? 옥수(玉手)에 비수(匕首) 든 것도 남편의 죄 적잖으오, 현재 여죄

수만도 2백여 명

삼종과 침수를 일삼아 약자여 네 이름은 여자라 하던 여성, 조선이 최근 각 방면에 용약 진출하는 반가운 현상이 있는가 하면, 그 반면에 다음과 같이 죄악의 헤로인으로 혹은 법정의 호소로 혹은 이혼의 선동으로 날뛰어 무엇이 그 여자로 하여금 그렇게 만들었을까, 아니 과도기 여성 조선은 어디로 가느냐는 새삼스러운 반문을 하게 한다. 즉 최근 법창(法窓)을 통하여 내다본 조선 여성의 무서운 결의와 심리를 보면, 어디까지나 자비유순하고 현모양처가 되어야 할 연약한 여성들이 듣기만 해도 소름이 끼치는 살인 혹은 방화의 범죄를 저지르고 엄연한 법의 단죄를 받는 것을 보고 놀라지 않을 수 없게 한다.

더욱 그들의 죄상이 대부분 낡은 관습 혹은 지나친 역경과 또 무지로 인하여 희생된 이러한 눈물의 불우 여성이 해마다 격증하고 있음에는 다시금 놀라고 여성 조선에 경종을 울리는 바 있다. 이에 이상의 사실을 경성지방법원 형사부 창문을 통하여 여성들의 범죄상을 보기로 하자.

동 법원 창구에 밀려든 여성 죄수의 최근 3년간 통계를 보면 1937년(쇼와 12)에 60여 명, 작년에 70여 명, 금년 들어 60여 명으로 근 200명을 초과한 끔찍한 여성들이 체형 혹은 벌금형을 받고 전과자명부에 입적하였는데, 그들의 죄명은 절도살인, 사체유기 등 미수, 혹은 영아유기, 방화, 혹은 삼림법 위반, 혹은 금밀수범 등이다. 이와 같이 연약한 그들의 마음과 옥 같은 손으로 비수를 들고 혹은 방화, 절도를 하게 된 동기를 보면 대부분 다음과 같은 눈물 겨운 사정이 숨어 법정에 서서 참회의 눈물을 흘리며 죄상 전말을 진술할 때에는 방청자의 가슴을 폭폭 여기는 때가 적지 않다. 즉 여성범죄 성격의 가장 수위를 점령한 절도범은 대부분 남편을 여의고 혹은 유기를 당하고 어린 자식들과 기아를 이길 바 없어 마침내 마음에 없는 도적질을 한 것이 많고, 다음 살인 및 동 미수범의 대부분은 그들의 잘난 남편을 독살(毒殺)하거나 혹은 독살하려다가 못 한 것인데 그들이 독살하기에까지 이른 동기는 어린 소부(少婦)가 나이 많은 남편이 무서워 철없는 생각에 살의(殺意)를 일으킨 것이었다.

영아유기범은 또 대부분이 과부와 처녀가 불의(不義) 혹은 부정의 씨를 분만하였다가 낡은 도덕과 이목이 무서워 압살 혹은 유기한 것이오, 산금령 위반의 금밀수범은 남성들의 꾐에 속아 금덩이의 운반대원 노릇을 한 것 등 그들의 범죄 이면에는 모두가 대부분 지나친 역경과 낡은 구도덕 혹은 남성들의 잘못으로 인한 불우의 희생이 절대다수인데, 더욱 놀라운

현상은 이러한 범죄 비극의 여주인공이 이상의 생생한 숫자와 같이 해마다 늘어갈 뿐 아니라 그들의 범죄수단에 있어서도 점차 이성화(理性化)하고 있는 반갑지 않은 것이다.

자료 93 | 《조선일보》, 1939. 12. 28, 석간 2면 기사(사회)

씨 설정·계출 수속 등 관계 법령 전부 발포
氏設定 屆出手續 等 關係 法令 全部 發布
씨제도 설정 수속 등 관계 법령 발표와 미야모토 법무국장의 담화 기사

△ 호적상에는 본관(本貫)과 함께 성(姓)도 표시하기로 되어 있다, 해설책자도 일반에게 무료배부할 터

강제적이 아니다! 오해하지 말라—미야모토(宮本) 법무국장 담화 발표

전번에 제령 제19호로써 공포한 '씨(氏)'와 서양자제도는 다음 해 1월 1일부터 실시할 예정이었으나, 호적령 개정 및 기타 제반 준비에 상당한 시일을 요하는 관계상 다음 해 2월 11일 건국(建國) 2600년의 가절을 선택하여 실시하기로 결정한 후 27일 총독부령으로써 발표하였는데 그 내용은 대개 다음과 같다.

'씨'제도를 창설한 후에 성(姓)과 본(本)을 호적상 어떠한 방법으로 존속할 수가 있느냐 하는 문제에 대해서는 일반이 적지 않은 관심을 가지고 주목하는 바인데, 조선호적령을 개정하여 현재 호적상에 본관과 성 란으로 고쳐서 성과 본관을 기재하기로 되었다. 그리고 또 이름을 변경하는 수속에 대하여 일본인 식의 씨를 설정하는 경우에는 이름도 일본인 식으로 고치지 않으면 안 될 경우가 많을 터인데, 이름을 변경하려면 변경하는 사람의 본적지 또는 주소지를 관할하는 재판소의 허가를 받아야만 된다.

그리하여 총독부에서는 '씨'와 서양자제도에 대하여 조선호적령 중 개정의 건, 조선인 씨명 변경에 관한 건, 조선인의 '씨' 설정에 따르는 계출과 호적 기재 수속에 관한 건, 조선인의

'씨' 설정에 따르는 호적 사무 취급에 관한 건, 조선호적령 시행 수속 중 개정에 관한 건 등의 부령과 훈령이 27일 총독부로부터 발표되었으므로, 관계 법령은 이제 전부 정비된 것이다. '씨'의 설정과 이름의 변경 등에 대한 수속은 극히 간단한 것으로서, 방금 법무국에서 수속을 평이하게 해설한 책자를 준비 중인데 명춘 1월 중순경부터 각 도청·부청, 읍면사무소, 재판소, 경찰서 등에서 일반에게 무료 배부하기로 되었다.

이에 대하여 총독부 미야모토 법무국장은 다음과 같이 말한다.

"조선인의 극소 부분에서 씨제도가 창설된 것은 반드시 일본인 식으로 씨를 설정하지 않으면 안 된다는 것이 법령의 취지라든가 일본인 식의 씨를 설정하지 않으면 내선일체의 통치 방침에 어그러진다든가 하는 해석이 있으나, 이는 모두 오해이다. 지금까지 조선에서는 '집'이라는 칭호는 없었으므로 이번에 집의 칭호인 씨를 정하기로 된 것이나, 씨를 설정할 때에 좋든지 좋지 않든지 간에 누구나 모두 일률로 일본인 식의 씨를 설정하지 않으면 안 된다는 성질의 것은 아니다."

이상의 취지는 개정 조선민사령이 공포되던 때에 미나미(南) 총독 각하의 담화 속에 "본령의 개정은 반도 민중에게 일본인 식 씨의 설정을 강제하는 성질의 것이 아니고 일본인식의 씨를 설정할 수 있는 새 길을 열어 주는 것이다."라고 말함에 비추어도 조금도 의심할 여지가 없는 바이다. 조선의 신분법에 관해서는 원칙으로는 재래의 관습에 따르기로 되었으므로 조선인은 법률상 일본인 식의 씨를 창설할 수 없는 사정이었다. 그런데 요즘 조선 사람의 일부에서는 지금까지 일본인 식의 씨명을 가칭하고 있으나 이번에는 이것이 가칭이 아니요, 법률상 일본인 식의 씨를 정정당당하게 사용할 수 있는 새 길을 열어 달라는 열렬한 요망이 대두하였으므로 그 요망에 응하기 위하여 씨제도를 설정하는 경우에 일본인 식의 씨를 창설하여 행세할 수 있는 새 길을 열어 준 것이지, 그 외에는 아무런 다른 이유도 없는 것이다.

자료 94 | 《조선일보》, 1940. 2. 14, 조간 2면 기사(사회)

씨는 호주가 창설, 법무국 발행 팸플릿 내용② 성 없애는 것은 아니다

氏는 戶主가 創設, 法務局 發行 팜프렛트 內容② 姓 없애는 것은 아니다

창씨제도에 관한 법무국 발행 팸플릿 내용 소개 기사

△ 6. 씨(氏)를 정하는 때의 방법

1. 씨는 호주가 정한다

씨는 집의 칭호이기 때문에 한집을 통솔하는 호주가 정하는 것이다. 그러므로 가족은 함부로 씨를 정할 수는 없는 것이다. 맏아들이 분가하여 호주가 된 후 자기 마음대로 씨를 정할 수 있다. 호주가 미성년자 또는 금치산자인 때에는 법정대리인인 친권자 또는 후견인이 정하게 된다.

2. 씨를 정하는 때의 제한

씨를 정할 때에는 다음과 같은 제한이 있다.

역대 천황의 어휘(御諱)와 어명(御名)은 절대로 쓸 수 없다. 또 역대의 추호(追號), 황족의 궁호, 왕공족의 칭호, 유명한 신궁 이름, 신사 이름[예를 들어 이세(伊勢), 강원(橿原), 궁기(宮崎), 정국(靖國) 등], 황실의 유서 깊은 집[예를 들어 근위(近衛), 응사(鷹司) 같은 오섭가(五攝家)], 구이(久邇)와 음우(音羽) 같은 신적(臣籍)에 강하한 집의 씨, 역사상 또는 현대의 공로 있는 신하의 씨[예를 들어 동향(東鄕), 내목(乃木) 서원사(西園寺) 같은 것]도 쓰는 것을 피하지 않으면 안 된다. 그리고 다른 사람의 성을 따서 자기의 씨로 하는 것, 예를 들어 박가가 김이라는 씨를 쓸 수도 없다. 이와 같은 제한 외에는 마음대로 부칠 수가 있다. 서가, 김가, 이가, 박가, 유가 등이 자기의 성을 그대로 씨로 할 수도 있고 일본인 식으로 씨를 부칠 수도 있는 것이다.

이와 같이 씨는 집을 표시하는 칭호이므로 다른 집과 구별할 수 있는 씨를 정하는 것이지, 같은 문중이라고 해서 또 같은 회사라고 해서 사원 전부가 같은 씨를 정하는 것은 씨란 무엇인가 하는 성질을 모르는 것으로 찬성할 수 없다. 씨를 정하는 방법은 대개 이와 같은데

자자손손 전하는 집의 칭호이고 한번 정하면 고치기는 대단 힘든 것이므로 충분히 생각하여 정하지 않으면 안 된다.

3\. 씨는 어떻게 어느 때까지 계출하면 되는가

씨를 정했거든 호주 또는 법정대리인은 서면으로 본적지 또는 현재 살고 있는 곳의 부윤, 읍면장에 계출하지 않으면 안 된다. 계출하는 기간은 금년 2월 11일부터 8월 10일까지의 여섯 달 동안이다. 해외에 있는 사람은 관할하는 영사에, 일본에 가서 사는 사람은 사는 곳의 시정촌장에게 계출하여도 좋다.

4\. 씨를 설정하는 것과 이름을 고치는 것

모처럼 일본인 식의 씨를 정하고도 이름이 종래와 같아서는 일본인 식의 씨명으로 어색한 경우가 많을 터인데, 씨에 맞도록 이름을 고치려면 재판소의 허가를 얻지 않으면 안 된다. 수속 절차는 다음의 '7. 씨명의 변경' 항목에 써 있다. 우선 이름을 고치는 허가를 얻은 다음 씨의 설정계와 이름의 변경계(變更屆)를 한목에 부윤 또는 읍장, 면장에게 계출하는 것이 편리하다.

5\. 기간 안에 씨를 계출하지 않으면 어떻게 되는가

1940년(쇼와 15) 8월 10일까지 씨의 계출을 하지 않으면 2월 11일 현재 호주의 성이 그대로 씨가 된다. 그러나 그때 호주가 정해진 집 또는 여자가 호주(일가를 창립한 여자는 다름)인 집은 그 전 남자 호주의 성이 그대로 씨가 된다. 따라서 김가나 이가를 그대로 씨로 하려는 사람은 계출하지 않고 그냥 두면 된다.

6\. 씨가 결정되면 어찌 되나

씨가 정해지면(씨를 계출하거나 기간 안에 계출하지 않고 호주의 성이 그대로 씨가 된 때를 물론하고) 한집의 호주와 가족은 모두 그 집 씨를 쓰게 된다. 예를 들어 이대우(李大雨)라는 호주가 천촌(川村)이라는 씨를 설정하면 씨명은 천촌대우(川村大雨)가 되고 어머니, 처, 아들, 손자, 동생, 누이동생 등 같은 호적에 있는 사람은 모두 천촌이 되어 아들 이태산(李泰山)은 천촌태산(川村泰山)이 되고 처 민정자(閔貞子)는 천촌정자가 되는 것이다. 만일 이대우라는 호주가 씨를 계출하지 않으면 그 씨명은 이대우 그대로이나 '이'가 그 집 씨가 되므로 처 민정자는 이정자가 된다. 그러나 앞에도 말한 바와 같이 종래의 성은 결코 고쳐지거나 없어지는 것은 아니다. 앞으로 법률상 사람의 이름은 씨명을 쓰고 성명을 쓰지 않게 되나, 호적부에는 '성 및 본관[姓及本貫]'이라는 란을 두어 각 사람의 성과 본관을 적어 두기로 되어 있다.

7. 한번 정한 씨나 이름은 고칠 수 없는가

씨명은 한번 정한 이상 원칙으로는 이것을 고칠 수 없다. 그러나 절대로 고칠 수 없는 것은 아니고 정당한 이유가 있는 때에는 재판소의 허가를 얻어서 고칠 수 있다. 앞서 말한 일본인 식의 씨를 설정하였기 때문에 그것과 조화되도록 하기 위해서 이름을 고치는 경우나, 같은 부읍면에 같은 씨명의 사람이 있어서 혼동되어 곤란한 경우라든가, 또는 종래부터 관습상 인정되어 오던 이유가 있는 경우라든가 하는 때에는, 정당한 이유가 있다고 인정하여 개명이 허락된다.

또 전호주는 일본인 식의 씨를 설정하지 않고 종전의 성을 그대로 씨로 했으나 장남이 새로 호주상속을 한 후 꼭 일본인 식의 씨로 고치고 싶은 경우에도 이것도 정당한 이유가 있다고 인정하여 씨의 변경이 인정된다.

위에 말한 것 같은 경우에 씨명을 변경하려는 사람은 호적초본을 첨부하여 본적지 또는 현재 살고 있는 곳의 지방법원(또는 지청)에 신청하여 허가를 받지 않으면 안 된다. 여기 주의하지 않으면 안 될 것은 이름을 고칠 때에는 한 사람 한 사람이 해야 하는 것이다. 의사능력이 있는 사람, 바꾸어 말하면 시비선악을 분별할 수 있는 정도로 지능이 발달된 사람(보통 15, 6세 이상)은 미성년자라도 단독으로 이름을 변경할 수 있으나, 의사능력이 없는 경우에는 법정대리인(친권자 또는 후견인)이 그 사람을 대신하여 신청하는 것이다. 이 경우에는 한 사람당 수수료 50전(수입인지)과 허가서의 송달료 10전(집달리 증지) 또는 14전 인지대를 바치지 않으면 안 된다. 허가가 되면 열흘 이내로 허가서를 첨부하여 본적지 또는 소재지의 부읍면에 계출을 하지 않으면 안 된다.

그리고 이름을 고치는 때에도 앞에 말한 씨를 설정하는 경우와 같은 제한이 있는 것을 유의하지 않으면 안 된다. 종전의 성명을 그대로 이름으로 하는 것을 예로 들면 김대현(金大

鉉)이라는 사람이 갑야(甲野)라고 씨를 정한 경우에 그 이름 '대현'을 '김대현'이라 고쳐서 '갑야김대현'이라고 고치는 것은 허가되지 않는다.

위에 말한 것이 씨제도의 개요이다. 이로써 씨에서 대체로 설명을 했는데 이 외에 분명하지 않은 점은 조선총독부 법무국 민사과, 지방법원, 동 지청, 부읍면의 호적계에 물으면 자세히 가르쳐 주기로 되어 있다. 그러나 편지로 문의하는 때에는 반드시 반신료를 첨부하여야 된다.

자료 95 |《동아일보》, 1940. 6. 1, 석간 2면 기사

가족이 양자 들이려면 호주의 동의가 요건
家族이 養子 들이려면 戶主의 同意가 要件
양자입양 시 호주의 동의가 요건이라는 관습을 존중한 신 판례 소개 기사

△ 가족이 양자 들이려면 호주의 동의가 요건, 관습 존중의 신 판례

가족이 양자를 들이려면 호주의 동의가 절대 필요하다는 의미의 신 판례를 내게 한 사건은 벽성군 매단면 온천리(溫泉里) 송형순(宋亨順)과 해주 이냉정(李冷正) 간의 신분등기말소청구로, 30일 고등법원 민사부 와타나베(渡邊) 판사로부터 신고기각 선고를 내리는 동시에 전기와 같은 의미의 신 판례를 내렸는데 사건 내용은 다음과 같다.

즉 원고는 1938년(쇼와 13) 9월 죽은 송병환(宋秉桓)의 사망 후 그의 사후양자가 되어 호주상속을 하였는데 그 후 양자에 대한 협의가 있어 파양하기로 계출하여 결국 송병환의 호주는 피고 이냉정이 되게 되었으나, 조선 관습상으로 보면 양자가 일단 호주가 된 후에는 어떠한 일이 있더라도 파양불능이라며 원고는 피고 이냉정의 호주상속에 의한 호적기재 전부를 말소시켜 달라는 것인데 1, 2심에서 패소하고도 원고는 조선 관습상 절대 그러한 일이 없다고 불복상고하였으나, 고등법원에서는 도리어 조선 재래 관습상 그러한 일이 없다고 기각선고를 하는 동시에 다음과 같은 의미의 신 판례를 내었다. 즉 조선 관습에 의하면 가족

이 양자가 되려면 그 호주의 동의가 필요하고 만일 호주가 그 권리를 행할 수 없을 때에는 이것을 대행할 친족회의 동의를 얻음이 필요하고 이 동의가 없을 때 양자는 무효인 것이다.

자료 96 | 《매일신보》, 1940. 10. 30, 2면 7단 기사

장자상속의 원칙을 관습만으론 불합리, 이와시마 법무국 민사과장 대담
長子相續의 原則을 慣習만으론 不合理, 岩島 法務局 民事課長 談
장자상속의 원칙은 관습만으로 불합리하다는 법무국 민사과장의 대담 기사

△ 장자상속의 원칙은 관습만으론 불합리, 이와지마 하지메(岩島肇) 법무국 민사과장 대담

맏아들에게만 호주상속을 해 주는 판결례를 고쳐 가지고 적당한 방법에 의하여 상속을 해 주자고 하는 중추원회의의 답신에 대하여 총독부 이와지마(岩島) 민사과장은 다음과 같이 말하였다

"이 문제에 대하여는 법무국에서도 오래전부터 연구를 해 오던 것으로, 이번 중추원 회의에 자문한 바가 그와 같이 결의된 것은 법정한 추정호주상속인제도를 없이 하자고 하는 것을 촉진하는 사실인 만큼 이것을 시급히 구체화하지 않으면 안 될 줄 안다. 일본과 같이 친족법(親族法)과 상속법(相續法)이 실시되지 않고 있는 관계로 다만 판례에 의하여 무조건하고 큰 아들만 상속을 받는다는 것은 너무도 시대와 동떨어지는 것이다. 그러므로 맏아들이 재산처리를 할 만한 능력이 없다든지 혹은 불구폐인인 경우에는 상속받을 재산과 모든 권리를 국가적으로 살리기 위해서라도 이 관습법에 의해서 무리하게 상속되는 폐해를 고치지 않으면 안 될 것이다." 그동안 사법법규개정위원회에서도 이 문제에 대하여 각 방면으로 전문적 연구를 거듭하고 있으므로 일본과 같이 친족상속법을 곧 실시하도록 해 가지고 동시에 이 상속에 관한 것도 새롭게 할 방침이다.

Ⅲ

『민사관습회답휘집(民事慣習回答彙集)』

1.
인쇄본 『민사관습회답휘집』과 필사본 『속편고(1945)』 해제

1. 인쇄본 『휘집(1933)』의 발간 목적

1933년 당시 조선총독부 중추원 서기관장이던 우시지마 쇼조(牛島省三)는 서문에서 "구한국 법전조사국, 조선총독부 취조국, 총독부 참사관실, 중추원 등이 잇달아" 조선의 관습을 "조사하고, 각 관아(官衙)의 조회(照會)에 대해 소견을 회답하여 처무상 참고로 삼도록 하였는데, 지금은 그 수가 누적하여 3백수십 건[1]에 달하고 (회답의 구체적) 내용 역시 사법(私法)의 각 종목에 걸쳐 그 항목이 970여 개[2]에 이르고 있다. 그리고 이러한 종류의 간행물로서 이미 출판된 것으로 조선총독부 취조국이 편찬한 『관습조사보고서』가 있지만, 그것은 초창기에 급히 조사한 것으로 불비(不備)한 점이 있을 뿐만 아니라 이후의 조사에 의해 견해를 달리하게 된 사항도 적지 않다. (중략) 이에 위에서 말한 회답을 한 책에 수록하여 많은 사람이 참고하도록 제공하"기 위한 것이라고 말하였다. 1938년에 발간된 『조선구관제도조사사업개요』는 인쇄본 『휘집(1933)』의 발간 목적을 다음과 같이 기술하였다.

"조선의 종전 법제는 매우 불비하고 관습도 역시 명확하지 않다. 대개 관습은 민정(民情)에 적응하여 발달하는 것이므로 사회의 변천, 정법(政法)의 추이 등을 밝히지 않으면 이를 천명(闡明)하기가 매우 어렵다. 따라서 구한국 말년에 법전조사국을 설치하여 그 조사에 착수하였다. 1909년 2월 경성공소원 민사부가 관습조사를 조회한 것이 시초로, 재판소와 기타의 관청이 차례로 조회하여 조선총독부 취조국, 같은 참사관 소관(所管)을 경유하고 중추원에 이르는 동안 그들 조회에 대하여 발송한 회답은 1933년 9월까지 누적하여 3백수십 건에 달하였다. 민사령의 규정도 수차의 개정으로 친족·상속의 일부를 (메이지) 민법의 규정에 따르는 것으로 변경되었지만 아직 그 대부분은 관습에 따라야 하기에 이들 회답을 정리할 필요가 있어, 고등법원의 노무라 초타로(野村調太郎, 1881~?), 기토 헤이이치(喜頭兵一, 1884~1955) 두 판사에게 위촉하여 1933년 12월에 이들 회답을 편찬하여 하

---

1 정확하게는 324건이다.
2 건수는 324건이지만, 구체적 조회사항을 하나하나 세면 970여 개라는 뜻이다.

나의 책으로 만들어 발간하였다."³

2. 휘집의 편집자들

공동편집자 중 1인인 노무라 초타로는 1881년 12월 22일에 출생하여 1902년 7월에 도쿄법학원(현재의 주오대학) 방어법학과(邦語法學科)를 졸업하였다. 1903년 11월에 판검사등용 제1회 시험에 합격하고, 우쓰노미야(宇都宮)에서 사법관시보로 임명되어 1905년에 제2회 시험에 합격하였다. 판사로서 구마모토지방재판소, 도야마구재판소, 도야마지방재판소, 후쿠이지방재판소, 1912년에 다카오카구재판소, 1913년에 나고야지방재판소를 경유하여, 1914년 4월에 조선총독부 판사로 조선에 부임하고, 부산지방법원 판사가 되었다. 그는 그 후 조선 각지의 각급 재판소에서 판사로 근무하고, 고등법원 판사를 경유하여 1941년에 정년을 맞이하였다. 정년 후 경성에 남아 변호사 자격을 취득하였고 1944년에 제7회 경성변호사회 회장을 역임하였다. 그는 조선총독부 판사로 재직 중 가장 많은 조선 법 관련 연구논문을 작성하여 주로 『사법협회잡지』(1922~1945)에 기고하였으며, 『조선제사상속법서설』, 『조선호적령의해』 등의 저술을 남겼다.⁴

또 다른 편집자 기토 헤이이치는 1909년에 도쿄제국대학 법과대학을 졸업하고 통감부 판사를 경유하여 조선총독부 판사가 되었다. 그 후 경성지방법원 판사, 부산지방법원 판사, 경성지방법원 부장, 대구지방법원 부장, 경성복심법원 부장, 대구복심법원 부장, 고등법원 판사를 역임하였다. 1927년에 유럽의 여러 나라에 유학하고 귀국 후에 경성제국대학 법문학부 강사를 겸임하였다. 고등법원 부장, 경성복심법원 원장을 경유하여 1943년에 고등법원 원장에 취임하였다. 저서로 『이조의 재산상속법(李朝の財産相續法)』을 남겼다.

---

3 조선총독부 중추원, 1938, 『조선구관제도조사사업개요』, 83~84쪽.
4 홍양희, 2009, 「조선총독부 판사, 노무라 초타로(野村調太郎)의 조선 사회 인식-가족제도에 대한 인식을 중심으로-」, 『家族法硏究』 23권 1호, 한국가족법학회, 63~64쪽; 오카자키 마유미(岡崎まゆみ), 2020, 『植民地朝鮮の裁判所: 慣習と同化の交錯·法の「實驗」』, 晃洋書房, 123~126쪽.

3. 연도별 조회·회답 건수

연도	『휘집(1933)』	『속편고(1945)』
1909	8건	-
1910	12건	-
1911	22건	-
1913	36건	-
1914	32건	-
1915	32건	-
1916	35건	-
1917	30건	-
1918	11건	-
1919	6건	-
1920	16건	-
1921	13건	-
1922	12건	-
1923	10건	-
1924	3건	-
1925	2건	-
1926	2건	-
1929	5건	-
1930	5건	-
1931	1건	-
1932	2건	-
1933	1건	2건
1934	-	1건
1935	-	1건
1936	-	1건
1937	-	1건
1938	-	2건
1939	-	1건
1940	-	2건
1941	-	1건
1942	-	1건
1944	-	3건
1945	-	1건
총계	324건	17건

1933년에 출판된 『휘집(1933)』에 수록된 주제들의 조회·회답일자순 건수는 1909년 8건, 1910년 12건, 1911년 22건, 1913년 36건, 1914년 32건, 1915년 32건, 1916년 35건, 1917년 30건, 1918년 11건, 1919년 6건, 1920년 16건, 1921년 13건, 1922년 12건, 1923년 10건, 1924년 3건, 1925년 2건, 1926년 2건, 1929년 5건, 1930년 5건, 1931년 1건, 1932년 2건, 1933년 9월말까지 1건이다.

필사본인 『속편고(1945)』에 수록된 주제들의 조회·회답일자순 건수는 1933년(2건), 1934년(1건), 1935년(1건), 1936년(1건), 1937년(1건), 1938년(2건), 1939년(1건), 1940년(2건), 1941년(1건), 1942년(1건), 1944년(3건), 1945년(1건) 등 총 17건이다.

다음에는 각도를 바꾸어 어떤 주제들이 조회·회답에서 자주 거론되었는가 하는 점을 살펴보기로 하자.

4. 조회·회답에서 자주 거론된 이슈들

주제	건수
양자·입양	48건
상속	48건
승려·사찰	18건
분묘·묘지	16건
종중·문중	13건
보(洑)	12건
소작	7건

『휘집(1933)』에 수록된 사항을 주제별로 분류해보면 양자(養子)와 입양(入養) 관련 이슈(7·18·30·48·53·62·63·67·89·90·94·96·98·107·108·110·114·119·122·125·128·132·133·139·141·146·151·155·163·178·195·196·205·206·209·222·233·238·240·251·252·255·266·270·277·282·305·306번 등 총48건), 상속(21·44·47·50·71·78·79·80·81·83·84·86·111·118·123·138·140·159·164·168·176·179·182·186·195·201·202·223·227·236·243·250·253·256·262·263·267·276·278·292·295·296·298·308·309·319·324번 등 총48건), 승려·사찰(16·17·102·105·106·116·121·126·211·212·221·226·286·311·313·316·317·323번 등 총18건), 분묘·묘지(26·37·38·56·65·68·72·115·133·192·269·275·280·284·293·301번 등 총16건), 종중·문중(40·43·54·77·91·97·169·261·285297·302·320·322번 등 총13건), 보(洑)(64·87·130·135·189·237·241·246·259·274·279·303번 등 총12건), 소작(127·160·161·172·239·247·291번 등 총7건)의 순으로 건수가 많다.

양자(養子)와 입양(入養) 관련 이슈들(48건)과 상속(48건) 문제는 일본인들이 창출한 '제사상속' 카테고리를 매개로 긴밀히 연결되고 있다.

5. 『사법협회잡지』에 수록되었는지 여부

조선사법협회(朝鮮司法協會)는 회칙 제17조에 따라 기관지인 『(조선)사법협회잡지(司法協會雜誌)』(이하 『잡지』로 약칭함)를 월간지로 1922년 1월부터 발행하였다. 『휘집(1933)』에 실린 조회·회답 324건과 『속편고』에 수록된 조회·회답에는 『잡지』몇 권 몇 호에서 필사하였다는 기록이 부기(附記)되어 있다. 1922년 1월호 이후의 『잡지』에 조회·회답이 일부 실린 것이 확인된다. 궁금한 것은 『잡지』 발간 이전의 조회·회답(대체로 『휘집(1933)』 281번 이전의 조회·회답)이 모종의 공식적 인쇄물에 실렸는지, 실렸다면 어느 발간물인지, 실리지 않은 상태에서 『휘집(1933)』의 편집자가 개별적으로 입수한 필사본을 수동적으로 편집한 것인지 하는 점이다. 당시 작성된 논문 중 『휘집(1933)』의 281번 회답의 작성 시기 이전에 작성된 조회·회답을 인용하는 데 있어서 인쇄본 『휘집(1933)』에 수록되지 않은 조회·회답이 발견된다.

『잡지』는 1922년 1월 창간호가 발행된 이래 1945년 2월 제24권 제2호까지 발행되었다. 제21권이 발행된 1943년까지 제9권 제1호와 제2호, 제19권 제10호와 제11호만을 합병호로 함께 발행하였을 뿐, 매년 12책이 정기적으로 발행되었다. 태평양전쟁 중인 1944년에도 9월까지 정상적으로 발행되었지만 제11호와 제12호가 함께 발행되었으며, 1945년에는 제24권 제1호, 제2호까지 발행된 채 종간되었다. 24년 동안 모두 275책이 발행되었다.

『잡지』는 초기에 매호 3,000부 내외의 부수가 발간되었으나, 1923년 후반기부터는 4,000부 이상이 발행되었다. 배포 대상은 회원과 총독, 정무총감을 비롯하여 총독부 내의 각 국(局)과 부(部), 중추원, 각 도의 경찰부, 경찰서, 헌병대, 부군청(府郡廳), 면사무소, 은행, 금융조합, 각 신문잡지사 등이고, 일본에서는 사법대신, 사법차관, 대심원장, 검찰총장 등이었다.

현재 국립중앙도서관에서 원문검색 서비스 대상으로 일반에 공개되는 것은 전체의 완질이 아니고 창간호부터 1942년 12월호까지이다. 부분적으로 결호도 있으며, 제22권(1943) 이하 제24권(1945) 제2호까지는 누락되었다.[5]

---

5 이상은 정긍식·장창민, 2004, 『식민지기 사법 관련 자료』, 한국법제연구원, 21~23쪽에서 발췌함.

6. 조선사법협회란 어떤 단체인가

조선사법협회는 일본국에 창설된 법조회(法曹會)[6]를 모방하여 조선에 설립된 재단법인이다. 이 회는 민사, 형사, 비송사건, 등기, 호적, 행형, 기타 일반 사법 사무의 진보와 회원의 친목을 도모하기 위하여 1922년 8월 23일 설립되었다. 사무소를 고등법원 구내에 두고, 고등법원 원장, 고등법원 검사장, 법무국장을 이사로 위촉하고, 그중 고등법원 원장을 회장으로 추대하고 경성복심법원 원장과 경성복심법원 검사장을 감사로 위촉하였다. 회원에는 정회원 외에 명예회원, 준회원의 3종이 있었는데, 법무국·법원·형무소의 판임관 대우자 이상의 현직자를 정회원으로 삼고 공로가 있는 자, 학식과 경험이 있는 자는 회장의 추천으로 평의원회의 결의로 명예회원이 될 수 있었다. 조선사법협회의 사업은 매월 1회씩 『사법협회잡지』를 발행하고, 매년 1회씩 『고등법원판결록』을 발행하며, 기타 임시적으로 사법 관계 도서, 잡지, 직원록 등을 발행하는 것이었다.[7]

7. 일본인 사법관료들이 기록한 '조선의 관습법'에 대해 비판적 고찰을 행한 선행 논저

2022년 발표된 연구논문[8]은 "하나하나의 아이템(항목 혹은 이슈)에 의도적인 조작(造作, manipulation)이 있었을 가능성은 적지만, 인식대상(조선의 관습법)의 개념적 포착(conceptual categorization)과 분류(classification)에 자주 부적절성이 보이고, 때로는 의식적·무의식적 조작도 엿보인다."라고 지적하였다. 위 논문은 '제사상속(祭祀相續)·호주상속(戶主相續) 담론'

---

6 법조회는 1891년 9월 법률 연구의 임의 단체로 일본국에서 발기된 단체이다. 월간 논문지인 『법조기사(法曹記事)』를 간행하기 시작하여 법조회에 의한 법령 해석을 '본회의 결의'로 게재하기 시작하였다. 1908년(메이지 41) 12월에는 법조회가 재단법인으로 개조되었다. 이 시기의 회원 구별은 정회원 외에 사법부 안의 준회원, 사법부 밖의 준회원 등을 두었다. 1923년(다이쇼 12) 4월에 월보를 『법조회잡지(法曹會雜誌)』(1권 1호)로 개제(改題)하고 새로 간행하기 시작하였다. 종전까지의 '본회의 결의'는 「법조회결의(法曹會決議)」로 개제되고 『대심원판결집(大審院判決集)』에도 수록되었다. 조선의 『사법협회잡지』는 일본 본국의 『법조회잡지』, 「사법협회결의」는 일본 본국의 「법조회결의」를 모방한 것으로 보인다.
7 조선총독부 법무국 법무과, 1936, 『朝鮮の司法制度』, 33~34쪽.
8 심희기, 「제사상속·호주상속 담론(1910~1923)에 대한 비판적 고찰」, 『사법』 60, 사법발전재단, 2022, 423~463쪽.

을 선택하여 그 부적절성과 조작적 측면을 구체적으로 논증하였다.

위 논문은 먼저 상속에 관한 오다 미키지로(小田幹治郎, 1875~1929, 이하 '오다'로 약칭함)의 3종 상속의 개념적 범주화를 제시하고, 이 범주들이 오다의 독창적인 범주화(creative categorization)였을까, 오다는 어디에서 영감을 받아 그 카테고리를 차용(借用)하여 사용하였을까 하는 문제를 제기하고 그 연원을 추적하였다. 오다의 3종 상속 구상과 호즈미 노부시게(穗積陳重, 1855~1926, 이하 '노부시게'로 약칭함)의 진화론적 3종의 상속 구상은 매우 유사하다. 위 논문의 필자는 다음과 같이 추정하였다.

『관습조사보고서』(이하 '보고서'로 약칭함. 오다 미키지로가 집필책임자였음)는 메이지 민법의 해석론으로 설정된 3종의 상속 범주에 관한 노부시게의 발상을 수용하여 조선의 관습상 상속에도 3종의 카테고리가 있다고 설정하되, 다만 그 내용적 함의를 독자적으로 전개하여 조선 측 사료를 토대로 『보고서』와 「결의(1921~1923)」에서 적당히 끼워 맞춘 것으로 보인다. 오늘날 노부시게의 논증을 믿을 사람은 거의 없다.[9] 하물며 노부시게의 논증을 빌려 온 『보고서』와 「결의(1921~1923)」의 논증을 과학적 근거도 없이 받아들여야 할 것인지 진지한 검토가 필요하다. 다음으로 조선의 관습상 호주상속에 대한 논증에는 납득하기 어려운 논증이 많다. 호주상속에 관한 「결의(1921~1923)」와 『보고서』의 논증에는 근거 없는 가정이 있거나 논증이 취약하거나 사실에 부합하지 않는 논거들이 있는데, 그런 부분들을 구체적으로 정밀하게 드러내는 일이 차후의 연구과제이다.

8. 양자·입양·상속 관련 이슈 이외의 다른 이슈들에 대한 비판적 검토의 필요성

양자·입양·상속 관련 이슈(96건)가 아닌 승려·사찰(18건), 분묘·묘지(16건), 종중·문중(13건), 보(12건), 소작(7건)이슈에 관한 일본인들의 기록에 대한 비판적 검토가 필요하다. 여기서는 종중·문중에 관한 일본인들의 기록에 대한 약간의 검토를 통하여 향후 연구자들의 분발을 촉구하고 싶다.

---

9 노부시게가 묘사한 제사상속 시대(=고대의 종교독제 시대)의 모습은 퓌스텔 드쿨랑주(Fustel De Coulanges)가 『고대도시(Ancient City)』에서 기술한 것을 그대로 따왔는데, 현재 쿨랑주의 입론(立論)은 과학적 근거를 찾기 어렵다는 것이 학계의 평가이다. 우치다 다카시(內田貴), 정종휴 역, 2022, 『법학의 탄생』, 박영사, 308쪽.

일제강점기에 조선에서 판사로 근무한 다카하시 류지(高橋隆二)는 종중재산을 둘러싼 소송에 대하여 "종중 내지 종중재산에 대한 관념이 불명확함이 다툼의 주요 원인일 것"이라고 논단하였다. 그리하여 일본인들은 조선의 종중·문중과 그 재산 관계를 명확히 하려는 작업을 열심히 진행하였고, 그 잠정적 판단이 『보고서』와 『휘집(1933)』, 『속편고(1945)』에 수록된 것이다. 그런데 조선시대의 국가권력은 종중·문중과 그 재산 관계를 명확히 하려는 작업을 진척시키지 않았다. 예를 들어 보자.

1871년 9월 29일 무안(務安)에 사는 김정석(金正錫)이 등장을 올려 그와 일가(一家)인 "김일록(金一祿)이 탈종(奪宗)하려고 하여 문중의 공의(公議)로 김일록의 기도를 금지하였더니 김일록이 공의를 지키지 않고 더욱 행패를 부리므로, 위 김일록의 탈종하려는 버릇을 형률로 처벌하고 문중의 재산[宗物]은 김정수(金廷秀)의 계후자인 김기민(金起旼)에게 귀속되게 해 달라."라고 청원하였다. 영광군수는 "김일록이 패륜하다고 하더라도 공의가 당당하면 어찌 김일록이 방자할 리가 있겠는가? 좋은 방향으로 조처하여 일문(一門)의 수치가 되지 않도록 하라."라고 문장(門長)에게 지시하였다.[10] 영광군수는 '일문의 수치가 되지 않도록 좋은 방향으로 조처하라.'라는 대강의 원칙만 강조하고 구체적인 분쟁 해결은 문장에게 일임하였다. 다카하시는 '종중 내지 종중재산에 대한 관념이 불명확함'을 문제로 삼았지만 조선시대 사람들은 '종중 내지 종중재산에 대한 관념이 불명확함'을 문제로 삼지 않았다. 문제가 생길 때 조선시대에는 '문장의 리더십과 문중의 공의'로 해결을 시도한 데 반하여, 식민지 정치권력은 '분쟁을 해결하는 기준의 명확한 문자화'를 추구하였다. '분쟁을 해결하는 기준의 명확한 문자화'는 조선시대에 추구되지 않던 발상이었다. 또 하나의 예를 들겠다.

1870년 8월 13일 선산 수호(산직)의 일을 맡은 김명구가 함부로 송추를 작벌하여 팔아먹었다. 무장(茂長)에 사는 문장 김계일이 산직의 임무를 김준홍에게 부여하였다. 그랬더니 김명구가 김준홍에게 행패를 부렸다. 김준홍이 영광군수에게 권리 보호를 요청하였다. 영광군수는 "문중의 일을 왜 관(官)에 호소하는가? 문장이 일족과 의논하여 처리하라."라고 지시하였다.[11] 조선시대의 국가기구는 가급적 문중 내의 분쟁에 간섭하지 않고 문장의 리더십에

---

10 金仙卿 編, 1987, 『韓國地方史資料叢書』民狀篇 제3책, 1871년 9월 29일 자 기사, 여강출판사, 519쪽.
11 金仙卿 編, 『韓國地方史資料叢書』民狀篇 제3책, 1870년 8월 13일 자 기사, 여강출판사, 171쪽.

맡기는 방침으로 임하였다. 그러나 식민지 국가기구는 문중 내의 분쟁에도 개입하여 명확한 법규칙으로 분쟁을 해결하려고 하였으며, 그 과정에서 집적된 판결례들이 문중에 관한 이른바 관습법이었다.

보호국 시기이던 1906년부터 일본인들이 조선의 종중·문중과 그 재산 관계를 명확히 하려는 작업을 진행시키자, 종중·문중의 재산분쟁이 오히려 더 격렬하게 늘어났다.

요컨대 관습조사 당국이 조선의 관습법이라고 기록한 규범들은 조선의 국가기구가 '법'으로 선언한 적이 없는 규범들이었다. 그러면 관습조사 당국과 일본인들로 구성된 각급 법원이 기록한 이른바 조선 관습법들의 실체는 무엇일까? 『보고서』와 『휘집(1933, 1945)』, 「결의(1921~1923)」의 심층적 분석으로 이 이슈에 대한 이해를 심화시킬 필요가 있다.

9. 이유의 부착 여부

『속편고(1945)』가 중요한 이유는 특정한 조회에 대하여 특정한 회답을 한 이유(理由)가 부착되어 있기 때문이다. 그렇다면 『휘집(1933)』 324번의 회답을 제외한 나머지 조회·회답에는 왜 특정한 조회에 대하여 특정한 회답을 한 이유가 부착되어 있지 않을까 하는 의문이 제기된다. 관습조사 업무를 담당한 일본인 당국자들의 기록 습관에 비추어 볼 때 당초의 조회·회답에도 원래는 이유가 부착되어 있었는데 현재는 모종의 사정으로 그 자료가 전해 오지 않는 것이라고 추측할 수도 있다. 그런데 『속편고(1945)』에 수록된 조회·회답 건수는 평균 '1년 1건'이라는 점, 이에 비하여 1910년대에는 평균 '1년 20여 건'의 조회·회답이 수행된 점을 고려할 때 『휘집(1933)』에 수록된 조회·회답에는 324번을 제외하고 원래부터 이유가 부착되어 있지 않았을 가능성이 높다. 그러면 조회에 대한 회답의 책임이 있던 부서나 책임자는 무엇을 근거로 회답에 임하였을까? 매우 궁금하지만 향후의 연구과제이다.

2.
인쇄본 『민사관습회답휘집』과 필사본 『속편고(1945)』 목차

[인쇄본 『민사관습회답휘집』]

1. 소비대차 외 5건에 관한 건[1909년 2월 18일 법 제1호 법전조사국 회답] ········· 189
2. 초생지에 관한 건[1909년 2월 16일 법 제2호 법전조사국 위원장 회답] ········· 191
3. 간석·적 등의 소유권에 관한 건[1909년 3월 26일 법 제3호 법전조사국 위원장 회답] ········· 193
4. 보증채무자의 책임에 관한 건[1909년 5월 6일 법 제4호 법전조사국 회답] ········· 194
5. 양반이 노복을 사자로 사용하여 부동산을 매매하는 계약에 관한 건[1909년 8월 5일 법 제5호 법전조사국 회답] ········· 196
6. 이생지 소유권의 귀속에 관한 건[1909년 8월 5일 법 제6호 법전조사국 회답] ········· 198
7. 양자입양에 관한 건[1909년 8월 24일 법 제7호 법전조사국 회답] ········· 199
8. 전주 및 차인에 관한 건[1909년 9월 23일 법 제8호 법전조사국 회답] ········· 201
9. 이전에 관한 건[1910년 3월 23일 법 제9호 오다 서기관 회답] ········· 204
10. 계로부터 설립한 사립학교의 재산과 그 계장 및 계원에 관한 건[1910년 5월 20일 법 제10호 법전조사국 회답] ········· 205
11. 전당에 관한 건[1910년 5월 20일 법 제11호 법전조사국 회답] ········· 206
12. 타인의 토지에 가옥을 건설하는 경우에 관한 건[1910년 6월 29일 법 제13호 법전조사국 회답] ········· 207
13. 면·동·이의 인격에 관한 건[1910년 7월 1일 법 제14호 법전조사국 회답] ········· 208
14. 사립학교의 인격에 관한 건[1910년 7월 1일 법 제15호 법전조사국 회답] ········· 209
15. 장자가 있는 부재자 친부의 재산관리권에 관한 건[1910년 11월 16일 조발 제46호 취조국 장관 회답] ········· 210
16. 사원 승려의 재산의 처분에 관한 건[1910년 12월 19일 조발 제72호 취조국 장관 회답] ········· 211
17. 사원 소속 재산의 처분에 관한 건[1910년 12월 19일 조발 제72호 취조국 장관 회답] ········· 213
18. 양자의 입양 및 파양에 관한 건[1910년 12월 20일 조발 제76호 취조국 장관 회답] ········· 214
19. 가주 사망 후 재산관리에 관한 건[1910년 12월 19일 조발 제74호 취조국 장관 회답] ········· 217
20. 산척에 관한 건[1910년 12월 28일 조발 제82호 취조국 장관 회답] ········· 218
21. 상속에 관한 건[1911년 2월 7일 조발 제104호 취조국 장관 회답] ········· 219
22. 보증어음 등에 관한 건[1911년 2월 22일 조발 제113호 취조국 장관 회답] ········· 220

23. 이의 소송능력에 관한 건[1911년 3월 9일 조발 제122호 취조국 장관 회답] ·············· 222
24. 전당에 관한 건[1911년 3월 31일 조발 제131호 취조국 장관 회답] ·················· 224
25. 계자에 관한 건[1911년 4월 8일 조발 제142호 취조국 장관 회답] ··················· 225
26. 분묘의 경계에 관한 건[1911년 4월 13일 조발 제147호 취조국 장관 회답] ············ 226
27. 이생지에 관한 건[1911년 4월 24일 조발 제160호 취조국 장관 회답] ·················· 227
28. 동계에 관한 건[1911년 5월 12일 조발 제175호 취조국 장관 회답] ···················· 229
29. 간생자에 관한 건[1911년 5월 19일 조발 제181호 취조국 장관 회답] ·················· 231
30. 양자에 관한 건[1911년 5월 19일 조발 제182호 취조국 장관 회답] ····················· 233
31. 둔토의 기간에 관한 건[1911년 5월 24일 조발 제189호 취조국 장관 회답] ············ 234
32. 생양가봉사에 관한 건[1911년 6월 6일 조발 제205호 취조국 장관 회답] ·············· 236
33. 부재자의 재산관리에 관한 건[1911년 6월 9일 조발 제210호 취조국 장관 회답] ······ 238
34. 조선인과 외국인 사이의 부동산 매매에 관한 건[1911년 5월 29일 조발 제194호 취조국 장관 회답] ··· 239
35. 분묘의 경계에 관한 건[1911년 6월 14일 조발 제216호 취조국 장관 회답] ············ 241
36. 어린아이의 재산의 관리·처분에 관한 건[1911년 6월 19일 조발 제222호 취조국 장관 회답] ··· 242
37. 분묘의 경계에 관한 건[1911년 7월 25일 조발 제251호 취조국 장관 회답] ············ 243
38. 분묘의 확인 소송에 관한 건[1911년 8월 12일 조발 제266호 취조국 장관 회답] ······ 244
39. 조선인과 일본인 또는 외국인 사이의 사생자 인지 및 혼인에 관한 건[1911년 8월 19일 조발 제272호 취조국 장관 회답] ··· 245
40. 문중의 인격에 관한 건[1911년 9월 4일 조발 제283호 취조국 장관 회답] ············ 247
41. 해손(海損)에 관한 건[1911년 9월 21일 조발 제301호 취조국 장관 회답] ············ 248
42. 생양가봉사에 관한 건[1911년 10월 23일 조발 제334호 취조국 장관 회답] ·········· 249
43. 종중 공유재산에 관한 건[1911년 10월 25일 조발 제338호 취조국 장관 회답] ······ 251
44. 상속에 관한 건[1911년 11월 29일 조발 제364호 취조국 장관 회답] ···················· 252
45. 동산에 관한 건[1911년 12월 12일 조발 제377호 취조국 장관 회답] ···················· 253
46. 첩에 관한 건[1912년 3월 28일 조발 제472호 취조국 장관 회답] ························ 255

47. 상속에 관한 건[1911년 12월 14일 조발 제381호 취조국 장관 회답] ⋯⋯⋯⋯⋯⋯⋯⋯ 256

48. 수양자에 관한 건[1911년 12월 20일 조발 제394호 취조국 장관 회답] ⋯⋯⋯⋯⋯⋯ 257

49. 이생지에 관한 건[1912년 2월 28일 조발 제442호 취조국 장관 회답] ⋯⋯⋯⋯⋯⋯⋯ 261

50. 상속에 관한 건[1911년 12월 27일 조발 제400호 취조국 장관 회답] ⋯⋯⋯⋯⋯⋯⋯ 262

51. 능 부근의 민유지에 관한 건[1912년 2월 13일 조발 제429호 취조국 장관 회답] ⋯⋯⋯ 263

52. 전세에 관한 건[1912년 3월 7일 조발 제451호 취조국 장관 회답] ⋯⋯⋯⋯⋯⋯⋯⋯ 264

53. 양자에 관한 건[1912년 2월 18일 조발 제441호 취조국 장관 회답] ⋯⋯⋯⋯⋯⋯⋯⋯ 265

54. 종토의 처분에 관한 건[1912년 3월 13일 조전발 제33호 취조국 장관 회답] ⋯⋯⋯⋯ 267

55. 세대의 계산 방법 및 가장인 양자 파양에 관한 건[1912년 3월 14일 조발 제460호 취조국 장관 회답] ⋯⋯⋯⋯⋯⋯⋯⋯⋯⋯⋯⋯⋯⋯⋯⋯⋯⋯⋯⋯⋯⋯⋯⋯⋯⋯⋯⋯⋯⋯⋯⋯⋯ 268

56. 분묘의 소유 및 이전에 관한 건[1912년 6월 1일 참 제13호 정무총감 회답] ⋯⋯⋯⋯ 269

57. 천도교 강습소를 법인으로 인정할지 여부에 관한 건[1912년 6월 19일 참 제20호 정무총감 회답] ⋯⋯⋯⋯⋯⋯⋯⋯⋯⋯⋯⋯⋯⋯⋯⋯⋯⋯⋯⋯⋯⋯⋯⋯⋯⋯⋯⋯⋯⋯⋯⋯⋯⋯⋯⋯⋯ 270

58. 산통계의 계원 및 통계원의 권리의무에 관한 건[1912년 7월 10일 참 제27호 정무총감 회답] ⋯⋯ 270

59. 부동산의 전당 및 매매에 관한 건[1912년 7월 19일 참 제29호 정무총감 회답] ⋯⋯ 272

60. 부조인의 봉사손에 관한 건[1912년 7월 19일 참 제30호 정무총감 회답] ⋯⋯⋯⋯⋯ 273

61. 친권의 제한에 관한 건[1912년 9월 12일 참 제4호 정무총감 회답] ⋯⋯⋯⋯⋯⋯⋯⋯ 274

62. 양자의 파양에 관한 건[1912년 9월 25일 참 제9호 정무총감 회답] ⋯⋯⋯⋯⋯⋯⋯⋯ 275

63. 양자에 관한 건[1912년 10월 8일 참 제10호 정무총감 회답] ⋯⋯⋯⋯⋯⋯⋯⋯⋯⋯⋯ 276

64. 보의 설치에 관한 건[1912년 10월 9일 참 제11호 정무총감 회답] ⋯⋯⋯⋯⋯⋯⋯⋯ 278

65. 묘위토 소유자에 관한 건[1912년 11월 25일 참 제18호 정무총감 회답] ⋯⋯⋯⋯⋯⋯ 279

66. 담당 특약을 한 보인의 책임에 관한 건[1912년 12월 18일 참 제20호 정무총감 회답] ⋯⋯ 280

67. 호주의 파양에 관한 건[1912년 12월 11일 참 제21호 정무총감 회답] ⋯⋯⋯⋯⋯⋯⋯ 281

68. 분묘의 설치 및 금양으로 인한 토지소유권 취득에 관한 건[1912년 12월 24일 참 제22호 정무총감 회답] ⋯⋯⋯⋯⋯⋯⋯⋯⋯⋯⋯⋯⋯⋯⋯⋯⋯⋯⋯⋯⋯⋯⋯⋯⋯⋯⋯⋯⋯⋯⋯⋯⋯⋯⋯ 282

69. 하류의 변경으로 인한 토지소유권의 득실에 관한 건[1912년 12월 11일 참 제23호 정무총감 회답] ··· 283
70. 토지 투탁의 효력에 관한 건[1912년 12월 18일 참 제25호 정무총감 회답] ··············· 284
71. 제사상속인에 관한 건[1913년 1월 15일 참 제1호 정무총감 회답] ··························· 285
72. 분묘 굴이의 청구권에 관한 건[1913년 1월 24일 참 제4호 정무총감 회답] ··············· 288
73. 마름 및 도조에 관한 건[1913년 2월 10일 참 제7호 정무총감 회답] ························· 289
74. 감리서 노령청에 관한 건[1913년 2월 18일 참 제8호 정무총감 회답] ······················· 290
75. 여호주의 유무 및 첩의 유산상속에 관한 건[1913년 2월 18일 참 제9호 정무총감 회답] ····· 291
76. 별거하는 처에 대한 부의 부양 의무에 관한 건[1913년 2월 25일 참 제11호 정무총감 회답] ·· 292
77. 묘위토의 처분에 관한 건[1913년 3월 14일 참 제12호 정무총감 회답] ····················· 293
78. 처 및 딸의 상속 순위에 관한 건[1913년 3월 25일 참 제17호 정무총감 회답] ··········· 294
79. 승적자의 폐제 및 가산 관리 제한에 관한 건[1913년 4월 17일 참 제19호 정무총감 회답] · 295
80. 서자의 재산상속분에 관한 건[1913년 5월 7일 참 제23호 정무총감 회답] ················· 296
81. 상속인 미정의 유산에 대한 소송 및 그 유산 대표에 관한 건[1913년 5월 22일 참 제27호 정무총감 회답] ·· 297
82. 보호자 지정에 관한 건[1913년 5월 20일 참 제28호 정무총감 회답] ························· 298
83. 유산의 상속에 관한 건[1913년 5월 30일 참 제32호 정무총감 회답] ························· 299
84. 서자의 제사상속에 관한 건[1913년 6월 19일 참 제37호 정무총감 회답] ·················· 300
85. 판셈을 하는 경우 및 그 효력에 관한 건[1913년 6월 19일 참 제38호 정무총감 회답] ········ 301
86. 유산의 상속 및 그 상속분에 관한 건[1913년 6월 19일 참 제36호 정무총감 회답] ·············· 302
87. 둑의 수세에 관한 건[1913년 6월 23일 참 제39호 정무총감 회답] ····························· 304
88. 능·원·묘의 내해자에 편입되지 않은 민유지에 관한 건[1913년 7월 3일 참 제41호 정무총감 회답] ·· 305
89. 봉사자에 관한 건[1913년 7월 4일 참 제42호 정무총감 회답] ···································· 306
90. 차양자에 관한 건[1913년 7월 23일 참 제43호 정무총감 회답] ································· 307
91. 공유 묘답의 처분에 관한 건[1913년 8월 12일 참 제44호 정무총감 회답] ················· 309

92. 이생지에 관한 건[1913년 8월 25일 참 제51호 정무총감 회답] ·· 310
93. 가묘 및 사원에 관한 건[1913년 7월 29일 참 제47호 정무총감 회답] ·································· 311
94. 양자의 재산상속에 관한 건[1913년 9월 12일 참 제56호 정무총감 회답] ························· 313
95. 서원토에 관한 건[1913년 9월 12일 참 제49호 정무총감 회답] ·· 314
96. 수양자의 제사 및 선산 보호에 관한 건[1913년 9월 13일 참 제46호 정무총감 회답] ········ 315
97. 문중에서 공유하는 산의 입목 처분에 관한 건[1913년 9월 30일 참 제57호 정무총감 회답]
   ·· 317
98. 절후의 경우 유산 상속에 관한 건[1913년 10월 1일 참 제58호 정무총감 회답] ················ 318
99. 부의 자에 대한 대리권에 관한 건[1913년 10월 14일 참 제65호 정무총감 회답] ·············· 319
100. 서원전의 처분에 관한 건[1913년 10월 16일 참 제64호 정무총감 회답] ··························· 319
101. 전답의 매매계약과 소작료에 관한 건[1913년 10월 16일 참 제68호 정무총감 회답] ········ 320
102. 사찰에 관한 건[1913년 8월 8일 내무부 장관 회답] ··· 321
103. 하수 사용에 관한 건[1913년 12월 15일 참 제77호 정무총감 회답] ··································· 323
104. 수세 지급에 관한 건[1913년 12월 16일 참 제80호 정무총감 회답] ··································· 324
105. 말사의 재산 처분에 관한 건[1913년 12월 23일 참 제76호 정무총감 회답] ····················· 325
106. 본사와 말사의 관계에 관한 건[1913년 12월 23일 참 제82호 정무총감 회답] ················· 326
107. 형망제급의 효력에 관한 건[1914년 1월 10일 참 제83호 정무총감 회답] ························· 327
108. 서자가 있는 자의 양자에 관한 건[1914년 2월 6일 참 제10호 정무총감 회답] ················ 328
109. 사패지의 종류 및 효력 등에 관한 건[1914년 2월 7일 참 제12호 정무총감 회답] ··········· 329
110. 차양자에 관한 건[1914년 2월 24일 참 제16호 정무총감 회답] ··· 332
111. 섭사에 관한 건[1914년 3월 9일 참 제22호 정무총감 회답] ··· 333
112. 협의이혼에 관한 건[1914년 4월 9일 참 제24호 정무총감 회답] ··· 335
113. 부권에 관한 건[1914년 4월 9일 참 제25호 정무총감 회답] ··· 335
114. 서자 및 양자의 상속에 관한 건[1914년 4월 14일 참 제29호 정무총감 회답] ················· 336
115. 조상의 분묘에 관한 건[1914년 4월 15일 참 제32호 정무총감 회답] ································· 338
116. 주지의 임명 및 절 소유의 재산 처분에 관한 건[1914년 5월 7일 참 제37호 정무총감 회답]
    ·· 338

117. 영소작에 관한 건[1914년 5월 13일 참 제36호 정무총감 회답] ·········· 340
118. 무후봉사의 재산 귀속에 관한 건[1914년 5월 29일 참 제28호 정무총감 회답] ·········· 342
119. 파양에 관한 건[1914년 5월 29일 참 제46호 정무총감 회답] ·········· 343
120. 결수사패와 전토사패의 구별 및 화전 등에 관한 건[1914년 7월 3일 참 제37호 정무총감 회답]
·········· 344
121. 불량전에 관한 건[1914년 6월 2일 참 제45호 정무총감 회답] ·········· 348
122. 차자를 양자로 하는 경우에 관한 건[1914년 6월 18일 참 제47호 정무총감 회답] ·········· 349
123. 상속권 및 호주권 상실 등에 관한 건[1914년 6월 30일 참 제50호 정무총감 회답] ·········· 350
124. 사패지에 관한 건[1914년 7월 23일 참 제52호 정무총감 회답] ·········· 351
125. 차양자의 상속 자격에 관한 건[1914년 8월 11일 참 제53호 정무총감 회답] ·········· 352
126. 사원 방주에 관한 건[1914년 7월 11일 참 제54호 정무총감 회답] ·········· 353
127. 특별한 종류의 소작에 관한 건[1914년 8월 13일 참 제55호 정무총감 회답] ·········· 354
128. 차양자 복적 경우의 신분 회복에 관한 건[1914년 8월 22일 참 제60호 정무총감 회답] ·········· 355
129. 어음에 관한 건[1914년 8월 26일 참 제61호 정무총감 회답] ·········· 356
130. 보수 사용료에 관한 건[1914년 9월 11일 참 제68호 정무총감 회답] ·········· 357
131. 특별대리인에 관한 건[1914년 9월 18일 참 제71호 정무총감 회답] ·········· 358
132. 첩의 양자에 관한 건[1914년 10월 14일 참 제76호 정무총감 회답] ·········· 358
133. 수양자에 관한 건[1914년 11월 10일 참 제81호 정무총감 회답] ·········· 359
134. 강화둔에 관한 건[1914년 11월 10일 참 제78호 정무총감 회답] ·········· 360
135. 보의 소유에 관한 건[1914년 12월 10일 참 제79호 정무총감 회답] ·········· 361
136. 강락지의 소유권에 관한 건[1914년 12월 9일 참 제74호 정무총감 회답] ·········· 362
137. 어린아이의 대리인에 관한 건[1914년 12월 9일 참 제83호 정무총감 회답] ·········· 363
138. 상속인 폐제에 관한 건[1914년 12월 19일 참 제88호 정무총감 회답] ·········· 364
139. 양자에 관한 건[1915년 1월 14일 참 제6호 정무총감 회답] ·········· 365
140. 유산의 상속에 관한 건[1915년 1월 18일 참 제7호 정무총감 회답] ·········· 366
141. 차양자에 관한 건[1915년 2월 16일 참 제8호 정무총감 회답] ·········· 367
142. 국유 미간지 이용에 관한 건[1915년 3월 25일 참 제11호 정무총감 회답] ·········· 369

143. 경사지의 소유권에 관한 건[1915년 3월 30일 참사관 회답] ········· 370
144. 미성년자 보호자의 권한에 관한 건[1915년 4월 13일 참 제24호 정무총감 회답] ········· 371
145. 함락지의 소유권에 관한 건[1915년 4월 13일 참 제24호 정무총감 회답] ········· 372
146. 양자 및 상속에 관한 건[1915년 4월 19일 참 제18호 정무총감 회답] ········· 373
147. 동사원의 책임에 관한 건[1915년 4월 19일 참 제26호 정무총감 회답] ········· 374
148. 협의이혼에 관한 건[1915년 4월 19일 참 제31호 정무총감 회답] ········· 375
149. 차인동사에 관한 건[1915년 4월 24일 참 제17호 정무총감 회답] ········· 376
150. 사패전의 구별에 관한 건[1915년 4월 26일 참 제27호 정무총감 회답] ········· 377
151. 상속인이 없는 경우 재생지 소유권의 귀속에 관한 건[1915년 4월 26일 참 제32호 정무총감 회답] ········· 379
152. 친권의 상실에 관한 건[1915년 4월 28일 참 제16호 정무총감 회답] ········· 380
153. 어린 호주의 보호에 관한 건[1915년 4월 29일 참 제21호 정무총감 회답] ········· 381
154. 과부의 재가 방식에 관한 건[1915년 4월 30일 참 제25호 정무총감 회답] ········· 382
155. 양자 및 상속에 관한 건[1915년 4월 30일 참 제35호 정무총감 회답] ········· 383
156. 첩 및 미성년자의 행위능력에 관한 건[1915년 4월 30일 참 제19호 정무총감 회답] ········· 384
157. 동사원의 책임에 관한 건[1915년 6월 24일 조추발 제88호 정무총감 회답] ········· 385
158. 처가 출가한 경우 재취의 효력에 관한 건[1915년 6월 24일 조추발 제89호 정무총감 회답] · 386
159. 가족이 사망한 경우 유산의 상속에 관한 건[1915년 6월 24일 조추발 제90호 정무총감 회답] ········· 387
160. 황무지의 소작에 관한 건[1915년 6월 24일 조추발 제91호 정무총감 회답] ········· 388
161. 도지권의 매매에 관한 건[1915년 7월 7일 조추발 제98호 정무총감 회답] ········· 389
162. 신원보증 의무의 상속에 관한 건[1915년 9월 18일 조추발 제133호 정무총감 회답] ········· 390
163. 독자를 양자로 삼는 경우에 관한 건[1915년 7월 7일 조추발 제97호 정무총감 회답] ········· 391
164. 대습상속에 관한 건[1915년 9월 4일 조추발 제124호 정무총감 회답] ········· 391
165. 시장사패 및 신탄사패에 관한 건[1915년 9월 15일 조추발 제129호 중추원 회답] ········· 393
166. 매매의 중개수수료에 관한 건[1915년 10월 14일 조추발 제150호 정무총감 회답] ········· 394
167. 부양에 관한 건[1915년 11월 18일 조추발 제185호 정무총감 회답] ········· 395

168. 유산의 상속에 관한 건[1915년 12월 25일 조추발 제208호 정무총감 회답] ·············· 395
169. 종산에 관한 건[1915년 12월 24일 조추발 제206호 정무총감 회답] ······················· 397
170. 토지소유권 이전의 방식에 관한 건[1915년 12월 25일 조추발 제209호 정무총감 회답] ···· 398
171. 사패지에 관한 건[1916년 2월 25일 조추발 제62호 정무총감 회답] ························ 399
172. 소작권에 관한 건[1915년 12월 28일 조추발 제219호 정무총감 회답] ····················· 401
173. 조상의 분묘 및 상속에 관한 건[1915년 12월 28일 조추발 제218호 정무총감 회답] ·········· 402
174. 동사의 객주 영업자에 관한 건[1916년 1월 13일 조추발 제12호 정무총감 회답] ············· 404
175. 가봉자의 양육비 청구에 관한 건[1916년 2월 2일 조추발 제40호 정무총감 회답] ············ 405
176. 과부의 재가 및 서자 상속에 관한 건[1916년 2월 12일 조추발 제49호 정무총감 회답] ······ 406
177. 친권에 관한 건[1916년 2월 16일 조추발 제52호 정무총감 회답] ···························· 407
178. 양자의 파양과 이혼에 관한 건[1916년 2월 16일 조추발 제53호 정무총감 회답] ············· 408
179. 유산의 처분에 관한 건[1916년 4월 6일 조추발 제105호 중추원 서기관장 회답] ············· 409
180. 한성부윤의 입지에 관한 건[1916년 4월 12일 조추발 제109호 중추원 회답] ·················· 410
181. 친권에 관한 건[1916년 4월 14일 조추발 제116호 정무총감 회답] ···························· 411
182. 양자선정에 관한 건[1916년 4월 14일 조추발 제117호 정무총감 회답] ························ 412
183. 전당권에 관한 건[1916년 4월 19일 조추발 제123호 정무총감 회답] ··························· 413
184. 전답 매매의 경우 작물의 귀속에 관한 건[1916년 4월 26일 조추발 제132호 정무총감 회답] - 413
185. 관습상 대리인에 관한 건[1916년 5월 16일 조추발 제144호 중추원 서기관장 회답] ········· 414
186. 종가 상속에 관한 건[1916년 6월 7일 조추발 제170호 정무총감 회답] ························ 415
187. 미혼자의 분가에 관한 건[1916년 6월 7일 조추발 제171호 정무총감 회답] ···················· 418
188. 작백계에 관한 건[1916년 6월 15일 조추발 제179호 정무총감 회답] ··························· 419
189. 보의 부지 소유자에 관한 건[1916년 6월 15일 조추발 제180호 정무총감 회답] ·············· 420
190. 혼폐전의 반환 청구에 관한 건[1916년 8월 8일 조추발 제223호 정무총감 회답] ············ 421
191. 완문의 글자 뜻에 관한 건[1916년 8월 16일 조추발 제229호 중추원 서기관장 회답] ········ 422
192. 묘지 및 안산의 소유권에 관한 건[1916년 9월 2일 조추발 제242호 중추원 의장 회답] ····· 423
193. 사환미 창고 부지에 관한 건[1916년 9월 2일 조추발 제243호 중추원 의장 회답] ············ 423
194. 군수의 권한에 관한 건[1916년 9월 21일 조추발 제258호 중추원 의장 회답] ················· 424

195. 서자 및 양자의 상속에 관한 건[1916년 9월 22일 조추발 제259호 정무총감 회답] ············ 425
196. 양자선정에 관한 건[1916년 9월 22일 조추발 제260호 정무총감 회답] ························ 427
197. 상속 및 가봉자에 관한 건[1916년 9월 22일 조추발 제261호 정무총감 회답] ················ 428
198. 첩이던 자가 정처가 될 수 있는가에 관한 건[1916년 9월 30일 조추발 제268호 정무총감 회답]
 ··· 430
199. 친족회 결의에 관한 건[1916년 10월 10일 조추발 제276호 정무총감 회답] ··················· 431
200. 어기에 관한 건[1916년 11월 18일 조추발 제317호 중추원 의장 회답] ························· 432
201. 유산의 상속에 관한 건[1916년 11월 28일 조추발 제326호 정무총감 회답] ··················· 432
202. 유산의 상속에 관한 건[1916년 11월 30일 조추발 제327호 정무총감 회답] ··················· 433
203. 사숙의 재산에 관한 건[1916년 12월 1일 조추발 제329호 정무총감 회답] ····················· 434
204. 서기청의 건물 및 부지의 소유권에 관한 건[1916년 12월 5일 조추발 제335호 중추원 의장 회답]
 ··· 435
205. 양자에 관한 건[1916년 12월 11일 조추발 제343호 정무총감 회답] ······························ 436
206. 협의파양에 관한 건[1917년 1월 30일 조추발 제16호 정무총감 회답] ··························· 437
207. 환곡 및 사창에 관한 건[1917년 1월 31일 조추발 제18호 중추원 회답] ························ 438
208. 마름의 소송 제기에 관한 건[1917년 2월 27일 조추발 제52호 정무총감 회답] ·············· 439
209. 양반의 종가에서 양사자에 관한 건[1917년 3월 28일 조추발 제73호 정무총감 회답] ········ 440
210. 계약서의 해석에 관한 건[1917년 4월 13일 조추발 제87호 중추원 회답] ······················· 441
211. 승니의 재산상속에 관한 건[1917년 5월 14일 조추발 제109호 정무총감 회답] ··············· 443
212. 승려의 재산상속에 관한 건[1917년 5월 15일 조추발 제116호 정무총감 회답] ··············· 444
213. 왕실과 인민 간 채권의 강제집행에 관한 건[1917년 5월 18일 조추발 제121호 정무총감 회답]
 ··· 445
214. 과부의 개가 및 친권 상실에 관한 건[1917년 5월 24일 조추발 제127호 정무총감 회답] ··· 447
215. 궁성·사찰 등의 폐지에 있는 탑비 등에 관한 건[1917년 5월 29일 조추발 제132호 중추원 서
 기관장 회답] ·· 448
216. 절목·완문 등의 효력에 관한 건[1917년 6월 12일 조추발 제143호 정무총감 회답] ········· 449
217. 혼인의 성립에 관한 건[1917년 6월 12일 조추발 제144호 정무총감 회답] ····················· 451

Ⅲ. 『민사관습회답휘집(民事慣習回答彙集)』 **181**

218. 혼인의 성립에 관한 건[1917년 6월 12일 조추발 제145호 정무총감 회답] ·················· 452
219. 서자의 친권자에 관한 건[1917년 6월 26일 조추발 제156호 정무총감 회답] ·················· 453
220. 도중제명자의 지분에 관한 건[1917년 6월 27일 조추발 제157호 정무총감 회답] ············ 454
221. 승려의 재산상속 및 상좌가 되는 법식에 관한 건[1917년 8월 15일 조추발 제194호 정무총감 회답] ·· 455
222. 적자의 부인에 관한 건[1917년 8월 20일 조추발 제196호 정무총감 회답] ···················· 456
223. 유산의 상속에 관한 건[1917년 8월 24일 조추발 제198호 정무총감 회답] ···················· 457
224. 구 한국민의 중국 귀화에 관한 건[1917년 10월 12일 조추발 제224호 서기관장 회답] ······ 458
225. 가족의 보호자에 관한 건[1917년 10월 20일 조추발 제229호 정무총감 회답] ················ 458
226. 승려의 유산 상속에 관한 건[1917년 10월 20일 조추발 제230호 정무총감 회답] ············ 459
227. 유산의 상속에 관한 건[1917년 10월 20일 조추발 제231호 정무총감 회답] ···················· 460
228. 영당과 그 제위토에 관한 건[1917년 10월 20일 조추발 제232호 정무총감 회답] ············ 461
229. 후견인 선정에 관한 건[1917년 11월 21일 조추발 제266호 정무총감 회답] ···················· 463
230. 조선인과 외국인의 통혼에 관한 건[1917년 11월 21일 조추발 제267호 정무총감 회답] ··· 464
231. 친권의 상실에 관한 건[1917년 12월 7일 조추발 제281호 정무총감 회답] ······················ 465
232. 청문기의 효력에 관한 건[1917년 12월 11일 조추발 제283호 중추원 의장 회답] ············ 466
233. 양자입양의 취소 청구에 관한 건[1917년 12월 12일 조추발 제284호 정무총감 회답] ······· 467
234. 중혼에 관한 건[1917년 12월 12일 조추발 제285호 정무총감 회답] ································ 468
235. 군수의 권한에 관한 건[1917년 12월 18일 조추발 제294호 정무총감 회답] ···················· 469
236. 유산의 상속에 관한 건[1918년 1월 21일 조추발 제18호 정무총감 회답] ······················· 470
237. 동수세에 관한 건[1918년 1월 21일 조추발 제19호 정무총감 회답] ································ 471
238. 차양자에 관한 건[1918년 2월 19일 조추발 제57호 정무총감 회답] ································ 472
239. 경식자의 권리에 관한 건[1918년 2월 23일 조추발 제62호 정무총감 회답] ···················· 473
240. 양자에 관한 건[1918년 5월 21일 조추발 제135호 정무총감 회답] ·································· 474
241. 보의 소유권 및 수세징수권의 양도에 관한 건[1918년 6월 21일 조추발 제158호 정무총감 회답] ·· 476
242. 자의 특유재산에 관한 건[1918년 6월 24일 조추발 제162호 정무총감 회답] ················· 477

243. 후견과 유산의 상속에 관한 건[1918년 6월 24일 조추발 제163호 정무총감 회답] ········· 478
244. 평양관제묘에 관한 건[1918년 9월 19일 조추발 제223호 정무총감 회답] ············· 481
245. 마름에 관한 건[1918년 12월 11일 조추발 제284호 정무총감 회답] ················· 482
246. 보세의 지급에 관한 건[1918년 12월 14일 조추발 제289호 정무총감 회답] ·········· 484
247. 도지권에 관한 건[1919년 2월 6일 조추발 제47호 정무총감 회답] ················· 485
248. 타인의 공지에 가옥을 건축하는 일에 관한 것[1919년 4월 30일 조추발 제113호 정무총감 회답]
 ··· 486
249. 친권에 관한 건[1919년 6월 3일 조추발 제148호 정무총감 회답] ················· 487
250. 유산의 상속에 관한 건[1919년 6월 30일 조추발 제169호 정무총감 회답] ·········· 488
251. 양자선정에 관한 건[1919년 10월 29일 조추발 제251호 정무총감 회답] ············ 490
252. 양자의 입양에 관한 건[1919년 11월 24일 조추발 제268호 정무총감 회답] ········· 491
253. 유산의 상속에 관한 건[1920년 1월 19일 조추발 제15호 정무총감 회답] ··········· 492
254. 생우의 매매 중개에 관한 건[1920년 1월 21일 조추발 제16호 정무총감 회답] ······· 493
255. 차양자에 관한 건[1920년 2월 4일 조추발 제25호 정무총감 회답] ················· 494
256. 유산의 상속에 관한 건[1920년 3월 5일 조추발 제489호 정무총감 회답] ··········· 496
257. 토지의 환퇴매매에 관한 건[1920년 4월 27일 조추발 제86호 성무총삼 회답] ········ 497
258. 교호계산에 관한 건[1920년 4월 28일 조추발 제84호 정무총감 회답] ·············· 498
259. 보수 사용에 대한 수세 지급에 관한 건[1920년 5월 12일 조추발 제90호 정무총감 회답] · 499
260. 후견인의 권한에 관한 건[1920년 6월 10일 조추발 제102호 정무총감 회답] ········· 500
261. 문회 결의의 효력에 관한 건[1920년 7월 7일 조추발 제493호 정무총감 회답] ······· 500
262. 첩의 유산의 상속에 관한 건[1920년 6월 24일 조추발 제109호 정무총감 회답] ······· 502
263. 제사상속인의 폐제에 관한 건[1920년 7월 7일 조추발 제494호 정무총감 회답] ······· 504
264. 이혼에 관한 건[1920년 7월 21일 조추발 제512호 정무총감 회답] ·················· 505
265. 처의 성명 및 그 부의 택호에 관한 건[1920년 9월 7일 조추발 제508호 정무총감 회답] ···· 506
266. 과양에 관한 건[1920년 10월 23일 조추발 제516호 정무총감 회답] ················ 507
267. 상속에 관한 건[1920년 11월 26일 조추발 제582호 정무총감 회답] ················ 508
268. 해빈 및 해상의 소유권과 어업권에 관한 건[1920년 12월 7일 조추비 제46호 중추원 서기관

장 회답] ·· 509
269. 제위토에 관한 건[1921년 2월 15일 조추발 제3호 정무총감 회답] ························· 510
270. 수양자에 관한 건[1921년 2월 21일 조추발 제49호 정무총감 회답] ························ 511
271. 완문에 관한 건[1921년 3월 1일 조추 제99호 중추원 서기관장 회답] ····················· 512
272. 병합 전 한국에서의 법인격 인허의 유무에 관한 건[1921년 3월 9일 조추 제111호 중추원 서
　　　기관장 회답] ·· 513
273. 서원의 재산에 관한 건[1921년 3월 14일 조추 제48호 정무총감 회답] ···················· 513
274. 보의 수축비에 관한 건[1921년 3월 29일 조추 제102호 정무총감 회답] ·················· 514
275. 입지 및 묘지에 관한 건[1921년 8월 29일 조추 제235호 중추원 서기관장 회답] ······· 515
276. 첩의 유산의 상속에 관한 건[1921년 9월 19일 조추 제299호 정무총감 회답] ·········· 517
277. 양자인 호주의 제사권에 관한 건[1921년 10월 8일 조추 제308호 정무총감 회답] ····· 517
278. 유산에 관한 건[1921년 10월 18일 조추 제231호 정무총감 회답] ···························· 518
279. 관개용수권에 관한 건[1921년 11월 26일 조추 제318호 정무총감 회답] ·················· 519
280. 묘지소유권의 취득 및 분묘의 굴이에 관한 건[1921년 12월 6일 조추 제430호 정무총감 회답]
　　　·· 520
281. 동본동성의 혼인에 관한 건[1921년 12월 12일 조추 제366호 정무총감 회답] ·········· 521
282. 부를 살해한 처의 양자선정권에 관한 건[1922년 1월 12일 조추 제11호 정무총감 회답] ······ 522
283. 구 한성부윤의 직무권한에 관한 건[1922년 6월 7일 조추 제32호 중추원 서기관장 회답] · 523
284. 분묘의 이장에 관한 건[1922년 6월 7일 조추 제165호 중추원 서기관장 회답] ········· 524
285. 종가 상속 및 종손 자격 소멸에 관한 건[1922년 6월 7일 조추 제185호 중추원 서기관장 회답]
　　　·· 525
286. 승려의 특유재산에 관한 건[1922년 6월 8일 조추 제26호 정무총감 회답] ················ 527
287. 재가한 자의 친권 행사에 관한 건[1922년 6월 26일 조추 제184호 정무총감 회답] ··· 528
288. 호주의 권리의무에 관한 건[1922년 7월 17일 조추 제240호 정무총감 회답] ············ 529
289. 어업자 간 대차에 관한 건[1922년 8월 25일 조추 제245호 정무총감 회답] ·············· 530
290. 이혼의 효과에 관한 건[1922년 10월 12일 조추 제365호 정무총감 회답] ················· 531
291. 소작료 징수계약 해제에 관한 건[1922년 10월 21일 조추 제322호 정무총감 회답] ··· 532

292. 유언에 관한 건[1922년 11월 9일 법무국에 대한 중추원 회답] ··· 533

293. 분묘 한계의 규정에 관한 건[1922년 12월 28일 조추 제483호 중추원 서기관장 회답] ········ 535

294. 서원에 관한 건[1923년 1월 18일 조추 제428호 중추원 서기관장 회답] ··························· 536

295. 제사상속에 관한 건[1923년 7월 14일 조추 제269호 정무총감 회답] ······························ 537

296. 가독 및 유산의 상속 순위에 관한 건[1923년 7월 21일 조추 제280호 중추원 회답] ········· 538

297. 종중 소유의 재산에 관한 건[1923년 8월 21일 조추 제368호 중추원 서기관장 회답] ······· 543

298. 서자의 제사권에 관한 건[1923년 9월 6일 조추 제124호 정무총감 회답] ······················· 544

299. 완문 성급의 권한에 관한 건[1923년 9월 18일 조추 제362호 중추원 서기관장 회답] ······ 545

300. 인적역권에 관한 건[1923년 10월 1일 조추 제415호 정무총감 회답] ······························ 546

301. 분묘 부지의 소유권에 관한 건[1923년 10월 15일 조추 제460호 중추원 서기관장 회답] ···· 547

302. 종중의 대표자에 관한 건[1923년 10월 23일 조추 제457호 중추원 서기관장 회답] ········· 548

303. 보의 소유권에 관한 건[1923년 11월 16일 조추 제458호 정무총감 회답] ······················· 549

304. 이유재산에 관한 건[1924년 2월 29일 조추 제46호 중추원 서기관장 회답] ··················· 550

305. 부를 살해한 처의 양자선정권에 관한 건[1924년 5월 19일 조추 제82호 정무총감 회답] ···· 551

306. 파양과 상속재산에 관한 건[1924년 11월 29일 조추 제379호 중추원 의장 회답] ············· 552

307. 상속에 관한 건[1925년 6월 16일 조추 제232호 정부총감 회답] ··································· 553

308. 유산상속의 효력에 관한 건[1925년 8월 3일 조추 제387호 중추원 서기관장 회답] ········· 554

309. 제사·가독상속에 관한 건[1926년 8월 6일 조추 제266호 중추원 의장 회답] ················· 555

310. 사생자 인지에 관한 건[1926년 8월 9일 조추 제293호 중추원 의장 회답] ····················· 558

311. 승려의 유산상속에 관한 건[1929년 1월 18일 조추 제45호 정무총감 회답] ···················· 559

312. 절반한 매매문기에 관한 건[1929년 3월 19일 조추 제238호 중추원 서기관장 회답] ········ 560

313. 승니가 환속한 경우 그 상속재산의 귀속에 관한 건[1929년 4월 16일 조추 제269호 정무총
감 회답] ·· 561

314. 노의 이름에 관한 건[1929년 7월 3일 조추 제450호 중추원 서기관장 회답] ·················· 562

315. 예사의 효력에 관한 건[1929년 8월 31일 조추 제572호 중추원 회답] ···························· 563

316. 상좌의 신분에 관한 건[1930년 1월 31일 조추 제20호 중추원 회답] ······························ 564

317. 사찰 재산의 처분에 관한 건[1930년 4월 18일 조추 제132호 중추원 회답] ···················· 566

318. 어린 기혼 남자의 사망과 그 차남의 신분에 관한 건[1930년 7월 24일 조추발 제324호 정무총감 회답] ··· 569
319. 세습재산의 처분에 관한 건[1930년 8월 19일 조추발 제446호 중추원 의장 회답] ············ 570
320. 종중이나 문중의 대표자 또는 그 재산의 관리인 선정에 관한 건[1930년 9월 23일 조추발 제566호 중추원 의장 회답] ··· 571
321. 백치인 호주의 후견인에 관한 건[1931년 10월 1일 조추발 제423호 중추원 의장 회답] ····· 572
322. 종약소에 관한 건[1932년 6월 15일 조추발 제261호 중추원 회답] ······································· 573
323. 사원의 인격 대표에 관한 건[1932년 6월 30일 조추 제277호 중추원 서기관장 회답] ········ 578
324. 상속인 없는 유산의 귀속에 관한 건[1933년 9월 27일 조추 제378호 중추원 의장 회답] ··· 579

[필사본 『속편고(1945)』]
325. 가족인 양모의 유산상속에 관한 건[1933년 11월 4일 중추원 의장 회답] ····························· 582
326. 분묘의 기지에 관한 건[1933년 12월 28일 중추원 의장 회답] ·· 584
327. 신주의 체천에 관한 건[1934년 5월 26일 중추원 의장 회답] ··· 588
328. 유산의 상속에 관한 건[1935년 5월 27일 중추원 의장 회답] ··· 594
329. 절가의 유산 귀속에 관한 건[1936년 8월 1일 중추원 의장 회답] ·· 600
330. 이혼에 관한 관습조사의 건[1937년 9월 29일 중추원 의장 회답] ·· 603
331. 전주 최씨의 시조 및 혼인에 관한 건[1938년 3월 26일 중추원 서기관장 회답] ················· 606
332. 종중재산 관리 대표자 선정에 관한 건[1938년 8월 20일 중추원 서기관장 회답] ··············· 609
333. 영구 존속 차지권에서의 소작료에 관한 건[1939년 9월 5일 중추원 회답] ·························· 610
334. 종중 또는 문중에 관한 건[1940년 3월 30일 중추원 의장 회답] ··· 612
335. 승려의 재산상속에 관한 관습조사 방법의 건[1940년 9월 30일 중추원 의장 회답] ········· 614
336. 종중 및 제위토에 관한 건[1941년 8월 4일 중추원 의장 회답] ··· 619
337. 조선인의 호주상속에 수반하는 재산상속에 관한 건[1940년 8월 23일 중추원 서기관장 회답] ·· 622
338. 소종중의 시조 및 그 칭호에 관한 건[1944년 3월 20일 중추원 서기관장 회답] ················· 632
339. 환관가의 양자에 관한 관습의 건[1944년 2월 21일 중추원 서기관장 회답] ······················· 633

340. 유산상속에 관한 건[1944년 11월 14일 중추원 서기관장 회답] ·········· 635
341. 시양자의 상속자격 및 단신 여호주의 유산상속에 관한 건[1945년 2월 20일 중추원 의장 회답]
········· 638

3.
인쇄본 『민사관습회답휘집』과 필사본 『속편고(1945)』 본문

1. 인쇄본 『민사관습회답휘집』

조회회답 1 | 1909년 2월 9일 경성공소원 민사부 조회
1909년 2월 18일 법 제1호 법전조사국 회답

소비대차 외 5건에 관한 건

요지

1. 소비대차에서 2인 이상의 채무자가 있는 때 각 채무자는 평등한 비율로 의무를 지며, 채무자 중에 의무를 이행할 수 없는 자가 있는 때에는 다른 채무자가 그것을 이행해야 한다.
2. 보증인이 여러 명 있는 경우 각 보증인은 평등한 비율로 일부 담보의 책임이 있다.
3. 보인(保人)은 보증인을 의미하고, 물상담보[12]가 있는 경우도 다르지 않다. 증인은 보인과 그 의미가 다르다.
4. 어음[13]에 기초한 채권의 양도는 어음의 교부로 한다.
5. 채권의 양도는 채무자의 승낙을 필요로 하고, 수표(手票)가 있는 때에는 개서하게 하는 것이 보통이다.

---

12 물상담보: 물상담보를 알려면 물상보증 관계를 알아야 한다. 물상보증인이란 타인의 채무를 담보하기 위하여 자기의 재산 위에 물적 담보(질권 혹은 저당권)를 설정하는 자이다. 물상보증인은 채권자에게 채무를 부담하고 있지는 않지만, 채무의 변제가 없으면 담보권의 실행에 의하여 소유권 등의 권리를 상실하게 된다. 보증채무가 일반적으로 인적으로 보증하는 것이라면, 물상보증인은 자신의 물건으로 타인을 보증해 주는 것이다.

13 어음: 현대 한국에서 어음의 발행인 스스로 일정한 금액을 치르는 것을 약속어음이라고 하고, 그 지급을 제3자에게 위탁하는 것을 환어음이라고 한다. 조선시대에도 어음이 있었는데 이는 어험(魚驗) 또는 음표(音票)라고도 하였다. 당시 어음은 일정한 금액의 지급을 약속하는 표권(票券)이며, 조선후기에 접어들어 상평통보가 교환수단으로 널리 유통하게 된 이후부터 신용을 본위로 하는 개성 상인 사이에서 발생하게 되었는데 그 뒤 점차로 주로 객주에 의해 본격적으로 발행되어 통용되었다. 이는 보통 길이 6~7치와 너비 2~3치의 종이로 작성되었는데, 종이의 중앙에 '출문(出文) 또는 출전(出錢) ○○○냥(兩)'이나 '출급(出給) 또는 출차(出次)'라고 기입되었다.

6. 보증인은 주채무자에게 변제의 자력이 없는 경우에만 이행 책임을 진다. 물상담보가 있는 보증채무에서 보증인은 부족액에 대해서만 이행 책임을 진다.

조회

1. 소비대차에서 2인 이상의 차주(借主)가 있는 경우에 특별한 합의가 없는 때에는 당연히 같은 비율로 나누어야 함이 관습인가, 연대 책임이 관습인가?
2. 1인 혹은 수인의 주채무자를 위해 수인의 보증인이 있는 경우에 보증인 사이에 분별을 해야 함이 관습인가, 전부의 담보 책임을 지는 것이 관행인가?
3. 물상담보가 있는 대차에서 보인의 의의
4. 음표(音票, 어음)에 기초한 권리의 이전은 발행인과의 합의를 필요로 하지 않고 수취인 자신만의 의사로 유효하게 할 수 있는 것이 관습인가?
5. 채권은 채무자의 승낙 없이는 양도할 수 없는 것이 관습인가?
6. 보증인에게 이행을 청구하는 데에는 주채무자에 대한 최고, 강제이행, 기타 절차를 다한 후에 해야 하는 것이 관습인가, 또 변제기의 도래와 동시에 보증인은 이행 책임을 져야 하는가?
위 사항은 물상담보의 유무에 따라 차이가 있는가?

회답

1. 소비대차에서 2인 이상의 채무자가 있는 때 각 채무자는 평등한 비율로 의무를 부담하지만, 만약 채무자 중에서 의무를 이행할 능력이 없는 자가 있는 때에는 다른 채무자가 이를 이행해야 한다.
2. 보증인이 여러 명 있는 경우에 두세 지방에 대하여는 각 보증인에게 채무액 전액을 담보할 책임이 있다고 하지만, 많은 지방에서는 각 보증인은 평등한 비율로 일부의 담보 책임이 있다고 한다.
3. 보인이라는 문자는 관습상 보증인의 뜻으로 사용하고 물상담보, 예를 들어 전당이 있는 경우에 다시 보인을 세우는 것은 거의 그 실례를 듣지 못했다. 그러나 이 같은 경우에도 보인의 뜻에 차이가 없음은 마찬가지다. 그리고 증인이라는 글자는 보인과 그 의미가 다

르다.

4. 어음에 기초한 채권의 양도는 어음의 교부만으로 이루어지며 발행인의 동의를 필요로 하지 않는다. 다만 수취인은 발행인에게 조회하는 것이 보통이다. 또 드물지만 발행인의 날인을 요구하는 경우가 있을 뿐이다.

5. 채권(어음에 기초한 채권을 제외함)의 양도는 채무자의 승낙을 필요로 하고, 또 수표(手票)가 있는 때에는 그것을 개서하게 하는 것이 보통이지만 양수인이 그 개서를 필요로 하지 않는 때에는 개서를 하지 않는 경우가 있다. 그리고 채무자는 그 양도 및 수표의 개서를 거부하지 않는다고 한다.

6. 보증채무의 이행을 청구함에는 먼저 주채무자에게 청구해야 할 뿐만 아니라, 주채무자에게 이행의 자력이 없는 경우가 아니라면 보증인에게 이행을 청구할 수 없다. 그리고 물상담보가 있는 경우는 통상 보증인을 세우지 않는다. 그러나 만약 보증인이 있다면 우선 물상담보로부터 변제를 받아야 하고, 그 부족액에 대해서는 보증인에게 이행 책임이 있는 것이 당연하지만 사례가 부족하여 아직 관습은 분명하지 않다.

조회회답 2 | 1909년 3월 9일 통감부 총무장관 조회
1909년 2월 16일 법 제2호 법전조사국 위원장 회답

초생지에 관한 건

요지

1. 초생지(草生地)[14]에는 국유에 속하는 것과 민유(民有)에 속하는 것이 있다.
2. 초생지의 매매는 수확권만의 매매가 아니다.
3. 문기의 유무는 국유 또는 황실 소유[帝室有]와 민유를 구분하는 하나의 증거가 될 수 있다.

---

14 초생지(草生地): 산림 이외 1, 2년생 풀이나 관목류가 번성하는 토지를 이른다.

4. 납세 사실이 있는 때 초생지는 민유이지만 원래 초생지에는 결세(結稅)[15]가 없다.
5. 황무지를 개간한 자는 으레 납세한다.

조회

1. 초생지의 매매, 양여(讓與), 교환은 반대의 확증이 없는 한 그 토지의 소유권 이전으로 보아도 지장이 없는가? 초생지의 초채취권(草採取權)은 사인(私人)에게 인정하더라도 토지 그것은 국유인가?
2. 초생지의 문기 유무 또는 납세 사실의 유무는 그것의 민유와 국유를 구별하는 표준이 되는가?

회답

1. 초생지에는 국유에 속하는 것과 민유에 속하는 것이 있다. 민유에 속하는 초생지 중 현저한 것은 논, 밭 등이 황폐해져서 초생지로 변한 것이다. 드물게는 국유에 속하는 황무지를 인민이 점유하여 그 연수가 오래되어 결국 그 소유자가 되는 것 및 국유의 황무지를 한 마을 또는 여러 마을의 인민이 공동 점유하여 입회지(入會地)처럼 되는 것이 있는 듯하다. 기타 황실의 소유에 속한 것을 제외하면 대개 국유에 속하는 것 같다.
2. 국유에 속하는 초생지의 수확권만을 인민에게 준 사례는 많이 듣지 못하였다. 그러므로 초생지의 매매는 수확권만의 매매가 아니라 토지소유권의 매매임이 통례이다.
3. 문기의 유무는 일단 국유 또는 황실 소유와 민유를 나누는 증거가 된다. 밭·논이 초생지로 된 것에 밭·논으로의 문기가 있는 외에, 초생지의 칭호인 초장(草場), 초평(草坪) 등의 명목으로 된 문기는 과거에 작성된 것이 극히 드물다. 다만 근래 황무지 이용의 길이 열려서 매수하는 자가 많아짐에 따라 여러 명목하에 문기를 작성하는 자가 있게 되었다고는 하나, 문기제도가 문란한 현시의 상태에서 문기의 유무는 바로 권리의 소재를 분명히

---

15 결세(結稅): 조선시대 토지세의 일종이다. 고려시대 이후의 세제(稅制)는 결부법(結負法)에 따라 논, 밭을 측량하고 결(結)에 따라 세금을 매기는 방식의 세제였다. 조선시대에는 매년 9월 15일 이전에 각 고을의 수령(守令)들이 실지조사를 하고, 이것을 관찰사에게 보고하면 조정에서 의정부(議政府), 육조(六曹)의 관원들이 모여 세금의 비율을 결정하였다. 지세의 세율은 대략 1결에 쌀 4말[斗], 삼수미(三手米)는 2말 2되였다.

하는 데 아직 충분하지 않다. 그러므로 이러한 점 역시 참작해야 한다.
4. 논밭이 변해서 초생지가 된 경우는 논밭의 결세(結稅)가 있더라도 그 외의 초생지에는 납세가 없다. 따라서 납세한 초생지가 민유임은 논란의 여지가 없지만 납세가 없는 것도 민유에 속하는 것이 있다.
5. 황무지를 개간한 자는 수년 후(대개 3년) 납세하는 것이 예였다. 그렇지만 이는 지목 변경으로 납세의무가 발생하는 것이지, 이것이 원래부터의 초생지의 납세는 아니다.

조회회답 3 | 1909년 3월 13일 통감부 총무장관 조회
1909년 3월 26일 법 제3호 법전조사국 위원장 회답

간석(干潟)[16]·적(磧)[17] 등의 소유권에 관한 건

요지
1. 바닷가의 조수가 들어오는 지역 및 하천 유역은 국유로 인정한다.
2. 첨부지(添附地)는 대안(對岸) 강락지(江落地)[18]의 소유자에게 귀속한다.

조회
1. 바닷가에서 조수의 간만에 따라 수중이 되거나 갯벌이 되는 토지 및 하천 유역에서 수량의 증감에 따라 자갈밭이나 수중이 되는 토지로, 경지가 아닌 부분은 국유로 인정해야 하

---

16 간석(干潟): 일본의 간석(干潟, 히가타)은 해안부에 발달하는 모래나 진흙에 의해 형성된 저습지가 어느 정도 이상 면적을 유지하는 것으로, 조수에 의한 해수면의 상하 변동이 있기 때문에 시간에 따라 육지가 되거나 해면 아래가 되는 것을 반복하는 지형이다. 조선의 개펄(갯벌)에 해당한다.
17 적(磧): 일본의 적(磧, 가와라)은 강가에 새로 형성되는 모래밭이나 자갈밭을 가리키며 보통은 물이 흐르지 않는 곳이다. 조선의 이생지(泥生地)에 해당한다.
18 강락지(江落地): 하천 연안의 토지가 빠른 물살에 씻겨 나간 토지를 가리킨다. 조선에서는 포락지(浦落地)라는 용어가 더 많이 사용되었다.

는가, 이들 토지에서 인민의 소유권을 인정하고 자유매매를 인허하는 습관이 있는가?

회답

1. 바닷가에서 조수의 간만이 있는 지역 및 하천의 유역에 속하는 지역으로 경지가 아닌 부분은 국유로 인정할 것으로, 민유가 아닌 듯하다.
2. 어떤 지방은 수류의 변동으로 인해 연안 지역이 함락하여 대안에 기주(寄洲: 이생지)가 생긴 때에 그 첨부지는 함락지의 소유자에게 속하고 대안지의 소유자에게 속하지 않는 것이 있다. 하지만 이것은 전항과는 경우가 달랐다.

조회회답 4 | 1909년 5월 1일 경성지방재판소 조회
1909년 5월 6일 법 제4호 법전조사국 회답

보증채무자의 책임에 관한 건

요지

1. 보증채무자는 주 채무자에게 이행 자력이 없는 때, 또는 도망간 때에만 그 책임을 진다.
2. 검색의 항변 및 분별의 이익은 보증채무자가 주장해야 한다.
3. 분별의 이익에 관하여 공동보증채무자 중에 무자력 또는 도망자가 있는 때에는 그 자의 부담 부분은 잔여 보증채무자에게 이행 책임이 있다.
4. 물상담보가 있는 때에는 그 부족액에 대해서만 이행 책임을 진다.

조회

1. 보증채무자는 어떤 경우에 변상의 책임을 지는가? 상술하자면 주채무자의 무자력이 되거나 주채무자에 대해 강제집행을 할 수 없는 것이 명료한 경우가 아니면 채권자는 변상을 청구할 수 없는가? 기간이 도래해도 주채무자가 변상을 할 수 없는 때에는 바로 청구

할 수 있는가?
2. 검색 및 분별의 이익은 항변에 의해 비로소 생기는 것인가?
3. 주채무자 또는 제3자가 담보물을 제공한 경우에 담보물을 처분한 후가 아니면 보증채무자에게 소구할 수 없는가?

회답

1. 종래 관습상 보증채무자는 주채무자가 이행 자력이 없는 때, 또는 주채무자가 도망한 경우에 비로소 그 채무를 이행할 책임이 있는 것으로 하였다. 그리고 종전에는 강제집행 제도가 완비되지 않았고, 최근에 이르러서 이에 관한 규칙이 제정되었지만 실제로는 거의 행해지지 않았기 때문에, 강제집행을 한 후가 아니면 보증채무자에게 이행의 책임이 없다는 것과 같은 정해진 관행은 없다.
2. 검색의 항변 및 분별의 이익은 보증채무자가 주장해야 하는 것임은 말할 필요도 없다. 그리고 분별의 이익에 관해서는 공동보증채무자 중에 무자력자 또는 도망간 자가 있는 때에는 잔여 보증채무자가 그 부담 부분도 이행할 책임이 있게 된다.
3. 주채무에 물상담보가 있는 때에는 우선 그 담보물에 의해 변제를 받아야 하고, 부족액에 대해서만 보증채무자에게 이행 책임이 있다.

이상의 관습은 경성 및 경성 이남의 각 지역에 걸쳐서 다르지 않는 것 같다.

조회회답 5 | 1909년 6월 29일 구(舊)대심원 조회
1909년 8월 5일 법 제5호 법전조사국 회답

양반이 노복을 사자로 사용하여 부동산을 매매하는 계약에 관한 건

요지

1. 종래 양반계급에 속한 자가 부동산을 매매하는 경우에는 노(奴)의 이름으로 문기(文記)를 작성하고 그것에 구문기(舊文記)를 첨부해서 대금과 교환하여 매수인[買主]에게 교부하였다.
2. 부동산 매매를 위해 노복에게 교부하는 패지(牌旨)[19]는 위임장이 아니다.
3. 패지의 교부를 받은 노복이라도 특별한 수권(授權)이 없는 한 스스로 계약을 체결하고 대금을 수령할 권한을 갖지 않는다.

조회

1. 한국 경성 부근에서 양반이 자기 소유의 부동산을 매매하는 때에는 하인에게 명해서 하게 하는 것이 관례로, 명령을 받는 때 패지라는 것을 교부하는 취지에 대하여 일설에는 해당 패지를 받은 자는 주인으로부터 매매 일체의 권리를 위탁받은 자로서 매수인으로부터 대금 수수를 마치면 매매 계약은 이미 성립하는 것이 된다고 하며, 또 일설에는 주인으로부터 받는 패지라는 것은 주인이 자기 소유 부동산을 표시하여 매수인을 찾도록 하는 것에 지나지 않기에, 설사 하인이 매수인과 매매 약속을 하고 대금의 수수를 마치더라도 주인으로부터 매매증서를 주지 않은 동안에는 매매계약은 성립하지 않는 것이라고 한다. 이 두 가지 설에 대해서 귀국에서 조사한 관례 등을 참고하시기 바랍니다.

---

19 패지(牌旨): 조선시대 양반이 노에게 일정한 한정된 업무를 위탁하는 취지로 만들어 교부하는 문서를 지칭한다. '패자', '배자'라고도 한다. 전답 등을 매매할 때 상전이 자신의 노에게 해당 매매 행위를 대행시키면서 작성해 준 사례가 널리 알려져 있다. 조선시대 문서 중에는 이런 경우 외에도, 궁방에서 수세(收稅) 등의 목적으로 발급한 도서패자(圖書牌子), 관아에서 발급한 관패자(官牌子), 서원이나 문중에서 발급한 패자 등 다양한 용도의 패지가 존재하였다.

회답

1. 종래 양반이라고 칭하는 일종의 계급에 있는 자가 토지 또는 가옥을 매매함에는 자기의 이름으로 하지 않고 노복의 이름으로 하는 것이 상례이며, 그 매도인[賣主]인 경우에는 패지라는 서면을 작성해서 그것을 노복에게 교부하여 매수인을 찾게 하였다. 그리고 패지의 교부를 받은 노복은 그것을 휴대하고 스스로 매도인을 찾거나 혹은 가쾌(家儈) 또는 거간(居間)에게 그것을 위탁하여 매수인을 찾게 하여, 적당한 매수인이 있는 때에는 보통 그에게 패지를 교부하고 그 뜻을 주인에게 보고한다. 이에 주인은 그 노복의 이름으로 매도증서[신문기(新文記)]를 작성하게 하여 그에게 권리이전증[구문기]을 첨부하여 대금과 교환함으로써 매수인에게 교부하였다. 즉 매매계약은 신문기·구문기와 대금을 수수함으로써 완성하고 여기서 그 목적인 토지 또는 가옥의 소유권도 또 이전된다.

2. 패지의 효용은 대략 앞서 기술한 것과 같으므로 그것을 바로 대리권을 수여하는 위임장과 동일시할 수 없다. 따라서 패지의 교부를 받고 토지 또는 가옥의 매각을 명령받은 노복은 특별한 위임이 없는 한 스스로 매매계약을 체결할 권한이 없고 또 대금을 수령할 권한이 없는 자라고 해야 한다.

3. 패지를 교부받아 토지 또는 가옥의 매각을 명령받은 노복은 신·구문기[단, 구문기가 없는 때에는 입지(立旨)라고 하는 증명서를 첨부하는 경우가 있음]를 교부하기 전에 매수인으로부터 대금을 수취하는 것은 종래의 관례에 보이지 않는 바로서, 만약 이러한 사실이 있었다고 하면 그 노복의 주인과 매수인 간에 특별한 약정이 있는 경우는 별도로 하고, 단지 그 노복과 매수인의 담합에 의한 것인 때에는 매매계약이 아직 성립하지 않은 것으로 보아야 할 듯하다.

조회회답 6 | 1909년 6월 30일 평양지방재판소 민사부 조회
　　　　　　1909년 8월 5일 법 제6호 법전조사국장 회답

이생지 소유권의 귀속에 관한 건

요지

1. 하천 연안의 토지가 수류 변동으로 떨어진 후에 이생지(泥生地)가 생긴 경우 그 이생지는 강락지(江落地, 포락지) 소유자의 소유가 된다.

조회

1. 하천 연안의 토지는 일단 수류 때문에 떨어져 하천의 일부로 간주할 수 있는 정도가 된 후 다시 같은 위치에 이생지가 생긴 경우에 해당 이생지 소유권의 귀속을 결정함에는 첨부의 법리를 적용해야 하는가? 이와는 다른 관례가 있는가?

회답

1. 당국의 관습조사는 아직 종료되지 않았다. 특히 토지의 첨부에 관한 사항은 특별히 적당한 지역을 선택하여 조사할 필요가 있기 때문에 아직 착수 단계에도 이르지 못하였으나, 다른 사항에 관련하여 두세 지방[평양(平壤)·삼화(三和)·성진(城津) 등]에서 조사한 바에 따르면, 하천 연안 땅 부분이 수류의 변동으로 인해 일단 떨어져서 하천의 일부로 간주할 수 있는 정도가 되었고 시일이 지나 이생지가 된 경우에는 원소유자의 소유라는 것이 관례에 있다. 이 관습은 원소유자가 토지가 떨어져 나간 것으로 인해 그 토지의 소유권을 상실하지 않는다는 관념에 기초한 것이며, 첨부로 인한 토지의 취득을 인정하는 관습은 이들 지방에서는 존재하지 않는 것처럼 생각된다. 단 실제로 기주(寄州), 기타 연안지에 접하여 새로 생긴 지면을 연안지 소유자가 경작하고 자연히 그 토지의 소유자가 되는 예는 왕왕 있더라도, 이것은 굳이 첨부의 이론에 의한 것이 아니라 국유지 또는 무주지에 추가로 경작한 자가 그 소유자가 되는 관례로 인한 것임을 참고로 덧붙인다.

조회회답 7 | 1909년 7월 24일 평양공소원 조회
1909년 8월 24일 법 제7호 법전조사국 회답

양자입양에 관한 건

요지

1. 양자입양[20]을 하는 것은 성혼(成婚) 남자가 상당 연령이 되었으나 아들이 없고 아들의 출생 가능성이 없는 경우가 아니면 안 된다.
2. 양자는 남계혈족인 남자에 한한다.
3. 3세 이하의 자는 수양자(收養子)[21]로 삼을 수 있다. 수양자는 상속인이 될 수 없다.
4. 양자는 소목(昭穆)[22]에 적합한 자이어야 한다. 반드시 근친의 순서를 지키지는 않는다.
5. 동 항렬에 있는 자 간에는 순위 정함은 없다.
6. 본종(本宗) 상속의 경우에는 장자를 양자로 들일 수 있다.
7. 양자입양을 하는 경우는 관에 알리고 허락를 받는 것이 규칙이었으나 보통은 그러한 절차를 이행하지 않는다. 양자를 정하는 자는 양부로, 양부가 없는 때에는 양모, 조부모의 순위로 양자를 정한다. 이러한 자가 없는 때에는 친족의 협의로 정한다.
8. 아버지가 아들을 위해 양자를 정하는 경우는 양친이 될 자 및 그 처가 없는 경우이다. 문장(門長)이 단독으로 양자를 정하는 경우는 없다.

---

20 양자입양: 일본어로는 양자연조(養子緣組, 요우시 엔구미)이지만, 현대 한국 민법의 공식용어는 입양이다.
21 수양자(收養子): 남의 자식을 데려다 길러 자기 자식으로 삼는 것을 수양(收養) 또는 시양(侍養)이라고 한다. 3세 이전에 거두어 같이 사는 자식을 수양자라 하고, 4세 이후에 수양한 자식은 시양자라고 불렀다. 동성입양만 입양이라고 생각하는 이론가들은, 수양자는 남자만이라거나 남계의 혈족으로 소목(昭穆)에 해당해야 한다든지 하는 요건을 갖추는 것이 아닌 만큼 엄격한 의미에서의 양자라고 할 수 없다고 생각하겠지만, 그것은 이론가들의 생각이고 조선시대 민중의 생각도 그러하였는지 여부는 검증의 대상이다. 예를 들어 『수양승적일기(收養承嫡日記)』에서 말하는 수양의 의미를 정밀하게 따져볼 필요가 있다. 승적이란 서자가 적자로서 가계를 계승함을 뜻하며, 자기의 적자가 없어서 자기의 서자 또는 친족의 서자로 하여금 가계를 계승시킬 때 예조에서 이를 허가하면서 이 문서에 그런 내용을 함께 실었다.
22 소목(昭穆): 중국의 종묘(宗廟)에서 영위(靈位)를 놓는 석차(席次)를 이른다. 태조(太祖)를 중앙에 두고 차례로 오른쪽에 2세(世)·4세·6세 등을 세우고 소(昭)라 부르고, 왼쪽에 3세·5세·7세 등을 세우고 목(穆)이라 부른다. 후대에는 종법상의 존비와 차서를 지칭하는 용어로 더 많이 쓰인다.

9. 유언으로 양자를 선정할 수 있다.

조회

1. 부가 자에게 자가 없는 때에 그 자의 상속인으로서(현재 또는 유언) 양자를 정할 수 있는가?
2. 양자입양은 친등(親等)에 따른 순위가 있는가? 또는 입양에 문장, 기타 친족의 협의나 동의가 필요한가?

회답

1. 한국에서 양자입양은 상속(相續)[23]을 위해서 하며, 피상속인인 자는 성혼한 남자에 한한다. 또 상속인이 될 수 있는 자도 남자에 한하기에 성혼 남자로 남자 자손이 없는 자는 동성입양(同姓入養)을 하는 통례였다. 단, 입양자 측이 상당 연령에 달하고 친자[實子]가 태어날 가능성이 없는 경우에 한함은 물론이다.
2. 양자는 동일한 남계혈족인 자에서 취해야 한다. 그리고 동일한 남계혈족은 그 성(姓)을 같이 하고 또 본관을 같이 하는 자(동성입양)에 한한다. 단, 사성(賜姓)으로 타성을 칭하는 자는 본래의 성을 가진 자와 다르지 않다.
3. 양자는 상속을 위해서 하며 또 양자가 될 수 있는 자는 동일한 남계혈족에 한하는 점은 앞서 기술한 것과 같지만, 3세 이하의 기아를 수양하여 수양하는 자의 성을 따르게 할 수 있다. 이를 수양자라고 한다. 수양자는 상속인이 될 수 없다.
4. 양자가 될 수 있는 자는 동일한 남계혈족인 남자인 동시에 반드시 양친이 될 자의 비속이어야 한다. 그리고 관습의 본래 취지에 의하면 소목에 적합한 자 가운데서 순위상 근친을 우선으로 해야 하지만, 실제로는 반드시 그 선후의 순서를 지키는 것 같지 않다. 다만 형제의 자를 우선으로 하는 사례가 많을 뿐이다.
5. 같은 항렬에 있는 자가 여러 명 있는 경우, 예를 들어 형제가 여러 명 있는 경우에는 어떤 자의 아들을 취할 것인가에 관해서 일정한 관습이 없고 실제로는 양자를 들이는 자의 선

---

23 상속(相續): 일정한 친족 관계가 있는 사람 사이에 한쪽이 사망하거나 법률상의 원인이 발생하였을 때 재산적 또는 친족적 권리와 의무를 포괄적으로 계승하는 제도를 지칭한다. 그러나 이런 의미의 상속이 조선시대에 생성되었을까 하는 문제는 쉽지 않은 검증이 필요하다.

택에 일임한다.

6. 같은 항렬에 있거나 친족의 자가 수인 있는 경우 본가상속의 경우이면 그 장자를 양자로 삼고, 그렇지 않은 경우 차자 이하를 양자로 들여야 하는 것이 관습으로, 차자 이하의 상속순위에 대해서는 정해진 바가 없다.
7. 양자입양의 절차에서 관에 알려서 허락을 받는 것이 규칙이었지만 보통은 그 절차를 이행하지 않는다. 그리고 양자를 정하는 자는, 양부가 없는 때 양모, 양모가 없는 때 그 가에 있는 조부모이고, 만약 이들이 없는 때에는 친족의 협의로 정하는 것 같다.
8. 아버지가 아들을 위해 양자를 정할 수 있는 경우는 양친이 될 자(子) 및 그 처가 없는 경우이며, 양자를 들일 때 친족이 협의해야 하는 경우는 그 가에 양자를 정할 양부모, 양조부모 등이 없는 경우이다. 그렇지만 한국의 풍습에는 자는 부의 말을 거스르지 않는 것을 도의로 하였기에, 실제로는 자가 양자를 들일 때 부모가 간섭하는 경우가 적지 않다. 그리고 문장은 단지 친족의 장으로서 친족의 협의에 맡기지만 문장 단독으로 양자를 정하는 사례는 없는 것 같다.
9. 자기 또는 아들의 양자를 정할 수 있는 자는 유언으로 양자를 정할 수 있다.

조회회답 8 | 1909년 8월 25일 평양공소원 조회
1909년 9월 23일 법 제8호 법전조사국 회답

전주 및 차인에 관한 건

요지

1. 동업(同業)의 출자자를 전주(錢主), 노무에 종사하는 자를 차인(差人)이라고 하는 경우가 있고, 상업주를 전주, 사용인을 차인이라고 하는 경우가 있다. 그 뜻은 일정하지 않다.
동업의 영업에서 전주는 차인과 공동으로 그 책임을 진다. 단, 차인이 사용인인 때 전주는 사용인의 권한 내의 행위에 대해서만 책임이 있는 것으로 한다.

2. 상업 장부의 비치 및 기재 방식에서 정해진 관습이 없다.
3. 상업 사용인인 차인의 권한에 대하여는 관습상 정해진 것이 없다. 동업에서 차인은 조합원이 되는 것으로 한다.
4. 장부를 기록할 때 거래선의 표시를 전주로 할 것인지, 차인으로 할 것인지에 대하여 정해진 관습은 없다.

조회

1. 1903년, 1904년, 1905년 중에 경성 상인과 지방 상인의 거래에서 전주(또는 물주)는 그 차인의 영업상의 채무를 당연히 지급할 책임이 있는가? 그 관습의 존재 여하, 상술하면 차인이 상업에 실패하여 그 영업상의 거래선에게 영업상의 채무를 변제할 수 없는 경우에 전주(또는 물주)가 당연히 그 영업상의 채무를 변제할 의무가 있는 관습이 존재하는가?
2. 전호(1호)의 전주(또는 물주)는, 그 차인의 상업 거래선에 대한 영업상의 채무변제 의무는 상업 거래선인 상인이 직접 만든 상업 장부를 가지고 있는지 여부나 그 상업 장부의 기재 방식이 어떤 형식을 취한 것인가에 관계 없이, 적어도 실제로 전주(또는 물주)의 차인이 그 영업 거래선에 대한 영업상의 채무가 현존하고 있는 사실이 확정되어 있는 이상 그 영업상의 채무는 당연히 전주 또는 물주에게 변제 의무가 있으며, 거래선 상인이 스스로 만든 상업 장부의 유무 및 그 상업 장부의 기재방식이 어떠하였는지는 전호의 전주(또는 물주)의 차인의 행위에 대한 책임·의무에 아무런 영향이 없는 것인지 여부
3. 1903년, 1904년, 1905년 중의 영업상 차인의 성질은 어떠하였나? 예를 들어, 일본의 상업 사용인에 해당하는가? 상업 사용인에 해당한다면 지배인 같은 것인가, 번두(番頭)[24] 같은 것인가?
4. 1903년, 1904년, 1905년 중의 경성 상인이 지방 상인과 상업거래를 할 때 그 거래선에 전주와 차인이 있는 경우, 경성 상인의 상업 장부에는 차인만 성명을 표시하고 전주의 성명은 상업 장부에 표시하지 않고 생략하는 관습이 있었는가? 상언하면, 지방에 있는 전주

---

24 번두(番頭, ばんとう): 상점에 고용된 자 중 우두머리로 가게의 모든 일을 관장하는 자, 곧 총지배인에 해당하는 사람을 가리킨다.

가 토지가 멀기 때문에 경성에 가지 않고 항상 차인만 경성에 파견하는 경우에 경성 상인의 영업 장부에는 차인의 성명만 장부에 표시하고 전주의 성명은 표시하지 않는 관습이 존재하는가?

회답

1. 전주 및 차인이라는 말은, 동업하는 경우에 출자자를 전주라고 하고 노무자를 차인이라고 하는 경우가 있다. 또 상업 주인을 전주라고 하고 상업 사용인을 차인이라고 하는 경우도 있었기에 전주와 차인의 관계는 경우에 따라 다르다.

   차인의 행위에 대한 전주의 책임은 동업이라면 영업행위인지 여부에 따라서 정해진다. 동업의 영업에서 전주는 차인과 공동으로 그 책임을 진다. 단, 차인이 사용인인 때 전주는 사용인의 권한 내의 행위에 대해서만 책임이 있는 것으로 한다. 그리고 주인이 타지에 차인을 파견하는 경우에는 차인이 자신의 차인이라는 점 및 차인의 권한 범위를 통지하는 것이 보통이다.
2. 상업 장부의 구비 및 그 기재방식에서는 정해진 관습이 없다.
3. 상업 사용인인 차인의 권한 범위는 일정하지 않고 개별적으로 수여된 권한 범위에 따라 성성해신 것으로 한다. 그리고 동입에서 차인은 다름 아닌 조합원이다.
4. 자기의 상업 장부에, 거래처의 전주의 이름을 기재하지 않고 차인의 이름을 기재하는 경우가 있었는지 여부는 분명하지 않지만 관습으로 인정할 만한 것이 없다.

조회회답 9 | 1910년 3월 14일 경성지방재판소 민사제1부 조회
1910년 3월 23일 법 제9호 오다(小田) 서기관 회답

이전에 관한 건

요지
1. 이전(移典)에 전당권(典當權) 설정자의 승낙은 필요 없다.

조회
1. 전당권자는 전당권 설정자의 승낙을 얻지 않고 다시 그 목적물을 다른 곳에 전당할 수 있는 관습이 있는가 여부

회답
1. 전당(典當)[25]의 목적물을 승전자(承典者)가 다시 전당의 목적으로 삼는 것을 이전이라고 한다. 승전자가 이전하는 경우에 출전자의 승낙을 얻는 것이 통례이지만, 구태여 이전에 필요한 조건이 아니기에 승전자는 출전자의 승낙이 없어도 유효하게 이전할 수 있는 것으로 한다.

---

25 전당(典當): 박병호 교수는 조선 후기의 부동산담보제도를 '매매 형식에 의한 담보제도'와 '전당'의 두 형태로 구분하고, 전자와 달리 "전당은 어디까지나 채권의 담보", 즉 "당사자 간에 채권 채무 관계가 존재하고, 그 채권의 담보로서 목적물을 지배하는 담보권"이라고 설명하고, 부동산 전당을 점유질, 비점유질, 문서질로 분류했다. 문준영, 2016, 「관습조사시기 한국의 전당(典當)과 대만의 태(胎)·당(當)에 대한 인식과 취급」, 『법학연구(法學硏究)』 57권 3호(통권 89호), 부산대학교 법학연구소 참조.

조회회답 10 | 1910년 4월 14일 송화구재판소 조회
1910년 5월 20일 법 제10호 법전조사국 회답

계로부터 설립된 사립학교의 재산과 그 계장 및 계원에 관한 건

요지

1. 종래 계(契)로 설립한 학당의 재산은 계원의 공유에 속하고, 그 처분은 계원의 협의로 한다.
2. 계장의 권한은 계의 재산을 관리하고 그 재산에 대해 계원을 대표하는 것을 통례로 한다.
3. 계원이 사망한 경우에 그 봉사자(奉祀者)가 사망한 계원의 자격을 승계한다.

조회

1. 사립학교령 발포 전 교육의 목적으로 서계(書契) 등을 조직하여 해당 계에서 설립한 사립학교[~재(齋) 또는 ~숙(塾)이라고 하는 것]의 소유재산은 재단법인의 성질을 가지는 것인가, 계원 공유의 성질이 되는 것인가? 그 재산의 성질은 어떠한가?
2. 위의 어떤 성질에 속하든지 그 재산 처분의 방법은 어떠한가?
3. 위의 계원 중 계장을 선정할 때 해당 계장의 권한은 무엇인가?
4. 계원의 자격을 가진 자는 설립자의 장손으로 한정되는가?

회답

1. 종래 계로 설립된 학당의 재산은 계원의 공유에 속하고 그 처분은 계원의 협의로 하며, 결의 방법은 다수결로 하는 것이 통례인 것 같다.
2. 계장의 권한은 계의 규약에 따라 정하며, 반드시 동일하지는 않지만 계원의 공유재산에 대해서 관리권을 가지며, 그 재산에 관한 행위에 대하여 계원을 대표하는 권한이 주어지는 것이 통례였다.
3. 계원 사망의 경우에 그 봉사자가 계원 자격을 승계하는 것이 보통이고, 자손 모두가 승계자가 되는 것 같은 관례가 있었음은 볼 수 없다.

조회회답 11 | 1910년 5월 14일 고등법원 민사부 조회
1910년 5월 20일 법 제11호 법전조사국 회답

전당에 관한 건

요지

1. 유전당(流典當)[26] 계약을 한 경우에 변제 시기가 되어도 채무자가 변제하지 않는 때에는 전당물의 소유권은 당연히 채권자에게 이전한다. 채권자는 전당물 소유권의 취득을 거절하고 채무 본래의 이행을 강요할 수 없다.
2. 유전당에서 전당물의 소유권이 채권자에게 속한 때에 이로써 채무는 소멸한다.

조회

1. 채무자가 전답(田畓)을 담보로 삼아 금전을 빌리면서 기한이 되어도 채무자가 변제 의무를 이행하지 않는 때에는 담보물의 소유권을 부여하는 뜻을 약정한 경우에, 실제로 기한이 되어도 채무자가 변제 의무를 이행하지 않으면 위 전답의 소유권은 기한의 경과라는 사실로 당연히 채권자에게 이전되는가, 아니면 채권자가 채무자에 대하여 소유권을 취득할 의사를 표시해야 비로소 이전되는가?
2. 전항의 경우 채권자가 담보물의 소유권을 취득한 때 대여금에 관해서는 전부 변제받은 것이 되는가? 담보물의 가격을 정하여 그 가격이 변제를 받을 대여금의 액수보다 큰 때에는 초과액을 채무자에게 교부하고, 또 그 가격이 적은 때에는 부족액을 채무자가 변제하는가?
3. 채권자는 담보물의 취득을 거절하고 대여금의 변제를 청구할 수 있는가?

---

26 유전당(流典當): 전당 잡힌 자(전당 설정자)가 기한 안에 채무를 이행하지 못하면 전당물의 소유권을 채권자에게 양도한다는 취지를 이른다. 메이지 민법은 유질 계약을 금지하였으므로 유전당 계약도 금지하는 취지로 해석될 가능성이 있었다.

회답

1. 채무자가 기한이 되어도 이행을 하지 않는 때 전당물을 채권자의 소유에 귀속시킨다는 취지의 특약을 한 경우에는, 기한이 되어 이행을 하지 않았다는 사실로 전당물의 소유권은 당연히 채권자에게 이전하며 특별히 채권자가 소유권 취득의 의사를 표시할 필요가 없다. 그리고 채권자는 전당물의 소유권을 취득할 것을 거절하고 채무자에게 채무의 이행을 강요할 수 없다.
2. 전항의 경우에 전당물은 채권자의 소유에 속하는 동시에 채무가 소멸하고, 전당물의 가격이 채권액에 비하여 많거나 부족하더라도 채권자는 그 가액을 반환할 필요가 없고 또 부족액을 추급할 수 없다.

조회회답 12 | 1910년 5월 31일 평양지방재판소 조회
1910년 6월 29일 법 제13호 법전조사국 회답

타인의 토지에 가옥을 건설하는 경우에 관한 건

요지

1. 과거의 관습상, 타인이 무단으로 자기 소유지에 가옥을 건설한 경우라도 그 철거를 요구할 수 없다. 다만 지대(地代)를 청구할 수 있는 데 그친다.

조회

1. 한국에서는 자기 소유지에 권리 없이 타인이 가옥을 건축한 경우에 토지 소유자는 그 철거를 청구할 수 없는 것이 관습인가?

회답

1. 한국 종래의 습례(習例)상 가옥 건설을 위해 공지(空地)의 대여 또는 매도를 요구하는 때

이를 거절할 수 없으며, 부득이한 사정이 있는 경우 외에는 그런 요구에 응하는 것이 보통이었다. 그리고 타인의 땅에 소유자의 승낙을 얻지 않고 가옥을 건설하는 것은 관습상 용인되지 않았기에 불법행위임은 말할 필요가 없지만, 이미 건설을 마친 후에는 그 철거를 강요할 수 없는 것으로 생각하며 실제로도 그 지대만을 요구하고 일찍이 철거를 청구한 경우가 없다고 들었다. 이 때문에 과거의 관례상 비록 타인의 땅에 무단으로 가옥을 건설한 경우라도 그 철거를 강요할 수 없었던 것으로 보아야 할 듯하다. 하지만 십수 년 이래 위 관행이 점차 일반적으로 인정되지 않게 되어, 지금은 가옥 건설을 위해서 하는 공지의 대여 또는 매도 요청을 거부할 수 있고 또 타인이 무단으로 자기의 소유지에 가옥을 건설한 때에는 그 철거를 강요할 수 있게 된 것 같다.

조회회답 13 | 1910년 5월 19일 평양공소원 민사부 조회
1910년 7월 1일 법 제14호 법전조사국 회답

면·동·이의 인격에 관한 건

요지
1. 종래의 관습상 동(洞) 또는 이(里)는 그 명의로 재산을 소유하고 그에 관한 소송의 당사자가 될 수 있었지만, 면(面)이 이러한 능력을 가졌던 적은 없다.

조회
1. 한국에서 면·동·이에는 그 명의로 재산을 소유 또는 처분하거나 혹은 소송 당사자가 될 수 있는 능력[이른바 공법인(公法人)]을 인정하는 관습이 있는가 여부

회답
1. 한국 종래의 관습상 동 또는 이는 재산을 소유하였고, 따라서 그것을 처분하거나 재산에

관한 소송의 당사자가 될 수 있었다. 그렇지만 면이 재산을 소유한 사례는 아직 보이지 않으며, 따라서 면이 재산을 처분하거나 그에 관한 소송의 당사자가 된 사례가 있었다는 것을 듣지 못했다.

조회회답 14 | 1910년 5월 19일 평양공소원 민사부 조회
1910년 7월 1일 법 제15호 법전조사국 회답

사립학교의 인격에 관한 건

요지
1. 학부(學部)의 인가(認可)를 얻어 설립한 사립학교는 그 명의로 재산을 소유하고 소송 당사자가 될 수 있다.

조회
1. 한국에서 사인(私人)이 기부한 재산을 기본으로 하여 학부의 허가를 얻어 설립한 사립학교에는 학교의 명의로 재산을 소유, 처분하거나 혹은 소송 당사자가 될 수 있는 능력[이른바 법인(法人)]을 인정하는 관습이 있는가 여부

회답
1. 학부의 인가를 얻어 설립하는 사립학교는 재산을 소유하는 것이 인정되며, 실제로도 기본재산을 소유하고 그 수익으로 경비를 지급하는 것도 적지 않다. 그러므로 이러한 종류의 학교는 재산의 주체가 된다. 따라서 그 소유 재산을 처분할 능력을 갖는 것은 원래 말할 필요도 없으며 그 소송의 당사자가 될 능력이 인정되는 점 또한 거의 의심할 필요가 없는 것 같다.

조회회답 15 | 1910년 11월 7일 경성지방재판소 민사제3부 재판장 조회
1910년 11월 16일 조발 제46호 취조국 장관 회답

장자가 있는 부재자 친부의 재산관리권에 관한 건

요지
1. 가장(家長)인 부(父)가 다년간 소재불명인 경우에 장자(長子)는 부의 재산관리자로서 그 명의로 침해된 재산의 회복을 청구할 수 있다.

조회
1. 가장인 친부(親父)가 다년간 소재불명인 경우에 장자가 자기의 명의로 침해된 친부가 갖는 재산권 회복(예를 들어 소유권의 확인, 소유물의 회복)을 침탈자에게 소구(訴求)할 수 있는 조선 종래의 관습이 있는가?

회답
1. 가장인 친부가 다년간 소재불명인 경우에 그 장자는 부의 재산의 관리자로 된 자격에 의해서 자기의 명의로, 침해된 친부가 가진 재산권의 회복을 침탈자에게 청구할 수 있는 관습이 있다.

조회회답 16 | 1910년 10월 8일 경성 공소원 민사제1부 재판장 조회
1910년 12월 19일 조발 제73호 취조국 장관 회답

사원 승려의 재산에 관한 건

요지

1. 조선에서 사원 소속 재산과 승려의 특유재산은 확연히 구별되었다.
   사원 소속 재산의 처분은 사원에 있는 여러 승려의 결의로 하고, 주지(住持) 1인만 있는 말사(末寺)에서는 수사(首寺)의 여러 승려의 결의로 해야 한다.
   황실 혹은 관에서 사원에 하사한 전토는 처분할 수 없다.
2. 전항의 관습은 조선 전 지역에 걸쳐서 일반적으로 행하여졌다.
3. 사원이 소유하는 재산의 처분에 대해서는 제1항의 결의에 의하는 외에 별도로 정해진 형식은 없다.
4. 사원이나 학교는 재산을 소유할 수 있었다.

조회

1. 조선의 사원에서 승려 한 개인이 소유한 물건과 사원 소속의 물건은 구별이 있어서 사원 소속의 물건은 승려 한 개인의 판단으로 처분하는 것을 허용하지 않는 제도, 관습이 있는가?
2. 만약 있다면 지방에 따라 다른가, 전국이 같은가? 또 대략 몇 년 대부터의 제도, 관습이라고 인정할 수 있는가?
3. 사원 소속의 물건은 어떠한 형식으로 누가 처분하는가?
4. 사원 또는 학교 소속 물건은 재단법인 혹은 그것과 동일한 것으로 인정할 수 있는가?

회답

1. 조선에서 사원 소속 재산과 승려가 특별히 소유하는 물건에는 확연한 구별이 있다. 사원 소속 재산은 승려 한 개인의 판단으로 함부로 처분하는 것이 허용되지 않는다. 만약 부득

이하게 필요한 경우, 예를 들어 사찰이 화재를 입거나 부서져서 재건·수선할 경우, 혹은 종래 사원 소속의 전지(田地)가 가뭄, 수해 등을 입기 쉬운 토지로 수확이 적기 때문에 그 것을 팔고 다른 토지를 사려는 것과 같은 경우는 섭리(攝理), 승통(僧統), 화상(和尙), 주직(住職) 등의 전권에 맡기지 않고 반드시 사원의 여러 승려의 결의에 기초하여 처분하고, 만약 주지 1인만 있는 말사(末寺)로 그 사원 소속 재산을 처분할 필요가 있는 경우에는 반드시 그 수사(首寺)의 여러 승려의 결의에 의해 처분했다고 말한다. 단 황실 혹은 관에서 하사받은 전지, 산림, 즉 원래 사전(寺田) 및 불량(佛糧)[27] 용도로 기부한 토지 그 자체는 절대 처분할 수 없는 것이 관습이다.
2. 위에 기술한 관습은 조선 전 지역에 걸쳐 같은 듯하며, 아직 다른 관습이 있는 지방이 있다는 것은 듣지 못했다. 그리고 위의 관습이 몇 년경부터 생겨났는지는 아직 조사 중으로 상세하지 않지만 아마 조선 초기부터인 듯하다.
3. 사원 소속의 재산을 처분하는 경우 특별한 형식 없이도 앞서 1.에서 기술한 것과 같이 섭리, 승통, 화상, 주직 등은 물론 여러 승려 전체의 결의에 기초하였다고 한다.

   또 일반 사원에는 대체로 매월 말에 2회, 연말에 2회 사원회의가 있다. 재산권 처분과 같은 것은 아마 이 회의에 부쳐 집행한 것 같다.
4. 사원 또는 학교는 재산을 소유할 수 있었기에 그 재산의 주체가 될 수 있음은 물론이므로 일종의 법인과 유사한 것으로 보아도 무방하다.

---

27 불량(佛糧): 불공(佛供)을 드릴 때 쓰이는 곡식을 이른다.

조회회답 17 | 1910년 10월 26일 경성공소원 민사제2부 조회
1910년 12월 19일 조발 제72호 취조국 장관 회답

사원 소속 재산의 처분에 관한 건

요지

1. 사원 소속 재산을 처분하는 데에는 여러 승려의 동의가 필요한 것으로 한다.
2. 황실 또는 관으로부터 하사받은 원래의 사전(寺田) 및 불량전(佛糧田)은 절대 처분할 수 없다.
3. 원래 사전 및 불량전이 아닌 사원 소유의 재산에 대해 여러 승려의 결의를 거치지 않고 주승(主僧)이 단독으로 한 처분은 위법으로 한다.

조회

1. 조선의 관습상 사찰의 소유 재산은 사찰 주승 단독으로 매매, 증여, 전당 등의 처분행위를 할 수 있는가, 그 사찰에 있는 여러 승려의 동의가 필요한가?
2. 주승이 단독으로 매매, 증여 또는 전당계약을 한 때에는 그 계약의 효력은 어떠한가?

회답

1. 조선의 사원 소속 재산은 주승 단독으로 처분할 수 없다. 만약 부득이한 필요가 있어서 처분하는 경우, 예를 들어 사찰이 화재를 입어 재건하는 때 또는 종래 사원 소속의 전지(田地)가 가뭄, 수해 등을 입기 쉬워 수확이 적기 때문에 이를 팔고 다른 토지를 사려는 것 같은 경우에는 반드시 여러 승려의 동의가 있어야 하는 것이 일반적인 관습이다. 단 황실 혹은 관에서 하사받은 전지와 삼림, 즉 원래의 사전 및 불량 기부 토지 그 자체는 절대로 처분할 수 없는 것이 관습이다.
2. 원래 사전 및 불량 기부의 토지, 그 이외의 사원 재산에서 여러 승려의 결의를 거치지 않고 주승 단독으로 한 매매, 증여 또는 전당계약은 앞에 기록한 관습에 위반된다.

조회회답 18 | 1910년 11월 5일 광주지방재판소 군산지부 조회
1910년 12월 20일 조발 제76호 취조국 장관 회답

양자의 입양 및 파양에 관한 건

요지

1. 양자가 호주(戶主)가 되어 양부(養父)의 삼년상을 치른 때에 양모(養母)는 파양(罷養)[28]할 수 없다.

    양부의 상(喪)을 치른 양자라도 양자가 강상(綱常)의 죄를 범한 때, 가산(家産)을 탕진하고 장래 봉사(奉祀)의 희망이 없는 때, 광역(狂易)[29] 또는 악질(惡疾)이 있는 때, 생가(生家)가 무후(無後)라서 양자가 생가에 복귀하려는 때, 양자가 양친과 존비(尊卑) 질서에 어긋난 때, 양자의 연령이 양친의 연령보다 많은 때 등의 경우는 양모는 문회(門會)에 자문하여 양자를 파양할 수 있다.

2. 양모가 파양을 선언하고[聲言] 사실상 30년 이상 별거하는 경우라도 양자가 전항의 사유 없이 양자 된 본분을 다한 때에는 양친자 관계가 여전히 존속한다.

3. 양모가 먼저 들인 양자가 있는 것을 은폐하고 다시 양자의 칙허(勅許)를 받아도 그 입양은 효력이 없다.

4. 칙허를 받은 양자가 있는 것을 은폐하고 다른 양자의 칙허를 받은 경우에도 후의 양자와의 사이에 양친자 관계가 발생하지 않는다.

5. 칙허를 받은 양자가 있는 경우에 호주가 그를 파양하고 다른 자를 양자로 하는 유언을 한

---

28 파양(罷養): 입양(入養)은 조상의 봉사와 가계의 계승을 목적으로 하거나 양육을 목적으로 하거나 남의 자식을 자기의 자식으로 삼는 것이다. 파양은 입양을 통해 성립되었던 양자 관계를 해소하는 신분상의 법률행위를 이르고 파계(罷繼, 罷系) 또는 파계귀종(罷繼歸宗)이라고도 한다. 조선 중기까지는 입양할 경우 예사(禮斜, 繼後立案)를 받는 것이 관례였는데, 후기에 이르러서는 예사를 받지 않는 사실상의 양자도 많이 행하여짐으로써 파양의 법적 절차도 준행되지 않아서 보통 사당에 고한 뒤 계후자가 사실상 생가에 복귀하는 데 그쳤으며, 이를 양가와 문중에서 인정하고 족보에 등재함으로써 공시되었다. 일제강점기의 초기에는 호적신고를 요하는 협의파양이 인정되었다가 1923년 7월부터는 판례에 의하여 재판상 파양 방법이 인정되었다. 그 뒤 1939년부터는 일본 민법을 의용하게 됨으로써 제도로서의 재판상 파양제도가 시행되었다.

29 광역(狂易): 미쳐서 제정신을 잃거나 사물을 제대로 인식하지 못함을 이른다.

경우는 정당한 사유가 있는 때에는 유언이 그 효력을 발생한다.

6. 호주가 사망하고 상속인인 양자를 정하는 경우는 문회의 결의를 거쳐야 한다.

조회

1. 호주가 사망하여 과부가 문회의 결의를 거쳐 양자를 삼고 그 양자가 삼년상을 치렀다면 양모인 과부는 절대 파양할 수 없는가?
2. 양모가 파양을 선고하고 사실상 30년 이상 별거하는 이후의 양친자 관계는 어떠한가?
3. 과부가 전에 문회의 결의를 거쳐 양자로 들인 후에 그 양자가 있는 것을 은폐하고 장례원(掌禮院)[30]을 경유하여 다른 양자의 칙허를 받은 경우 그 양자 및 이전 양자의 양친자 관계는 어떠한가?
4. 이전에 칙허를 받는 양자가 있는 것을 은폐하고 별도로 양자의 칙허를 받은 경우 양친자 관계는 어떠한가?
5. 이전에 칙허를 받은 양자가 있는데도 상당한 파양 절차를 밟지 않고 임의로 파양하고 다시 다른 자를 양자로 하는 유언을 한 경우 양친자 관계는 어떠한가?
6. 호주가 사망하고 상속인이 될 양자를 정하는 데에는 문회의 결의가 필요한가?

회답

1. 호주가 사망하고 과부가 문회의 결의를 거쳐 양자를 삼고 그 양자가 삼년상을 마쳤다면 양모인 과부는 파양할 수 없는 것이 관습상 일반적이다. 단 다음의 하나에 해당하는 사실이 있는 때 비록 삼년상을 치른 양자라도 과부는 문회의 결의를 거쳐서 파양할 수 있는 것이 관습이다.

---

30 장례원(掌禮院): 1895년(고종 32) 관제개혁 때 종래의 통례원(通禮院)이 담당한 궁중의식·조회의례(朝會儀禮)와 예조에서 담당한 제사와 모든 능·종실·귀족에 관한 사무를 관장하던 관서이다. 관원으로는 경(卿) 1인, 장례 3인, 주사 8인을 두었는데, 장례 3인과 주사 4인을 증원하여 계제(稽制)·여창(臚唱)·향축(香祝)·협률(協律)·도화(圖畫) 등 5과(課)를 분담시켰다. 1896년 장례 1인과 주사 5인을 증원하였다. 1897년에는 장례 2인을 좌장례와 우장례로 개칭하였다. 그 밖에도 찬의(贊儀)·상례(相禮)·소경(少卿) 각 1인씩을 증원하였다. 1900년 협률과를 폐지하고 교방사(敎坊司)를 설치하여 제조 1인과 주사 2인을 두었으며, 1901년에는 계제과에 주사 2인을 증원하였다. 속사(屬司)로 봉상사(奉常司)를 두었으나 1910년 국권의 상실로 모두 폐지되었다.

(1) 양자가 강상의 죄를 범한 때

(2) 양자가 가산을 탕진하여 장래 조상을 봉사할 희망이 없는 때

(3) 양자에게 광역 또는 악질이 있어서 장래 조상을 봉사할 희망이 없는 때

(4) 양자의 생가에 후사(後嗣)가 없어 양자가 생가에 복귀하려는 경우

(5) 죽은 양부와 양자가 존속과 비속의 관계에 있는 경우

(6) 양자의 연령이 양친의 연령보다 많은 경우

2. 양모가 파양을 선언하고 사실상 30년 이상 별거하고 있더라도 그 양자에게 앞의 단서의 사실이 없거나 과부에 대해 계속하여 효도를 다하고 조상의 봉사를 게을리하지 않았다면 양친자 관계는 존속하는 것이 관습이다.

3. 양모가 이전에 문회의 결의를 거쳐 양자를 삼은 후에 그 양자 있는 것을 은폐하고 다른 양자를 들이는 데 대하여 칙허를 받더라도 그 양자는 무효이다. 따라서 이전의 양자의 신분에는 아무런 변경이 발생하지 않는다. 그 양자는 굳이 칙허를 받지 않더라도 관습상 유효하기 때문이다.

4. 이전에 칙허를 받은 양자가 있는 것을 은폐하고 다른 양자의 칙허를 받은 경우는 앞서 기술한 3.의 경우와 같으며 후의 입양후의 양자와 양친 사이에 양친자 관계는 생기지 않는다.

5. 이전에 칙허를 받은 양자가 있는데도 상당하는 파양의 절차를 밟지 않고 임의로 파양하고 다시 다른 자를 양자로 하는 유언을 한 경우 그 유언이 양자를 파양하기에 충분한 정당한 사유가 있고 동시에 진의의 표시라면, 호주의 사망과 동시에 유언이 효력을 발생하므로 호주가 사망한 후에는 후양자인 유언상의 양자와 양친자 관계가 생기고, 호주가 사망하기 전까지는 이전의 양자가 양친자 관계를 갖는다. 입양하는 경우에 칙허를 받는 것이 관습상 필요하지 않기 때문이다.

6. 호주가 사망하고 상속인이 될 양자를 정할 때 호주의 최근친자를 양자로 하는 사례는 왕왕 문회의 결의를 거치지 않기도 하지만 문회의 결의를 거쳐야 하는 것이 관습상 일반적이라고 한다.

조회회답 19 | 1910년 12월 16일 경성지방재판소 민사제2부 재판장 조회
1910년 12월 19일 조발 제74호 취조국 장관 회답

가주 사망 후 재산관리에 관한 건

요지

1. 호주가 아들이 없고 모(母)·처(妻)·딸만 남기고 사망한 경우는 그 유산은 모가 관리한다.
2. 호주가 사망한 후에 과부의 품행이 나쁘면 모는 과부를 이적(離籍)시킬 수 있지만 그 자녀는 이적시킬 수 없다.
3. 호주가 사망한 후 과부가 품행이 나쁜 때에는 호주의 모는 과부 및 그 딸에게 호주의 유산에서 아무런 권리를 갖지 못하게 할 수 있다.

조회

1. 아들 없이 가주(家主)가 사망한 때에는 누가 재산을 관리하는가?
   단, 가주의 모나 처, 딸이 남아 있는 경우.
2. 가주의 사망 후 과부가 행실이 나쁘다고 하여 가주의 모가 과부 및 가주의 아들을 이적하고 남은 재산에 대한 아무런 권리를 가질 수 없게 할 수 있는가?

회답

1. 아들 없이 가주가 사망하고 모, 처, 딸을 남긴 경우 모가 그 재산을 관리하는 것은 관습상 일반적이다.
2. 가주의 사망 후 과부의 품행이 나쁘면 모는 과부를 이적시킬 수 있지만 그 아들은 이적시킬 수 없다. 또 그 남은 재산에 대하여 행실이 나쁜 과부 및 그 아들이 아무런 권리를 갖지 못하게 할 수 있는 관습이 있다.

조회회답 20 | 1910년 12월 24일 군산구재판소 조회
1910년 12월 28일 조발 제82호 취조국 장관 회답

산척에 관한 건

요지

1. 팔도의 거리는 주척(周尺)[31]을 사용하고 6척(尺)을 1보(步)로 한다. 묘지의 측정에는 이 척을 사용하기 때문에 세간에서는 산척(山尺)이라고도 한다.

조회

1. 조선에서 종래 주척 6척을 산척 1척(산지에 사용하는 것)으로 하는 관습이 있는가 여부.

회답

『대전회통(大典會通)』에 팔도의 길은 주척을 사용하고 6척을 1보로 하는 규정이 있다. 『형법대전(刑法大全)』에 1보라고 하는 것은 주척 6척이라고 하고 있다. 묘지의 측정에 이 척을 사용하기 때문에 세간에서는 산척이라고도 한다.

---

31 주척(周尺): 조선은 중국의 모든 문물제도가 주대(周代)에 그 근원을 두고 있다는 유가이념(儒家理念)에 영향을 받아 국가가 관리하는 도량형의 기본 단위로 주척을 채택하여 왔다. 세종 때 『사기(史記)』의 기록에 따라 황종척(黃鍾尺)을 만들어 척도의 근본으로 삼았으나, 실제 운용상 주척을 중심으로 여러 가지 척도체계의 기준을 세웠다. 『경국대전』에는 주척이 0.606황종척으로 되어 있으나 『증보문헌비고(增補文獻備考)』에는 0.6황종척으로 되어 있다.

조회회답 21 | 1911년 1월 25일 경성지방재판소 민사제3부 재판장 조회
1911년 2월 7일 조발 제104호 취조국 장관 회답

상속에 관한 건

요지

1. 기혼 장남이 아들 없이 호주보다 먼저 사망한 경우에는 차남이 있더라도 죽은 장남을 위한 양자를 들여서 가계(家系)를 상속시켜야 한다.
2. 전항의 경우에 죽은 장남의 처는 그 가(家)에 존속친(尊屬親)이 없는 때 죽은 호주의 유산을 관리·처분할 수 있는 데 불과하다.

조회

1. 기혼자로 친자[實子]가 없는 장남과 차남의 2인(경성에 있는 조선인)이 있고 가독(家督) 상속 개시 전 장남이 사망한 때 그 상속 순위는 당연히 차남에게 이전해야 하는가, 차남에게 이전하지 않고 장남의 과부가 양자를 들일 때까지 상속하는 것인가? 만약 과부가 상속하는 것이라면 그것은 단순히 새산을 처분·관리하는 것에 불과한가?

회답

1. 조선의 관습상 호주가 사망하기 전에 그의 장남이 이미 사망한 경우, 그 장남이 기혼자인 때에는 비록 차남이 있는 경우라도 죽은 장남을 위해 양자를 정하고 그 양자에게 그 가의 호주이자 봉사자의 지위를 승계시키며, 차남은 절대 그 승계자가 될 수 없다. 그리고 이 경우에 죽은 장남은 그 세대에 넣고 양자는 죽은 장남을 상속하는 것으로 보았다.

죽은 장남의 처인 과부는 그 가에 존속친이 없는 때에는 단지 죽은 호주의 유산을 관리·처분할 수 있을 뿐이라는 것이 관례이다.

조회회답 22 | 1911년 2월 10일 평양지방재판소 민사부 재판장 조회
1911년 2월 22일 조발 제113호 취조국 장관 회답

보증어음 등에 관한 건

요지

1. 조선에서는 보증채무자를 보인(保人)[32]이라고 하고 주채무자에게 변제의 자력이 없는 경우 이행의 책임이 있으며 최고(催告) 및 검색(檢索)의 항변권을 가진다.

   채무의 담당자는 채무자가 변제하지 않는 때에는 자신이 이행의 책임을 지고 최고의 항변권은 있지만 검색의 항변권은 없다.

2. 환간(換簡)[33]은 금전의 지급을 위탁하는 경우에 사용하며 환어음과 거의 효용이 같다.

3. 환간은 금전의 지급에 대신하여 주고받는 것이 통례이다.

   환간으로 금전 지급의 위탁을 받은 자가 그 지급을 하지 않는 때에 환표(換標, 갑으로부터 을에 대한 서면으로, 을이 갑에게 부담하는 채권액을 병에게 지급하게 하는 취지를 기재한 것)의 소지인은 환표 발급자에게 그 금액의 지급을 청구할 수 있다.

4. 환간으로 금전 지급의 위탁을 받은 자가 그 지급에 대신하여 어음을 교부한 경우는 금전의 지급에 대신해서 약속어음을 교부한 것과 거의 같은 관계가 된다.

   금전의 지급에 대신하여 환간을 주고받는 경우는 조건부로 채무의 갱개(更改)를 하는 것이라고 할 수 있다.

---

32 보인(保人): 조선시대에 16세부터 60세에 이르는 양인 장정은 군역의 의무를 지고 있었다. 그들의 그 복무 형태는 직접 군사 활동을 하는 정군과 정군의 군사 활동에 소요되는 재정적 뒷받침을 맡은 봉족(奉足, 保人)의 두 가지로 구분되었다. 보인의 기원은 군사조직에 있었지만 사인 사이에서는 현대의 보증인에 유사한 기능이 부가되는 추세에 있던 것으로 보인다.

33 환간(換簡): 금전의 지급을 서면으로 위탁하는 조선시대 방식의 하나이다. 환표(換標)가 더 일반적인 용례였다. 이 문제에 대해서는 김백경, 2017, 「한말 신용거래 양상에 대한 법적 분석: 구한말민사관결문의 '換錢' 사례를 중심으로」, 『법사학연구』 56, 한국법사학회의 상세한 분석이 있다.

조회

1. 조선에는 보증채무와 유사한 담당채무(擔當債務)라는 것이 있는 것 같다. 조선에서도 관습상 일본의 민법 규정과 마찬가지로 일반 보증채무자는 선소(先訴)의 항변권[34] 및 검색의 항변권이 있는 것을 전제로 하며, 담당채무자도 역시 앞서 말한 2개의 항변권이 있는지 여부, 혹은 조선의 관습상 보증채무자도 담당채무자도 앞서 말한 2개의 항변권이 없는지 여부.

2. 조선에서 관습상 출환(出換)이라는 것이 있다. 그 법률상의 성질은 어떠한가? 예를 들어 갑(甲)이 을(乙)에 대해 금전채권이 있고 병(丙)은 갑에게 또 금전채권이 있다고 가정하고 갑이 직접 병에게 변제하는 대신에 병에게 환표를 출급(出給)하고 병은 그것을 받아서 을에게 제시하였는데 을은 그 문장의 뜻을 이해했지만 현금을 소지하지 않았기에 병에게 어음을 출급하고 해당 어음에는 금액 아래에 갑조(甲條)라는 기재가 있다. 이러한 경우에 갑의 채권은 병에게 양도된 것이라고 할 수 있는지 여부. 단 을은 환표를 받은 때에는 반드시 병에게 지급할 의무를 지는 관습이 있는 것 같다. 위와 같은 경우에 채권양도라고 하면 출환은 관습상 필연적으로 채권양도의 효력을 발생한 것인가 여부.

3. 또 위의 예처럼 어음금액 아래에 갑조라고 기재한 경우에 조(條)라는 문자는 관습상 어떤 의미로 사용되는 것인가?(해당 어음 금액의 수취인은 갑이라는 뜻을 표시한 것인가?)

회답

1. 조선에서는 보증채무자를 보인이라고 하고 보인은 주된 채무자에게 변제의 자력이 없는 경우에 그 이행의 책임이 있다. 그러므로 채권자가 주된 채무자에게 청구하지 않고 바로 보인에게 청구하는 때에는 보인은 우선 주된 채무자에게 청구할 것을 요구할 수 있고, 또 채권자가 주된 채무자에게 청구한 후라도 주된 채무자에게 변제의 자력이 있는 때에는 보인은 우선 주된 채무자의 재산에 의하여 변제받을 것을 요구할 수 있다. 그런데 채무를 담당한 자는 채무자가 변제하지 않는 때 그 이행할 책임이 있는 자가 되기에, 비록 채무자에게 변제 자력이 있는 때라도 그것을 이유로 이행을 거절할 수 없다. 이 점에서 보인

---

[34] 선소(先訴)의 항변권 : 주채무자에게 먼저 변제를 요구하는 제소를 하라는 취지의 항변권을 이른다.

의 책임과 상이하다. 단, 채권자가 채무자에게 청구를 하지 않고 바로 담당자에게 청구를 한 때에는 일응 채무자에게 청구할 것을 요구할 수 있음은 물론이다.

2. 환간은 금전의 지급을 위탁하는 경우에 사용하고 환어음과 거의 같은 효용을 갖는다. 그리고 환간에 의해 지급 위탁을 받는 자는 항상 지급할 의무가 있다고 할 수 없고, 그것을 지급할 것을 필요로 할 것인지 여부는 수탁자의 위탁자에 대한 거래 관계가 어떠한지 여부에 따른다.

3. 환간은 금전의 지급에 대신해서 수수하는 것이 통례이다. 만약 환간에 의해 위탁을 받는 자가 그 지급을 하지 않는 때 환간을 수취한 자는 환간을 발행한 자에게 그 금액의 지급을 청구할 수 있다. 그러므로 금전의 지급에 대신해서 환간을 수수하는 경우는 조건부로 채무를 갱개하는 것이라고 할 수 있지만 채권의 양도라고 할 수는 없는 것 같다.

4. 환간에 의해 금전 지급의 위탁을 받은 자가 그 지급에 대신해서 어음을 교부한 경우 금전의 지급에 대신해서 약속어음을 교부한 것과 거의 같은 관계가 되는 것으로서 그 어음에 '모조(某條)'라고 기입한 것은 모분(某分)이라는 뜻으로 그것을 수취한 자에게는 아무런 관계가 없고 단지 교부하는 자가 참고하기 위해 부기한 것에 불과하다.

조회회답 23 | 1911년 1월 11일 함흥지방재판소 민사부 재판장 조회
1911년 3월 9일 조발 제122호 취조국 장관 회답

이의 소송능력에 관한 건

요지

1. 이(里)는 재판상 및 재판 외에서 독립단체로 인정된다.
2. 이는 그 명의로 소송을 할 수 있다.
3. 이가 소송을 하는 경우에 대표자는 이장(里長)인 때, 혹은 이장 및 두민(頭民)인 때, 혹은 이 안에서 중심이 되는 사람인 경우가 있다. 또 종전에는 등소(等訴)라고 하여 이민(里民)

다수가 연명(聯名)해서 출소(出訴)하는 경우가 많았던 것 같다.

이가 소송을 하는 때에 대표자의 선정은 이민의 협의에 따라 이를 한다.

조회

1. 이(里)는 재판상 및 재판 외의 독립한 단체인가 여부[35]
2. 이는 그 이름으로 소송을 할 수 있는가 여부
3. 이가 소송을 하는 경우 누가 그 대표자가 되는가, 그리고 그 선정 방법은 어떠한가?

회답

1. 이(里)는 재산을 소유하고 재판상 및 재판 외에서 독립한 단체로 인정될 수 있다.
2. 이는 그 명의로 소송을 하는 관습이 있다.
3. 이가 소송을 하는 경우 대표자는 이장인 경우가 있고 이장 및 두민인 경우가 있다. 혹은 이민 가운데 중심적 지위에 있는 사람인 경우가 있다. 종전에는 등소라고 하여 이민 다수가 연명하는 경우가 많았던 것 같다. 그리고 대표자를 정하는 데에는 이민의 협의를 거친다.

위의 사항들은 현재 아직 조사중이며, 이가 소유한 재산은 이민의 공유(共有)로서 이가 소송을 하는 것은 이민 공동의 소송이라는 설이 있지만 통설은 아닌 것 같다.

---

35 리(里)는 재판상 및 재판 외의 독립한 단체인가 여부: 이 논제에 대해서는 임상혁, 2003, 「洞里의 당사자능력과 조선고등법원의 관습 선언」, 『법사학연구』 28, 한국법사학회의 상세한 분석이 있다.

조회회답 24 | 1911년 3월 29일 경성지방재판소 민사제3부 재판장 조회
1911년 3월 31일 조발 제131호 취조국 장관 회답

전당에 관한 건

요지

1. 가옥 몇 칸을 전당(典當)으로 하는 뜻의 계약[36]을 한 경우에 그 부지가 타인의 소유에 속하지 않는 때에는 당연히 그 부지도 포함한다.

조회

1. 1908년 4월경 조선에서 단지 가옥 몇 칸을 전당하는 뜻의 계약을 한 경우 당연히 그 택지도 포함하는 관습이 있는가?

회답

1. 조선에서는 가옥 몇 칸을 전당으로 하는 뜻의 계약을 한 경우에도 그 부지가 타인에게 속하지 않는 경우 당연히 그 부지도 전당한 것으로 보는 것을 관습으로 한다.

---

36 전당(典當)으로 하는 뜻의 계약: 전당문기에는 전당한 연월일, 전당 잡은 사람의 성명, 전당하는 이유, 담보물의 표시, 차용 액수, 전당료 액수, 전당 기간을 쓰고, 끝으로 전당 잡힌 사람의 성명을 쓰고 수결(手決)하였다. 토지를 전당하였을 경우, 전당 잡힐 토지의 소재지·자호(字號)·결부수(結負數)·마지기수[斗落只數, 밭일 경우에는 日耕數]를 쓰고 차용한 금액을 쓰며, 전당료는 대개 도지(賭地)로 표시하였다. 만약 약속한 기한 안에 차용한 금전과 토지를 갚지 못하면, 그 토지를 시가에 따라서 전당 잡은 사람에게 팔거나 또는 그대로 전당 잡은 사람의 소유로 넘어가게 되었다.

조회회답 25 | 1911년 2월 28일 평양공소원 민사부 재판장 조회
　　　　　　　1911년 4월 8일 조발 제142호 취조국 장관 회답

계자(啓字)에 관한 건

요지

1. 계자(啓字)는 군주(君主)의 재가(裁可) 또는 명령을 나타내는 문서이다.
2. 국유에 속하는 토지 또는 가옥은 계자(啓字) 문서에 의해 인민에게 하사할 수 있다.
   인민의 소유에 속하는 토지 또는 가옥을 계자 문서로 타인에게 하사한 경우 그 효력은 없다.
3. 계자 문서로 7궁(宮) 이외의 궁가(宮家)의 부동산을 하사한 경우 그 효력은 없다.
4. 옛날 한국 황제라고 하더라도 신민(臣民)의 소유에 속하는 부동산을 보상하지 않고 임의로 처분할 수 없었다.

조회

1. 구한국 황제 폐하가 사용하는 '계자(啓字)'는 어떤 성질을 갖는가?
2. 위 황제 폐하가 황실에 속하지 않는 토지 혹은 가옥을 신민에게 하사한 경우에 위 계자를 문서에 날인(捺印)한 때에는 토지 혹은 가옥의 소유권을 당연히 하사받은 신민에게 이전하는지 여부.
3. 위 황제 폐하가 각 궁가에 속하는 부동산 등을 계자 문서로 신민에게 하사할 수 있는지, 또는 그 계자 문서를 하사받은 자는 그 부동산의 소유권을 획득하는 구 관습의 유무.
4. 과거 한국의 황제 폐하는 신민에게 하사할 필요가 있다고 인정한 부동산은 그 소유자가 누구인지를 묻지 않고 임의로 처분할 수 있는 구 관습이 있었는가?

회답

1. 계자는 계주(啓奏)에 대한 재가의 의미를 나타내는 경우와 군주의 명령을 나타내는 경우에 기록하거나 날인하는 것이다.

2. 황실에 속하지 않는 토지, 가옥 중 국유에 속하는 것은 계자 문서에 의해 인민에게 하사할 수 있더라도, 인민의 소유에 속하는 것을 계자 문서로 하사한 경우는 그 토지, 가옥의 소유권은 위 계자 문서에 의해 이전된 것으로는 인정되지 않는다.
3. 명례궁(明禮宮), 수진궁(壽進宮), 어의궁(於義宮), 용동궁(龍洞宮), 육상궁(毓祥宮), 선희궁(宣禧宮), 경유궁(景裕宮)의 각 궁에 속하는 부동산에 대해 계자 문서를 하사한 때에는 바로 신민에게 소유권이 이전된 것으로 보아도 무방하지만, 그 외의 궁가의 것에서는 계자로 부동산상의 소유권을 취득하는 경우는 없다.
4. 과거 한국 황제가 신민에게 하사할 필요가 있다고 인정하더라도 신민의 소유에 속하는 부동산은 배상하지 않고 임의로 처분할 수 없었다. 또 본 문의에 관해서는 『대전회통』 「호전(戶典)」 궁방전(宮房田) 및 어염(魚鹽) 항을 참고할 필요가 있다.

조회회답 26 | 1911년 4월 5일 평양지방재판소 민사제1부 재판장 조회
1911년 4월 13일 조발 제147호 취조국 장관 회답

분묘의 경계에 관한 건

요지

1. 분묘의 경계 거리를 침범한 입장(入葬)이 있는 경우, 분묘의 소유자는 입장한 자에게 이전을 청구할 수 있고 입장한 자가 토지 소유자인지 여부를 묻지 않는다.
타인의 분묘 경계 내에 입장할 권리는 그 자에게 전속(專屬)하고 양도할 수 없다.

조회

1. 갑이 을에게 묘지를 매도할 때 종래 있던 자신의 분묘를 파서 이장하고 을에게 그 자리에 입장하도록 했다. 그런데 갑의 분묘는 원래부터 병의 분묘의 경계 안에 있고 여러 해를 경과한 것이었다. 단, 갑과 병은 여러 해 동안 서로 경계를 지키지 않고 매장해 왔다.

위의 경우 병은 을에 대해 경계를 주장할 수 있는가?

단, 을의 분묘가 있는 지반의 소유자는 병이 아니다. 이 경우 조선의 관습은 어떠한가?

회답

1. 분묘 경계 내의 범장(犯葬)은, 그 분묘가 주인이 있는 분묘로 입장한 장소가 경계 거리를 침범한 이상 그 분묘 소재지가 분묘 소유자의 소유에 속하는지 여부를 묻지 않는다. 또 입장지가 입장한 자, 기타 누구의 소유에 속하는지를 묻지 않으므로, 입장한 장소가 분묘 소유자의 소유지가 아닌 때라도 분묘의 소유자는 입장한 자에게 그 이전을 청구할 수 있다. 그리고 분묘의 소유자가 어떤 이를 위해서 그 경계 내에 입장한 것을 허락한 경우에도, 그 이외의 자에게는 그 경계를 주장할 권리를 잃지 않기 때문에 제3자의 입장을 금하는 것에는 지장이 없다. 또 그 경계 내에 입장하는 권리를 얻은 자는 자신이 입장할 수 있는 것에 그치며 그 권리를 타인에게 양도할 수 없으므로, 비록 입장의 권리를 갖는 자가 그 경계 내에 있는 자기의 분묘를 옮기고 그 땅을 제3자에게 양도하여 입장하게 하더라도 분묘의 소유자는 그 제3자에게 경계 내에 범장한 것으로써 이전을 청구할 수 있음은 물론이다.

조회회답 27 | 1911년 4월 7일 경성공소원 민사제2부 재판장 조회
1911년 4월 24일 조발 제160호 취조국 장관 회답

이생지에 관한 건

요지

1. 하천 연안의 토지가 홍수 때문에 함락하여 그 부근 또는 대안(對岸)으로 흘러 이생지가 생긴 경우 그 이생지는 함락지 소유자의 소유가 된다. 단 이생한 부분이 일찍이 타인의 토지가 함락한 터인 때에는 그 이생지는 종전의 소유자에게 귀속된다.

하천에 이생한 부분이 소유주가 있는 토지가 함락한 터가 아니고 동시에 소유주가 있는 토지의 함락한 이토(泥土)가 흘러 들어간 것이 아닌 때, 그 이생지는 일단 국유에 속하지만 많은 경우에 인접지의 소유자가 그것을 개간하여 소유권을 취득하는 것이 보통이다.

조회
1. 조선의 관습상 하천가[邊]의 전답이 홍수 때문에 강으로 흘러서 그 부근 혹은 대안에 강락한 이토가 유착(流着)하거나 새로운 이생지를 형성한 경우에 그 소유권은 이전의 토지 소유자에게 귀속되는가, 유착지(流着地) 또는 새로운 이생지를 선점한 경작자에게 귀속되는가, 국가의 소유가 되는가?

회답
1. 하천을 따라 있는 갑지(甲地)가 홍수 때문에 함락해서 그 부근 또는 대안의 병지(丙地)로 유착하여 을지(乙地)를 형성한 경우에 을지를 이룬 장소가 하천 유역인 때 관습상 그 을지는 갑지의 소유자에게 귀속하는 것으로 인정된다. 그리고 을지를 형성한 장소가 하천이라도 일찍이 병지의 함락한 터인 때 을지는 병지의 소유자에게 귀속되며, 또 을지를 형성한 곳이 하천으로 소유자의 토지가 함락한 터가 아니고 또 소유주가 있는 토지가 함락한 이토가 흘러간 것이 아닌 때에는 접속지의 소유자가 개간으로 취득하는 것이 보통이지만 그 취득 전에는 국유에 귀속하는 것이라고 하는 것이 타당하다. 또 하천이었던 곳에 새로운 이생지를 형성한 경우도 동일하다.

조회회답 28 | 1911년 4월 22일 해주구재판소(海州區裁判所) 조회
1911년 5월 12일 조발 제175호 취조국 장관 회답

동계에 관한 건

요지

1. 동계(洞契)[37]는 동민의 협의로 동내의 각 호(戶)에서 금전·곡물 등을 거두어 모아서 대부(貸付)하거나 전답(田畓)을 매입하여 그 수입으로 동내 공공 비용으로 충당하는 것으로, 그 재산은 동의 소유에 속한다.

   새로이 그 동내에 입주하여 한 호를 구성한 자는 당연히 계원이 됨과 동시에 그 부담을 나누며, 또 동 밖으로 이전하여 사는 자는 당연히 계원 자격을 상실하고 그 부담을 면하지만 종래 지출한 부담액의 반환을 청구할 수 없다.

   동계는 동의 규약에 불과하다. 따라서 동내의 각 호의 호주(戶主)는 모두 계원이라도 특별단체의 조성원(組成員)이라고 할 수 없다.

   계원인 호주가 사망한 경우에 그 상속인은 당연히 계원 지위를 승계한다.

   동계가 해산한 사례가 없다고 하더라도 몇 해 전부터 동민의 협의로 해산하고 그 재산을 각 호에 균분하는 경우는 왕왕 있다.

2. 동민의 일부만으로 조직한 계는 비록 동계라고 칭하더라도 그 성질은 조합(組合) 또는 공유(共有) 등 기타의 계(契)에 속하고 동계에 속하지 않는다.

조회

1. 일반 동계의 성질·조직·목적·계유재산(契有財産) 소유권의 주체, 이 중에서 다음에 기술하는 여러 항에서 상세히 보여 주기 바란다.

   (1) 한 동에 일부의 동민이 조직한 동계가 소유한 재산은 그 계를 조직한 동민의 공유에

---

37 동계(洞契): 마을 또는 동리의 복리증진과 상호부조를 위하여 공유재산을 마련하고 관리하는 자치조직을 이른다. 대동계(大洞契)·이중계(里中契)·동중계(洞中契)·동리계(洞里契)·촌계(村契)라고도 한다.

속하는 것인가, 그 동의 소유에 속하는 것인가?

(2) 전항의 계를 조직한 자 중에 1인 혹은 수인이 다른 동으로 전주(轉住)한 경우에 그 자는 계를 탈퇴함 없이 그 지분은 여전히 이전 계원에게 속하며, 따라서 또 동계가 조직된 후 다른 동에서 전입해 온 동민은 특별히 출자를 하지 않으면 당연히 그 동의 계원이 되고 그 계유재산의 소유자가 되지 않는 것인가? 이 경우에 다른 동에 전입한 계원은 그 전입과 함께 당연히 그 계를 탈퇴하고 계유재산의 지분을 상실하며, 또 다른 동에서 이주해 온 동민은 아무런 출자할 필요 없이 그 계원이 되고 계유재산의 지분을 취득하는가?

(3) 동계원이 사망하면 그 상속인이 피상속인의 지분을 승계하는가?

(4) 동계의 해산 방법에 대해 각 지역마다 관습을 달리한다면 황해도 해주군 지방의 관습을 회답으로 제시해 주기 바란다.

회답

1. 조선에서 보통 볼 수 있는 동계는 동민의 협의로 동내의 각 호에서 균일하게 혹은 등급을 나누어서 금전, 미곡류를 거두어 모아서 그것을 대부하거나 전답을 구매하여 그 수익으로 동내 각 호의 호포세(戶布稅)[38]에 충당하거나 혹은 교량(橋梁), 도로수축비, 기타 동내의 공공비용 등에 충당하는 것으로서 그 재산은 동유(洞有)에 속한다. 그리고 새로이 그 동에 와서 거주하여 한 호를 이룬 자는 당연히 계원이 되는 것과 동시에 동에 들어온 때나 정해진 때에 그 부담을 나눈다. 또 동 밖으로 주거를 옮긴 자는 당연히 계원 자격을 상실하며, 그와 동시에 그 부담을 면한다. 그렇지만 종래 지출한 부담액의 반환을 구할 수 없기에 이러한 종류의 동계는 동의 규약에 불과하다. 따라서 동내 각 호의 호주는 모두 계원

---

38 호포세(戶布稅): 1750년(영조 26)에 균역법이 실시되어 종래 2필이던 양정(良丁)의 군포를 1필로 반감하고 그 부족분을 선무군관포(選武軍官布)와 토지 1결당 결작(結作) 2말을 받아 메웠는데, 이는 사실상 면역 대상자인 일부 양반들의 부담이었으며, 이로써 군역 부담은 어느 정도 평준화되었다. 조선 말기 흥선대원군(興宣大院君)이 집권하자 문란하던 환곡(還穀)·전세(田稅)의 개혁과 함께 군정에도 일대 쇄신책을 단행하였다. 즉, 1871년(고종 8) 3월 종래의 군포를 호포로 개칭하고 균등과세의 원칙 아래 종래 양반들의 면세특전을 폐지, 신분계층의 상·하를 막론하고 호당 2냥씩을 부과하였는데 양반들의 위신을 고려, 양반호에 대하여는 호주명(戶主名)이 아닌 하인의 노명(奴名)으로 납입하도록 하였다.

이라도 특별 단체의 조성원이라고 할 수 없다.

위의 보통의 동계에서 계원인 호주가 사망한 경우 상속인에게 당연히 그 계원의 지위를 승계하고 특별히 계원의 지분을 인정하는 것 같은 관념은 없다. 그리고 상속인이 계원 자격을 승계하는 것에서는 아무런 절차를 필요로 하지 않는다. 호주 지위를 상속하므로써 당연히 계원 자격을 승계한다. 또 동계의 해산에서 종전에는 그 사례가 없었기 때문에 관습을 볼 수 없지만 근년에 와서 동민의 협의로 동계를 폐하고 그 재산을 각 호에 균분하는 경우가 왕왕 있다고 들린다.

2. 동민의 일부로 조직한 동계는 종래의 조사에서는 아직까지 적절한 사례를 접하지 못했다. 그리고 동내에 있는 호 가운에 빈궁한 자에 대해 특히 그 부담을 면하는 예가 없지는 않지만, 이는 단지 그 부담을 면하는 것에 불과하며 동계 외부의 자로 보는 것이 아니다. 만약 다시 실제 동민의 일부만으로 조직한 계가 있다면, 비록 동계라고 칭하는 경우라도 그 성질은 조합 또는 공유에 속하는 다른 계로서 동계에 속하지 않는 것이다.

단, 해주 지방의 동계에서는 아직 충분한 조사를 하지 못했다.

조회회답 29 | 1911년 5월 2일 경성공소원 민사제2부 재판장 조회
1911년 5월 19일 조발 제181호 취조국 장관 회답

간생자에 관한 건

요지

1. 사생자(私生子)는 그 부(父)가 인지하지 않으면 부자 관계가 생기지 않는다.

   사생자의 부가 사망하고 그 처가 남편의 자식임을 인정하고 그 가(家)에 들어 사당(祠堂)에 신고식을 거행한 때에는 그 자식은 죽은 남편의 서자(庶子)가 된다.

2. 적자(嫡子)가 없는 때에는 서자에게 상속하게 하는 것이 규정이지만, 상속인이 적자인지 여부는 가(家)의 자격에 관계되므로 서자가 있더라도 다른 곳에서 양자를 들이는 예가

있다.

조회

1. 간생자(姦生子)[39]는 그 부(父)인 자가 자기의 자식임을 인지하지 않더라도 법률상 부자 관계가 생기는가?

    만약 부자 관계가 생긴다면 그 부에게 다른 적자손(嫡子孫)이 없는 경우 그 간생자는 당연히 그 부의 가(家)를 상속할 수 있는 자인가, 당연히 부의 가를 상속할 권리는 없더라도 그 부가 이미 사망하고 부의 가에 있는 과부가 죽은 남편의 자임을 인정하고 일단 입가(入家)시켜서 자가(自家) 사당에서 고유식(告由式) 등을 거행한 때에는 이에 상속권이 발생하게 되는 것인가?

2. 과부(죽은 남편의 가에 있는)가 죽은 남편의 간생자를 그 남편의 가의 상속인으로 선정할 수 있는가? 만약 선정할 수 있다면 별도의 아무런 절차를 필요로 하지 않고 과부의 단독의사로 결정할 수 있는가?

회답

1. 간생자는 그 부가 생전에 유언 혹은 기타의 형식으로 인지하지 않으면 부와의 부자 관계가 생기지 않는다. 인지하여 입가시키고 또 사당에서 고유식을 거행했다면 그 자는 망부의 서자가 된다.

2. 적자가 없는 때 서자에게 상속시키는 것은 대전(大典)에 규정이 있다. 그렇지만 적서의 구별은 그 가의 자격에 관한 것이므로 서자가 있더라도 다른 곳에서 양자를 들이는 예가 있다. 따라서 과부는 죽은 남편의 적자가 없는 경우에 서자에게 상속시킬 수 있고 그 절차로서 혹 일문(一門)의 결의에 부치는 경우가 있지만 반드시 일문의 결의가 필요한 것은 아니다.

---

39 간생자(姦生子): 적법한 혼인 중에 출생하지 않은 자녀를 사생자(私生子)라 이른다. 간생자는 사생자의 하나이다.

조회회답 30 | 1911년 5월 13일 군산구재판소 조회
1911년 5월 19일 조발 제182호 취조국장관 회답

양자에 관한 건

요지

1. 자(子)가 없는 자는 동종(同宗)의 지자(支子)를 세워서 후사로 삼는 경우에 관에 알리고 예사(禮斜)를 받아야 하는 규정이 있었지만 관에 알리는 것은 일반적으로 행해지지 않으며, 관에 알리지 않은 입후라도 유효하였다.
2. 조선에서 양자는 반드시 아들의 항렬에서 취하는 것이 관습이다.
   아들 항렬 이외의 존속 및 비속으로부터 취한 양자는 비록 예사를 받았더라도 무효였다.

조회

1. 『대전회통』「예전」입후에 있는 "경국대전[原]: 적실(嫡室)과 첩실(妾室)에 모두 아들이 없는 경우에는 관에 고하여 동종(同宗)의 지자(支子)를 세워 뒤를 잇게 한다", 그리고 할주(割註)의 "두 집의 아버지가 함께 명령하여 양자를 세우되, 아버지가 죽었으면 어머니가 관에 고한다. 존속과 형제 및 손자 등의 항렬에서는 서로 양자로 들일 수 없다."라는 부분은 종래의 관행상 일치하는 것으로 보이지만, 동종 짝수[偶數]의 촌이라도 궁내부(宮內府), 장례원(掌禮院)에 출원(出願)하여 예사를 받아 양자로 들일 수 있는 옛 관습이 있다는 주장이 있는데 과연 그런 관례가 있는가?
   또 같은 촌수의 자라도 지정받은 상속인은 봉사손(奉祀孫)이라고 칭하여 허가를 받아 양자로 들일 수 있는가?
   또 호주가 같은 촌수[同村]의 자라도 이를 선정해서 양자로 삼고 호주의 상(喪)을 치르고 앞서 서술한 출원을 하여 허가를 얻어 예사를 받으면 홀수[奇數]의 촌과 같은 효력이 있어서 바꿀 수 없는 사례가 있는가?

회답

1. "적실과 첩실에 모두 아들이 없는 경우에는 관에 고하여 동종의 지자를 세워 뒤를 잇게 한다."라는 『대전회통』의 규정에 따라 동종의 지자를 양자로 삼더라도 관에 고하지 않은 사례, 즉 장례원에 청하여 예사를 받지 않은 사례가 있다. 그렇더라도 양자는 유효하므로 위 『대전회통』의 고관(告官) 규정은 일반적으로 행해지는 사례라고 하기 어렵다.

2. 『대전회통』의 주(註)에 있는 고관 규정 역시 관습과 일치하지 않고, "존속과 형제 및 손자 등의 항렬에서는 서로 양자로 들일 수 없다."라는 규정은 관습과 일치한다. 조선에서 양자는 아들 항렬, 즉 형제의 아들, 종형제(從兄弟)의 아들, 재종형제(再從兄弟)의 아들, 삼종형제(三從兄弟)의 아들 등에서 취하는 것으로 아버지 항렬, 자신의 항렬, 손자 항렬에서 취하는 경우는 없다.

조회에서 '같은 촌수의 자'라는 말은 무슨 뜻인지 이해하기 어렵지만, 요컨대 아들 항렬 이외의 존속 및 비속에서 취한 양자는 비록 예사를 받았더라도 무효이다.

조회회답 31 | 1911년 5월 4일 경성공소원 민사제2부 재판장 조회
1911년 5월 24일 조발 제189호 취조국 장관 회답]

둔토의 기간에 관한 건

요지

1. 종전 민유(民有)에 속하지 않는 미개간지는 기경(起耕)에 의해 기경한 자의 소유에 속하게 된다. 관에서 관리하지 않는 둔토(屯土)[40]를 개간하여 오랜 세월 경작해 온 경우 그 토지

---

40 둔토(屯土): 둔토 혹은 둔전(屯田)은 변경이나 군사요지에 설치해 군량에 충당한 토지이다. 농사도 짓고 전쟁도 수행한다는 취지로 군량을 현지에서 조달하여 국방을 충실하게 수행하기 위해 설치되었다. 조선 건국 이후 군자(軍資) 확보를 위해 다시 설치하였다. 그러나 민전의 침탈, 농민 강제동원 등 폐단이 발생하여 치폐(置廢)를 거듭하였다. 임진왜란으로 토지가 황폐해지고 양안(量案)이 미비하여 본래의 성격은 사라지고 관청의 경비를 보충하는 관둔전(官屯

의 소유권은 경작자에게 귀속되었다고 보는 것이 온당하다.

조회

1. 관유지(官有地)인 둔토를 한 개인이 개간하여 부(父)에서 자(子)로 상속하여 오랜 세월 동안 경작해 온 경우에 그 한 개인은 개간지의 소유권을 취득하는 관례가 있는가?

회답

1. 종전에는 민유에 속하지 않는 미개간지는 개간자의 소유에 속한 것으로서 『속대전』「호전」 전택조에는 "모든 황무지는 개간한 자가 주인이다."라고 하고 있고, 또 그 주석에는 "간혹 미리 입안을 내고 스스로 개간하지 않고 입안을 빙자하여 타인의 경지를 빼앗은 자 및 그 입안으로 사사로이 서로 매매한 자는 침점전택률(侵占田宅律)에 따라 처벌한다."라고 되어 있다. 이 규정에 의하면 개간하는 데에는 미리 관의 허가를 받아야 하지만 실제로 반드시 관의 허가를 받을 필요는 없다. 달리 다투는 자가 없고 또 관에서 그것을 금지하지 않는 한, 임의로 경작을 하고 진기(陳起)의 예에 따라 3년간은 납세를 하지 않고 4년째가 되어 관에 신고하여 납세하는 것이 통례였다. 그리고 둔토에서도 관이 관리하지 않고 민이 경식(耕食)에 일임한 것이 없지 않다. 이러한 경우는 오랜 세월 경작을 한 사실에 의해 자연히 경작자의 소유로 귀속된 것 같다. 그러므로 둔토를 개간하고 부자가 서로 전하여 오랜 세월 경작해 온 사실이 있다면 경작자가 그 토지의 소유권을 취득한 것으로 보는 것이 온당하다고 해야 할 것 같다.

田)으로 변화되었다.

조회회답 32 | 1911년 4월 25일 경성공소원 민사제2부 재판장 조회
1911년 6월 6일 조발 제205호 취조국 장관 회답

생양가봉사에 관한 건

요지

1. 타인의 양자가 되어 양가를 상속한 후 생부[實父]가 사망하고 생가(生家)에 상속인이 없는 때에는 양자가 임시로 생가의 제사를 지내는 관습이 있다.
   앞의 경우에는 생가의 재산은 임의로 제사를 지내는 자가 관리한다.
2. 생가의 양자선정은 과부가 없는 경우 문회에서 정한다.
3. 생양가봉사(生養家奉祀)[41]의 경우 생가의 양자를 정하는 데에는 생부의 아들 항렬에 있는 자를 선정하는 것이 관습이다.
4. 전항의 양자는 생가의 봉사자(奉祀者)가 된다.
5. 생양가봉사의 경우에 입양한 양자는 과부가 파양할 수 없고, 과부가 없는 때에는 문회에서 파양할 수 있는 것이 관습이다.

조회

1. 타가의 양자가 되어 양가를 상속한 후 생가의 생부가 사망하고 그 상속인이 없는 때에는 양가를 상속한 아들이 생가의 봉사자가 되는 관습이 있는가? 있다고 하면 그것이 단지 생가의 상속인이 선정될 때까지 생가의 제사를 모시고 재산을 관리하는 데 그치는가, 한 사람이 양가의 상속인이 되고 또 생가의 상속인이 되는 것인가?

---

41 생양가봉사(生養家奉祀): 양자가 양부모와 친부모의 제사를 동시에 모시는 사례를 말한다. 양자가 생가에 제사승계인이 없게 되고 또 양부모가 사망하여 다시 입후를 할 수 없을 때 발생하였다. 1554년(명종 9)의 수교에서 처음 나타난 후, 1746년에 편찬된 『속대전』에 수록되었다. 변례(變禮)인 생양가봉사는 김장생(金長生)을 비롯한 예학자들도 이를 인정하였다. 근대에는 1910년대까지 그 존재가 확인되고, 양자는 양가와 생가의 재산까지 상속받았다. 1920년대 이후로는 그 존재가 보이지 않는데, 이는 단선적 계승원칙(單線的 繼承原則)에 입각한 호적제도가 정비되었기 때문이다. 이 '1인 1가' 계승원칙은 1909년의 민적법과 1922년의 조선호적령에서 도입되었고, 2007년까지 지속되었다. 이 주제에 대한 상세한 연구논문으로 정긍식, 2011, 「生養家 奉祀 慣習에 대한 小考」, 『저스티스』, 한국법학원이 있다.

2. 위 생가의 봉사자는 그 의무로서 생가를 위해 양자(혹은 상속인)를 지정하지 않으면 안 되는가? 그 지정 여부는 생가봉사자의 권리로 반드시 지정할 필요는 없는가?
3. 생가봉사자가 생가를 위해 양자를 지정하는 경우에는 봉사자와 동 항렬의 자 중에서 선정해야 하는가, 아무런 제한이 없는가?
4. 생가봉사자가 지정한 양자는 생가의 양자로서 직접 생가를 상속하는 것인가, 아니면 생가봉사자의 양자로서 생가봉사자가 사망한 때가 아니면 상속권이 개시되지 않는 것인가?
〈참고〉 만약 양자가 생가봉사자와 동 항렬의 자 중에서 선정되어야 하는 것이 관습이라면 양자를 생가봉사자의 양자로 보는 것은 비속 친족을 양자로 하는 관습에 상반되는가?
5. 생가봉사자가 지정한 자는 양자인가, 상속인인가, 양자인 동시에 상속인인가?
6. 생가봉사자는 일단 지정한 양자를 파양할 수 있는가?

회답

1. 타가의 양자가 되어 양가를 상속한 후 생가의 생부가 사망하고 그 상속인이 없는 때에는 양가를 상속한 자가 임시로 생가의 제사를 지내는 관습이 있다. 그리고 그사이에 생가의 재산은 위 양가상속인이 관리한다.
2. 생가에 과부가 없는 경우 양자는 문회에서 정하는 것이 관습으로, 위의 봉사자는 단지 문회의 일원으로 그것을 정할 자격이 있는 것에 불과하다.
3. 생가의 양자를 정하는 데는 반드시 생부의 아들 항렬에 있는 자 중에서 선정하는 것이 관습이다.
4. 전항의 경우에 생가의 양자가 된 자는 동시에 생가의 봉사자가 되는 것으로서, 생가의 제사를 지내는 양가봉사자의 후계자가 되는 것이 아니다.
5. 생가의 양자를 정하는 것은 2.와 같다. 이 경우에 양자는 동시에 상속인이다.
6. 파양의 경우도 역시 2.의 예와 같다.

조회회답 33 | 1911년 6월 5일 경성지방재판소 민사제3부 재판장 조회
1911년 6월 9일 조발 제210호 취조국 장관 회답

부재자의 재산관리에 관한 건

요지

1. 호주가 외국에 있어서 귀국 시기가 명확하지 않더라도 소재가 분명한 때에는 그 재산의 관리 및 처분은 호주의 의사로 해야 하며 장남이 그것을 관리·처분할 권한이 없다.

조회

1. 경성에 거주한 조선인 호주가 7~8년 이전부터 외국에 가서 소재는 분명하지만 귀국 시기가 불확실한 경우에 그 부재자의 재산 관리 및 처분에 대해서는 행방불명의 부재자와 마찬가지로 그 장남이 대신하여 할 수 있는가?

회답

1. 호주가 외국에 가서 귀국 시기가 불명확하더라도 그 소재가 명확한 경우에 재산의 관리 처분은 호주의 의사에 의하는 것으로서, 당연히 그 장남이 관리 또는 처분하는 것 같은 관습은 없다.

조회회답 34 | 1911년 5월 16일 경성지방재판소 민사제2부 조회
1911년 5월 29일 조발 제194호 취조국 장관 회답

조선인과 외국인 사이의 부동산 매매에 관한 건

요지

1. 조선에서 외국인은 일정한 구역 외에는 부동산상의 권리를 취득하는 것을 금지했지만, 1906년(光武 10) 토지가옥증명규칙 및 1908년(隆熙 2) 토지가옥소유권증명규칙이 시행되어 규칙에 따라 그 권리를 인정하게 되었다.

조회

1. 구한국 1905년(光武 9) 4월 29일 반포된 제1차 『형법대전(刑法大全)』 제200조 제5항의 조문이 시행되기 이전에는 어떠한 법규 혹은 관습에서 조선인과 외국인 간에 부동산의 매매·전당을 하는 것을 금지한 사실의 유무.
2. 만약 그러한 사실이 있다면 그 법규 혹은 관습에 위반하여 조선인과 외국인 간에 이루어신 부동산의 매매·전당 계약은 결국 그 효력이 없는지 여부.

회답

1. 1905년(光武 9) 『형법대전』 반포 전에는 조약상 외국인 거류지 및 거류지 밖 10리 이내의 토지를 제외하고 외국인의 토지 소유를 인정하지 않는다. 또 1894년(개국 503) 특별히 영(令)을 발하여 외국인에게 토지를 매도하는 것을 금지하고, 더욱이 1900년(光武 4) 법률 제4호로 관사(官私)의 전토(田土)·삼림(森林)·천택(川澤)·가옥(家屋)을 외국인에게 잠매(潛賣) 혹은 외국인에게 부수하여 차명(借名)·사인(詐認)한 자 등을 엄벌하는 규정을 두었지만, 실제로는 조약에서 인정한 구역 외의 토지·가옥을 몰래 외국인에게 매도하거나 전당하는 자가 적지 않았다. 『형법대전』 시행 후에도 여전히 같은 상태에 있었기 때문에 1906년 토지가옥증명규칙 및 1908년 토지가옥소유권증명규칙을 시행한 결과 내외국인을 묻지 않고 이 규칙들의 시행 후에는 토지 또는 가옥의 매매, 전당, 소유 등은 물론 그

이전의 매매, 전당 및 소유 등에서도 그 권리를 인정하게 되었다. 다음에 참고를 위해서 『형법대전』 제정 전에 있던 금령을 제시한다.

(1) 1894년 갑오(甲午) 8월 명(命)

국내의 토지, 산림, 광산은 본국의 입적인이 아니면 점유 및 매매를 허락하지 않는다.

(2) 1900년 법률 제4호 의뢰외국치손국체처단례(依賴外國致損國體處斷例) 제2조

다음의 범죄자는 기수, 미수를 불문하고, 『대명률(大明律)』 「적도(賊盜)」 모반(謀叛)조에 비추어 처단한다.

제6호 각국 약장(約章)에서 허용한 땅을 제외하고 일단 전토, 삼림, 천택을 가지고 외국인에게 잠매하거나 혹은 외국인에게 부수하여 차명·사인하는 자에게 정상(情狀)을 알고 고의로 매도한 자

(3) 『대명률』 「적도」 모반조

무릇 모반(謀叛, 본국을 배반하여 몰래 타국을 따를 것을 꾀하는 것을 뜻함)의 공모자는 주종(主從)을 불문하고 모두 참(斬)한다. 범인의 처첩(妻妾)·자녀는 공신의 집에 주어 노비로 삼고 재산은 모두 관에서 몰수한다. 부모·조손·형제는 호적의 동일 유무를 불문하고 모두 유(流) 2,000리 안치에 처한다. 사실을 알면서 고의로 놓아주거나 숨겨 준 자는 교형(絞刑)에 처한다. 범인을 고발하거나 포획한 자에게는 범인의 재산 모두를 상으로 준다. 사실을 알고도 고발하지 아니한 자는 장(杖) 100, 유 3,000리에 처한다. 또 음모는 하였으나 실행하지 아니한 경우에는 주범(主犯)은 교형에 처하고 종범(從犯)은 모두 장 100, 유 3,000리에 처한다. 그 사실을 알면서 고발하지 아니한 자는 장 100, 도(徒) 3년에 처한다.

조회회답 35 | 1911년 6월 8일 평양지방재판소 민사제1부 재판장 조회
1911년 6월 14일 조발 제216호 취조국 장관 회답

분묘의 경계에 관한 건

요지

1. 종손(宗孫)이 그 부모를 조상의 분묘 경계 내에 매장할 수 있는 것은 당연한 것으로 지손(支孫)이 이의를 진술할 수 없다.

조회

1. 조선의 관습(특히 평안남북도의 관습)상 종손이 그 조상(5, 6대의 조상)의 분묘 경계 내에 자신의 부(父) 혹은 모(母)의 분묘를 설치한 경우에 지손이 분묘의 경계를 주장하여 종손에 대해 분묘의 이장을 청구할 수 있는지 여부.

   예를 들어 갑(甲)의 5대손(종손) 을(乙)이 그 부를 갑의 분묘의 경계 안에 매장한 경우에 같은 갑의 5대손(지손) 병(丙)이 을에게 분묘를 이장할 것을 청구하는 것과 같다.

   단, 갑과 을이 형제가 아닌 경우이다.

회답

1. 조선의 관습상 종손이 그 부모를 조상의 분묘 옆에 매장하는 것은 오히려 당연한 것으로, 그 매장의 장소가 조상의 분묘의 경계 내에 있는지 여부는 원래 묻지 않는다. 그러므로 종손이 조상의 분묘의 경계 내에 부모의 분묘를 설치한 경우에 지손이 종손에게 그 경계 내에 있음을 이유로 이장할 것을 청구할 수 없음은 물론이다. 그리고 평안남북도에도 그다지 다른 관습은 보이지 않는다.

조회회답 36 | 1911년 6월 14일 경성지방재판소 민사제1부 조회
1911년 6월 19일 조발 제222호 취조국 장관 회답

어린아이의 재산의 관리·처분에 관한 건

요지

1. 적장자(嫡長子)와 호적을 달리하고 생모와 동거하는 미성년인 서자(庶子)의 재산은 생모가 관리한다.
2. 위의 경우 망부(亡父)가 적장자에게 서제(庶弟)가 성년이 될 때까지 그 재산을 보호해야 하는 유언을 한 경우라도 적장자가 관리권을 갖지 않는다.

조회

1. 부(父)의 사망 후 장자는 적자로서 성년이고 차자는 서자로서 10세 가량의 어린아이이며 차자는 장자와 별거하고 생모와 동거하는 경우(차자는 아버지의 성을 사용하고 첩인 차자의 생모는 부의 성을 사용하지 않으며, 차자와 그 생모는 같은 호적에 있고 장자는 호적을 달리함)에, 차자가 그 명의로 갖는 재산[부동산으로 전답(田畓)]의 관리권 또는 동 재산에 관한 행위에 대한 대표권은 관습상 장자와 서모 중 누구에게 있는가?
2. 전항의 경우에 부가 생존 중 증여한 것으로 장자에 대해 차자가 성년이 될 때까지 재산의 보호를 맡긴다는 부의 유언이 있다면 어떠한가?

회답

1. 적장자와 호적을 달리하고 생모와 동거하는 미성년의 서자가 갖는 재산의 관리·처분은 적장자가 관리하는 것이 아니라 생모가 관리하는 것이 관습이다.
2. 적장자가 차자(서자)가 성년이 될 때까지 차자의 재산을 보호해야 한다고 망부가 유언했더라도, 적장자는 단지 보호하는 것에 그치며 생모가 그것을 관리하는 것으로 한다.

조회회답 37 | 1911년 7월 11일 평양지방재판소 민사제1부 재판장 조회
1911년 7월 25일 조발 제251호 취조국 장관 회답

분묘의 경계에 관한 건

요지
1. 분묘의 경계는 타인의 분묘를 넘어서 주장할 수 없다.

조회
1. 조선의 관습상 분묘의 경계는 타인의 무덤을 넘어서 주장할 수 있는가?
   [예를 들어 갑(甲)의 무덤에서 9보(步) 되는 곳에 을(乙)의 무덤이 있는데 갑과 을 두 무덤의 중간에 병(丙)의 무덤이 있다. 이 경우 갑은 을에게 경계를 주장할 수 있는가?]
2. 만약 전기(前記)의 관습이 있다면 그 적용 범위는 어떠한가?
   [예를 들어 앞의 예에서 갑과 을 두 무덤의 중간에 있는 병의 무덤은 갑과 을 각 무덤과 어느 쪽과도 동일 선상이어야 하는가? 또 병의 무덤은 갑의 무덤보다 전에 설치된 것인지, 후에 설치된 것인지를 묻지 않는가? 또 병의 무덤은 갑의 승낙을 얻어서 설치된 것인지를 묻지 않는지의 여부 등.]

회답
1. 조선의 관습상 분묘의 경계는 타인의 분묘를 넘어서 주장할 수 없다. 그러므로 갑의 분묘의 경계 보수(步數) 안에 을이 분묘를 설치한 경우에도 그 중간에 이미 제3자의 분묘가 존재하는 때 갑은 을에게 자기의 분묘의 경계를 주장하여 이장할 것을 청구할 수 없다. 그리고 제3자의 분묘가 갑과 을, 두 분묘의 동일 선상에 있지 않은 때라도 적어도 중간에 있는 이상은 동일하여, 그 중간의 분묘가 갑의 분묘가 설치되기 전에 만들어졌는지 여부와 또 갑의 승낙을 얻어서 설치한 것인지 여부는 묻지 않는다.

조회회답 38 | 1911년 7월 19일 평양지방재판소 신의주지부 재판장 조회
1911년 8월 12일 조발 제266호 취조국 장관 회답

분묘의 확인 소송에 관한 건

요지

1. 분묘 확인 소송에서 원고가 될 수 있는 자는 그 분묘의 소유자로 보통 분묘가 속하는 가(家)의 호주이다.
2. 조선에서 보통 종손(宗孫)이라고 칭하는 것은 장자손(長子孫)의 남자 자손으로 장자인 자를 말한다. 호주가 된 종손은 그 소유 분묘의 확인 소송에서 원고가 될 수 있지만 그렇지 않은 자는 원고가 될 수 없다.

조회

1. 분묘의 확인 소송에서 누가 소를 제기하고 또 소를 제기당하는 것인가?
2. 분묘의 확인 소송에서 그 종손(장손)은 소를 제기하고 또 소를 제기당할 자격이 있는가, 일반 문중(門中)의 자에게도 자격이 있는가?
3. 종손이 끊어진 경우에는 방계(傍系)라도 소를 제기하고 또 소를 제기당할 자격이 있는가?
4. 일반 산송(山訟) 사건에서 종손 또는 방계로서 호주인 조부(祖父) 또는 부형(父兄)과 동거하는 경우에도 소를 제기하고 또 제기당할 자격을 갖는가?
   또 별거하는 경우에도 동일한가?

회답

1. 분묘 확인의 소에서 원고가 될 수 있는 자는 그 분묘의 소유자로, 누가 분묘의 소유자인가는 사실 문제에 속하지만 통상적인 예로는 그 분묘가 속하는 가(家)의 호주이다.
2. 조선에서는 보통 종손이라고 칭하는 장자손은 남자 자손으로서 장자인 자를 말한다. 그리고 종손이 이미 호주가 되어 계쟁 분묘의 소유자인 이상은 전항에서 설명한 예에 따라 확인 소송의 원고가 될 수 있지만, 그렇지 않은 경우 원고가 될 수 없다. 원고가 될 수 있

는지 여부는 전적으로 그 분묘의 소유자인지 여부에 의해 정하며, 단순히 종손인 것을 이유로 원고가 될 수 있는 것이 아니다. 또 동일한 이유로 문중이라는 하나의 사실로 타가 분묘의 확인 소송에서 원고가 될 수 없다.
3. 제1항 및 제2항의 설명처럼 분묘의 확인 소송에서 원고가 될 수 있는 자는 그 분묘의 소유자만이고, 피고가 될 수 있는 자격에 대해서는 제한이 없다. 그러므로 본 문의에서는 이 표준에 의거하여 결정할 수밖에 없다.
4. 위와 같음.

조회회답 39 | 1911년 7월 15일 사법부장관 조회
1911년 8월 19일 조발 제272호 취조국 장관 회답

조선인과 일본인 또는 외국인 사이의 사생자 인지 및 혼인에 관한 건

요지

1. 조선에는 법령으로 외국인인 여자가 낳은 사생자의 인지(認知),[42] 입적(入籍)을 금지하거나 허락하지 않는 관습이 없고, 갑오년 이후에는 일본인이 낳은 자녀를 인지하여 입적한 사례가 적지 않다.
2. 조선 종래의 관습은 자국인과 외국인의 통혼을 인정하지 않았지만, 갑오년 이후에는 조선인이 외국인에게 장가가서 외국인을 처로 입적하거나 일본인에게 시집간 사례가 있다.

---

42 인지(認知): 메이지 민법(조선에서는 의용민법)상 혼인 외의 출생자(사생자)에 대하여 생부 또는 생모가 자기의 자녀라고 인정함으로써 친자 관계를 발생시키는 것을 말하며, 부모의 혼인이 무효일 때에 출생자는 혼인 외의 출생자로 본다. 혼인 외의 출생자는 그 부모가 혼인한 때에는 그때부터 혼인 중의 출생자로 본다. 이를 준정(準正)이라 한다. 인지는 생부가 금치산자일 때에는 후견인의 동의로, 자가 사망한 후 그 직계비속(손자녀)이 있는 때 포태 중의 있는 자에 대해서도 인지가 가능하다. 조선에 메이지 민법상의 인지 제도와 유사한 관습이 있었는가 하는 점이 중요 쟁점이다.

조회

1. 조선인이 일본인 또는 외국인의 사생자를 인지한 경우 그 자를 부(父)의 민적에 입적할 수 있는가? 또 조선인이 일본인 혹은 외국인과 혼인한 경우에 그 일본인 혹은 외국인을 조선인의 민적에 입적하거나 조선인을 민적에서 제적할 수 있는지 여부에 관한 관습은 어떠한가?

회답

1. 조선에서 법령으로 생모가 외국인인 사생자녀의 입적을 금지한 적이 없고 또 분명하게 그 입적을 허용하지 않는 관습이 없었더라도, 1894년 갑오개혁 때까지는 일반적으로 꺼리는 풍습이 있었기에 공연히 외국인 소생의 자녀로 입적한 사례가 있음은 듣지 못했다. 실제로 김가진(金嘉鎭)이라는 사람이 일본에서 공사관(公使館) 참찬관(參贊官)이던 때 일본인을 첩으로 삼아 낳은 아들이 있었지만 입적하지 않은 사례가 있다. 그렇지만 사실상 그 생모를 감추거나 타인의 자녀로 입적한 예가 전혀 없지는 않은 것 같다. 갑오년 이후에는 일본인 소생의 자녀를 입적한 사례가 적지 않다. 구연수(具然壽)·안상호(安商浩) 등이 그 자녀를 입적한 것은 명백하다. 단 조선인과 외국인 사이의 사생자의 경우 아직 그 예를 보지 못했다.

2. 혼인에서도 외국인과의 통혼을 금지하는 법령은 존재하지 않지만, 갑오년 이전에는 관습상 외국인과의 통혼을 인정하지 않았기 때문에 조선인이 외국인에게 시집가거나 외국인을 아내로 맞은 사례는 없다. 하지만 갑오년 이후에 외부협판(外部協辦) 윤치호(尹致昊)가 국외를 주류하다 1895년에 본국에 돌아올 때 아내로 맞은 청나라 사람을 데려오자 왕실에서 정부인(貞夫人)의 칭호를 내린 적이 있다. 그 외에 정진홍(鄭鎭弘)·김동원(金東元) 등 일본인을 처로 입적한 예가 적지 않다. 또 조선인이 외국인에게 시집간 예는 아직 듣지 못했지만 일본인에게 시집간 예가 전혀 없는 것은 아니다.

조회회답 40 | 1911년 8월 22일 함흥지방재판소장 조회
1911년 9월 4일 조발 제283호 취조국 장관 회답

문중의 인격에 관한 건

요지

1. 조선에서 일문(一門) 혹은 문중(門中)[43]이라고 칭하는 것은 친족단체로 인격을 갖지 않는다.
   문중재산은 그 단체를 조직한 친족의 공유(共有)에 속하고 문장(門長)은 그 재산에 대해 당연히 문중을 대표하는 자가 아니다.

조회

1. 조선의 관습상 문[門, 예를 들어 이씨문중(李氏門中) 혹은 무슨 파(派) 김씨문중(金氏門中)]은 법인으로 독립하여 재산을 소유하고 또 소송 자격을 갖는지 여부.
2. 만약 갖지 않는다면 문을 대표하는 자는 문장인지, 문장 이외에 대표하는 자가 있는지 여부.

회답

1. 조선에서 일문 혹은 문중이라고 칭하는 것은 친족단체로서 인격을 갖지 않는다. 그리고 문중 소유의 재산은 그 단체를 조직한 친족의 공유에 속하고 문장은 당연히 대표권을 갖

---

43   문중(門中): 공동의 조상을 지닌 자손들이 조상의 제사를 목적으로 조직한 부계 혈연집단으로, 종중이라고도 한다. 자손이 포함되는 범위에 따라 대문중(大門中)·파문중(派門中)·소문중(小門中)으로 구분짓기도 한다. 대문중은 동성동본의 혈족인 모든 사람을 포함하며, 파문중은 중시조를 중심으로 하고, 소문중은 일정 지역의 입향조(入鄕祖)를 중심으로 이루어져 있다. 이 문중의 범위와 기능은 조상숭배의식과 밀접하게 연관되어 있다. 조선시대 신분상의 지위는 중기 이래 문중에 따라 그 격이 달라지기 시작하여 문중의 중요성이 더욱 강화되었다. 족보(族譜)의 간행도 문중을 중심으로 이루어졌다. 문중은 종가를 중심으로 이루어지며, 그 종가의 장손을 종손이라 한다. 그 밖에도 대내외적으로 문중을 대표하는 어른으로 문장(門長)이 있으며, 문장·종손과 함께 문중 내 실제적 서무와 재무를 담당하는 유사(有司)가 있다. 문중원들이 모두 모이는 총회 및 그 조직체를 문회(門會) 또는 화수회(花樹會)라 한다. 이 조직에는 같은 조상의 모든 자손이 참가할 수 있고 항렬·연령에 따른 위계질서가 잘 지켜진다.

지 않는다. 다만 실제로는 문중의 협의로 문장에게 대표하도록 하는 경우가 많지만 이것은 원래부터 문중 친족의 위임에 의한 것이다.

조회회답 41 | 1911년 9월 2일 평양공소원 민사부 재판장 조회
1911년 9월 21일 조발 제301호 취조국 장관 회답

해손(海損)에 관한 건

요지

1. 조선에서는 선박이 해난을 만나 그 위험을 피하기 위해 선장이 배에 실린 화물에 대하여 한 처분으로 발생한 손해는 각각 화물 주인의 분담에 속한다.
2. 선박이 위험한 지경이 아님에도 선원이 공포심에 적하된 것을 투기함으로써 발생한 손해는 해난의 예에 의하지 않고 선주가 부담하게 한다.
3. 해난을 만난 선박에 화물 주인이 편승하고 있었는지 여부와 선박이 예정에 반해서 도중에 정박했는지 여부는 선주의 책임에 영향을 미치지 않는다.

조회

1. 선박 소유자가 자기 선박 내에 타인의 곡물을 싣고 어떤 곳으로 운송하는 때에, 해상에서 돌연 폭풍우를 만나 선장이 예상하기에 인명과 선척이 안전하게 보장되기 어렵다고 생각하여 위 곡물을 바다 가운데 투기하였는데 선척이 파손되지 않고 승선원들도 안전하게 도착했다면 그 투기한 곡물을 선박업자가 해당 화물주에게 배상할 책임이 있는가?
2. 만약 비바람이 매우 맹렬하지 않고 선척도 그다지 위태한 지경이 아니었는데 선원은 이유 없이 공포심을 품고 이 물건을 투기했다면 그 선주의 배상 책임은 어떠한가?
3. 곡물의 운송 시 만약 화물 주인이 배에 타서 천재(天災), 기타 불가항력의 사고로 물건을 투기하고 선박 및 인원은 안전한 때에 선박 업자는 그 손해물 가운데 절반의 배상 책임이

있는가?

4. 만약 화물 주인은 같이 승선하지 않고 단지 선주에게 의뢰만 하여 운송한 때에는 어떠한가, 불가항력의 경우라도 선박업자가 전부 배상할 책임이 있는가?

5. 선박업자는 타인의 물건을 싣고 어떤 곳에서 출항했지만, 그 선원이 위 선척을 중간에 정박하고 며칠간을 지체하여 목적지에 도착할 시기를 경과하는 등 배를 태만히 운행하여 풍랑을 만나서 이러한 손실이 생긴 때에는 책임이 어떠한가?

회답

1. 조선에서는 선박이 해난을 만나 선박의 위험을 피하기 위해서 선적한 화물을 투기하고 선박을 보존할 수 있었던 경우, 적하물의 손해는 많은 지방에서 각 적하물 주인의 분담에 속하는 것 같고 선박 소유자의 부담에 속하는 경우는 없는 것 같다.
2. 2.의 경우에는 해난의 예에 의하지 않고 그 책임을 지도록 하는 것 같다.
3. 4.와 5. 해난을 만난 선박에 적하물 주인이 편승하고 있었는지 여부에 따른, 또는 예정에 반하여 도중에 정박했기 때문에 해난을 만났는지의 여부에 따른 선박 소유자의 책임상 구별은 없는 것 같다.

조회회답 42 | 1911년 9월 13일 경성지방재판소 민사제3부 재판장 조회
1911년 10월 23일 조발 제334호 취조국 장관 회답

생양가봉사에 관한 건

요지

1. 생양가봉사의 경우에 생가의 양자는 생가의 죽은 호주의 처가 정하고 처(妻)가 없는 때에는 문중의 협의로 정하는 것이 관습으로, 생양가봉사자는 그것을 정할 권리를 갖지 않는 것이 원칙이다.

실제로 위 경우에 생양가봉사자가 생가의 양자를 정하는 경우가 적지 않다. 그렇지만 그것은 원래부터 변례(變例)에 불과하다.
2. 생양가봉사자가 생가의 양자를 정한 때에는 양자는 입양의 성립과 동시에 그 가(家)의 호주가 된다.
3. 생양가봉사의 경우에 들인 양자라도 일정한 사유가 존재하면 죽은 호주의 처가, 처가 없는 때에는 문중에서 파양할 수 있다.

조회

1. 생양가봉사자가 생가의 상속인을 선정하는 경우에는 양자입양의 형식에 의하는 것인가? 만약 양자입양이라면 위의 상속인은 생가의 전호주의 양자가 되는 것인가?
2. 위의 상속인을 선정하여 입적한 때에는 그 상속인은 당연히 생가의 호주가 될 자인가? 만약 당연히 호주가 되지 않는다면 언제 호주가 될 수 있는 것인가?
3. 위의 경우에 생가의 상속인을 파양할 수 있는가? 만약 할 수 있다면 호주가 된 자라도 또 파양할 수 있는가? 또 생가의 상속인을 선정한 생양가봉사자가 파양 청구를 할 수 있는 것인가? 만약 봉사자가 청구할 수 있다면 문중의 결의가 필요한가?

회답

1. 생양가봉사의 경우 생가의 상속인은 생가에 죽은 호주의 처가 있는 때에는 그 처가 정하고 만약 처가 없는 때에는 문중(단, 유복친의 범위 내)의 협의로 정하는 것이 관례로, 생양가봉사자는 생가의 상속인을 정할 권리가 없다. 그렇지만 실제로는 생양가봉사자가 생가의 상속인을 정하는 경우가 적지 않다. 이것은 원래부터 앞서 기록한 원칙에 속하는 변례에 불과하다. 위의 생가봉사자가 정한 것은 실질상 양자입양에 다름 아니다. 그 상속인은 생가에서 전호주의 양자가 되는 것이다.
2. 생양가봉사자가 정한 상속인, 즉 생가의 양자는 위의 입양 성립과 동시에 그 가의 호주가 된다.
3. 생가의 양자가 된 상속인은 양부의 사후에 양자를 파양하는 것과 같은 원인에 의해 파양할 수 있다. 파양할 권리를 갖는 자는 그 가에 있는 죽은 호주의 처로서, 만약 처가 없는

경우는 문중 전부의 협의로 결정한다.

조회회답 43 | 1911년 10월 18일 천안구재판소 조회
1911년 10월 25일 조발 제338호 취조국 장관 회답

종중 공유재산에 관한 건

요지

1. 조상의 분묘가 소재하는 산과 들 및 그 분묘에 속하는 제위(祭位) 전답을 자손인 종중이 공유하고 그 공유 관계를 정하기 위해 종회를 열어 서면계약을 맺는 경우가 있다. 이것은 종약(宗約)의 일종이다.

   종중 공유지의 관리는 특별히 관리자를 정하는 경우가 있고 혹은 종손이 관리하는 경우가 있다. 어느 경우도 종손의 단독 처분을 허용하지 않는다.

   종손이 자의로 종중의 공유지를 타인에게 양도하는 계약을 하더라도 상대방은 이로써 그 소유권을 취득하지 못한다.

조회

1. 조선 종래의 관습상 조상의 분묘가 있는 산과 들 및 이에 부속하는 위토는 해당 분묘의 자손이 종회를 열어 종약을 맺고 종중 일반의 공동소유로 정하는 경우가 있는가?
2. 위와 같이 종중의 공동소유로 정하였더라도 해당 종손은 여전히 종중 협의 없이 단독으로 그것을 처분할 수 있는가?
3. 위와 같이 종중 공유의 토지, 혹은 기타 재산을 종중에서 대표자를 선정하여 관리하게 하는 경우가 있는가?
4. 종중이 의결한 사항을 종약이라고 칭하여 서면으로 작성하는 경우가 있는가?
5. 종중 공유의 토지에 대해 제3자가 종손 한 개인의 처분행위로 권리를 취득한 때에는 해

당 권리가 유효한가?

회답

1. 조상의 분묘가 소재하는 산야 및 그 분묘에 부속한 제위 전답을 자손인 종중이 공유하는 예는 왕왕 본 바로, 그 공유 관계를 정하기 위해서 특별히 종회를 열고 또 서면계약을 맺는 경우가 없지는 않다. 이것은 종약의 일종으로 종래의 종중산 혹은 종중 전답으로 칭해진 것 중 많은 것이 이러한 종류의 공유지에 속한다. 그 관리를 위하여 특별히 관리인을 정하거나 혹은 종손이 관리하는 경우도 있다. 어느 경우에도 종손의 단독처분을 허용하지 않는다. 따라서 제3자가 종손과 소유권 양도 계약을 체결하더라도 그 권리를 취득할 수 없는 것은 말할 필요도 없다.

조회회답 44 | 1911년 11월 24일 평양지방재판소 민사제1부 재판장 조회
1911년 11월 29일 조발 제364호 취조국 장관 회답

상속에 관한 건

요지

1. 조선에서는 장남이 미혼 상태로 아버지보다 먼저 사망한 때에는 차남이 아버지를 상속하는 것이 관습이다.

    서자인 아들을 가진 기혼 적장자가 아버지보다 먼저 사망한 경우에 아버지가 사망한 때 위의 서자에게 상속하게 하든지 서자와 동렬에 있는 적자를 양자로 들여서 상속시켜야 하며, 차남은 부를 상속할 수 없다.

    위의 경우에 죽은 장자는 사실상 부를 상속하지 않지만 부를 상속하는 자로 보고, 서자 또는 양자는 망장자를 상속한 자로 본다.

조회

1. 어떤 가(家)의 종손 갑(甲)이 승적(承嫡)하지 않은 서자 을(乙)을 두고 양자는 들이지 않고 사망하였다. 갑의 부(父) 병(丙)은 갑과 차남 정(丁)을 두고 있으며 정은 생존해 있다.

   위 경우에 그 가의 제사상속권(갑에 대한 제사권을 제외한다)은 을에게 있는가, 정에게 있는가?

   위에 관한 조선의 관습은 어떠한가?

회답

1. 조선에서는 미혼 장남이 사망한 때 차남이 장남이 되어 부를 상속하지만, 기혼 장남이 사망한 때 차남은 차남으로 남아 부를 상속하지 않는 것이 관습이다. 따라서 갑이 서자 을을 낳고 사망한 때 차남인 정은 부인 병을 상속하지 않는다. 이 경우에는 을을 승적시켜 상속시키거나 을과 같은 항렬의 적출(嫡出)에서 양자를 들이는 것이 관습이다. 그렇다면 갑이 부 병을 상속하지 않고 사망했더라도 갑은 부를 상속하고 을 또는 그 양자가 갑을 상속하는 결과가 되는 것으로 한다.

조회회답 45 | 1911년 11월 28일 천안구재판소 조회
1911년 12월 12일 조발 제377호 취조국 장관 회답

동산에 관한 건

요지

1. 보통 동산(洞山)이라고 하는 것은 이(里)·동(洞)이 소유하는 산으로, 이민과 동민이 입장(入葬)을 하고 땔감 또는 나무껍질을 채취하는 산은 대개 여기에 속한다.

   국유의 산으로 그 지역의 이민과 동민이 땔감을 채취하거나 입장을 하는 관례가 있는 경우가 없지는 않다. 이 경우는 국유지에 대해 이민과 동민이 일종의 입회권(入會權)을 갖는

것으로 인정할 수 있다.
2. 이·동은 관습상 소유권의 주체가 되어 법률행위를 하거나 소송의 당사자가 될 수 있으므로, 이를 법인이라고 해석함이 지당하다.

이·동이 소유한 재산의 처분 절차에 관해서는 일반적으로 정해진 표준이 없고, 각 이·동에서의 종래 관습에 따르는 수밖에 없다.

조회
1. 종래 동산이라고 칭하여 동리의 민이 입장하고 송지(松枝)와 땔감을 자르고 채취해 온 산이나 언덕과 같은 것은 국유지로 보아야 하는가, 동리의 소유에 속하는 것으로서 그 처분을 할 수 있는 관습이 있는가?
2. 동리의 소유로 하면 동리는 법인으로 인정할 수 없기에 동내 주민의 공동소유로 하고 그 것을 처분함에 동민 전체의 결의가 있어야 하는 관습이 있는가?

회답
1. 보통 동산이라는 것은 이·동 소유의 산으로 이민과 동민이 입장하고 땔감이나 나뭇가지 등을 채취하는 산은 대개 이·동의 소유에 속한다. 하지만 국유의 산 중에도 지역의 이민과 동민이 땔감 등을 채취하거나 입장하는 관례가 없지는 않다. 이 경우에 그 이·동은 국유지상에 입회권으로 인정할 수 있는 권리를 갖는 것에 불과하다.
2. 이·동은 관습상 소유권의 주체가 되고 법률행위 또는 소송의 당사자가 될 수 있기에 이러한 점에서 그것을 법인으로 이해하는 것이 지당하다. 그리고 이·동에서 갖는 재산을 처분하는 절차에서는 각 이·동에 관한 종래의 관습에 의하는 수밖에 없으며 일반적으로 정해진 표준이 없다.

조회회답 46 | 1911년 11월 27일 평양지방재판소 신의주지부 재판장 조회
1912년 3월 28일 조발 제472호 취조국 장관 조회]

첩에 관한 건

요지

1. 첩(妾)[44]을 들이는 때에는 혼례에 따라 간략한 의식을 치르는 경우가 있지만 군이 그것이 필요하지는 않다.
2. 부(夫)와 첩 사이의 권리 의무는 거의 부와 처(妻) 사이의 권리 의무와 같다.
3. 종래의 관습상 첩은 부에게 이혼을 요구할 수 없었다.

조회

1. 조선의 관습에서 부가 첩을 맞을 때에는 일정한 방식이 필요한가?
2. 부와 첩 사이의 권리의무는 어떠한가?
3. 첩이 부에서 해소(解消)의 소를 제기할 수 있는가? 만약 가능하다면 어떤 경우에 그것을 허용하는가?

회답

1. 첩에는 양첩(良妾), 천첩(賤妾)의 구별이 있다. 첩이 양인인 때에는 양첩이라고 하고 천인인 때에는 천첩이라고 한다. 양첩을 맞아들인 경우는 혼인식에 따라 간략한 예식을 하는 경우가 있지만, 그 의식은 반드시 필요한 절차는 아니다. 천첩을 맞아들이는 경우에 예식을 행하는 경우는 거의 없다. 따라서 결국 첩을 맞아들이는 데 일정한 방식은 없는 것으

---

44 첩(妾): 신분이나 중혼 등 혼인 성립 요건에 하자가 있거나 혹은 정식의 혼인 의례를 갖추지 않고 맞아들인 규방의 반려를 말한다. 이칭으로 첩실, 소실, 부실, 별실 등이 있다. 이 외에도 신분에 따라 양첩, 천첩, 비첩, 기첩 등으로도 불렀다. 1413년(태종 13)에 처가 있는데 또 처를 얻는 중혼을 금지하는 법이 제정되었다. 이에 한 사람의 처 외에는 모두 첩이 되었다. 모계 성분을 중요하게 여긴 조선시대에 첩자에 대한 법적·사회적 차별이 존재하였다. 그런 점에서 후사를 얻기 위해 첩을 들인다는 명분보다 여색을 탐한다는 비판이 존재하기도 하였다.

로 한다.
2. 부와 첩 사이의 권리의무는 거의 부와 처 사이의 권리의무와 같다. 예를 들어, 첩이 법률행위를 하거나 혹은 영업을 하는 데에는 부의 허가가 필요하다. 또 부는 첩의 거소(居所)를 지정하고 동거를 강제할 권리가 있는 등 모두 첩에 대한 부의 권리이며, 또 부는 첩을 부양할 의무가 있다. 이것은 부의 첩에 대한 의무로 부에 대한 첩의 권리에 다름 아니다.
3. 종래의 관습은 첩이 부에게 이혼을 청구하는 것을 인정하지 않는다. 그러므로 첩은 부에게 이혼의 소를 제기할 수 없다고 해야 한다.

조회회답 47 | 1911년 12월 6일 평양지방재판소 민사제1부 재판장 조회
1911년 12월 14일 조발 제381호 취조국 장관 회답

상속에 관한 건

요지

1. 서자(庶子)는 승적(承嫡)하지 않으면 조상의 제사권을 갖지 않는다.
2. 서자만 있는 장남이 양자를 들이지 않고 사망한 경우에는 죽은 장남을 위해 양자를 들이는 것이 일반적이지만, 경우에 따라서는 서자에게 승적시키기도 한다.
3. 죽은 장남의 서자에게 승적시켰는지 여부와 상관 없이 부(父)가 생존한 때에는 부가 조상의 제사자이다.
4. 서자에게 승적시키는 것에는 같은 파(派)의 친족이 없는 때에는 단지 신주(神主)에 봉고(奉告)하면 되지만, 같은 파(派)의 친족이 있는 때에는 협의하여 신주에게 봉고하는 것이 통례이다.

조회

1. 서자는 승적 절차를 하지 않으면 조상의 제사권을 갖지 않는 관습이 있는가?

2. 적자가 없고 종손이 양자를 들이지 않고 사망한 경우에 조상의 제사권은 누가 승계하는 것이 관습인가?
3. 전항의 경우에 종손이 서자가 있고 그 서자가 승적의 절차를 하지 않은 때에 종손의 근친이 조상의 제사를 지내는 관습이 있는가?
4. 승적의 절차는 어떤 방법, 형식에 의하는가?

회답

1. 서자는 승적을 하지 않으면 조상의 제사권을 갖지 않는다.
2. 서자가 있어도 적자가 없는 장남이 양자를 들이지 않고 사망한 경우에 부가 장남의 자(子)에 상당하는 항렬에서 양자를 들이는 것이 일반적이지만, 서자가 승적하기도 한다. 그렇지만 만약 장남의 부가 생존하는 경우에는 여전히 부가 조상의 제사를 지내므로 제사를 승계하는 문제는 발생하지 않는다.
3. 서자에게 승적시켰는지 여부와 상관 없이 조상의 제사는 생부가 생존하고 있으면 부가 지내야 한다.
4. 서자를 승적시킬 때 같은 파의 친족이 없다면 신주에 봉고하면 되지만, 같은 파의 친족이 있는 경우에는 그 친족과 협의하고 신주에 봉고하는 것이 일반적이다.

조회회답 48 | 1911년 11월 10일 경성지방재판소 민사제3부 재판장 조회
1911년 12월 20일 조발 제394호 취조국 장관 회답

수양자에 관한 건

요지

1. 조선에서 양자는 반드시 동항렬의 친족의 자(子)에서 취해야 했다.
2. 양자 적격이 없는 동성(同姓) 또는 이성(異姓)의 아이를 입양하여 자로 삼은 경우를 수양자

라고 한다.

수양자는 그 본성(本姓)을 칭하는 것이 원칙이지만 3세 이하의 기아(棄兒)를 수양한 경우에는 수양부의 성(姓)에 따른다.

수양자는 제사를 승계하여 봉사자가 될 수 없다.

사자(嗣子)가 없거나 또는 양자를 들이지 않은 경우에 처첩 또는 외손, 그 외의 친족에게 임시로 그 제사를 행하게 하거나 혹 노비로 행하게 하는 경우가 없지는 않다. 이러한 종류의 제사는 수양자 역시 지내기도 한다.

『대전회통』에 수양자가 수양부의 유산을 승계하는 것을 인정하는 규정이 있지만 3, 4십 년 이래의 관습상 수양자는 당연히 수양부의 유산을 승계할 수 없다. 이에 반하여 양자는 친자와 마찬가지로 당연히 양부의 유산을 승계한다.

3. 발상(發喪)[45]이란 사람이 사망할 때 피발(被髮, 머리를 풀어헤침), 호곡(號哭, 슬픔의 표시로 울부짖음), 벽용(擗踊, 어버이의 喪事에 상제가 가슴을 치고 발을 구른다는 뜻으로 몹시 슬퍼함)하는 의식을 말하는 것으로, 친자 관계가 없고 수양자, 노비 같은 경우라도 이것을 행하는 것이 보통이다.

4. 발상 의식은 장남만 하는 것이 아니다. 차남 및 그 외의 자도 같이 한다.

조회

1. 처의 친족[예를 들어, 처의 손윗누이의 자(子)]를 양자로 들일 수 있는가?

2. 수양양자라는 것이 있는가? 만약 있다면 그 양자가 될 자는 친족인지 여부 또는 어떤 항렬에 있는지를 묻지 않고 어떤 자라도 양자로 들일 수 있는가? 또 성(姓), 봉사(奉祀) 및 재산의 승계 등에서 보통의 양자와는 어떤 차이가 있는가?

---

45 발상(發喪): 초상의 절차상 초혼(招魂)하고 수시(收屍)를 마치면 초상이 났음을 선포하는데, 이를 발상(發喪)이라 한다. 아들, 며느리, 시집가지 않은 딸은 모두 관과 겉옷을 벗고 머리를 푼다. 복인(服人)은 현란한 옷이나 장식품을 벗고 뗀다. 아들이나 주상(主喪)의 손자는 두루마기를 입을 때 아버지의 상에는 왼팔을 꿰지 않고 어머니의 상에는 오른팔을 꿰지 않는다. 이는 슬픔이 복받쳐 총망중(悤忙中)에 옷을 제대로 입을 겨를이 없음을 의미한다. 아들은 사흘 동안 먹지 않고, 1년 복과 9개월 복을 입는 사람은 세 끼를 먹지 않고, 5개월 복과 3개월 복을 입는 사람은 두 끼를 먹지 않는다. 친척이나 이웃 사람이 팥죽을 쑤어 오면 조금씩 먹을 수 있다. 상주(喪主)와 주부(主婦)를 정하고 호상(護喪)과 사서(司書), 사화(司貨)를 정해 상사 업무를 담당하게 한다. 또한 호상소(護喪所)를 설치하고 상사에 필요한 조객록(弔客錄), 조위록(弔慰錄), 부의록(賻儀錄)과 장책(粧冊)을 준비한다.

3. 친자인지 양자인지를 가리지 않고, 또 보은(報恩)상의 자에 지나지 않는 관계에 있다 하더라도 발상하는 관습이 있는가?
4. 친부가 사망하고 자가 여러 명 있는 때에는 그 여러 명이 함께 발상하는 것인가, 상속자인 장남만이 발상해야 하는가?

회답

1. 조선에서 양자는 반드시 동항렬의 친족(동항렬이란 남계의 혈족인 방계혈족으로 자기의 존속도 비속도 아닌 자, 즉 형제, 종형제 등을 말함)의 아들 중에서 택해야 하고, 그 외의 자는 양자로 들일 수 없다. 『대전회통』 「예전」 입후, 『원전(原典)』[46] 「예전」 입후에 "적첩(嫡妾)이 모두 아들이 없는 경우에는 관(官)에 고하고 동종(同宗) 지자(支子)를 세워서 후사로 삼는다. 양가(兩家)의 부가 함께 그것을 명한다. 부가 죽었다면 모가 관에 고한다. 존속과 형제 및 손자는 서로 후사가 될 수 없다"라고 규정되어 있는 것은 이러한 취지이다. 또 실제의 관행에서도 이것을 엄격히 준수하고 있고 굳이 위반하는 경우는 없다. 그러므로 양자로 들일 수 있는 자는 항상 양부가 되는 자의 친족만으로서, 그 처의 친족은 양자로 들일 수 없다. 그렇지만 형제, 기타 같은 항렬 친족의 처의 자매를 아내로 맞는 것을 금하지 않는 결과, 만약 손윗누이의 부(夫)가 양부가 되는 자의 형제이거나 기타 같은 항렬의 친족인 때에는 처의 손윗누이의 자는 앞서 말한 같은 항렬의 친족의 자에 해당하므로 양자로 들일 수 있음은 말할 필요가 없다. 단 이는 처의 친족이 아니라 오히려 자기의 친족이다.

2. 전항의 양자로 들일 수 있는 적격자를 양자로 삼는 경우를 제외하고, 동성 또는 이성의 아이를 양육하거나 기아를 주워 길러 자로 삼은 경우는 수양자라고 한다. 따라서 수양자로 들일 수 있는 조건으로 친족인지 여부는 묻지 않는다. 또 친족인 경우에도 정말 비속인 이상은 그 항렬에 제한이 없다. 그리고 수양자는 그 본성을 칭하는 것이 원칙이지만, 3세 이하의 기아를 수양한 경우는 수양한 자의 성에 따르게 한다.(『대명률』 「예전」 입적자위법(立嫡子違法) '3세 이하의 버려진 아이는 비록 타성이라도 거두어 기르는 것을 허용하며 거둔 자의 성을 따른다.' 참조)

---

46 원전(原典): 『경국대전』을 이른다.

봉사에 관해서 양자는 당연히 봉사자가 되는 것이지만 수양자는 양자와 동일하게 논할 수 없다. 무릇 조선에서 조상의 제사는 남계혈족이 승계하고 부자가 상전하여 단절시키지 않을 것을 기약한다. 그리고 아들이 없는 자가 같은 항렬 친족의 아들을 취하여 양자로 하는 습속은 필경 혈족의 연속을 보장하려는 취지에서 나온 것으로, 조선에서 상속의 객체는 제사자의 지위 승계가 가장 중요한 것이다. 즉 봉사는 제사자 지위의 승계로서, 그 승계자가 될 자는 반드시 남계혈족으로 아들 항렬에 해당하는 자이어야 한다. 그런데 수양자는 양자가 될 수 있는 적격자 이외의 자를 수양하여 아들로 삼는 자이기에 제사의 승계에 관해서는 전혀 그 자격이 없는 것이다. 이는 『대명률』「입적자위법」에 "타성받이를 얻어 길러 종족의 질서를 어지럽힌 자는 장 60에 처하고, 만약 아들을 타성인에게 주어 후사로 삼게 한 경우의 죄 역시 같다. 그 아들은 본종(本宗)으로 돌려보낸다."라고 규정하며, 『형법대전』에도 제582조에 "이성 자손을 얻어 길러서 후사로 한 자는 태 60에 처하고 그 아들은 본종으로 돌려보낸다. 단 유기한 3세 이하의 어린아이는 이성이라도 수양하여 그 성에 따르게 할 수 있지만 후사로 할 수는 없다."라고 한 바로서 실제 관행도 이와 다르지 않다. 그렇지만 제사를 승계할 친자가 없고 양자를 들이지 않았을 때 그 제사가 단절되는 것을 꺼려서 처첩 또는 외손, 기타 친족이 임시로 그 제사를 모시거나 노비에게 제사를 모시게 하는 일이 없지 않다. 이러한 종류의 제사에 관해서는 수양자가 행하기도 했지만, 이는 원래 상속의 의의를 갖는 제사 승계가 아님은 말할 것도 없다.

재산 승계에서 『대전회통』에는 수양자의 승계를 인정한 규정이 「형전(刑典)」 사천(私賤) 조에 산재하였지만, 3, 4십 년 이래의 관습상 그 가(家)에 사자의 유산을 승계할 자는 예를 들어 자손, 모, 처 등이 모두 없는 경우 자연히 수양자가 된 적은 있다. 또 승계자가 있는 경우에도 약간을 분급받는 경우가 있는 데 불과하다.

이에 비하여 양자는 실적자(實嫡子)와 마찬가지로 당연히 부의 유산을 승계할 자이므로 둘 사이에는 현저한 차이가 있다고 해야 한다.

3. 발상이란 사람의 죽을 때 피발, 호곡, 벽용하는 의식을 말하는 것으로서, 친자 관계가 없는 수양자 혹은 노비 같은 경우도 하는 것이 보통이다.
4. 발상의 의식은 장남만이 하는 것이 아니라 차남, 기타의 자도 동시에 한다.

조회회답 49 | 1911년 11월 16일 안주구재판소 조회
1912년 2월 28일 조발 제442호 취조국 장관 회답

이생지에 관한 건

요지

1. 하천 연안의 토지가 함락하여 후일 동일한 장소에 이생지를 만든 경우에 그 이생지는 함락지 소유자에게 귀속한다. 함락과 이생 사이의 기간에 대한 제한은 존재하지 않는다. 이생지를 측량 또는 경작한 자라도 함락지 소유자를 배척하고 이생지의 소유권을 취득할 수 없다.

조회

1. 하천 연안의 땅이 함락하여 수십 년 후 동일한 장소에 이생한 토지는, 함락 전 해당지의 소유자 유무와 관계없이 관의 허가를 얻어 먼저 측량 또는 식호(植芦)한 자의 소유로 하는 관습이 있는가? 이생지는 함락 전의 소유자는 아무런 시설을 하지 않고도 당연히 동일 장소에 생긴 이생지의 소유권을 갖는다는 것이 관습인가? 본건은 평안남도 청천강 연안 이생지의 건이다.

회답

1. 하천 연안의 땅이 함락하여 후일 동일한 장소에 이생지가 생긴 경우 그 이생지는 함락지의 소유자였던 자의 소유에 속하는 관습이 있다. 그리고 이생지 함락 후 몇 년 내에 생겼어야 한다는 등의 제한이 없기에 비록 수십 년을 경과한 후에 이생지를 생성한 경우라도 동일하게 처리할 수밖에 없는 것 같다. 또 타인이 관의 인허를 얻어 측량, 경식 등을 해서 함락지의 소유자를 배제하고 그 소유자가 되는 것 같은 관습은 없다.

조회회답 50 | 1911년 12월 25일 평양지방재판소 민사제1부 재판장 조회
1911년 12월 27일 조발 제400호 취조국 장관 회답

상속에 관한 건

요지

1. 승적(承嫡)하지 않은 서자만 있는 호주가 사망한 경우에 조상의 제사권은 서자가 승계하고, 죽은 호주의 종형제인 분가(分家)의 호주는 제사권을 갖지 않는다.

조회

1. 갑가(甲家)의 호주 을(乙)이 승적하지 않은 서자 병(丙)만을 두고 상속인이 될 수 있는 다른 자 없이 사망하였다. 그런데 갑가의 분가인 정가(丁家)의 호주 무(戊, 을과 무는 종형제임)가 갑가의 조상 제사권이 자기에게 있다고 주장하고, 병은 갑가의 조상 제사권이 당연히 자기에게 있다고 주장한다. 이 경우에 조선의 관습은 어떠한가?

회답

1. 갑가의 조상 제사권은 서자 병에게 있으며 을의 종형제 무에게는 없습니다. 그렇게 아시기 바라며 이 점을 회답합니다.

조회회답 51 | 1912년 1월 31일 경성구재판소 조회
1912년 2월 13일 조발 제429호 취조국 장관 회답

능 부근의 민유지에 관한 건

요지

1. 민유지를 능(陵)·원(園)·묘(墓)의 해자(垓字) 내로 편입한 때에는 상당한 보상을 함으로써 왕실 소유로 이전된다.

   민유지가 능·원·묘의 경계 내에 편입되었다는 하나의 사실로 당연히 왕실의 소유에 속하는 것 같은 관습은 없다.

조회

1. 구한국시대에 황후 능의 내해자(內垓字)로 지정된 민유지는 황실의 소유가 되는 것인가?
2. 위의 소유권 취득에서 황실은 인민에게 배상금을 지급해야 하는가?
3. 외해자(外垓字)에 편입된 민유지는 당연히 황실의 소유가 되는가, 배상금이 필요한가?

회답

1. 구한국시대의 능, 원, 묘의 내해자, 외해자는 주로 금송(禁松)·금장(禁葬)을 위해 정한 것으로 그 내외의 해자 안에 민유지가 있는데, 그 사용을 허용하지 않으려는 때에는 보상금을 주고 왕실의 소유로 이전한다. 그리고 백성은 그 매수를 거부할 수 없다. 요컨대 그 토지가 내외의 해자 안에 있다는 하나의 사실로 인해 당연히 왕실 소유로 귀속되는 것 같은 관습은 없다.

조회회답 52 | 1912년 3월 2일 고등법원 조회
1912년 3월 7일 조발 제451호 취조국 장관 회답

전세에 관한 건

요지

1. 전세(傳貰)[47] 계약에 의해 가옥을 차용한 자는 가옥 소유자의 승낙을 얻지 않고 그 권리를 양도할 수 있다.

   전세권 양수인이 가옥을 명도(明渡)할 경우는 직접 가옥의 소유자에게 전세금의 반환을 청구할 수 있다. 전세 계약에 의해 가옥을 차용한 자는 다시 그 가옥을 타인에게 전대(轉貸)할 수 있고, 가옥의 소유자는 그것을 거절할 수 없다.

조회

1. 전세 계약에 의해 가옥을 사용하는 갑(甲)이라는 자가 가옥 소유자의 승낙을 얻지 않고 제3자 을(乙)로부터 일시에 약간의 금액을 수령하고(갑은 소유자와 앞의 전세 계약을 지속하고 있음) 그 가옥을 사용하게 하는 관습이 있는가? 만약 있다면 가옥을 명도(明渡)할 때 갑이 소유자에게 교부한 전세금의 반환은 갑, 을 중 누구에게 하는 것이 관습인가?

47　전세(傳貰): 주택 가격의 일부를 보증금으로 맡기고 남의 집을 빌려 거주한 뒤 계약 기간이 끝나면 보증금을 돌려받는 주택임대차 유형으로, 월세를 내지 않는다는 점에서 월세와 차별화된다. 전세의 기원은 1876년 강화도조약 이후 비롯된 것이라는 설이 있다. 당시 부산, 인천, 원산 등 3개 항구 개항과 일본인 거류지 조성, 농촌 인구의 이동 등으로 서울의 인구가 급격히 늘면서 주택임대차 관계가 형성되었다. 조선 말기의 전세 가격은 기와집과 초가집에 따라 달랐으며, 보통 집값의 반 정도로 전셋값을 받았으며 비싼 곳은 집값의 7, 8할에 육박하였다. 그러나 조선왕조실록과 승정원일기의 기사들은 18세기 초 한성부에 '轉貰'가 가능한 가옥 세차(貰借) 관습이 이미 정착해 있었음을 보여 준다. 1918년 조선총독부 중추원의 각군차가관습조사 결과에 의하면, 차가 관습 자체가 도회지를 중심으로 전파되었고 전세에 비해 월세가 증가하는 추세에 있기는 하나, 지방에는 전세나 그와 유사한 관습 외에도 연세(年貰)와 무임(無賃)의 차가 관습이 종래부터 존재했음을 알 수 있다. 문준영, 2013, 「구한국기의 임대차 분쟁과 전세 관습」, 『법사학연구』 48, 한국법사학회 참조.

회답

1. 전세의 방법으로 가옥을 차용한 자는 가옥 소유자의 승낙을 얻지 않고 그 차용권을 양도할 수 있고, 이 경우에 그 차용권의 양수인은 가옥의 소유자에게 소정의 기간 동안 그 가옥을 사용할 권리를 가짐과 동시에, 기간 만료 후 또는 소유자의 변경, 기타의 사정으로 가옥을 명도해야 할 경우에는 직접 가옥 소유자에게 전세금의 반환을 청구할 수 있고 양도인은 가옥의 소유자에게 반환을 청구할 수 없다. 또 전세의 방법으로 가옥을 차용한 자가 다시 그 가옥을 다른 곳에 전대하는 예는 실제 왕왕 있는 것으로, 전세의 방법으로 하는 경우도 있고 월세의 방법으로 하는 경우도 있지만 전세의 방법에 의한 경우에는 그 가옥의 일부분에 한하는 것이 보통이다. 이 방법으로 전부를 전대하려는 경우는 오히려 그 차용권을 양도하는 것이 통례이다. 그리고 가옥의 소유자는 어떤 방법에 의한 것임을 묻지 않고 그 전대를 거부할 수 없다. 그렇지만 전대의 경우는 전차를 한 자는 가옥의 소유자에게 전세금의 반환을 청구할 수 없는 것은 물론이다.

주회회답 53 | 1912년 2월 10일 공주지방재판소 민사부 재판장 조회
1912년 2월 18일 조발 제441호 취조국 장관 회답

양자에 관한 건

요지

1. 조선에서 장자는 타가의 양자가 될 수 없는 것이 원칙이지만, 종가(宗家) 또는 불천위(不遷位)[48]의 가(家)에 아들이 없는 때에는 장자를 양자로 삼는 것이 보통이다. 조선에게 양자

---

48 불천위(不遷位): 불천지위(不遷之位)의 줄임말이다. 신주를 조매(祧埋, 사당에 모시지 않고 묘소로 옮겨 묻는 일)하지 않고 계속 봉사한다고 하여 부조위(不祧位)라 부르는 곳도 있으며, 불천위를 두는 사당을 부조묘(不祧廟)라고도 부른다. 불천위에는 나라에서 정한 국불천위(國不遷位)와 유림에서 발의하여 정한 유림불천위(儒林不遷位) 혹은 사불천위(私不遷位)가 있다. 유림불천위는 1960년대까지만 해도 유림에서 발의하여 정하는 사례가 있었다. 국불천위의

입양은 남계혈족 간에 한해서 할 수 있다.

조회

1. 장자인 자가 타가의 양자가 될 수 있는 관습이 있는가? 이에 관하여 상층, 중층, 하층 간에 그 관습이 다른 점이 있는가?
2. 가독상속인이 없고 친족 가운데 양자로 들일 사람이 없는 경우에 관습상 향관(鄕貫)을 달리하는 친족 이외의 자를 양자로 들일 수 있는가?

[예를 들어, 청풍(淸風) 김씨의 가(家)에서 김해(金海) 김씨의 가에서 양자를 맞을 수 있는가?]

이에 관하여 전항과 마찬가지로 각 계급 간에 관습이 다른 점이 있는가?

회답

1. 조선에서 장자는 타가의 양자가 될 수 없는 것이 원칙이다. 그렇지만 종가인 백부(양자가 볼 때)의 가 또는 누대 제사가 단절되지 않는 불천위의 가에 아들이 없는 때에는 장자를 양자로 삼는 것이 보통이다. 또 조선에서는 동성동본 이외의 자를 양자로 들일 수 없다. 단 사성(賜姓)으로 인해 이성인 경우 향관을 달리하는 친족 간에서 양자입양을 할 수 있다. 다시 말하면, 양자입양은 남계혈족 간에 한해서 할 수 있다. 이상의 관습은 상층, 중층, 하층 간에 차이가 없다.

대상은 원칙적으로 문묘(文廟)에 배향되어 있는 사람들이다. 문묘 배향자를 보면, 동무(東廡)에 신라시대의 설총(薛聰), 고려시대의 안향(安珦), 조선시대의 김굉필(金宏弼)·조광조(趙光祖)·이황(李滉)·이이(李珥)·김장생(金長生)·김집(金集)·송준길(宋浚吉), 서무(西廡)에 신라시대의 최치원(崔致遠), 고려시대의 정몽주(鄭夢周), 조선시대의 정여창(鄭汝昌)·이언적(李彦迪)·김인후(金麟厚)·성혼(成渾)·조헌(趙憲)·송시열(宋時烈)·박세채(朴世采)로 모두 18인이다. 『한국민족문화대백과사전』 참조.

조회회답 54 | 1912년 3월 13일 해주지방재판소 조회
1912년 3월 13일 조전발(調電發) 제33호 취조국 장관 회답

종토의 처분에 관한 건

요지
1. 종토(宗土)나 위토(位土)는 종가의 소유에 속하며 종손은 일족의 승낙을 얻지 않고 임의로 그것을 처분할 수 없다. 단, 일족의 공유로 해야 하는 특별한 원인 또는 약속이 있는 때에는 공유자의 승낙이 필요하다.

조회
1. 종토(혹은 위토)는 일족의 고유 재산인가, 공유 이외의 특수한 재산인가? 종손은 일족 중 다른 자의 승낙을 얻지 않고 종토를 처분할 수 있는가?

회답
1. 송토 또는 위토는 종가의 소유에 속하며 종손이 친족 전부의 승낙을 얻지 않고 처분할 수 없다. 단 친족 전부의 공유로 할 특별한 원인 또는 약속이 있는 때는 공유자의 승낙을 필요로 하는 것임은 물론이다.

조회회답 55 | 1912년 3월 11일 경성지방재판소 민사제3부 재판장 조회
1912년 3월 14일 조발 제460호 취조국 장관 회답

세대의 계산 방법 및 가장인 양자 파양에 관한 건

요지

1. 기혼 장남이 사망 후 그 처가 다른 곳에 개가(改嫁)하더라도 그 장남은 그 가의 세대로 산입해야 한다.
2. 호주가 된 양자가 사망한 후 그 처가 품행이 나쁘거나 다른 곳에 개가한 경우에도 종회(宗會)의 결의로 죽은 양자를 파양할 수 있는 관습은 없다.
3. 양자를 파양하기 위한 종회에 참석할 자는 양가(養家)의 친족에 한한다.

조회

1. 경성에서 1892년, 1893년 무렵 장남에게 처가 있고 장남이 사망한 후 그 처가 다른 곳에 개가한 경우에 해당 장남이 한 대(代)로서 계통(系統)의 대수(代數)에 넣어야 하는 자가 되는지 여부
2. 경성에서 가장인 양자가 사망하고 그 처가 품행이 나쁘거나 개가한 경우는 종중의 회의로 앞의 양자를 파양할 수 있는가? 만약 할 수 있다면 해당 양자에게 친자(남자)가 있는 때에는 그 친자에게 어떤 영향을 미치게 되는가?
3. 위의 종중회의는 양부(養父) 파(派)의 친족만으로 결의하는 것인가, 다른 파라도 상관없는가?

회답

1. 조선에서 기혼 장남이 사망한 후 그 처가 개가하더라도 해당 장남은 한 대로 계산하여 그 가의 세대에 산입해야 한다.
2. 가장인 양자가 사망한 후 그 처가 품행이 나쁘거나 그 처가 개가한 경우에 종회의 결의로 그 양자를 파양할 수 있는 관습은 없다. 따라서 그 친자에게는 아무런 영향이 없다.

3. 종중회의, 즉 종회에 참석할 자는 물론 양부 파의 친족에 한한다.

조회회답 56 | 1912년 5월 8일 평양복심법원 민사부 재판장 조회
1912년 6월 1일 참 제13호 정무총감 회답

분묘의 소유 및 이전에 관한 건

요지
1. 조상의 분묘는 장자손의 가(家)에 속하고 문중(門中)의 공유에 속하지 않는다.
2. 조상의 분묘를 이전함에는 문중의 협의를 거쳐야 한다.
3. 조상 분묘의 이전은 거듭되는 문중의 이의가 있는 때에는 장자손이라도 할 수 없다.

조회
1. 소상의 분묘는 장손 한 사람의 소유인가, 문중의 공유인가?
2. 장손이 제사를 지내는 등의 사정으로 조상의 묘를 다른 곳에 이전할 경우 등은 반드시 문중 제 족친의 협찬(協贊)을 거쳐야 하는가?
3. 만약 위의 경우 장손이 하는 이전에 대해 부동의를 주장하는 문중 족친이 있더라도 장손은 전단(專斷)하여 수행할 수 있는가?

회답
1. 조상의 분묘는 장자손 계통의 가에 속하고 문중의 공유에 속하지 않는다.
2. 조상의 분묘를 이전함에는 문중의 협의를 거쳐야 하며, 장자손이 독단으로 할 수 없다.
3. 조상 분묘의 이전이 문중의 협의를 거쳐야 하는 것임은 전항에서 기술한 것과 같다. 그러므로 문중의 이의가 있는 때에는 장자손이라도 그것을 결행할 수 없다. 단, 거듭되는 문중의 동의가 있는 때에는 비록 소수의 이의가 있더라도 결행하는 데 지장이 없다.

조회회답 57 | 1912년 6월 10일 평양복심법원 민사부 재판장 조회
1912년 6월 19일 참 제20호 정무총감 회답

천도교 강습소를 법인으로 인정할지 여부에 관한 건

요지

1. 천도교(天道敎) 강습소를 법인으로 인정하는 관습은 없다.

조회

1. 천도교 강습소는 법인으로 인정하는 관습이 있는가?

회답

1. 법인으로 인정하는 관습은 없다.

조회회답 58 | 1912년 7월 1일 경성지방법원 조회
1912년 7월 10일 참 제27호 정무총감 회답

산통계의 계원 및 통계원의 권리의무에 관한 건

요지

1. 산통계(算筒契)[49]에는 계를 조직한 계원과 단순히 통계원(筒契員)으로서 가입한 자의 구별

---

49 산통계(算筒契): 산통계는 한말에 출현한 계(契)의 하나로 목돈을 모을 목적으로 조직되었다. 산(算)이란 가늘고 긴 젓가락 형상의, 젓가락보다 다소 큰 목간(木簡, 계알)을 말한다. 산통에 목간을 넣고 흔든 다음 우연히 뽑힌 사람이 곗돈을 탈 사람으로 간주된다. 계원들은 정해진 날에 일정한 곗돈을 모은 다음 통 속에 목간을 넣고 흔들어 추첨을 하였으며, 목간이란 계원의 이름과 번호를 적어 놓은 나무 알이며 추첨에서 뽑힌 계원에게는 많은 할증금이 돌아갔다

이 있다. 산통계에서 불입금의 납입 의무자는 통계원이고, 권리자는 계원 전체이다. 그리고 각각 그 사이에 연대 또는 불가분의 관계는 없다.
2. 산통계에서 출통전(出筒錢)의 지급 의무자는 계원 전체로서, 통계원에게 연대하여 그 책임을 지게 한다.
3. 산통계를 해산할 경우에 통계원에게 납부한 금전을 돌려줄 의무를 지는 자는 계원 전체로서, 그 책임은 연대 또는 무한이다.

조회
1. 부금[掛金] 납입에 관한 권리자 및 의무자, 만약 권리자 또는 의무자가 수인(數人) 있는 경우 그 상호간에 연대의무 혹은 불가분의무의 관계인지 여부.
2. 출통전(당첨금) 지급 의무자가 수인인 때에 그 상호간에 연대의무 또는 불가분의무의 관계에 있는지 여부.
3. 계가 해산하는 경우에 이미 납부한 부금을 반환할 의무, 만약 의무자가 수인인 경우 그 상호간에 연대의무 또는 불가분의무의 관계에 있는지 여부. 반환의무가 계에 현존하는 재산을 한도로 하는 것인지 여부.

회답
1. 산통계에는 계를 조직한 계원과 단지 통계원으로 가입한 자의 구별이 있다. 납입금 지급 의무자는 통계원으로 그들 사이에는 연대 또는 불가분의 관계가 아니며, 권리자는 계원 전체로 역시 연대, 불가분 등의 관계가 아니다.
2. 출통전 지급 의무자는 계원 전체로, 통계원에게 연대 책임을 진다.
3. 계 해산의 경우에 통계원에게 지급한 금전을 돌려줄 의무를 지는 자는 계원 전체로서 연대 책임이 있다. 그리고 그 책임은 계에 현존하는 재산의 한도에 그치지 않고 무한하다.

고 한다. 산통계는 계원 전원이 한 번씩 곗돈을 타야 끝이 나지만, 중간에 깨지는 경우가 종종 있어 본문의 조회가 생겼다. 참고가 될 만한 연구문헌은 윤대원, 2014, 「한말 만인계(萬人契)의 내부 구조와 실상」, 『한국문화』 67, 서울대학교 규장각한국학연구원이 있다.

조회회답 59 | 1912년 7월 10일 평양복심법원 민사부 재판장 조회
1912년 7월 19일 참 제29호 정무총감 회답

부동산의 전당 및 매매에 관한 건

요지

1. 종래의 관습상 전당권(典當權)을 설정한 토지 또는 가옥은 매매로 그 소유권을 이전할 수 없다.

조회

1. 을(乙)이 자기 소유 부동산으로 우선 갑(甲)에게 전당권을 설정하고 다시 같은 부동산을 제3자 병(丙)에게 매도한 경우 그 후에 행한 매매는 그 효력이 있는가 여부, 만약 유효하다면 위의 전당권자는 그 목적물에 대해 어떤 권리가 있는가?
2. 앞에서 전당한 갑은 본 문권 및 구 문권이 있고 후에 매매한 병은 본 문권 및 구 문권이 없으면 그 매매는 효력이 있는가 여부.

회답

1. 종전의 관습상 토지 또는 가옥을 목적으로 하는 전당의 성립에는 문권의 인도가 요건이고 또 그 매매를 할 때에도 문권의 인도가 소유권 이전의 요건이기에, 전당한 토지 또는 가옥은 매매로 소유권을 이전할 수 없는 것으로 한다.

조회회답 60 | 1912년 7월 13일 경성복심법원장 조회
1912년 7월 19일 참 제30호 정무총감 회답

부조인의 봉사손에 관한 건

요지

1. 부조인(不祧人)[50]을 위해 정한 봉사손(奉祀孫)[51]은 동시에 그 조상의 봉사자가 된다.

조회

1. 설사 부조인의 후사가 없고 제사가 끊어지고 세대가 이미 멀어지고 소목이 오래되어 바뀌어서 입후할 수 없는 경우에, 원래 한국의 장례원에서 먼 대(代)의 방계자손 중에서 위 부조인의 봉사손을 지정하였을 때 그 봉사손은 부조인에 한해서 봉사손이 되는가, 부조의 조상 및 자손 일체의 봉사손이 되는가?

회답

1. 종진의 관습상 부조인의 무후절사(無後絶祀)로 인해 장례원에서 그 방계지손 중에서 봉사손을 정한 경우에 그 봉사손은 부조인에 그치지 않고 그 조상의 봉사손이 되었다.

---

50 부조인(不祧人): 신위(神位)를 땅에 묻지 않고 영구히 사당에 두면서 제사를 지내게 하는 것을 이른다. 유교식 제사 예법은 고조(高祖)까지 모시는 4대 봉사(奉祀)이다. 삼년상이 끝나면 상청에 있던 바로 윗대 조상의 신위를 사당에 모시는 길제(吉祭)를 치른다. 이때 새로 5대조가 되는 기존의 4대조 조상의 신위는 4대 봉사의 예법에 따라 더 이상 사당에 모시지 않고 묘소로 옮겨 묻는다. 이를 조매(祧埋)라고 하는데, 불천위는 인품과 공덕이 뛰어난 조상인 경우 4대를 넘어서도 조매하지 않고 사당에 계속 모시는 신위를 가리킨다.
51 봉사손(奉祀孫): 조상의 제사를 맡아 받드는 자손을 말한다. 사손(祀孫)이라고도 한다.

조회회답 61 | 1912년 8월 19일 경성지방법원 민사제2부 재판장 조회
1912년 9월 12일 참 제4호 정무총감 회답

친권의 제한에 관한 건

요지
1. 부(父)가 유언으로 자(子)의 재산에 대한 모(母)의 관리권을 제한하고 그 관리를 타인에게 맡기거나 관리인의 선정을 문회에 맡기는 것은 관습이 인정하는 바이다.
2. 재산 관리 외에 부는 유언으로 모의 친권에 제한을 가할 수 없다.

조회
1. 조선에서는 피상속인인 부는 상속인인 그 자를 위해 모(자기의 처)의 친권을 유언으로 제한할 수 있는 관습이 존재하는가? 그중에서 모의 소행 혹은 능력에 관하여 숙고할 바가 있고 자의 재산을 관리하기에 부적당하다고 생각하는 경우에 유언으로 문회에서 상속인인 자의 재산 관리인을 선임하게 할 수 있는가?

회답
1. 부가 유언으로 자의 재산에 대한 모의 관리권을 제한하거나 타인에게 그 관리를 맡기거나 혹은 문회에 관리인의 선정을 위임하는 것은 관습이 인정하는 바이다.
2. 재산의 관리 외에 부는 유언으로 모의 친권을 제한할 수 없다.

조회회답 62 | 1912년 9월 16일 대구복심법원 민사제2부 재판장 조회
1912년 9월 25일 참 제9호 정무총감 회답

양자의 파양에 관한 건

요지
1. 양친이 파양을 하기 위해서는 양자가 낭비하여 가산을 위태롭게 할 우려가 있는 때, 가명(家名)을 손상할 중대한 죄를 범한 때, 혹은 심한 불효 행위가 있는 때 등의 사유가 있어야 한다.
2. 파양의 경우에 양자는 양친으로부터 증여받은 부동산 및 세전물(世傳物)을 반환해야 한다.

조회
1. 조선인 간에 양자를 삼은 때에 양친의 의사만으로 양자를 파양할 수 있는지 여부에 관한 관습의 존부.
2. 양자를 파양한 때에는 양자 입양 중 양친이 양자에게 무조건으로 증여한 재산은 모두 당연히 돌려주어야 하는 것인가?

회답
1. 종래의 관습상 양친의 의사만으로 양자를 파양하는 것을 인정하지 않고, 양친이 파양을 하는 것은 양자가 낭비를 하여 가산을 위태롭게 할 우려가 있는 경우, 가명을 손상할 중대한 죄를 범한 경우, 혹은 불효가 심한 경우 등의 조건이 필요하였다.
2. 양자가 양친에게서 증여받은 재산은, 부동산 및 세전물일 때에는 파양의 경우 반환해야 하고 그 외의 물건일 때에는 반환할 필요가 없다.

조회회답 63 | 1912년 9월 25일 경성복심법원 민사제1부 재판장 조회
1912년 10월 8일 참 제10호 정무총감 회답

양자에 관한 건

요지

1. 종전의 관습은 서자가 있는 자가 한 양자 입양도 유효로 하였다.
2. 종전에는 칙명으로 신하의 양자를 정하는 경우가 자주 있었는데 이 경우 당사자의 승낙을 필요로 하는 것과 같은 정례(定例)는 없다.
3. 신하의 양자를 정하는 칙명은 장례원에 내리고 장례원에서 입안을 성급하는 것으로, 그 칙명은 조서(詔書)의 형식에 의한다.
4. 처가 부(夫)를 제외하고 부의 모와 협의하여 양자를 들이거나 양친이 될 자를 제쳐 두고 그 모의 의사만으로 양자를 들이는 관습은 존재하지 않는다.
5. 호주가 해외에 있어서 제사를 지낼 자가 없는 경우라도 가족 혹은 다른 친족이 양자를 들일 수 있는 관습은 존재하지 않는다.
6. 양자를 들일 수 있는 자는 기혼자에 한한다.
7. 외국인 여성이 낳은 자(子)라도 서자인 점에는 구별이 없다.

조회

1. 서자가 있는 경우에 양자를 들일 수 있는지 여부.
2. 서자가 있는데 양자를 들인 경우 그 양자 입양은 당연히 무효인가, 단지 상속권을 갖지 않는 것에 그치는가?
3. 서자가 있는 경우라도 칙명으로 적법하게 양자를 들일 수 있는지 여부. 이 경우에는 양부가 될 자의 승낙이 필요한가?
4. 전항과 같은 경우에 칙명의 형식은 어떠한가?(공식의 칙명을 필요로 하는가, 내유만으로도 가능한가? 서면이 필요한가, 구두로 족한가?)
5. 처는 부(夫, 기혼 호주)의 허가 없이 부의 모와 협의로 양자를 들일 수 있는가?

6. 기혼한 호주의 양모는 자신의 의견으로 양자[손(孫)에 해당함]를 삼을 수 있는가?
7. 호주가 다년간 해외에 있어서 제사를 모실 자가 없는 경우에 가족 혹은 친족이 호주를 위해 양자를 들일 수 있는가?
8. 양자를 들일 수 있는 자는 반드시 기혼 남성이어야 하는가?
9. 부(夫)와 처가 아닌 외국인 간에 태어난 자(子)라도 전항의 서자라고 할 수 있는지 여부.

회답

1. 법제상 서자가 있는 자는 양자를 인정하지 않는다. 또 예사(禮斜)를 받는 데에는 적처(嫡妻)와 첩 모두 자(子)가 없는 것을 이유로 함이 통례이다. 서자가 있는 경우에는 예사를 허락하지 않으므로 예사를 받는 자는 극히 적었다. 서자가 있음에도 양자를 들이는 경우가 종종 있다. 그래도 서자가 있기 때문에 그 양자 입양이 무효가 되었다는 것은 듣지 못했다. 그리고 양자는 당연히 봉사자가 되고 이 점에서는 예외가 없다.
2. 칙명으로 양자를 정한 전례는 희소하며, 개국 503년 이후부터 1901년(光武 5) 사이에는 1897년(光武 1) 12월 11일의 조(詔)에 의해서 12월 24일 장례원에서 전 현감(縣監) 민영석(閔泳奭)의 자(子)를 전 판서(判書) 민영익(閔泳翊)의 양사자(養嗣子)로서 입안을 성급한 사례가 있다. 그 외 가까운 친족의 상속에 대한 비지(批旨)에 의해 장례원에서 입안을 성급한 사례 역시 있다. 단 서자가 있는 경우에 대한 사례는 문적을 구할 수 없다. 또 이러한 칙명 또는 비지에 관해 특히 당사자의 승낙을 필요로 하는 정례가 있었던 것은 볼 수 없다.
3. 전항의 칙명에 의한 경우 조(詔)를 장례원에 내리고 장례원에서 입안을 성급한 것으로써, 조는 조서(詔書)로 하며 궁내 대신의 이름을 쓰고 칙명의 도장[勅命之寶]을 찍었다.
4. 처가 부(夫)를 제외하고 부의 모와 협의하여 양자를 삼거나, 양친이 될 자를 제외하고 그 양모의 의사만으로 양자를 들일 수 있는 관습은 없다.
5. 호주가 다년간 해외에 있어서 제사를 지낼 자가 없는 경우라도 가족 혹은 친족이 호주의 양자를 들일 수 있는 관습은 존재하지 않는다.
6. 외국인 여자가 낳은 자(子)라도 서자인 점에는 차이가 없다.

조회회답 64 | 1912년 9월 26일 공주지방법원 재판장 조회
1912년 10월 9일 참 제11호 정무총감 회답

보의 설치에 관한 건

요지

1. 하천 보(洑)[52]의 신설이 하류의 용수에 영향을 미칠 우려가 있는 경우에 하류의 물을 쓰는 자는 그 나루의 설치를 거부할 수 있다.

조회

1. 조선에서 하천 연안의 토지 소유자가 그 하수를 사용하는 경우에 상류 연안의 토지 소유자가 그 하수를 사용함에는 하류의 관개수에 방해되지 않는 범위 내에서 하수의 일부를 관개·사용할 권리의 유무.
2. 특히 어떤 하수의 유수를 종래 수전(水田)에 관개해 온 자가 있는 경우에, 그 유수를 사용하는 장소의 상류에 새로운 분수구(分水溝)를 축조하여 그 분수구에 하수를 끌어 들여[흔히 보(洑)라고 함] 밭을 논으로 개간하여 그것에 위의 하수를 관개하고 그 물은 다시 종래의 하류 사용자가 사용에 충당할 수 없는 방법으로 방류하여 신 개간지에 물을 사용할 수 있는 관습이 존재하는가?
3. 혹은 이 경우는 종래의 하류 사용자에게 실제 해를 발생시키지 않는 범위 내에서 유수를 사용할 수 있는 관습이 있는지 여부.

회답

1. 종래의 관습상 하천 연안의 토지 소유자가 관개를 위해 보를 설치하여 그 유수를 인용함에는 하류의 관개용수에 영향을 미치지 않아야 하고, 만약 그 때문에 하류의 용수에 영향

---

52 보(洑): 강이나 하천이 계절이나 날씨에 따라 수위와 흐르는 수량이 불규칙하게 변하기 때문에 이것을 일정한 수준으로 유지하게 해 주는 구조물이다. 강이나 하천에 장애물을 설치하여 상류의 물을 어느 정도 가두어 둠으로써 흐르는 양을 조절한다.

을 미칠 우려가 있는 경우 하류의 물을 쓰는 자가 그 보의 설치를 거절할 수 있다.

조회회답 65 | 1912년 11월 16일 고등법원부장 조회
1912년 11월 25일 참 제18호 정무총감 회답

묘위토 소유자에 관한 건

요지

1. 묘위토(墓位土)[53]는 반드시 항상 봉사손의 소유에 속하는 것이라고 할 수 없다. 묘위토는 문중의 공유로 할 수 있었다.

조회

1. 조선에서 묘위토의 소유권은 봉사손이 있는 경우 당연히 그에게 전속하는 것인가, 문중의 공유도 할 수 있는 것인가?

회답

1. 묘위토는 관습상 당연히 봉사손의 소유에 속하는 것이 아니다. 실제로는 장파(長派) 단독의 소유에 속하는 경우가 있고, 혹은 장파와 지파(支派) 공동 소유에 속하는 사례도 있다. 그리고 그것을 문중의 공유로 하는 것은 구태여 막을 바가 없는 것으로 한다.

---

53 묘위토(墓位土): 위토(位土)는 제사 또는 이와 관련된 사항들을 집행하는 데 드는 비용을 충당하기 위하여 마련된 토지이다. 위토답(位土畓), 위토전(位土田), 위답(位畓), 위전(位田), 종토(宗土)라고도 한다. 고려 말부터 시행된 종법 제도는 『주자가례』가 실행되면서 조선 이후 우리나라 전역에 확산되어 갔다. 특히 묘제를 위하여 마련된 토지를 묘위토, 제사를 위하여 마련된 토지를 제위토(祭位土)라 이른다.

조회회답 66 | 1912년 11월 28일 평양지방법원 정주지청 조회
1912년 12월 18일 참 제20호 정무총감 회답

담당 특약을 한 보인의 책임에 관한 건

요지

1. 보증인이 채권자에게 만약 기한을 지나면 보주(保主)가 담당한다고 특약한 경우에도 보증인은 최고의 항변권을 갖는다.
2. 전당 있는 채무의 보증인이 채권자에게 만약 기한이 지나면 보주가 담당한다고 특약한 경우에 주채무자가 행방불명된 때에는 채권자는 우선 전당권을 실행하고 부족한 부분이 있으면 보증인에게 그것을 청구할 수 있다.

조회

1. 보증채무에서 수표 중에 '만약 기한이 지나면 보주 담당'이라는 특약이 있는 때, 기한을 지나면 채권자는 주채무자를 제쳐 두고 바로 보증인에게 청구하고 보증인은 그것에 응해야 할 의무가 있는가?
2. 보증채무에서 주채무자가 그 소유 부동산을 전당(전당 규칙에 의거하지 않은 것)으로 하고 수표 중에 '만약 기한을 지나면 보주 담당'이라는 특약이 있는 때, 기한을 지나 주채무자가 행방불명된 경우에 채권자는 바로 보증인에게 소를 제기하고 보증인은 그것에 응해야 할 의무가 있는가, 주채무자가 행방불명임에도 불구하고 전당 잡힌 부동산을 집행해도 아직 부족한 때 그 부족한 부분 내에서만 보증인에게 청구해야 하는 것인가?
3. 보증채무에서 수표 중에 '만약 기한을 지나면 보주 담당'이라는 특약이 있는 때, 주채무자가 그 소유 부동산이 있지만 행방불명인 경우에 채권자가 보증인에 대해 바로 소를 제기하여 보증인이 주채무자에게 변제의 자력이 있고 또 집행의 용이함을 증명하면 채권자는 우선 주채무자의 재산에서 집행해야 하는 것인가?

회답

1. 보증채무에서 수표 중에 '만약 기한을 지나면 보주 담당'이라는 문언이 있는 경우라도 채권자는 일응 주채무자에게 청구하고 주채무자가 변제하지 않는 경우에 비로소 보증인에게 청구할 수 있다.
2. 전당이 있는 채무를 보증한 자가 수표 중에 '만약 기한이 지나면 보주 담당'이라는 문언을 기록한 경우, 기한을 지나 채무자가 행방불명인 때 채권자는 우선 전당물에 의해 변제를 받고 부족한 부분이 있으면 보증인에게 청구할 수 있으며, 보증인은 주채무자에게 자력이 있고 또 집행의 용이함을 이유로 그 청구를 거절할 수 없다.

조회회답 67 | 1912년 11월 30일 경성지방법원장 조회
1912년 12월 11일 참 제21호 정무총감 회답

호주의 파양에 관한 건

요지

1. 양자는 호주가 된 후라도 중죄·불효·낭비 등의 사유가 있는 때에는 모(母)·문회(門會)·종회(宗會) 등이 파양할 수 있다.

조회

1. 양자가 상속으로 호주가 된 후 중죄를 범하거나 불효, 낭비 등이 있는 경우에 양모 또는 문회, 종회 등이 양자를 파양할 수 있는가?
2. 양모 또는 문회, 종회 등에서 이런 권능이 없더라도 이들이 예조나 기타 관청의 윤허를 얻어 파양할 수 있는가?

회답

1. 조선의 관습상 양자는 비록 호주가 된 후라도 중죄·불효·낭비 등의 사유가 있는 때에는 모, 문회, 종회 등이 파양할 수 있다.

조회회답 68 | 1912년 12월 3일 고등법원장 대리부장 조회
1912년 12월 24일 참 제22호 정무총감 회답

분묘의 설치 및 금양으로 인한 토지소유권 취득에 관한 건

요지

1. 조선의 옛 관습상 입장(入葬)의 금제가 없는 국유의 산지에 사인(私人)이 분묘를 설치하고 이를 지키거나 또는 그 주위를 오랫동안 금양(禁養)[54]한 때에는 해당 분묘의 사초(莎草)[55] 내 및 금양한 구역의 토지소유권을 취득한다.

조회

1. 구한국에서는 예전부터 어떤 사인(私人)이 국유의 산지 내에 분묘를 설치하여 오랫동안 분묘를 지키고 해당 산지를 점유, 금양한 때 그 산지의 전부 또는 일부, 혹은 앞서 입장한 분묘의 경계 내의 산지가 그 사인의 소유에 귀속하는 관습이 있는가?

회답

1. 조선 옛 관습상 한 사인이 봉산(封山), 금산(禁山), 그 외에 입장(入葬)을 금한 토지가 아닌

---

54 금양(禁養): 금양의 의미는 '다른 사람의 간섭을 금하고 산림을 양성'한다는 뜻이지만, 중점은 '산림의 양성'보다는 '타인의 간섭을 금'하는 측면에 있었으며, 특히 소나무 벌목을 금지하는 송금(松禁)의 개념이 강하였다. 다른 사람이 분묘를 쓰는 것, 개간, 화전, 산불, 도벌(盜伐) 및 토석의 채취 등을 금지하는 의미를 모두 포함하였다.

55 사초(莎草): 무덤에 떼를 입혀 잘 다듬는 일 또는 그렇게 한 곳을 이른다.

국유의 산지에 분묘를 설치하고 그 주위를 오랫동안 금양한 때에 한하여 그 분묘의 사초 내 및 오랫동안 금양한 구역 내의 소유자로 인정된 것으로 한다.

조회회답 69 | 1912년 12월 5일 평양지방법원 정주지청 조회
1912년 12월 11일 참 제23호 정무총감 회답

하류의 변경으로 인한 토지소유권 득실에 관한 건

요지

1. 수류(水流)의 변경으로 인해 하천의 한쪽에 있는 토지의 일부가 다른 한쪽에 있는 토지에 접속한 경우에도 이로 인한 소유권의 득실이 생기지 않는다.

조회

1. 1866년까지는 하수가 흘러서 갑지(甲地)와 을지(乙地) 모두 피고 1인이 소유한 밭이었지만, 같은 해 홍수로 해당 하류가 변경되어 그 소유 밭의 가운데가 잘려나가 제1의 그림과 같이 되었다는 피고의 항변을 사실로 가정하여, 을지의 현재 행정구획은 평안북도 선천군(宣川郡) 산면(山面) 용경리(龍耕里)로 되어 있음에도 피고는 아직 그 소유권이 있다고 주장할 수 있는가, 피고의 밭은 일단 유실한 것이고 원고는 자기 소유의 부동산(밭)은 병지의 종물로서 부합한 물건(을지인 계쟁밭)을 취득한 것으로 해야 하는 것인가?

비고

계쟁밭은 6, 7년 전까지 황무지이던 것을 개간하여 밭으로 만든 것이다. 위 개간에서도 당사자 간에는 다툼이 있다.

회답

1. 조선에서는 갑과 을 두 토지 사이를 흐르는 하천이 수류의 변경으로 갑지에 흐르게 되어 을지의 소유자가 그 토지에 접속한 갑지의 소유권을 취득하고 갑지의 소유자가 그 부분에 대해 소유권을 잃는 것 같은 관습은 없다.

조회회답 70 | 1912년 12월 12일 경성복심원 민사제2부 재판장 조회
1912년 12월 18일 참 제25호 정무총감 회답

토지 투탁의 효력에 관한 건

요지

1. 과거에 한 사인(私人)이 그 소유지를 궁가(宮家)에 투탁(投托)한 경우[56] 그 소유권을 궁가에 이전한 적이 없더라도 제3자에게 자기의 소유임을 주장할 수 없다.

조회

1. 한 사인이 궁가에 그 소유의 토지를 투탁한 경우에 그 토지소유권은 투탁의 효과로서 궁가에 귀속하는가, 투탁이 있음에도 불구하고 사인에게 존재하는가?

회답

1. 과거에 한 사인이 그 소유의 토지를 궁가에 투탁한 것은 표면상 궁가의 소유인 것처럼 가

---

[56] 사인(私人)이 그 소유지를 궁가(宮家)에 투탁(投托)한 경우: 일반 민인(民人) 가운데 일부는 자신들이 가지고 있는 민전을 궁방에 투탁하여 무거운 정부(征賦)를 모면하려고 하였다. 이처럼 17세기 중반 궁방전에 대한 면세(免稅)가 확대되면서 나타난 문제들로 인해 결국 궁방전 면세 결수에 정한(定限)을 설정하게 되었다. 염정섭, 2020, 「17세기 후반~18세기 초반 궁방전(宮房田)의 변화 추이-절수(折受)·면세(免稅)에 대한 논의와 정책을 중심으로-」, 『인문학연구』 60, 조선대학교 인문학연구원 참조.

장하는 수단에 그쳤으며, 이 때문에 그 소유권이 궁가에 이전되지는 않았다. 단 제3자와의 관계에서는 궁가의 소유임을 부인할 수 없는 것으로 한다.

조회회답 71 | 1912년 12월 28일 경성복심법원 민사제1부 재판장 조회
1913년 1월 15일 참 제1호 정무총감 회답

제사상속인에 관한 건

요지

1. 호주가 사망하고 그 장자손도 호주에 앞서 사망한 경우에, 타가의 양자가 된 차손(次孫)이 있는 때라도 죽은 장손이 기혼자인 때에는 양자를 들이는 것이 통례이다.
2. 위 경우에 죽은 장손이 미혼자인 때에는 차손의 양가에 친자가 있는 경우에 한해서 차손의 귀종(歸宗) 봉사(奉祀)를 허락하는 것이 관례이다.
3·4·5. 호주에 앞서 사망한 장자 및 장손이 기혼자인 경우에 호주가 타가의 양자가 된 차손을 귀종시켜서 장자 또는 자손을 잇는 것 같은 관습은 없다.
6. 사판(祀版)에는 제사자의 이름을 기록하는 것이 례이다.
7. 봉사자인 손을 사손(祀孫)이라고 칭하고, 장래 봉사자가 될 손을 사손(嗣孫)이라고 칭한다.
8. 칙명으로 신하의 봉사자를 정하는 사례는 드물게 존재하지만, 묘의(廟議, 조정의 評議)로 그것을 정하는 것 같은 관례는 존재하지 않는다.

조회

1. 가장인 제사자가 사망하고 가(家)를 이을 장자손이 없는 경우에, 이미 타가에 양자가 된 차손(장남의 둘째 아들)을 실가에 복귀시켜서 제사를 지내게 하는 관습이 있는가?
2. 위의 복귀자는 단지 제사의 섭행자(攝行者)가 되는 것에 불과한가? 세대로 산입할 제사자 [종장(宗長)]가 되는 자인가?

3. 가장인 제사자는 현존하고 그 장남이 사망한 경우[장손이 있으나 유처무자(有妻無子)로 일찍 사망함]에, 타가에 양자가 된 차손(장남의 둘째 아들)을 복귀시켜 장남(혹은 장손)의 지위를 잇게 하는 관례가 있는가?
4. 위의 경우에 복귀한 자가 죽은 장손을 위해 양자를 들이는 관습이 있는가?
5. 이 양자는 조상 대대의 제사자(가장)가 될 자인가? 단지 죽은 양부(즉 장손) 한 대(代)만을 봉사할 자격을 갖는 것에 불과한가? 경우에 따라 다른가?
6. 사판에는 반드시 제사자의 씨명을 기재하는 것이 관례인가?
7. 사손(祀孫)과 사손(嗣孫)의 구별.
8. 칙명 또는 묘의로 일반 사람, 혹은 왕족, 옹주, 공주 등 황족을 위한 제사자를 정하는 관례가 있는가?
9. '형이 사망하면 동생이 승계하여 본종에 돌아간다.'라는 칙명이 있다고 가정하면, 조선 재래의 관습에서 위 문장은 제사자를 정하는 의의가 있는 것인가?
10. '숙선옹주(淑善翁主) 사손(祀孫) 홍규식(洪奎植)을 나이에 구애하지 말고 임기가 가까운 초사(初仕)의 자리를 만들어 의망(擬望)하여 들이라.'라는 칙명이 있다고 가정하면, 이로써 제사자가 홍규식이라는 것을 암묵적으로 정하는 취지인지 여부.
11. 종손의 절사(絶嗣)로 인해 차종손에게 조상의 분묘를 수호하게 하는 관례가 있다. 그리고 차종손은 종손의 차제(次弟)를 말한다.

이상.

별도로 참고를 위해 계쟁 사실의 대략을 부기한다.

〈홍관식과 홍규식 간의 종손 쟁송〉
```
┌처(妻)―숙선옹주(淑善翁主)
├부(夫)―영명위(永明尉, 홍현주(洪顯周))
└홍우철(洪祐喆) - 홍승한(洪承翰) - 홍관식(洪觀植, 홍승억이 홍승한을 위해 양자로 정함)
              - 홍승억(洪承億) - 홍규식(洪奎植)
                └정명옹주(貞明翁主)의 양자가 되었다가 다시 환종
```

1. 홍승한은 개국 454년 계축 3월 13일 사망
2. 홍우철은 개국 462년 을사 1월 24일 사망
3. 홍현주는 개국 474년 을축 6월 24일 사망
4. 홍승억의 환종은 개국 474년 을축 1월 중으로 이때의 칙명은 별지 을 1호 증 사본과 같다.
5. 홍관식의 솔양(率養)은 개국 491년 임신 2월 6일
7. 홍승억의 사망 후 문장(門長) 홍철주(洪澈周)가 상주하여 묘당의 의논을 거쳐서 계자(啓字)로 홍관식을 종손으로 정했다고 한다(『비서원일기』에 기재되어 있다고 함).
8. 홍규식의 초사는 개국 496년 정해년으로 이때의 칙명은 별지 을 제2호 증 사본과 같다.
9. 문장 홍승영(洪承永)이 장례원에 1904년 갑진년 중에 출원한 적이 있다고 한다.

을 제1호 증의 사본
正廟陟降之憲若有之 豈不憾哉 貞明公主嗣孫承億 卽淑善貴主血孫也 繼以兄亡弟及之義 還歸本宗 乙丑元月 奉承 玆敎謹書 [押]

을 제2호 증의 사본
日省錄 (上略) 初四日傳曰 淑善翁主祀孫洪奎植 勿拘年紀 瓜近初仕作窠擬入

회답

1·2. 호주가 사망하고 장자손 역시 그에 앞서 사망하고 타가의 양자가 된 차손이 있는 경우에, 죽은 장손이 기혼자인 경우 양자를 들이는 것이 통례이다. 장손이 미혼자인 때에는 양가에 친자가 있는 경우에 한해서 차손이 귀종하여 봉사하는 것을 허락하는 것이 관례로, 그 차손이 기혼자인 때에는 사후에 그를 세대에 산입한다.
3·4·5. 호주가 살아 있고 장자 및 기혼 장손이 이미 사망한 경우에, 타가의 양자가 된 차손을 귀종하게 하여 죽은 장자 또는 죽은 장손의 지위를 승계하는 것 같은 관습은 존재하지 않는다.
6. 사판에는 제사자의 이름을 기록하는 것이 예이다.

7. 봉사자인 손(孫)을 사손(祀孫), 장래 봉사자가 될 손을 사손(嗣孫)이라고 한다.
8. 칙명으로 제사자를 정한 사례는 드물게 있지만 묘의로 제사자를 정하는 관습은 존재하지 않는다.
9. 위의 '계이형망제급지의환귀본종(繼以兄亡弟及之義還歸本宗)'은 장자손이 사망하고 후사가 없는 경우에 타가의 양자가 된 차자손을 귀종시켜 봉사하게 하는 것을 말한다.
10. 위의 '숙선옹주사손홍규식, 물구연기, 과근초사작과의입(淑善翁主祀孫洪奎植, 勿拘年紀, 瓜近初仕作窠擬入)'의 문장에서 '숙선옹주사손홍규식'은 바로 홍규식이 숙선옹주의 봉사손임을 인정한 것이다.
11. 종손의 절사로 인해 차종손에게 조상의 분묘를 수호하게 하는 관례가 있다. 그리고 차종손은 종손의 차제(次弟)를 말한다.

조회회답 72 | 1913년 1월 17일 공주지방법원 홍산(鴻山)지청 조회
1913년 1월 24일 참 제4호 정무총감 회답

분묘 굴이의 청구권에 관한 건

요지

1. 분묘가 있는 산지를 매수한 경우에 매수인이 투장(偸葬)[57]한 자에게 분묘의 굴이(掘移)를 청구할 수 없다는 관습은 없다.

---

57 투장(偸葬): 분묘 수호자는 임야의 일정 구역을 자신이 독점적으로 수호할 수 있다고 믿고 그 구역에 누군가가 허락 없이 분묘를 설치하면 그 행위를 투장으로 선언하였다. 17, 18세기를 거치며 투장을 방지하기 위한 법적 규제가 국전(國典)에 집중적으로 마련되었다. 투장자에 대해서는 다른 사람의 집을 빼앗아 들어가는 율문에 준하여 처벌하였고, 불법적인 투장으로 산송의 폐단을 일으키는 자는 옳고 그름을 논하지 않고 먼저 형추(刑推)하는 정책이 선언되기도 하였다. 투장의 피해가 심한 구역을 보호하기 위하여 주인이 있는 산, 다른 사람의 분산, 큰 마을 안, 인가에서 100보 이내의 지역은 금장(禁葬) 구역으로 지정하여 투장을 금하였다.

조회

1. 갑 소유의 산소에 을이 투장하고 수년 후에, 갑이 병에게 이 산지를 매각하여 병이 매수한 후 을에 대해 위의 굴이를 청구할 수 없다는 관습의 존재 여부.

회답

1. 갑 소유의 산소에 을이 투장하고 수년을 경과한 후 그 산소를 병에게 매도한 경우에 병이 을에게 그 투장한 분묘의 굴이를 청구할 수 없다는 관습은 존재하지 않는다.

조회회답 73 | 1913년 2월 5일 고등법원장 조회
1913년 2월 10일 참 제7호 정무총감 회답

마름 및 도조에 관한 건

요지

1. 마름[舍音][58]은 소작지의 점유자로 볼 수 있는 자가 아니다.
2. 도조(賭租)란 타인의 토지를 사용·수익하는 경우의 대가를 말한다.

조회

1. 조선의 관습에서 마름은 그 자격상 소작지를 점유하는 자인지 여부.
2. 조선의 관습상 도조는 전답을 사용·수익한 대가인가, 산출물의 일부 취득인가?

---

58 마름[舍音]: 지주로부터 소작지의 관리를 위임받은 관리인이다. 보통은 양반이나 관료 등의 지주가 자신에게 신분적으로 예속된 노비나 고공·비부를 활용하여 직접 소작인을 관리하였다. 조선 후기에 중앙관료나 지방관리들이 부재지주로서 대토지를 소유하게 되면서 현지에 거주하면서 추수기의 작황을 조사하고 소작료를 거두어 상납해 줄 관리인이 필요하였다. 이렇게 탄생한 마름은 주어진 권한을 넘어 농촌에서 전횡을 일삼는 폐해를 낳기도 하였다. 전근대적인 토지 소유와 부재지주를 기반으로 탄생한 소작제의 하급 토지관리자였으나 해방 후 농지개혁법의 시행으로 소멸되었다.

회답

1. 소작지는 소작인이 점유를 하며 지주도 소작인에게 점유를 시키는 자로 볼 수 있지만, 마름은 점유자가 아니다.
2. 도조라고 칭하는 것은 타인의 토지를 사용·수익하는 경우의 대가일 뿐이다.

조회회답 74 | 1913년 2월 6일 경성복심법원 민사제2부 재판장 조회
1913년 2월 18일 참 제8호 정무총감 회답

감리서 노령청에 관한 건

요지

2. 감리서(監理署)[59]가 그 적몰(籍沒) 부동산을 완문(完文)으로 노령청의 소속으로 삼은 때 노령청(奴令廳)에서 임의로 처분할 수 있었다.

조회

1. 구 인천감리서 아래에 노령청이라는 것이 있었는가?
2. 감리서에서 적몰에 관한 부동산을 노령청의 소속으로 하여 완문을 수여한 경우에 노령청에서 임의로 그것을 처분할 권능이 있었는가?

---

59 감리서(監理署): 조선 말기 개항장(開港場)·개시장(開市場)의 행정과 대외 관계의 사무를 관장하던 관서를 이른다. 감리의 정식 명칭은 '윤충구위감리원산항통상사무(尹忠求爲監理元山港通商事務)'에서 보듯이 '통상사무'라는 용어가 함께 사용되었으나, 일반적으로는 감리라 불렸다. 1876년(고종 13) 강화도조약 이후 부산·원산·인천의 세 항구가 차례로 개항된 이래 주요 항구와 요지가 개방되었다. 그래서 개항장에 거주하는 외국인이 증가하고 무역량이 늘어남에 따라 거류지 관계 사무와 통상 사무 등을 전담·처리할 기관이 필요에 따라 설치되었다.

회답

1. 1874년(고종 11) 무렵 인천에 있던 감리서에 노령의 방이 있었고 그것을 노령청이라고 칭하였다.
2. 당시의 관례상 감리서가 적몰한 부동산을 완문으로 노령청 소속으로 삼은 때에는 노령청에서 그 부동산을 임의로 처분할 수 있었다.

조회회답 75 | 1913년 2월 10일 고등법원장 조회
1913년 2월 18일 참 제9호 정무총감 회답

여호주의 유무 및 첩의 유산상속에 관한 건

요지

1. 조선에서는 종래 여호주(女戶主)를 인정한다. 또 단신 부녀(婦女)로 호주 혹은 가족이 아닌 경우가 있다.
2. 자(子)가 없는 첩이 사망한 때에는 그 유산은 부(夫)가, 부가 없는 때에는 남자 자손(男孫)이, 남자 자손이 없는 때에는 호주가 승계한다.
3. 부 및 남자 자손이 없는 첩은 생전에 외손, 그 외의 자에게 사후의 제사를 맡기고 그 유산을 승계하게 할 수 있다.

조회

1. 조선에서는 절대 여자 호주를 인정하지 않는지 여부, 또 단신 부녀로 호주가 아니고 가족이 아닌 자가 존재하는 경우가 있는가?
2. 조선의 관습상 자가 없는 첩이 사망한 때 그 상속권은 누구에게 속하는가? 또 위의 첩은 생전에 친손, 외손 혹은 그 외의 자에게 사후의 제사를 위탁하고 그 유산을 상속할 권리를 부여할 수 있는가?

회답

1. 조선에서는 종래 여자 호주를 인정한다. 또 단신 부녀가 호주 혹은 가족이 아닌 경우도 존재한다.
2. 첩이 사망하고 자(子)가 없는 때 그 유산은 부(夫)가 승계하고, 부 역시 이미 사망하고 남자 자손이 있는 때 그 손이 승계하고, 남자 자손이 없는 때에는 호주가 승계하는 것이 관습이나, 부 및 남자 자손 모두 없는 때에는 외손, 그 외의 자에게 제사를 맡기고 그 유산을 승계하게 할 수 있다.

조회회답 76 | 1913년 2월 19일 평양지방법원 정주지청 조회
1913년 2월 25일 참 제11호 정무총감 회답

별거하는 처에 대한 부의 부양 의무에 관한 건

요지

1. 부(夫)가 처를 본가로 별거시킨 경우 처는 부에게 부양료를 청구할 수 있지만, 처가 임의로 자신의 본가로 별거하는 경우에는 청구할 수 없다.
2. 부가 처를 실가로 별거시킨 경우에 그 부가 호주의 부양을 받고 있는 자인 때에 처는 호주에게 부양료를 청구할 수 있다.

조회

1. 부인이 남편과 별거하여 그 본가에 돌아간 경우에 부인은 남편에 대해 부양료를 청구할 수 있는가? (1) 임의로 별거하는 경우, (2) 남편이 부인을 별거시킨 경우로 구분하여 설명해 주기를 바란다.
2. 위의 (1)의 경우, 부인이 청구권이 있다고 가정하고 남편이 15세로 부(父)인 호주의 부양을 받고 있는 때에는 남편의 부(父)인 호주에 대해 부양료를 청구할 수 있는가?

회답

1. 조선의 관습상 부가 처를 그 실가로 별거시킨 경우에 처는 부에게 부양료를 청구할 수 있지만, 처가 임의로 자신의 실가로 별거하는 경우에는 청구할 수 없다.
2. 부가 처를 실가로 별거시킨 경우에 그 부가 호주의 부양을 받고 있는 자인 때 처는 처는 부에게 부양을 청구할 수 없지만 호주에게 청구할 수 있다.

조회회답 77 | 1913년 2월 24일 광주지방법원 목표지청 조회
1913년 3월 14일 참 제12호 정무총감 회답

묘위토의 처분에 관한 건

요지

1. 문중 공유의 묘답(墓畓)에 대해 어떤 경우에도 문장(門長)이 단독으로 매각할 수 있는 관습은 없다. 문중 공유 묘답의 내매는 그 소유 명의인의 이름으로 하는 것이 통례이다.

조회

1. 목포부의 서면(西面)에 모 문중의 공유에 속한 조상의 묘답이 있는데, 그 관리자인 종손은 그 땅에서 28리[일본의 이(里)] 떨어진 장소에 이전하여 살고 있었다. 그런데 문중 공유의 산지에 소송이 제기되어 그 비용을 변제할 필요가 생긴 경우에, 관습상 문장은 그 비용을 충당하기 위해 자기의 명의로 (종손에게 알리지 않고) 위의 묘답을 매각할 수 있는지 여부.

회답

1. 문중 공유의 묘답에 대해 비록 그 묘지에 관한 소송 비용을 변제할 필요가 있는 경우라도 문장 단독으로 매각할 수 있는 관습은 존재하지 않는다. 그리고 매매의 경우 명의인이 종손 혹은 문장인 경우가 있어서 일정하지는 않지만, 해당 논의 소유 명의인의 이름으로 하

는 것이 통례이다.

조회회답 78 | 1913년 3월 24일 경성복심법원 민사제1부 재판장 조회
1913년 3월 25일 참 제17호 정무총감 회답

처 및 딸의 상속 순위에 관한 건

요지
1. 호주가 사망하고 처와 딸만 남은 때에 죽은 호주의 유산은 처가 상속한다.

조회
1. 처와 딸(장녀) 1인을 남기고 호주인 부(夫, 피상속인)가 사망하고 달리 남자 제사상속인이 없는 경우에 처와 딸 중 누가 부의 가독상속권(재산상속권)이 있는가?

회답
1. 호주가 사망하고 남자 자손이 없는 처와 딸만 있는 경우에는 처가 죽은 호주의 유산을 상속하는 것이 관습이다.

조회회답 79 | 1913년 3월 31일 경성지방법원장 조회
1913년 4월 17일 참 제19호 정무총감 회답

승적자의 폐제 및 가산 관리 제한에 관한 건

요지

1. 서자(庶子)가 호주가 된 후 가산을 탕진할 우려나 기타 사유가 존재하더라도, 적모(嫡母) 및 근친의 협의로 폐제하고 다시 선대(先代)의 상속인을 정할 수 있는 관습은 없다.
2. 제사상속을 한 서자가 낭비하여 가산을 탕진할 우려가 있는 경우에도 적모가 근친과 협의하여 사당[祠宇], 제구(祭具), 기타 가산을 관리할 수 있는 관습은 존재하지 않는다.

조회

1. 적모 및 백부(伯父), 중부(仲父), 숙부(叔父)의 협의로 승적(承嫡)[60]한 서자가 제사상속에 의해 호주가 된 후 부랑하여 개선의 가망이 없고 영구히 그 가(家)를 나가서 봉사(奉祀)하지 않거나 선대의 상에 복상(服喪)하지 않고 적모에 대해 불효한 등의 경우에 같은 적모 및 백부, 중부, 숙부의 협의 또는 종회의 결의로 그를 폐제하고 다시 선대의 상속인을 정할 수 있는가?
2. 승적한 서자가 제사상속을 한 후 낭비하여 가산을 탕진할 우려가 있는 경우에 적모는 그 백부, 중부, 숙부와 협의하여 그 가의 조상 전래의 유산을 관리할 수 있는가? 이러한 경우에 적모는 조선의 사당 및 부속 제구를 관리할 권한이 있는가?

---

60 승적(承嫡): 조선시대에는 가계를 계승시킬 때 적자와 서자를 차별하였다. 봉사의 원칙은 적장자 봉사였다. 그런데 어느 유력자에게 적자나 적장손이 없을 때 누구를 봉사자로 삼을 것인가가 문제됐다. 서자를 봉사자로 삼으면 가격(家格)이 떨어질 우려가 생기고 동종(同宗)의 지자(支子)를 봉사자로 삼으면 직접적인 혈연이 먼 사람으로 봉사자를 삼게 되어 피상속인의 마음에 갈등이 생기게 된다. 피상속인의 서자나 친족의 서자에게 봉사시키는 것을 승적이라 하고, 동종의 적자에게 계승시키는 것을 입후(立後) 또는 계후(繼後)로 구별하였다. 승적과 입후는 모두 관찰사를 거쳐서 예조에 신청하여 허가를 받아야 시행이 가능하였다. 봉사에서 적자와 서자를 차별하는 이 발상은 중국의 유교적 친족제도를 도입한 고려 후기부터 시작되었고, 시대가 내려올수록 차별이 더욱 심해졌다. 조선 후기에는 자기의 서자가 있는데도 그에게 봉사시키지 않고 동종의 적자에게 가계를 계승시키는 입후의 사례가 나타나지만, 한쪽의 부류에서는 입후보다 승적을 선호하는 풍조도 강하게 나타났다.

회답

1. 승적한 서자가 제사상속으로 호주가 된 후 낭비를 하고 개선할 가망이 없고 오래 집을 나가서 조상의 제사를 받들지 않거나 선대의 상(喪)에 복상하지 않고 적모에 대해 불효하는 등의 경우에, 적모·백부·중부·숙부의 협의 또는 종회의 결의로 그를 폐제하고 다시 선대의 상속인을 정할 수 있는 관습은 존재하지 않는다.
2. 승적한 서자가 제사상속을 한 후 낭비하여 가산을 탕진할 우려가 있는 경우에, 적모가 백부, 중부, 숙부와 협의하여 전래의 가산을 관리하거나 적모가 당연히 사당 및 부속 제구 등을 관리할 수 있는 관습 역시 존재하지 않는다.

조회회답 80 | 1913년 4월 16일 고등법원장 조회
1913년 5월 7일 참 제23호 정무총감 회답

서자의 재산상속분에 관한 건

요지

1. 호주가 사망한 경우에 적남(嫡男), 서남(庶男)이 각각 1인이 있는 때에는 호주의 유산은 적남에게 3분의 2 이상, 서남에게는 3분의 1 이하를 상속하는 것이 관습이다. 위의 경우 서자인 아들이 그 가(家)에 동거하는지 여부에 의해 그 비율이 달라지지 않는다.

조회

1. 호주 사망의 경우에 적남과 서남이 있는 때에는 서자도 당연히 그 재산의 일부를 상속하는 관습이 있는가? 만약 있다면 적자와의 비율은 어떠한가? 또 그 가에 동거하는 경우와 별거하는 경우에 따라 비율에 차이가 있는가?

회답

1. 호주 사망의 경우에 적남 및 서남 각 1인이 있는 때, 호주의 유산은 적남이 3분의 2 이상, 서남에게 3분의 1 이하를 상속하는 것이 관습으로 서남이 그 가에 동거하는가 별거하는 가에 따른 그 비율의 차이는 없다.

조회회답 81 | 1913년 4월 28일 고등법원장 조회
1913년 5월 22일 참 제27호 정무총감 회답

상속인 미정의 유산에 대한 소송 및 그 유산 대표에 관한 건

요지

1. 조선의 관습상 상속인 미정의 유산은 소송의 당사자가 될 수 있다.
2. 소송에서 유산을 대표하는 자는 유산의 관리자이다. 상속인 미정의 경우의 유산 관리자이어야 할 자는 근친, 문장(門長), 기타 문중에서 선임된 자이지만, 이러한 종류의 관리자가 없는 때에는 이장(里長)·동장(洞長)이 관리하는 것이 관례이다.

조회

1. 상속인 미정의 유산이 소송의 당사자가 될 수 있는 관습이 있는가?
2. 만약 있다면 해당 유산을 대표하여 소송행위를 하는 것은 누구인가? 이에 관한 관습 유무.

회답

1. 상속인 미정의 유산에 대해 소송을 제기하거나 유산을 관리하는 자로부터 소송을 제기하는 것은 종래 관습이 인정하는 바이기에 위의 유산은 소송의 당사자가 될 수 있다.
2. 소송에서 유산을 대표할 자는 유산의 관리자이고, 그것을 관리하는 자는 근친 또는 문장,

기타 문중이 선임한 자이지만, 이러한 종류의 관리인이 없는 때에는 이장·동장이 관리하는 것이 통례이다.

조회회답 82 | 1913년 5월 12일 평양지방법원 정주지청 조회
1913년 5월 20일 참 제28호 정무총감 회답

보호자 지정에 관한 건

요지
1. 근친이 있는 때라도 조부(祖父)는 유언으로 먼 친족을 미성년 손(孫)의 보호자로 지정할 수 있다.

조회
1. 촌수가 가까운 친족이 있음에도 조부가 사망 당시 유언으로 촌수가 먼 친족을 그 미성년자인 손(孫)의 후견인으로 지정할 수 있는가?

회답
1. 어린아이의 보호자를 정할 필요가 있는 경우에 근친이 있음에도 조부가 유언으로 촌수가 먼 자를 손(孫)인 어린아이의 보호자로 지정할 수 있음은 관습이 인정하는 바이다.

조회회답 83 | 1913년 5월 23일 경성지방법원장 조회
1913년 5월 30일 참 제32호 정무총감 회답

유산의 상속에 관한 건

요지

1. 남호주가 사망한 경우에 그 유산은 제사상속인 및 그 외의 직계비속인 남자가 상속한다.
2. 남호주의 유산을 상속할 자가 2인 이상 있는 때 제사상속인은 약 유산의 2분의 1을 상속하고 그 외의 자는 남은 부분을 균분 상속한다. 단, 서자는 적자에 비해서 얼마간 그 비율을 줄이는 것이 통례이다.
3. 남호주가 사망하고 그 유산의 분할 전에 제사상속인이 또 사망한 경우에도 각 상속인의 상속분에는 영향이 없고, 다음에 제사상속을 한 자가 분배해야 한다.
4. 유산의 분할 방법은 일정하지 않지만 협의가 성립되지 않은 때에는 관에 소를 제기하여 결정하는 것 같은 관습은 없다.
5. 호주의 유산을 상속하는 자는 상속 개시 당시에 피상속인의 가적에 있는 자에 한한다.

조회

1. 호주 사망의 경우에 유산의 상속을 인정하는 관습이 있는가?
2. 유산상속인이 2인 이상 있는 경우 각자의 상속분은 어떠한가?
3. 서자의 상속분은 어떠한가?
4. 호주가 사망하고 장자가 사망한 경우에, 다른 유자(遺子)는 호주[부(父)]의 유산의 분배를 장자의 장자에 대해 청구할 수 있는가? 그 상속분은 어떠한가?(장자의 장자가 상속분을 정하는가?)
5. 유산의 분할은 현물로 하는가 환가(換價)에 의하는가? 협의가 이루어지지 않은 때 관에 소를 제기하는 관습이 있는가?
6. 호주의 유산상속인이 상속분을 받기 위해서는 유산을 분배할 당시 호주의 호적에 있어야 하는가?

회답

1. 남호주가 사망한 경우에 그 유산은 제사상속인 및 기타 직계비속인 남자가 상속하는 것이 관습이다.
2. 남호주의 유산을 상속할 자가 2인 이상 있는 경우에는 제사상속인이 약 2분의 1을 상속하고 기타의 자는 남은 부분을 평등하게 상속하는 것이 관습이다. 단, 서자는 적자에 비해 얼마간 그 비율을 줄이는 것이 통례이다.
3. 서자의 상속분이 적자에 비해 다소 적은 것은 전항과 같다.
4. 남호주가 사망하고 유산을 분할하기 전 제사상속인 역시 사망한 경우에도, 죽은 남호주의 유산을 상속하는 자의 상속분에는 영향이 없고 마지막에 제사상속인이 되는 자가 분배해야 한다.
5. 유산의 분할은 현물로 하는 경우가 있고 환가의 방법에 의하는 경우가 있어서 일정하지 않다. 그리고 분할에서 협의가 되지 않는 경우라고 해도 관에 소를 제기하여 결정을 받는 것 같은 관습은 없다.
6. 유산을 상속하는 자는 상속 개시 당시에 피상속인의 가적에 있는 자에 한한다.

조회회답 84 | 1913년 6월 14일 고등법원장 조회
1913년 6월 19일 참 제37호 정무총감 회답

서자의 제사상속에 관한 건

요지

1. 피상속인에게 적남자가 없는 경우에 적모 및 근친의 협의로 서자남에게 상속하도록 결정하는 관습이 있다. 이를 승적(承嫡)이라고 한다.
2. 서자가 승적 절차를 거쳐서 상속한 경우에도 그 상속 효력에 영향은 없다.

조회

1. 조선인의 상속에 대해 적출자(嫡出子)가 없고 서남(庶男) 1인이 존재하는 경우에 그 서자가 제사상속인이 되는 데에는 승적 절차를 해야 하는 관습이 있는가? 만약 그 관습이 있는 경우에 승적 절차를 하지 않고 사실상 상속한 때에는 그 상속의 효과가 어떠한가?

회답

1. 적남자가 없고 서남자 1인만이 있는 경우에 그 서자가 제사상속을 하는 데에는 모(母) 혹은 근친이 그에게 상속을 시킬 것을 결정하는 관례가 있다. 이를 승적이라고 칭한다. 그리고 이 절차를 거치지 않은 때라도 사실상 이미 상속을 한 경우에는 그 상속의 효력은 보통의 경우와 다를 바가 없다.

조회회답 85 | 1913년 6월 14일 경성지방법원장 대리부장 조회
1913년 6월 19일 참 제38호 정무총감 회답

판셈을 하는 경우 및 그 효력에 관한 건

요지

1. 상인과 비(非)상인의 구별 없이 도산한 자가 총 채권자와 협의상 그 재산을 채권액에 응해서 분배하고 그 채권을 소멸시키는 것을 판셈[板細音][61]이라고 한다.
2. 판셈을 승낙한 채권자의 채권은 이로 인하여 소멸해도 그것을 승낙하지 않은 채권자의

---

61 판셈[板細音]: 종래 제주도에서 채무불이행(패갈이·판셈)이 있는 경우에 패갈이는 돈을 빌려간 뒤 기간 안에 갚지 못하면 다음 해 패(차용증서)를 갈아서 적정이자를 더하여 갚고, 그렇게 하지 못하면 이자만 계산하고 원본은 다음해에 갚기도 하고, 일부러 갚지 않는 경우 친족에게도 그 화가 돌아가는 것으로 여겼으며, 불가피하게 빚을 갚지 못하게 되는 경우 그 사람의 전재산을 팔아 채권자의 채권액수 비율대로 분배한다고 한다. 전재경 외, 1992, 『慣習法調査硏究 1, 豫備調査篇』, 韓國法制硏究院.

채권에는 영향이 없다.

조회
1. 판셈은 상인이 어떤 경우에 하는 것인가?
2. 판셈을 한 경우의 효과로 특히 각 채권자의 잔여 채권이 당연히 소멸하는 것인지 여부.

회답
1. 상인과 비상인의 구별 없이 도산한 자가 총 채권자와 협의하여 채권액에 응하여 재산을 분배하고 그 채권을 소멸시키는 것을 판셈이라고 한다. 그리고 이를 승낙하지 않은 채권자는 자신을 판셈의 밖에 있는 자로 한다.
2. 판셈을 승낙한 채권자의 채권은 판셈의 결과 전부 소멸하고 채권 잔액에서 다시 변제를 구할 수 없다. 단, 판셈에 참여하지 않은 채권자의 채권은 판셈으로 영향을 받지 않는다.

조회회답 86 | 1913년 6월 7일 고등법원장 조회
1913년 6월 19일 참 제36호 정무총감 회답

유산의 상속 및 그 상속분에 관한 건

요지
1. 적서(嫡庶)의 아들이 각각 수인 있는 경우에는 망부의 유산은 적장자 대략 2분의 1을 승계하고, 남은 부분을 다른 적자와 서자 간에 분배한다. 이 경우에 장자 이외의 자의 상속분은 적자 사이 및 서자 사이에는 동등하지만, 적자와 서자 사이에는 적자가 다소 많은 것이 통례이다.
2. 위 관습은 지방에 따라 다르지 않다.
3. 피상속인이 생전에 각 상속인의 상속분을 정한 경우에는 재산상속인은 제사상속인에게

서 그 상속분의 분배를 청구할 권리가 있다.

피상속인이 생전에 각 상속인의 상속분을 정하지 않은 경우에도 재산상속인은 제사상속인에게 상당한 재산의 분배를 받을 권리가 있다.

조선에서는 분배 전의 유산에 대해 각 상속인의 공유 관계를 인정하지 않는다. 그 유산은 일단 제사상속인에게 이전하고 다른 상속인은 제사상속인의 분배로 인해 비로소 그 권리를 취득한다.

조회

1. 적서의 아들이 각각 수인 있는 때 유산상속의 비율.
2. 각 지방에 따라 위의 비율에 차이가 있는가? 만약 있다면 전라남도 나주군 지방에서의 비율.
3. 유산은 우선 제사상속인에게 일단 전부 상속시키고, 그 후에 다른 적서자에게 분배해야 하는 것인가? 호주의 사망과 동시에 적서의 각자에 대해 당연히 유산의 상속권이 발생하는가? 만약 당연히 발생하는 것인 때에는 누가 그 상속분을 확정하고 분배하는가? 또 그 확정 분배 시까지의 유산에 대한 각 상속인의 권리 상태.

회답

1. 적서의 아들이 각각 수인 있는 경우에 망부의 유산은 적장자가 대략 그 2분의 1을 승계하고, 남은 것을 다른 적서자 사이에 분배한다. 그리고 장자 이외의 자가 분배를 받는 비율은 적자 사이 및 서자 사이에는 동등하지만, 적자와 서자 중에는 적자가 다소 많은 것이 관례이다.
2. 1.의 내용은 지방에 따른 관습의 차이가 없다.
3. 재산상속인은 피상속인이 그 상속분을 정하고, 경우에 따라서는 피상속인의 사망으로 제사상속인에서 그 상속분의 분배를 받을 권리가 있다. 또 피상속인이 그것을 정하지 않은 경우에는 제사상속인으로부터 상당한 상속분의 분배를 받을 권리가 있다. 그리고 이를 결정하는 것은 장자이다. 그렇지만 조선에서는 분배 전의 유산에 대해 각 상속인의 공유 관계를 인정하거나 그것을 상속재산으로 해서 각별하게 취급하는 관례는 없기에, 관

넘상 피상속인의 유산으로 보는 것은 물론이다. 그러나 그 소유 관계를 보면 일단 제사상속인에게 이전하고 나머지 상속인은 분배에 의해 비로소 자신의 소유가 된다.

조회회답 87 | 1913년 6월 17일 평양지방법원 조회
1913년 6월 23일 참 제39호 정무총감 회답

둑의 수세에 관한 건

요지
1. 둑[垌]을 쌓은 자와 몽리답(蒙利畓)의 주인 사이에 맺어진 수세(水稅)는 이후 그 논의 소유자가 된 자도 지급할 의무가 있다.

조회
1. 논둑을 쌓은 자가 그것을 쌓을 당시에 각 논의 주인과 수세에 대한 약속이 있는 경우에, 이후 해당 논의 둑을 소유하는 자는 반드시 최초로 둑을 쌓은 자 및 논의 주인 사이의 계약을 준수해야 되는 관습의 유무.

회답
1. 둑을 쌓은 자와 논의 소유자 사이에 약속한 수세는 이후 그 논의 소유자가 된 자도 지급할 의무가 있는 것이 관례이다.

조회회답 88 | 1913년 6월 28일 경성지방법원장 조회
1913년 7월 3일 참 제41호 정무총감 회답

능·원·묘의 내해자에 편입되지 않은 민유지에 관한 건

요지

1·2. 옛 관습상 능(陵)·원(園)·묘(墓)의 내해자 안에 있는 토지는 당연히 왕실의 소유가 되고 민유지에서 보상을 할 지 여부는 그 권리의 귀속과 관계가 없었다.
3. 능·원·묘의 외해자(外垓字) 안에 편입된 민유의 산판(山坂)에는 상당한 보상을 하고 왕실의 소유로 이전하는 것이 관례였다.

조회

1. 과거 한국에는 능·원·묘의 내해자에 편입되지 않는 지역 내의 민유지는 당연히 왕실의 소유가 되었는가, 상당한 대가를 지급하고 왕실의 소유가 되었는가?
2. 만약 대가의 지급이 필요했다면 민유의 산과 들에도 상당한 대가를 지급해야 했는가?
3. 외해자에 편입되지 않는 지역 내의 민유의 산과 들을 왕실의 소유로 귀속시키려면 상당한 대가를 지급해야 했는가?

회답

1. 과거 조선의 관례상 능·원·묘의 내해자 안에 있는 토지는 누구의 소유임을 묻지 않고 당연히 왕실의 소유가 되고, 민유지에 대해서는 상당한 보상을 하는 것을 예로 하지만, 보상을 하였는지 여부와 그 권리의 귀속 여부 사이에는 관계가 없는 것으로 한다.
2. 민유의 산판에 대해서도 같다.
3. 외해자 안에 있는 민유의 산판에 대해서는 상당한 보상을 한 다음 이를 왕실 소유로 이전하는 것을 예로 하였다.

조회회답 89 | 1913년 7월 1일 경성복심법원 민사제1부 재판장 조회
1913년 7월 4일 참 제42호 정무총감 회답

봉사자에 관한 건

요지

1. 상속할 자(子) 없이 사망한 자의 봉사자(奉祀者)가 없고 긴 세월을 경과한 후, 방계친족의 청원으로 장례원이 그를 봉사자로 하는 입안을 성급한 때에는 촌수의 원근에 관계없이 유효하였다.
2. 전항의 봉사자가 사망한 후 친족의 청원으로 장례원이 다시 청원자를 봉사자로 하는 입안을 성급한 경우에는, 죽은 봉사자의 승계자가 있었던 때라도 입안에 의해 봉사자가 된 자의 지위에 영향이 없다.

조회

1. 계후할 자손이 없이 사망하고 그 후 봉사자가 없이 긴 세월을 경과한 자가 있다. 이 경우에 그 방계친으로 봉사손이 되려고 하는 자의 청원 등으로 장례원에서 상주(上奏) 등의 절차를 거쳐 입안으로 그 방계친을 봉사손으로 정하는 처분을 한 관습이 있는가? 만약 위의 경우 관습이 있었다면 그 자에게 근친 등의 방계친이 있었던 때에 그 처분의 관습상 효력은 어떠한가?
2. 피봉사자에게 전교(傳敎)로 봉사손으로 삼은 자가 있었던 경우에 그 봉사손도 역시 절가(絶家)[62]하였다. 그런데 장례원에서는 절가한 봉사손의 승계자를 정하지 않고 직접 당초의 피봉사자의 봉사손을 정한 경우, 그 처분의 관습상 효력은 어떠한가? 즉 이 경우에 절가한 봉사손의 승계자가 된 자와 당초 피봉사자의 봉사손이 된 자(장례원의 입안에 의해) 중

---

62 절가(絶家): 메이지 호적법상의 용어이므로, 메이지 호적법의 구상이 없으면 존재할 수 없는 개념이다. 메이지 호적법상 호주가 사망하는 등의 이유로 가독상속이 개시되었는데도 가독상속인이 될 자가 없어서 부득이 가가 소멸하는 현상을 이른다. 폐가는 호주의 의도로 이루어지는 데 비하여 절가는 불가항력으로 생기는 현상이다. 절사(絶嗣), 무후(無後)라고도 한다.

에서 누가 피봉사자의 봉사를 하는 것이 관습인가?

회답

1. 계후자 없이 사망한 자가 봉사자 없이 긴 세월을 경과한 후, 어떤 방계친족의 청원으로 장례원에서 그 자를 봉사자로 하는 입안을 발급한 경우에는 설사 그자에게 근친의 방계친족이 있는 때라도 관습상 입안으로 인해 지령(指令)된 자가 봉사자이다.
2. 전항의 봉사자가 된 자가 사망하여 후계자가 없어 장례원에서 다른 친족의 청원에 대해 입안을 발급하고 그를 다시 봉사자로 한 경우에는, 후일 친족 가운데 죽은 봉사자의 후계자가 된 자가 있는 때라도 그자는 입안으로 봉사자가 된 자를 배척하고 봉사자가 될 수 없는 것이 관습이다.

조회회답 90 | 1913년 6월 28일 함흥지방법원 재판장 조회
1913년 7월 23일 참 제43호 정무총감 회답

차양자에 관한 건

요지

1. 호주는 유언으로 그 육촌 동생을 차양자(次養子)[63]로 선정할 수 있다. 차양자는 장자 출생

---

63 차양자(次養子): 대를 이을 아들이 없는 자가 양자를 들인 후 그 양자가 혼인을 하였으나 이 또한 아들 없이 사망한 경우에, 죽은 양자를 위한 양자(최초의 무후자에게는 손자의 항렬에 있는 자)를 골라 입후하는 것이 원칙이다. 그러나 손자의 항렬에 적당한 자가 없을 경우에 최초의 무후자가 아들의 항렬에 있는 자를 양자로 들이는 데, 이때 그 두 번째의 양자를 차양자라고 한다. 첫 번째의 양자가 차양자로 인하여 사후에 종자(宗子)의 지위를 빼앗기는 것이 심히 부당하다고 생각되었기 때문에, 차양자에게 제사를 섭행시키다가 차양자가 아들을 낳으면 그 아들로 하여금 첫 번째 양자의 뒤를 이어 봉사하게 하고 차양자는 생가로 복귀하게 한다. 기혼 장남자가 아들 없이 사망하였을 경우 차남 이하의 중자(衆子)가 있을 때에도 기혼의 죽은 장남자를 1대로 계산하여 대를 잇는다는 원칙이 강력히 주장되어 죽은 장남을 위하여 양자를 들이며, 형망제급(兄亡弟及)의 법은 형이 미혼으로 사망한 경우에 적용하였다. 이 경우 죽은 장남자 측에서 볼 때 손자의 항렬에 적당한 자가 없으면 차남을 임시로 차양자로 세우고, 그에게서 아들이 출생하면 그 아들로 장남자의 뒤를 잇게 하고 차양자는 생가로 복귀시키는 발상이다. 차양자는 백골양자(白骨養子)와 같이 조선의

과 동시에 그 가(家)를 떠날 필요가 없다. 자가 상당한 연령에 달한 후 그 가를 떠나는 것이 통례이며, 자는 차양자의 가를 떠날 때 호주가 된다.

조회

1. 죽은 갑(甲)의 친자 을(乙, 남자)이 호주가 되어 자녀 없이 사망한 때에 유언으로 을의 육촌 동생인 병(丙)을 들여 그 가의 양자로 하고, 병의 자 정(丁)이 태어나자 병은 그 가를 떠나 정을 그 가의 상속인으로 삼으려고 하는 경우가 있다. 위 병의 양자입양이 관습상 차양자인지 여부 또 차양자가 아니라도 위의 입양이 유효한지 여부.

   만약 유효하다면 병은 정의 출생과 동시에 그 가를 떠나지 않으면 안 되는가? 정이 상당한 연령에 달하고 다시 호주가 될 때까지는 여전히 그 가를 떠나지 않을 수 있는가?

회답

1. 죽은 갑의 친자 을이 호주가 되어 자녀 없이 사망한 때 유언으로 자기의 육촌 동생인 병을 들여 자신의 가의 양자로 하였는데 병의 아들 정(남자)이 태어나자 병이 그 가를 떠나고 정을 그 가의 상속인으로 삼으려고 할 경우에, 병은 죽은 갑의 차양자로 관습상 유효하며, 병은 정의 출생과 동시에 그 가를 떠날 필요가 없고 상당한 연령에 달한 후에 그 가를 떠나는 것이 통례이다. 병이 그 가를 떠남과 동시에 정은 호주가 된다.

독특한 방식으로서 조선 중기 예론(禮論)에 의하여 안출된 변칙이며, 소목지서(昭穆之序)에 대한 예외이다.

조회회답 91 | 1913년 7월 2일 광주지방법원 목포지청 조회
1913년 8월 12일 참 제44호 정무총감 회답

공유 묘답의 처분에 관한 건

요지
1. 문중 공유의 묘답(墓畓)을 문장(門長)이 문중 일부의 자와 협의하여 그 이름으로 매각할 수 있는 관습은 없다.

조회
1. 문중 공유의 묘답을 그 묘지와 관계없는 다른 공유 선산에 관한 소송의 비용을 변제하기 위해 문장이 종손을 제쳐 두고 문중 일부의 자와 협의하여 그 명의로 매각할 수 있는 관습이 있는가?

회답
1. 문중 공유의 묘답을 그 묘지와 관계없는 공유 선산에 관한 소송의 비용에 충당하기 위해 문장이 종손을 제쳐 두고 문중 일부의 자와 협의하여 자신의 명의로 매각할 수 있는 관습은 없다.

조회회답 92 | 1913년 7월 28일 평양지방법원 정주지청 조회
1913년 8월 25일 참 제51호 정무총감 회답

이생지에 관한 건

요지
1. 침식[江落]된 전답을 매매하는 예는 없다.
2. 과거 관습상 하천 연안의 토지가 침식하여 시간이 지나 그 대안(對岸)에 이생지가 생긴 때에 그 이생지는 먼저 경작하는 자의 소유였다.
3. 침식한 부분에 생긴 이생지는 침식지 소유자의 소유였다.

조회
1. 전답이 침식한 것을 그대로 매매하는 관습이 있는가?
2. 하천의 오른쪽 연안에 있는 전답이 침식하여 시일을 경과하여 그 왼쪽 연안에 이생지를 형성한 때에 오른쪽 연안의 원래 전답 소유자가 그 왼쪽 연안의 이생지를 취득하는 관습이 있는가?
3. 만약 2.와 같은 관습이 있어서 그 왼쪽 연안의 이생지를 취득한 후 오른쪽 연안의 침식지에 이생지를 만들었다고 하면 그 이생지도 취득하는 관습이 있는가?

회답
1. 전답이 침식한 장소를 매매하는 것 같은 관습은 없다.
2. 하천의 오른쪽 연안에 있는 전답이 침식하여 시간이 지나 왼쪽 연안에 이생지를 만든 때 과거에 그 이생지는 먼저 경작하던 자의 소유였다.
3. 침식한 장소에 이생지가 생긴 때 그 이생지는 침식지 소유자의 소유에 귀속되는 것으로 한다.

조회회답 93 | 1913년 7월 14일 공주지방법원 재판장 조회
1913년 7월 29일 참 제47호 정무총감 회답

가묘 및 사원에 관한 건

요지

1. 조선에서는 조상 4대에 한해서는 사당(祠堂)에서 모시고 5대 이상은 묘제(墓祭)를 지내는 것이 통례이다. 단, 부조(不祧)의 전(典)을 받은 자는 대수(代數)를 제한하지 않는다.
2. 각 가(家)의 사당을 가묘(家廟)라고 하고 5대 이상의 조상을 사당에서 제사 지내는 경우에는 따로 1실을 지어서 모시는데, 그것을 별묘(別廟)라고 한다.
3. 별묘에서 지내는 제사의 절차는 가묘의 그것과 다르지 않다.
4·5·8. 사(祠)는 나라에 특별한 공이 있거나 학덕이 높은 자를 제사 지내는 곳으로 사액(賜額)·미사액(未賜額) 두 종류가 있으며, 나라가 지은 것이 있고 사람이 지은 것이 있다. 사에는 별사(別祠)라는 것은 있지만 분사(分祠)라는 것은 없다.
4·6. 서원은 현자를 제사 지내고 학문을 장려할 목적으로 사람이 지은 것으로 사액·미사액 두 종류가 있다.
7. 1864년에 별묘의 철폐를 명한 적은 없다.
9. 별묘의 제사에는 자손 이외의 자가 참여하지 않는다.
10. 별묘의 제사에 관해 유사(有司)·장재(掌財) 등의 관리를 둔 적은 있지만 관헌(官憲)과는 관계없다.
11. 종전에는 사람이 사 및 서원에 도유사(都有司)·장의(掌議) 등의 관리를 두어 부윤(府尹)·군수(郡守) 등의 승인을 받아 제사 및 기타의 사무를 처리하게 하였다.

조회

1. 조선의 관습에서 그 조상의 제사는 4대에 한하여 지내는 것을 허용하였는가?
2. 가묘와 별묘는 어떻게 구별되는가?
3. 5대 이상의 조상을 가묘 이외에서 제사 지낼 때에는 어떤 절차로 해 왔는가?

4. 별묘와 사, 분사와 서원의 관계 및 그 구별은 어떠한가?
5. 분사라는 것의 성질 및 첩설(疊設) 서원과의 관계는 어떠한가?
6. 서원이라는 것의 성질 및 종류.
7. 별묘는 1864년(개국 473, 갑자년)에 철폐된 것인가?
8. 사 및 서원에도 사액과 무사액이 있는가?
9. 충신, 명사(名士), 절사(節士)를 제사하는 별묘는 자손 이외의 타성의 자라고 해도 제사에 관여하는가?
10. 별묘의 제사에는 도유사·장의·색장(色掌) 등의 직을 두어 제사를 관여시키는 경우가 있는가? 만약 있다고 해도 개인적으로 하는 단순한 명의상의 것에 그치고 관헌과는 아무런 관계가 없는가?
11. 이에 반해 공설(公設)의 서원 및 사의 제사에는 관헌이 명한 도유사·장의 등의 직을 두고 제사를 지내 온 것인가? 이상 각항에 관한 관습.

회답

1. 조선에서는 조상 4대에 한하여 사당에서 제사를 지내고 5대 이상은 신주를 묘소에 묻어서 묘제를 지내는 것이 통례이다. 단, 세실(世室)의 국구(國舅)·왕자·부마(駙馬)인 자, 묘정(廟廷) 배향인, 친공신, 문묘종향(文廟從享)인 기타 부조의 전을 받은 자는 대수를 한정하지 않고 사당에서 제사를 지낸다.
2. 각 가의 사당을 가묘라고 하고, 5대 이상의 조상에 대하여 사당에서 제사를 지내는 경우에 별도로 1실을 짓는 경우가 있다. 이를 별묘라고 한다.
3. 5대 이상의 조상에서 가묘 이외에서 제사를 지내는 것은 곧 별묘에서 제사를 지내는 경우로, 제사의 절차는 가묘와 다르지 않다.
4. 별묘는 위에서 기술한 바와 같다. 사(祠)는 나라에 특별한 공이 있었거나 학덕이 당대에 높았던 자를 제사 지내는 곳으로, 나라가 세운 것도 있고 사람이 세운 것도 있다. 그리고 사에는 별사라는 것이 있지만 분사라는 것은 없다. 또 서원은 현자를 모시고 학문을 장려하는 취지에 기초하여 사림에서 지은 것으로, 석유(碩儒)를 제사 지내고 아울러 한 마을의 강학하는 곳으로 삼았다.

5. 분사라는 것이 존재하지 않는 것은 전항에서 기술한 바와 같다.
6. 서원의 성질은 4.에서 기술한 바와 같다. 그리고 서원에는 사액서원과 미사액서원 두 종류가 있다.
7. 1864년(개국 473)에 별묘의 철폐를 명한 적은 없다.
8. 서원에 사액·미사액의 두 종류가 있는 것은 6.에서 기술한 바와 같다. 사(祠)에도 역시 사액과 미사액의 두 종류가 있다.
9. 별묘의 제사에는 자손 이외의 자는 간여하지 않는다.
10. 별묘의 제사에 관하여 유사·장재 등의 관리자를 정한 예가 없지 않지만, 관헌과는 관계가 없다.
11. 종전에는 사 및 서원에 사림에서 도유사·장의 등의 관리를 선정하여 부윤·군수 등의 승인을 받아서 사공(祠供), 기타 사무를 처리하게 하였다.

조회회답 94 | 1913년 9월 4일 공주 지방법원 재판장 조회
1913년 9월 12일 참 제56호 정무총감 회답

양자의 재산상속에 관한 건

요지
1. 남호주가 사망하고 제사상속인이 없기 때문에 그 처에게 유산을 상속시킨 후 죽은 남호주에게 양자를 들인 때에 양자는 입양한 날부터 양모로부터 양부의 유산을 승계할 자이다.

조회
1. 조선의 관습상, 예를 들어 남호주 갑이라는 자가 사망하고 상속인이 없어서 그 처인 과부가 일시 재산을 상속한 후 과부가 양자를 들인 경우에 그 양자가 호주인 갑의 상속을 한

때에 갑이 가진 재산은 갑의 사망 당시로 소급하여 그 소유권을 취득해야 하는가? 과부로부터 다시 상속에 의한 소유권 이전의 절차를 해야 하는 것으로 그때로부터 소유권을 취득해야 하는가?
2. 전항의 관습은 일반적인 것인가? 지방에 따라 다른가? 만약 다르다면 그 관습 및 지방별 차이.

회답

1. 조선의 관습상 남호주가 사망하고 제사상속인이 없이 그 처에게 유산을 상속시킨 후 죽은 남호주에게 양자를 들인 경우, 그 양자는 양자가 된 때로부터 양부의 유산을 양모로부터 승계한다. 그리고 이 관습은 각 지역에서 동일하다.

조회회답 95 | 1913년 7월 24일 평양지방법원 정주지청 조회
1913년 9월 12일 참 제49호 정무총감 회답

서원토에 관한 건

요지

1. 서원토(書院土)란 서원의 제사 및 기타의 비용을 지급하기 위해 서원에 속한 토지를 말한다.
2. 1871년(개국 480)에 철폐가 명해졌지만 사실상 철폐되지 않은 서원에 속하는 토지는 지금도 보통의 서원토인 것으로 한다.
3. 서원의 재산은 종전에는 그 관리하는 사림(士林)과 협의하여 관할 부사(府使), 군수(郡守) 등의 승인을 얻어 처분하는 예가 있었지만, 현재에는 정해진 예라고 인정할 만한 것이 없다.

조회

1. 서원토의 성질은 어떤 것인가?
2. 1864년(개국 473) 각 도의 서원을 철폐한 적이 있다. 그 당시 실제로 철폐되지 않은 것은 지금도 여전히 서원토로서 효력이 있는가?
3. 지금까지 철폐되지 않은 서원이 소유한 재산의 처분행위는 누가 어떤 방법으로 할 수 있는가?

회답

1. 서원토란 서원의 제사, 기타 비용을 지급하는 기본 재산으로서 서원에 속했던 토지를 말한다.
2. 1864년에 사원(祠院)의 첩설(疊設) 및 사설(私設)을 금지한 적이 있지만 각 도의 서원의 철폐를 명한 적은 없으며, 1871년(개국 480)에 이르러 문묘종향인(文廟從享人) 외의 서원 및 첩설 서원의 철폐를 명한 적이 있다. 그 당시 사실 철폐를 하지 않은 서원에 속했던 토지는 지금도 다른 서원토와 다를 바 없다.
3. 서원 재산의 처분에 대해서는 종전에 서원을 관리하는 사람과 협의하여 부사, 군수 등 수령의 승인을 거치는 예가 있었지만, 지금은 정해진 예로 인정할 만한 것이 없다.

조회회답 96 | 1913년 7월 5일 함흥지방법원 조회
1913년 9월 13일 참 제46호 정무총감 회답

수양자의 제사 및 선산 보호에 관한 건

요지

1. 수양자(收養子)가 양부의 성(姓)에 따라 사실상 양부의 뒤를 이어 제사를 받들었다고 하더라도 그것을 제사상속으로 인정할 수 없다. 별도로 일가를 창립한 것으로 보는 것이 상당

하다. 전항의 경우에 수양자의 자(子)가 다시 그 뒤를 이은 때에는 그 생부의 봉사자(奉祀者)가 되는 것에 지나지 않는다.
2. 수양자가 양부의 성을 따른 경우에도 양친과 친족 관계는 생기지 않는다. 이 경우에 수양자의 자가 수양가의 일문(一門)에 이의가 있는 때 수양조부의 분묘를 보호하고 제사를 받들 수 없다 하더라도 수양조부와 동일 묘지에 있는 생부의 분묘를 옮길 필요는 없다.

조회
1. 이갑(李甲)이 자(子)가 없어서 타성(他姓)의 어린아이 김을(金乙)을 양자로 들이고 을이 이후 이씨(李氏) 성을 쓰고 있고 갑의 사후 을이 상속을 했는데, 그의 사후 을의 친자 병(丙) 역시 이씨 성을 쓰고 을을 상속하였다. 그런데 병은 원래 김씨(金氏) 성이기 때문에 이씨 가의 문중과 협의 없이 스스로 김씨 성으로 복귀하고 민적부상 '김병(金丙)'으로 칭하고 여전히 갑 이하의 제사를 지냈다. 이로 인해 갑가(甲家)의 종손 정(丁)은 병이 타성을 썼다는 이유로 병가(丙家)의 분묘(병 자신이 구입한 토지로서 갑과 을 2인의 무덤만 있음)를 종가에 넘기려고 한다.
2. 위의 병은 복성(復姓)과 함께 완전히 이씨 가의 친족 관계로부터 이탈하는가? 만약 이씨가와의 관계를 이탈하는 것이라면 위의 분묘는 정에게 인도해야 하는가? 또 이씨 가가 이의를 제기하면 을의 분묘는 병이 굴이(掘移)해야 하는가? 병은 정 등 이씨가 일문의 이의가 있음에도 불구하고 여전히 위의 분묘를 소유하고 갑과 을의 제사를 지낼 수 있는가?

회답
1. 타성의 어린아이를 양자로 들여 그 성을 따르게 한 경우는 수양으로서, 수양자에게는 제사상속의 자격이 없다. 따라서 수양자가 사실상 양부의 뒤를 잇고 제사를 지냈다고 하더라도 관습상 이것을 제사상속으로 인정하지 않고, 수양자는 별도로 일가를 창립한 것으로 보는 것이 온당하다. 그리고 수양자의 친자가 다시 그 뒤를 이은 경우에는 단지 생부의 봉사자가 된 것으로, 양가의 제사상속을 한 것이 아님은 물론이다.
2. 조회에서 병은 처음부터 갑가의 친족이 아니므로 복성으로 친족 관계가 소멸하는지의 문제가 발생하지 않는다. 갑가 일문에 이의가 있는 때 병은 갑의 분묘를 수호하고 제사를

지낼 수 없다 하더라도, 을의 분묘에서는 그것을 보호하고 제사를 지내는 것이 당연하다. 그 분묘가 갑의 분묘와 동일 묘지에 있기 때문에 굴이할 필요는 없다.

조회회답 97 | 1913년 9월 6일 공주지방법원 조회
　　　　　　　　1913년 9월 30일 참 제57호 정무총감 회답

문중에서 공유하는 산의 입목 처분에 관한 건

요지

1. 문중에서 공유하는 산의 입목 매매와 같은 처분행위는 공유자 전원의 협의를 필요로 한다.
2. 문중의 유사(有司)는 특별한 수권(授權)이 없으면 전항의 처분행위를 할 수 없다.

조회

1. 문중에서 공유하는 산의 입목 매매 같은 처분행위는, 각 공유자가 각 지역(각 도, 각 군)에 산재하여 거주하는 경우라고 하더라도 각 공유자 전원의 동의를 필요로 하는 관습이 있는가? 혹은 공유자 중에서 주된 자의 동의로 충분한가? 또 그 공유하는 산 부근에 거주하는 공유자 중 주된 자의 동의로 유효하게 성립 가능하다는 관습이 있는가?
2. 문중에 유사가 있을 때에 유사는 단독으로 위의 처분행위를 할 수 있는가?

회답

1. 문중에서 공유하는 산의 입목 매매 같은 처분행위는, 각 공유자가 각 지역(각 도, 각 군)에 산재하여 거주하는 경우라고 하더라도 각 공유자 전원의 협의를 필요로 한다.
2. 문중에 유사가 있더라도 유사는 특별한 수권이 없으면 단독으로 위의 처분행위를 할 수 없다.

조회회답 98 | 1913년 9월 10일 평양지방법원 정주지청 조회
1913년 10월 1일 참 제58호 정무총감 회답

절후의 경우 유산 상속에 관한 건

요지
1. 처와 딸만 있는 호주가 사망한 경우에는 양자를 정하기까지 처가 일시 호주가 되어 유산 전부를 승계한다.

조회
1. 호주 갑(甲)과 가족인 후처 을(乙), 장녀 병(丙), 차녀 정(丁)(둘 다 갑과 을 사이에 출생함)의 호적에, 장녀 병은 타가에 시집가고 양자[男]를 들이지 않은 채 호주 갑이 사망하였다. 이 경우에 양자가 없기에 해당 가(家)는 절가[無後]가 되고, 호주 갑 소유의 유산은 전부 당연히 후처 을에게 귀속해야 하는 것으로서, 장녀 병과 차녀 정은 아무런 상속권리가 없는가?

회답
1. 남호주(男戶主)의 가족으로 후처와 딸이 있는 경우에 양자를 들이지 않은 채 호주가 사망한 때에는 후처가 양자가 정해질 때까지 일시 호주가 되어 전호주(前戶主)의 유산 전부를 승계한다.

조회회답 99 | 1913년 10월 9일 평양지방법원 조회
1913년 10월 14일 참 제65호 정무총감 회답

부의 자에 대한 대리권에 관한 건

요지
1. 부(父)는 벙어리[瘖啞者]인 자(子)를 대신하여 그 자를 위해 고소를 하거나 이혼 의사의 표시를 할 수 있었다.

조회
1. 조선의 관습상 부는 문자를 이해할 수 없는 벙어리인 자를 대신하여 단독으로 그 자를 위해 고소를 하거나 이혼 의사의 표시를 할 수 있는가?
2. 만약 할 수 없다면 이러한 경우에는 조선의 관습상 어떤 방식으로 하는가?

회답
1. 부는 문자를 이해할 수 없는 벙어리인 자를 대신하여 단독으로 그 자를 위해 고소를 하거나 이혼 의사의 표시를 할 수 있다.

조회회답 100 | 1913년 10월 4일 공주지방법원 충주지청 조회
1913년 10월 16일 참 제64호 정무총감 회답

서원전의 처분에 관한 건

요지
1. 철폐된 서원에 속하던 토지는 유림의 협의에 따라 향교에 부속시키거나 부근의 서재

(書齋)에 이전시키거나 혹은 향주(享主)의 묘위전(墓位田)으로 하는 등, 관례가 일정하지 않다.

조회

1. 구한국시대 존재한 서원전(事院田, 사액서원이 아니라 단지 자손이 제사를 지내는 서원)은 서원 철폐 후 어떻게 처분된 것이 관습인가?

회답

1. 사액서원이 아닌 서원전은 서원 철폐 후에 유림의 평의에 따라 향교에 부속시키거나 부근의 서재로 이전하거나 혹은 향주의 묘위전이 된 것 등이 있어서 관례가 일정하지 않다.

조회회답 101 | 1913년 10월 11일 평양복심법원 민사부 재판장 조회
1913년 10월 16일 참 제68호 정무총감 회답

전답의 매매계약과 소작료에 관한 건

요지

1. 매매의 목적인 전답의 소작료 취득에 관해 특약이 없을 때에는 매수인이 이를 취득하는 것이 본칙이지만, 매매의 시기가 작물의 성숙기 이후이거나 소작료의 지급 시기가 대금 지급 전 혹은 전답을 인도하기 전일 때에는 매도인이 이를 취득하는 것을 관례로 한다.

조회

1. 조선, 특히 평안북도 의주부 지방에서 전답의 매매계약에 특약이 없는 경우에 그해의 소작곡(小作穀)은 매도인과 매수인 중 누가 취득하는가?
2. 매매의 시기, 대금 지급의 기한, 목적인 전답의 인도 전후에 따라 구별이 있다면 그 구별

에 따른 상세한 내용.

이상의 관습.

회답

1. 전답의 매매계약에 특약이 없는 경우에 그해의 소작료는 매수인이 취득한다. 단, 매매의 시기가 작물의 성숙기 이후이거나 소작료의 지급 시기가 대금의 지급 전 혹은 전답을 인도하기 전일 때에는 매도인이 이를 취득하는 것을 관례로 한다.

조회회답 102 | 1913년 7월 7일 평양지방법원 조회
1913년 8월 8일 내무부 장관 회답

사찰에 관한 건

요지

1. 사찰(寺刹)을 대표하는 주지(住持)는 사찰 재산을 관리할 권한을 갖지만 자유로이 처분할 권한은 없다. 절의 재산을 처분할 인가권을 군수에게 부여한 관습은 없다.

조회

1. 사찰령(寺刹令)[64] 시행 전에 사원의 대표자는 주관승(主管僧)인가? 주직(住職)인가? 또 누가 절의 대표자라 해도 그 사찰의 재산을 자유로이 처분할 수 있는가?

---

64 사찰령(寺刹令): 일제강점기에 식민지권력인 조선총독부는 일본의 여러 종교를 식민지 조선에 도입하려는 목적으로 내지연장주의를 채택함과 동시에, 조선인의 여러 종교인과 기독교 선교사 등을 사찰령과 포교규칙 등의 법령으로 관리하면서 통치에 활용하려고 하였다. 조선총독부는 1911년 6월 30일에 제령 제7호로 7개 조문으로 구성된 사찰령을 발포(1911년 9월 1일 시행)하였다. 사찰령은 사원의 병합, 이전과 폐지, 명칭의 변경, 사원의 재산에 관한 처분 등에 관하여 모두 조선총독의 허가가 필요하다는 내용으로 구성되었다. 川瀨貴也, 2015-2, 「植民地朝鮮における宗教政策と日朝佛教: 一九二〇年代から三〇年代を中心に」, 『宗教研究』 89, 日本宗教學會.

2. 만약 처분할 수 없다고 해도 군수의 인가를 얻으면 처분할 수 있는가?

회답

1. 7월 7일 제238호 수제(首題)의 건에 관해 당부(當部, 내무부) 지방국 제1과 앞으로 조사를 촉탁드린바, 사찰령 시행 전 사찰의 대표자는 주무 관청, 즉 이조(吏曹)에, 이조 폐지 후에는 내부(內部)[65]에 사무를 맡겨 2년 6개월, 즉 30개월의 임기로 해당 사찰의 사무법요(事務法要)를 관장하는 주지라고 아시면 되겠습니다. 그리고 주관승 또는 주직이라고 칭하는 것은 원래 공식적으로 정해진 명의(名義)가 아니기에, 이런 명칭으로 표시하는 자가 과연 해당 사찰을 대표할 권능을 갖는지 여부는 오로지 그 자가 주지의 요건을 구비하고 재직한 자였는지 여부를 조사하여 정할 수밖에 없다고 사료됩니다. 다음으로 사찰을 대표하는 주지는 그 사찰의 재산에 대해 오로지 관리하는 권한만 갖는 것에 그치고, 사실상 부득이한 경우에 사찰의 협의로 처분을 한 예가 있으나 관습상 주지에게 자유로운 처분 권한이 있다고 인정할 수는 없습니다. 사찰의 재산을 처분할 인가권을 군수에게 부여한 관습이 있다는 점은 인정할 수 없습니다.

---

[65] 내부(內部): 내무부(內務府)와 이조(吏曹)의 소관 업무를 통합하여 계승한 내무아문을 1895년(고종 32)에 개명한 것인데, 1910년(융희 4)에 폐지되었다. 관원으로는 대신 1명, 협판 1명, 국장 5명, 참서관(參書官) 8명, 시찰관(視察官)·기사·기수(技手) 각 4명, 주사 40명을 정원으로 하였다. 1등국인 주현국(州縣局), 2등국인 토목국·판적국(版籍局), 3등국인 위생국·회계국이 있었다. 내부대신은 칙임관(勅任官)으로 지방행정·경찰·감옥·토목·위생·지리·출판·호적·구휼 등에 관한 사무를 총괄·지휘하고 지방관·경무사(警務使)를 감독하였다. 내부협판은 칙임관으로 대신을 보좌하여 내부의 사무를 정리하고 각국의 사무를 감독하였다. 주현국장은 칙임관이나 주임관(奏任官)이었으며, 그 밖의 4개 국의 장은 주임관이었다. 주현국은 지방행정·진휼 구제·공립영조물(公立營造物)에 관한 업무를, 토목국은 내부 관할의 토목공사·토지 측량·토지 수용 등에 관한 업무를 맡았다. 판적국은 호적·지적(地籍) 관리, 무세관 유지(無稅官有地) 처분 및 관리, 관유지 명목 변경 등에 관한 업무를, 위생국은 전염병·지방병 예방 및 검역·의무·약무, 기타 공중위생·의사·약제사·의약품 등에 관한 업무를, 회계국은 내부 소관 경비 및 예산·결산 집행 등에 관한 출납·회계 업무 등을 담당하였다. 참서관·시찰관·기사는 모두 주임관이었다. 시찰관은 지방제도 개정에 필요한 일을 조사했으며, 때로는 임시 명령에 따라 지방행정을 순시하기도 하였다. 광제원·혜민원·경무청도 내부 소속이었다.

조회회답 103 | 1913년 11월 22일 평양복심법원 민사부 재판장 조회
1913년 12월 15일 참 제77호 정무총감 회답

하수 사용에 관한 건

요지

1. 같은 하천에서 물을 대는 논도랑[畓用垌]과 물레방아에 쓰는 도랑[水車用垌]이 있는 경우에 강물이 부족할 때에는 먼저 설치한 도랑에 물을 대고, 설치의 전후가 분명하지 않을 때에는 상류의 도랑에 물을 댄다.
2. 전항의 경우에 하류에 있는 논도랑 소유자가 상류에 있는 물레방아에 쓰는 도랑을 자유로이 열 수 있는 관습은 존재하지 않는다.

조회

1. 같은 강물을 논과 물레방아에 사용할 경우에, 봄과 여름 농작에 필요할 때에는 이에 사용해서 남은 물이 없다면 물레방아에 사용할 수 없는가?
2. 앞의 경우 도랑의 위치 및 도랑의 설치 전후 여부에 관계가 있는가?
3. 전항의 관습이 있다면, 아래쪽에 있는 논도랑의 소유자는 관개를 위해 위쪽에 있는 물레방아에 쓰는 도랑을 마음대로 열어서 자기의 도랑에 물이 흘러 들어가게 할 수 있는가?

회답

1. 같은 강물에서 물을 대는 논도랑과 물레방아에 쓰는 도랑이 있는 경우에, 봄과 여름에 하수(河水)가 부족할 때에는 먼저 설치한 도랑에 물을 대고 선후가 분명하지 않은 때에는 상류의 도랑에 먼저 물을 대는 것이 관례이다.
2. 전항의 경우에 하류에 있는 논도랑의 소유자가 상류에 있는 물레방아에 쓰는 도랑을 열 수 있는 관례는 없다.

조회회답 104 | 1913년 12월 4일 평양지방법원 조회
1913년 12월 16일 참 제80호 정무총감 회답

수세 지급에 관한 건

요지
1. 도랑 주인[垌主]이 몽리지(蒙利地)에 물을 공급한 때에는 수세[水稅]를 징수할 수 없다.
2. 수세는 도랑 주인의 주소가 물을 받는 땅으로부터 3리(里) 이내인 때에는 도랑 주인의 주소에서 지급하고, 3리 이상인 때에는 물을 받는 땅 부근의 도랑 주인이 지정한 장소에서 지급하는 것이 관례이다.
3. 수세의 지급에 관한 관습은 황해도에서도 다르지 않다.

조회
1. 도랑 주인은 논 주인은 도랑 주인의 주소지에 통보하고 수세인 조(租)를 지불할 의무가 있는가?
2. 도랑 주인이 논 주인에게 수세를 청구할 때 논 주인은 도랑 주인의 주소지에 통보하고 수세인 조(租)를 지불할 의무가 있는가? 또는 도랑 주인의 청구가 있을 때에는 논 주인의 주소에서 그 채무를 변제할 의무가 있는 것에 그치는가? 만약 도랑 주인의 주소지에 알릴 의무가 있다면 도랑 주인의 주소까지 몇백 리 거리가 되더라도 그 주소까지 가지고 갈 의무가 있는가? 또 원근에 따른 구별이 있다면 그 원근의 표준은 어떤 것인가?
3. 도랑 주인은 각 지방에 가서 청구해야 하지만 편의상 감관(監官), 추수관(秋收官), 혹은 마름[舍音]으로 하여금 도랑이나 논 소재지에 가서 징수하게 하고, 감관이나 추수관 혹은 마름이 편의상 도랑이나 논 소재지 부근의 일정 장소를 지정하여 그곳으로 가져올 것을 요구하면 논 주인이 호의로 가지고 간 데 지나지 않은 것인가?
4. 황해도에 특히 위와 같은 관습이 있는가?

회답

1. 도랑 주인은 논에 물을 공급하지 않으면 수세를 징수할 수 없다.
2. 수세는, 도랑 주인의 주소가 논에서 3리(里) 이내에 있을 때에는 도랑 주인의 집에서, 3리 이상인 때에는 도랑 주인이나 그 대인(代人)의 논 부근의 부락에 가거나 그 부근의 장소를 지정하여 수수하는 것이 예이다.
3. 황해도라고 하여 관습이 다른 것은 없다.

조회회답 105 | 1913년 11월 11일 평양지방법원 정주지청 조회
1913년 12월 23일 참 제76호 정무총감 회답

말사의 재산 처분에 관한 건

요지

1. 사찰령(寺刹令) 시행 전에 말사(末寺)의 방주(房主)가 본사(本寺)의 승인을 거치지 않고 한 부동산의 처분은 무효이다.

조회

1. 사찰령 시행 이전인 구한국 융희 3년(1909) 1월에 말사[평안북도 정주군 심원사(深源寺)] 방주가 본사[평안북도 영변군 묘향산 보현사(普賢寺)]의 허가를 얻지 않고 그 소유 부동산을 다른 곳에 매각하였다. 이 매매는 유효한가? 당시에도 사찰령 제5조의 취지에 따라 반드시 본사의 허가를 얻지 않으면 그 매매행위는 무효인 것인가?

회답

1. 사찰령 시행 전에는 말사가 그 부동산을 처분하기 위해서는 부득이한 경우 일산(一山) 승려의 협의를 거쳐 본사의 승인을 얻을 필요가 있었기에, 만약 본사의 승인을 거치지 않고

처분한 때 그 처분은 효력이 없는 것으로 한다.

조회회답 106 | 1913년 12월 10일 평양복심법원 민사부 재판장 조회
1913년 12월 23일 참 제82호 정무총감 회답

본사와 말사의 관계에 관한 건

요지

1. 사찰령 시행 전에도 사원(寺院) 간에 본사(本寺)와 말사(末寺)의 관계를 인정하여, 폐사(廢寺)가 된 말사의 재산은 본사가 특별히 그 이전·귀속을 정하지 않는 때에는 당연히 본사에 귀속하는 것으로 한다.

조회

1. 사찰령 시행 전의 조선에서 절과 절 사이에 본말의 관계가 있었는가?
2. 만약 말사가 폐사가 된 때에 그 소유 재산이 당연히 본사의 소유로 이전·귀속되는 관습이 있었는가?

회답

1. 조선에서는 사찰령 시행 전에도 사원 간에 본사와 말사의 관계를 인정하여, 말사가 폐사가 된 경우에 본사가 특히 그 이전·귀속을 정하지 않은 때에는 그 재산을 당연히 본사에 이전·귀속한 것으로 한다.

조회회답 107 | 1913년 12월 18일 경성지방법원장 조회
1914년 1월 10일 제83호 정무총감 회답

형망제급의 효력에 관한 건

요지

1. 형망제급(兄亡弟及)[66]의 예에 의해서 봉사(奉祀)하게 된 경우에는 제사권을 승계한다.
2. 사자(嗣子)가 형벌을 받아 죽고[伏誅] 아우가 칙명에 의해 대군(大君)의 제사를 받든 후 다시 칙명에 의해 예전의 죄를 사면하여 입후자(立後者)를 정한 때에, 그 자는 입후자가 되지만 앞의 칙명에는 영향이 없다.

조회

1. '천(天), 인평대군'이라는 조선인에게 장남 갑(甲)과 차남 자(子)가 있다. 장남 갑에게는 을(乙)이라는 장남 및 병(丙)이라는 장손이 있다. 또 차남 자에게는 축(丑)이라는 장남이 있다.

綾昌大君 - 麟坪大君 天 - 甲 陽原君 - 乙 麟興君 - 丙 鼎錫 - 丁 秉潤 - 戊 - 己 - 庚 載沆
　　　　　　　　　　　　　　子 義原君 - 丑 安興君 - 寅 ─── 卯 ─── 辰 - 巳 - 午 載克

위에서 천, 갑, 자가 이미 사망한 후, 지금으로부터 184년 전 1730년(영조 6)에 을은 형벌을 받아 죽고 병 역시 그 다음 날 사망하여 제사가 끊어졌다. 그런데 이듬해 1731년(영조 7)에 영조의 특명으로 형망제급의 예로써 차계(次系)인 축에게 대군(大君)의 제사를 모시도록

---

66 형망제급(兄亡弟及): 『경국대전』 등의 국전 봉사(奉祀) 조에는 장자가 무후(無後)이면 중자(衆子)가 봉사하도록 하였는데, 이를 형망제급(兄亡弟及) 또는 이종(移宗)이라고 한다. 입후가 보급되면서 점차 사라졌지만 적장자가 미혼으로 사망한 경우에 나타나는 수가 있다. 장자가 성인이 되지 못하고 사망하였는데 성인으로 성장하지 못한 장자를 위해 입후하는 것은 예법에 맞지 않았으므로, 차자에 의한 계승이 이루어지게 되었다. 고민정, 2020, 「17~18세기 兄亡弟及의 사례를 통해 본 가계계승의 실현과정」, 『사학연구』 140 참조.

한 후 세습하여 오(午)에 이르렀다. 그런데 50년 전에 고종[李太王]의 특명으로 을의 관작을 회복하여 종손 정(丁)을 후사로 삼고 세습하여 경(庚)에 이르렀다. 단, 특명으로 입후한 때에 정은 이미 사망하였다.

1. 앞의 경우 형망제급의 효력은 단지 임시로 제사를 섭행하는 것에 지나지 않고, 후일 장손을 승계할 자가 있는 때에는 그에게 제사를 넘겨야 하는 것인가? 확정적으로 제사권을 승계하는 것으로 하여 이를 세전(世傳)해야 하는 것인가?
2. 이미 형망제급의 예에 따라 제사를 받들 자가 있을 때 입후의 특명이 있는 경우에는 어떤 효과가 생기는가?
3. 대군의 제사를 받들게 하는 특명과 입후의 특명은 그 효력에 차이가 있는가?

회답

1. 형망제급의 예에 의해 봉사하게 한 경우에는 제사권을 승계한다.
2. 앞서 형망제급의 예에 의해 축으로 하여금 인평대군(麟坪大君)의 제사를 받들도록 하는 칙명이 있은 후에 을의 죄명을 효주(爻周)하여 그 관작을 회복하고, 정을 을의 계후(繼後)로 하는 칙명이 있는 경우에 정이 을의 입후자가 되지만, 앞선 칙령에는 영향이 없다.

조회회답 108 | 1914년 1월 22일 광주지방법원 목포지청 조회
1914년 2월 6일 참 제10호 정무총감 회답

서자가 있는 자의 양자에 관한 건

요지

1. 서자 있는 경우에도 동성입양하는 관습은 갑오개혁 후에도 여전히 일부 행해졌다.
2. 전항의 관습은 호주·가족·상민·양반에 따라 다르지 않다.

조회

1. 조선에서는 서자가 있는 자라고 해도 양자를 들일 수 있는 관습이 있었는가?
2. 앞의 관습은 호주와 가족, 혹은 상민과 양반을 구별하지 않았는가?

참조

1894년(개국 503) 6월 28일 의안(議案), '적첩구무자연후 시허솔양(嫡妾俱無子然後 始許率養).'

회답

1. 조선의 법제에서 서자가 있는 자는 동종입양을 할 수 없었지만, 실제로는 서자의 계통[庶流]을 무시하여 가계를 중시하는 자, 문벌이 있는 자 등은 서자가 있음에도 불구하고 동종지자를 양자로 들이는 경우가 있고 관습상 유효하다고 인정하였다. 갑오개혁 후 이 관습이 거의 혁파되었으나, 지금도 여전히 일부 행해지고 있어서 반드시 그것을 무효로 볼 수 없는 상황이다.
2. 앞의 사항은 호주와 가족, 상민과 양반의 구별이 없다.

조회회답 109 | 1913년 12월 18일 부산지방법원 용남지청 조회
1914년 2월 7일 참 제12호 정무총감 회답

사패지의 종류 및 효력 등에 관한 건

요지

1. 사패지(賜牌地, 임금이 사패[67]를 내려 사여한 토지)는 궁방사패(宮房賜牌)·영문사패(營門賜牌)·

---

67 사패(賜牌): 교지에 속하며 사패교지라고도 한다. 조선시대 국왕이 신하에게 토지와 노비를 내려 주거나 공이 있는 향리에게 향리의 역을 면제해 줄 때에 내리던 문서를 이른다.

아문사패(衙門賜牌)·공신사패(功臣賜牌) 등이 있다. 궁방사패는 대군(大君)·왕자군(王子君)·공주(公主)·옹주(翁主)·국구(國舅)·부마(駙馬) 및 후궁 등에게 전토를 절급(折給)하는 것을 말하고, 영문사패는 각 영문에, 아문사패는 각 아문에 둔토 이외의 전토를 절급하는 것을 말하며, 공신사패는 공로가 있는 자에게 전토를 절급하는 것을 말한다. 궁방사패 및 공신사패에는 전토를 영구히 사여(賜與)하는 것과 그 사람 1대(代)에 한하여 사여하는 것이 있다.

2. 결두사패지(結頭賜牌地)[68]라는 명칭은 전적(典籍)에서 찾을 수 없다.
3. 사패지는 절수지(折受地)라고 칭하는 경우가 있다.
4. 경상남도 용남군(龍南郡) 지도(紙島)의 사패지에 관해서는 용남군청 소장의 『통영지(統營誌)』 및 『세조실록』 등에 기사가 있다.

조회

1. 사패지의 종류, 명칭 및 각각의 효력의 차이.
2. 사패지 중에 결두사패지라는 것이 있는가? 있다면 그 효력.
3. 사패지를 일명 절수(折受)라고 하는가? 만약 다르다면 절수라는 것의 성질 및 그 효력.
4. 사패지의 명칭, 위치 및 그 권리자를 알 수 있는 옛 기록이 있는가? 있다면 구한국 세조 대의 경상남도 용남군[옛 고성군(固城郡)] 지도에서 사패지 부분의 초록(抄錄)을 송부 받고 싶습니다.

회답

1. 사패지에는 궁방사패·영문사패·아문사패 및 공신사패 등이 있다. 궁방사패지는 대군·

---

68 결두사패지(結頭賜牌地): '결두(結頭)'라는 용어는 결두전(結頭錢)에서 시작되었다. 결두전이란 조선 말기에 경복궁 중건을 위하여 전세(田稅)에 덧붙여 징수한 일종의 부가세였다. 흥선대원군은 1865년(고종 2)부터 경복궁 중건에 필요한 경비를 강제 기부금 형식인 원납전(願納錢)으로 충당하는 한편, 토지 1결당 전(錢) 100문(文)을 결두전으로 거두었다. 이것은 전결(田結)의 세율을 인상한 것이었는데, 그래도 부족하여 이를 충당하기 위하여 도성을 출입하는 사람들로부터 문세(門稅)를 징수하기도 하였다. 당시의 원납전은 '원납(怨納)', 결두전은 '신낭전(腎囊錢)'이라고 불릴 만큼 백성들에게 고통을 주었다. 1873년 장령 홍시형(洪時衡)의 건의로 혁파되었다. 회답의 내용대로 '결두사패'라는 명칭은 전적에서 찾아지지 않는다.

왕자군·공주·옹주·국구·부마 및 후궁 등에게 전토를 절급한 것을 말하고, 영문사패지는 각 영문에 둔토 이외의 전토를 절급한 것을 말하며, 아문사패지는 각 아문에 둔토 이외의 전토를 절급한 것을 말하고, 공신사패지는 공로가 있는 자에서 전토를 절급한 것을 말한다. 이것들을 사전(賜田)·사패전(賜牌田)·공신전(功臣田) 등이라고도 칭하였다. 그리고 궁방사패지 및 공신사패지에는 영구히 사여한 것과 그 사람 1대에 한하여 사여한 것이 있다.

2. 결두사패지라는 명칭은 전적에서 찾을 수 없다.
3. 사패지를 절수지라고 칭하는 경우가 있다.
4. 경상남도 용남군 지도의 사패지에 관해서는 용남군청 소장 사본인 통영지에 다음의 기사가 있다.

지도, 재영지동이십리견내양계, 함종어민사패지야, 거민전앙해착(紙島, 在營之東二十里見乃梁界, 咸從魚民賜牌地也, 居民全仰海錯).

위 기사 중 '어민(魚民)'이라는 것은 '어씨(魚氏)'의 오기인 듯하다. 민간에 보관된 사본『통영지』에는 '어씨'로 되어 있는 것이 있다.

또 조선 세조 대에 '어세공(魚世恭)'이라는 자의 공로를 치하하여 밭 100결(結)과 그 밖의 것을 사여한 직이 있다. 조선 역대 실록 중 세조 정해년(丁亥年) 11월에 다음 기사가 보인다.

적개 이등 공신(敵愾二等功臣)을 삼고, 그 부모와 처(妻)에게 벼슬을 주고 사유(赦宥)가 영세(永世)에 미치게 한다. 인하여 노비 10구(口), 전지(田地) 100결(結), 은 25냥(兩), 의복 1습(襲), 내구마(內廐馬)를 내려 주니, 정충출기적개 공신(精忠出氣敵愾功臣) 자헌대부(資憲大夫) 함길북도 관찰사(咸吉北道觀察使) 아성군(牙城君) 어세공(魚世恭)에게 하교(下敎)하기를 "왕은 이르노라. 왕(王)의 적개(敵愾)하는 자를 대적(對敵)하는 것은 충신(忠臣)이 아니면 능히 하지 못할 것이다. 사람에게 공적이 있으면 상주는 것은 전례(典禮)에 있으니, 마땅히 거행해야 할 것이다. 생각건대 경은 마음가짐을 굳고 확실하게 하고 일 처리에 정통하고 밝으며, 지략이 웅대할 뿐만 아니라 학문도 뛰어났다. 지난번에 적수(賊竪) 이시애(李施愛)가 감히 모반을 도모하여 장수와 수령을 살해하고 군사를 일으켜 남쪽으로 내려오려 하니, 그 형세가 장차 막을 수 없고, 죄악이 많아서 하늘에 가득찼다. 내가 이에 장수에게 명하여 가서 정벌하게 하였는데, 경이 일찍이 후설(喉舌)을 맡아 나의 뜻을 분명히 알고 있으므로 재결(裁決)을 시험할 만하다고 하여 한 방면(方面)을 위임(委任)하였더니, 경이 능히 정성을 다하고 힘을 베풀어 마침내 흉도(兇徒)를 소탕하여, 속히 평정하고 한 지방을 무집(撫輯)하여 옛날과 같이 안도(安堵)하게 하였도다. 내가 '앞뒤에 사람이 있다.'라고 하고 내가 '어모(禦侮)할 자가 있다.'라고 할진대, 경이 아니고서 누구라고 하겠는가. 이에 경을 책훈(策勳)하여, (중략) 이르거든 수령(受領)할지어다. 아아, 이름을 역사책에 드리우고 그 공적(功績)을 크게 보이니, 산하(山河)를 두고 맹세하여 영세(榮世)토록 기업을 함께 보전할지어다." 하였다.

조회회답 110 | 1914년 2월 13일 경성복심법원 민사제1부 재판장 조회
1914년 2월 24일 참 제16호 정무총감 회답

차양자에 관한 건

요지
1. 차양자(次養子)는 아들이 출생할 때까지 양가(養家)의 제사를 받들고 그 가(家)의 재산을 일시 승계한다.
2. 차양자는 아들이 출생하여 그 자(子)가 상당한 연령에 달한 후 그 가를 떠나는 것이 통례이다.

조회
1. 차양자는 아들을 낳을 때까지는 양가의 제사와 재산을 일체 상속하는 것인가?
2. 만약 아들이 출생한 경우에 차양자는 바로 양가를 떠나고 그 아들이 상속하는 자가 되는가? 또는 출생한 아이가 성년에 달한 후에 가를 떠나는 것인가?

회답

1. 차양자는 아들이 출생할 때까지 양가의 제사를 받들고 그 가의 재산을 일시 계승한다.
2. 아들이 출생해도 차양자는 바로 그 가를 떠날 필요가 없고, 그 자가 상당한 연령에 달한 후 그 가를 떠나는 것이 통례이다.

조회회답 111 | 1914년 3월 4일 경성복심법원 민사제3부 재판장 조회
1914년 3월 9일 참 제22호 정무총감 회답

섭사에 관한 건

요지

1. 남호주(男戶主)가 사망하고 아들이 없을 때에는 사자(死者)의 가장 가까운 친족이 대신 제사를 지낸다[섭사(攝祀)[69]].
2. 섭사자(攝祀者)는 사자의 유산을 관리한다.
3. 섭사자는 1인에 한한다.
4. 섭사는 죽은 남호주의 가장 가까운 친족 중에서 남자가 맡고, 별도로 선정하지 않는다.

---

69 섭사(攝祀): 예와 법에 따르면 사가에서 정당한 제사 주재자는 적장자이다. 그런데 적장자에게 사정이 생겨서 제사를 지낼 수 없는 경우에 제사의 중단 내지 단절을 막기 위해 정당한 제사 주재자가 아닌 자가 제사를 거행할 수 있었다. 섭사는 다음의 경우에 나타났다. ① 적장자가 어려서 제사를 주재할 수 없을 때 그의 삼촌 등이 섭사하였다. ② 적장자가 질병 등인 경우에는 그의 아우 등이 대행하였다. 이 두 경우는 적장자가 장성하거나 병이 나으면 제사를 주재하면 되므로 문제가 없다. ③ 현재의 봉사자가 입후(立後)하지 않고 사망하였을 경우이다. 이 경우는 시대에 따라 많은 논의가 있었다. 첫째, 입후하여 양자가 제사를 모실 때까지의 섭사로 전형적인 예이다. 둘째, 형망제급(兄亡弟及)의 예(禮)에 따라 죽은 장자[亡長子]의 아우가 제사를 주재하고 있는데, 죽은 장자의 처가 입후하여 봉사하려는 경우이다. 이때 이미 제사를 주재하는 아우와 양자 사이에 분쟁이 발생하였는데, 조선 후기에 입후가 널리 보급되면서 분쟁이 줄어들고 결국 형망제급에 따른 중자의 봉사가 임시적인 섭사로 인정되었다. 셋째, 남편 사후에 처가 입후도 하지 않고 본인이 총부(冢婦)로 남편 가의 제사를 승계하려 하는데 시부모 등이 입후한 경우 역시 분쟁이 발생하였다. 결론은 계후자(繼後子)가 제사 주재자로, 총부는 섭사로 인정받았다. 섭사는 적장자 중심의 봉사가 확산됨에 따라 이 법과 예의 원칙을 준수하려는 과정에서 나온 변례를 정리한 것이다.

5. 호주의 동생[弟]이, 동생이 없는 때에는 사촌 친족 중의 남자가 이를 맡는다.
6. 섭사자의 상속인은 섭사 및 유산 관리의 권리 의무를 승계하지 않는다.

조회

1. 남호주가 아들이 없이 사망한 경우에 섭사(攝祀, 혹은 攝事)할 자를 선정하여 그 가(家)의 제사를 관장하도록 하는 관습이 있는가?
2. 섭사자는 제사 및 유산을 상속하는가? 남호주의 상속인을 정할 때까지 일시적으로 제사를 관장하거나 유산의 관리를 하는 것에 그치는가?
3. 섭사자는 1인에 그치는가, 여러 사람인 경우가 있는가?
4. 누가 섭사자를 선정하는가?
5. 어떤 사람을 섭사자로 선정하는가?
6. 섭사자의 제사 및 유산에 관한 권리를 섭사자의 사망에 의해 그 상속인이 승계하는 경우가 있는가?

회답

1. 남호주가 사망하고 아들이 없는 경우에 그 죽은 자의 가장 가까운 친족이 섭사를 하는 관습이 있다.
2. 섭사자는 제사 및 재산을 상속하지 않는다. 그리고 사자의 유산을 관리할 상속인이 없는 때에는 일시 섭사자가 그것을 관리하는 것이 예이다.
3. 섭사자는 1인에 한한다.
4. 섭사는 죽은 남호주의 가장 가까운 친족 중에서 남자에게 맡기고, 별도로 선정하는 일은 없다.
5. 섭사자를 선정하는 경우가 없음은 전항에서 기술한 바와 같다. 그리고 섭사자가 될 자는 죽은 호주의 동생으로 하는 것이 통례이고, 동생이 없는 때에는 사촌 친족 중에서 남자가 이를 맡는다.
6. 섭사자의 상속인이 섭사 및 재산 관리의 권리의무를 승계하는 관습은 존재하지 않는다.

조회회답 112 | 1914년 3월 11일 경성지방법원장 조회
1914년 4월 9일 참 제24호 정무총감 회답

협의이혼에 관한 건

요지

1. 조선에는 협의이혼의 관습이 없다.

조회

1. 당사자가 부모의 동의를 얻지 않고 한 협의상 이혼의 효력은 어떠한가?

회답

1. 조선에는 협의이혼을 인정한 관습이 존재하지 않는다. 따라서 협의이혼에 부모의 동의를 필요로 하는지 여부에 관해서도 아무런 관습을 볼 수 없다.

조회회답 113 | 1914년 3월 12일 경성복심법원 형사부재판장 조회
1914년 4월 9일 참 제25호 정무총감 회답

부권에 관한 건

요지

1. 부(夫)는 처(妻)에게 감호, 교육, 징계 등의 권리를 갖지 않는다. 부는 처의 법률행위 또는 영업을 허가하고 거소를 지정할 권리를 갖는다.

조회

1. 조선인 부부 간에 부는 친권자의 어린 자녀[幼者]에 대한 경우처럼 처를 보호감독할 권리를 갖고 의무를 지는가? 이에 덧붙여 부권(夫權)의 효과로서 부는 처에 대해 어떤 권능을 갖는가?

회답

1. 조선의 관습상 부모가 자녀에게 감호, 교육, 징계, 거소의 지정, 직업의 허가, 재산의 관리, 호주권의 대리행사 등의 권리를 갖지만, 부는 처에게 감호, 교육, 징계 등의 권리를 갖지 않는다. 또 호주권을 대리행사하는 경우도 생기지 않는다. 그리고 부권의 작용으로 볼 수 있는 것으로서, 처는 부의 허가를 받지 않으면 대개의 법률행위를 할 수 없고, 직업을 영위함에서도 부의 허가를 요하는 것을 들 수 있다. 그 외 부는 처의 거소를 지정하여 동거를 강제할 권리를 갖는 데 지나지 않는다.

조회회답 114 | 1914년 3월 20일 경성지방법원장대리 조회
1914년 4월 14일 참 제29호 정무총감 회답

서자 및 양자의 상속에 관한 건

요지

1. 호주가 사망하고 적자가 없는 때 서자에게 상속하게 하지만 양자를 들이는 관습도 여전히 그치지 않고 있다.
2. 서자는 당연히 제사상속을 하며, '승적(承嫡)'이라는 말은 오히려 서자의 제사상속을 지칭한다고 해석해야 한다.
3. 피상속인 및 기타 양자를 선정할 수 있는 자는 서자가 있는 경우에도 양자를 선정할 수 있다.

조회

1. 남호주가 사망하고 적출자(嫡出子)가 없는 경우에 가(家)에 있는 서자는 당연히 제사, 재산, 호주의 상속을 하는가?

    (1) 서자가 앞의 상속을 함에는 승적의 절차를 요하는가? 만약 그렇다면 그 절차는 어떠한가?

    (2) 피상속인 및 기타 양자를 선정할 수 있는 자가 서자를 제쳐 두고 양자를 선정할 수 있는가?

회답

1. 조선에서는 법령상 서자는 제사 및 호주에 대해 당연히 상속권이 있었으나, 실제로는 서자를 천시하거나 청관(淸官)[70]에 임명될 수 없다는 이유에서 문벌 있는 자는 서자가 있어도 타인의 적자를 양자로 들여 제사 및 기타의 상속을 하게 하는 것이 통례였고 나아가 일반 관습이 되었다. 갑오개혁 당시 서자가 있는 자의 양자를 금하고 실제로도 서자를 제쳐 두고 양자를 들이는 자가 점차 줄었지만, 아직 그 흔적이 전부 없어지는 데까지 이르지는 못하였다. 지금은 한편으로 서자에게 상속권이 있는 동시에 양자를 들이는 것도 무방한 상태이다.

2. 서자가 제사를 상속함에는 보통 그것을 조상의 사당에 고하는 관례가 있는데, 이를 '승적'이라고 한다. 그렇지만 이것이 반드시 서자의 상속에 필요한 절차는 아니다. 사당에 고하지 않고 상속을 한 경우도 승적이라고 한다. 승적이라는 말은 오히려 서자가 제사상속을 하는 것을 가리킨다고 해석해야 한다.

3. 피상속인이나 기타 양자를 선정할 수 있는 자는 서자가 있는 때라고 하더라도 양자를 선정할 수 있다.

---

70 청관(淸官): 조선시대에 홍문관(弘文館)의 벼슬아치를 일컫는 용어였다. 문명(文名)과 청망(淸望)이 있는 청백리(淸白吏)라는 의미를 지니고 있다.

조회회답 115 | 1914년 3월 31일 고등법원장 조회
1914년 4월 15일 참 제32호 정무총감 회답

조상의 분묘에 관한 건

요지

1. 조상의 분묘는 종손의 소유에 속한다. 하지만 그것을 이전하거나 그 묘지를 처분할 때에는 관계된 자손의 협의를 거치는 것이 관례이다.

조회

1. 조선의 관습상 조상의 분묘는 그 종손의 소유에 속하는가? 그 일문의 공유(共有)에 속하는 것인가?

회답

1. 조선의 관습에서 조상의 분묘는 종손의 소유에 속한다. 하지만 그것을 이전하거나 그 묘지를 처분할 때에는 관계된 자손의 협의를 거치는 것이 관례이다.

조회회답 116 | 1914년 1월 8일 평양복심법원 민사부 재판장 조회
1914년 5월 7일 참 제37호 정무총감 회답

주지의 임명 및 절 소유의 재산 처분에 관한 건

요지

1. 사원(寺院)은 처음 예조(禮曹)의 주관에 속하였고 이후 내부(內部)로 이전하였으며, 일시적으로 궁내부(宮內府)의 관리서(管理署)에서 주지(住持)를 선정하게 한 적도 있다.

2. 일반적으로는 산내 말사(山內末寺)의 주승(主僧)을 방주(房主)라고 하지만, 평안남북도와 황해도 지방에서는 산외(山外) 작은 사원의 주지도 역시 방주라고 한다. 이 경우 '주지'와 '방주'는 같은 의미이다.
3. 사찰령(寺刹令) 시행 전에는 사원의 재산에 대해 부득이한 경우 외에 처분을 허락하지 않았다. 부득이한 경우에는 일산(一山) 승려의 협의를 거치고, 본사(本寺)가 있는 경우에는 그 승인을 받아 처분할 수 있었다.
4. 부득이한 경우란 사원의 재건·수축 등이 해당되며, 달리 비용을 지급할 방법이 없는 경우 같은 것을 말한다.

조회

1. 사찰령 시행 전에 사원의 주지가 되는 데에는 어떤 조건 및 절차를 필요로 하였는가?

    방주라고 하는 것은 주지와 전혀 다른 것인가? 그 이름은 달라도 실질은 같은 것인가?

    주지는 사원을 위해 부득이한 경우에는 절 내의 협의[寺中協議]를 거친 후 절 소유의 재산(주로 전답, 산림)을 처분할 권한이 있었는가? 이것은 단지 사례가 있는 것에 불과할 뿐 관습상 인정할 수 없는가? 오랜 관행의 결과로 관습으로 인정할 정도에 달한 것인가?

    사원의 재산을 주지가 처분할 수 없었다면, 어떻게 하면 그것을 처분할 수 있었는가? 완전히 불융통물(不融通物)이었는가?

    이른바 절 내의 협의란 무슨 뜻인가? 사원 내의 승려가 있으면, 그 모두가 협의하여 동의를 얻는 것을 말하는가? 만약 주지 이외의 승려가 없다면, 주지의 독단으로 전행(專行)할 수 있는가?

    재산 처분에 대해 사실상 부득이한 경우 사실상의 인정(認定)에 위임해도 괜찮은가?

회답

1. 1895년(개국 504) 전에는 사원이 예조의 주관에 속하고 주지의 선정은 그 사원 또는 본사에서 예조에 천거하고 예조에서 이조(吏曹)에 조회[移文]하여 이조에서 차첩(差帖)을 교부하는 제도였는데, 같은 해 사원을 내부의 소관으로 이전하고 1910년 조선총독부가 관장하게 되었다. 사찰령이 시행될 때까지 주지의 선정은 내부에서 하였으나, 일시 궁내부에

관리서를 두어 사찰에 관한 일체의 사무를 조사·검토시켜 그곳에서 주지를 선정한 적이 있다.
2. '방주'라는 명칭은 작은 사원의 주승을 가리키는 것으로 일반적으로는 산내 말사의 주승을 지칭하였지만, 평안남북도 및 황해도 지방에서는 산외 작은 사원의 주지에게도 이 명칭을 썼기 때문에 이들 지방에서 주지와 방주가 같은 것임을 부정할 수 없었다.
3. 사원의 재산은 사찰령 시행 전에는 부득이한 경우 외에 처분을 허용하지 않았다. 그리고 부득이한 경우에는 일산 승려가 협의하여 본사가 있는 경우에 그 승인을 거쳐 처분할 수 있었다.
4. 이른바 부득이한 경우란, 주로 사원 건물이 화재를 입거나 쇠락하여 재건이나 수축을 필요로 함에도 기부를 받아 그 비용을 지급할 수 없는 경우 등을 말한다.

조회회답 117 | 1914년 4월 11일 경성지방법원장 조회
1914년 5월 13일 참 제36호 정무총감 회답

영소작에 관한 건

요지

1. 타인의 미간지(未墾地)를 지주의 승낙을 얻어 개간하여 영구히 소작권[永小作]을 취득하는 관습이 있다. 전항의 소작에서 토지소유자는 소작권자의 의사에 반하여 그 권리를 소멸시킬 수 없다. 소작인은 그 권리를 양도 또는 담보에 제공할 수 있다. 지주가 변경된 경우에도 그 권리를 신(新) 소유자에게 대항할 수 있다.
국유미간지이용법[71] 시행 전에는 내수사 소속의 토지에서도 이러한 종류의 소작 사례가

71　국유미간지이용법: 개간되지 않은 국유지의 이용에 관한 법률로서 1907년에 제정되었다. 이에 앞서 1906년 궁방 소유의 미간지를 개인이 개간하지 못하도록 하는 긴급조치가 시행되었다. 이 법은 주인이 없는 한광지(閑曠地)를 국유 미간지로 편입하기 위해 17개조와 시행세칙 25개조로 구성된 법이었다. 국유 미간지를 개간하려는 사람은 농상

존재하였다.

조회

1. 조선, 특히 경기도 파주군 지방에서 내수사 소속 미간지를 그 부근 주민이 자금을 투하하여 개간·경작하여 소작권을 얻은 이상 그 권리는 영구히 존속하고 소유자는 임의로 그 차지권을 소멸시킬 수 없을 뿐만 아니라, 차지권자는 이후 소유자의 승낙을 얻지 않고 당해 소작권을 양도 또는 담보에 제공할 수 있으며, 또 소유자에 변경이 생겨도 조금도 그 영향을 받지 않고 당해 소작권으로 신소유자에게 대항할 수 있는 관습이 있는가?

회답

1. 타인의 소유에 속하는 미간지를 그 부근 주민이 소유자의 승낙을 얻어서 개간하여 영구히 소작권을 얻는 경우가 있다. 이런 종류의 소작에서 토지소유자는 그 소작권자의 의사에 반하여 이를 소멸시킬 수 없다. 소작인은 토지소유자의 승낙을 받지 않고 그 권리를 양도 또는 담보에 제공할 수 있고, 또 토지소유자에 변경이 생기더라도 이를 신소유자에게 대항할 수 있는 관습이 있다. 국유미간지이용법 시행 전에는 내수사 소속의 토지에서도 이러한 종류의 소작 사례가 존재하였다.

공부대신의 허가를 받도록 했으며, 일본인들도 국유 미간지를 합법적으로 취득할 수 있게 되었다. 이 법에 의해 실로 방대한 면적의 무주 한광지가 국유 미간지로 편입되었다. 종래 자유롭게 개간하여 개간지를 자기 소유로 할 수 있었던 사람들은, 이제 그 개간에 농상공부대신의 허가를 받아야 하고 대여료를 선납해야 하였다. 이로써 개간은 실제로 크게 제한을 받게 되었다. 이 법이 시행된 이후 1925년까지 국유 미간지 18만 1,256정보가 대부되었고, 1만 6,171정보가 대여 및 불하되었다.

조회회답 118 | 1914년 3월 10일 함흥지방법원 북청지청 조회
1914년 5월 29일 참 제28호 정무총감 회답

무후봉사의 재산 귀속에 관한 건

요지

1. 사자(死者)의 제사를 위탁[무후봉사(無後奉祀)]할 목적으로 소유지를 단체에 맡기는 경우가 있다. 이 경우에 위탁서[付託書]에 소유권을 이전할 것을 명기하지 않았다 하더라도 소유권은 그 단체에 이전한다.
2. 그 서면에 토지를 임치할 뜻을 기재하고 임치 기간을 명기하지 않은 때에도 같다.

조회

1. 조선에서 자기가 사망한 후 제사를 지내도록 하기 위한 목적에서 어떤 단체[학계(學契)같은 것]에 소유 토지를 맡긴 경우에 그 위탁문서에 소유권을 이전할 뜻이 명시되어 있지 않은 경우라도 여전히 소유권을 이전할 수 있는 관습이 있는가?
2. 전항의 경우에 위탁문서에 토지를 임치할 뜻의 기재가 있으나 임치 기간의 명기가 없는 경우 관습상 효력은 어떠한가?

회답

1. 조선에서는 사망 후 제사를 부탁할 목적으로 그 소유지를 단체에 맡기는 경우가 있다. 이 경우에 그 서면에 소유권을 이전할 것을 명기하지 않았다 해도 그 소유권은 단체에 이전하는 것이 관례이다.
2. 전항의 경우 그 서면에 토지를 임치할 뜻을 기재하고 임치 기간을 명기하지 않은 때에도 그 효력은 전항에 기록한 바와 다르지 않다. 그리고 실제로 임치 기간을 정하는 것은 거의 전무하다.

조회회답 119 | 1914년 5월 20일 공주지방법원 재판장 조회
1914년 5월 29일 참 제46호 정무총감 회답

파양에 관한 건

요지

1. 양친(養親)은 양자가 가산을 탕진할 우려가 있는 때, 불효한 때, 중죄를 범한 때, 악질(惡疾)이 있거나 정신이 이상하여 계후(繼後)에 적합하지 않은 때에는 파양(罷養)할 수 있다.
  파양을 함에는 양친이 가족인 때 또는 모(母)가 있는 때에는 호주나 모의 동의를 필요로 하는 것 외에 정해진 절차는 없다.

조회

1. 양친은 자기의 단독 의사로 양자를 파양할 수 있는가? 만약 할 수 있다면 어떤 경우에 어떤 절차를 필요로 하는가? 이에 관한 조선의 관습.

회답

1. 조선의 관습에서 양친은 양자가 가산을 탕진할 우려가 있는 때, 불효한 때, 중죄를 범한 때, 악질이 있거나 정신이 이상하여 계후에 적합하지 않은 때에는 임의로 파양할 수 있다.
  파양을 위해서는 양친이 가족인 때에는 호주의 동의를 필요로 하고, 양친이 호주로서 모가 있는 때에는 그 동의를 필요로 하는 외에 정해진 절차가 없고, 실제로는 그것을 조상의 사당에 고하고 족보를 고치는 등의 경우가 있어도 결코 요건은 아니다.

조회회답 120 | 1914년 4월 15일 평양복심법원 민사부 재판장 조회
1914년 7월 3일 참 제37호 정무총감 회답

결수사패와 전토사패의 구별 및 화전 등에 관한 건

요지

1. 결수사패(結數賜牌)는 전토의 결수만을 사여(賜與)한 것으로, 호조(戶曹)에서 결수에 따라 매년 1결(結)에 쌀 23두(斗)의 비율로 세곡(稅穀)을 내려 주었다.

   전토사패(田土賜牌)는 전토를 사여한 것으로, 사패를 받은 자가 그 소유자가 된다.

2. 결수사패에는 몇 결을 내린다는 뜻의 문서를 교부하며, 사표성책(四標成冊)이나 양안(量案) 등을 작성하지는 않는다.

3. 가화세(加火稅)는 새로 기경(起耕)한 화전(火田)에 대한 지세(地稅)를 일컫는다.

4. 결수사패에서 드물게 관의 허가를 얻어 사패를 받은 자가 스스로 일정 지역 내의 경작자로부터 1결에 23두의 비율로 직접 세곡을 취한 사례가 있다.

5. 양향청(粮餉廳)[72]은 결수사패를 몰입(沒入)하거나 몰입한 것을 환부(還付)하는 경우가 있다.

6. 결수사패를 받은 자는 결세(結稅)를 납부하지 않는다.

7. 결수사패는 1결에 23두의 비율을 넘지 않는다.

8. 타조(打租)는 실제 수확을 절반으로 나누어 그 반을 소작료로 하는 것을 말한다.

   도조(賭租)는 한 해의 풍흉(豊凶)과 상관없이 소작료가 일정한 것을 말한다.

   정식수세(定式收稅)란 결수사패의 경우에 매 결당 23두를 징수하는 것을 말한다.

---

72 양향청(粮餉廳): 조선 후기에 훈련도감에서 군수품을 조달하고 급료 따위를 관리하는 일을 맡아보던 관아였다. 선조 26년(1593)에 설치하였다가 고종 31년(1894)에 혁파하였다. 양향청의 둔전 운영은 다른 아문과 달리 둔전의 모범으로 인식되었다. 그러므로 호조의 입장에서는 양향청 둔전을 잘 운영해야 할 의무가 있고, 훈련도감에 안정적으로 군수(軍需)를 지원해야 하는 부담도 있었다. 양향청은 훈련도감의 둔전을 옮겨 받아 재원을 마련하였다. 수령의 수세와 별장(別將)의 파견 중에서 호조의 감독권이 조금 더 강한 수령수세제를 선택하였다. 이와 동시에 호조는 총액제를 시행함으로써 세액을 낮은 수준에서 고정시켜 백성들에게 부담이 가지 않도록 하였다. 박범, 2015, 「조선후기 양향청(糧餉廳)의 둔전(屯田) 수취방식 변화와 잡비(雜費) 운영」, 『대동문화연구』 92, 성균관대학교 동아시아학술원 참조.

9. 황해도 내의 토지는 사여할 수 없는 규제가 있었지만 실제로는 전토나 결수의 사패를 받은 경우가 있다.
10. 가화전(加火田)이란 재래의 화전 외에 새로 기경한 화전을 말하는 것으로 이른바 무주공산(無主空山)에 대해 이루어지며 그것을 경작자의 소유로 인정하였지만, 구(舊)삼림법 시행 후에는 기경으로 인한 소유권의 취득을 인정하지 않는다.
    가화답((加火畓)은 원래 화전의 답이 된 것의 속칭이다.
11. 궁방이 색리에게 수세를 위탁하는 예가 있었는가? 또는 색리가 징수하는 것은 모두 결세로서 궁방에 납부해야 할 도조를 색리가 편의상 징수하는 예는 없었는가?

조회

1. 결수사패와 전토사패는 어떤 차이가 있는가? 양자간 차이의 요점.
2. 결수사패에는 어떤 문기를 교부하는가? 사표성책, 양안을 작성하여 교부하는 경우가 있는가?
3. 가화세와 결세는 별개의 것인가? 그렇다고 하면 차이는 무엇인가?
4. 결수사패를 받은 자가 직접 전토 경작인에게 수세하는 경우가 있는가?
5. 양향청에서 몰입한 선토는 모두 둔토가 되어 국유에 귀속하는 것인가? 또 양향청에서 결수사패를 몰입하거나, 몰입한 결수사패를 다시 몰입당한 자에게 환부한 실례가 있는가?
    양향청이 몰입한 전토의 결수사패를 몰입·환부하는 것은 바로 전토의 소유권을 몰입·환부하는 의미인가?
6. 결수사패를 받은 자가 전토의 결세를 상납하는 경우가 있는가?
7. 결수사패의 경우는 1결에 23두로 정하고 사패한 결수에 따라 호조청(戶曹廳)에서 사패받은 자에게 급여하는 것을 관례로 하며 1결에 23두 이상을 급여할 수 없었다는 것이 사실인가?
8. '타조', '도조', '정식수세'의 의미는 무엇인가? 각 궁방전에 대하여 각 궁이 징수한 것은 타조, 도조, 정식수세 중 어디에 속하는가?
9. 황해도는 엄금지(嚴禁地)로서 그 도에서 생긴 결세는 사패할 수 없었다는 사실이 있는가? 만약 황해도의 토지로서 사패를 받았다면 그것은 결수사패가 아니라 전토사패로 인정되

는 것이 아닌가?
10. 가화전답(加火田畓)은 어떤 것이며 그 소유자는 누구인가?
11. 궁방이 색리에게 수세를 위탁하는 예가 있었는가? 또 색리가 징수하는 것은 모두 결세로서 궁방에 납부해야 할 도조를 색리가 편의상 징수하는 예는 없었는가?

회답

1. 결수사패는 전토를 지급하지 않고 전토의 결수만을 사여한 것으로, 이 경우에는 호조가 결수에 따라 매년 1결에 쌀 23두의 비율로 세곡을 내려 준 것이다. 그리고 전토사패는 실제로 전토를 사여한 것으로 사여받은 자는 그 전토의 소유자가 되었다.
2. 결수사패의 경우에는 왕의 교명(敎命)에 의해 몇 결을 사여한다는 뜻의 문서, 즉 사표성책, 양안 등을 작성·교부한 예가 있다고는 듣지 못하였다.
3. 가화세는 재래의 화전 외에 새롭게 기경한 화전에서 경작자로부터 징수하는 지세를 가리키는 것으로, 결세의 한 종류이다.
4. 결수사패를 받은 자는 관에서 결수에 따른 세곡을 내려 주는 것을 본칙으로 하지만, 드물게 편의상 관의 허가를 받아 지역을 정하여 그 지역 내의 토지 경작자로부터 1결에 23두의 비율로 직접 세곡을 징수하는 사례가 왕왕 있었다.
5. 양향청에서 몰입한 전토는 모두 국유에 속하여 훈련도감의 둔토가 된 것으로서, 양향청에서 결수사패를 몰입하거나 몰입한 결수사패를 다시 몰입당한 자에게 환부한 실례가 있다. 그리고 결수사패의 몰입·환부는 단지 사여한 세곡을 받을 권리를 몰입하거나 환부한 것이다.
6. 결수사패를 받은 자는 결세를 납부하지 않는다.
7. 결수사패의 경우에는 1결당 23두의 비율로 결수에 따라 호조에서 세곡을 수패자(受牌者)에게 교부한 것임은 앞서 기술한 것과 같다. 그리고 그 이상을 지급할 수 없었다.
8. 타조는 매년 실지에 가서 수확의 반을 소작료로 하는 것을 말하고, 도조는 수확에 대한 소작료의 비율을 정하거나 그해의 풍흉에 관계없이 소작료가 일정한 것을 말하며, 정식수세란 결수사패의 경우에 호조에서 수패자에게 내려 주기 위하여 세곡을 매 결당 23두씩 징수하는 것을 말한다. 그리고 궁방전에 관해서는 각 궁방에서 징수했으며 소작료는 도

조를 보통으로 하였으나, 결수사패의 경우에는 호조의 인허를 받아 편의상 궁에서 정식 수세를 한 경우가 있다.

9. 『대전회통』에 양서(兩西), 강화 및 관동 지역은 일절 절수(折受)를 허용하지 않는다고 하고 있고, 황해도 지역에는 사여할 수 없는 규제가 있었지만 실제는 그렇지 않다. 황해도 내의 토지에서도 전토사패를 하거나 결수사패를 받은 자가 황해도 내에서 직접 지세를 징수하는 것을 허용하지 않은 예가 있었기 때문에, 황해도 내의 사패는 모두 전토사패로서 결수사패가 아니라고 해석할 수 없다.

10. 가화전은 재래의 화전 외에 새로이 기경한 화전을 말하며, 화전은 흔히 무주공산이라고 칭하는 국가의 관리가 이루어지지 않는 국유지에서 개간하는 것이 통례이다. 종전에는 경작 중인 경작자의 소유로 인정하였지만, 1908년(융희 2) 삼림법(森林法)[73] 시행 후에 기경한 자에게는 그 소유권을 인정하지 않게 되었고, 부락이나 개인이 소유한 토지에서도 화전을 개간하는 것이 전혀 없지는 않지만 극히 드물다. 그리고 이러한 경우들에는 토지의 소유자가 변경되지 않는다. 가화답이란 일반적으로 사용하는 명칭이 아니지만 예전에 화전의 답(畓)이던 것을 흔히 가화답이라고 하는 경우도 있다.

11. 궁방이 색리에게 수세를 위탁하는 관계가 있다는 것을 듣지 못하였다.

---

73 삼림법(森林法): 1906년 토지 개간에 관한 건, 1907년 국유미간지이용법과 1908년 삼림법이 차례로 공포되었다. 이들 법제는 일본인 자본가 지주를 비롯한 조선인 지주들에게 양안 외 토지에 대한 대부를 허가해 주고 성공할 경우 불하해 주는 것을 목표로 하는, 국가 허가를 근간으로 한 것이었다. 일본 농상무성은 조선 산림의 구분이 애매모호하여 어료림(御料林)·국유림·공유림·사사림(社寺林)·사유림의 구별이 뚜렷하지 않으며, 왕토사상 아래에서 사유라 불리는 것도 사실상의 지상권에 불과하다고 인식하는 조사보고서를 작성하였다. 일본 민법상의 소유권적 관점에서 보면, 조선의 산림은 임정(林政)이라 할 만한 것도 없고 관리기구도 없으며 산림에서의 자유채취는 조선민의 낮은 권리의식에서 비롯된 것이라 보았다.

조회회답 121 | 1914년 5월 18일 고등법원장 대리부장 조회
1914년 6월 2일 참 제45호 정무총감 회답

불량전에 관한 건

요지

1. 불량전(佛糧田)[74]은 불조(佛祖) 공양을 위해 사찰에 기부한 전토로, 절 소유재산에 속한다.
2. 사찰령 시행 전에는 불량전은 처분할 수 없는 것이 본칙이었고, 부득이한 경우는 사찰의 대표자가 처분할 수 있었다.
3. 불량전을 처분하는 데에는 일산(一山) 승려의 협의를 필요로 한다.

조회

1. 불량전이라는 것은 절 소유재산인가? 절 소유재산 중 특별한 종류의 성질을 갖는 것인가?
2. 사찰령(寺刹令) 시행 이전에 사찰의 대표자는 불량전을 처분할 수 있었는가?
3. 만약 처분할 수 있었다면 그 절차는 어떠한가?

회답

1. 불량전이라고 하는 것은 불조 공양을 위해 사찰에 기부한 전토로 절 소유재산의 일부에 속하고, 사찰은 그 수익으로 공양을 올린다.
2. 사찰령 시행 전에는 불량전은 처분할 수 없는 것이 본칙이었으나, 사찰 부채(負債)의 상각(償却), 당우(堂宇)의 재건·수리 등 부득이한 경우에 한해서 사찰의 대표자가 다음 항의 절차를 거쳐서 처분할 수 있었다.
3. 전항의 경우에 사찰의 대표자는 일산 승려의 협의를 거쳐 결정하였다.

---

74 불량전(佛糧田): '불조 공양을 위해 사찰에 기부한 전토로 절 소유재산의 일부에 속하고, 사찰은 그 수익으로 공양을 올린다.'라는 것이 본서의 정의이지만, 더 일반적으로는 부처님께 올리는 재산과 재물을 의미한다. 시주가 바치기도 하고 나라에서 주기도 하고 절 재산으로 매입하기도 한다.

조회회답 122 | 1914년 5월 29일 해주지방법원장 조회
1914년 6월 18일 참 제47호 정무총감 회답

차자를 양자로 하는 경우에 관한 건

요지

1. 조선에서 상속에 관한 관습은 각 지역 모두 동일하다. 유복(遺腹) 태아가 있는 경우 사후 양자에 관하여 관습을 달리하는 지방이 있다.
2. 장남은 타가(他家)의 양자가 될 수 없다. 단, 지가(支家)의 아들을 종가의 양자로 함에는 장남일 것을 요한다. 아우[次子]의 자를 형의 양자로 하는 경우에는 장남이라도 무방하다.
3. 막냇동생의 장남을 둘째 형의 양자로 들일 수 있다.

조회

1. 조선에서 상속에 관한 관습은 모든 도(道)에서 동일한가? 지방에 따라 관습을 달리하는가?
2. 조선에서 장남은 절대로 타인의 양자가 될 수 없는가?
3. 형제 3인이 있고 둘째 형이 대를 이을 아들[嗣子]이 없는 경우에 막냇동생의 장자를 양자로 들일 수 있는가?
4. 조선에서 관습에 반하는 양자입양은 절대 무효인가?

회답

1. 조선에서 상속에 관한 관습은 각 지역이 동일하지만, 단지 다른 지방에서는 죽은 호주[亡戶主]에게 유복 태아가 있는 때 그 출생에 이르기까지 양자를 들이지 않음에도, 함경·평안남북도 및 강원도 등 일부 지방에서는 태아가 있는 때라고 하더라도 양자를 들이고 아들이 출생하면 파양하는 관습이 있다.
2. 조선에서 장남은 타가의 양자가 될 수 없는 것을 본칙으로 하지만, 지가의 아들을 종가의 양자로 하는 경우에는 반드시 장남일 것을 요한다. 동생의 아들을 형의 양자로 하는 경우

에는 장남이라고 하더라도 지장이 없는 것이 관습이다.
3. 막냇동생의 장남을 둘째 형의 양자로 하는 것은 관습이 인정하는 바이다.

조회회답 123 | 1914년 6월 18일 평양복심법원 민사부 재판장 조회
1914년 6월 30일 참 제50호 정무총감 회답

상속권 및 호주권 상실 등에 관한 건

요지

1. 제사상속인이 출가하여 승려가 된 때에는 그 자격을 상실한다.
2. 호주가 출가하여 승려가 된 때에는 그 지위를 상실한다.
3. 호주가 출가하여 승려가 되어 그 가(家)에 제사상속인이 없는 때에는 그 모(母)가 출가한 호주의 선대(先代)를 위해 양자를 삼고, 그에게 제사 및 호주의 지위를 승계시킨다.

조회

1. 가독상속인이 가를 떠나 승려가 된 때에는 상속권을 상실하는가?
2. 이미 상속을 하여 호주가 된 후에 그 가를 떠나 승려가 된 때에는 호주권을 상실하는가?
3. 전항의 경우에 호주권을 상실하는 것으로 하고, 그 가에 상속인이 없는 때 모가 타인을 양자로 정하여 상속하게 할 수 있는가?

회답

1. 제사상속인(조선인의 상속 관습상 가독상속이라고 하는 것이 없고 따라서 가독상속인이라고 할 수 있는 것이 없다. 그리고 민법의 가독상속인에 거의 상당하는 것은 그 가에서 조상의 제사자 지위를 승계함과 동시에 호주의 지위를 승계할 수 있는 제사상속인이므로, 조회에서 가독상속인으로 되어 있는 것은 제사상속인으로 간주하고 회답한다.)이 그 가를 떠나서 승려가 된 때에는 제사상속인의 자격

을 잃는다.
2. 호주가 그 가를 떠나 승려가 된 때에는 호주의 지위를 잃고, 따라서 호주가 갖는 권리를 상실한다.
3. 호주가 출가하여 승려가 되어 호주의 지위를 잃은 경우 그 가에 제사상속인이 없는 때 출가한 호주의 모가 있다면, 그 모가 출가한 호주의 선대를 위해서 그 아들의 항렬에 해당하는 자를 양자로 들여 제사상속을 시킬 수 있고, 그 양자는 당연히 호주의 지위를 승계한다.

조회회답 124 | 1914년 7월 2일 경성복심법원 민사부 재판장 조회
1914년 7월 23일 참 제52호 정무총감 회답

사패지에 관한 건

요지
1. 구한국시대에 일정 구역을 정하여 토지를 사패(賜牌)한 경우, 그 구역 내에 있는 민유지는 사패를 받은 자의 소유로 이전하지 않는다.

조회
1. 구한국 시대에 일정 구역의 땅을 사인(私人)에게 사패한 때 그 구역 내에 있는 사유지도 당연히 사패를 받은 자의 소유에 속하는가? 만약 소유에 속하는 것이라면 종래 그 안에 있던 전(前) 소유자 소관의 분묘는 어떤 영향을 받는가?

회답
1. 구한국시대에 구역을 정하여 토지를 사패한 경우 그 구역 내에 민유지를 포함하지 않은 때에는 전부 사패를 받은 자의 소유에 속하지만, 만약 민유지가 있는 때 그 부분은 사패

를 받은 자의 소유로 이전하지 않는다. 따라서 그 구역 내에 타인 소유의 묘지가 있는 때에도 그 소유권은 이동하지 않는다.

조회회답 125 | 1914년 7월 7일 고등법원장 조회
1914년 8월 11일 참 제53호 정무총감 회답

차양자의 상속 자격에 관한 건

요지

1. 차양자(次養子)는 양가(養家)의 제사섭행자가 되는 데 그치고 제사를 승계하지 않는다 하더라도, 유산은 차양자에게 아들이 출생할 때까지 차양자가 일시 승계하고 피상속인은 양친으로 한다.
2. 차양자에게 아들이 출생하면 그 아들은 당연히 양가의 제사자가 되고, 차양자가 일시 승계한 유산은 당연히 그 아들에게 귀속한다.

조회

1. 차양자는 그 양가의 가독상속을 하는 자인가? 만약 그렇다면 그 피상속인은 누구인가?
2. 차양자에게 아들이 출생한 때에는 출생과 동시에 그 아들이 가독상속을 하고 차양자는 당연히 그 가독상속권을 상실하는가?

회답

1. 차양자는 양가의 제사자 지위를 승계하지 않으며 단지 그 섭행자로서의 지위일 뿐이므로 제사에서 차양자와의 사이에서 상속이 일어나지 않지만, 차양자에게 아들이 출생할 때까지 일시적으로 차양자가 양친의 유산을 승계하기 때문에 이 점에서는 상속이 이루어지고 피상속인은 바로 양친이 된다.

2. 차양자에게 아들이 출생하면 그와 동시에 그 아들은 양가의 제사자가 되고, 차양자는 양가에서 제사섭행자로서의 지위를 떠나며, 차양자가 일시 승계한 양친의 유산은 당연히 그 아들에게 귀속한다.

조회회답 126 | 1914년 2월 12일 고등법원장 조회
1914년 7월 11일 참 제54호 정무총감 회답

사원 방주에 관한 건

요지

1. 사원(寺院)에서 방주(房主)란 산내 말사의 주승을 말한다. 평안남북도 및 황해도에서는 작은 절의 주지도 방주라고 한다.
2. 사찰령 시행 전에 방주 1인이 거주하는 절의 전토를 처분할 때에는 본사의 승인을 거칠 것을 요하였다.

조회

1. 사원에서 방주란 비구니[尼]만을 가리키는가?
2. 사찰령 발포 이전 방주 1인만 거주하는 경우에 그 사원의 지출 용도가 생긴 때에는 그것을 충당하기 위해 방주가 단독으로 해당 사원에 속하는 전토를 매각할 수 있는가?

회답

1. 사원에서 방주란 비구니[尼]만을 가리키는 것이 아니며, 일반적으로는 산내 말사의 주승을 방주라고 하지만 평안남북도 및 황해도 지방에서는 작은 절의 주지도 방주라고 한다.
2. 사찰령 시행 전에 방주 1인만 거주하는 경우에 해당 사찰에 속하는 전토를 처분할 필요가 있는 때에는 본사의 승인을 거칠 것을 요함이 관습이다.

조회회답 127 | 1914년 7월 8일 평양지방법원 신의주지청 재판장 조회
1914년 8월 13일 참 제55호 정무총감 회답

특별한 종류의 소작에 관한 건

요지

1. 평안북도에서 압록강 연안 및 기타 지방에 지주와 계약하여 토지를 개간한 자가 영구의 소작권을 취득하는 관례가 있지만, 그것을 답주권(畓主權)이라고 칭하지는 않는다. 또 과실의 10분의 9를 취득하는 관례는 없다.
2. 전항의 소작권은 지주가 이를 매수하지 않으면 영구히 존속한다.
3. 위의 소작권은 관습상 일종의 물권이다.
4. 위의 소작 관례는 사유지에 한하여 존재한다.

조회

1. 평안북도 지방에 고래로 타인의 소유에 속하는 토지를 개간한 자는 그 토지에서 답주권으로서 권리를 취득하고, 그 토지에서 수취하는 과실에서는 10분의 9를 취득하는 관습이 있는가?
2. 앞의 답주권이라는 것은, 지주가 답주권을 매수하거나 답주가 지주의 소유권을 매수하여 지주권과 답주권이 혼동되지 않으면 영구히 존속할 수 있는 것인가?
3. 앞의 답주권이라는 차지권은 조선의 관습에 의한 일종의 물권으로서 누구에게나 대항할 수 있는 것인가?
4. 답주권은 토지소유자와 국유지 이용자에 따른 아무런 구별이 없는가?

회답

1. 평안북도에서 압록강 연안 및 기타 일부 지방에는 지주와 계약하여 타인의 토지를 개간한 자가 영구의 소작권을 갖는 관례가 있지만, 그 소작인의 권리를 답주권이라고는 하지 않는다. 또 소작인이 그 토지에서 수취하는 과실의 10분의 9를 취득하는 관례도 없다. 평

안북도에 문의한 바와 같은 차지 관례가 있다는 것은 들은 바 없다.
2. 전항의 소작권은 지주가 그것을 매수하여 취득하지 않으면 영구히 존속한다.
3. 이 소작권은 관습상 일종의 물권으로서의 성질을 가지며, 소작인은 그것으로 누구에게나 대항할 수 있다.
4. 이러한 종류의 소작 관례는 사유지에 한하고, 국유지를 이용하는 경우에는 존재하지 않는다.

조회회답 128 | 1914년 7월 29일 경성지방법원장 조회
1914년 8월 22일 참 제60호 정무총감 회답

차양자 복적 경우의 신분 회복에 관한 건

요지

1. 차양자의 생가의 호주가 사망하여 양자를 삼은 때에는 차양자가 생가에 복귀하더라도 호주인 양자의 지위에는 변경을 초래하지 않는다.
2. 전항의 양자는 일반 파양의 원인이 있는 경우에 한하며 문중의 협의로 파양할 수 있다.
3. 전항의 양자의 호주 지위가 판결 등에 의해 정해진 후라고 하더라도 이를 파양하는 것에는 지장이 없다.

조회

1. 갑(甲)이라는 남자가 차양자로 타가에 들어간 후에 생가의 호주가 사망하였기 때문에 갑이 을(乙)을 받아들여 생가의 후사를 잇게 하고 그 후 십수 년이 지나 갑이 생가에 복귀[復籍]한 경우에, 이미 호주가 된 을의 지위에 변경을 초래하는가?
2. 전항에서 이미 호주가 된 을을 갑 혹은 그 외의 친족이 파양할 수 있는가? 만약 그렇다면 그 절차는 어떠한가?

3. 앞에서 을의 호주 지위가 판결 등에 의해 정해진 후에도 여전히 전항의 파양 절차를 유효하게 수행할 수 있는가?

회답

1. 갑이 차양자로 타가에 들어간 후 생가의 호주가 사망하였기 때문에 을을 죽은 호주[亡戶主]의 양자로 들이고 생가를 계승하게 한 경우에, 실사 그 후 생가에 복귀하더라도 이미 호주가 된 을의 지위에 변경을 초래하지 않는다.
2. 전항에서 이미 호주가 된 을은 가산을 탕진할 우려가 있는 때, 불효한 때, 중죄를 범한 때, 악질 또는 정신 이상으로 계후(繼後)에 적합하지 않게 되는 등 일반 파양의 원인이 있는 경우에 한하여 문중 협의로 파양할 수 있지만, 갑 단독으로 파양할 수는 없다. 파양에는 특별한 절차가 없다.
3. 을의 호주 지위가 판결 등에 의해 정해진 후라고 해도 파양에는 지장이 없다.

조회회답 129 | 1914년 8월 12일 고등법원장 조회
1914년 8월 26일 참 제61호 정무총감 회답

어음에 관한 건

요지

1. 구한국 어음조례에 따라 어음의 발행·수수를 금한 후에도 관습상 여전히 유효하게 이를 발행할 수 있었다.

조회

1. 구한국 어음조례 제35조에서 어음의 발행·수수를 할 수 없다고 규정하였지만 실제로는 같은 조례 시행 후 유효하게 어음을 발행·수수한 관습이 있는가?

회답

1. 구한국 어음조례에는 어음의 발행·수수를 할 수 없다고 규정하였지만 실제로는 같은 조례 시행 후에도 관습상 유효하게 어음을 발행·유통할 수 있었다.

조회회답 130 | 1914년 9월 1일 평양지방법원 민사부 재판장 조회
1914년 9월 11일 참 제68호 정무총감 회답

보수 사용료에 관한 건

요지

1. 보수(洑水)의 사용료는 관습상 일정하지 않다.

조회

1. 보수의 사용에 관하여, 땅을 일구어 논을 만든[作畓] 1년 차에는 관개주(灌漑主)가 지주에 대해 보수 사용료를 수확물 전부의 4분의 1, 4년 차에는 5분의 1, 8년 차에는 6분의 1, 이런 식으로 점차 체감하여 10분의 1까지로 하는 관습 및 관개료(灌漑料)에 관한 일반의 관습.

회답

1. 보수의 사용료는 보주(洑主)와 관개로 이익을 받는 자의 특약에 따라 정하는 것으로, 관습상 일정하지 않다.

조회회답 131 | 1914년 9월 8일 고등법원장 조회
1914년 9월 18일 참 제71호 정무총감 회답

특별대리인에 관한 건

요지
1. 조선에는 친권자와 친권에 복종하는 자 간 이익에 상반하는 행위에 대해 특별대리인을 선임하는 관습이 없다.

조회
1. 조선에서 친권자와 친권에 복종하는 자 간 이익에 상반하는 행위가 있는 때에는 그 친권에 복종하는 자를 위해서 특별대리인을 선임하는 관습이 있는가? 또 그 특별대리인이 소송행위도 아울러 행하는 관습이 있는가?

회답
1. 조선에는 문의한 바와 같은 관습이 없다.

조회회답 132 | 1914년 10월 8일 평양복심법원 민사부 재판장 조회
1914년 10월 14일 참 제76호 정무총감 회답

첩의 양자에 관한 건

요지
1. 여자는 동성(同姓), 이성(異姓)을 묻지 않고 양자를 들일 수 없다.

조회

1. 부첩(夫妾) 간에 아들이 출생한 후 부첩 관계를 끝내고 첩은 일가를 창립하고 아들도 그 부(父)를 상속하여 호주가 된 경우에, 첩이 다시 타성(他姓)의 남자를 양자로 들일 수 있는가?

회답

1. 조선의 관습상 양자를 들일 수 있는 자는 남자에 한하며 여자는 양자를 들일 수 없다. 따라서 첩은 동성, 타성을 불문하고 양자를 들일 수 없다.

조회회답 133 | 1914년 10월 29일 경성지방법원장 조회
1914년 11월 10일 참 제81호 정무총감 회답

수양자에 관한 건

요지

1. 수양자(收養子)는 제사 및 재산을 상속할 자격이 없다. 그렇지만 수양부(收養父)가 사망하고 달리 유산을 승계할 자가 없는 때에는 자연히 수양자의 소유가 되는 것이 관례이다.

조회

1. 수양자는 절대 상속권을 가질 수 없는 것인가?
2. 직계비속인 자녀가 없고 동성동본으로 양자로 들일 적격자가 하나도 없는 남자 호주 갑(甲)이 자기의 계후로 할 목적으로 타가의 아들 을(乙)을 수양자로 입적시킨 후 사망하였다. 이 경우에 수양자인 을이 죽은 양친 갑의 재산을 상속할 수 있는 관습이 있는가?(단, 갑에게는 수십 년 전 타가로 개가한 생모 외에 근친이 없다.)
3. 전항의 수양자에게 재산상속권이 없다면 갑의 유산은 누구에게 귀속하는가?

회답

1. 수양자는 제사상속 및 재산상속의 자격을 갖지 않는다. 따라서 수양부가 사망하고 자녀가 없으며 또 양자로 들일 적격자가 없는 경우에도 수양자는 그 유산을 상속할 수 없다. 그리고 계후의 목적으로 수양한 자인지 여부에 따라 달라지는 것은 없다. 그렇지만 수양부의 근친(개가한 생모는 수양부의 친족이 아님)이 없고 달리 그 유산을 승계할 자가 없는 때에는 자연히 수양자의 소유로 돌아가는 것을 예로 한다.

조회회답 134 | 1914년 10월 9일 평양복심법원 민사부 재판장 조회
1914년 11월 10일 참 제78호 정무총감 회답

강화둔에 관한 건

요지

1. 강화둔(江華屯)이란 훈련도감 양향청에 속하는 둔토 중 강화도에 있는 것을 말한다.
   사유지는 양향청이 수세한다.
   공과(公課), 결포(缺逋)를 위해 강화유수가 몰입한 것도 강화둔이라 칭하고, 결포를 완납하여 환부된 후에도 강화둔이라는 명칭을 사용하는 경우가 있다.

조회

1. 강화둔이라고 칭하는 토지는 국유와 사유 어느 쪽인가? 만약 두 가지 모두 포함한 것이라면 그 구별.

회답

1. 종전에 강화둔이라고 칭한 것은 훈련도감 양향청에 속한 둔토 중 강화도에 있는 것을 말하며, 처음에는 강화도 소재의 한광지(閑曠地)나 적몰(籍沒)한 전답으로 충당하였지만 그

후 강화도 소재의 사유지도 편입시켰다. 그렇지만 사유지에서 단순히 양향청이 수세하게 한 데 불과하고, 그 토지는 여전히 개인의 소유였다. 또 200여 년 전 강화부에 납부할 공과의 일종인 백목(白木)을 결포했기 때문에 강화유수가 사유지를 몰입하고 이를 강화둔으로 칭한 경우도 있다. 이들 토지는 일단 국유이지만 결포를 완납한 자에게는 이를 환부하였으므로, 지금 여전히 강화둔이라는 이름으로 불리더라도 이미 개인의 소유가 된 것도 적지 않다.

조회회답 135 | 1914년 10월 12일 경성복심법원 민사제1부 재판장 조회
1914년 12월 10일 참 제79호 정무총감 회답

보의 소유에 관한 건

요지

1. 보를 쌓은 자[築洑者]가 몽리자(蒙利者)로부터 관개지(灌漑地)의 일부를 받은 경우의 효력에서는 관습상 정해진 바가 없지만 보(洑)는 몽리자가 공유하는 것으로 해석된다.
2. 기간지(起墾地)가 국유인지 보를 쌓은 자의 소유인지에 따라 달라지는 것은 없다.

조회

1. 보를 쌓은 자가 보를 쌓은 후에 일정 시기 국유 초생지(草生地)를 기간하여 해당 보로 관개한 농민 등에게 수세(水稅)를 징수해 왔는데 그 후 논 4분의 1을 분여[分畓]받은 때(보를 쌓은 당시는 물론 분답 당시에도 보 자체에 대한 권리에서 당사자가 아무런 특약이 없는 경우)에는 보를 쌓은 자의 보에 대한 권리는 농민 등에게 이전하여 농민 등의 소유로 되는가? 혹은 보를 쌓은 자 단독의 권리로서 존속하는가? 혹은 양자의 공유가 되는가? 즉 농민이 이 경우에 분여받는 것은 단지 수세를 면하기 위해서인가? 또는 그 이상으로 보 자체에 대한 권리자가 되기 위해서인가?

2. 만약 위와 같은 경우에 초생지가 보를 쌓은 자의 소유가 되는 때에는 관습을 달리하는가?

회답

1. 보를 쌓은 자가 몽리자로부터 관개지의 일부를 받은 경우의 효력에 대하여는 관습상 정해진 바 없고 대개 계약에 의하지만, 조회한 바와 같은 경우에는 보를 쌓은 자가 몽리자에게 단순히 수세를 면제한 것으로 간주하지 않고 해당 보가 그 공유에 귀속하는 것으로 해석하는 것이 조선인 일반의 관념이다.
2. 몽리지가 국유 초생지를 기간한 것이었는지, 보를 쌓은 자의 소유지를 개간한 것인지에 따라 다른 바는 없다.

조회회답 136 | 1914년 9월 29일 평양복심법원 민사부 재판장 조회
1914년 12월 9일 참 제74호 정무총감 회답

강락지의 소유권에 관한 건

요지

1. 토지가 강락(江落)한 때에 소유자는 그 소유권을 잃는다.
2. 전항의 소유권 상실은 강락 후 계속 납세를 했는지 여부에 따라 다른 바는 없다.
3. 강락지에 다시 이생지(泥生地)가 생긴 때에 그 소유권은 강락지의 소유자에게 귀속한다.

조회

1. 조선, 특히 평안북도에서 사유지가 강락하여 20여 년이 지난 때에 소유자는 그 소유권을 상실하는 것인가?
2. 전항의 경우에 전(前) 소유자가 강락 후 계속 납세했는지 여부에 따라 차이가 있는가?
3. 강락지가 다시 이생(泥生)한 경우에 전 소유자 이외의 자가 그것을 경작·납세한 때에는

그 자가 소유권을 취득하는가?

회답

1. 조선의 종전 관습상 토지가 강락한 때에는 그 소유권을 잃은 것으로 한다.
2. 전항의 강락 후 계속 납세했는지 여부에 따라 다른 바는 없다.
3. 강락지에 다시 이생지가 생긴 때 그 소유권은 강락지 소유자에게 돌아가며, 타인이 그것을 경작·납세하더라도 그 소유권을 취득하지 못한다.

조회회답 137 | 1914년 11월 9일 평양지방법원 조회
1914년 12월 9일 참 제83호 정무총감 회답

어린아이의 대리인에 관한 건

요지

1. 어린아이[幼者]의 장인[妻父]이 가사를 관리하는 경우에도 당내(堂內) 친족의 협의에 의하지 않으면 그를 보호자로 간주하지 않는다.

조회

1. 13세인 자(조선인)가 처를 두고 그 장인과 동거하고 있는 경우에, 그 장인이 사실상 호후인(護後人, 후견인)으로 가사를 관리하고 다른 근친이 없는 때에는(단, 아버지 쪽의 친족으로 오촌 및 육촌의 친척이 있음) 그 장인은 호후인으로서 당연히 그 사위의 법률상 대리인이 될 수 있는가?
2. 만약 그렇지 않다면 이러한 경우 어린아이[幼年者]에게는 어떤 자를 법률상의 대리인으로 인정해야 하는가? 즉 친족회에서 후견인을 선임하는 것인가? 또 친족회를 소집할 수 없는 때에는 사실상의 후견인을 법률상의 대리인으로 인정해도 지장이 없는가? 이에 관한

조선의 관습은 어떠한가?

회답

1. 어린아이가 장인과 동거하고 근친이 없기 때문에 장인이 가사를 관리하는 경우라도 당내 친족의 협의로 그러한 책임을 맡기지 않으면 관습상의 대리인인 보호자로 간주하지 않는다.

조회회답 138 | 1914년 12월 17일 경성복심법원 형사부 재판장 조회
1914년 12월 19일 참 제88호 정무총감 회답

상속인 폐제에 관한 건

요지

1. 장남이 사리 분간을 못할 정도로 어리석어서[暗愚] 가(家)를 잇기에 부적당한 때라고 하더라도 이를 폐제(廢除)하고 차남 또는 삼남에게 상속시킬 수 없다.

조회

1. 조선 종래의 관습상 장남이 사리 분간을 못할 정도로 어리석어 가를 잇기에 부적당한 경우에 피상속인의 의사로 장남의 상속권(호주, 제사, 재산)을 빼앗아 차남이나 삼남에게 전부 상속시킬 수 있는가?
2. 만약 할 수 있다면 피상속인 단독으로 실행할 수 있는가?

회답

1. 조선의 관습상 장남이 사리 분간을 못할 정도로 어리석어 가를 잇기에 부적당한 때라고 하더라도 피상속인의 의사로 그를 상속인에서 폐제(廢除)하고 차남 또는 삼남에게 상속

시킬 수 없다.

조회회답 139 | 1914년 12월 23일 고등법원장 조회
1915년 1월 14일 참 제6호 정무총감 회답

양자에 관한 건

요지

1. 법제상 서자가 있는 때에는 양자를 들이는 것을 허용하지 않지만 관습상 아직 행해진다.
2. 서자가 있는 경우에 들인 양자라고 하더라도 상속에 관해서는 적출(嫡出) 아들과 동일한 권리를 갖는다.

조회

1. 서출(庶出) 아들이 있는 경우에 그 부(父)가 다른 곳에서 남자를 맞아들여 자기의 양자로 들일 수 있는 관습이 있는가?
2. 만약 앞의 관습이 있다면 상속에 관해서 그 양자의 권리는 적출 친자와 동일한가?(이상은 평안남도 안주군 지방 조선인 간의 관습)

회답

1. 조선의 법제상 서자가 있는 경우 양자를 들일 수 없었지만, 실제로는 서출을 천시하기에 가계를 중시하는 자나 문벌이 있는 자 등은 서출의 아들이 있음에도 불구하고 양자를 들이는 경우가 왕왕 있고 관습상 그것을 무효로 하지 않는다. 1894년(개국 503)에 의안으로 적첩(嫡妾) 모두 아들이 없는 경우에 비로소 양자를 허용하는 규정을 힘써 행할 것을 꾀하였으나 행해지지 않았다. 지금은 이러한 경우에 양자를 들이는 자가 극히 드물지만, 아직 모두 그 모습이 없어지지는 않아서 관습상 그것을 무효로 볼 수 없는 상태이다.

2. 서자가 있는 경우의 양자는 상속에 관해 적출 남자와 동일한 권리를 갖는다(평안남도 안주군에는 이 점에 관해서 특별한 관습이 존재하지 않음).

조회회답 140 | 1914년 11월 17일 평안남도 장관 조회
1915년 1월 18일 참 제7호 정무총감 회답

유산의 상속에 관한 건

요지

1. 호주의 장남이 사망하고 아들이 없는 때 그 유산은 부(父)인 호주에게 돌아가고, 호주가 사망하고 분가한 차남이 제사를 상속한 때 죽은 장남의 유산은 그 과부에게 귀속된다.

조회

1. 호주 갑(甲)이 장남 을(乙)에게 부동산 약간을 분여했는데 그 후 을이 사망하였으나 아들이 없어서 을의 처 병(丙)이 갑에게서 을이 분여받은 재산을 관리하였다. 그 후 갑이 사망하자 갑의 차남 정(丁, 분가함)이 제사를 상속하고 갑의 가(家)에 들어가서 호주가 되었다. 이 경우에 을의 유산인 부동산의 상속권은 병과 정 중 누구에게 있는가?

회답

1. 조회(문의)의 경우에 장남 을의 유산은 을의 사망과 동시에 그 부(父)인 호주 갑에게 귀속되고, 갑의 사망 후에는 을의 처 병에게 귀속하는 것이 관습이다.

조회회답 141 | 1915년 1월 14일 함흥지방법원 북청지청 조회
1915년 2월 16일 참 제8호 정무총감 회답

차양자에 관한 건

요지

1. 호주의 기혼 장남이 사망하여 대를 이을 자[嗣子]가 없는 때에는 그 재종(再從) 아우를 호주의 차양자로 들일 수 있다.
   죽은 장남이 미혼인 때 호주는 자의 항렬에서 보통의 양자를 들일 수 있다.
2. 차양자는 제사를 섭행하고 유산 및 호주의 지위를 일시 상속한다.
3. 차양자에게 아들이 출생하면 그 아들은 바로 제사·호주 및 재산을 상속하고 차양자는 실가(實家)에 복귀해야 하지만, 그 아들이 상당한 연령에 달하는 것을 기다리는 경우가 있다. 복귀에 관해서는 아무런 형식이 없다.
4. 차양자는 호주의 양자로서 그 출생한 아들은 죽은 장남의 양자가 된다.
5. 차양자가 낳은 아들에게 친권을 행사하는 자는 죽은 장남의 처이다.
6. 차양자가 있는 경우에 다시 양자를 들이지 않는 것이 봉례이시만, 차양사가 아들을 둘 가망이 없게 된 때에는 죽은 장남의 양자를 들일 수 있다.

조회

1. 호주의 장남이 대를 이을 자 없이 사망한 때 그 같은 항렬(육촌 아우)의 남자를 차양자로 삼는 것이 관습상 인정하는 바인 것 같지만, 장남인 자가 미혼인지 여부에 따른 구별은 없는가?
2. 차양자는 상속권이 있는가? 만약 없다면 차양자로서의 신분상 권리의무는 어떤 것인가?
3. 차양자는 아들이 출생함과 동시에 실가로 돌아하는 것이 관습인 듯하나, 이 경우에 만약 차양자에게 상속권이 있다면 출생아의 상속 개시 시기 및 차양자의 실가 복귀 시기와 형식은 어떠한가?
4. 차양자란 장남의 양자가 아니라 호주의 이른바 차양자이지만, 출생아는 당연히 호주의

장남의 양자인가?
5. 앞의 출생아의 친권자는 누구인가? 즉 호주 및 장남은 이미 사망하고 호주의 처 및 장남의 처가 생존한 경우.
6. 차양자가 있는 경우에(아들 출생 전) 아들의 항렬에 있는 자를 양자로 들일 수 있는가?

회답

1. 기혼자인 호주의 장남이 사망하고 대를 이을 자가 없어서 그 같은 항렬의 육촌 아우를 호주의 차양자로 들인 경우는 관습상 유효하며, 만약 그 죽은 장남이 미혼인 때 호주는 아들의 항렬에서 보통의 양자를 들일 수 있다.
2. 차양자는 양가(養家)의 제사자 지위를 승계하지 않고 단지 섭행자의 지위에 설 뿐이기 때문에 제사에 대해서는 양친과 차양자 사이에 상속이 행하여지지 않지만, 양친의 유산 및 호주의 지위에 대하여는 차양자에게 아들이 출생할 때까지 차양자가 일시적으로 승계하기 때문에 이 점에서는 상속이 이루어진다.
3. 차양자에게 아들이 출생하면 그 출생아가 바로 제사, 호주 및 재산의 상속을 하고 차양자는 실가에 복귀하는 것이지만, 실제로는 출생아가 상당한 연령에 달하는 것을 기다리는 경우가 있다. 그 시기는 일정하지 않다. 또 복귀할 때의 절차상 아무런 형식이 없다.
4. 차양자는 호주의 양자로서, 그 출생아는 당연히 죽은 장남의 양자가 된다.
5. 출생아에게 친권을 행사하는 자는 죽은 장남의 처이다.
6. 차양자가 있는 경우에는 다시 양자를 들이지 않는 것이 통례이나, 만약 차양자가 아들을 둘 가망이 없게 된 때에는 죽은 장남의 양자를 들일 수 있다.

조회회답 142 | 1915년 2월 3일 경성지방법원장 조회
1915년 3월 25일 참 제11호 정무총감 회답

국유 미간지 이용에 관한 건

요지

1. 국유미간지이용법 공포(1907) 전 구한국 정부의 허가를 얻어서 국유 미간지를 개간한 때에 개간자는 이미 개간한 부분에서 당연히 그 소유권을 취득한다.
2. 정부로부터 승총(陞總)[75]을 명 받은 때에는 그 토지의 소유권을 취득한 것으로 인정해야 한다.
3. 간석지 이용의 허가를 받아서 제방을 만들고 바닷물의 침입을 방지한 때라도 주인이 있는 진전(陳田)은 이용자의 소유로 귀속되지 않는다.

조회

1. 국유미간지이용법 공포(1907) 전에 구한국 정부로부터 국유 미간지 이용의 허가를 받은 자가 개간한 때, 이미 개간한 부분은 당연히 그 토지의 소유권을 취득하는가?(특히 1905년 경의 사례는 어떠한가?) 정부로부터 부여·불하받지 않으면 소유권을 취득할 수 없는가?
2. 정부로부터 승총(납세)을 명 받은 때에는 부여가 있었다고 인정할 수 있는가?
3. 전항의 경우에 국유 미간지[간석지(干潟地)]의 이용 허가를 받은 자가 제방을 건설하여 바닷물의 침입을 방지하는 설비를 한 때, 해수의 침입을 면한 간석지 부근에 있는 진전(묵은

---

[75] 승총(陞總): 징세에서 빠진 논밭을 세부(稅簿)에 기록하거나 향후의 징세 대상을 선정하여 잠정적으로나마 확정하는 일을 말한다. 가장 유명한 사건이 1894년의 갑오승총(甲午陞總)이다. 갑오정권이 추진한 갑오승총의 내용은 "각궁 소유의 토지에서 곡식을 수확하는 등의 문제는 종전대로 각궁에서 관리하고, 지세는 새 규정에 따라 내도록 하라. 만약 각 역에서 전과 같이 결세를 적게 내거나 각 둔토에서 도조만 내고 호조에 납부하는 결세를 면제받은 것이 있으면, 모두 새 규정에 따라 작인(作人)과 마호(馬戶)로부터 징수하게 하라."라는 것이다. 이에 따라 무토면세지에서는 사궁이나 둔의 징세권이 해체되고, 유토면세결에서는 종전에 궁·역토·둔토에 면세해 준 결세를 작인이 탁지아문에 내도록 하는 출세 조치가 단행되었다. 이로써 봉건적 특권에 기초한 징세권(수조권)이 전면 해체되고, 전국 토지에 대한 국가의 수세권이 확보되었다. 결세가 국세로 탄생한 것이다. 무토는 해체되고, 유토의 작인은 국세와 도전(賭錢)을 동시에 납부하게 되었다. 최원규, 2012, 「한말 일제초기 공토 정책과 국유민유 분쟁」, 『한국민족문화』 45, 부산대학교 한국민족문화연구소.

논)은 당연히 앞의 이용자의 소유에 귀속하는가?

회답

1. 국유미간지이용법 공포(1907) 전 구한국 정부로부터 국유 미간지 이용의 허가를 받은 자가 개간한 때, 이미 개간한 부분은 특히 정부로부터 부여·불하를 받지 않고도 당연히 그 토지의 소유권을 취득하였다.
2. 정부로부터 승총을 명 받은 때 그 토지의 소유권을 취득한 것으로 인정할 수 있다.
3. 전항의 경우에 국유 미간지(간석지)의 이용을 허가받은 자가 제방을 건설하여 해수의 침입을 방지하는 설비를 한 때라고 하더라도, 해수의 침입을 면한 미간지 부근의 주인 있는 진전이 당연히 이용자의 소유에 귀속되는 관례는 없는 것으로 한다.

조회회답 143 | 1915년 1월 18일 토목국장 조회
1915년 3월 30일 참사관 회답

경사지의 소유권에 관한 건

요지

1. 국유지의 상하에 경사지(傾斜地)가 있는 경우에 경사지가 상하 모두 국유로 귀속되는 관습은 없다.
2. 보통 아래쪽에 있는 경사지는 그 위쪽에 있는 토지에 속한다.

조회

1. 국유지의 상하에 경사지가 있는 경우, 해당 상하의 경사지는 조선 내에서 일반적으로 국유지에 속하는 구관이 있는가?

회답

1. 국유지의 상하에 경사지가 있는 경우에 그 경사지가 상하 모두 국유에 속하는 관습이 있다는 것은 아직 듣지 못하였다. 만약 실제로 누구라도 이와 같이 승인하는 사례가 있다면, 그 경사지가 보통 인접지 사이에 있는 것에 비해 면적이 상당하며 그것을 사이에 두고 상하에 있는 토지와 별개의 토지로서 관찰할 수 있는 경우로, 이를 법제상 말하자면 이른바 간광지(間曠地)에 속하여 국유가 된다.

2. 보통의 경우에 토지의 상하에 있는 경사지는 토지의 상황에 따라 그 소속을 결정할 수밖에 없지만, 많은 경우에 아래쪽에 있는 경사지는 그 위쪽에 있는 토지에 속하고 위쪽에 있는 경사지는 다시 그 위쪽에 있는 토지에 속하는 것으로 인정하는 것 같다. 그리고 그것을 결정하는 표준은 그 경사지가 별개의 토지라고 볼 수 있는지 여부 및 별개의 토지로 볼 수 없는 경우에는 어느 토지와의 관계가 가장 깊은가(예를 들어 이것이 붕괴될 때에 이어져 있어서 그 토지에 손해를 미치는 등)를 보아 그 소속을 결정한다.

조회회답 144 | 1915년 3월 9일 임시토시소사국장 조회
1915년 4월 13일 참 제24호 정무총감 회답

미성년자 보호자의 권한에 관한 건

요지

1. 백부(伯父)의 가(家)에 들어가 그 양육을 받은 미성년자 소유의 부동산을 백부가 처분한 경우 그 처분이 조카를 위한 것인 때에는 유효하다.

조회

1. 부(父)가 없는 미성년자인 조카가 백부 가의 민적에 조카로 입적하여(모는 부의 사망 후 다른 데 재혼함) 백부가 양육하던 중 백부가 그 조카 소유의 부동산을 처분한 사실이 있다. 백부

의 처분 행위는 본인을 위한 것인지를 불문하고 조선의 종래 관습상 유효하다고 인정할 수 있는가?

단, 미성년자의 유복친(有服親)으로서는 백부 부자(父子)밖에 없으며 그 처분 행위가 있었던 것은 1910년 음력 6월 즉 한국병합 이전이다.

회답

1. 1910년 한국병합 이전 백부의 민적에 조카로 입적하여 양육을 받은 미성년자의 부동산을 백부가 처분을 한 사실이 있다고 하면, 그 처분이 조카를 위하여 한 것인 때에는 관습상 유효하지만 그렇지 않은 때에는 효력이 없다.

조회회답 145 | 1915년 2월 24일 부산지방법원 민사부 재판장 조회
1915년 4월 13일 참 제24호 정무총감 회답

함락지의 소유권에 관한 건

요지

1. 하안(河岸)의 토지가 함락한 경우에 그 소유권이 소멸한 후에 그 지역에 이생지(泥生地)가 생긴 때에 이생지는 함락지(陷落地) 소유자의 소유로 귀속한다.

조회

1. 강 연안 특히 낙동강 연안의 토지가 함락한 후 해마다 흘러 내려온 토사가 자연히 쌓여 다시 같은 곳에 사주(砂洲)[76]가 생겨서 토지로서 이용할 수 있는 상태가 형성된 경우에는, 그간 햇수의 많고 적음에 상관없이 그 토지는 함락 전의 소유자에게 귀속하는 것이 관습인

---

76 사주(砂洲): 수류나 조류의 작용으로, 강이나 해안의 수면 위에 둑 모양으로 이루어지는 삼각주를 이른다.

가? 그렇다면 그 권리는 계속하여 이전의 권리를 보유한 것으로 간주되는 것인가? 이전의 권리는 함락한 때에 일단 소멸하고 새로이 소유권을 취득한 것으로 간주되는 것인가? 이러한 관습은 현존하는가? 이미 소멸했다고 하면 언제까지 행해졌는가?

회답

1. 관습상 강 연안의 토지가 함락한 경우에는 그 소유권이 소멸하고, 다시 그 지역에 이생지가 생긴 경우 함락한 때부터 이생된 때까지의 햇수를 불문하고 함락지 소유자의 소유로 귀속한다. 뒷부분에 관해서는 조선민사령의 해석에 속하므로 생략한다.

조회회답 146 | 1915년 3월 2일 평양지방법원 정주지청 조회
1915년 4월 19일 참 제18호 정무총감 회답

양자 및 상속에 관한 건

요지

1. 미혼으로 사망한 자를 위해서는 양자를 들일 수 없다. 양자가 그 선대(先代)와 소목(昭穆) 관계에 있는 자인 때에는 선대의 양자가 된다.
2. 미혼으로 사망한 호주의 유산은 양자를 들일 때까지는 그 모(母)가 승계한다. 따라서 그 소유에 속하는 동안에 한 유산의 매각은 유효하다.

조회

1. 호주 이진택(李鎭宅)이 미혼으로 13세인 1913년 7월 8일 사망하였는데, 이진창(李鎭昌)은 1914년 6월 20일 양자가 되었다. 이진창이 양자가 되었다는 것은 이진택의 전호주 이구배(李垢培)의 직접 양자라는 의미로, 이진택의 양자가 되었다는 것이 아닌가? 바꾸어 말하면 조선에서는 호주가 미성년 남자이자 미혼으로 사망한 때에는 그 사망한 자의 양자를

들일 수 없는가?
2. 정말 그렇다면 사망한 이진택이 재산을 소유한 때에는 이진창이 양자가 되지 않은 사이에 그 모 정씨(鄭氏)가 상속할 수 있는가, 단순한 보관 채무인가?
3. 정씨가 상속할 수 없고 양자를 정할 때까지 보관 채무가 있다면 이진창이 양자가 된 이상은 바로 그 보관 부동산을 이진창에게 인도해야 하는가?
4. 그런데 정씨는 1914년 4월 21일부로 이진택 사망으로 인해 상속하였다는 이유로 토지 소유권 보존증명을 받아서 이를 다른 곳에 매각하였다. 이 매각은 무효인가?

회답

1. 조선에서는 미혼인 사자(死者)를 위해 양자를 들일 수 없다. 따라서 호주 이진택의 사후 이진창을 양자로 들인 것은, 만약 그 친족 관계가 전호주 이구배의 아들 항렬에 해당하는 남계혈족인 때에는 이구배의 양자가 된 것이라 해야 한다.
2. 죽은 호주[亡戶主] 이진택의 유산은 양자를 들이기 전에는 그 모 정씨가 승계하기 때문에 자기 소유에 속하는 동안에 한 매각은 유효하다.

조회회답 147 | 1915년 3월 19일 평양지방법원 재판장 조회
1915년 4월 19일 참 제26호 정무총감 회답

동사원의 책임에 관한 건

요지

1. 동사(同事, 동업)를 조직하여 영업을 하는 경우에 영업을 위해 차입한 금원에 대하여 동업자는 모두 변제의 책임을 진다. 동업자의 1인이 자기를 위해 차입한 금원에 대하여 다른 동업자에게 변제의 책임이 없다.

조회

1. 동사원(同事員) 1인이 한 금원의 차입은 그 영업을 위해서 한 것과 자신만을 위해서 한 것을 불문하고, 또 해당 차입이 동업 영업장부에 기재되었는지를 물론하고 다른 동업자가 그 변제의 책임을 져야 하는가?

회답

1. 동사를 조직하여 영업을 하는 경우에 그 영업을 위해 차입한 금원에 대해서는 동사원 모두가 변제의 책임을 진다. 그것을 영업장부에 기입했는지 여부가 반드시 그 책임의 유무를 결정하는 기준이 되지는 않는다. 동사원이 자기를 위해서 차입한 금원에 대해서는 설사 영업장부에 기입된 경우라고 하더라도 다른 동사원에게 변제의 책임이 없다. 평안남도에도 이와 다른 관습은 존재하지 않는다.

조회회답 148 | 1915년 4월 6일 경성복심법원 민사제1부 재판장 조회
1915년 4월 19일 참 제31호 정무총감 회답

협의이혼에 관한 건

요지

1. 협의이혼에는 부(夫)의 부모의 동의를 요한다. 처(妻)의 부모의 동의는 필요로 하지 않는다.

조회

1. 행위능력이 있는 부부가 협의이혼을 하고자 하고 그 당사자 모두 부모가 있는 경우에, 당사자의 연령에 관계없이 그 양친의 동의를 얻지 않으면 유효하게 이혼을 할 수 없는가?
2. 혹은 행위능력이 있는 이상 절대 그 부모의 동의를 필요로 하지 않는가?

3. 만약 그 당사자의 연령 여하에 따라 부모의 승낙을 구하는 데 구별이 있다면 그 연령은 몇 살인가?

회답

1. 조선에서는 부부가 협의이혼을 할 경우에 부(夫)의 부모가 있는 때에는 그 동의를 얻을 것을 요한다. 연령 및 행위능력의 여하를 묻지 않는다. 그렇지만 처의 부모의 동의를 얻을 필요는 없다.

조회회답 149 | 1915년 3월 1일 경성지방법원장 조회
1915년 4월 24일 참 제17호 정무총감 회답

차인동사에 관한 건

요지

1. 1인이 출자하고 1인이 업무집행자가 되어 영업을 하는 경우에 이를 차인동사(差人同事)라고 한다. 출자자를 물주(物主), 업무집행자를 차인(差人)이라고 한다.
2. 차인동사의 경우에는 물주의 출자금액에 대한 이자를 수익금 중에서 공제한 뒤 그 손익을 계산하여 물주와 차인이 균분하는 것이 통례이다.
3. 동업을 해소하는 것을 파장(罷掌)이라고 한다.
   동업을 해소한 경우에 동업으로 인해 생긴 차인의 제3자에 대한 권리의무에 대해서는 물주도 그 권리를 행사할 수 있는 동시에 그 의무를 이행할 책임이 있다.

조회

1. 갑(甲)이 상업의 자본주이고 을(乙)이 영업의 실행자가 되어 상업을 영위하는 관계를 동사업(同事業)이라고 칭하며, 갑을 물주, 을을 차인이라고 하는가?

2. 동사업자(同事業者)는 물주의 출자금액에 일정한 이자를 계산하여 그 결과에 따라 손익을 정하고, 그 손익은 물주와 차인이 균분하는가?
3. 동업이 폐지된 경우를 파장이라고 하는가? 이 경우에,
   (1) 물주는 자기 차인의 제3자에 대한 의무 전부를 부담하는가?
   (2) 물주는 자기 차인의 제3자에 대한 권리도 행사할 수 있는가?

회답

1. 1인이 자본을 내고 1인이 업무집행자가 되어 영업을 하는 경우를 차인동사라 하고, 자본을 낸 자를 물주, 업무를 집행하는 자를 차인이라고 하는 경우가 있다.
2. 차인동사의 경우에는 물주의 출자에서 이자를 제외한 뒤 손익 계산을 하여 물주와 차인이 균분하는 것이 통례이다.
3. 동업을 해소하는 것을 일컬어 파장이라고도 한다. 동업을 해소한 경우에, 동업으로 생긴 차인의 제3자에 대한 권리의무에 대하여 물주는 그 권리를 행사할 수 있고 의무를 이행할 책임이 있다.

조회회답 150 | 1915년 3월 24일 해주지방법원 민사부 재판장 조회
1915년 4월 26일 참 제27호 정무총감 회답

사패전의 구별에 관한 건

요지

1. 조선 숙종대의 궁방사패(宮房賜牌)에는 결수사패(結數賜牌)와 전토사패(田土賜牌)가 있다. 전자는 결수만을 사여하는 것으로 무토사패(無土賜牌)라고 하며, 후자는 전토를 사여하는 것으로 유토사패(有土賜牌)라고 한다.
2. 결수사패에는 본인 1대(代)에 한하여 사급(賜給)하는 것과 4대를 한도로 사급하는 것이

있다.
3. 전토사패를 받은 궁방은 그 전토를 매각하거나 기타 처분할 수 있고, 결수사패는 이를 처분할 수 없다.

조회

1. 구한국 숙종대에 각 궁방의 사패는 단지 결세사패(結稅賜牌)만을 시행한 것에 불과한가? 전토사패도 함께 시행한 것인가? 만약 병행했다면 양자는 어떤 명칭으로 구별되고 있었는가? [예를 들어 영사패(永賜牌), 결사패(結賜牌), 전토사패와 같이] 그 결세사패의 경우에도 영사패라는 명칭을 부여한 경우가 있는가? 또 결세사패와 전토사패 사이에는 어떤 구별이 있는가?
2. 결세사패는 연한의 정함이 있는 것인가?
3. 전토사패를 받은 각 궁은 그 전토를, 결세사패를 받은 각 궁은 그 권리를 모두 자유로이 다른 곳에 매각 및 기타 처분할 수 있는 것인가?

회답

1. 조선 숙종 무렵 궁방사패에는 결수사패와 전토사패가 있었는데, 전자는 다른 말로는 무토사패라 하고 후자는 유토사패라 한다. 단 영사패·결세사패 등의 명칭은 많이 들어본 바 없다. 그리고 결수사패는 단지 결세만을 사여하고 전토사패는 토지를 사여하는 점에서 다르다.
2. 결수사패에는 본인 1대를 기한으로 하는 것과 4대를 기한으로 하는 것 등이 있다.
3. 전토사패를 받은 궁방은 그 전토에 대해 매각 및 기타 처분을 할 수 있고, 결수사패를 받은 경우에는 이를 처분할 수 없다. 단 실제로는 내밀히 매각하고 세액을 받을 때 수패자(受牌者)의 이름으로 하는 경우가 있다.

조회회답 151 | 1915년 4월 7일 고등법원장 조회
1915년 4월 26일 참 제32호 정무총감 회답

상속인이 없는 경우 재생지(再生地) 소유권의 귀속에 관한 건

요지

1. 승계자가 없는 사자(死者)의 유산은 동산과 부동산을 묻지 않고 그 자가 살던 이(里)의 소유에 귀속한다.
2. 강락지(江落地)의 소유자가 사망하고 상속인이 없는 때에 이생지(泥生地)가 생긴 경우 이생지의 귀속에 대하여는 확실한 관습이 없다.

조회

1. 상속인이 없는 경우 사자의 유산인 부동산이 그 소재지인 이(里)·동(洞)의 소유가 되는 관습이 있는가?
2. 갑의 소유지가 강으로 떠내려 간 뒤 갑은 사망하고 그 상속인이 없었다. 그 후에 같은 장소에 새로 기주(寄洲, 이생지)가 생긴 때에 이 새로 생긴 토지의 소유권은 누구에게 속하는 것이 관습인가?

  이상은 특히 평안남도 안주군 부근에서의 관습.

회답

1. 승계자가 없는 사자의 유산은 동산, 부동산을 묻지 않고 그 자가 살던 이의 소유가 되는 것이 관습이다.
2. 2항의 경우에 대하여는 확실한 관습이 없는 것 같다.

조회회답 152 | 1915년 2월 24일 경성지방법원장 조회
1915년 4월 28일 참 제16호 정무총감 회답

친권의 상실에 관한 건

요지

1. 친권을 상실시키는 관습은 없지만, 모가 자의 재산을 관리할 경우 조모가 이를 제한하거나 관리를 하지 못하게 하는 관습이 있다. 하지만 예전에는 이를 재판소에 소구하는 것은 허용되지 않았다.

조회

1. 친권 및 재산관리권 상실의 선언을 재판소에 소구할 수 있는 관습이 있는가?
2. 만약 이러한 관습이 있다고 하면 친권 및 재산관리권 상실의 원인, 사례 및 청구권자는 어떻게 되는가?

회답

1. 조선에 친권을 상실시키는 관습은 없지만, 모가 자의 재산을 관리한 경우에 조모가 이를 제한하거나 관리하지 못하도록 할 수 있는 관습이 있다. 단 이를 재판소에 소구하는 것은 예전에는 허용되지 않았다.
2. 전항 기재와 같이 친권 또는 재산관리권의 상실을 재판소에 소구할 수 없었기에 그 원인, 사례 및 청구자에 관해서 정해진 예가 없다.

조회회답 153 | 1915년 3월 3일 평양지방법원 정주지청 조회
1915년 4월 29일 참 제21호 정무총감 회답

어린 호주의 보호에 관한 건

요지

1. 미성년 남호주와 생모가 같은 가(家)에 있는 경우에는 생모는 당연히 그 보호자가 된다.
2. 미성년의 남호주와 조모(祖母)가 같은 가에 있는 경우에는 조모는 당연히 그 보호자가 된다.
3. 미성년자가 양자가 된 때라고 하더라도 생가에 있는 생부는 당연히 그의 보호자가 되지 않는다.
4. 보호자인 조모가 손(孫)에게 소송을 제기하는 사례가 예전에는 전혀 존재하지 않았다.

조회

1. 10세의 남호주와 생모가 있는 경우에는 그 모가 친권을 행사하는가?
2. 10세의 남호주와 조모가 있는 경우에는 조모는 낭연히 후건인이 되는가? 또는 친족 협의로 선정되지 않은 이상 조모는 후견인이 될 수 없는가? 여자는 절대로 후견인이 될 자격이 없는가?
3. 10세의 남호주(다른 곳에서 양자를 들여서 호주가 되었음)와 조모만 있는 생가(10세 남호주의 생가)에 생부가 있는 경우에는 당연히 생부가 후견인이 되고 특별히 친족의 선정을 필요로 하지 않는가?(『관습조사보고서』 335쪽 참조)
4. 10세의 남호주와 조모가 있는 경우에 조모가 후견인 자격이 있다고 해도, 조모가 그 손인 미성년 호주에게 민사소송을 제기하려고 함에는 어떤 방법을 쓸 수 있는가?

회답

1. 10세의 남호주와 생모가 같은 가에 있는 경우에는 생모가 당연히 보호자가 된다.
2. 10세의 남호주와 조모가 같은 가에 있는 경우에는 조모가 당연히 보호자가 된다.

3. 전항의 경우 그 호주가 양자로서 생가에 생부가 있는 때에 생부는 당연히 그 보호자가 되는 것은 아니다.
4. 보호자인 조모가 손자를 상대로 소송을 제기하는 것 같은 사례가 예전에는 전혀 존재하지 않았으므로 손자의 대표 등에 관해 특별히 정해진 관습은 없다.

조회회답 154 | 1915년 3월 17일 경성지방법원장 조회
1915년 4월 30일 참 제25호 정무총감 회답

과부의 재가 방식에 관한 건

요지
1. 과부가 재가하는 경우에는 식(式)을 올린 자가 거의 없다.

조회
1. 조선인 간의 혼인 성립에 식을 올리는 것을 요건으로 함은 의심할 바 없지만, 과부가 재가하는 경우에는 왕왕 혼인식을 하지 않고 단지 민적상 혼인 신고를 하며 다수의 자녀를 갖는 자도 적지 않다. 이러한 경우에는 혼인식의 결여로 그 혼인을 불성립으로 간주해야 하는가? 예외로서 민적의 신고에 의해 당사자 간 합의의 확증이 있는 경우에는 혼인의 성립으로 간주해야 하는가?

회답
1. 조선에서는 예전에 과부의 재가를 금지하였다가 그 후 금지가 없어졌지만 일반적으로 그것을 천시하기에, 재가의 경우에는 식을 거행하는 자가 거의 없다. 따라서 비록 식을 올리지 않은 자라고 하더라도 사정에 따라 혼인이 성립한 것으로 인정해야 할 경우가 있다.

조회회답 155 | 1915년 4월 23일 평양지방법원 정주지청 조회
1915년 4월 30일 참 제35호 정무총감 회답

양자 및 상속에 관한 건

요지

1. 호주가 사망하고 양자가 있는 경우에 다른 곳에 개가한 죽은 호주[亡戶主]의 모(母)가 한 유산 처분은 무효이다.

조회

1. 죽은 호주 이진택(李鎭宅)의 모 정씨(鄭氏)는 1914년 3월 26일 타가에 혼인, 입적하여 이진택의 유산인 부동산을 1914년 5월 2일 다른 곳에 매각하였다. 이와 같이 타가로 시집 간 이후에 그 유산을 매각하는 것은 유효한가?
2. 호적에 의하면 '이규은(李奎銀)'이라는 자가 '1914년 3월 1일 양자, 1914년 6월 21일 파양'이라고 되어 있어서 양자가 된 동시에 이규은이 유산을 상속한 것으로 인정할 수 있으므로, 모 정씨는 1914년 5월 2일(이규은이 양자이던 시기)에 이를 매각할 권리가 없는 것이 아닌가?

회답

1. 조회와 같은 경우에 그 매각은 효력이 없다.

조회회답 156 | 1915년 3월 1일 평양지방법원 정주지청 조회
1915년 4월 30일 참 제19호 정무총감 회답

첩 및 미성년자의 행위능력에 관한 건

요지

1. 부(夫)와 동거하는 첩이 소송을 제기하거나 소송의 상대방이 되기 위해서는 부의 허가를 요한다.
2. 부와 동거하는 첩이 부동산을 매수하기 위해서는 부의 허가를 요한다.
3. 전항의 경우에 첩이 독단으로 부동산을 매수한 때에 부가 취소할 수 있지만 무효는 아니다.
4. 민법 제19조의 규정과 같은 관습은 존재하지 않는다.

조회

1. 부와 동거하는 첩이 소송을 제기하는 때에는 부의 허가를 필요로 하는가?
2. 부와 동거하는 첩이 소송의 상대방이 된 때에는 부의 허가를 요하지 않는가?
3. 부와 동거하는 첩이 부동산을 매수하기 위해서는 그 부의 허가를 필요로 하는가?
4. 만약 앞의 경우에 허가를 얻지 않고 매수했다면 그 매매는 무효인가? 다만 취소할 수 있을 뿐인가?
5. 의사능력이 있는 미성년자(예를 들어 13세)가 법정대리인의 허가를 얻지 않고 그 소유 부동산을 매도한 때 그 법정대리인은 그것을 취소할 수 있다는 『관습조사보고서(慣習調査報告書)』 14~15쪽의 기재가 있지만, 이 경우에 매수인인 상대방은 일본 민법 제19조[77]와 같은 권리를 갖는가?

---

[77] 일본 민법 제19조: "무능력자의 상대방은 그 무능력자가 능력자가 된 후 1개월 이상의 기간 안에 그 취소할 수 있는 행위를 추인할 것인지 여부에 대하여 확답하라는 취지를 최고할 수 있다. 만약 무능력자가 그 기간 안에 확답을 하지 않을 때 그 행위를 추인한 것으로 간주한다. 무능력자가 아직 능력자가 되지 않은 때 부(夫) 또는 법정대리인에게 전항의 최고를 하여도 그 기간 안에 확답하지 않을 때에도 역시 같다.(이하 생략)"

회답

1. 부와 동거하는 첩이 원고가 되어 소송을 제기하는 데에는 부의 허가를 요한다. 또 소송의 상대방이 된 때에도 스스로 소송행위를 하기 위해서는 부의 허가를 요한다.
2. 부와 동거하는 첩이 부동산을 매수함에는 부의 허가를 요한다.
3. 앞의 경우에 첩이 독단으로 부동산을 매수한 경우에는 부가 그것을 취소할 수 있지만 무효는 아니다.
4. 5.의 경우에 관해서는 민법 제19조 규정과 같은 관습은 존재하지 않는다.

조회회답 157 | 1915년 5월 13일 경성지방법원 민사부 조회
1915년 6월 24일 조추발 제88호 정무총감 회답

동사원의 책임에 관한 건

요지

1. 동사영업(同事營業)에서 동사원(同事員) 1인이 영업을 위해 부담한 채무는 전원이 분담한다. 만약 동사원 중에 변제할 자력이 없는 자가 있는 때에는 그 자의 부담 부분은 나머지 사람들이 분담하는 것이 관습이다.

조회

1. 동사영업을 하는 자는 그 가운데 1인이 부담한 채무라고 하더라도 영업을 위해 부담한 것인 이상은 동사영업자 전원이 연대변제를 하는 관습이 있는가?

회답

1. 동사영업의 경우에 그 가운데 1인이 부담한 채무라고 하더라도 영업을 위해서 한 것은 전원이 분담하며, 만약 그것을 변제할 자력이 없는 자가 있는 경우에 남은 자들이 분담하

는 것이 관습이고 연대책임을 인정하는 관습은 없다.

조회회답 158 | 1915년 5월 1일 경성지방법원장 조회
1915년 6월 24일 조추발 제89호 정무총감 회답

처가 출가한 경우 재취의 효력에 관한 건

요지

1. 예전에 양반의 처가 무단가출한 후 2, 3년간 소재가 불명하여 다른 여자와 혼인[재취(再娶)]한 때에는 그로 인해 전처와 이혼한 것으로 보는 것이 관습이다.
2. 전항의 관습은 상민에게 있어서도 다를 바 없다.
3. 앞의 전처가 부재중 그 부모가 혼서(婚書)를 남편 집에 반환한 때에는 이혼을 용인한 증거로 볼 수 있다.

조회

1. 1840년(道光 20)경에 어떤 양반의 정처(正妻)가 무단으로 가출하여 소재불명이 된 지가 2, 3년에 이른 때, 그 남편이 이혼 절차를 밟지 않고 다시 다른 여자와 식을 올려 혼인한 후 1, 2년이 지나 전처가 돌아왔다. 그 이후로 남편은 전처 및 후처와 동시에 부부 관계의 실질을 계속 유지하였다. 이 경우에,
   (1) 전처와 후처 중 어느 쪽이 정처인가?
   (2) 그 남편이 상민이면 그 관습이 달라지는 바가 있는가?
   (3) 전처의 소재불명 중에 그 부(父) 또는 모(母)가 혼서를 남편 집에 반환한 때에는 혼인 해소로 인정할 수 있는가?

회답

1. 1840년경에 양반의 처가 무단가출하여 소재불명이 된 지 2, 3년이 지났으므로 그 남편이 특별히 이혼 절차를 밟지 않고 다시 식을 올려 다른 여자와 결혼하였는데, 그 후 1, 2년이 지나 전처가 집으로 돌아온 이래 계속 동거한 경우에는 그 재혼으로 인해 전처와 이혼한 것으로 보는 것이 관습이었기에, 특별히 이혼 절차를 밟아 다시 후처와 결혼한 경우와 다를 바 없다. 따라서 후처만이 처가 되는 것임은 말할 필요도 없다.
2. 앞의 경우에 남편이 상민이라 하더라도 다른 관습은 없다.
3. 전처 부재중 그 부 또는 모가 혼서를 남편 집에 반환한 경우 처의 부모도 이혼을 인정한 증거로 볼 수 있다.

조회회답 159 | 1915년 5월 22일 평양지방법원 민사부 재판장 조회
1915년 6월 24일 조추발 제90호 정무총감 회답

가족이 사망한 경우 유산의 상속에 관한 건

요지

1. 가족이 사망하고 처와 딸이 있는 경우 그 유산은 처가 상속한다.

조회

1. 갑(甲)과 을(乙)이 있었는데, 을은 호주 갑의 가족으로 동거 중에 특유재산을 남기고 사망하였다. 그런데 을은 생모 및 호주인 형 갑 외에 처와 딸 하나를 두고 있었다. 이 경우 누가 유산을 상속할 자인가? 만약 수인이 상속한다면 그 상속분은 어떻게 되는가? 단, 위의 생모는 형인 갑의 서모(庶母)로서 갑의 호적 안에 없다.

회답

1. 가족이 사망하고 형인 호주, 모, 처 및 딸이 있는 경우에 그 유산은 처가 상속한다.

조회회답 160 | 1915년 5월 13일 경성복심법원 민사제1부 재판장 조회
1915년 6월 24일 조추발 제91호 정무총감 회답

황무지의 소작에 관한 건

요지

1. 지주의 승낙을 얻어 황무지를 개간한 때에는 3년간 무료로 사용할 수 있는 관습이 있다. 그 후는 보통의 소작과 다를 바 없다.
2. 소작은 한 경작기마다 계약을 해제할 수 있고 소작료를 증액할 수 있다.
3. 앞의 관습은 그 토지가 내수사(內需司)[78]의 소유에 속하는 경우에도 다를 바 없다.

조회

1. 승낙을 얻어서 타인 소유의 황무지를 개간하여 토지사용권을 얻은 경우 당사자 간에 특약이 없는 때에 그 사용권은 영소작권(永小作權)인가, 임차권인가?
2. 위의 개간자가 토지의 임료로 해마다 토지 수확의 4분의 1을 지주에게 납부할 때 그 사용권은 영소작권인가?
3. 영소작 관계에 관해서 토지의 상황에 변경이 없더라도 추수가 끝난 후 다음 해 소작을 시작하는 시기 사이에 지주는 단독으로 소작료에서 상당한 증액을 할 수 있는가? 소작료의 증액은 재판상의 확정을 요하는가? 만약 지주가 토지에 대해 수축(修築)·개량공사를 하여 토지의 수확이 증가한 경우에는 어떠한가?

---

78 내수사(內需司): 조선시대 왕실 재정의 관리를 위해 설치되었던 관서.『한국민족문화대백과사전』참조.

4. 이상의 사항에서 토지가 내수사의 소유에 속한 경우에는 차이가 있는가?

회답

1. 타인 소유의 황무지를 그 승낙을 얻어 개간한 경우에 3년간 무료로 사용할 수 있는 관습이 있다. 그렇지만 그 후에 계속 사용하는 것은 보통의 소작과 다를 바가 없기 때문에 원래부터 영소작이 아니다. 따라서 이러한 경우에 땅을 빌린 자가 보통의 소작료에 비해서 소액의 소작료를 지급하는 경우가 있더라도 명시적인 계약 또는 그 계약 취지를 추정할 수 있는 사정이 있지 않으면 바로 영소작이라고 해석할 이유가 없다.
2. 전항의 경우에 지주 및 소작인은 보통의 예에 따라서 한 경작기마다 계약을 해제할 수 있으므로 소작료의 증액을 할 수 있음은 물론이다. 그렇지만 땅을 빌린 자가 이를 승낙할지 여부는 임의이기에 만약 원하지 않는 때는 계약을 해제할 수 있다.
3. 그 토지가 내수사의 소유에 속하는 경우라고 하더라도 차이는 없다.

조회회답 161 | 1915년 6월 5일 평양지방법원 조회
1915년 7월 7일 조추발 제98호 정무총감 회답

도지권의 매매에 관한 건

요지

1. 도지권(賭地權)을 전당(典當)했다면 그것을 제3자에게 매각할 수 없다.

조회

1. 도지권을 저당 잡혔다면 도지권자와 제3자 간에 한 도지권의 매매는 무효인가?

회답

1. 도지권을 전당한 경우에 그것을 제3자에게 매매하는 것은 관습에서 인정하지 않는 바이다.

> **조회회답 162** | 1915년 6월 12일 경상북도 장관 조회
> 1915년 9월 18일 조추발 제133호 정무총감 회답
>
> # 신원보증 의무의 상속에 관한 건

요지

1. 신원보증(身元保證) 채무의 상속으로 인한 승계에 관해서는 명확한 관습이 존재하지 않는다.

조회

1. 조선인의 친족상속에 관해서는 관습에 따라야 한다고 하는데, 타인의 신원보증을 한 자가 사망했다면 그 상속인이 당연히 피상속인의 신원보증 의무를 계승하는 관습이 있는가?

회답

1. 조선에는 신원보증 의무를 상속인이 승계하는 여부에 대한 명확한 관습이 존재하지 않지만, 면리원(面吏員)의 결포(缺逋)에 대한 신원보증 의무처럼 피상속인의 생존 중에 이미 사실이 발생한 것은 상속인에게 그 의무를 이행하도록 하고, 만약 피상속인의 사후에 생겼다면 상속인에게는 이행의 책임이 없다고 해석하는 것이 타당해 보인다.

조회회답 163 | 1915년 6월 24일 평양지방법원 조회
1915년 7월 7일 조추발 제97호 정무총감 회답

독자를 양자로 삼는 경우에 관한 건

요지
1. 독자(獨子)인 장남은 본가상속의 경우에 한하여 타가의 양자가 될 수 있다.

조회
1. 관습상 장남이면서 독자인 자는 생부의 종제(從弟)에 상당하는 자가 사망한 경우 양자가 되는 것이 가능한가?

회답
1. 독자인 장남은 타가의 양자가 될 수 없지만, 본가상속의 경우에 한하여 타가의 양자가 될 수 있는 관습이 있다.

조회회답 164 | 1915년 7월 9일 해주지방법원 민사부 재판장 조회
1915년 9월 4일 조추발 제124호 정무총감 회답

대습상속에 관한 건

요지
1. 상속인인 부(父)가 상속 개시 전에 사망하고 적자(嫡子)가 없는 때에는 서자(庶子)가 당연히 승중(承重)하여 상속한다.
2. 전항의 경우 호주인 조부(祖父)가 망부(亡父)를 위해 양자를 지정하거나 조부의 사후 바로

망부의 처·친족 등이 양자를 들였다면, 서자는 상속인이 될 수 없다.

조회

1. 부가 상속 개시 전에 사망하여 적출자(嫡出子) 없이 서자만 있을 때, 그 서자는 아무런 절차를 거치지 않고도 당연히 부를 대신하여 제사상속[이를 대습상속(代襲相續)[79]이라 함]을 할 수 있는가? 만약 절차를 밟지 않고는 상속인이 될 수 없다면 어떠한 절차가 필요한가?
2. 또 만약 위의 경우에 조부가 그 생전에 대습상속인으로 아들(서자의 망부)의 양자를 지정하거나, 조부의 사망 후 바로 서자의 부(父)의 처나 친족 등이 대습상속인으로 삼기 위해서 망부의 양자를 들인 경우에, 서자는 그 대습상속을 할 수 없는가?

  이상은 지금부터 19년 혹은 33년 전의 황해도 지방의 관습.

회답

1. 상속인인 부가 상속 개시 전에 사망하고 적자 없이 서자만 있을 때 그 서자가 승중하여 당연히 상속하며, 아무런 절차를 거치지 않아도 된다.
2. 앞의 경우에 호주인 조부가 망부의 양자를 지정하거나 조부의 사후 바로 망부의 처·친족 등이 망부의 양자를 들였다면, 서자는 상속할 수 없다.

---

[79] 대습상속(代襲相續): 상속인이 될 사람(부)이 피상속인(사망한 사람, 조부)보다 먼저 사망한 경우에 상속인의 자(子)가 대신 상속인이 되는 것을 말한다. 전형적인 패턴은 자식이 어버이보다 먼저 사망한 경우에 손자가 할아버지를 상속하는 경우이다. 본래 자식이 상속인이 되어야 정상이지만 자식이 어버이보다 먼저 사망하여 상속인이 될 수 없는 사안에서 자식에게 자식(어버이의 입장에서는 손자)이 있으면 손자가 상속하는 것을 대습상속이라고 하고 손자를 대습상속인이라고 부른다.

조회회답 165 | 1915년 7월 14일 농상공부 산림과 조회
1915년 9월 15일 조추발 제129호 중추원 회답

시장사패 및 신탄사패에 관한 건

요지

1. 시장(柴場)으로 사패(賜牌), 입안(立案) 또는 완문(完文)을 받은 자는 그 토지의 소유권을 얻은 것으로 한다.
2. 신탄사패(薪炭賜牌)는 시장사패(柴場賜牌)와 같은 것으로, 산지(山地)를 정급(定給)한다.

조회

1. 시장으로 사패, 입안 또는 완문 등을 받은 자는 그 땅의 소유권을 얻은 것으로 해석해야 하는가? 해당지에서 연료 등을 채취할 권리만을 얻은 것으로 해석해야 하는가? 또 화전(火田)으로서 그 권리를 얻은 경우는 어떠한가?
2. 어떤 토지에 대해 신탄사패라고 하는 것이 있다. 그것은 어떤 권리를 주는 것인가?

회답

1. 시장으로 사패, 입안 또는 완문을 받은 자는 그 땅의 소유권을 얻은 것으로 해석해야 한다.
2. 신탄사패는 시장사패와 같은 것으로, 산지를 정급한다.

조회회답 166 | 1915년 9월 21일 경성지방법원장 조회
1915년 10월 14일 조추발 제150호 정무총감 회답

매매의 중개수수료에 관한 건

요지

1. 매매의 중개수수료[口錢]는 경성(京城)의 경우 포목에서는 매도인이 대가의 100분의 1을 지급하고 토지·가옥에 대해서는 매도인과 매수인이 각각 대가의 100분의 1을 지급하는 것이 관습이지만, 기타 물건에 대해서는 당사자의 협정에 의한다. 또 지방에서는 대체로 대가의 100분의 1 내지 100분의 2 범위에서 정해진다.

조회

1. 매매의 중개수수료 액수를 당사자 간에 정한 경우에는 매매대금의 100분의 2를 수수료로 교부하는 관습이 있는가?

회답

1. 매매의 중개수수료는 경성의 경우 포목에 대해서는 매도인이 대가의 100분의 1을, 토지·가옥에 대해서는 매도인과 매수인이 각각 100분의 1을 지급하는 것이 관례이지만, 다른 물품에서는 100분의 1 내지 100분의 2 사이에서 협정하는 것이 관례다. 다른 지방에 대해서는 그 액수가 각각 다르지만 대체로 대가의 100분의 1 내지 100분의 2 범위에서 정해진다.

조회회답 167 | 1915년 11월 5일 평양지방법원 민사부 재판장 조회
1915년 11월 18일 조추발 제185호 정무총감 회답

부양에 관한 건

요지

1. 처가 임신 중에 이혼하고 분만 후에 아이를 데리고 개가한 경우에도 생부는 그 자(子)에게 부양 의무가 있다.

조회

1. 부인이 임신한 때 이혼을 하고 분만 후에 그 아이를 데리고 다른 사람과 결혼한 경우에 생부에게 부양 의무가 있는가? 이에 대한 관습.

회답

1. 부인이 임신 중에 이혼하고 분만 후 그 아이를 데리고 개가한 경우에도 생부는 부양 의무가 있다.

조회회답 168 | 1915년 11월 22일 대구지방법원 상주지청 조회
1915년 12월 25일 조추발 제208호 정무총감 회답

유산의 상속에 관한 건

요지

1. 아들이 없는 호주가 사망하여 딸 하나가 있지만 출가(出嫁)했고 양자를 들이지 않았다면 호주에게 형제 및 자손이 있더라도 그 가(家)는 단절하며, 유산은 출가한 딸에게 귀속되

고 다시 제사자에게 이전되는 것이 통례이다.

전항의 경우에 죽은 호주[亡戶主]의 제사는 출가한 딸이 지정한 외손이, 지정하지 않았다면 외장손(外長孫)이 맡는다.

조회

1. 지금부터 약 300년 전쯤 어떤 가의 호주가 사망하였는데 집안에 아들이 없고 한 명의 딸은 타가에 시집가서 4남을 낳았다. 한편 그 호주에게 형제 및 아들, 손자가 있는 경우에 그 호주의 유산을 상속하고 제사를 지낼 권리와 의무를 지니는 자는 누구인가? 그리고 그 순위에 관한 당시의 관습은 어떠한가? 타가에 시집간 호주의 딸이 먼저 상속하고 난 후 그 아들이 상속하는가? 혹은 바로 호주의 외손자가 유산을 상속하고 동시에 제사의 권리의무 관계가 발생하는가? 혹은 외손이 상속하더라도 외장손이 우선 당연히 단독으로 상속하는가, 외손 전부가 공동상속하는가? 호주의 딸이 우선 상속한다면 그 지정으로 상속인을 정하는 경우가 있는가? 외장손이 자기의 가 및 친족의 가의 제사를 지낼 수 없는 관습이 있는가? 또는 외차손(外次孫)이 그 호주의 가의 제사를 지내는 관습이 있는가?

회답

1. 호주가 사망하고 집안에 아들이 없는데 한 명의 딸이 출가했고 양자를 들이지 않은 때에, 비록 출가한 딸에게 아들이 있거나 죽은 호주에게 형제 및 자손이 있더라도 그 가는 단절한다. 그리고 이 경우에 유산은 출가한 딸에게 귀속되고 다시 제사자에게 이전되는 것이 통례이다. 죽은 호주의 제사는 출가한 딸이 지정하여 외손 중에서 맡지만, 특별히 지정하지 않았다면 외장손이 맡는다.

조회회답 169 | 1915년 11월 30일 농상공부 장관 조회
1915년 12월 24일 조추발 제206호 정무총감 회답

종산에 관한 건

요지

1. 종족(宗族) 묘[종산(宗山)]를 설치하거나 채초(採草)할 목적으로 종가에서 임야를 매입하여 사용구역을 정하여 종족에게 관리하도록 하고 그 처분권이 종가에 유보되는 예가 있다. 종족이 사용한 구역을 처분하기 위해서는 종족의 협의를 거칠 필요가 있다.

조회

1. 종족 묘의 설치, 채초 등의 목적으로 종가에서 임야를 매수하여 사용수익의 구역을 정하여 종족에게 관리하도록 하고, 그 처분권을 종가가 가지는 관습이 있는가?[경기도 진위군(振威郡, 전 평택군) 서면(西面) 지방]

회답

1. 종족 묘의 설치, 채초 등의 목적으로, 종가에서 임야를 매입하여 그 사용수익의 구역을 정하여 종족에게 관리하도록 하고 종가가 그 처분권을 가지는 실례(實例)가 없지는 않다. 단, 종가에서 종족의 사용구역을 처분하는 것에 대하여는 종족의 협의를 거치는 것을 관례로 한다. 경기도 진위군 서면 지방에 이와 다른 관습이 있다는 것은 듣지 못하였다.

조회회답 170 | 1915년 12월 3일 고등토지조사위원회 조회
1915년 12월 25일 조추발 제209호 정무총감 회답

토지소유권 이전의 방식에 관한 건

요지

1. 부동산의 소유권을 이전하기 위해서는 신문기(新文記)에 구문기(舊文記)를 첨부하여 수수하는 것이 통례였지만, 구문기만을 수수하고 소유권을 이전하는 경우가 있다.

조회

1. 조선에는 단지 구문권(舊文券)의 수수만으로[즉 신문권(新文券)의 교부 없이] 바로 소유권을 이전하는 관습이 있는가?

회답

1. 토지소유권의 이전 방식에 관한 구래의 관습은, 매매의 경우에는 새로 문기를 작성·수수하고 동시에 혹은 후일 구문기를 수수하는 것이 일반적이며, 구문기의 수수를 소유권 이전의 증거로 한다. 그렇지만 산간벽지이거나 기타 친근한 사이에서는 단지 구문기를 수수하기만 하고 신문기를 작성하지 않는 경우가 전혀 없지는 않다. 또 증여의 경우에는 단지 구문기만 수수하고 신문기를 작성하지 않는 것이 보통이다. 따라서 구문기의 수수가 이루어지지 않았다면 소유권의 이전이 없는 것으로 인정할 수 있지만, 신문기의 작성·수수가 없다는 사실만 가지고 소유권의 이전이 없다고 할 수는 없다. 그리고 교환의 경우에는 매매의 형식에 따르는 것을 예로 하였다.

조회회답 171 | 1915년 12월 9일 대구복심법원 민사제2부 재판장 조회
1916년 2월 25일 조추발 제62호 정무총감 회답

사패지에 관한 건

요지

1. 전토사패(田土賜牌)의 양식은 모두 같아서 전(田) 몇 결(結)을 준다고 기록하는 것이 관례이나, 실제로 사여할 토지가 없는 경우 그 결수에 상당하는 결세(結稅)를 지급한 경우가 있다. 토지를 지급하는 경우를 보통 토지의 사패라고 하며, 결세만을 지급하는 경우는 결(結)의 사패라고 한다.
2. 결세를 지급하는 경우 이를 무토결사패(無土結賜牌)라 칭하기도 하는데, 유토결사패(有土結賜牌)라 칭하는 경우는 없다.
3. 유토사패(有土賜牌), 무토사패(無土賜牌)라는 명칭이 있다.
4. 대가 다하면 환수[代盡還收]하는 규정은 없지만, 실제로는 결세를 지급한 경우 4대를 지나 이를 환수한 경우가 있다.
5. 사패의 기재에는 토지의 사패와 결의 사패 간에 구별이 없다.
6. 탁지부(度支部) 전부고(田賦考)에 사패에 대해 기재(記載)한 예가 없다.

조회

1. 200여 년 전 구한국 황실에서 각궁에 하사한 이른바 사패지(賜牌地)의 종류와 성질에 관해서,
   (1) 사패지에는 결의 사패와 토지 그 자체의 사패가 있는가?
   (2) 결의 사패에 유토결사패와 무토결사패가 있는가? 그 성질은 어떠한가?
   (3) 유토결사패 또는 무토결사패를 단지 유토사패 또는 무토사패라고도 칭해 왔는가?
2. 사패의 기한에 관해서,
   (1) 대가 다하면 환수하는 것은 결의 사패에만 적용되는 관례인가?
   (2) 대가 다하면 환수하는 규정의 적용 결과는 어떠한가?

3. 구한국 탁지부의 전부고 중 사패에 대한 기재의 예에 관해서,
   (1) 결의 사패에 관한 경우에 기재의 관례 및 문자의 용례는 어떤가?
   (2) 토지 그 자체의 사패에 관하여 그 토지의 결수가 얼마라는 것을 표시하는 경우 기재의 관례 및 문자의 용례는 어떠한가?

회답

1. 전토사패의 양식은 모두 같아서 특히 전 몇 결을 준다는 뜻을 기록하는 것을 예로 하였다. 그 취지는 토지의 사여에 있지만, 사실상 사여할 토지가 없는 경우에 그 결수에 상당하는 결세액을 지급한 경우가 있다. 토지를 받는 경우를 보통 토지의 사패라고 하고, 결세를 받는 경우는 결의 사패라고 한다.
2. 결세를 지급하는 경우에는 토지를 절급(折給)하지 않기에 그것을 무토결사패라고 부르기도 하지만, 유토결사패라고 부르는 사례는 없다.
3. 유토결사패 또는 무토결사패란 유토사패 또는 무토사패를 말한다.
4. 대가 다하면 환수하는 규정은 없다. 하지만 실제로는 결세를 지급한 경우에 4대를 지나 환수한 적이 있다. 그리고 환수가 이루어진 이후로는 그 지급을 받지 않음은 말할 필요도 없다.
5. 모든 사패는 특별히 전 몇 결을 준다는 뜻을 기록하는 것으로, 토지의 사패와 결의 사패 간에 구별이 없는 것은 앞서 본 바와 같다.
6. 탁지부 전부고에는 사패에 대해 기재한 관례가 없다.

조회회답 172 | 1915년 12월 14일 경성지방법원장 조회
1915년 12월 28일 조추발 제219호 정무총감 회답

소작권에 관한 건

요지

1. 내수사 소관의 미개간지에 둑을 쌓고 개간하여 수익의 얼마를 소작료로 납부하고 경작권을 얻어서 경작자가 임의로 그 권리를 처분할 수 있다면, 그 권리는 관습상 물권적 효력을 갖는다.
2. 전항의 경우에 새 소유자는 지세의 증가를 이유로 소작료를 증액할 수 없다. 종전의 관습에서 전항의 경작권은 선의의 새 소유자라고 하더라도 그것을 부인할 수 없다.

조회

1. 경기도 파주군(坡州郡, 옛 交河郡) 탄현면(炭縣面) 구한국 내수사 소관 수백 섬지기[石落]의 미개간지를 그 부근 주민 수백 명이 각자 투자하여 둑을 쌓고 개간하여 거기서 얻은 수익의 10분의 1 혹은 4분의 1의 소작료를 계약상 지급하고 경작할 권리를 취득하여 오늘에 이르렀다. 또 지주의 승낙 없이 경작할 권리를 양도 혹은 임대하거나 저당에 제공할 수 있었다. 그리고 지금으로부터 10여 년 전에 앞의 개간 토지가 한 사인(私人)의 소유로 돌아가고 이후 사인 간에 해당 토지를 전전(轉轉) 매매한 사실이 있지만, 각 개간경작자는 종전처럼 권리를 향유해 왔을 뿐만 아니라 그 승계자인 새 지주 등도 각 개간경작자가 앞서 본 것 같은 권리를 향유한다는 사실을 알고 있다.
   (1) 앞의 경우에 각 개간경작자 또는 승계자의 권리는 영소작권이라고 해석할 수 있는가?
   (2) 앞의 경우에 각 개간경작자의 권리는 영소작권으로 설정된 것과 동일시할 수 있는가?
   (3) 앞의 경우에 그 승계자가 된 새 지주는 국세의 증가를 이유로 이전 지주 및 각 개간경작자 간에 이미 계약상 정해진 소작료를 단독 의사로 증액시킬 수 있는 권리가 있는가?
2. 만약 새 지주가 앞의 경작자가 위와 같은 권리를 가진다는 사실을 알지 못한 채 해당 토지

를 매수했다면, 경작자는 새 지주에 대해 그것을 영소작권이라고 하여 대항할 수 없는가?

회답

1. 내수사 소관의 미개간지를 부근의 주민이 각자 투자하여 둑을 쌓고 개간하여 수익의 얼마를 소작료로 납부하여 경작권을 얻고 내수사의 허락 없이 권리를 양도하고 토지를 매매 또는 저당으로 제공할 수 있다면, 그 권리는 종전의 관습상 물권적 효력을 가지며 토지소유자의 변경이 있더라도 이에 대항할 수 있다. 그리고 그것을 민법에 규정된 영소작권으로 간주할 것인가의 여부는 본래 법령의 해석에 속한다.
2. 전항의 경우에 새 소유자는 지세의 증가를 이유로 소작료를 증액할 수 없다. 또 새 소유자가 소작인의 권리를 알지 못하고 이를 매수했더라도 종전의 관습상 경작자의 권리를 부인할 수 없는 것으로 한다.

조회회답 173 | 1915년 12월 13일 공주지방법원장 대리 조회
1915년 12월 28일 조추발 제218호 정무총감 회답

조상의 분묘 및 상속에 관한 건

요지

1. 종산(宗山)을 매각하는 데에는 종손(宗孫)과 지손(支孫)의 협의가 필요하다.
2. 호주의 장남이 상속 개시 전에 사망하고 그 장자도 혼인 후 아들이 없이 사망하였으며 차남도 요절하여 삼남과 호주의 차남 이하의 자가 있는 경우에는 죽은 장자의 삼남이 호주를 상속한다.
3. 호주의 장자가 재산을 분여받고 별거하여 독립된 생활을 한 지 오래되었다 하더라도 상속권을 잃지 않는다.

조회

1. 구한국 시대에 조선인은 문장(門長)·종손(宗孫)의 협의만으로 조상의 분묘[종산(宗山)]를 매각하는지 관습의 유무.

2. 호주 모(某)는 세 차례 아내를 들였는데, 첫 번째 처와의 사이에서 장남 갑(甲)을 얻었고, 갑은 자신의 처(아직 생존)와의 사이에서 을(乙), 병(丙), 정(丁) 세 아들을 얻었다. 지금부터 17년 전에 갑이 사망한 후 갑의 장남 을은 처를 맞아(을의 처는 이미 개가했고 지금 생존) 아들 없이 사망하였고, 갑의 차남 병은 요절하였으며, 갑의 삼남 정(올해 23세, 소송의 당사자)은 건재하다. 호주의 세 번째 처는 아직 생존 중인 호주와의 사이에서 아들 무(戊, 올해 19세, 소송의 당사자) 이하 여러 명의 자녀를 두었다. 그런데 앞의 호주 모는 1915년 9월 사망하였다. 이 경우에 누가 상속권을 갖는가? 정 또는 무의 상속권 유무.

3. 호주의 장남이 호주로부터 재산을 분여받고 별가하여 20년의 긴 세월 동안 살림을 완전히 달리하면서 별개로 독립된 경제를 유지하고 있었던 경우에, 앞의 장남은 상속권을 잃는가? 단, 앞의 호주는 장남과 별가 중에 두 번째 처를 들이고 아들을 얻었다.

회답

1. 조선의 관습상 문장 및 종손의 협의만으로 조상의 묘지(종산)를 매각할 수 없으며, 중손과 지손의 협의를 거쳐야 한다.

2. 호주가 세 차례 처를 맞아, 첫 번째 처와의 사이에서 장자 갑을 얻고, 갑은 그 처와의 사이에서 을, 병, 정의 세 아들을 얻었으며, 갑이 사망한 후에 을이 처를 얻었으나 아들이 없이 사망하고 을의 처는 개가하였으며, 병은 요절하고 정은 생존해 있으며, 호주와 세 번째 처와의 사이에 여러 명의 자녀가 있더라도, 호주의 상속권은 정이 갖는다.

3. 호주의 장자는 비록 재산을 분여받고 별거하여 독립된 생활을 한 지 오래되었더라도 그 때문에 상속권을 잃지 않는다.

조회회답 174 | 1915년 12월 18일 평양지방법원 조회
1916년 1월 13일 조추발 제12호 정무총감 회답

동사의 객주 영업자에 관한 건

요지

1. 객주(客主)가 고객으로부터 상품 구입을 위해 금전을 기탁받는 것은 그 영업 범위에 속한다.
2. 동사(同事) 조직의 객주에 있어서 동사원(同事員) 가운데 1인이 고객이 보내온 금전을 소비했다면 각 동사원은 그것을 분담하여 배상할 책임이 있다. 만약 동사원 중에 이행 불능의 자가 있다면 그 사람의 부담 부분은 다른 사람이 분담한다.

조회

1. 객주 영업을 하는 자가 고객에게서 상품 구입(상품 구입이란 고객의 지정 없이 객주의 의사로 적당한 것을 매입하는 것을 말함)을 위한 금전의 소비기탁을 받는 행위는 객주 영업의 부류에 속하는가?
2. 여러 명이 동사의 객주 영업을 하는 경우 고객이 종래 그 객주 영업자와 상거래를 했고, 고객이 앞의 1.에서의 의뢰를 하기 위해 금전을 그 객주 영업자에게 송부한 것을 객주 영업자 중 1인이 횡령하여 소비했다면, 다른 동사 영업자가 그것을 반환해야 할 연대책임이 있는가? 이에 관한 일반 관습 및 평안남도 지방의 관습.

회답

1. 객주가 고객으로부터 상품 구입을 위해 금전을 기탁받는 것은 그 영업의 범위에 속한다.
2. 동사 조직의 객주에서 상품 구입을 위해 고객으로부터 송부된 금전을 동사원 중 1인이 소비한 경우에는 각 동사원이 균등하게 분담하여 그것을 배상할 책임이 있다. 만약 자력(資力)이 없거나 소재불명 등의 이유로 이행할 수 없는 자가 있는 경우에는 나머지 사람들이 분담하는 것이 관례로서, 연대 관계는 인정되지 않는다. 평안남도에 이와 다른 관습이

있다는 것은 듣지 못하였다.

조회회답 175 | 1916년 1월 15일 평양지방법원 재판장 조회
1916년 2월 2일 조추발 제40호 정무총감 회답

가봉자의 양육비 청구에 관한 건

요지
1. 처의 전남편의 자식[가봉자(加捧子)[80]]을 임의로 양육한 경우 그 생부에게 과거의 양육비를 청구할 수 없다.

조회
1. 조선에서 자녀가 있는 여자의 남편이 그 자녀의 생부와 특약을 맺지 않고 이를 양육한 경우, 그 남편은 생부에 대해 과거의 양육비를 청구할 수 있는 관습이 있는가?

회답
1. 처의 전남편의 자식과 임의로 동거하고 양육했다면 관습상 그 자식의 생부에게 과거의 양육비를 청구할 수 없다.

---

80 가봉자(加捧子): 남자와 여자가 혼인하였을 때 남편의 전처가 낳은 아들 혹은 아내가 데리고 들어온 아들을 이르는 말이다. 남자와 여자가 혼인하였을 때 남편의 전처가 낳은 딸 혹은 아내가 데리고 들어온 딸을 이르는 말은 가봉녀(加捧女)이다. 가봉자, 가봉녀는 모두 일본식 용어이다. 1990년 1월 13일의 민법 개정 이전에는 그 배우자의 출생자와 동일한 법정혈족 관계에 있었다. 그러나 개정된 민법에서는 법정혈족 관계를 규정한 조문(774조)을 삭제하고 단순한 인척 관계로 인정하였다.

조회회답 176 | 1916년 2월 1일 경성복심법원 민사제2부 재판장 조회
1916년 2월 12일 조추발 제49호 정무총감 회답

과부의 재가 및 서자 상속에 관한 건

요지

1. 1894년(개국 503) 6월 이후부터 과부의 재가는 자유다.
2. 서자가 가(家)를 이을 때 사당(祠堂)에 고하는 예가 있다. 이것을 승적(承嫡)이라고 하는데, 필요한 절차는 아니다.
3. 미성년의 서자가 가를 잇고 그 가에 적모(嫡母)가 없다면 가에 있는 생모가 친권을 행사한다.

조회

1. 과부가 결혼하여 처가 될 수 있는 관습이 있는가?
2. 서출인 아들은 적출자(嫡出子)가 없다면 가독상속을 할 수 있는가?
   앞의 상속에서는 아무런 절차도 필요 없는가?
3. 가독상속을 한 서자가 미성년자이고 가에 적모가 없는 경우에 그 생모는 친권을 행사할 수 있는가?

회답

1. 1894년(개국 503)까지는 재가를 금지했지만, 1894년 6월 의안(議案)에서 금지를 없앤 이후로 재가가 자유로워졌다.
2. 서자가 가를 이을 때 사당에 고하는 관례가 있다. 이것을 승적이라고 하는데, 굳이 필요한 절차는 아니다. 따라서 서자의 상속에는 특별한 절차가 필요하지 않다.
3. 미성년자인 서자가 가를 이은 후에 그 가에 적모가 없다면 가에 있는 생모가 친권을 행사한다.

조회회답 177 | 1916년 1월 25일 공주지방법원 재판장 조회
　　　　　　　 1916년 2월 16일 조추발 제52호 정무총감 회답

친권에 관한 건

요지

1. 적모(嫡母) 및 생모와 가(家)를 같이하는 서자의 친권자는 적모다.
2. 가를 같이하는 것은 동일 가적(家籍)에 있는 것을 말한다.

조회

1. 가족인 서자에게 적모 및 생모가 있고, 함께 같은 가에 있는 경우에 서자의 친권자는 적모인가, 생모인가?
2. 같은 가에 있다는 것은 민적부에 의해서 결정되는가, 동거의 실제 사실에 기초하여 결정되는가?

회답

1. 적모 및 생모와 가를 같이하는 서자의 친권자는 적모이다.
2. 가를 같이하는 것은 동일 가적에 있는 것을 말하며 이 경우에는 동일한 민적에 있어야 한다.

조회회답 178 | 1916년 1월 25일 공주지방법원 재판장 조회
1916년 2월 16일 조추발 제53호 정무총감 회답

양자의 파양 및 이혼에 관한 건

요지

1. 양자가 호주가 된 이후에도 낭비를 하여 가산을 위태롭게 할 우려가 있는 경우, 집안의 명예[家名]를 훼손하는 중대한 죄를 범한 경우, 불효가 극심한 경우 등에는 파양(罷養)할 수 있다.
2. 협의상 이혼이나 파양을 할 경우에는 부모 또는 호주의 동의를 요하는 것 외에 아무런 절차가 없다.

조회

1. 호주의 사망 후 양자로 입가(入家)하여, 민적부에 이미 호주로 등록된 자는 절대로 파양을 허용할 수 없는가?
2. 이혼 또는 파양은 당사자 합의의 계약에 의해 즉시 그 효과가 발생한다고 간주해야 하는가? 혹은 앞의 계약 이외에 일방의 거가(去家) 혹은 다른 조건을 갖추어야 하는가?

회답

1. 호주 사망 후에 양자가 되어 호주가 된 자라도 낭비하여 가산을 위태롭게 할 우려가 있는 경우, 집안의 명예를 훼손하는 중대한 죄를 범한 경우, 혹은 불효가 극심한 경우 등에는 파양할 수 있다.
2. 협의에 의한 이혼 혹은 파양의 경우에는 부모 또는 호주의 동의가 필요한 점 외에 아무런 관습상의 절차가 없다.

조회회답 179 | 1916년 3월 10일 내무부 장관 조회
1916년 4월 6일 조추발 제105호 중추원 서기관장 회답

유산의 처분에 관한 건

요지

1. 상속인 불명의 행려(行旅) 사망자의 유류품은 사망지의 이(里)에서 매장비와 제사비에 충당하며, 상속인이 없다는 사실이 분명하면 남은 것은 이의 소유가 된다.
2. 상속인이 없는 경우 유산은 가까운 친족의 소유로 돌아가고, 가까운 친족이 없는 경우에는 친족 협의로 귀속자를 정한다. 친족이 없는 때에는 이의 소유가 된다.

조회

1. 상속권리자 또는 수유자(受遺者) 등의 유무가 판명되지 않은 행려 사망자의 유류금품 처분에 관한 관례.
2. 상속인이 없는 경우 유산의 처분에 관한 관례.

회답

1. 상속인 또는 유산을 받을 자의 유무가 판명되지 않은 행려 사망자의 유류품은 사망지의 이(里)에서 이를 사망자의 매장 비용으로 충당하고, 남은 것은 이의 재산과 함께 관리하며 매년 제사비에 충당한다. 상속인 또는 유산을 받을 자가 나타나지 않을 것이 분명하다면 이가 소유한다.
2. 상속인이 없는 경우에 유산은 근친이 있으면 근친자에게 귀속하고, 없으면 친족 협의로 귀속자를 정한다. 만약 친족이 없으면 이가 소유한다.

조회회답 180 | 1916년 3월 23일 농상공부 산림과 조회
1916년 4월 12일 조추발 제109호 중추원 회답

한성부윤의 입지에 관한 건

요지

1. 동일한 토지에서 한성부윤이 부여한 입지(立旨)와 관할 관찰사 또는 군수가 부여한 입지가 저촉하는 경우, 관찰사 또는 군수가 부여한 입지를 진정한 것으로 본다.

조회

1. 한성부윤은 그 관할 외의 토지에서 증명(입지 등)을 부여할 수 있었는가?
2. 만약 그렇다면 해당 관찰사 및 군수 등이 부여한 증명과 부합하지 않는 경우가 있을 수 있는데(한성부윤은 실제 토지를 모르고 증명하기 때문에), 이러한 경우 누구의 증명이 진정한 것인가?

회답

1. 종전에 한성부윤이 그 관할 외의 토지에서 입지(증명)를 부여한 사례가 있지만, 이는 원래 월권 처분이다. 따라서 앞의 입지와 해당 관찰사 또는 군수가 부여한 입지가 부합하지 않는 때에는 해당 관찰사 또는 군수가 부여한 입지를 진정한 것으로 해야 함은 물론이다.

조회회답 181 | 1916년 3월 18일 평양지방법원 신의주지청 재판장 조회
1916년 4월 14일 조추발 제116호 정무총감 회답

친권에 관한 건

요지
1. 조선인 친권자가 친권을 남용하거나 행실이 바르지 못한 때라도 재산의 관리 이외에는 친권을 제한하거나 박탈할 수 없다.

조회
1. 조선인 친권자가 친권을 남용하거나 현저하게 행실이 바르지 못하거나, 혹은 자(子)의 재산을 위태롭게 한다면 친권의 전부 또는 일부를 박탈하는 관습이 있는가? 있다면 그 절차는?

회답
1. 조선인 친권자가 친권을 남용하거나 행실이 현저히 바르지 못하여 자의 재산을 위험하게 한다면 그 관리권을 제한할 수 있음은 관습이 인정하는 바이나, 재산의 관리 이외에는 친권에 제한을 가하거나 이를 박탈할 수 없다.

조회회답 182 | 1916년 3월 17일 평양지방법원 정주지청 조회
1916년 4월 14일 조추발 제117호 정무총감 회답

양자선정에 관한 건

요지

1. 호주가 사망하고 그 처 및 죽은 호주[亡戶主]의 부(父)에게 첩이 있는 경우에는 죽은 호주의 처가 양자를 선정해야 한다.
2. 분가(分家)의 자(子)를 본가(本家)의 양자로 삼는 경우에는 장자라도 상관없다.

조회

1. 호주 갑(甲), 갑의 처 을(乙), 호주 갑의 죽은 부[亡父]의 첩인 병(丙) 3인이 있는데, 호주 갑이 사망한 경우에 양자선정권을 갖는 자는 호주 갑의 처 을인가? 호주 갑의 죽은 부의 첩인 병인가?
2. 앞의 경우에 관습상 죽은 호주의 처 을에게 양자선정권이 있다고 하여 을이 죽은 호주와 육촌 관계에 있는 장남 정(丁)을 선정할 수 있는가? 다시 말해서, 장남은 타가의 양자가 될 수 있는가?

회답

1. 호주, 호주의 처 및 호주의 죽은 부의 첩이 있는 경우에 호주가 사망했다면 그 처가 양자를 선정해야 한다.
2. 일반적으로는 타가의 장자를 양자로 들일 수 없지만, 분가의 자를 본가의 양자로 삼는 경우에는 장자라도 상관없다.

조회회답 183 | 1916년 2월 25일 평양복심법원 민사부 재판장 조회
1916년 4월 19일 조추발 제123호 정무총감 회답

전당권에 관한 건

요지
1. 부동산의 전당권 설정에는 구문권(舊文券)의 수수가 필요하다.

조회
1. 조선에서는 종래의 관습상 구문권의 수수가 없으면 부동산(토지)의 전당권은 성립하지 않는가?
2. 앞의 전당권에서 구문권의 수수 여부는 제3자에 대한 대항력에서 차이가 있는가?

회답
1. 종전의 관습상 토지의 전당권 설정에 구문권의 수수가 필요하고, 전당권은 당연히 제3자에게 대항할 수 있는 것으로 보았기에, 구문권의 수수가 없다면 전당권은 성립하지 않는다. 따라서 제3자에게 대항할 수 없음은 물론이다.

조회회답 184 | 1916년 4월 4일 경성지방법원장 조회
1916년 4월 26일 조추발 제132호 정무총감 회답

전답 매매의 경우 작물의 귀속에 관한 건

요지
1. 수확 전에 매매한 전답의 작물은 특약이 없는 한 백로(白露) 이전에는 매수인의 소유가 되

고, 백로 이후면 매도인의 소유가 된다.

조회

1. 수확 전에 매매한 전답에 심어진 작물에 대하여 특약이 없는 경우에 백로를 전후로 하여 그 작물의 소유권 귀속을 달리하는 관습이 있는가?

회답

1. 수확 전에 매매한 전답의 작물에 대하여 명시 또는 묵시의 특별한 계약을 했다고 해석할 수 없는 경우에, 백로 이전에는 매수인의 소유로, 이후라면 매도인의 소유에 귀속하는 것이 관습이다.

조회회답 185 | 1916년 5월 12일 토목국장 조회
1916년 5월 16일 조추발 제144호 중추원 서기관장 회답

관습상 대리인에 관한 건

요지

1. 조부(祖父)인 호주와 생모가 있는 미성년자의 행위에 대해서는 관습상 조부가 대리한다.

조회

1. 조선인 미성년자(만 11세) 소유의 토지를 매수하는 매매에 관해서는 민법 각 조항에 의거하지만, 조선민사령에 따르면 조선인의 능력, 친족 및 상속에 관해서는 관습에 의한다고 규정하고 있다. 본건 소유자의 일가(一家)에는 호주인 조부, 생모[부(父)는 사망]가 현존한다. 이 경우에 친권자 또는 후견인의 직무를 행하는 자는 어떠한 명칭하에 조부가 이를 행하는 것인가? 모가 행하는 것인가?

회답

1. 조회한 내용의 경우, 조부는 관습상 대리인으로 손(孫)의 행위를 대리한다.

조회회답 186 | 1916년 4월 25일 대구지방법원 합의부 재판장 조회
1916년 6월 7일 조추발 제170호 정무총감 회답

종가 상속에 관한 건

요지

1·2. 종손 절후(絶後)의 경우에는 그 차종손(次宗孫)이 제사를 승계하고, 차종손도 역시 절후된 때에는 순차대로 그다음 아우[次第]가 종가(宗家)를 상속한다.
3. 종가에서 나와 타가의 양자가 된 자는 생가가 절후된 경우라고 하더라도 파양하여 복귀한 후가 아니면 그 가(家)를 상속할 수 없다.
4. 생양가봉사(生養家奉祀)라는 것은 타가의 양자가 된 자가 양가(養家)의 세사를 승속을 하는 동시에 사실상 생가의 제사를 지내는 경우를 말한다.

조회

1. 종손이 절후된 경우에는 차종손이 종가의 제사를 상속하고, 그 분묘를 수호·봉사하는 것이 관례인가?
2. 차종손이 만약 종손가의 제사를 상속하는 관례가 있어서 이를 상속한 경우, 그 차종손도 역시 절후된 때에는 순차대로 그다음 아우가 종가의 제사를 상속하고 그 분묘를 수호·봉사하는 것이 관례인가?
3. 종가에서 나와 타가의 양자가 된 자는 종가 절후의 경우에 생가인 종가를 상속하여 그 분묘를 봉사하는 관례가 있는가?
4. 이른바 생양가봉사라는 관례가 있는가?

5. 갑 제4호 증과 같은 계보의 경우 조선에서는 종가 '사주(師周)'의 제사상속인이 되어 그 분묘를 봉사하는 자는 '은(殷)'인가? 만약 그렇다면 '은가(殷家)' 절후의 경우에는 '한(漢)' 혹은 그 자손인가? 또 '은'의 막내아들로 타가에 양자가 된 '윤기(允奇)' 혹은 그 자손이 상속하는가? 만약 '윤기' 혹은 그 자손이 종가를 상속하는 자라고 하면 이를 생양가봉사라고 하는가?

회답

1·2. 종손이 절후된 경우에 그 차종손이 종가의 제사를 상속하고, 차종손도 역시 절후된 때에는 순차로 그다음 아우가 종가를 상속할 수 있다. 그리고 상속한 자는 당연히 그 가의 분묘를 수호하고 조상의 제사를 지낸다.

3. 종가에서 나와 타가의 양자가 된 자는 생가 절후의 경우라도 파양하여 복귀한 후가 아니면 그 가의 상속을 할 수 없다.

4. 생양가봉사라는 것은 타가의 양자가 된 자가 양가의 제사를 상속하는 동시에 사실상 생가의 제사를 지내는 경우를 말한다.

5. 갑 제4호 증과 같은 경우 종가 '사주'의 제사상속인이 될 자는 '은'이며 '은'이 절후한 경우에는 '한' 혹은 그 자손이 된다.

갑 제4호 증(甲第四號證)　동래정씨세보분파 등본(東萊鄭氏世譜分派謄本)

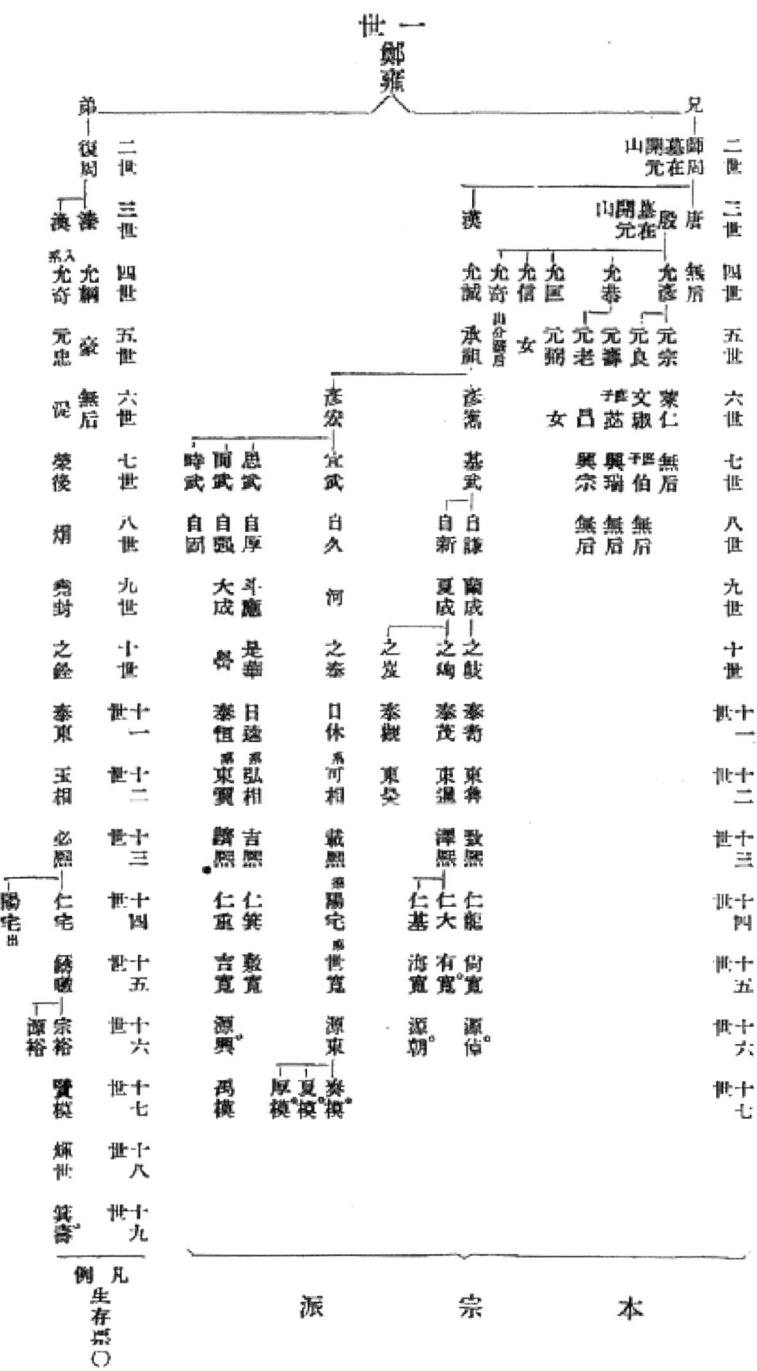

조회회답 187 | 1916년 5월 6일 공주지방법원 재판장 조회
1916년 6월 7일 조추발 제171호 정무총감 회답

미혼자의 분가에 관한 건

요지

1. 성년 기혼 남자가 아니면 분가를 할 수 없다. 단, 서자는 미혼 미성년의 자라도 부(父)의 사후에는 생모와 함께 분가할 수 있다.

조회

1. 조선에서는 장자 이외의 아들이라도 미혼 미성년자는 절대 분가할 수 없는 것이 관습인가? 장자 이외의 서자는 미혼 미성년임에도 불구하고 부의 사망 후 그 생모와 함께 분가할 수 있는 관습이 있는가?

회답

1. 조선의 관습상 성년의 기혼 남자가 아니면 분가할 수 없는 것이 관례이지만, 서자[장서자(長庶子)를 제외함]는 미혼 미성년이라도 부의 사망 후에는 생모와 함께 분가할 수 있다.

조회회답 188 | 1916년 5월 26일 경성지방법원장 조회
1916년 6월 15일 조추발 제179호 정무총감 회답

작백계에 관한 건

요지

1. 작백계(作百契)[81]의 대금(貸金)은 그 경영자의 대금으로서, 반환청구는 경영자가 한다. 작백계는 부첨(富籤)[82]과 유사한 것으로서, 공안상(公安上) 용인할 수 없는 것이 관습이다.

조회

1. 작백계에서 금원(金員)을 빌려준 경우 그 계(契)의 업무집행자(임원)가 반환을 청구할 수 있는 관습이 있는가?

회답

1. 작백계가 금원을 빌려주었다면 그 경영자(보통은 '임원'이라고 함)가 빌려 준 것이고, 따라서 그 반환을 청구하는 것은 경영자가 해야 한다. 단, 작백계라는 것은 부첨류(富籤類)와 유사한 것으로서 공안상 용인할 수 없는 관습이다.

---

81 작백계(作百契): 한말에 사회적으로 크게 성행한 사행성 도박이 많이 있었다. 이들 계의 운영 방식은 서로 매우 유사하였는데 가장 성행한 도박이 만인계였다. 작백계의 운영 방식도 만인계와 유사하였을 것으로 추정된다. 만인계는 계주가 추첨일과 등급에 따른 당첨금에 차이를 둔 당첨자 수 등을 정해 두고 계표라는 이름의 복권을 일정 기간 판 뒤 정해진 추첨일에 그것을 산 사람들이 모인 자리에서 추첨을 하고 추첨금을 지급하였다. 추첨 방식인 출통(出桶, 出筒)이란, 계표의 번호를 쓴 제비[籤]나 알[球]을 넣은 통을 흔들어 당첨자를 뽑는 방식이었다. 자빡계로도 불리운 작백계는 모집 계원의 수만 적을 뿐 만인계의 축소판이나 마찬가지였다. 서호철, 2010, 「계 파동의 계보-식민지기 윤번제 상호금융의 도입과 명암」, 『사회와역사』 88, 한국사회사학회.

82 부첨(富籤, 도미쿠지): 다카라쿠지[寶くじ]의 기원(起源)이 되는 복권(くじ)의 일종으로서, 에도시대에 유행한 도박(賭博)의 일종이다.

조회회답 189 | 1916년 5월 2일 대구복심법원 민사제2부 재판장 조회
1916년 6월 15일 조추발 제180호 정무총감 회답

보의 부지 소유자에 관한 건

요지
1. 보(洑)의 부지(敷地)는 항상 보 소유자의 소유가 된다고 할 수 없다.

조회
1. 조선 전역에서 보에 관한 고래로부터의 관습상 보의 소유자는 당연히 보의 부지 소유권을 가지는가?
2. 앞의 경우와 반대로 보의 소유자로서 보의 부지 소유권을 가지지 않는 경우가 있는가?
3. 만약 전라북도 지방에서 보의 소유권에 관한 특별한 관습이 있다면 그 관습은?

회답
1. 보를 축조할 때에는 수로에 필요한 토지를 매수 또는 임차하거나 혹은 관의 허가를 받아서 국유지를 사용하는 것이 관례였기에, 보의 소유자가 항상 그 부지의 소유자라고는 할 수 없다. 단, 보의 소유자가 그 부지를 매수하여 취득한 경우에만 소유권을 가진다. 이는 전라북도 지방에서도 다르지 않다.

조회회답 190 | 1916년 6월 15일 평양지방법원 정주지청 조회
1916년 8월 8일 조추발 제223호 정무총감 회답

혼폐전의 반환 청구에 관한 건

요지

1. 남동생[弟]을 위해서 여자 집에 혼폐금(婚幣金, 혼인 폐백을 대신하는 금전)을 보내고 여자가 상당한 연령에 달하는 것을 기다려 혼인시킬 것을 약속한 후 남동생이 사망한 때에, 형이 혼폐금의 반환을 청구할 수 있는지에 대해 정해진 관습은 없다.

조회

1. 남자 갑(甲, 18세)의 형인 을(乙)이 혼폐금 35원을 장래 처가 될 자의 집(처가 될 자는 당시 8세의 어린아이로, 상당한 나이에 달하여 결혼식을 올릴 것을 약속함)에 보내고, 남편이 될 갑은 처의 집에서 1, 2개월간 생활하며[起臥] 농사를 돕던 중 사망했다면 을은 앞의 혼폐금 반환을 청구할 수 있는가?

회답

1. 장래 남동생의 처가 될 자(당시 8세의 여자)의 집에 혼폐전(婚幣錢)을 보내어 상당한 나이가 되면 결혼식을 올릴 것을 약속하고, 그 남편이 될 자는 여자의 집에서 1, 2개월간 생활하며 농사를 돕던 중에 사망한 경우, 그 형이 혼폐전 반환의 청구를 할 수 있는지에 대한 일정한 관습은 없다.

조회회답 191 | 1916년 7월 11일 농상공부 장관 조회
1916년 8월 16일 조추발 제229호 중추원 서기관장 회답

완문의 글자 뜻에 관한 건

요지

1. 완문(完文)에 기재된 사표(四標)에서 '구봉산(九峯山) 아래'라고 하는 것은 그 산 아래를 가리키는 것으로, 산 전체 또는 중턱 등까지를 말하는 것은 아니다.

조회

1. 동쪽으로는 구봉산 아래에서 노적봉(露積峯)까지
   서쪽으로는 설라산(雪蘿山)까지
   남쪽으로는 누암(樓巖) 아래에서 남매봉(男妹峯)까지
   북쪽으로는 방현(坊峴)에서 당동현(唐洞峴)까지
   [1882(광서 8) 11월 일 완문]

회답

1. 완문에 기재된 사표 중에 '구봉산 아래'라는 것은 그 산의 아래를 가리키는 것으로, 산 전체 또는 중턱 등까지를 말하는 것은 아니다.

조회회답 192 | 1916년 8월 19일 고등토지조사위원회 위원장 조회
1916년 9월 2일 조추발 제242호 중추원 의장 회답

묘지 및 안산의 소유권에 관한 건

요지

1. 융희(隆熙, 1907~1910) 이전에는 분묘를 설치한 토지가 주인이 없는 산[無主山]일 때 한하여 금양(禁養)의 사실에 따라 그 소유권을 취득하였다. 안산(案山)에 대하여는 이러한 관습이 없다.

조회

1. 묘지 및 안산의 설정은 그 설정자가 소유권을 취득하는 구관이 있는가?

회답

1. 융희(1907~1910) 이전에는 분묘를 설치한 경우 그 토지가 주인 없는 산일 때 한하여 금양의 사실에 따라 자연히 해당 묘를 설치한 자의 소유에 귀속되는 것이 관례였지만, 안산에 대하여는 이러한 관습이 없다.

조회회답 193 | 1916년 7월 25일 고등토지조사위원회 위원장 조회
1916년 9월 2일 조추발 제243호 중추원 의장 회답

사환미 창고 부지에 관한 건

요지

1. 1908년(융희 2) 1월 당시 사환미(社還米) 창고 부지에는 국유, 면(面) 소유 또는 이(里) 소유

의 것이 있으며, 관찰사는 자유로이 그것을 처분할 권한을 가지지 못하였다.

조회

1. 1908년(융희 2) 1월 당시에 사환미 창고 부지의 소유권은 누구에게 속했는가? 또 관찰사는 자유로이 그것을 처분할 권한을 가졌는가?

회답

1. 1908년(융희 2) 1월 당시 사환미 창고 부지에는 국유 및 면 소유 또는 이 소유의 것이 있었고, 각각 달라서 일정하지 않다. 그리고 관찰사는 자유로이 그것을 처분할 권한을 가지지 못하였다.

조회회답 194 | 1916년 9월 8일 고등토지조사위원회 위원장 조회
1916년 9월 21일 조추발 제258호 중추원 의장 회답

군수의 권한에 관한 건

요지

1. 1905년(광무 9)경에 군수는 관유지 또는 국유지를 처분할 권한을 가지지 못하였다.

조회

1. 1905년(광무 9) 6월경에는 군수가 관유지 또는 국유지를 매매, 양도 또는 불하(단독 행위로)할 권한이 있었는가?

회답

1. 1905년(광무 9)경에 군수는 관유지 또는 국유지의 처분을 전행(專行)할 수 없었다.

조회회답 195 | 1916년 6월 10일 경성지방법원장 조회
1916년 9월 22일 조추발 제259호 정무총감 회답

서자 및 양자의 상속에 관한 건

요지

1. 서자만 있는 호주가 양자를 들이지 않고 사망했다면 그 서자가 상속하는 것이 본칙이라고 하더라도, 일부 사회에서는 죽은 호주[亡戶主]의 처가 망부를 위해 양자를 들이고 상속을 하게 하는 관습이 있다.

   대종가(大宗家)의 문회(門會)가 죽은 호주의 처의 의사에 반하여 양자를 선정할 수 있는 관습이 있다.

   양자가 될 자에 관하여 죽은 호주의 처와 문회가 의견을 달리하는 때에는 죽은 호주의 처의 의견에 따라야 한다.

2. 서자만 있는 상태에서 혼인 후 사망하고 이어서 호주 역시 사망한 경우에는, 죽은 호주 또는 망서자(亡庶子)를 위해 양자를 들이는 것은 관습상 무방하다. 서자를 1대(代)로 계산하여 그 양자에게 승중상속(承重相續)을 시킬지 여부는 죽은 호주의 처 및 문회의 의견에 따른다.

   전항의 경우 죽은 호주 및 망서자의 양자를 선정하는 자는 그 처 및 문회이다.

3. 정처가 사망한 후 첩이 처로 만드는 것을 인정하지 아니하였으나, 근래 이를 인정하게 되었다. 첩이 처가 된 경우 첩이었을 때 태어난 자(子)는 부모가 혼인한 날로부터 적자의 신분을 취득하며 대종가 여부에 따른 차이는 없다.

조회

1. 서출인 남자만 있고 적출인 남자가 없는 부(호주)가 양자를 들이지 않고 사망한 경우 해당 서자는 당연히 망부를 상속하는가? 혹은 양자가 될 항렬자(行列者)가 없는 경우에 한하여 망부를 상속하는 것은 대종손가 여부에 따라 관습이 달라지는가? 위의 경우에 망부의 정처(正妻)는 사후양자를 들이고 서자가 상속하지 못하게 할 수 있는가, 또 문회는 정처의

의사에 반하여 사후양자를 선정하고 서자가 상속하지 못하게 할 수 있는가?

2. 서출인 남자만 있고 적출인 남자가 없는 부(호주)가 그 서자에게 처를 들이게 했는데 해당 서자는 사망하고 그 후 부도 역시 사망한 경우, 양자를 정할 때에는 망부의 사후양자로 정해야 하는가? 혹은 망서자를 세수(世數)에 산입하여 해당 망서자의 사후양자로 정해야 하는 것이 관습인가?

위의 경우 양자를 선정하는 것은 망부의 정처인가, 망서자의 정처인가? 또 문회는 망부의 정처 또는 망서자의 정처의 의견에 반하여 양자를 정할 수 있는 관습이 있는가?

위의 경우 망부의 정처가 사망하고 망부의 첩이 있는 때에는 첩이 망부 혹은 망서자의 양자를 정해야 하는가, 서자의 정처가 양자를 정해야 하는가? 또 문회가 망부의 첩의 의견에 반하여 양자를 정할 수 있는 관습이 있는가?

3. 정처가 사망한 후 첩이 그 부의 후처가 될 수 있는 관습이 있는가? 만약 그렇다면 그 서자는 적출자의 신분을 취득하는 것이 관습인가? 단 1915년 관통첩 제240호 발포 전의 관습을 말한다.

이 경우 대종손가 여부에 의해 동일한 관습이 적용되는가?

회답

1. 서자만 있고 적자가 없는 호주가 양자를 들이지 않고 사망한 경우에는 그 서자가 당연히 상속하는 것을 본칙으로 하며, 양자로 들일 항렬의 자가 없는 경우에만 상속하는 것은 아니다. 그리고 대종가 여부에 따른 차이는 없으나, 죽은 호주의 처가 위의 경우에 상속을 위해 양자를 선정할 수 있는 관습이 일부 사회에 있으므로, 이러한 양자가 있는 때에는 서자는 상속을 할 수 없다.

문회는 죽은 호주의 처의 의견에 반하여 양자를 선정할 수 없지만, 만약 그 가(家)가 대종가인 때에는 죽은 호주의 처가 서자에게 상속하게 하려는 의사가 있는 때라도 문회가 양자를 선정할 수 있는 것이 종래의 관습이다. 그리고 그 양자로 들일 자에 관하여 죽은 호주의 처와 문회가 의견을 달리하는 때에는 죽은 호주 처의 의견에 따라야 한다.

2. 서자만 있고 적자가 없는 호주가 그 서자에게 처를 들이게 한 후 해당 서자가 사망하고 그 후 호주 역시 사망한 경우에는, 죽은 호주 또는 죽은 서자의 양자를 들이는 것은 관습상

무방하다. 그리고 서자를 1대로 계산하여 그 양자를 들여 승중상속을 시킬 여부는 죽은 호주의 처 또는 문회의 의견에 따른다.

위의 경우에 죽은 호주의 양자를 선정하는 자는 죽은 호주의 처 또는 문회이지만, 죽은 서자의 양자를 선정하는 자는 죽은 서자의 처 또는 문회이다.

3. 첩이 처의 사망 후 처가 되는 것은 인정하지 않았지만 근래에 이를 인정하게 되었다. 그리고 첩이 처가 되면 서자는 그날부터 당연히 적자의 신분을 취득하며 대종가 여부에 따른 차이는 없다.

조회회답 196 ｜ 1916년 7월 31일 평양지방법원 민사부 재판장 조회
1916년 9월 22일 조추발 제260호 정무총감 회답

양자선정에 관한 건

요지

1. 장남이 대를 이을 아들[嗣子] 없이 사망했다면 그 부(父)가 양자를 선정한다.
2. 전항의 경우에 망장자(亡長子)의 처는 양자의 선정에 이의를 제기할 수 없다.
3. 위의 양자선정 전에 부가 사망한 경우에도 차남은 형수[兄妻]에 대하여 양자의 선정을 청구할 권리가 없다.
4. 전항의 경우에는 망장남(亡長男)의 처가 양자를 선정한다.

조회

1. 조선에서 일반적 관습으로 장남이 사망하고 그 상속인이 없는 경우에는, 부모인 자(장남의 부)가 그 장남의 양자를 선정하여 장파(長派)의 조상 및 자기의 제사를 지내게 할 권리가 있는지 여부.
2. 위의 경우에 장남의 처(미망인)가 단지 부모(장남의 부)의 명령을 좇아 아무런 이의 없이 양

자 선정에 동의하는 관습이 있는지 여부.
3. 위의 양자를 선정하기 전에 장남의 부가 사망하여 장파가 폐절(廢絶)된 경우에, 그 차남은 부모의 권리를 승계하여 장남의 처에 대해 장형(長兄)의 양자선정을 청구할 권리가 있는지 여부.
4. 위의 경우에 장남의 처(과부)는 당연히 양자선정의 절차를 이행하고 장파의 조상 및 부모 또는 죽은 부[亡父]의 제사를 지내게 할 의무가 있는지 여부.

회답

1. 장남이 사망하고 봉사자가 없는 경우에는 그 부(父)가 장남의 양자를 정하여 죽은 장남의 제사를 행하게 하는 것이 관례이다.
2. 위의 경우에 장남의 처는 그 양자선정에 이의를 제기할 수 없다.
3. 위의 양자선정 전에 장남의 부가 사망하여 절손(絶孫)이 된 경우에 차남은 죽은 장남의 처에게 양자선정의 청구를 할 권리가 없다.
4. 위의 경우에 죽은 장남의 처는 죽은 부의 양자를 선정해야 한다.

조회회답 197 | 1916년 8월 26일 평양복심법원장 대리 조회
1916년 9월 22일 조추발 제261호 정무총감 회답

상속 및 가봉자에 관한 건

요지

1. 호주의 장남이 기혼으로서 자(子) 없이 사망하고 차남 역시 기혼으로서 딸 하나를 남기고 사망하였으며, 이어서 호주가 사망하고 처는 다른 곳에 개가하였는데, 삼남(三男)은 처자를 데리고 차남의 처자와 동거한 경우, 차남의 유복자에 대한 보호·감독은 차남의 처가 해야 한다.

전항의 경우 망장자에게 양자를 들이기까지 그 가(家)는 절사(絶嗣)의 상태에 있다.
2. 과부는 일단 실가(實家)에 복귀한 뒤가 아니면 재가를 할 수 없고, 또 그 여자를 재가한 곳의 가족으로 하기 위해서는 양가(兩家) 호주의 동의가 필요하다.
3. 전항의 여자가 모(母)의 재가한 곳의 가족이 되면 그 보호·감독은 모의 후부(後夫)가 한다.

조회

1. 호주 갑(甲)에게 아들이 셋인데, 상속 개시 전에 장남은 처를 얻고 아들 없이 사망하였고, 차남도 처를 얻어 딸 하나를 남기고 사망하였으며, 이어서 호주도 사망하였다. 장남의 처는 그 후 다른 곳에 재가하고, 삼남은 처자를 거느리고 현존하고 있으며, 차남의 처는 여아(당시 9세)와 함께 삼남과 동거하고 있다. 위의 여아에 대한 보호·감독의 권리의무는 누구에게 속하는가? 또 갑가(甲家)의 상속은 위 삼남이 해야 하는가?
2. 위 차남의 과부가 다른 곳에 재가하는 때에는 앞서 말한 여아를 재가하는 곳의 의붓자식으로 삼을 수 있는가? 또 재가 및 의붓자식으로 삼는 것에 대하여 위 삼남 혹은 기타 사람의 동의가 필요한가? 단, 위 삼남은 여아의 최근친존속(最近親尊屬)이다.
3. 의붓자식으로 할 수 있다면 같은 여아에 대한 보호·감독의 권리의무는 이후 누구에게 속하는가? 또 그 여아의 적(籍)은 어느 가(家)에 속하는가?

회답

1. 호주(남)에게 3명의 아들이 있는데, 상속 개시 전에 장남은 처를 얻고 아들 없이 사망하였고, 차남 역시 처를 얻어 딸 하나를 남기고 사망하였으며, 이어서 호주가 사망하였다. 장남의 처는 그 후 다른 곳에 재가하고 삼남은 처자를 데리고 차남의 처 및 그 딸(9세)과 동거하는 경우, 위 딸에 대한 보호·감독은 차남의 처가 해야 한다. 또 그 가의 상속은 장남에게 양자를 들일 때까지 절사의 상태에 있다.
2. 차남의 과부는 일단 실가에 복귀한 뒤가 아니면 재가를 할 수 없다. 그리고 재가의 경우 그 딸을 재가하는 곳의 가족으로 삼으려면 양가 호주의 동의가 필요하다.
3. 전항의 딸이 재가하는 곳의 가족이 되면 그 보호·감독은 그 생모의 부(夫)가 해야 하며,

그 딸의 가적(家籍)은 입가(入家)한 가에 있음은 물론이다.

조회회답 198 | 1916년 9월 13일 평양지방법원 조회
1916년 9월 30일 조추발 제268호 정무총감 회답

첩이던 자가 정처가 될 수 있는가에 관한 건

요지
1. 첩은 처가 이혼한 후에도 처가 될 수 없었으나 근래 처가 될 수 있게 되었다.

조회
1. 조선에서 첩이던 자는 위의 처의 이혼[離別] 후에도 정처(正妻)의 지위를 얻을 수 없는 관습이 있는지 여부.

회답
1. 첩이던 자는 처가 이혼한 후라도 처가 될 수 없었으나 근래 처가 될 수 있게 되었다.

조회회답 199 | 1916년 9월 7일 평양복심법원 민사부 재판장 조회
1916년 10월 10일 조추발 제276호 정무총감 회답

친족회 결의에 관한 건

요지

1. 친족회에서는 일문(一門)의 남자만 출석하여 결의하는 것이 통례이지만 여자도 친족회원이 될 수 있다.
   타성(他姓)인 자는 친족이라 하더라도 친족회원의 자격이 없다.

조회

1. 조선의 관습상 친족회 결의에는 일문의 남자만 가입할 권한이 있는가, 혹은 여자도 동일한 권한이 있는가?
   위 결의에 타성인 자가 가입한 경우에는 그 효력이 어떠한가?

회답

1. 친족회에는 남자만 출석하여 결의하는 것이 통례이지만 여자가 친족회의 결의에 참가하지 못하는 제한은 없으므로, 친족회원으로서의 자격에는 남녀간에 구별이 없다. 그리고 타성인 자는 친족이라 하더라도 친족회원의 자격이 없고, 따라서 타성인 자가 참가하여 행한 결의는 효력이 없다.

조회회답 200 | 1916년 10월 9일 고등토지조사위원회 위원장 조회
1916년 11월 18일 조추발 제317호 중추원 의장 회답

어기에 관한 건

요지
1. 한국 시대에 어기(漁基)의 인허를 받은 자가 그 부근을 '신지(信地)'라 칭하여 일정 지역의 소유권 또는 사용권을 취득한 관습은 없다.

조회
1. 구한국 정부로부터 어기의 인허를 받은 자는 그 부근에 신지라 칭하는 일정 지역의 소유권 또는 사용권을 당연히 취득하였는가?
2. 전항의 신지는 어기와 분리하여 매매·양도할 수 있었는가?

회답
1. 한국 정부 시대에 어기의 인허를 받은 자가 그 부근에 신지라 칭하는 일정 지역에 대하여 소유권 또는 사용권을 당연히 취득한 관습은 없다.

조회회답 201 | 1916년 9월 25일 고등법원장 조회
1916년 11월 28일 조추발 제326호 정무총감 회답

유산의 상속에 관한 건

요지
1. 가족이 사망하여 채무만 남긴 경우에도 유산상속인이 제사자인 때에는 이를 승계한다.

기타 유산상속인은 이를 승계하지 않는다.
2. 전항의 경우에 제사자인 유산상속인은 상속을 포기할 수 없다.

조회
1. 가족인 갑(甲)이 사망하여 그 유산상속인인 을(乙)이 유산으로서 상속할 아무런 적극적 재산이 없는 경우에도, 을은 갑의 소극적 재산(부채)만을 상속해야 하는가?
2. 유산상속인은 유산의 상속을 포기할 수 있는가? 만약 포기할 수 있다면 그 기간과 절차는 어떠한가?

회답
1. 가족이 사망한 경우에 유산상속인이 제사자(장남 또는 장손)인 때에는 비록 사자(死者)가 채무만을 남긴 경우라 할지라도 이를 승계하는 것이 관습으로, 기타 유산상속인이 이 경우에 그 채무를 승계하는 관습은 없다.
2. 전항의 제사자인 유산상속인은 상속을 포기할 수 있는 관습이 없다.

조회회답 202 | 1916년 10월 7일 공주지방법원 재판장 조회
1916년 11월 30일 조추발 제327호 정무총감 회답

유산의 상속에 관한 건

요지
1. 망부(亡父)의 유산을 상속해야 하는 차남 또는 삼남이라 하더라도 분가한 때가 아니라면 그 분배를 청구할 수 없다.
  분가를 할 수 있는 자는 기혼자에 한한다. 단 서자는 미혼자라 하더라도 부의 사망 후 그 생모와 함께 분가할 수 있다.

조회

1. 조선에서 유산상속권이 있는 차남·삼남으로서 아직 성년에 달하지 못했거나 혹은 분가 혼인을 하기 이전에는 제사상속인인 장자(長子)에 대하여 상속분의 분배를 청구할 수 없는 것이 관습인가?

회답

1. 조선에서는 망부의 유산을 상속해야 할 차남 또는 삼남이라 하더라도 분가한 때가 아니라면 유산의 분배를 청구할 수 없는 것이 관습으로서, 분가를 할 수 있는 자는 혼인을 한 자에 한한다(서자는 미혼자라 하더라도 부의 사후에 생모와 함께 분가할 수 있음). 그리고 유산의 분배를 받는 것에 관해 성년 여부는 묻지 않는다.

조회회답 203 | 1916년 10월 19일 평양지방법원 신의주지청 재판장 조회
1916년 12월 1일 조추발 제329호 정무총감 회답

사숙의 재산에 관한 건

요지

1. 사숙(私塾) 유지비에 충당할 목적으로 설립자가 유지(有志)들의 거출(據出)을 받아서 구입한 토지 및 기타 재산은 경영자의 소유로서, 이를 재단법인으로 인정하는 관습은 없다.

조회

1. 조선 각지에 현존하는 사숙(私塾)·경의재(經義齋)의 유지비에 충당할 목적으로 설립자가 유지들의 거출을 받아 구입한 토지, 기타 재산은 관습상 재단법인으로 인정해야 하는가, 혹은 설립자 개인의 소유에 속하는 것인가?

회답

1. 조선 내에 현존하는 경의재(經義齋)의 유지비에 충당할 목적으로 설립자가 유지들의 거출을 받아서 구입한 토지 및 기타 재산은 관습상 그 경영자의 소유라고 인정해야 하며, 이를 재단법인으로 인정하는 관습은 없다.

조회회답 204 | 1916년 11월 29일 고등토지조사위원회 위원장 조회
1916년 12월 5일 조추발 제335호 중추원 의장 회답

서기청의 건물 및 부지의 소유권에 관한 건

요지

1·2. 각 군(郡)에 있던 서기청(書記廳) 건물은 모두 관유(官有) 재산에 속하며, 이것이 개축·수선 등의 방법으로 서기 등의 공동 출자를 받은 것이라도 이 때문에 그 성질에 변동이 생기지 않는다.
3. 서기청의 부지는 모두 관유였다.

조회

1. 각 군에는 전에 서기청이라 칭하던 것이 있었다. 이 서기청은 군의 경비로 건축한 것인가, 또는 서기 등의 공동 출자로 한 것인가?
2. 군의 경비로 건축한 경우 해당 청사가 군의 관아[公廨]로서 관유 재산에 속하는 점은 의심의 여지가 없으나, 서기 등이 공동 출자했다면 이를 서기 등의 공유 재산으로 인정했는가, 혹은 이 경우에도 역시 관유 재산으로 처리하였는가?
3. 위 부지는 국유(國有)인가, 민유(民有)인가?
4. 위의 어떤 실례가 있다면 보여 주시기 바랍니다.

회답

1·2. 각 군에 있던 서기청[과거의 명칭은 작청(作廳, 질청으로 부르기도 함)] 건물은 모두 관에서 건설한 것으로서 관아[公廨]에 속한 관유 재산인 점은 말할 필요도 없다. 그리고 개축·수선에 즈음하여 서기 등이 공동 출자한 경우가 전혀 없지는 않지만, 이 때문에 관유 재산인 점에 변동이 생기지는 않았다.
3. 서기청의 부지는 모두 관유였다.
4. 이는 조선 전체를 통틀어서 하나도 예외가 없었던 것이므로 특별히 실례를 제시하지 않는다.

조회회답 205 | 1916년 11월 18일 부산지방법원 민사부 재판장 조회
1916년 12월 11일 조추발 제343호 정무총감 회답

양자에 관한 건

요지

1. 호주가 아들 없이 처와 딸을 남기고 사망한 때에는 양자를 들인다.
2. 처가 양자를 들일 의사가 없으면 문회에서 양자를 선정한다.
3. 죽은 호주가 창립한 가(家)인 때라도 역시 같다.

조회

1. 호주가 아들 없이 처와 딸만 남기고 사망했다면 제사상속인이 될 양자를 들여야 하는가?
2. 만약 그렇다면 양자의 선정을 해야 할 과부가 절대로 양자를 들일 의사가 없다는 점이 확정된 경우, 문회에서 과부의 의사에 반하여 양자를 선정할 수 있는가?(과부가 그 딸에게 제사 및 유산을 상속하게 할 의사로 양자를 거부하는 경우에 차이가 있는가?)
3. 위 각 항에 대하여, 수 대에 걸쳐 피제사자(被祭祀者)가 있는 가(家)와 죽은 호주만이 피제

사자인 가 사이에 차이가 있는가?
4. 위의 관습은 일반적인 것인가? 만약 지방에 따라 다르다면 경상남도 김해군(金海郡)의 관습은 어떠한가?

회답

1. 호주가 아들 없이 처와 딸만 남기고 사망한 경우에는 양자를 들여야 한다.
2. 위의 경우에 죽은 호주의 처가 양자를 들일 의사가 없는 때에는 문회에서 양자를 선정할 수 있다. 처가 딸에게 제사 및 유산을 상속하게 할 의사를 가지고 양자를 들이는 것을 거부하는 경우에도 차이가 없다.
3. 위의 경우에 그 가(家)가 수 대 연속한 가인지, 죽은 호주가 창립한 가인지에 따라 달라지는 바는 없다.
4. 위 관습은 조선 전체에 동일하다.

조회회답 206 | 1916년 12월 25일 대구복심법원 민사제2부 제판장 조회
1917년 1월 30일 조추발 제16호 정무총감 회답

협의파양에 관한 건

요지

1. 양자가 호주가 된 후에는 양모(養母)와 협의파양(協議罷養)을 할 수 없다.

조회

1. 양자가 호주가 된 후에 양모와 협의상 파양을 할 수 있는지 여부.
   예를 들어 양자가 호주가 된 후 양모와 협의상 파양의 계약을 하고 생가에 돌아가 복적하여 양모와 별거하고 있는 경우에 그 파양 계약의 효력은 어떠한가?

회답

1. 양자가 호주가 된 후에 양모와 협의하여 파양을 하고 생가에 복귀했다고 하더라도 그 파양은 효력이 없다.

조회회답 207 | 1917년 1월 18일 토목국 조회
1917년 1월 31일 조추발 제18호 중추원 회답

환곡 및 사창에 관한 건

요지

1. 환곡(還穀)을 저장한 창고[社倉] 및 그 부속 건물은 국유로서, 유지·수선은 관에서 비용을 지급한다. 환곡을 '사환(社還)'으로 개칭한 후에도 역시 같다.

조회

1. 「사환조례(社還條例)」[83] 발포 전에 환곡을 격납(格納)한 창고와 부속 건물의 소관 및 건축

---

[83] 「사환조례(社還條例)」: 1894년 갑오개혁 당시 결호전제도(結戶錢制度)를 실시하면서 기존의 환곡제가 폐지되었다. 이어 1895년 탁지아문(度支衙門)에서 전국에 있는 각종 환곡을 사환으로 개칭하는 것을 골자로 하는 「사환조례」를 제정하였다. 「사환조례」는 모두 18개의 항목으로 이루어졌다. 중요한 내용은 다음과 같다. 사환은 종래의 환곡을 각 면에 나누어 관청이 소유하는 공곡(公穀)으로 삼았으며, 사환의 목적은 빈민들을 위한 진휼이었다(1조). 이로써 모든 환호(還戶)에 강제 분급하던 기존의 환곡과는 다르다는 점을 분명히 하였다. 그리고 정해진 사항 외에는 면리에서 공정하게 의논하여 결정하게 하였다(3조). 곧 사환의 운영 주체는 면리의 구성원임을 밝혔다. 운영 기구로 면에는 사수(社首)와 수창(守倉)을 두고 이(里)에는 보정(保正)을 두었다(4조). 사수와 수창은 장부를 정리하고 곡식을 관리하는 일을 맡았고, 보정은 사환곡을 보존하는 일을 맡았다. 사환곡은 재해를 당하여 빈민이 자력으로 지탱하기 어려운 경우에 빌려주도록 되어 있었다(6조). 곡식을 갚을 때에는 그해에 바로 상환하거나 수년간 나누어 갚을 수 있게 하였다. 사환곡은 1석당 쌀 5승씩 이자를 덧붙여서 상환받았으며, 이자 수익으로는 사수와 수창의 급료, 기타 잡비, 사환곡의 자연 감축을 보충하도록 하였다. 이자 규모는 30분의 1 이자율에 해당하여 이전 환곡제보다 훨씬 낮은 수준을 유지하였다. 「사환조례」에 따르면 사수와 수창의 임명에 대해 관에서 인준할 수 있게 하여 관에서 일정하게 관여하도록 하였다. 사환을 관리하는 방법과 출납에 대해서는 군수가 관리를 파견하여 감사를 행하고 사수에게 보고서를 받도록 하였다. 실제로 사환곡이 「사환조례」의 원칙에 따라 운영되었는지 자세히 알 수 없다. 진휼 중심으로 운영되어 이전의 환곡이 가졌던 부세적 기능이 실질적으로 폐지되었다는 점, 이자율이 이전보다 훨씬 낮아졌다는 점에서 종래의

또는 유지·수선에 관한 공사비의 출자 방법.
2. 1895년 탁지부령 제3호로 환곡을 '사환'으로 개칭하고 종래의 환곡을 각 면리(面里)에 분치(分置)하였을 때, 그 곡물을 격납한 창고 및 기타 건물도 환곡과 함께 각 면리의 소관으로 이전되었는가, 위 건물들은 정부 소관인가?

회답

1. 「사환조례」의 발포 전에 환곡을 저장한 창고와 그 부속 건물은 모두 국유로서, 그 건물 및 유지·수선 등의 비용도 물론 관에서 지급한다. 그리고 1895년 탁지부령 제3호의 발포 후에도 단지 환곡을 '사환'으로 개칭하는 데 그치며, 그 창고 및 부속 건물이 국유라는 점은 이전과 같고 바뀌지 아니하였다.

조회회답 208 | 1917년 2월 10일 공주지방법원 서산지청 조회
1917년 2월 27일 조추발 제52호 정무총감 회답

마름의 소송 제기에 관한 건

요지

1. 마름[舍音]이 자기의 이름으로 지주를 위해 소송을 하는 관습은 없다.

조회

1. 조선에서 마름이 도조(賭租)의 지급을 게을리한 소작인에 대하여 지주를 위해 자기의 명의로 스스로 소송의 당사자가 되어 소를 제기하고 지급을 청구할 수 있는 관습의 존부.

· 환곡제도와 큰 차이가 있었다. 사창제는 별비곡(別備穀)을 이용하여 이루어졌으며 기존의 환곡이 정리되지 않은 채 남아 있었지만, 사환제에서는 모든 환곡이 사환곡으로 정리되었다.

회답

1. 마름은 도조의 지급을 게을리한 소작인에게 지주를 위해 자기의 명의로 스스로 소송의 당사자가 되어 소를 제기하고 지급을 청구할 수 있는 관습은 존재하지 않는다.

조회회답 209 | 1917년 2월 20일 평양지방법원 민사부 재판장 조회
1917년 3월 28일 조추발 제73호 정무총감 회답

양반의 종가에서 양사자에 관한 건

요지

1. 서자를 양자로 하는 것에 관한 승적(承嫡)의 절차는 없다. 계문(啓聞)·입안(立案) 등의 절차는 양자의 효력과 무관하다.

조회

1. 지금으로부터 30여 년 전 조선에서 문음무관가(文蔭武官家, 양반)의 남호주 갑(甲)이 사망하고 상속인이 없이 그 친동생[實弟]인 을(乙)과 병(丙)이 있었는데, 그 을에게 서자가 3명이 있는 외에 을과 병 모두 적자가 없으므로 을의 장서자(長庶子)를 종가인 갑의 양자로 하는 경우에, 먼저 승적의 절차를 밟아 그 사유를 거주하는 도(道)의 관찰사에게 제출[呈狀]하고 관찰사는 예조(禮曹)에 보고하고, 예조 판서는 이를 계문하고 윤허(允許)를 얻어서 입안을 작성하여 하부(下附)하는 관습이 있는가?

위의 승적·계문·입안의 절차 없이는 절대로 서자를 종가의 양자로 들일 수 없는 것이 관습인가?

회답

1. 지금으로부터 30여 년 전에는 양반가에서 서자를 양자로 하는 것에 관한 승적의 절차는

특별히 존재하지 아니하였다. 승적이란 서자에게 제사를 상속하게 하는 것으로서, 특별히 승적의 절차라는 것은 없다. 기타 계문·입안 등의 절차를 밟았는가 여부는 양자의 효력과 무관하였다.

조회회답 210 | 1917년 4월 6일 오쓰카(大塚) 참사관 조회
1917년 4월 13일 조추발 제87호 중추원 회답

계약서의 해석에 관한 건

요지

1. 환퇴(還退)는 매도인[賣主]이 환퇴문기(還退文記)를 작성하고 구문기(舊文記)를 첨부하여 매수인[買主]에게 교부하는 것이 일반적이다.

조회

1. 계약서와 관련하여
   (1) 환매약관부[買戻約款付] 매매인가?
   (2) 질(質)의 성질을 가지는 전당권(典當權)의 설정인가?
   (3) 5년간의 수확물의 매매인가?
   (4) 이상의 어디에도 속하지 않는 계약이라면 어떤 성문의 계약인가?

회답

1. 본 계약서에는 '환퇴·권매'라는 문자가 있어 일견 환매약관부 매매계약 같지만, 종래의 환퇴는 일반적으로 다음에 기재한 문기의 예와 같이 매도인과 증인이 연서한 환퇴문기 1통을 작성하고 이에 문권(文券)을 첨부하여(만약 구문권이 없는 때에는 그 취지를 환퇴문기에 부기함) 매수인에게 교부하는 것을 소유권 이전의 요건으로 삼았다. 그런데 본계약과 같

이 증인의 연서 없이 증서 2통을 작성하고 서로 소지하는 것 같은 방식은 토지의 환퇴매매에 그 예가 없다. 또 이작 허용 여부의 사항을 환퇴문기에 기재한 사례도 아직 듣지 못한 바이다.

(이하 문기의 사례는 생략함)

계약증(契約證)

1. 금(金) 90원
1. 답(畓) 8두락 3석 10두 도조

소재: 언주면(彦州面) 대치면(大峙面) 어평(於坪)

위 본사(本寺) 소유 논을 5개년 한도로 환퇴하여 위 금 50원에 권매(權賣)하나 만약 기한 내라도 환퇴를 할 수 있음.

단, 이작(移作)은 할 수 없음.

또 이 계약증 2통을 작성하여 쌍방이 유치(留置)함.

1915년(다이쇼 4) 음력 10월 23일

전주(錢主) 김금보(金今甫) 印
답주(畓主) 봉은사(奉恩寺) 귀중

조회회답 211 | 1917년 1월 9일 공주지방법원 민사합의부 재판장 조회
1917년 5월 14일 조추발 제109호 정무총감 회답

승니의 재산상속에 관한 건

요지

1. 승니(僧尼)가 사망한 때에는 유산으로 장례비용을 지급하고 남은 것은 도제(徒弟)가 승계한다.

   도제가 여러 명인 때에는 최상위자가 승계한 후 다른 도제에게 분배한다. 분배율에 관해서는 일정한 관습이 없다.

   도제의 순위는 출가의식[得度]을 한 순서에 따른다.

   유언으로 재산의 일부를 불량(佛糧) 또는 제위(祭位)로서 절에 기부하는 경우가 있는데, 그 재산은 승니의 사망으로 절의 소유에 귀속된다.

   최상위의 도제는 승계한 재산의 일부를 절에 기부하는 경우가 있다.

   유산을 승계할 도제가 없는 때에는 제위로서 절에 귀속된다.

조회

1. 조선의 관습상 승려가 사망한 때에는 그 일개인의 소유이던 재산은 일반적으로 민법상 관습에 따라 그 자손 또는 근친자(近親者)가 상속하는가, 제자[上佐]가 상속하는가? 즉 관습상 승속(僧俗) 간의 차이 여부.
2. 만약 제자가 이를 상속하는 것이 관습이라면 제자가 여러 명인 경우 그 순위는 제자가 된 때의 선후에 의해 정하는가, 연령 혹은 학덕(學德)에 따라 정하는가?
3. 제자 2명 중 은사제자(恩師弟子, 恩師上佐라고도 하며 처음에 스승으로부터 출가 의식을 하고 삭발한 자를 지칭함)와 중삭제자(重削弟子, 重削上佐라고도 하며 먼저 다른 승니를 스승으로 하여 출가의식을 치르고 삭발한 자를 지칭함)가 있을 때 상속 순위는 누가 우선인가?
4. 위 관습상 승(僧)과 니(尼) 간에 구별이 있다면 그 구별.

회답

1. 승니가 사망한 경우에는 우선 그 유산 중에서 장례비용을 지급하고 잔여 재산은 그 도제(상좌라고도 함)가 승계하며, 만약 도제가 여러 명인 때에는 최상위에 있는 자가 일단 그 전부를 승계하고 차순위 이하의 도제에 대하여 그 일부를 분배하는 것이 통례로 그 액수에 관해서는 일정한 표준이 없다. 그리고 도제의 순위는 출가의식을 한 순서에 따라 정하며, 그 도제가 다른 사승(師僧)으로부터 받은 출가의식의 선후는 굳이 묻지 않는다. 그렇지만 사망한 승니가 유언으로 그 유산 중에서 장례비용을 지급하고 남은 전부 또는 일부를 불량(이를 불공양의 자금에 충당함) 또는 제위(이를 자기의 제사에 비용에 충당하게 함)로서 그 절에 기부할 의사를 표시한 때에는 도제 중 최상위인 자가 그 유언을 집행하고, 그 유산의 소유권은 유언자의 사망과 동시에 그 절에 이전된다. 또 때에 따라서는 사망자의 유언이 없더라도 상좌가 사자의 유산 중 불량으로서 그 일부를 절에 기부하는 경우도 있다. 이 경우에 도제가 여러 명인 때에는 최상위에 있는 상좌가 일단 유산 전부를 승계하고, 그 후에 불량으로서 절에 기부한 부분을 제외한 나머지를 도제 간에 분배한다.

유산을 승계할 도제가 없는 경우에는 그 유산 중에서 장례비용을 지급하고 남은 부분은 전부 그 절에 귀속되고 사자의 제위로서 보존된다.

조회회답 212 | 1917년 4월 12일 함흥지방법원 북청지청 조회
1917년 5월 15일 조추발 제116호 정무총감 회답

승려의 재산상속에 관한 건

요지

1. 승려가 환속하는 때에 선사(先師)로부터 승계한 재산은 상좌(上佐)가 승계한다.

조회

1. 조선의 관습상 갑(甲) 선사(禪師)가 사망하여 그 상좌인 을(乙)이 선사가 되어 갑 선사의 사유재산을 승계한 후 퇴속(退俗)하고, 을의 상좌인 병(丙)이 선사가 된 경우에 을 선사가 갑 선사로부터 승계한 사유재산은 병 선사가 승계하는가, 아닌가?

회답

1. 승려가 환속한 경우에 선사(先師)로부터 승계한 재산은 그의 상좌(문의 경우에 병 선사)가 승계하는 것이 관례다.

조회회답 213 | 1917년 3월 2일 경성지방법원장 조회
1917년 5월 18일 조추발 제121호 정무총감 회답

왕실과 인민 간 채권의 강제집행에 관한 건

요지

1. 갑오개혁 전에 왕실의 재산은 일사칠궁(一司七宮)에서 관리하고 왕의 사재(私財)는 각감청(閣監廳)에서 보관하였고, 이후 수옥헌(漱玉軒)에서도 보관하였다.

   왕의 사재 중 많은 부분은 인민의 진헌(進獻)으로 생긴다.

   왕실의 재산에 속하는 채권의 집행은 내수사(內需司)·칠궁(七宮)의 차지(次知)가 그 취지의 문첩(文牒)을 왕에게 바치고 왕은 이를 호조(戶曹)에게 내려보내며, 호조는 채무자 거주지의 지방관에게 조회(照會)하여 독촉하게 한다. 채무자가 응하지 아니하는 때에는 그 재산을 압류하여 매각하고 대금으로 변제에 충당한다. 또는 내수사·칠궁에서 직접 지방관청의 하리(下吏)에게 조회하여 위 방법을 채택하는 경우도 있다.

   왕의 사재에 속하는 채권의 집행은 포도청(捕盜廳) 또는 관찰사가 왕의 내명(內命)을 받들어 지방관에게 위의 방법을 채택하게 한다.

인민의 왕에 대한 채권의 징수는 관계 관청에 청구하는 것 외에는 방법이 없다.

조회

1. 구한국 군주와 인민 간에 생긴 채권 및 기타 사권의 강제집행 방법에 관한 1888, 9년 이후의 관습은 어떠한가?
2. 구한국에서 그 당시 황실의 재산 외에 군주의 사유 재산이 있었는가? 만약 있었다면 그 구별의 표준은 어떠한가?

회답

1. 갑오개혁 전(1888, 9년경 이후)에는 왕실의 재산과 왕의 사재를 구별하여 왕실의 재산은 일사와 칠궁[내수사(內需司), 수진궁(壽進宮), 명례궁(明禮宮), 어의궁(於義宮), 용동궁(龍洞宮), 육상궁(毓祥宮), 선희궁(宣禧宮), 경우궁(景祐宮)]에서 관리하고 왕의 사재는 각감청에서 보관하였고, 고종 35, 36년경(1898, 1899년경)부터 수옥헌에서도 역시 이를 보관하였다. 그리고 왕의 사재의 많은 부분은 인민의 진헌으로 생긴 것이다.

왕실의 재산에 속하는 채권의 집행은 내수사·칠궁의 차지가 그 취지의 문첩을 왕에게 바치고 왕은 이를 호조에게 내려보내며, 호조는 이를 채무자 거주지의 지방관에게 조회[행관(行關)]하여 독촉하게 한다. 만약 채무자가 응하지 아니하는 때에는 그 재산을 압류[수가(收家)]하여 매각하고 그 대금을 채권의 변제에 충당한다. 또는 내수사·칠궁에서 직접 채무자가 거주지의 지방관청 하리에게 조회하여 관할 지방관이 위와 동일한 방법으로 채권을 집행하였다. 또 왕의 사재에 속하는 채권의 집행은 포도청 또는 관찰사가 왕의 내명을 받들어 채무자가 거주지의 지방관에게 위와 동일한 방법으로 채권을 집행하게 하였다. 이에 반해 인민이 왕에 대하여 채권을 가지는 경우 인민은 그 관계 관청에 대하여 채무의 이행을 청구하는 데에 그치고 다른 방법은 없었다.

조회회답 214 | 1917년 4월 23일 광주지방법원 장흥지청 조회
1917년 5월 24일 조추발 제127호 정무총감 회답

과부의 개가 및 친권 상실에 관한 건

요지
1. 개가(改嫁)란 남편이 있는 여자의 중혼(重婚)을 말한다. 과부가 다른 사람의 첩이 된 때에도 통속적으로는 개가라 칭한다.
2. 과부인 모(母)가 행실이 현저히 나빠서 호주인 자(子)의 재산을 위태롭게 하는 때에는, 문회(文會)가 그 관리를 제한하고 관리인을 선정할 수 있다.

조회
1. 조선에서 과부가 첩으로서 타가(他家)에 들어간 경우도 역시 개가라고 칭하는 관습이 여부
2. 조선에서 과부인 모가 현저히 나쁜 행실을 오래 지속하여 호주인 자의 재산을 위태롭게 한 경우에 친속의 협의로 이에 간섭하는 경우가 있다고 관습조사보고시에 기재되이 있다. 이 경우에는 친족회(문회) 회원을 소집하고 동회에서 결의하여 미성년자의 후견인을 선임할 수 있는 관습의 여부.

회답
1. 개가란 남편이 있는 여자가 중혼한 경우를 가리키는 것이지만, 과부가 다른 사람의 첩이 된 경우에도 통속적으로는 개가라 칭한다.
2. 과부인 모가 현저히 나쁜 행실을 오래 지속하여 호주인 자의 재산을 위태롭게 했다면, 문회는 그 관리를 제한하고 친족 중에서 관리자를 선정할 수 있는 관습이 있다.

조회회답 215 | 1917년 5월 18일 총무국장 조회
1917년 5월 29일 조추발 제132호 중추원 서기관장 회답

궁성·사찰 등의 폐지에 있는 탑비 등에 관한 건

요지

1. 동산과 부동산의 구별을 명확히 한 것은 최근의 일이다.
2. 궁성[궁전(宮殿)과 성책(城柵)]·사찰(寺刹) 등의 폐지(廢址)에 있는 탑비(塔碑)·불상(佛像)·당간(幢竿)·석등(石燈) 등은 국유에 속하고 선점 취득을 불허하며 토지와 함께 토지소유자의 소유에 속하지 않는다.

조회

1. 동산과 부동산의 구별을 인정하여 그 소유권 취득의 원인을 달리하는 경우가 있는가?
2. 전항의 구별이 있다면 궁전, 성책 및 사찰 등의 폐지에 있는 탑비, 불상, 당간, 석등 등의 소유권은 어떤 취득 원인에 따라야 하는가? 예를 들어 그 물건의 소재지가 이미 오랜 기간 변천을 거쳐서 산야·논밭[田畓] 또는 택지가 되어 사유 또는 동리(洞里)의 소유가 된 경우에 그 소유권은 부동산으로서 국가에 귀속하는가, 동산으로서 소유의 의사를 통해 점유하는 자에게 속하는가? 또는 전항의 물건은 민법 제242조와 같이 부동산의 종물에 부합하는 물건으로서 부동산 소유자에게 속하는가?

회답

1. 조선에서 동산과 부동산의 구별을 인정하게 된 것은 최근 십수 년의 일로서 그 이전에는 이와 같은 구별이 존재하지 않았다. 따라서 동산과 부동산의 구별에 따라 그 취득 원인을 달리하는 것과 같은 확연한 관습은 없었다.

궁전·성책·사찰 등의 폐지에 있는 탑비·불상·당간·석등 등은 국유로 보는 것이 관습으로서, 비록 그 물건의 소재지가 시간이 지나 산야·논밭 혹은 택지가 되어 사유 또는 이(里)의 소유가 된 경우에도 탑비 및 기타 금석물(金石物)은 여전히 국유로 인정하여 그 선

점 취득을 불허하고, 또 그 물건이 토지와 함께 토지소유자의 소유에 속하는 것을 인정하지 않는다.

조회회답 216 | 1917년 4월 10일 평양지방법원 영변지청 조회
1917년 6월 12일 조추발 제143호 정무총감 회답

절목·완문 등의 효력에 관한 건

요지

1·2. 한국시대에 군수·부사(府使) 또는 관찰사가 토지의 경계 또는 소유에 관한 분쟁을 해결하고 완문(完文)이나 절목(節目)을 부여하였다.

완문·절목은 사실을 조사하여 부여하는 것이 본칙이나, 일방의 신청만으로 부여하는 경우도 있다.

완문·절목은 누구에게나 대항할 수 있었다.

3·4. 관찰사가 상사(上司)의 명에 따라 부사가 부여한 절목과 상반되는 절목을 부여한 때에는 이를 유효로 하고, 이전의 절목은 그 효력을 잃는다.

조회

1. 구한국정부시대에는 소유권 또는 경계에 대해 분쟁이 있는 토지에 관하여 군수 또는 부사나 관찰사가 표계(標界) 혹은 소유권의 확정을 청원자의 신청만으로 채용하고, 절목이나 완문이라는 것을 부여해 왔는데, 각각 권능을 가지고 있었는가?

2. 전항의 절목 또는 완문은 관습상의 소유권이나 표계를 확정하고 누구에게나 대항할 수 있는 효력이 인정된 것인가?

3. 부사와 인접 군수가 입회하여 분쟁이 있는 토지에 대하여 청원자 및 상대방을 조사한 뒤 표계 또는 소유권을 인정하는 절목을 부여한 후, 십수 년이 지나 다시 동일 토지에 대하

여 순찰사(관찰사)가 다른 청원자의 신청으로 상대방을 조사하지 아니하거나, 또는 종래의 같은 토지에 관하여 부사·군수의 절목 같은 것의 존부도 조사하지 않고, 앞서 존재한 절목의 취지와 전혀 반대되는 취지의 완문을 부여하는 경우도 있었는가?
4. 절목·완문이 누구에게나 대항할 수 있는 효력이 있다면 전항과 같이 이해가 상반하는 전후 2회의 절목·완문이 존재하는 경우, 전후 어느 것의 효력을 인정하는 것이 관습인가?

회답

1·2. 한국정부시대에는 군수·부사 또는 관찰사가 분쟁이 있는 토지의 경계 혹은 소유자를 정하는 데 완문이나 절목을 부여한 경우가 있다. 본칙은 사실을 조사하여 부여해야 하지만, 사실이 명백한 경우에는 단지 일방의 신청만으로 부여한 경우도 있다. 이와 같은 경우에도 그 처분은 구태여 위법한 것으로 인정하지 아니하였다. 그리고 완문·절목으로 소유권 또는 경계를 정한 때에는 그로써 누구에게나 대항할 수 있었음은 물론이다.

3·4. 관찰사가 상사의 명에 따라 앞서 부사가 부여한 절목과 취지가 상반되는 절목을 부여한 때에는 그 사실 여하를 불문하고 이를 유효한 것으로 보는 것이 종래의 관습이다. 그리고 전에 부사가 부여한 절목이 인접 군수와 입회하여 청원자 및 상대방을 조사하여 그 경계 또는 소유권을 인정한 것이고, 후의 절목이 청원자의 신청에만 의하고 상대방을 조사하지 아니하거나 또는 그 토지에 관하여 이미 부사 또는 군수가 부여한 절목이 있는 것도 조사하지 않은 채 부여한 것이더라도, 그 사실 때문에 효력이 달라지지는 않는다. 이와 같이 전후의 완문 또는 절목에서 정한 바가 상반되는 경우에는 후의 절목에 따르고, 전의 절목은 효력을 잃는다.

조회회답 217 | 1917년 4월 20일 평양지방법원 조회
1917년 6월 12일 조추발 제144호 정무총감 회답

혼인의 성립에 관한 건

요지

1. 혼인 예식은 『사례편람(四禮便覽)』에 의거하지만 지방 혹은 가(家)에 따라 다소의 차이가 있다. 보통은 신부집[女家]에서 전안례(奠雁禮)를 올리고 마지막으로 근례(卺禮)를 행한다. 지방에 따라서는 근례를 행하지 않는 경우도 있다.

조회

1. 조선인 간의 혼인은 혼인 예식을 그 성립요건으로 삼는 관습이 있는가? 만약 그렇다면 어떠한 의식을 거행하는 것이 이에 상당하는가?
2. 위의 관습은 함경남도 영흥군(永興郡) 지방에서도 동일한가?

회답

1. 조선인 간에는 통상 혼인 예식을 거행함으로써 혼인이 성립하였다. 그 방식에 관해서는 『대전회통』과 주희(朱熹)의 『가례(家禮)』에 따르지만, 실제로는 가례를 증감한 『사례편람』에 의했으며 지방 또는 가에 따라 다소의 차이가 있다. 보통은 신부집에서 먼저 전안례를 올리고 마지막으로 근례를 행한다. 즉 혼인은 이때 성립되는 것이다. 그렇지만 지방에 따라 근례를 행하지 않는 경우도 있으며, 이들 지방에서는 전안례를 하면 혼인이 성립한다. 함경남도 영흥 지방도 이에 해당한다.

조회회답 218 | 1917년 5월 26일 부산지방법원 조회
1917년 6월 12일 조추발 제145호 정무총감 회답

혼인의 성립에 관한 건

요지

1. 혼인에는 부모의 동의가 필요하다. 부가 없는 때에는 모의 동의로 족하다. 연령에 따른 차이는 없다.
2. 혼인은 통상 혼인 예식을 거행함으로써 성립한다.

조회

1. 경상남도 양산군(梁山郡) 및 김해군(金海郡) 지방에서 혼인의 성립요건(과부가 재가하는 경우는 제외함)으로서 부모가 있는 자는 반드시 그 부모의 동의를 필요로 하는 관습이 있는가?
2. 만약 있다면 연령에 관계없이 그 동의가 필요한가?
3. 위의 경우에 부(夫)가 되는지, 처(妻)가 되는지에 따라 다른 점이 있는가?
4. 부(夫)가 될 자에게 모(母)만 있는 경우에 그 부가 될 자는 모의 승낙만 얻으면 족한가?
5. 부모의 승낙이 있으면 결혼 예식을 거행할 필요가 없는가?

회답

1. 조선에서는 자식이 혼인할 때 부모의 동의가 필요하며, 모만 있는 경우에는 모의 동의만으로 족하다. 동의가 필요한 것은 연령에 관계없고 또 남녀에 따라 다르지 않다.
2. 혼인 성립을 위해서는 부모의 동의 외에 통상 혼인 예식을 거행한다.
3. 위의 사항과 관련하여 경상남도 양산군 및 김해군 지방에 다른 관습은 존재하지 않는다.

조회회답 219 | 1917년 6월 6일 경성복심법원 민사제1부 재판장 조회
1917년 6월 26일 조추발 제156호 정무총감 회답

서자의 친권자에 관한 건

요지

1. 서자의 적모와 생모가 그 가적(家籍)을 같이하는 때에는 적모가 친권을 행사한다. 적모가 멀리 떨어진 곳에 있어서 사실상 친권을 행사할 수 없는 때에는 생모가 이를 행사한다.

조회

1. 미성년인 서자에게 적모와 생모가 있어서 한 가적(家籍) 안에 함께 있어도 적모는 다년간 십수 리나 떨어진 장소에 거주하고 있고 게다가 가에 복귀[歸家]하지 않고 단지 민적(民籍)을 같이하는 데 불과한 경우에, 위 서자의 친권자는 적모인가, 생모인가?
2. 적모가 재가하거나 혹은 가적을 달리하는 경우 외에는 서자에 대한 친권을 상실하지 않는 것이 관습이라면, 전항과 같이 사실상 친권을 행사할 수 없는 경우에는 미성년인 서자가 가진 재산의 관리·처분은 누가 하는 것이 관습인가?

회답

1. 미성년인 서자에게 적모와 생모가 있어서 동일 가적에 함께 있을 때 그 서자에 대하여 친권을 행사하는 자는 적모이지만, 만약 적모가 다년간 멀리 떨어진 곳에 거주하고 있고 게다가 가에 복귀하지 않아서 사실상 친권을 행사할 수 없는 경우에는 생모가 친권을 행사하는 것이 관습이다.

조회회답 220 | 1917년 5월 8일 경성지방법원장대리 조회
1917년 6월 27일 조추발 제157호 정무총감 회답

도중제명자의 지분에 관한 건

요지

1. 포전도가(布廛都家)[84]는 마포(麻布) 판매업자의 단체가 회합하는 장소로서, 그 단체를 포전도중(布廛都中)이라 칭한다.

   도중(都中)의 재산은 이를 조직하는 각원(各員)의 공유에 속하지만, 제명된 경우에 지분을 되돌려 주는 관습은 없다.

조회

1. 포전도가에서 결의로 조합원을 제명한 때 당시 그 조합원이 가지고 있던 지분권에 대한 가액을 돌려주는 것이 관습인가, 당연히 그 지분권을 상실하는 것이 관습인가?

회답

1. 포전도가란 마포 판매업자의 단체가 회합하는 장소로서, 그 단체를 포전도중이라 칭한다. 그리고 도중에 건물이나 기타 재산이 있는 경우 도중을 조직하는 각원의 공유에 속하지만, 그 1인 또는 여러 명이 도중의 결의로 제명된 경우에 지분을 되돌려 주는 관례는 없다.

---

84 포전도가(布廛都家): 포전(布廛)은 조선시대의 팔주비전(八注比廛)의 하나로, 삼베를 팔던 가게이다. 서울에서 상업에 종사하던 시전 상인의 건물은 사무실인 도가(都家)와 판매처인 행랑(行廊)으로 구성되었다. 행랑은 공랑(公廊)으로도 불렸는데, 17세기 이전까지 조정에서는 행랑을 기준으로 세금을 징수하였다. 한편 시전의 사무실에 해당하는 도가는 도중(都中)이라는 시전 조직을 중심으로 운영되었다. 특정 시전에 소속된 상인은 도원(都員)으로 불렸으며 도중이라는 조직을 운영하였다. 도중은 간부 모임인 대방(大房)과 일반 조합원 모임인 비방(裨房)으로 구분되었다. 대방의 최고 지위자는 영위(領位)였지만 일종의 명예직이었고, 실질적으로는 대행수(大行首) 직임을 맡고 있는 사람이 도중 조직을 이끌었다. 대행수 직은 투표로 선출하던 것으로 보이며 임기는 대체로 2개월이었지만, 시전마다 사정이 달라 3개월이나 6개월동안 직임을 수행하기도 하였다. 도중이 사무실로 사용하는 공간이 도가였다. 시전마다 판매하는 물종과 규모가 달랐기 때문에 도가의 규모나 모습도 제각각이었다. 국내산 마포(麻布)를 판매하던 포전의 도가는 1층 목조 기와집으로 약 65평(1평=3.3058m^2) 정도 되었다고 한다. 『민족문화대백과사전』 참조. 한편, 1884년에 모리스 쿠랑이 지은 『한국서지(韓國書誌)』의 서론에 나오는 시전의 도가는 2층으로 묘사된다.

조회회답 221 | 1917년 6월 22일 부산지방법원 조회
1917년 8월 15일 조추발 제194호 정무총감 회답

승려의 재산상속 및 상좌가 되는 법식에 관한 건

요지

1. 승려의 유산은 유언이 있는 때에는 사망과 동시에 수유자(受遺者)에게 이전된다.

    유언이 없는 때에는 장례비용을 지급하고 남은 부분을 상좌(上佐)가 승계하여 차상좌(次上佐) 이하의 도제(徒弟)에게 분배한다. 분배의 비율에 관해서는 일정한 관습이 없다.

    유언이 없는 때라도 상좌가 유산의 일부를 불량(佛糧)으로서 절에 기부하는 경우가 있다.
2. 상좌가 되는 데에는 출가의식을 하는 것 외에 다른 방식이 없다.

조회

1. 승려의 재산은 그 상좌가 전부 상속하는 관습이 있는가?
2. 상좌가 되는 데에는 특별한 형식이 필요한가?

회답

1. 승려의 유산은 유언이 있는 경우에는 상좌 중 최상위자가 그 유언을 집행하고, 유산의 소유권은 유언자의 사망과 동시에 수유자에게 이전된다. 유언이 없는 경우에는 최상위 상좌가 일단 유산 전부를 승계하며, 그중에서 장례비용을 지급하고 차상좌 이하의 상좌에 대하여 잔여 재산의 일부를 분배하는 것이 통례이다. 그리고 그 액수에 관하여는 일정한 표준이 없고, 또 때에 따라서는 유언이 없음에도 불구하고 상좌가 유산 중에서 불량(이를 불공에 충당함)으로서 그 일부를 절에 기부하는 경우도 있다. 이 경우에 상좌가 여러 명인 때에는 최상위자가 일단 유산의 전부를 승계하고 그런 다음 불량으로서 절에 기부한 부분을 제한 나머지를 상좌 간에 분배한다.
2. 상좌가 되는 데에는 출가의식을 하는 것 외에 다른 방식이 없다.

조회회답 222 | 1917년 7월 6일 대구복심법원 민사제1부 재판장 조회
1917년 8월 20일 조추발 제196호 정무총감 회답

적자의 부인에 관한 건

요지

1·2. 부(夫)는 처가 혼인 중에 임신한 자(子)라 하더라도 자기의 자임을 부인할 수 있다.

3·4. 부모의 혼인 중에 태어난 자가 부(父)에 대하여 부의 자가 아님을 주장할 수 있는지에 관해서는 관습이 없다.

조회

1. 1917년 6월 22일 발 제1162호 정무총감 앞 관습문의[慣習問合] 중

3.은 자(子, 그자는 부모의 혼인 중에 임신한 것을 전제로 함)가 생부라고 주장하는 자에 대하여 생부가 아님을 주장할 권리를 가지는가 아닌가에 관한 문의로서, 그 (가)는 자(子)가 부(父)에 대하여 모(母)가 다른 남자와 간통하여 태어난 것을 증거로 하여 부의 적출자(嫡出子)가 아니다, 즉 친자가 아니라고 주장할 수 있는가? 그리고 (나)는 (가)와 반대로 부(父)가 자에게 적출자임을 확정하고자 재판상 청구를 한 경우에 자는 이에 대하여 모가 다른 남자와 간통하여 태어난 자라는 이유로 부의 적출자임을 부인할 수 있는가를 묻는 것으로서, 요컨대 (가)는 자가 원고이고 부가 피고인 경우이고, (나)는 부가 원고이고 자가 피고인 경우이다. 이상 (가)와 (나)의 경우에 부모의 혼인 중에 임신한 자라는 것이 명백해도 자(子)의 주장과 같이 다른 남자와 간통하여 태어난 것이 증거상 명백한 때 부의 적출자가 아니라는 선언을 할 수 있는 관습이 있는가? 이 관습의 유무에 대하여 의문이 있다.

회답

1·2. 부(夫)는 처가 혼인 중에 임신한 자(子)라 하더라도 자기의 자임을 부인할 수 있다. 단 그 부인권을 상실하는 경우에 관한 관습은 찾아볼 수 없다.

3·4. 부모의 혼인 중에 태어난 자가 부에 대하여 모의 간통 사실을 들어 부의 자가 아니라

는 것을 주장할 수 있는지에 관해서는 관습을 찾아볼 수 없다. 따라서 그 시기 및 권리를 상실하는 경우에 관한 관습은 없다.

부가 자기의 적자임을 확정하고자 하는 청구에 대하여 자가 앞에 기재한 사실을 들어 이를 다툴 수 있는가에 관해서도 역시 관습을 찾아볼 수 없다.

처가 혼인 중에 임신한 자가 부(夫)의 자라고 추정하는 관습에 대해 이에 반하는 사실을 들어 부인하는 데 지장이 없음은 물론이다.

조회회답 223 | 1917년 8월 8일 안동영사관 조회
1917년 8월 24일 조추발 제198호 정무총감 회답

유산의 상속에 관한 건

요지
1. 가족인 장남의 유산은 처와 장녀가 있는 때라도 호주인 부(父)가 승계한다.

조회
1. 호주 갑(甲)의 장남 을(乙)이 중국 안동현(安東縣)에서 관유지[차지권(借地權)]를 매수하였다. 그런데 그 후 을이 사망하였고, 을에게는 장녀 병(丙, 만 13세로서 전처의 자식)과 처 정(丁, 후처로서 만 19세)이 있다.

  위의 경우 을의 유산상속권은 갑·병·정 중 누구에게 우선적으로 존재하는가?

회답
1. 가족인 장남이 사망하고 그의 처, 장녀, 호주인 부(父)가 있는 경우에 사자(死者)의 유산은 부가 승계하는 것이 관습이다.

조회회답 224 | 1917년 10월 9일 총무국장 조회
1917년 10월 12일 조추발 제224호 서기관장 회답

구 한국민의 중국 귀화에 관한 건

요지

1. 한국시대에는 중국에 귀화하는 것에 관한 아무런 법령이 없었고 또 귀화를 인정한 실례도 없었다.

조회

1. 조선병합 전에 한국민이 중국에 귀화하는 것에 관하여 어떤 법규가 존재했는가?
2. 그 당시 한국민이 중국에 귀화하는 것을 정면으로 또는 암묵적으로 인가한 실례.

회답

1. 조선병합 전에는 한국민이 중국에 귀화하는 것에 관한 아무런 법령이 없었다. 또 한국민이 중국에 귀화하는 것을 인정한 실례도 분명하지 않다.

조회회답 225 | 1917년 9월 4일 공주지방법원 조회
1917년 10월 20일 조추발 제229호 정무총감 회답

가족의 보호자에 관한 건

요지

1. 손자에게 친권자가 없는 때에는 호주인 조부가 당연히 후견인이 된다.

조회

1. 조선인 간에 친권자가 없는 경우에 호주인 조부가 호주라는 자격으로 당연히 가족인 손자의 호후인(護後人, 후견인)이 되는 관습.

회답

1. 가족인 손자에게 친권자가 없는 경우에는 호주인 조부가 당연히 그의 후견인이 된다.

조회회답 226 | 1917년 9월 4일 부산지방법원 조회
1917년 10월 20일 조추발 제230호 정무총감 회답

승려의 유산 상속에 관한 건

요지

1. 승려의 유산은 친자가 있는 때라도 상좌(上佐)가 상속한다.
2. 위의 상속권은 승적(僧籍)에 상좌라고 기재되어 있거나 또는 민적에 양자 혹은 도제양자(徒弟養子)로 기재되었는지에 따라 영향을 받지 않는다.

조회

1. 승려의 재산을 그 상좌가 상속한다면, 설사 승려에게 친자가 있어도 그 친자는 상속권이 없는 것인가?
2. 상좌가 되기 위해서는 출가의식 이외에 다른 형식이 없다면, 승적에 상좌라고 기재되어 있는지 또는 민적에 양자 혹은 도제양자라고 기재되어 있는지의 여부는 상좌의 재산상속권에 아무런 영향이 없는가?
3. 상좌가 승려의 재산을 상속하는 관습은 경상남북도를 통틀어 행해지고 있는가, 아닌가?

회답

1. 승려의 유산에 관해서는 설사 친자가 있더라도 상좌가 상속하는 것이 관례이다.
2. 위의 상좌의 재산상속권은 승적에 상좌라고 기재되어 있는지 또는 민적에 양자 혹은 도제양자라고 기재되어 있는지의 여부에 영향을 받지 않는다.
3. 이상은 조선 각 도(道)를 통틀어 다르지 않다.

조회회답 227 | 1917년 9월 18일 평양복심법원장 조회
1917년 10월 20일 조추발 제231호 정무총감 회답

유산의 상속에 관한 건

요지

1. 제사상속인에 대한 재산상속인의 유산분배청구권은 분가를 하지 않으면 행사할 수 없다.
2. 유산의 분배는 재산상속인이 1인인 때에는 3분의 1, 2인 이상인 때에는 2분의 1일을 그 인원수에 따라서 균분하는 것이 통례이다.
3. 유산의 분배는 현물로 하는 것이 보통이지만, 환가(換價)의 방법으로도 할 수 있다.
   유산의 분배는 분배 시의 현존액을 한도로 위에 기재한 비율에 의한다.

조회

1. 종래 조선에서 호주가 사망하고 적서남(嫡庶男)이 여러 명 있는 경우에, 유산 전부는 일단 제사상속인의 소유가 되고, 기타 적서남(嫡庶男)은 같은 유산에 대해 제사상속인에게 상당한 상속분의 분배를 하게 할 권리를 가지는 데에 불과하였다. 이러한 관습에 따라 그 청구권 행사의 시기는 한정되지 않는가?
2. 상속인의 분배가 정당한지의 여부는 어떤 표준에 따라 정해야 하는가? 예를 들어 제사상속인의 임의에 의하는가? 상속 당시 유산의 분량에 따라 차이가 있어야 하는가? 분배는

현물에 한하는가? 또 상속 당시 유산의 전부 또는 일부가 청구 당시 아직 제사상속인의 재산에 속하지 않은 때에는 어떻게 하는가 등의 각종 사항.

회답

1. 제사상속인에 대한 재산상속인의 유산분배청구권은 그 행사 시기에 관하여 관습상 종기(終期)의 한정이 없다 하더라도, 재산상속인이 분가를 하지 않으면 청구할 수 없는 것이 관례다.
2. 유산의 분배는 재산상속인이 1인만 있는 때에는 3분의 1, 2인 이상인 때에는 2분의 1을 그 인원수에 따라 평등하게 분배하는 것이 관례로서, 제사상속인이 이를 정하며 설사 그 비율에 다소의 차이가 있더라도 이 때문에 이의를 제기하는 등의 경우는 없다.
3. 유산의 분배는 현물로써 하는 것이 보통이지만, 현물로써 분배할 수 없는 경우에는 환가의 방법에 의하기도 한다.

상속 개시 당시 유산의 전부 또는 일부가 분배 시 아직 제사상속인의 재산에 속하지 않는 경우에도 분배 시의 현존액을 한도로 앞에 기재한 표준에 따라 분배하는 것이 관례다.

조회회답 228 | 1917년 9월 18일 대구복심법원 민사제2부 재판장 조회
1917년 10월 20일 조추발 제232호 정무총감 회답

영당 및 그 제위토에 관한 건

요지

1. 영당(影堂)이란 사자(死者)의 화상(畫像)을 모신 건물을 말한다.
2. 지방 유림이나 자손이 경영하는 영당의 제위토는 그 경영자가 소유한다. 사찰에 속하는 영당의 제위토는 사찰이 소유한다.

조회

1. 조선에서 영당이라는 것의 성질은 어떠한가?

    관하(管下) 인민이 군수 및 관찰사 등의 유덕(遺德)과 치적을 추모·존숭하여 건축물을 세우고 그 위패를 안치하여 그 자손과 지방 유림이 제사를 지내 온 것을 영당이라 칭할 수 있는가?

    영당 제위토의 성질은 어떠한가?

    영당 제위토는 지방 유림 및 피제사자 일문(一門)의 공유로 인정할 수 있는가? 혹은 일종의 공적 재산으로 인정하여 그 관리와 처분에 관해서는 1910년(융희 4) 학부령(學部令)의 향교재산관리규정을 준용하는 것이 상당하다고 할 것인가?

    제위토의 기부자가 그 자손인지, 지방 유림인지에 따라 성질에 차이가 있는가?

회답

1. 조선에서 영당이라 하는 것은 사자의 화상을 모신 건물로서, 군수 또는 관찰사의 유덕을 추모하고 그 위패를 모신 건물은 영당이라고 칭하지 않는다.
2. 영당은 지방 유림이 경영하거나 혹은 자손이 경영한다. 또 사찰에 속하는 것도 있다. 지방 유림 및 자손이 경영하는 영당의 제위토는 그 경영자가 소유하며, 또 사찰에 속하는 영당의 제위토는 사찰이 소유한다. 그리고 기부자가 누구인지는 소유 관계에 영향을 미치지 않는다.

조회회답 229 | 1917년 8월 18일 공주지방법원 충주지청 조회
1917년 11월 21일 조추발 제266호 정무총감 회답

후견인 선정에 관한 건

요지

1. 여자는 후견인이 될 수 없다.
2. 후견인은 피후견인의 재산을 관리하고 처분하는 권한을 가지며 친족의 동의를 받을 필요가 없다.
3. 문회가 후견인에 대하여 포괄적 재산의 처분을 인용(認容)하는 관습은 없다.

조회

1. 유년자(幼年者)인 호주 갑(甲) 외에 망부(亡父)의 첩인 서모(庶母) 을(乙) 및 갑의 형수 병(丙) 3인이 일가(一家)이다. 그리고 유년자 갑을 위해 형수 병을 후견인으로 하고자 한다. 이 경우 후견인 선정의 권한이 있는 친족은 촌수의 근원(近遠)을 불문하는가? 혹은 타성(他姓)인 자도 포함될 수 있는가? 그 친족의 범위는 어떠한가?
2. 전항의 친족은 몇 명이라도 가능한가? 최소수에 대하여 자연스러운 제한이 있는가?
3. 후견인은 재산의 관리행위에 대해서만 전단권(專斷權)이 있고, 처분행위에 대해서는 친족의 동의를 받을 필요가 있는가?
4. 전항의 동의가 필요하다면 앞서 후견인을 선정한 친족 전원의 동의가 필요한가, 친족 일부의 동의로도 가능한가?
5. 친족회는 포괄적으로 후견인에게 재산처분권을 인용하는 경우가 있는가?

회답

1. 조선의 관습상 여자가 후견인이 되는 것을 인정하지 않으므로 유년(幼年)인 호주의 서모 및 형수를 후견인으로 선정할 수 없다.
2. 후견인은 피후견인의 재산을 관리하고 처분하는 권한을 가지며 이에 대하여 친족의 동의

를 요하는 관습은 없다.
3. 문회가 후견인에 대하여 포괄적 재산의 처분을 인용하는 관습은 존재하지 않는다.

조회회답 230 | 1917년 8월 30일 경성지방법원 조회
1917년 11월 21일 조추발 제267호 정무총감 회답

조선인과 외국인의 통혼에 관한 건

요지
1. 한국시대에 외국인과의 혼인을 인정한 사례는 불분명하다.

조회
1. 구한국(특히 광무 연간) 정부는 한국인 남녀가 외국인(특히 중국인)과 혼인하는 것을 허가한 관례가 있는가?
2. 허가한 관례는 없어도 그 혼인을 묵인하고 정식 부부로서 취급한 관례가 있는가?
3. 허가 또는 묵인한 혼인은 일정한 방식을 이행한 것에 한하는가, 그렇지 않은가?
4. 만약 일정한 방식을 취할 필요가 없다면, 아무런 혼인 의식을 거행하지 않고 사실상 부부로서 동거하며 주변에서 부부라고 인정되는 관계를 정식 부부로서 취급한 관습이 있는가?

회답
1. 구한국 정부가 한국인과 외국인(특히 중국인)의 혼인을 인정한 사례는 불분명하다.

조회회답 231 | 1917년 11월 13일 대구복심법원 민사제1부 재판장 조회
1917년 12월 7일 조추발 제281호 정무총감 회답

친권의 상실에 관한 건

요지
1. 친권의 상실을 인정하는 관습은 없다.
2. 모(母)가 자(子)의 재산을 관리하는 경우 행실이 현저히 나빠서 재산을 위태롭게 할 우려가 있으면 친족회가 모의 관리를 막을 수 있다.

조회
1. 조선에서 재판소, 기타 관서(官署)가 친권(자의 보호 및 재산 관리)의 상실을 선언할 수 있는 관습이 있었는가? 있다면 그 원인 및 절차.
2. 친권자에 대하여 자의 재산을 관리하지 못하도록 친족회가 결의하거나, 또는 재판소나 기타 관서에서 선언할 수 있는 조선의 관습 여부.
   만약 그런 관습이 있다면 그 결의 또는 선언을 할 수 있는 원인과 절차 및 그 결의 또는 선언의 효력.

회답
1. 조선에는 친권의 상실을 인정하는 관습이 없다.
2. 모(母)가 자(子)의 재산을 관리하는 경우 행실이 현저히 나빠서 재산을 위태롭게 할 우려가 있으면, 친족회는 그 관리를 금지하고 다른 사람이 대신해서 관리하게 할 수 있다.

> **조회회답 232** | 1917년 11월 9일 고등토지조사위원회 위원장 조회
> 1917년 12월 11일 조추발 제283호 중추원 의장 회답

청문기의 효력에 관한 건

요지

1. 가계(家契)는 1893년(개국 502) 처음으로 경성(京城)에서 발급되어 점차 각 개항지(開港地) 및 개시지(開市地)에 발급되었다.
2. 가계는 가옥의 매매 시에 발급하는 소유에 관한 인증이지만, 그 효력은 부지(敷地)에도 미친다. 부지가 가옥의 소유자에게 속하지 않는 때에는 그렇지 않다.
3. 관유공대(官有空垈)[85]의 허가를 받아 가옥을 건축한 자는 부지의 소유권을 취득한다.

조회

1. 본 청문기(靑文記)는 어떤 규정에 근거하여 발급된 것인가? 또 당시 군수는 청문기를 발급할 권한이 있었는가?
2. 가계는 토지에 그 효력이 미치는가?
3. 관유공대임이 명백하다 하더라도 인민이 가옥을 건설하면 그 토지의 소유권을 인정해 주는 관습이 있었는가? 만약 있었다면 아무런 형식과 조건 없이 누구라도 마음대로 집을 지을 수 있었는가?

회답

1. 가계는 1893년(개국 502) 처음으로 경성에서 발급되어 점차 각 개항지 및 개시지 등에 발급되었다. 대구(大邱)에서는 1905년 7월부터 군수의 명의로 발급하였고 그 형식은 본건 청문기와 완전히 동일하다.
2. 가계는 가옥 매매의 경우에 발급하는 것이지만 당초에는 일반 가옥의 소유자에 대하여

---

85 관유공대(官有空垈): 빈터지만 그 소유자가 관인 경우를 이른다.

발급하였다. 그리고 그 성격은 가옥의 매매(또는 소유)를 관에서 인증하는 것인데, 관습상 가옥과 그 부지의 소유자가 동일한 때에는 특약으로 부지를 유보하지 않는 한 부지 역시 가옥과 함께 매매한 것으로 보았으므로, 이 경우에는 가계의 효력이 그 부지에도 미쳤다. 이에 반하여 그 부지가 가옥의 소유자에게 속하지 않는 경우에는 가계의 효력이 부지에 미치지 못하였다.

3. 관유공대에 가옥을 건축한 경우, 갑오개혁(甲午改革) 전에는 그 가옥의 건축이 관의 허가를 받았다면 부지도 자연히 그 사람의 소유가 되었지만, 제멋대로 가옥을 건축했다면 그렇지 않았다. 또 인민이 관유공대에 자유로이 가옥을 건축할 수 있는 관습은 존재하지 않는다.

조회회답 233 | 1917년 11월 8일 평양지방법원 민사부 재판장 조회
1917년 12월 12일 조추발 제284호 정무총감 회답

양자입양의 취소 청구에 관한 건

요지

1. 양모(養母)가 양자와 간음한 때 숙부(叔父)가 입양의 취소를 청구할 수 있는 관습은 없다.

조회

1. 조선인 양모와 양자 간에 간음의 사실이 있는 경우에 양자의 최고존족친(最高尊族親)인 숙부가 위의 양자입양의 취소를 청구할 수 있는 관습이 존재하는가?
2. 전항의 관습이 있다면 양자의 존족친인 숙부가 형제 2인일 경우에 그중 어느 1인이라도 청구할 수 있는가, 형 1인에 한하는가? 특히 그 형이 양자의 생부라면 동생이 청구할 수 있는 관습이 있는가?

회답

1. 그러한 경우에 양자의 숙부가 양자입양의 취소를 청구할 수 있는 관례는 없다.

조회회답 234 | 1917년 11월 21일 경성복심법원 형사부 재판장 조회
1917년 12월 12일 조추발 제285호 정무총감 회답

중혼에 관한 건

요지

1. 처가 있는 남자 또는 부(夫)가 있는 여자의 거듭된 혼인은 무효다.

조회

1. 조선의 관습상 처가 있는 남자가 거듭 다른 여자와 혼인했다면 그 혼인은 당연히 무효인가? 그저 취소에 그치는가?

회답

1. 조선에는 처가 있는 남자 또는 부(夫)가 있는 여자가 거듭 혼인했다면 그 혼인을 무효로 하는 것이 관례다.

조회회답 235 | 1917년 10월 29일 대구복심법원 민사제1부 재판장 조회
1917년 12월 18일 조추발 제294호 정무총감 회답

군수의 권한에 관한 건

요지

1. 군수는 청사, 기타 관유물(官有物)의 수선비용을 지급하기 위해 봉수(烽燧)의 기지(基地)를 매각할 권한이 없다.

조회

1. 구한국 1899년(광무 3) 8월 12일 전후에 군수는 청사, 기타 관유물의 수선비용을 지급할 필요로 인하여 봉수대(烽燧臺)의 기지를 인민에게 매각 또는 기타 처분을 할 권한이 있었는가?
2. 위의 권한이 있었다면 그 처분에 대하여는 별지 갑 제1호 증과 같은 형식에 의했는가, 그렇지 않은가?

회답

1. 1899년경에 군수는 청사, 기타 관유물의 수선비용을 지급하기 위해 봉수의 기지를 인민에게 매각 또는 기타 처분을 할 권한이 없었다.

조회회답 236 | 1917년 11월 21일 경성지방법원 민사제1부 재판장 조회
1918년 1월 21일 조추발 제18호 정무총감 회답

유산의 상속에 관한 건

요지

1. 제사상속인인 적장자(嫡長子)가 망부(亡父)의 유산을 분배하지 않았다면 다른 적자(嫡子)·서자(庶子)는 분가할 때 이를 청구할 수 있다.
    서자의 분배액은 적자보다 적은 것이 통례이다.

조회

1. 망부의 유산에 관하여 적장자인 제사상속인에게 상속분의 분배를 받을 권리가 있는 다른 적자·서자는, 적장자가 상속분을 결정하지 않은 경우에는 영구히 그 권리를 행사할 수 없는 것인가?
2. 적장자가 유산의 분여(分與)를 원하지 않아서 수년간 상속분을 결정하지 않는 경우에 다른 적자·서자가 스스로 상당한 상속분을 지정하여 그 권리의 확정 또는 유산의 분할을 요구할 수 있는 관례는 없는가?
3. 제사상속인 이외의 적서자는 적자 2, 서자 1의 비율로 유산의 분배를 받는 관례가 있는가?

회답

1. 망부의 유산에 관하여 제사상속인인 적장자가 유산을 분배하지 않는 경우 다른 적자·서자는 분가할 때 그 분배를 청구할 수 있다. 그리고 그 분배액은 서자가 적자보다 적은 것이 관례이나 그 비율에 관하여 확실한 정률(定率)은 없다.

조회회답 237 | 1917년 12월 3일 평양복심법원 민사부 재판장 조회
1918년 1월 21일 조추발 제19호 정무총감 회답

동수세에 관한 건

요지

1. 둑[垌] 또는 논의 소유자에 변경이 생기면 수세(水稅)에 관한 권리의무 역시 당연히 이전한다.

조회

1. 몽리답(蒙利畓)의 소유자가 둑을 쌓은 자[築垌者] 또는 둑의 소유자에게 수세를 지급할 것을 약속한 후 둑 또는 논의 소유권이 타인에게 이전된 경우에,
    (1) 둑의 새 소유자는 당연히 위의 약속에 따라 수세를 징수할 수 있는 관습이 있는가?
    (2) 논의 새 소유자는 당연히 위의 약속에 따라 수세를 지급해야 하는 관습이 있는가?

회답

1. 둑을 쌓은 자 또는 둑의 소유자에게 몽리답의 소유자가 수세의 지급을 약정한 경우에, 둑 또는 논의 소유자에 변경이 있어도 새로이 둑 또는 논의 소유자가 된 자가 당연히 그 권리의무를 승계하는 것이 관습이다.

조회회답 238 | 1917년 12월 4일 광주지방법원 전주지청 재판장 조회
1918년 2월 19일 조추발 제57호 정무총감 회답

차양자에 관한 건

요지

1. 호주인 차양자(次養子)가 자(子) 없이 사망하고 그 가(家)에 양모(養母)와 양조모(養祖母)가 없는 경우에 다시 양자를 들일 때까지 차양자의 처가 호주가 되어 유산의 전부를 상속한다.
2. 전항의 경우에 양모 또는 양조모가 있어서 그가 호주가 되는 때에는 전호주(前戶主)이던 차양자가 먼저 상속한 재산만을 상속하고, 차양자가 가져온 재산은 그 처가 승계한다.

조회

1. 호주이던 차양자가 아들 없이 사망하고 그 가에 양조모 혹은 양모가 없는 때에는, 차양자의 처는 호주가 되어 유산을 상속할 수 있는가?
2. 차양자는 호주일 때 특유재산(特有財産)을 소유할 수 있는 관습이 있는가?(예를 들어 차양자가 그 생가로부터 자기에게 증여받은 부동산을 특유재산으로 하는 것과 같은 경우)
만약 특유재산을 가지는 관습이 있다면, 호주였던 차양자가 아들 없이 사망하고 그 가에 양조모가 있어서 그가 호주가 되어 유산을 상속하는 경우에 위 차양자의 특유재산을 양조모가 상속하지 않고 차양자의 처가 상속하는 관습이 있는가?

회답

1. 호주이던 차양자가 아들 없이 사망하고 그 가에 양모와 양조모가 없는 경우에 다시 양자를 들일 때까지 차양자의 처가 호주가 되어 유산을 상속하고, 죽은 차양자가 가지고 온 재산과 호주가 되었을 때 상속한 재산을 모두 상속한다.
2. 차양자가 호주인 경우 그가 가져온 재산과 호주가 된 때 상속한 재산을 관습상 구분하여 인정하므로, 차양자가 사망하고 그 가에 양모 또는 양조모가 있어 호주가 된 경우에 차양

자가 가져온 재산은 그 처가 승계하며 호주가 된 양모 또는 양조모가 승계하지 않는다.

조회회답 239 | 1918년 1월 9일 고등법원장 조회
1918년 2월 23일 조추발 제62호 정무총감 회답

경식자의 권리에 관한 건

요지

1. 평안북도 박천군(博川郡) 덕안면(德安面) 지방에는 이생지(泥生地)를 논으로 만들어서 경작하기 위해 대차(貸借)하는 관습이 있다. 그 대차 기간은 3년 내지 6년을 통례로 하며 차주(借主)의 권리는 물권적 효력이 있어서 해당 토지소유권의 양수인에게 대항할 수 있다.

조회

1. 1907년경 평안북도 박천군 딕안면 지방에서 토지의 소유자와 계약을 체결하여 이생지를 방색(防塞)하여 논으로 만들고 6년간 경식(耕食)할 권리를 취득한 자가 있다. 위와 같은 경식자의 권리는 조선 고래의 관습에서 물권적 효력이 인정된 것인가, 단지 채권적 효력이 있는 데 불과한 것인가?
2. 전항의 방색 계약에 따른 경식 기간 내에 토지의 소유자가 그 논의 소유권을 제3자에게 양도했다면, 경식자는 매수인인 제3자에 대해서도 방색 계약에 따라 취득한 경식의 권리를 제시할 수 있는 관습이 있었는가?

회답

1. 평안북도 박천군 덕안면 지방에는 이생지를 논으로 만들어 경작하기 위해 대차를 하는 관습이 있다. 그 기간은 계약으로 정하며 3년 내지 6년을 통례로 한다. 그리고 차주의 권리는 물권적 효력이 있어서 대차의 기간 내에 토지의 소유자가 그 소유권을 제3자에게

양도한 때에도 차주는 그 권리를 제3자에게 제시할 수 있다.

조회회답 240 | 1918년 2월 5일 대구복심법원 민사제1부 재판장 조회
1918년 5월 21일 조추발 제135호 정무총감 회답

양자에 관한 건

요지

1. 호주 갑(甲, 남)의 사망으로 그 자(子) 을(乙)이 호주가 되었는데 아들 없이 사망하고 그 처가 타가에 재가한 경우, 갑의 처가 갑의 동생의 아들 병(丙)을 양자로 들이는 것은 일반 양자이지, 차양자(次養子)가 아니다.
2. 전항의 경우에 을의 처가 재가하지 않았다면 병은 차양자이다.
    전항의 양자 병이 사망하고 아들이 없다면, 을과 병에게 처가 있는 경우에도 갑의 처가 호주가 되어 재산을 승계한다.
3. 전항의 경우 그 가(家)에 병의 처만 있다면 병의 처가 호주가 되어 재산을 승계한다.

조회

1. 호주 갑(甲, 남)이 사망하여 그 아들 을(乙)이 상속하고 또 혼인하였지만, 을은 자(子, 남녀 모두) 없이 사망하고 을의 처는 타가에 재가하여 그 가를 떠났다. 갑의 처는 갑의 동생의 아들인 병을 맞아들여 갑의 양자로 삼았다.
    위의 양자는 조선의 관습상 보통 양자인가, 차양자라 칭해야 하는가?
2. 위의 양자 병은 양자가 된 후 혼인하였지만, 이 역시 아들딸 모두 없이 사망한 경우 병이,
    (1) 보통 양자인 때
    (2) 차양자인 때
    로 구별하여, 갑가(甲家)의 호주가 되어 재산을 승계하는 자는 갑의 처인가, 병의 처인가?

을의 처(재가하지 않고 그 가에 있다면)인가?
3. 위와 같은 경우 그 가에 병의 처만 있고 갑·을 등의 처 또는 존속친(尊屬親)도 없다면 병의 처는 병이 보통 양자였을 때는 물론 차양자이던 때라 하더라도 그 가의 호주가 되어 재산을 승계할 수 있는가? 또는 병이 차양자였을 때에는 병의 사망과 동시에 부(夫)의 양가(養家, 갑가)를 떠나 병의 생가에 복귀하고, 갑가의 재산에 대하여는 관리 또는 기타 아무런 권리도 가지지 못하는가? 재산에 대해서는 아무런 권리도 가지지 못하지만 갑가의 가족으로서 그 가에 머물 수는 있는가?

회답

1. 호주 갑(甲, 남)의 사망으로 그 자(子) 을(乙)이 호주가 되어 혼인했지만 아들 없이 사망하고 그 처가 다른 곳에 재가한 경우 갑의 처가 갑의 동생의 아들인 병(丙)을 양자로 들였다면, 그 양자는 관습상 보통 양자이며 차양자가 아니다.
2. 전항의 양자 병이 사망하고 아들이 없는 경우에 그 가에 을의 처 및 병의 처가 있는 때라 하더라도 갑의 처가 호주가 되어 재산을 승계한다. 그리고 병이 차양자인 경우(을의 처가 재가하지 않은 때에는 병이 차양자가 됨)도 역시 다르지 않다.
3. 전항의 경우에 그 가에 병의 처만 있고 갑·을 등의 처 및 기타 존속친이 없는 때에는, 병의 처가 호주가 되어 재산을 승계한다. 그리고 차양자인 경우에도 역시 을이 양자를 들일 때까지 병의 처가 호주가 되어 재산을 승계한다.

조회회답 241 | 1918년 3월 20일 해주지방법원 조회
1918년 6월 21일 조추발 제158호 정무총감 회답

보의 소유권 및 수세징수권의 양도에 관한 건

요지

1. 본간(本幹) 및 몇 개의 지선(支線)으로 이루어진 보(洑)의 소유자는 지선을 본간으로부터 분할하여 매도할 수 있다.
2. 수세(水稅)를 징수하는 권리는 몽리답(蒙利畓)의 면적에 따라 분할하여 여러 명에게 양도할 수 있다.
3. 보의 지선의 매도는 물권적 효력을 가지나, 공작물인 보의 소유권을 이전해도 수세를 징수하는 권리는 채권에 불과하므로 물권적 효력을 가지지 않는다.

조회

1. 수 개의 작은 소보(小洑)로 이뤄진 대보(大洑)의 소유자[축보자(築洑者), 즉 보용수료(洑用水料) 징수권자]는 그 수 개의 작은 보[용수권(用水權)]를 여러 명에게 분할하여 매도할 수 있는가?
   [(가)가 대보이고 (나)·(다)·(라)·(마)가 소보이다. 그리고 (나)·(다)·(라)·(마)의 보수(洑水)는 모두 (가) 보에서 흘러 내려온 것으로 별도로 인수(引水)할 수 없다고 가정한다.]
2. 축보자는 보수를 논에 끌어다 써서 이익을 향유하는 논의 소유자에게 일정한 수세를 징수할 권리를 가지는데, 지금 그 보수인용답(洑水引用畓)을 500섬지기라고 가정하면, 해당 축보자는 그중 논 300섬지기에 대한 보용수권(洑用水權, 수세징수권)은 갑(甲)에게, 그 남은 논에 대한 용수권(用水權)을 을(乙)에게 양도할 수 있는가?
3. 이상 두 경우의 물권적 이전은 관습상 허용되는가?

회답

1. 본간 및 수 개의 지선으로 이뤄진 보의 소유자는 지선을 여러 명에게 분할하여 매도할 수 있다.

2. 보의 소유자는 수세를 징수하는 권리를 몽리답의 면적에 따라 여러 명에게 분할하여 양도할 수 있다.
3. 위 1.의 경우에는 공작물인 보의 소유권을 이전함으로써 물권적 효력이 생기지만, 2.의 경우는 수세를 징수하는 채권에 불과하므로 물권적 효력이 생기지 않는다.

조회회답 242 | 1918년 4월 24일 고등법원장 조회
1918년 6월 24일 조추발 제162호 정무총감 회답

자의 특유재산에 관한 건

요지
1. 종전의 관습은 호주인 부(父)와 동거하는 자(子)가 독립된 생계를 영위하지 않는 경우라도 자가 상당한 연령에 달한 후에 획득한 그 특유재산에 대해 부의 관리수익권을 인정하지 않는다.

조회
1. 조선에서 호주인 부와 동거하는 자가 아직 독립된 생계를 영위하지 않지만 상당한 연령에 달한 경우에, 부는 그 자의 특유재산을 관리·수익할 권리를 가지는 관습이 있는가?
2. 전례의 경우 자의 채무자가 채무의 변제를 부에게 하고 부가 이를 수령한 때에는 그 변제가 자에게 한 것과 동일한 효력을 가지는 것으로 인정하는 관습이 있는가?

회답
1. 조선의 관습은 호주인 부와 동거하는 자가 독립된 생계를 영위하지 않는 경우라도 상당한 연령에 달한 후에는 자의 특유재산을 부가 관리·수익하는 것을 인정하지 않는다. 따라서 자의 채무자가 부에게 한 채무의 변제는 자에게 한 것과 동일한 효력을 가지지 않는다.

조회회답 243 | 1918년 4월 17일 공주지방법원 강경지청 조회
1918년 6월 24일 조추발 제163호 정무총감 회답

후견 및 유산의 상속에 관한 건

요지

1. 근래 실제적 필요에 따라 후견인이 될 적당한 남자가 없다면 증조모(曾祖母)·조모(祖母) 등이 여자라도 후견이 되는 경우가 있다.
2. 호주인 동생(미혼)이 사망하고 그 가에 적모(嫡母)와 생모가 있는 경우에 사자의 유산은 생모가 상속하는 것이 관습이다.
3. 가족인 미성년자에게 부모가 없는 때에는 호주가 법정대리인으로서 미성년자의 재산을 관리하는 관습이 있다.

   위 경우에 호주가 여자인 때라도 친족과의 협의를 구하는 관습은 없다.

조회

1. 조선인으로서 일족일문(一族一門) 중에 남자가 존재하는 것이 판명되지 않는다면 친권자가 없는 미성년자인 호주의 후견인(보호자)은 어떻게 선정해야 하는가?

   단, 근친자(近親者) 중에 여자는 있다.
2. 별지 사본과 같은 호적면(戶籍面)이 있다. 호주의 동생 간용(間容)이 사망한 경우에 위 유산 토지는 호주 김순용(金順容)이 상속하는 것인가, 서모 이재신(李在新)이 상속하는 것인가?
3. (1) 조선인의 후견인을 정하는 경우는 미성년자 또는 정신병자가 호주인 경우에 한하는 것이 관습인 듯하다. 그렇다면 미성년자이면서 가족으로서 친권을 행사하는 부모가 없는 경우 그가 소유한 재산은 누가 관리해야 하는가? 이 경우에는 호주가 그 재산을 관리·수익하는 것이 관습(『관습조사보고서』 제142 제2항 참조)인 듯하며, 또 가족의 특유재산이더라도 호주가 자유로이 처분할 수 있는 관습(같은 『보고서』 제141 참조)이 있는 것 같다. 그렇다면 위 호주가 미성년자인 가족의 특유재산을 관리·수익하는 것은 미

성년자인 가족을 위해 하는 것이 아니므로 미성년자인 호주의 후견인과 동일시할 수 없는데, 위의 가족인 미성년자가 소유한 재산을 처분하고자 하는 경우에는 호주로서 등기신청을 해야 하는가, 그렇지 않은가?
(2) 위의 문의와 같이 친족의 특유재산이라도 호주가 자유로이 처분할 수 있는 것이 관습이라면, 호주가 여자(본 문의의 경우 호주는 가족인 미성년자의 조모)라도 단독으로 처분할 수 있는가? 또는 미성년자인 가족의 백숙부(伯叔父)와 협의하여 그의 보조를 받는 것이 관습인가?
(3) 위 경우에 미성년자의 백숙부와 협의하여 보조를 받아야 하는 것이 관습이라면, 위 미성년자가 소유한 재산에 대해 미성년자의 숙부(叔父)에게 그 소유권을 이전시키고자 하는 경우에 다른 백숙부가 없다면 문회의 협의를 구하는 것이 관습인가? 본 문의의 경우에 호주가 여자이지만 미성년자를 위해 처분하는 것이 아니라 호주로서 가족의 재산을 처분하는 것이기에 문회 등의 협의를 구할 필요가 없다고 사료되는데, 과연 그러한가?

회답

1. 종전에 여자는 후견인이 될 수 없었지만, 근래 실제적 필요에 따라 후견인이 되기에 적당한 남자가 없다면 증조모·조모 등이 여자라도 후견인이 되는 경우가 있다.
2. 별지 호적의 경우에 호주의 동생 간용이 사망하면 그 유산은 생모 이재신이 승계한다.
3. (1) 가족인 미성년자에게 부모가 없으면 호주(그의 형인 것이 통례임)가 관습상 대리인으로서 미성년자의 재산을 관리한다. 따라서 등기신청에 관해서는 법정대리인으로서 이를 하는 것이다.
   (2)·(3) 위의 경우에 호주가 여자라도 가족인 미성년자의 재산을 관리하는 데 다른 친족과의 협의가 필요하다는 관습은 존재하지 않는다.

사유	사유	사유	사유	본적
1915년 3월 8일 오후 7시 충청남도 논산군 연산면 오산리 1통 7호에서 사망				충청남도 논산군 연산면 오산리 8번지 |共

신위	신위	신위	신위	
제	서모	모	호주	

부	김형수 (金亨洙)	부	이석주 (李錫疇)	부	조동승 (趙東勝)	부	김형수 (金亨洙)	本	光山
모	이재신 (李在新)	모	오씨 (吳氏)	모	남희 (南熙)	모	조신촌 (趙新村)	前戶主	김형수 (金亨洙)
성명	間容 (×)	성명	이재신 (李在新)	성명	조신촌 (趙新村)	성명	김순용 (金順容)	호주가 된 원인 및 그 연월일	
생년월일	1909년 2월 3일	생년월일	1870년 2월 4일	생년월일	1871년 10월 10일	생년월일	1900년 5월 15일		
出生別	서자남	出生別	장녀	出生別	장녀	出生別	장남		
本		本	西林	本	豊壌				

조회회답 244 | 1918년 7월 2일 평양복심법원 민사부 재판장 조회
1918년 9월 19일 조추발 제223호 정무총감 회답

평양관제묘에 관한 건

요지
1. 평양(平壤)의 관제묘(關帝廟)[86]는 창립 당시부터 독립하여 재산을 소유해 왔다.

조회
1. 평양의 관제묘[일명 평양서묘(平壤西廟)]는 고래부터 독립하여 재산을 소유해 왔는가, 그렇지 않은가?

회답
1. 평양관제묘(일명 평양서묘)는 창립 당시부터 독립하여 재산을 소유해 왔다.

---

86 관제묘(關帝廟): 조선에서는 공자에 대한 개별적이고 개인화된 숭배 형태를 찾아보기 힘든 데 반해, 관우의 경우에는 관제신앙(關帝信仰)이라 일컬어지는 종교화된 신앙 체계가 존재하고 있다. 공자가 유교의 시조(始祖)로서 닫힌 체계로 한국에 받아들여진 반면, 관우는 도교의 신으로서 개방적인 신격을 띠고 한국에 수용되었다. 조선에는 관제묘가 여러 군데 설치되었다. 평양의 관제묘는 그중 하나이다. 중국의 관제신앙이 도교화된 체계 속에서 관우를 신격으로 받들어 숭앙하는 방식이라면, 한국의 관제신앙은 이원화(二元化)되어 있는 형태이다. 한국의 관제신앙은 독립적 체계와 포괄적 체계로 구분할 수 있다. 독립적 체계는 관우만을 숭배의 대상으로 삼는, 다분히 유일신교적 특성을 띠는 숭배 방식을 지칭한다. 반대로 여러 신을 모시면서 관우 역시 그 안에 포함하여 숭배하는 것을 포괄적 체계라 할 수 있다. 유상규, 2011, 「韓·中 關帝信仰의 史的 展開와 傳承 樣相」, 고려대학교 석사학위논문.

조회회답 245 | 1918년 9월 17일 대구복심법원 민사제1부 재판장 조회
1918년 12월 11일 조추발 제284호 정무총감 회답

마름에 관한 건

요지

1. 마름[舍音]의 본래 사무는 지주를 대신해서 소작지를 관리하며 소작계약을 맺고 소작료를 징수하는 것이다.
2. 마름은 특약이 없는 한 거두지 못했거나 징수가 불가능한 소작료에 대해 지주에게 책임을 지지 않는다.
3. 마름이 지주의 승낙을 얻어 징수한 소작 벼를 빌려주고 이자를 받는 경우, 그 받지 못했거나 회수 불가능한 부분에 대해 책임을 지지 않는다.
4. 마름의 신원보증에 관한 관습은 찾아볼 수 없다.
5. 봄이나 여름에[87] 곡식을 빌려서 가을에 수확한 후 원리(元利)를 변제하는 경우 그 이자를 장리(長利)라고 한다.
   장리는 원본(元本)과 동종(同種)의 물건으로 하고 이율은 보통 5할이다.

조회

1. 마름의 본래 사무 및 그 의무의 범위는 어떠한가?
2. 마름이 거두지 못했거나 징수가 불가능한 소작료라도 지주에게 일정한 시기에 급부해야 하는 관습이 있는가?
3. 마름이 그 징수한 소작 벼 또는 보리 등을 미리 지주의 포괄적 승낙을 얻어 임의로 차주(借主)·이율·액수를 정해 빌려주고 이자를 받는 경우에, 마름은 그 빌려준 벼 또는 보리 등에 관하여 받지 못했거나 회수 불가능한 부분이 있으면 지주에 대해 당연히 책임을 지는 관습이 존재하는가?

---

87 봄이나 여름에: 원문에는 '夏秋ニ於テ'로 되어 있는데 오기로 보인다.

위의 경우에 마름이 당연히 책임을 지지 않더라도, 마름이 소작료 징수 전에 미리 지주에 대하여 임치표(任置票) 혹은 봉치표(封置票)라 칭하는 증서를 차입(差入)한 때에는, 받지 못했거나 회수 불가능한 부분이 있으면 지주에게 지급할 의무가 있는가? 만약 있다면 이는 마름으로서의 의무인가, 혹은 마름의 자격을 떠나 일종의 새로운 특별의무를 부담한 것인가?
4. 마름의 신원보증인은, 2.와 3.의 경우에 마름이 소작인으로부터 받지 못했거나 회수 불가능한 소작 벼에 대해서, 또 소작료를 빌린 사람으로부터 받지 못했거나 회수 불가능한 소작료에 대해서도 보증 책임을 지는가?
5. 장리의 의미는 무엇인가?

회답

1. 마름의 본래 사무는 지주를 대신해서 소작지를 관리하며 소작계약을 하고 소작료를 징수하는 것이다. 그리고 징수한 소작료를 지주에게 인도해야 함은 물론이고, 이는 마름의 사무 범위에 속함과 동시에 지주에 대한 의무이다.
2. 마름은 거두지 못했거나 징수가 불가능한 소작료에 관해 지주에게 책임을 지지 않는 것이 관습이지만, 특약으로 그 책임을 지는 경우가 있다.
3. 마름이 미리 지주의 승낙을 얻어 그 징수한 소작 벼 또는 보리 등을 임의로 빌려주고 이자를 받는 경우에, 그 대부(貸付)가 지주를 위한 것이라면 받지 못했거나 회수 불가능한 부분이 있어도 지주에 대해 책임을 지는 관습은 없다. 그렇지만 그 대부가 자기를 위한 것이라면 마름은 당연히 책임을 지는 것이 관습이다. 소작료 징수 전에 미리 지주에게 임치표(혹은 봉치표)를 차입한 경우에도 마찬가지다. 그리고 이러한 경우에 마름의 책임은 마름 본래의 의무 범위에 속하지 않는다.
4. 마름의 신원보증에 관해서는 관습을 찾아볼 수 없다.
5. 봄이나 여름에 곡식을 빌려서 가을에 수확한 후 원리를 변제하는 경우에 그 이자를 장리라고 한다. 변제는 원본과 동종의 물건으로 하고 이율은 보통 5할이다.

조회회답 246 | 1918년 11월 1일 경성지방법원 조회
1918년 12월 14일 조추발 제289호 정무총감 회답

보세의 지급에 관한 건

요지

1. 보세(洑稅)의 지급은 특약이 없는 경우에 보주(洑主)의 주소가 보(洑)의 소재지에서 3리(里) 이내라면 보주의 주소에서 하고, 3리 이상이라면 보주가 지정한 보 소재지 인근의 장소에서 하는 것이 통례이다.

조회

1. 조선에서 보의 소유자가 그 보의 소재지와 다른 지방에 주소를 두었다면, 그 보수(洑水)를 사용하는 자 등은 보세를 지참하여 보 소유자의 주소지에서 이행하는 관습이 있는가? 혹은 보의 소유자가 그 보수를 사용하는 자 등의 소재지에 가서 보세를 징수하는 관습의 여부.
2. 전단(前段)의 관습이 있다면 보가 이전하여 여러 명에게 양도된 경우에도 최후의 보 소유자의 주소지를 보세의 이행지로 하는 것이 관습인가?

   예를 들어 황해도 연백군(延白郡)에 있는 보를 경성부(京城府)에 주소를 둔 자가 매수하였다면, 그 보수를 사용하는 연백군에 거주하는 자 등은 그 보세를 지참하여 보 소유자의 주소지인 경성부에서 이행하는 관습의 유무.

회답

1. 보 소유자의 주소가 그 보의 소재지와 다른 지방이고 보세의 지급은 특약이 없는 경우, 보의 소재지에서 3리(里) 이내라면 보 소유자의 주소에서 하고, 3리 이상이라면 보의 소유자 또는 그 대리인[代人]이 보 소재지의 부락(部落)에 가거나 그 부근의 장소를 지정하여 지급받는 것이 통례이다. 그 보가 타인에게 양도된 경우에도 다르지 않다.

조회회답 247 | 1918년 5월 1일 평양지방법원 민사부 재판장 조회
1919년 2월 6일 조추발 제47호 정무총감 회답

도지권에 관한 건

요지

1. 평안남도 대동군(大同郡) 지방에 원도지(元賭地, 原賭地라고도 함) 및 전도지(轉賭地)라 칭하는 소작 관습이 있다. 원도지 관행은 남곶면(南串面)에만 존재하는데, 소작을 계약할 때 소작인이 지주에 대해 협정(協定)한 금액을 무이자로 기탁하고 그 금액의 다소에 따라 소작료를 약정하는 것으로서, 소작인은 지주의 승낙을 얻지 못하면 그 권리를 양도할 수 없다.

전도지 관행은 남곶면 및 대동강면(大同江面)에 존재하며, 하천 연안의 토지에 대해 소작인이 지주와 협의한 후 노력을 제공하여 제방(堤防)을 쌓음으로써 소작권을 취득하는 것이 통례이다. 소작료의 비율은 비교적 낮으며 소작인은 지주의 승낙을 얻지 않고 그 권리를 양도할 수 있고, 또 지주의 특정 승계인에게 대항할 수 있다.

조회

1. 조선에는 타인이 소유하는 토지의 경작자가 원도지권(原賭地權), 전도지권(轉賭地權)이라는 권리를 가지는 것을 인정하는 관습이 있는가?

이를 인정한다면 각 권리의 취득 원인, 성질, 효력은 무엇인가? 특히 각 권리는 그 권리자가 지주의 승낙 없이 임의로 양도할 수 있는가? 또 그 양도에 대하여 양수인이 당연히 지주에게 대항할 수 있는가?

회답

1. 평안남도 대동군 지방에 원도지 및 전도지라 칭하는 소작 관습이 있다. 원도지 관행은 남곶면에만 존재하는데, 소작을 계약할 때 소작인이 지주에게 협정한 금액을 무이자로 기탁하고 그 금액의 다소에 따라 소작료를 약정하는 것으로서, 소작료는 매년 추수 후에 지

급한다. 그리고 계약하는 때에 지주가 도지표(賭地票)를 소작인에게 교부하고, 소작인이 지정표(支定票)를 지주에게 제공하는 것이 통례이다. 위 기탁금은 계약이 종료한 때 지주가 소작인에게 반환해야 하는 것으로서, 만약 소작인이 소작료를 지급하지 않으면 지주는 기탁금을 소작료에 충당할 수 있다. 또 소작인은 지주의 승낙을 얻지 못하면 그 소작권을 타인에게 양도할 수 없다. 소작인이 적법하게 소작권을 양도한 경우에는 기탁금을 반환받을 권리도 당연히 갖게 된다. 그리고 지주가 토지를 타인에게 양도할 때 지주는 소작인에게 지정표를 반환하고 소작인은 도지표를 반환하게 하여 양수인과 소작인 간에 도지표와 지정표를 수수하는 것이 통례이다. 이 경우에 양도인은 기탁금 반환 의무를 면하고 양수인이 부담하는 것이 관습이다.

전도지 관행은 남곶면 및 대동강면에 존재하는데, 하천 연안의 토지에 대해 소작인이 지주와 협의한 후 노력을 제공하여 제방을 쌓음으로써 소작권을 취득하는 것이 통례이다. 소작료는 일반 소작에 비하여 그 비율이 낮다. 그리고 소작인은 지주의 승낙을 얻지 않고 그 권리를 타인에게 양도할 수 있으며, 양수인은 당연히 이로써 지주에게 대항할 수 있다. 또 지주가 그 토지를 타인에게 양도한 경우에 소작인은 그 권리를 통해 양수인에게 대항할 수 있다.

조회회답 248 | 1919년 4월 1일 경성지방법원 조회
1919년 4월 30일 조추발 제113호 정무총감 회답

타인의 공지에 가옥을 건축하는 일에 관한 건

요지

1. 종전에는 가옥을 건설하기 위해 논밭 같은 공지(空地)의 대도(貸渡)[88]를 요구받으면 토지

---

[88] 대도(貸渡): 나중에 반환하는 약속을 하고 물건을 빌려주는 일을 이른다.

소유자는 이를 거부할 수 없는 관습이 있었는데 지금은 없다.

조회

1. 조선의 관습으로서 타인 소유의 밭, 논 등에 사람이 주거하는 가옥을 건축해도 밭, 논의 소유자는 이를 거부할 수 없는가?
2. 위의 건축 가옥에 대해 밭, 논의 소유자는 그 토지에 대하여 임료(賃料)로서 영구적으로 일정한 도조(賭租)를 징수할 권리는 있어도 그 가옥의 철거를 청구할 권리는 없는가?

회답

1. 종전에는 가옥을 건설하기 위해 논, 밭 같은 공지의 대도를 요구받으면 토지소유자는 부득이한 사정이 없는 경우에는 이를 거부하지 못하고 그 요구에 응하는 것이 통례였으나, 이 관습은 지금은 존재하지 않는다.

조회회답 249 | 1919년 2월 26일 평양복심법원장 조회
1919년 6월 3일 조추발 제148호 정무총감 회답

친권에 관한 건

요지

1. 종전에는 처가 부(夫)의 사망 후 재가한 경우에는 어떠한 사유가 있더라도 선부(先夫)의 가에 들어갈 수 없었으므로 선부의 자(子)의 친권자 또는 후견인이 될 수 없었다.

조회

1. 부부간에 아들 하나가 있는데 부(夫)가 사망한 후 과부는 타가에 개가(改嫁)했지만 개가한 곳의 부(夫)도 사망한 경우에, 위 과부는 일단 생가로 복귀하거나 혹은 복귀하지 않고 다

시 가족으로서 선부의 가에 들어가서 선부의 상속인인 위의 아들의 친권자 또는 후견인이 될 수 있는가?
2. 만약 될 수 있다면 입가(入家) 외에 어떠한 절차가 필요한가? 또 누구의 동의가 필요한가?

비고

위 사항은 선부의 부모 혹은 그 한 명이 현재 생존해 있고 선부의 가에 있으며 또 상속인인 아들은 아직 어린아이인 경우이다.

회답

1. 처가 부(夫)의 사망 후 재가하고 재가한 곳의 부(夫)도 사망한 경우에 생가로 복적할 수 있음은 물론이지만, 복적 여부를 떠나 선부 가(家)의 가족이 되는 것은 종래의 관습이 인정하지 않는 바였다. 다만 민적법(民籍法) 시행 후에는 선부의 가에 들어가는 것을 인정한 경우가 있다. 그리고 재가한 자는 관습상 어떠한 경우에도 선부의 자(子)의 친권자 또는 후견인이 될 수 없다.

조회회답 250 | 1919년 2월 26일 광주지방법원 민사합의부 재판장 조회
1919년 6월 30일 조추발 제169호 정무총감 회답

유산의 상속에 관한 건

요지

1. 첩이 되어 갑남(甲男)과 을녀(乙女)를 둔 후 생가에 복적하여 사망한 여자의 유산은, 생가의 부(父)가 승계하며 부(父)가 없으면 호주가 승계하는 것이 관습이다.
전항의 갑남(甲男)이 부가(父家)에서 분가하여 생모와 동거했다면 가적(家籍)이 같은지를 불문하고 갑남이 생모의 유산을 승계하는 것이 관습이다.

조회

1. 어느 가(家)의 여자가 처음에 갑가(甲家)의 첩이 되어 딸 하나를 둔 후 부첩(夫妾) 관계를 단절하였고, 다음으로 을가(乙家)의 첩이 되어 아들 하나를 둔 후 부첩 관계를 단절하고, 세 번째로 병가(丙家)의 첩이 되어 딸 하나를 둔 후 부첩 관계를 단절하고 복적하여 다른 곳에 거주하던 중 사망하여 많은 재산을 남겼다. 그 유산에 대하여 갑·을·병 가(家)의 자녀들은 평등하게 유산을 상속할 수 있는 것이 관습인가? 만약 순위 혹은 차별이 있다면 그 순위 혹은 차별에 관한 관습은 어떠한가?
2. 전항에 나오는 갑가의 딸은 현재 타가(他家)의 첩이고, 을가의 아들은 위의 생모의 거소(居所)로 분가하여 생모와 동거하지만 생모의 민적(民籍)은 이전 그대로인 채 을가의 아들이 분가하여 창립한 가에 들어가기 전에 사망하고 그 유산이 있는 경우에, 위 각 자녀의 유산상속권은 어떠한가?
3. 전항에서 본 바와 같이 을가의 아들이 분가하여 생모와 동거하고 생모를 그 가족으로서 입적시킨 경우에 위 각 자녀의 유산상속권은 어떠한가?

회답

1. 갑(甲)의 첩이 되어 딸 하나를 두고 다시 을(乙)의 첩이 되어 아들 하나를 두고 또 병(丙)의 첩이 되어 딸 하나를 둔 후 생가에 복적하여 사망한 자의 재산은, 생가의 부(父)가 승계하고 부(父)가 없으면 호주가 승계하는 것이 관습이다.
2. 전항에서 을가의 아들이 생모의 거소로 분가하여 생모와 동거하던 중 생모가 사망한 경우에, 생모의 민적이 아직 그 분가에 들어가지 않은 때라도 가(家)를 같이하는 자로 인정되어 그 유산은 을가의 아들이 상속하는 것이 관습이다.
3. 전항의 생모가 분가의 민적에 들어간 후 사망한 경우에 그 유산은 마찬가지로 을가의 아들이 상속한다.

조회회답 251 | 1919년 10월 18일 경성지방법원 철원지청 조회
1919년 10월 29일 조추발 제251호 정무총감 회답

양자선정에 관한 건

요지
1. 여호주(女戶主)의 승낙 없이 단지 문회(門會)의 결의만으로 양자를 선정하는 것은 관습에서 인정하지 않는 바이다.

조회
1. 부(父) 갑(甲)과 모(母) 을(乙) 간에 병(丙)이라는 자식 하나(아들)가 있을 뿐 다른 가족이 없다. 갑의 사망으로 병은 제사를 상속하여 호주가 되고 그 유산을 승계하였다. 그런데 병은 그 후 미혼인 채로 사망하고, 을은 양자를 정하지 않고 스스로 호주가 되어 병의 유산을 승계하였다.
위와 같은 경우에 여호주 을의 승낙 없이 단지 문회의 결의만으로 양자를 선정하여 갑의 제사를 상속하게 하는 관습이 있는가?
2. 위와 같은 관습이 있다면 그 양자가 일단 여호주 을이 승계한 병의 유산도 아울러 취득할 권리의 여부.

회답
1. 여호주의 승낙 없이 단지 문회의 결의만으로 양자를 선정하여 제사를 상속하게 하는 것은 관습에서 인정하지 않는 바이다.

조회회답 252 | 1919년 10월 25일 평양지방법원 민사부 재판장 조회
1919년 11월 24일 조추발 제268호 정무총감 회답

양자의 입양에 관한 건

요지

1. 양자(養子)는 동성동본(同姓同本)일 필요가 있으며, 본관(本貫)이 다른 경우에는 동성(同姓)의 일족(一族)에서 분기(分岐)된 관계라도 양자가 될 수 없는 것이 관습이다.

조회

1. 같은 김씨(金氏) 성이지만 한 명은 김해 김씨(金海金氏)이고 한 명은 원주 김씨(原州金氏)인 경우 그들 사이에 양자입양을 할 수 없다는 관습이 있는가?
2. 원래는 같은 김씨 성으로서 위와 같이 분기된 경우에도 그들 사이에 이러한 관습이 있는가?

회답

1. 조선의 관습상 양자는 동성동본 사이에서만 들일 수 있다. 김해 김씨 중에는 원주 김씨와 같이 신라 경순왕(敬順王) 때부터 나온 것도 있지만 동성동본이 아니므로 서로 양자를 들일 수 없다. 그리고 동성의 일족이 분기되어 본관을 달리하게 되었더라도 역시 다르지 않다.

조회회답 253 | 1919년 12월 17일 대구지방법원 민사부 재판장 조회
1920년 1월 19일 조추발 제15호 정무총감 회답

유산의 상속에 관한 건

요지

1. 남호주(男戶主)가 사망한 경우에 유산은 일단 장자가 승계한 후 차자(次子) 이하에게 분배한다.
2. 유산의 분배를 받을 자는 상속 개시 당시에 피상속인의 가적(家籍)에 있는 자에 한한다.
3. 유산의 분배는 차자 이하가 분가하는 경우에 하는 것이 통례이다.
4. 유산을 상속할 자가 2인 이상 있는 경우에는 적장자(嫡長子)가 약 2분의 1을 가지고 그 나머지를 다른 자들에게 평등하게 분여하는 것이 관습이다. 단 서자는 적자에 비해 비율을 감하는 것이 통례이다.
5. 유산의 분배를 받을 중자(衆子)는 장자에 대하여 분배를 청구할 수 있지만 분배받을 동산·부동산 등을 지정할 권리는 없다.
   유산의 공유(共有)를 인정하는 관습은 없다.

조회

1. 호주인 남자가 사망하고 유복자(遺腹子)인 남자가 여러 명 있는 경우에, 호주권을 승계할 장자는 유산의 전부를 승계한 후 차자 이하에 대하여 그 얼마를 분여(分與)해야 하는가?
2. 장자가 분여를 해야 한다면 분여를 받을 자는 전호주(前戶主)의 사망 시 동일 가적에 있는 자에 한하는가, 사망 전 분가한 자도 포함하는가?
3. 분가했어도 균등히 분여를 받는다면 그 분가 당시 또는 그 후에 전호주로부터 분여를 받은 자도 포함하는가?
4. 장자가 분여하는 것은 승계 후 바로인가, 차자 이하가 분가하는 때라야 가능한가?
5. 분여의 비율은, 차자 이하는 장자의 반액인가? 또 서자는 적자의 반액인가?
6. 장자가 이유 없이 분여를 하지 않으면 차자 이하의 자는 어떠한 방법으로 그 청구권을 행

사할 수 있는가? 혹은 스스로 분여를 받기에 상당한 동산·부동산을 지정하여 그 소유권의 이전을 청구할 수 있는가? 또는 유산 전부에 대해 스스로 분여를 받기에 상당한 공유권(共有權)을 취득하게 할 것을 청구할 수 있는가?

회답

1. 남호주가 사망한 경우에 유산은 일단 장자가 전부 승계한 후 차자 이하에게 분배한다.
2. 유산의 분배를 받을 자는 상속 개시 당시에 피상속인의 가적에 있는 자에 한한다.
3. 유산의 분배는 차자 이하가 분가하는 경우에 하는 것이 통례이다.
4. 유산을 상속할 자가 2인 이상 있는 경우에는 적장자가 약 2분의 1을 상속하고, 기타 상속자들이 그 나머지를 평등하게 상속하는 것이 관습이다. 단 서자는 적자에 비해 약간 비율을 줄이는 것이 통례이다.
5. 장자가 유산의 분배를 하지 않으면 다른 적자와 서자는 분배를 청구할 수 있지만, 스스로 분배받을 동산·부동산 등을 지정하여 청구할 수는 없다. 또 유산의 공유권을 인정하는 관습은 없다.

조회회답 254 | 1919년 11월 17일 부산지방법원 거창지청 조회
1920년 1월 21일 조추발 제16호 정무총감 회답

생우의 매매 중개에 관한 건

요지

1. 경상남도 거창(居昌) 지방의 시장에서 생우(生牛)의 매매를 중개인에게 의탁한 경우, 생우의 보관이 당연히 중개인에게 속하는 관습은 없다.

조회

1. 시장에서 생우 매매의 중개인(중개인은 사람 수가 일정하며 판매한 금액에 따라 일정한 수수료를 받음)은 매도인이 생우 매매를 의뢰하는 동시에 그 생우를 보관해야 하는가? 그렇다면 매수인이 있어서 그 생우를 같은 사람에 인도하기 전에 혹은 끝내 매수인이 없어서 매도인인 의뢰인에게 인도하기 전에, 그 생우를 절취당하거나 또는 그 생우가 도망하여 행방불명이 되었다면 중개인이 이에 대한 손해배상의 책임을 지는가? 혹은 중개인의 보관에 속하지 않고 여전히 매도인인 의뢰인이 보관해야 하는가?

회답

1. 경상남도 거창 지방의 시장에서는 생우의 매매에서 매도인이 중개인에게 의탁하는 것과 동시에 그 생우가 중개인의 보관에 속하는 관습은 없고, 그 매매를 종료하고 생우를 매도인에게 인도하기 전에는 매도인의 보관에 속하는 것이므로 그 생우가 도망갔다고 해서 중개인이 책임을 지는 관습은 없다.

조회회답 255 | 1919년 11월 25일 광주지방법원 전주지청 조회
1920년 2월 4일 조추발 제25호 정무총감 회답

차양자에 관한 건

요지

호주인 갑남(甲男)이 사망하고 그 자(子)인 을남(乙男)이 호주가 되어 혼인 후 자식 없이 사망하였기 때문에, 갑의 처가 병남(丙男)을 차양자로 들였는데 병 역시 자식 없이 사망하고 병의 처가 유산을 상속한 경우에, 을의 종제(從弟)인 정(丁)을 갑의 차양자로 들일 수는 없어도 갑의 양자로 들여서 제사를 상속시키는 것은 관습이 인정하는 바이다.

조회

1. 호주인 갑남이 사망하고 그 자(子)인 을남이 호주가 되어 혼인 후 자식 없이 사망하였으며, 을남의 처가 재가하지 않은 상태에서 갑남의 처가 병을 차양자로 들였는데 병남도 역시 자식 없이 사망하고 그 가에 갑남과 을남의 처가 없어서 병남의 처가 유산을 상속하였다.(이 점은 1918년 5월 21일 귀관의 통첩에 의해 명확하다.) 이 경우 을남의 양자를 정하는 때에 그 일문(一門) 중 을남의 자의 항렬에 속하는 남자가 없는 경우에는 문회에서 갑남의 형제 항렬에 속하는 자의 자(子), 예를 들어 을남의 종제인 정을 차양자로 들일 수 있는가?
2. 전항의 경우 정을 차양자로 들일 수 없다면, 정을 양자로 정한 시기는 을남의 처가 재가한 때이므로 정을 보통 양자로 들여 제사상속권을 취득시킬 수는 없는가?
3. 전 2개 항 모두를 부정해야 한다면, 1항 후단의 경우와 같이 일문 중 을남의 양자가 될 자(子) 혹은 손(孫)에 해당하는 적격자가 없을 때에, 문회가 소목(昭穆)의 순서를 고려하지 않고 을남의 근친(近親) 중에서 양자를 정할 수 있는가?

회답

1. 호주인 갑남이 사망하고 그 자인 을남이 호주가 되어 혼인 후 자식 없이 사망하였기 때문에 을남의 처가 재가하기 전에 갑의 처가 병남을 차양자로 들였는데, 병 역시 자식 없이 사망하고 그 가에 갑의 처와 을의 처(재가)가 모두 없어서 병의 처가 유산을 상속한 경우에, 갑의 형제 항렬에 속하는 자의 자(子), 예를 들어 을의 종제인 정을 갑의 차양자로 들이는 것은 관습이 인정하지 않는 바이나, 정을 갑의 양자로 들여 제사를 상속시키는 것은 관습상 무방하다.

조회회답 256 | 1919년 12월 2일 평양복심법원장 조회
1920년 3월 5일 조추발 제489호 정무총감 회답

유산의 상속에 관한 건

요지

여호주(女戶主)인 갑(甲)이 사망하고 상속인이 없어 절가(絶家)된 경우에 유산은 그 가의 친족이 협의하여 귀속자를 정하는 것이 관습이다.

조회

1. 여호주인 갑이 사망하고 상속인이 없어 절가되었다. 갑의 친족으로는 다음에 적힌 4명 외에 한 사람도 생존자가 없다. 갑의 유산은 다음 (1), (2)에 기재된 여자에게 그 상속권이 있는가? 만약 있다면 그 비율은 어떻게 정해야 하는가? 또 만약 생존 친족이 (1), (2)에 기재된 여자뿐인 경우는 어떠한가?

    (1) 갑의 망부(亡父)의 누이가 그 혼인한 부와의 사이에 둔 딸[타에 혼인하여 부(夫)가 있음] 2명

    (2) 갑의 망부의 형(갑과 가를 달리함)이 그 처와의 사이에 둔 딸(미혼이며 독신) 1명

    (3) 갑의 망부의 종제(從弟) 혹은 재종제에 해당하는 자(갑과 가를 달리함)가 그 처와의 사이에 둔 아들 1명

회답

1. 여호주인 갑이 사망하고 상속인이 없어 절가된 경우에 유산은 그 가의 친족이 협의하여 귀속자를 정하는 것이 관습이다. 설사 사망한 여호주의 종자매(從姉妹)·재종제(再從弟)·삼종제(三從弟) 또는 외종자매(外從姉妹) 등이 있더라도 그들은 유산을 상속할 수 없다.

조회회답 257 | 1920년 1월 23일 경성복심법원 민사제2부 재판장 조회
1920년 4월 27일 조추발 제86호 정무총감 회답

토지의 환퇴매매에 관한 건

요지
1. 함경북도 명천(明川) 지방에서는 환퇴(還退)의 특약을 붙여 토지를 매매하는 경우, 특별히 원가(原價)로 할지 시가(時價)로 할지를 정하는 것이 통례이다.
2. 가전환퇴(加錢還退) 또는 가문환퇴(加文還退)의 취지는 시가로 환퇴하는 점에 있다.

조회
1. 함경북도 명천군(明川郡) 지방에서 토지의 환퇴매매에 대해, 특별히 환매 가격을 약정하거나 또는 환매 당시의 시가에 의할 것을 약정하는 관습이 있는가?
2. 환퇴문기(還退文記)에 '가문환퇴(加文還退)' 또는 '가전환퇴(加錢還退)'의 문구를 기재한 경우 '가문(加文)' 또는 '가전(加錢)'이란 매매 원가를 의미하는가, 환매 당시의 시가(時價)를 의미하는 것인가?

회답
1. 함경북도 명천 지방에서는 환퇴의 특약을 붙여 토지의 매매를 하는 경우, 계약할 때 원가로 환퇴할지, 시가로 환퇴할지를 약정하는 것이 통례이다.
2. 문기(文記)에 '가전환퇴' 또는 '가문환퇴'라고 기재한 경우에는 시가로 환퇴하는 뜻을 약정한 것으로 해석해야 한다.

조회회답 258 | 1920년 2월 3일 고등법원장대리 조회
1920년 4월 28일 조추발 제84호 정무총감 회답

교호계산에 관한 건

요지

1. 교호계산(交互計算)에서 기간 내의 상거래로 생긴 채권채무는 거래가 발생한 날로부터 붙인다.
2. 전항의 이자는 특약이 없는 때에는 월 1푼 5리이다.
3. 교호계산의 잔액은 지급이 없는 때에는 당연히 차기(次期) 계산에 산입된다.
4. 전 3개 항의 관습은 객주(客主) 또는 여각(旅閣)을 업으로 하는 상인 간에만 행해진다.

조회

1. 상인 간에 교호계산의 약속을 한 경우, 기간 내의 거래로 생긴 채무에 대하여는 거래가 발생한 날로부터 쌍방이 모두 이자를 붙이는 관습이 있는가?
   위와 같은 관습은 특수한 상인 사이에만 존재하는가?
2. 위와 같은 관습이 있다면 당사자 간에 특약이 없는 때에는 그 이율이 얼마인가?
3. 상인 간에 교호계산의 약속이 있는 경우에, 상계 계산으로 생긴 잔액에 대한 지급이 없다면 그 잔액은 당연히 차기(次期)의 계산에 산입된다는 관습이 있는가?
   위와 같은 관습은 상인의 종류에 따라 구별이 있는가?

회답

1. 교호계산의 계약을 하면 그 기간 내의 상거래로 생긴 채권채무는 거래가 발생한 날로부터 붙인다.
2. 전항의 이자는 당사자 간에 특약이 없다면 월 1푼 5리이다.
3. 교호계산의 잔액에 대한 지급이 없으면 그 잔액은 당연히 차기 계산에 산입한다.
   위 1항과 3항은 객주 또는 여각을 업으로 하는 상인 간에 행해지는 관습으로서 일반 상

인 간에는 행해지지 않는다.

조회회답 259 | 1920년 4월 6일 경성복심법원 민사제2부 재판장 조회
1920년 5월 12일 조추발 제90호 정무총감 회답

보수 사용에 대한 수세 지급에 관한 건

요지

보(洑) 소유권의 양수인은 전주(前主)가 보수(洑水) 사용자에 대해 가지고 있던 권리의무를 승계하는 것이 관습이므로, 보수 사용자는 당연히 새 보주(洑主)에게 전 보주와 약정한 수세(水稅)를 지급해야 한다.

조회

1. 보의 소유자와 보수 이용자 간에 보수 이용자가 수세를 지급해야 하는 약속이 있었던 경우에, 보 소유자가 제3자에게 그 보의 소유권을 양도했다면 새 소유자와 보수 이용자 간에 특별한 약속을 하지 않아도, 보수 이용자는 보의 새 소유자에 대해 전주와의 관계에서와 동일한 보수세(洑水稅)를 당연히 지급해야 하는 관습이 존재하는가?

회답

1. 보수 사용자가 보의 소유자에 대해 수세를 지급해야 하는 약정이 있는 경우에, 보 소유자가 그 보의 소유권을 제3자에게 양도했다면 양수인은 전 소유자가 보수 사용자에 대해 가지고 있던 권리의무를 승계하는 것이 관습이므로, 보의 새 소유자와 보수 이용자 간에 특약이 없는 경우에도 보수 사용자는 당연히 보의 새 소유자에게 전 소유자와 약정한 수세를 지급해야 하는 관습이 있다.

조회회답 260 | 1920년 4월 12일 대구복심법원 민사제1부 재판장 조회
1920년 6월 10일 조추발 제102호 정무총감 회답

후견인의 권한에 관한 건

요지

후견인은 피후견인의 재산을 무상양도하거나 부담부증여(負擔附贈與)할 수 없다는 관습은 존재하지 않는다.

조회

1. 후견인이 무능력자의 재산에 관해 무상양도 혹은 부담부증여 등의 법률행위를 할 수 없다는 관습이 있는가?

회답

1. 후견인이 피후견인의 재산에 관해 무상양도 혹은 부담부증여 등의 법률행위를 할 수 없다는 관습은 존재하지 않는다.

조회회답 261 | 1920년 2월 17일 대구복심법원 민사제1부 재판장 조회
1920년 7월 7일 조추발 제493호 정무총감 회답

문회 결의의 효력에 관한 건

요지

1. 문중(門中) 공유의 재산을 처분하거나 그 관리 방법을 정하기 위해, 문장(門長) 또는 유사(有司)가 각 공유자에게 적절한 방식의 문회 소집을 통지하여 출석한 자에 의해서만 행한

결의는 결석자에게도 효력이 있다.
2. 문중 공유의 부동산을 공유자 1인의 소유 명의로 한 경우에, 문회가 이를 다른 사람의 소유 명의로 바꿀 것을 결의하고 출석자 1인이 전(前) 명의인에게 통지했다면 그 명의변경은 관습상 유효하다.

조회

1. 조선에서 문중 공유의 재산을 처분하거나 관리하는 경우, 문장 또는 유사가 각 공유자에 대해 문회의 결의사항을 적시하여 일정한 시기에 일정한 장소에서 집회할 뜻을 통지하였는데, 전원이 출석하지 않고 일부만 출석했다면 그 출석자의 전원일치 혹은 그 다수결로 처분하거나 관리의 방법을 의결하여 그 효력을 결석자에게도 미치게 할 수 있는 관습이 있는가?

위의 경우에 결석자가 결의 후 바로 이의를 제기하지 않거나 그 결의를 승인하였다면 위 결의를 유효한 것으로 하는 관습이 있는가?

2. 일문(一問)의 공유자가 공유자 중 1인에게 공유 부동산을 신탁하여 그 사람의 단독 소유 명의로 해 둔 경우, 그 후에 문회 출석원의 다수결로 다른 공유자에게 신탁하고 출석한 자 1인에게 이전의 수탁자[受信者]에 대한 신탁 해제의 통지 방법을 위임할 것을 결의하고 그 수임자(受任者)가 이를 통지했다면, 그 신탁계약의 해제와 새로운 신탁계약을 유효로 보는 관습이 있는가?

회답

1. 문중 공유의 재산을 처분하거나 그 관리 방법을 정하기 위해, 문장 또는 유사가 각 공유자에 대해 문회의 결의사항을 적시하여 일정한 시기에 일정한 장소에서 집회할 뜻을 통지한 경우에, 일부만 출석하여 행한 결의는 결석자에게도 그 효력을 미치게 할 수 있다. 결석자가 결의 후 바로 이의를 제기하거나 그 결의를 승인하지 않더라도 결의의 효력에는 영향이 없다.

2. 문중 공유의 부동산을 공유자 1인의 소유 명의로 한 경우에, 문회가 그 부동산을 공유자 중 다른 1인의 소유 명의로 바꾸는 것, 그리고 이를 이전 소유 명의인에게 통지할 것을 문

회에 출석한 1인에게 위탁하는 것을 결의하고 수탁자가 이를 통지했다면 그 명의 변경은 관습상 유효하다.

조회회답 262 | 1920년 4월 7일 대구복심법원 민사제2부 재판장 조회
1920년 6월 24일 조추발 제109호 정무총감 회답

첩의 유산의 상속에 관한 건

요지

1. 부가(父家)에서 분가한 서자남(庶子男)은 동거하는 생가로 복적한 생모가 사망한 경우 그 유산을 상속하는 것이 관습이다.
2. 전항의 경우 상속을 포기할 수 있는 관습은 없다.
3. 첩의 유산은 자(子)가 부(父)에 앞서 승계하는 것이 관습이지만, 그 자(子)는 첩의 사망 당시의 부(夫)와 사이에 태어난 자일 것을 요한다.

조회

1. 모녀(某女)는 그 생모가 데려온 자식으로서 생모의 후부(後夫)의 가(민적)에 들어가 첫 번째는 갑가(甲家)의 첩이 되어 딸 하나를 둔 후 부첩(夫妾) 관계를 단절하였고, 두 번째는 을가(乙家)의 첩이 되어 아들 하나(정)를 둔 후 부첩 관계를 단절하였으며, 세 번째는 병가(丙家)의 첩이 되어 딸 하나를 둔 후 부첩 관계를 단절하였다. 갑가와 병가에서 태어난 두 딸은 모두 모녀(某女)와 같이 그 여자의 생모의 후부의 가(민적)에 들어가서 가족이 되었다. 그리고 갑가에서 태어난 딸은 타가(他家)의 첩이 되었고, 병가에서 태어난 딸은 모녀(某女)와 함께 을가에서 태어난 아들(정)이 을가에서 분가한 곳에서 아들(정)과 동거 중(분가한 민적에 들어가지 않음) 모녀(某女)가 사망하여 많은 유산을 남겼다.

위의 경우 조선의 관습법상 유산상속의 권리자는 누구인가? 여러 명이라면 각자의 상속

분은?

또 모녀(某女)가 훗날 위의 아들이 분가한 민적에 들어가야 한다면 권리자에 변경이 있는가?

2. 조선의 관습상 전항의 경우 을가에서 태어난 아들에게도 유산상속권이 있다면, 그 아들은 갑가와 병가에서 태어난 두 딸에게 유산상속권을 포기할 수 있는가? 만약 포기할 수 있다면 아들은 두 딸에게 포기의 의사를 표시하면 족한가? 또는 어떠한 방식이 있는가?

3. 어떤 첩의 사망 당시 부(夫)가 있고 첩에게 자(子)가 없는 때에 부가 첩의 유산을 상속하는 것이 조선의 관습인 점은 관습조사서에도 명시되어 있으므로, 어떤 첩의 사망 당시 부가 있고 또 첩에게 자가 있는 때 첩의 유산은 자가 상속해야 하는 반면해석(反面解釋)이 관습법상 인정되는 것인가? 만약 그렇다면 그 자는 남녀를 구별하는가? 또 첩의 사망 당시의 부(夫)와의 사이에 태어난 자가 아니라도 가능한가?

예를 들어 모첩이,

(1) 갑남(甲男)의 첩이 되어 딸 하나를 낳고,

(2) 을남(乙男)의 첩이 되어 딸 하나를 두고,

(3) 병남(丙男)의 첩이 되어 자식을 낳지 못하고 사망했다면, 병남은 첩의 유산을 상속할 권리가 없다고 인정할 수 있는가?

회답

1. 생모가 데려온 자식인 모녀(某女)가 생모의 후부의 가에 들어간 후 갑의 첩이 되어 딸 하나를 낳고, 다시 을의 첩이 되어 아들 하나를 낳고, 또 병의 첩이 되어 딸 하나를 낳은 후, 다시 생모의 후부의 가에 들어가 병가에서 태어난 딸과 함께 을의 아들이 분가한 가에서 동거 중 사망했다면, 그 유산은 동거하던 아들이 상속하는 것이 관습이다. 그리고 모녀(某女)가 다른 날 동거하던 아들의 가에 들어가는 경우에도 다르지 않다.

2. 전항의 을의 아들이 갑 또는 병의 딸에게 상속권을 포기할 수 있는 관습은 없다.

3. 첩의 사망 당시 부(夫)가 있고 또 자(子)가 있다면 첩의 유산은 자(아들)가 승계하는 것이 관습이지만, 그 자는 첩의 사망 시점에서의 부(夫)와의 사이에서 태어난 자일 것을 요한다.

조회회답 263 | 1920년 5월 12일 광주지방법원 민사합의부 재판장 조회
1920년 7월 7일 조추발 제494호 정무총감 회답

제사상속인의 폐제에 관한 건

요지

1. 제사상속인이 될 자가 암우(暗愚)·병약(病弱) 등으로 집안을 다스릴 수 없는 경우에도 이를 폐제(廢除)하여 차자(次子) 이하의 자에게 제사상속을 하게 할 수 없다.

조회

1. 당원 관내 전라남도 여수군(麗水郡) 삼산면(三山面) 거문도(巨文島)에서는 제사상속인이 될 장자가 암우·병약 등으로 집안을 다스릴 수 없는 사유가 있는 때는 물론, 아무런 사유가 없는 경우라도 피상속인의 의사를 좇아 이를 배제하여 말자(末子)에게 제사상속을 하게 하는 관습이 있는가?
[주의] 같은 섬에서 건재(健在)한 장자를 두고 말자 상속을 하는 가가 십수 호(戶)라 한다.

회답

1. 조선의 관습상 제사상속인이 될 장자가 암우·병약 등으로 집안을 다스릴 수 없다는 이유로 피상속인이 자신의 의사로 이를 폐제하고 차자 이하의 자에게 제사상속을 하게 할 수 없다. 그리고 전라남도 여수군 삼산면 거문도에서 이에 반하는 사례가 없는 것은 아니지만 원래 관습에서 인정하지 않는 바이다.

조회회답 264 | 1920년 6월 21일 대구지방법원 민사부 재판장 조회
1920년 7월 21일 조추발 제512호 정무총감 회답

이혼에 관한 건

요지

1. 부부의 일방에 악질(惡疾)이 있거나 생식불능인 경우라도 이를 이유로 상대방이 이혼을 요구할 수 있는 관습은 없다.
2. 부부의 일방에게 혼인 전부터 악질이 있거나 생식불능이고, 혼인 당시 상대방이 이를 알았다면 혼인을 하지 않았을 것이라고 인정되는 경우라도, 그 혼인을 무효로 하는 관습은 없다.
   부부의 일방이 악질 또는 생식불능을 은폐하고 혼인한 경우, 상대방이 사기를 이유로 혼인의 취소를 청구할 수 있는지에 대해서는 관습이 없다.

조회

1. 조선에서 배우자의 생식불능을 이유로 그 상대방이 이혼의 소를 제기할 수 있는가?
2. 조선에서 배우자의 나병(癩病) 등의 악질을 이유로 그 상대방이 이혼의 소를 제기할 수 있는가? 만약 제기할 수 있다면 그 악질의 범위는 어떠한가?
3. 만약 이상의 각 경우에 이혼의 소를 제기할 수 없더라도, 혼인 전부터 배우자에게 생식불능이나 악질이 있었고 만약 상대방이 이를 알았다면 혼인하지 않았을 경우라면 혼인 무효 확인의 소를 제기할 수 있는가? 또 배우자가 이러한 사실을 고의로 은폐하고 혼인 했다면 사기에 의한 혼인으로서 그 취소의 소를 제기할 수 있는가?

회답

1. 부부의 일방에게 나병, 기타 악질이 있거나 생식불능인 경우, 다른 일방이 이를 이유로 이혼을 청구할 수 있는 관습은 없다.
2. 부부의 일방이 혼인 전부터 악질이 있거나 생식불능이고 혼인 당시 다른 일방이 이를 알

앗다면 혼인을 할 의사가 없었을 경우라도 그 혼인을 무효로 하는 관습은 없고, 또 부부의 일방이 이와 같은 사실을 고의로 은폐하고 혼인한 경우라도 다른 일방이 사기에 의한 혼인이라고 하여 그 취소를 청구할 수 있는지에 대하여는 관습이 없다.

조회회답 265 | 1920년 7월 13일 대구복심법원 형사제2부 조회
1920년 9월 7일 조추발 제508호 정무총감 회답

처의 성명 및 그 부의 택호에 관한 건

요지

1. 혼인으로 인해 부가(夫家)에 들어간 처는 그 본성(本姓)을 쓰는 것이 관습이지만, 종전에 부(夫)가 사망한 후에 부(夫)의 성을 앞에 붙여서 '무슨 조이[召史]'라 칭한 경우가 있다.
2. 처가 생가의 마을 이름을 자기의 이름으로 사용하는 관습은 없다.
3. 처의 생가가 소재한 마을 이름에 '댁(宅)' 자를 붙여서 타인이 그 부(夫)를 부르는 경우가 있는데, 이를 택호(宅號)라 칭한다. 택호는 때에 따라 자신이 사용하는 경우가 있다.

조회

1. 처는 혼인 후라도 부(夫)의 사망 전에는 여전히 자기의 생가(친정)의 성(姓)을 칭하고 부가(夫家)의 성(姓)을 쓰지 않는 것이 관습인가? 또 처는 부의 사망 후에는 반드시 부가의 성을 쓰는 것이 관습인가?
2. 처는 부(夫)가 생존 중이든 사망 후이든 자기의 생가가 소재한 동리(洞里) 이름을 자기의 이름으로 사용하는 관습이 있는가?
3. 타인이 부(夫)를 부를 때 그 처의 생가가 소재한 동리 이름으로 하고 이를 택호라 칭하는 관습이 있는 것처럼, 이 택호라는 것을 부(夫)가 자신을 칭하는 데 사용하는 관습이 있는가?

회답

1. 혼인으로 인해 부가(夫家)에 들어간 처는 부의 생전과 사후를 불문하고 그 본성을 쓰는 것이 관습이지만, 종전에는 부(夫)의 사후 '무슨(성) 조이'라 칭하면서 이때 부의 성을 앞에 붙이는 경우도 있었다.
2. 부(夫)의 생존과 사후를 불문하고 처가 생가의 동리 이름을 자기의 이름으로 사용하는 관습은 없다. 단 부(夫)의 친족 또는 근린자(近隣者)가 그(처)를 부를 때 그의 생가가 소재한 마을 이름을 쓰는 경우가 있고, 자기도 역시 이를 사용하는 경우가 없지는 않다.
3. 처의 생가가 소재한 마을 이름에 '댁' 자를 붙여서 타인이 그 부(夫)를 부르는 경우가 있는데, 이를 택호라 칭한다. 그리고 택호는 때에 따라 자신이 사용하기도 한다.

조회회답 266 | 1920년 7월 22일 고등법원장 조회
1920년 10월 23일 조추발 제516호 정무총감 회답

파양에 관한 건

요지

1. 장남을 위해 사후양자(死後養子)를 들인 부(父)는 상응하는 원인이 있다면 파양할 수 있다.

조회

1. 조선인 갑(甲, 호주)이 자기의 장남 을(乙, 기혼자)의 사망 후에 병(丙)이라는 자를 을의 양자로 들인 경우, 병에게 파양할 원인이 있다면 갑은 병을 파양할 수 있는 관습이 있는가?

회답

1. 조선인 갑(호주)이 그 장남 을(기혼자)의 사망 후에 병을 을의 양자로 들인 경우, 병에게 파양할 원인이 있다면 갑은 병을 파양할 수 있다.

조회회답 267 | 1920년 9월 10일 간도총영사 대리영사 조회
1920년 11월 26일 조추발 제582호 정무총감 회답

상속에 관한 건

요지

1. 첩만 있는 기혼 남자 호주가 자(子)가 없고 또 양자입양의 의사를 표시할 수 없는 때에는 친족회가 양자를 선정할 수 있다.

   전항의 양자는 호주의 사망으로 호주가 되어 그 유산을 승계하는 것이 관습이다.

조회

1. 조선의 관습에서 민적에 등록된 첩 외에 가족이 없는 호주가 빈사(瀕死) 상태에 빠지면, 친족회의에서 선정한 양자가 호주의 사망에 관한 조선의 정례(定例)에 따라 피발(披髮), 상복(喪服), 매장(埋葬), 제전(祭奠) 등의 예식을 행하였다. 이 경우 가독(家督)과 유산의 상속은 양자가 아니라 첩이 하는가? 단 양자는 아직 민적 등록의 절차를 이행하지 않았다.

회답

1. 다른 가족이 없이 그 가에 첩만 있는 호주인 남자(기혼자)가 양자를 정하지 않고 양자를 선정하는 의사를 표시할 수도 없는 상태에 있다면, 친족회의에서 선정한 양자가 호주의 사망으로 인해 호주가 되고 또 그 유산을 승계하는 것이 관습이다. 그리고 양자가 그 가의 민적에 있는지 여부에 따른 차이는 없다.

조회회답 268 | 1920년 11월 25일 외사과장 조회
1920년 12월 7일 조추비 제46호 중추원 서기관장 회답

해빈 및 해상의 소유권과 어업권에 관한 건

요지

1. 구한국 시대에 연해(沿海)의 토지소유자가 접속한 해빈(海濱) 또는 해상(海上)의 소유권을 가지는 관습은 없다.
2. 연해의 토지소유자가 토지 경계에 접한[地先] 해면(海面)의 어업권을 당연히 취득하는 관습은 없다.

조회

1. 연해의 토지소유자는 해빈 및 해상의 소유권을 가지는 한국의 구관(舊慣)이 있는가?
2. 위의 토지소유자는 인민(人民)인가? 만약 인민이라면 사권(私權) 상에 제한이 있었는가? 또 국유 토지의 이전에는 위의 권리가 부수되는가?
3. 연해의 토지소유사는 토지 경계에 접한 해면에 대한 어업권[地先漁業權]도 가지는 것이 한국의 관례인가?
4. 별지 문기의 진위[眞疑](별지는 회답과 동시에 반환하기 바람).

회답

1·2. 한국시대에 연해의 토지소유자가 그 토지에 접속하는 해빈 또는 해상의 소유권을 가지는 관습은 없다.

위 사실은 인민이 토지를 소유하는 경우와 국가가 토지를 소유하는 경우에 따라 달라지지 않는다. 따라서 인민이 그 토지의 소유권을 이전한 경우와 국가가 토지의 소유권을 이전한 경우를 불문하고 해빈 또는 해상의 소유권을 수반[伴隨]하는 경우는 없다.

3. 연해의 토지소유자가 그 토지를 소유하는 당연한 결과로서 토지 경계에 접하는 해면에서 어업권을 획득하는 관습은 없다.

4. 별지 문기의 진위는 알 수 없다.

조회회답 269 | 1920년 12월 27일 해주지방법원 민사부 재판장 조회
1921년 2월 15일 조추발 제3호 정무총감 회답

제위토에 관한 건

요지
1. 종중 공유의 제위토(祭位土)에서는 관습상 각 공유자의 분할청구권을 인정하지 않는다.
2. 제위토의 지분은 타에 양도할 수 없다.

조회
1. 조선인 일문(一門)의 공동조상의 제사에 쓰이는 위토(位土)로서 종중의 공유재산에 속하는 것에 대해서는 각 공유자가 영구히 분할을 청구할 수 없는 관습의 유무.
2. 전항의 공유재산에 대해서는 각 공유자가 다른 공유자의 동의를 얻지 않으면 그 지분권을 타에 양도할 수 없는 관습의 유무.
   타에 양도할 수 없는 관습이 있는 경우, 공유자 중 1인이 다른 공유자의 동의를 얻지 않고 그 지분을 타에 양도했다면 다른 공유자가 양수인에 대해 그 양도의 무효를 주장할 수 있는 관습의 유무.

회답
1. 종중 공유의 제위토에 대해서는 관습상 각 공유자의 분할청구권을 인정하지 않는다.
2. 전항의 위토에 대해서는 지분을 타에 양도할 수 없다. 따라서 공유자 중 1인이 행한 지분의 양도는 그 효력이 없다.

조회회답 270 | 1920년 12월 6일 대구지방법원 민사부 재판장 조회
1921년 2월 21일 조추발 제49호 정무총감 회답

수양자에 관한 건

요지

1. 수양녀(收養女)와 수양부(收養父) 사이에는 친자 관계가 생기지 않는다. 따라서 수양녀의 혼인에 대해 수양부의 동의를 필요로 하는 관습은 없다.

조회

1. 12세인 여자가 친족이 아닌 타인의 수양자녀(收養子女)로 입적하였고, 15세 때 양부(養父)의 명으로 기생(妓生)으로서의 가업(嫁業, 딸·며느리 겸 가정부)을 시작하였다. 그 후 수양자녀가 18세가 되어 타에 시집을 가려고 했으나 수양부가 이를 승낙하지 않은 경우, 수양자녀가 일방적 의사표시로 수양부자 관계를 해소할 수 있는 관습이 있는가?

회답

1. 수양녀와 수양부 사이에는 친자 관계가 생기지 않는다. 따라서 특별히 친자 관계를 끊을 필요가 없다. 또 수양녀의 혼인에 수양부의 동의가 필요한 관습은 없다.

조회회답 271 | 1920년 10월 19일 식산국장 조회
1921년 3월 1일 조추 제99호 중추원 서기관장 회답

완문에 관한 건

요지

1·2. 봉산(封山)은 모두 국유에 속하고 사찰의 소유에 속하는 것은 없다.
3. 봉산은 군수가 임의로 설치하거나 폐지할 수 없었다.

조회

1. 경상남도 양산군(梁山郡) 소재 구(舊) 원적산(圓寂山) 내 봉산에 대해, 내원암(內院庵)의 주지(住持)가 임야를 조사할 때 사찰의 소유로 신고하고 그 증거로서 별지 문기 4통을 제출하였는데, 과연 정당한지를 조사하여 아무쪼록 회답해 주실 것을 의뢰합니다.

   추가로, 위 봉산은 지금부터 약 170년 전에 해당 군수가 일단 폐지하고 그 후 다시 동래수영(東萊水營)의 봉산으로 양호(養護)해 온 사실이 있는 것 같으니, 군수 등이 임의로 봉산의 존폐를 결정할 수 있었던 것인지도 아울러 회답하여 주시기를 바랍니다.

회답

1. 봉산은 모두 국유에 속하고 사찰의 소유에 속하는 것은 없다. 따라서 원적산이 만약 봉산이라면 당연히 국유이며 사찰의 소유를 인정할 수 없다.
2. 첨부된 완문, 기타 서류에 의하면 사찰이 오랜 세월 금양(禁養)한 사실을 인정할 수 있고, 따라서 관습상 사찰이 금양으로 인한 산림 소유권을 취득하지만, 봉산에 대해서는 전항에서 기술한 것처럼 사유(私有)를 허가할 수 없으므로 여전히 국유임은 물론이다.
3. 봉산은 군수가 임의로 설치·폐지할 수 없는 것으로 되었다.

조회회답 272 | 1921년 3월 4일 외사과장 조회
1921년 3월 9일 조추 제111호 중추원 서기관장 회답

병합 전 한국에서의 법인격 인허의 유무에 관한 건

요지

1. 구한국시대에 외국 법인의 소유권을 인정하였다.
2. 구한국시대에 자연인이 아닌데 소유권의 주체임을 인정한 것도 적지 않다.

조회

1. 병합 전에 외국 법인의 소유권을 인정했는가?
2. 병합 전에 한국에서 법인을 인정하고, 그 소유권을 인정했는가?

회답

1. 병합 전에 한국에서는 외국 법인의 소유권을 인정하였다.
2. 병합 전에 한국에서는 자연인이 아닌데 소유권의 주체임을 인정한 것도 적지 않다.

조회회답 273 | 1921년 1월 25일 평양복심법원장 조회
1921년 3월 14일 조추 제48호 정무총감 회답

서원의 재산에 관한 건

요지

1. 서원(書院)은 관습상 재산의 주체로 인정받았다.

조회
1. 황해도 연백군(延白郡) 은천면(銀川面) 영천리(潁川里) 소재의 문회서원[文會書院, 구 백천문회서원(白川文會書院)]이 종전부터 한국에서 독립하여 토지, 기타 재산을 소유한 관행이 있는가?

회답
1. 조선에서 서원은 관습상 재산의 주체로 인정되었고, 황해도 연백군의 백천서원은 사액서원(賜額書院)으로 존립하였다. 따라서 재산을 소유하는 자격이 있는 것으로 한다.

조회회답 274 | 1921년 2월 23일 경성지방법원 원주지청 조회
1921년 3월 29일 조추 제102호 정무총감 회답

보의 수축비에 관한 건

요지
1. 몽리자(蒙利者)가 보주(洑主)에 대해 수세(水稅)를 지급하는 경우에 몽리자가 보를 수축(修築)하는 비용을 부담하는 관습은 없다.

조회
1. 보주 갑(甲)과 수세를 부담하고 있는 몽리답(蒙利畓)의 소유주 을(乙) 사이에 보의 수축비용의 부담을 둘러싼 다음과 같은 관습의 유무.
   보의 수축비용은 갑이 전부 부담해야 하는가?
   또는 을이 전부 혹은 일부를 부담해야 하는가?
   위의 관습이 지방에 따라 다르다면 이를 구별해 달라.

회답

1. 몽리자가 보주에 대해 수세를 지급하는 경우에 몽리자가 보의 수축비용을 부담하는 관습은 없다.

   이는 모든 지방에서 같다.

조회회답 275 | 1921년 5월 9일 식산국장 조회
1921년 8월 29일 조추 제235호 중추원 서기관장 회답

입지 및 묘지에 관한 건

요지

1. 한성부윤이 그 관할 외의 토지에 대해 부여한 입지(立旨) 또는 완문(完文)도 유효하다.
2. 완문·입지·입안(立案) 등에서 분묘 용호(龍虎) 내의 입장(入葬)을 금지했다면 그 구역이 『대전회통(大典會通)』에서 정한 보수(步數)를 초과한 경우라도 관례상 유효하다.
3. 입지 또는 완문으로 정한 분묘의 경계가 분명하지 않거나 아주 넓은 경우에, 그 경계는 실지(實地)에 가서 입지 또는 완문의 기재와 대조하거나 또는 산세(山勢)를 참작하여 결정하였다.
4. 분묘의 경계를 측량함에는 '보(步)'로 계산하고, 주척(周尺) 6척을 1보로 하였다. 그리고 주척 1척은 곡척(曲尺) 6촌(寸) 6분(分)에 해당한다.

조회

1. 1916년 중추원 회답 제27호에 따르면 "종전에 한성부윤이 그 관할 외의 토지에서 입지(증명)를 부여한 사례가 있지만, 이는 원래 월권 처분이다. 따라서 앞의 입지와 해당 관찰사 또는 군수가 부여한 입지가 부합하지 않는 때에는 해당 관찰사 또는 군수가 부여한 입지를 진정한 것으로 해야 함은 물론이다."라고 되어 있다. 그런데 만약 한성부윤의 입지

또는 완문만이 단독으로 존재하는 경우에도 위 회답 전단의 취지에 따라 이를 무효로 인정해야 하는가?

2. 매장을 금지한 산야에 설치한 분묘의 경계에 대하여는 『대전회통』 권3 및 권5 등의 규정에 따라야 하는 것으로 생각되는데, 완문·입지·입안 등에는 왕왕 단지 어떤 구역이나 어떤 분묘의 용호 내라는 이유만으로 그 구역에 관리자 이외의 매장을 금지하는 뜻이 기재된 경우가 있다. 이와 같은 경우에 위 완문 등의 기재를 위의 경계 외 구역에서는 무효라고 인정해야 하는가?

3. 사패(賜牌) 이외의 방법(입지·완문)으로 분묘의 사산국내(四山局內) 소유임을 확인받은 경우, 실지에 가서 그 구역이 분명하지 않거나 또는 분명해도 아주 넓은 구역이라면 이를 어떻게 인정할 것인지에 관한 규정(또는 관례)이 있었는가?

4. 분묘의 측정에 사용하는 주척 1척은 지금의 곡척으로 몇 척에 해당하는가?

회답

1. 한성부윤이 그 관할 외의 토지에 대해 단독으로 부여한 입지 또는 완문은 유효한 것으로 인정하였다.

2. 완문·입지·입안 등에서 분묘의 용호 내 입장을 금지했다면 그 구역이 『대전회통』에서 정하는 보수를 초과한 경우라도 관례상 유효하다고 인정하였다.

3. 입지 또는 완문으로 정한 분묘의 경계가 분명하지 않거나 아주 넓은 경우에 그 경계는 실지에 가서 입지 또는 완문의 기재와 대조하거나 산세를 참작하여 결정하는 것으로 한다.

4. 분묘의 경계를 측량할 때에는 '보(步)'로 계산하고, 주척 6척을 1보로 한다. 그리고 주척 1척은 곡척 6촌 6분에 해당한다.

조회회답 276 | 1921년 6월 27일 경성복심법원 조회
1921년 9월 19일 조추 제299호 정무총감 회답

첩의 유산의 상속에 관한 건

요지

1. 첩의 수양자(收養子)는 관습상 인정되지 않는다. 그리고 첩의 유산은 자(子), 자가 없으면 손(孫), 부(夫), 호주의 순위로 승계한다.

조회

1. 첩에게 수양자가 있고 부(夫)가 사망하여 자(子) 없는 본처가 호주가 된 경우에, 첩의 유산을 상속하는 자는 본처인가, 수양자인가?

회답

1. 첩의 수양자는 관습상 인정되지 않는다. 그리고 첩의 유산은 자(子), 자가 없으면 손(孫), 자와 손 모두 없으면 부(夫), 자·손 및 부가 없으면 호주가 승계하는 것이 관습이다

조회회답 277 | 1921년 7월 1일 경성복심법원 조회
1921년 10월 8일 조추 제308호 정무총감 회답

양자인 호주의 제사권에 관한 건

요지

1. 호주가 된 양자가 품행이 나쁘다는 이유로 제사권(祭祀權)을 박탈하고 다른 친족에게 제사를 봉행하게 할 수 있는 관습은 없다.

조회

1. 양자상속(養子相續)으로 호주가 된 후에도 품행이 나빠서 조상의 제사를 봉행하기에 적절하지 않다고 인정되는 때에는, 관청 또는 문회에서 제사권만을 치탈(褫奪)하고 다른 친족에게 제사를 봉행하게 하는 관습이 있는가?

회답

1. 양자가 호주가 된 후 품행이 나빠서 조상의 제사를 봉행하기에 적절하지 않더라도, 그 제사권을 박탈하고 다른 친족에게 제사를 봉행하게 할 수 있는 관습은 없다.

조회회답 278 | 1921년 4월 29일 부산지방법원 거창지청 조회
1921년 10월 18일 조추 제231호 정무총감 회답

유산에 관한 건

요지

1. 미혼인 서자가 사망하여 형이 호주가 된 경우에, 그 가(家)에 생모가 있으면 유산은 생모가 승계한다.
2. 위의 경우에 호주 및 사자(死者)가 적자(嫡子)이면 호주가 그 유산을 승계한다.

조회

1. 호주의 동생(처자가 없는 자)이 1920년 중에 사망하였고 그 유산인 부동산은 형인 호주에게 귀속되어야 한다면, 서모(庶母)에게는 상속의 권리가 없는가?[민법 제996조, 『관습조사보고서』 356정(丁) 참조]
2. 위의 경우에 서모 아닌 생모도 마찬가지인가?

회답

1. 미혼인 서자가 사망하여 형이 호주가 된 경우에, 그 가에 생모(호주의 서모)가 있으면 유산은 생모가 승계한다.
2. 위의 경우에 호주 및 사자가 적자이고 그 가에 생모가 있으면 호주가 그 유산을 승계한다.

조회회답 279 | 1921년 7월 7일 대구지방법원 조회
1921년 11월 26일 조추 제318호 정무총감 회답

관개용수권에 관한 건

요지

1. 상류 보(洑)의 소유자는 새로 개간한 땅의 관개(灌漑)를 위해 이미 설치된 하류 보 소유자의 물 사용을 방해할 수 없다.

조회

1. 종래에 공유하천으로 흐르던 사설(私設) 보의 물을 그 하천으로 흘려보내지 않고 다른 곳으로 흐르게 한 결과, 하천의 수량이 감소하여 그 하류 지역의 관개용수가 부족하게 되었다면, 하류 지역의 소유자는 위 봇물의 이동을 제지할 수 있는 관습이 있는가?

　△ 사실 개요

종래에 갑(甲) 소유지를 흐르는 사설 보의 물[수원(水源)은 일부는 갑 소유지 내에서 용출(湧出)하고, 일부는 제3자의 소유지 내에서 용출하여 갑 소유지로 유입됨]이 갑 소유지의 관개를 충족시킨 결과, 그 여수(餘水)는 갑 소유지의 한쪽 끝에서 공유하천으로 흐르고 그 물이 직접 하류에서 을(乙) 소유지에 설치된 보로 유입되어 을 소유지의 관개에 공급되었다.

갑은 후일 다른 곳에 새로 개간한 그의 소유지의 관개에 공급하기 위해 위 봇물의 여

수를 공유하천으로 흘려보내지 않고, 봇물이 흐르는 장소에서 새로 개간한 토지로 이동시켰다. 이 때문에 공유하천의 수량이 현저히 감소하여 을 소유지에 설치된 보로 유입되지 않아 종래와 같이 을 소유지의 관개를 할 수 없게 되자, 을은 갑이 종래에 공유하천으로 흐르던 위 봇물을 이동시키는 것을 제지하고자 한다.

회답

1. 갑 소유지의 관개를 위해 설치한 보의 여수가 공류(公流)로 흐르고 그 여수가 을 소유지에 설치된 보로 유입되어 을 소유지의 관개에 공급되고 있는 경우에, 갑이 새로 개간한 토지의 관개에 공급하기 위해 위 여수를 공류로 흘려보내지 않고 새로 개간한 토지로 인도한 결과, 공류의 수량이 현저히 감소하고 을 소유지에 설치된 보로 유입되지 않아서 을 소유지의 관개를 할 수 없게 되었다면, 을은 갑이 위 여수를 새로 개간한 토지로 인도하는 것을 제지할 수 있는 것이 관습이다. 설사 갑 소유지에 설치된 보의 수원이 일부는 갑 소유지 내에서 용출하고 일부는 타인의 소유지 내에서 용출하는 경우라도 마찬가지다.

조회회답 280 | 1921년 11월 1일 광주지방법원 전주지청 조회
1921년 12월 6일 조추 제430호 정무총감 회답

묘지소유권의 취득 및 분묘의 굴이에 관한 건

요지

1. 타인 소유 산지에 분묘를 설치하고 장기간을 경과했어도 이로 인해 그 부지의 소유권을 취득하는 관습은 없다.
2. 평온·공연하게 타인 소유 산지에 분묘를 설치한 후 토지소유자가 변경된 때에 새로운 소유자가 그 분묘의 굴이(掘移)를 청구하지 못하는 관습은 없다.

조회

1. 지금부터 약 30년 전에 타인 소유의 산지에 분묘를 설치한 이래로 타인이 아무런 이의를 제기하지 않았다면, 그 자손이 해당 분묘의 주위 약 4간(間) 부지의 소유권을 취득하는 관습이 있는가?
2. 타인의 소유 산지에 분묘를 설치하고 평온·공연하게 그 묘지의 점유를 지속해 온 경우에는, 해당 분묘의 설치가 수년을 경과하지 않았더라도 그 후에 그 산지의 소유권을 취득하는 자는 해당 분묘의 이장을 청구할 수 없는 관습이 있는가?

회답

1. 타인 소유의 산지에 토지소유자의 승낙 없이 분묘를 설치하고 아무도 이의를 제기하지 않고 30년 이상이 경과한 경우라도, 그 자손이 그 분묘가 있는 곳 및 주위 약 4간의 부지에 대해 소유권을 취득하는 것과 같은 관습은 없다.
2. 타인 소유의 산지에 분묘를 설치하고 평온·공연하게 그 묘지를 점유한 경우에, 아직 몇 년도 지나지 않았고 또 토지소유자가 변경된 때라도, 토지의 새로운 소유자가 그 분묘의 굴이를 청구하지 못하는 관습은 없다.

조회회답 281 | 1921년 9월 28일 부산지방법원 민사부 재판장 조회
1921년 12월 12일 조추 제366호 정무총감 회답

동성동본의 혼인에 관한 건

요지

1. 동성동본 간의 혼인은 무효이다.

조회

1. 조선인 간에 동성동본 혼인을 금지하는 관습은 지금도 일반적으로 존속하는가, 아닌가? 만약 존속한다면 그들 간에 이루어진 혼인은 무효인가?

회답

1. 조선의 관습은 동성동본 간의 혼인을 인정하지 않는다. 이들 간에 이루어진 혼인은 무효이다.

조회회답 282 | 1921년 11월 22일 광주지방법원장 조회
1922년 1월 12일 조추 제11호 정무총감 회답

부를 살해한 처의 양자선정권에 관한 건

요지

1. 장남이 자(子) 없이 사망한 후 부(父)가 모(母)에게 살해된 경우에 모는 양자 또는 차양자(次養子)를 선정할 권한이 없다.

조회

1. 갑남(甲男)과 그의 처 을녀(乙女) 사이에는 장남 병(丙)이 있고 정녀(丁女, 1895년생)를 처로 맞았으나 자(子) 없이 병남이 사망한 후, 갑남이 그의 처 을녀에게 살해되었다.
   (1) 갑남의 사후양자(死後養子)로서 을녀가 양자입양을 하는 것인가, 병남의 사후양자로서 정녀가 양자입양을 하는 것인가?
   (2) 을녀는 차양자를 들일 수 있는가?
   (3) 을녀가 그 부(夫)를 살해한 죄로 형의 선고를 받으면 사후양자 또는 차양자를 선정할 권한을 상실하는가? 또 그 권한의 상실에는 그 형의 경중 혹은 판결의 확정·미확정

에 따른 구별이 있는가?
(4) 을녀가 만약 사후양자 또는 차양자를 들일 권한을 상실한다면 문회(門會)에서 이를 선정하게 되는가?
(5) 차양자에게는 연령 제한이 있는가? 설사 1, 2세의 남자 어린아이라도 무방한가?

추가로 전라남도 곡성군(谷城郡) 지방에 조선의 일반적인 관습과 다른 점이 있다면 그에 대해서도 회답하여 주시기 바랍니다.

회답

1. 갑남과 그의 처 을녀 사이에 장남 병이 있고 정녀를 처로 맞았으나 자(子) 없이 사망한 후 갑이 을에게 살해당한 경우에, 정이 병을 위해 양자를 들여야 하며 을은 갑의 양자 또는 차양자를 들일 수 없다.

   이는 전라남도 곡성군 지방도 관습을 달리하지 않는다.

조회회답 283 | 1922년 2월 6일 임아조사위원회 조회
1922년 6월 7일 조추 제32호 중추원 서기관장 회답

구 한성부윤의 직무권한에 관한 건

요지

1. 한성부(漢城府)의 관할구역은 한성(漢城) 내로 한정되며 현재 경성부(京城府)의 구역과 대략 동일하다.
2. 토지에 관한 사건에 대해 한성부는 그 구역에 상관없이 입지·입안을 발급할 권한을 가졌다.
3. 한성부윤(漢城府尹)의 입지·입안은 해당 관찰사 또는 군수의 완문·입지 등을 근거로 하는 경우에만 유효했던 것은 아니다.

조회

1. 구 한성부의 소관은 행정구역처럼 일정 구역에 한정되었는가? 그렇다면 그 소관 구역은 지금 행정구역의 어디에 해당하는가?
2. 만약 한성부윤의 소관 권한에 지역에 따른 제한이 없다면 그 직무권한의 종류 및 범위는 어떠한가?

회답

1. 한성부의 관할구역은 한성 내로 한정되며 현재 경성부의 구역과 대략 동일하다.
2. 토지에 관한 사건에 대해 한성부는 그 구역에 상관없이 입지·입안을 발급할 권한을 가졌다.
3. 한성부윤의 입지·입안은 해당 관찰사 또는 군수의 완문·입지 등을 근거로 하는 경우에만 유효했던 것은 아니다.

조회회답 284 | 1922년 5월 1일 임야조사위원회 위원장 조회
1922년 6월 7일 조추 제165호 중추원 서기관장 회답

분묘의 이장에 관한 건

요지

1. 왕릉을 설치하는 경우에 그 내해자(內垓字)의 구역 내에 있는 인민의 분묘는 당연히 이장하는 것이 관례로서, 이들에 대해 국유지인 산에 입장(入葬)을 허용하고 또 사패(賜牌)를 발급했지만 타인 소유의 산에 이장을 허용한 경우는 없다.

조회

1. 지금부터 약 20년 전에 양주군(楊州郡) 미금면(渼金面) 금곡리(金谷里)에 왕릉을 설치했을

때, 금곡리에 소재한 인민의 분묘에 대해 정부가 이장을 명한 경우가 있는가?
2. 위의 명령에 따라 이장하는 자에게는 타인 소유의 산에도 입장을 허용했는가?
3. 위의 명령을 따라 이장하는 자에 대해 전교(傳敎)로 그 구역을 사패한 경우가 있는가?

회답

1. 조선에서는 왕릉을 설치할 때 그 내해자의 구역 내에 있는 인민의 분묘는 당연히 이장하는 것이 관례로서, 22년 전(1900년) 양주군 미금면 금곡리에서 산릉(山陵)에 봉표(封標)를 세울 때에도 정부가 그 내해자의 구역 내에 있는 분묘의 소유자에 대해 이장을 명하였다. 그리고 이장을 한 자에게는 국유지인 산에 입장을 허용하고 또 사패를 발급했지만 타인 소유의 산에 이장을 허용한 경우는 없다.

조회회답 285 | 1922년 5월 11일 임야조사위원회 위원장 조회
1922년 6월 7일 조추 제185호 중추원 서기관장 회답

종가 상속 및 종손 자격 소멸에 관한 건

요지

1. 종손인 직계비속이 없는 경우에는 남계혈족 중 자(子)의 항렬에 해당하는 남자를 양자로 하는 것이 관례이다.
2. 남호주(男戶主) 생존 중에는 친족회가 상속인을 선정하는 일이 없다. 단 호주의 사망 후에 근친(近親)이 없는 경우에 친족회가 상속인을 선정한다.
3. 상속인 폐제(廢除)의 관습은 없지만, 상속인이 양자로서 가문의 명예를 더럽히는 중대한 죄를 범하여 사정이 부득이한 경우는 그를 파양할 수 있다.
   위의 경우 피상속인의 사후(死後)에 근친이 없으면 친족회에서 파양할 수 있다.
4. 절가(絶家)의 유산(遺産)은 근친에 귀속한다. 근친이 없으면 친족회에서 그 귀속을 정하는

경우가 있다.

조회
1. 종손인 직계비속이 없는 경우에 종가의 호주는 방계혈족 중에서 상속인을 지정할 수 있는 구관(舊慣)이 있었는가?
2. 위의 경우 종중회의를 열어 상속인을 선정하는 구관이 있었는가? 또 위 종중회의의 선정은 피상속인이 지정하지 않고 사망한 경우에 한하는가, 피상속인 생존 중에도 하였는가? 만약 생존 중에도 했다면 지정과 선정 중에 무엇이 우선했는가?
3. 종손이 종가의 명예를 훼손하는 행위를 했을 때 종중회의에서 종손의 자격을 박탈하는 구관이 있었는가?(그 종중회의 결의의 효력은 지정 또는 선정에 의하여 종가에 들어오는 자에게만 미치는 것인지 여부) 만약 있었다면 그 신분·재산상 효력은 어떠했는가?
4. 만약 위 종중회의의 결의가 유효하다면 더 나아가 종중회의에서 그 상속인도 선정할 수 있는가? 위 결의의 효력은 그 직계비속에는 미치지 않고 위의 종손인 자(子)가 종가를 상속하는 것인가? 만약 직계비속도 없고 종중회의에서 선정도 하지 않아 종가가 절가(絶家)된 때에 그 재산권의 귀속은 어떻게 되는가?

회답
1. 문의와 같은 경우에는 남계혈족 중 자(子)의 항렬에 해당하는 남자를 양자로 들이는 것이 관례다.
2. 남호주의 생존 중에 친족회를 열어 상속인을 선정하는 관습은 없다. 그리고 남호주의 사망 후 친족회에서 그 양자를 선정하는 경우는 있지만, 이는 선정할 근친이 없는 경우에 한한다.
3. 조선에는 상속인 폐제의 관습이 없다. 단 상속인이 양자인 경우 그가 가문의 명예를 더럽히는 중대한 죄를 범하여 사정상 부득이한 경우에는 그를 파양할 수 있고, 피상속인의 사후 파양을 할 수 있는 근친이 없으면 친족회에서 파양한다.
4. 절가의 경우 호주의 유산은 근친에 귀속하고 귀속할 근친이 없으면 친족회에서 그 귀속을 결정하는 경우가 있다.

조회회답 286 | 1922년 1월 25일 함흥지방법원 민사부 조회
1922년 6월 8일 조추 제26호 정무총감 회답

승려의 특유재산에 관한 건

요지

1. 승려가 사망한 경우 그 유산은 상좌(上佐)가 승계하고, 상좌가 여러 명인 때에는 출가 의식을 한 순서에 따라서 승계한다. 상좌가 없으면 사유(寺有)가 된다. 단 법사(法師)로부터 승계한 재산은 그렇지 아니하다.

   법사로부터 승계한 재산은 법제(法弟)가 승계하고, 법제가 여러 명인 때에는 출가의식을 한 순서에 따라서 승계한다. 법제가 없으면 사유(寺有)가 된다.

   승려가 환속한 경우에 은사(恩師) 또는 법사로부터 승계한 재산의 승계는 사망의 경우와 다르지 않고, 기타 재산은 여전히 그 승려가 소유한다.

2·3. 상좌가 승계한 재산이 제위토(祭位土)이더라도 그 승계에 관한 다른 관습은 없다.

조회

1. 조선에서 어떤 사원(寺院)에 소속한 승려가 종래에 소유했던 특유재산인 토지는, 그 승려가 사망하거나 환속하면 당연히 소속 사원의 소유가 되는 관습이 있는가?
2. 그렇지 않고 환속과 동시에 자기의 소유로서 사원 밖으로 그것을 가지고 나갈 수 있는 관습이 있는가?
3. 환속이나 사망으로 사원에 소속한 승려가 이를 상속하는 관습이 있는가? 만약 있다면 그 순위 또는 상속인 선정·지정 등의 방법은 어떠한가?
4. 위의 상속재산이 예전 승려의 위토(位土)인 경우에 특별한 관습이 있다면 그 내용은 어떠한가.
5. 위 1.의 경우에 위토인 상속재산이 사유(寺有)가 되면 사원에서 제사자(祭祀者)를 정하는데 특별한 관습이 있는가?

회답

1. 승려가 사망한 경우에는 그 은사로부터 승계한 재산은 상좌가 승계하고, 상좌가 여러 명인 때에는 출가의식을 한 순서에 따라서 그 순위를 정한다. 그렇지만 만약 상좌가 없으면 사유(寺有)가 된다. 그리고 이 관계는 그 승려가 은사 또는 법사로부터 승계하지 않은 재산에 대해서도 동일하다. 다음으로 법사로부터 승계한 재산은 법제(法弟)가 승계하고, 법제가 여러 명인 때 출가의식을 한 순서에 따라서 그 순위를 정하는 것은 상좌의 경우와 다르지 않다. 또 법제가 없으면 그 재산은 사유(寺有)가 된다.

   승려가 환속한 경우에, 은사 또는 법사로부터 승계한 재산의 승계는 사망의 경우와 다르지 않고, 다만 기타 재산은 여전히 그 승려가 소유한다.

2. 전항에 따라 상좌가 승계한 재산이 그 수익을 어떤 승려의 제사비용에 충당해야 할 위토라고 하더라도 그 승계에 대한 다른 관습은 없다.

3. 어떤 승려의 제위토인 재산이더라도 이를 승계할 상좌가 있으면 사유(寺有)가 되지 않고, 다만 상좌가 없는 경우에 비로소 사유가 되는 경우가 있는데 불과하다. 그리고 별도로 제사자를 정하는 관습은 없다.

조회회답 287 | 1922년 5월 10일 대구복심법원 형사제1부 조회
1922년 6월 26일 조추 제184호 정무총감 회답

재가한 자의 친권 행사에 관한 건

요지

1. 부(夫)의 사망 후 자(子)를 남겨 두고 재가(再嫁)하거나 타인의 첩이 된 부녀(婦女)는, 사망한 전부(前夫)의 가에 복귀한 경우에도 자(子)에서 친권자가 될 수 없는 것이 관습이다.

조회

1. 조선에서는 처가 부(夫)의 사망 후 자기가 낳은 자(子)를 남겨 두고 타가(他家)에 처 혹은 첩으로서 재가한 후, 다시 타가의 부(夫)와 이혼하거나 부첩(夫妾) 관계를 단절하고 망부(亡夫)의 가에 복귀했다면, 자기가 낳은 아이에 대해 친권을 가질 수 없는 것이 관습인가?

회답

1. 처가 부의 사망으로 인해 그 부와의 사이에 태어난 자를 남겨 두고 타가에 처 혹은 첩이 되었고, 훗날 다시 그 부와 이혼하거나 첩 관계를 단절하고 죽은 전부(前夫)의 가에 복귀했다면, 그 전부와의 사이에 태어난 아이에 대해 친권을 가질 수 없는 것이 관습이다.

조회회답 288 | 1922년 6월 23일 함흥지방법원 민사부 재판장 조회
1922년 7월 17일 조추 제240호 정무총감 회답

호주의 권리의무에 관한 건

요지

1. 호주는 가족에 대해 거소(居所)를 지정할 수 있는 관습이 있다. 단 가족이 비속(卑屬)인 경우에 한한다.
2. 가족이 호주의 의사에 반하여 그 지정한 거소에 있지 않은 경우라도 호주가 이에 대해 부양의 의무를 면하는 관습은 없다.
3. 부양의무자는 자신의 선택에 따라 부양권리자를 인수하거나, 혹은 인수하지 않고 생활의 자료만 급부할 수 있는 관습이 있다.

조회

1. 조선인 사이의 관습으로서, 호주는 가족에 대해 거소를 지정할 수 있는 관습이 있는가?

가족이 존속(尊屬)인지 비속인지에 따른 구별이 있는가?
2. 만약 호주에게 지정권이 있다면, 가족이 호주의 의사에 반하여 호주가 지정한 거소에 있지 않은 동안에는 호주가 이에 대해 부양 의무를 면하는 관습이 있는가?
3. 부양의무자는 자기의 선택에 따라 부양권리자를 인수하여 부양하거나, 인수하지 않고 생활의 자료를 급부할 수 있는 관습이 있는가?

회답

1. 호주는 가족의 거소를 지정할 수 있는 관습이 있다. 단, 이 권리는 가족이 비속인 경우에만 이루어진다.
2. 가족이 호주의 의사에 반하여 그 지정한 거소에 있지 않은 경우라도 호주가 이에 대해 부양의 의무를 면하는 관습은 없다.
3. 부양의무자는 자기의 선택에 따라 부양권리자를 인수하여 부양하거나, 인수하지 않고 생활의 자료만 급부할 수 있는 것이 관습이다.

조회회답 289 | 1922년 6월 21일 부산지방법원 통영지청 조회
1922년 8월 25일 조추 제245호 정무총감 회답

어업자 간 대차에 관한 건

요지

1. 선주(船主)가 공동으로 어업을 경영하는 격군(格軍)에 대해 금전을 가불[前貸]한 경우, 사업이 손실을 입더라도 격군은 가불금을 변제할 의무를 면하지 못한다.

조회

1. 경상남도 연안의 각 지방, 특히 통영군(統營郡) 지방에서 어업자(漁業者)인 자본가는 선주

로서 금전을, 노동자는 격군으로서 노무를 각각 출자하여 전어잡이[鱄漁業]를 공동 경영하는 경우가 있다. 이때 빈곤한 격군은 어업에 종사하면서 생활에 충당하기 위해 선주에게 금품을 차용하기도 한다(금액은 격군의 능률을 헤아려 정한다고 함). 이 경우 해당 어업 경영의 결과 이익이 없고 손실만 생겼다면, 위 대차(貸借) 관계가 완전히 소멸하고 선주는 격군에 대해 그 대여금의 변제를 청구할 수 없는 것이 관습인가?

회답

1. 통영 지방에서 선주와 격군이 공동으로 어업을 경영하면서 선주가 격군에게 금전을 가불하는 경우가 있다. 그리고 그 사업이 손실을 입어도 격군이 그 가불금을 변제할 의무를 면하는 관습은 당연히 없다.

조회회답 290 | 1922년 9월 19일 공주지방법원 조회
1922년 10월 12일 조추 제365호 정무총감 회답

이혼의 효과에 관한 건

요지

1. 생가에서 귀양(歸養) 중인 처에 대해 이유 없이 부(夫)가 이혼장을 발송하고 처의 소유품을 송부해도, 처의 승낙이 없는 한 이혼의 효력은 생기지 않는다.

조회

1. 조선인 사이에서 부(夫)가 단순히 일시적 귀향[里歸]의 취지로 생가에서 귀양 중인 처에 대해 갑자기 이혼장 및 처의 짐을 보내고, 처가 이를 수령한 채 아무런 이의를 제기하지 않고 6개월 이상의 기간을 묵과했다면, 설사 처가 실제로는 이혼 승낙의 의사가 없음에도 불구하고 부(夫)의 일방적 의사표시로 이혼의 효과가 발생하는 관습이 있는가? 또 민

도(民度)의 계급에 따른 차이가 있는가?

회답

1. 조선인 간에 생가에서 귀양 중인 처에 대해 아무런 이유 없이 부(夫)가 이혼장을 보내고 동시에 처의 소유품을 돌려보냈으며, 처가 이를 받고서 아무런 이의를 제기하지 않고 6개월 이상이 경과했더라도, 처가 이혼을 승낙하는 의사를 표시하지 않았다면 관습상 이혼의 효력이 생긴다고 인정하지 않는다.

이는 계급에 따라 다르지 않다.

조회회답 291 | 1922년 8월 23일 평양복심법원장 조회
1922년 10월 21일 조추 제322호 정무총감 회답

소작료 징수계약 해제에 관한 건

요지

1. 지주가 기간을 정하여 타인(소작인)에게 소작료 징수를 위탁하며 상대방은 징수 비용을 부담하고 또 풍흉(豊凶)에 상관없이 일정한 도조(賭租)를 납부하기로 계약한 경우, 그 상대방에게 계약을 위반하는 행위가 없음에도 언제든지 임의로 해약할 수 있는 관습은 없다.

조회

1. 지주 갑(甲)이 일정한 기간을 정하여 을(乙)에게 갑 소유의 토지에서 가을 수확물을 을의 비용으로 징수하고, 을은 지주 갑에게 그해의 풍흉 여하에 상관없이 일정한 도조를 납부하고 남은 가을 수확물은 모두 을의 소득으로 삼기로 약정한 경우, 을에게 계약을 위반하는 행위가 없음에도 지주 갑이 자기 임의대로 언제든지 위 계약을 해제할 수 있는 관습이

있는가?

회답

1. 지주가 기간을 정하여 그 소유지의 소작료를 상대방의 비용으로 징수하고, 그 해의 풍흉에 상관없이 일정한 도조를 납부하기로 계약한 경우, 그 상대방에게 계약을 위반하는 행위가 없음에도 언제든지 임의로 해약할 수 있는 관습은 없다.

조회회답 292 | 1922년 11월 9일 법무국에 대한 중추원 회답[89]

유언에 관한 건

요지

1. 유언에는 징해진 빙식이 없고 지필 서면, 대필 서면 혹은 구두(口頭) 등으로 하는 경우가 있다.
2. 유언서는 유언자 스스로 보관하거나, 타인에게 보관을 위탁 또는 보관자를 지정한다. 지정이 없으면 유언집행자가 이를 보관한다.
3. 유언을 집행하는 시기에 관해서는 그 취지에 따라 유언자의 사망 후 곧바로 집행해야 하지만, 유산의 분배에 대하여는 일정 시기의 도래를 기다리기도 한다.
4. 유언집행자는 장남이 된다. 장남이 사망하고 장손이 있다면 장손이, 장손이 없는 때에는 차남 이하의 순으로 유언집행자가 된다. 해당하는 자들이 모두 없는 때는 부(父) → 조부 → 처 → 모 → 조모 → 장자부(長子婦) → 딸 등의 순위로 유언집행자가 된다.

처의 유언은 부(夫)가 집행하고 부가 없으면 근친(近親) → 문장(門長) → 이장(里長)의 순

---

[89] 이 항목(유언에 관한 건)에는 '조회(문의)' 부분이 생략되어 있다.

위로 집행한다.

회답

1. 유언의 방법

   정해진 방식은 없으며, 자필 서면으로 하는 경우가 있다. 대필 서면으로 하거나, 구두로 하는 경우도 있다. 구두로 하는 경우에는 가족, 기타 근친의 면전에서 하는 것이 보통이다. 자필 또는 대필 서면으로 하는 경우에는 그 서면에 날인 또는 화압(花押)을 하고, 또 대필의 경우에는 필자 및 증인의 날인 또는 화압을 갖추는 것이 통례이다. 또 유언자에게 근친이 없으면 이장 및 기타 사람을 증인으로 삼아 유언을 남기는 경우도 있다.

2. 유언서의 보관

   유언서는 유언자 자신이 보관하거나, 타인에게 보관을 위탁 혹은 보관자를 지정하기도 한다. 만약 유언자가 보관자를 지정하지 않으면 유언을 집행해야 할 자가 이를 보관한다.

3. 유언을 집행하는 시기

   유언집행자는 유언의 취지에 따라 유언자의 사망 후 곧바로 그 유언을 집행해야 하지만, 유산의 분배에 관한 유언의 집행에 대하여는 일정 시기가 도래하기를 기다리기도 한다. 예를 들어 부모의 삼년상(三年喪)이 끝나기를 기다리거나, 차자(次子) 이하에 대한 재산의 분할을 분가할 때까지 기다리는 것, 아직 결혼하지 않은 딸에 대한 재산의 증여 등을 출가를 기다렸다가 집행하는 것 등이 이에 해당한다.

4. 유언집행자

   유언의 집행은 장남이 담당하는 것이 관례로서, 장남이 사망하고 장손(장남의 장남)이 있는 때에는 장손이, 장남·장손 모두 없는 때에는 차남 이하의 순위로 담당하며, 이에 해당하는 자들이 모두 없는 때에는 부(父) → 조부 → 처 → 모 → 조모 → 장자부(長子婦) → 딸 등의 순위로 담당하는데, 이상은 모두 그 가에 있는 경우에 한한다. 또 처의 유언은 부(夫)가 집행하고, 위에 열거한 자들이 모두 없으면 기타 근친이 담당하고, 근친이 없으면 문장이 담당하며, 문장이 없으면 이장이 유언을 집행하는 경우가 있다.

조회회답 293 | 1922년 12월 8일 임야조사위원회 위원장 조회
1922년 12월 28일 조추 제483호 중추원 서기관장 회답

분묘 한계의 규정에 관한 건

요지

1·2. 『대전회통(大典會通)』 「형전(刑典)」 청리조(聽理條) 중 분묘의 경계[界限]에 관한 규정은, 입장지(入葬地)의 소유자가 누구인에 관계없이 적용되었다.
『형법대전(刑法大全)』 중 분묘의 한계에 관한 규정도 역시 같다.

조회

1. 『대전회통』 「형전」 중 분묘에 관해 (1) 사대부(士大夫)의 분묘는 그 품질(品秩)에 따라 각각 보수(步數)가 있다. 금지를 무릅쓰고 투장(偸葬)한 자는 법에 따라 굴이(掘移)한다, (2) 유주산(有主山)과 인가(人家) 근처에 투장하는 것은 금지[禁斷]한다 등의 규정은, 그 입장지가 타인의 소유인 경우에는 적용되지 않았는가? 또는 그 입장지가 타인의 소유지인지 여부, 또는 국유인지 민유인지 관계없이 적용되었는가?
   [예를 들어 갑(甲)의 분묘에 접근하여 을(乙)이 정해진 경계를 침범하여 투장한 경우, 그 투장한 장소가 을 혹은 병(丙)의 소유 또는 국유인 경우, 갑은 을에 대해 굴이를 청구할 수 없었는가?]
2. 『형법대전』 시행 후 분묘 한계에 관한 규정은, 입장지가 타인의 소유인 경우 적용되지 않는다 하더라도 입장지가 국유인 경우에는 당연히 적용되었는가?

회답

1. 『대전회통』 「형전」 청리조 중 (1) 사대부의 분묘는 그 품질에 따라 각 보수가 있고, 금지를 무릅쓰고 투장한 자는 법에 따라 굴이한다, (2) 유주산과 인가 근처에 투장하는 것은 금지한다 등의 규정은, 입장지의 소유자와 관계없이 적용되었다.
2. 『형법대전』 중 분묘의 한계에 관한 규정도 역시 장지(葬地)의 소유자가 누구인지 묻지 않았다.

조회회답 294 | 1922년 11월 3일 함경남도 지사 조회
1923년 1월 18일 조추 제428호 중추원 서기관장 회답

서원에 관한 건

요지

1. 서원(書院)의 설립·폐지에 관하여 전도(全道) 유림(儒林) 대표자 전부가 합의해야 한다는 관습은 없다.
2. 서원의 재산을 처분하는 데에는 관계 유림의 결의(決議)가 필요하지만, 피제사자(被祭祀者) 자손이 동의하거나 결의에 참가할 필요는 없었다. 단 자손이 서원의 설립 또는 유지를 위해 재산을 기부한 경우는 그렇지 않다.
3. 서원에는 원장, 부원장, 장의(掌議), 유사(有司), 기타 직원을 두는 것이 통례이나, 그 지위·직무·권한 등은 서원마다 다르며 반드시 동일하지 않다.
   서원의 직원이 서원의 기본 재산을 처분하는 결의를 하더라도 관계 유림의 승인이 없으면 무효다.
4. 서원은 석유(碩儒)를 제사하고 경학(經學)을 강의하는 학사(學舍)로서, 공인된 사액서원(賜額書院)에는 학전(學田) 3결(結)이 지급되었다.

조회

1. 각 도(道)에 소재한 서원의 설립·폐지에 관하여 전도(全道) 유림(儒林) 대표자 전부의 합의를 거쳐야 한다는 구관(舊慣)이 있었는가? 또 그러한 절차를 이행한 실례가 있었는가, 없었는가?
2. 서원의 재산(주로 기본 재산)을 처분할 때 해당 서원의 관계 유림뿐만 아니라 피제사자의 자손이 동의하거나 결의에 참가해야 한다는 구관이 있었는가, 없었는가? 만약 있었다면 이는 자손이 서원 설립 또는 유지를 위해 재물을 기부한 경우에 한했는가, 아닌가? 또 재산의 처분에도 전도 유림 대표자가 합의해야 하는 관습이 있었는가?
3. 서원의 관리직으로서 원장·부원장·제사집행자와 관리사무의 처리자로서 장의·유사·

원감(院監) 등의 직원이 있었는가? 아울러 그 지위와 직무의 권한은 어떤 것이며, 이들 직원이 서원의 기본 재산을 처분하기로 한 결의는 유효한가, 아닌가?

4. 서원은 구한국시대에 어떤 지위와 대우를 받았는가? 이조(李朝)라 하더라도 민의에 반하여 그 폐지를 명하지 못한 사실 또는 이유가 있었는가?

회답

1. 서원의 설립·폐지에 관하여 전국 유림 대표자 전부가 합의해야 한다는 관습은 없다. 또 그러한 절차를 이행한 실례가 있다는 것은 듣지 못하였다.
2. 서원의 재산을 처분할 때에 관계 유림의 결의가 필요하지만, 피제사자의 자손이 동의하거나 결의에 참가할 필요가 있다는 관습은 없다. 단 그 자손이 서원의 설립 또는 유지를 위해 재산을 기부한 경우에는 그 동의 또는 결의에 참가할 필요가 있었다. 그리고 전국 유림의 대표자가 합의해야 한다는 관습은 없다.
3. 서원에는 원장·부원장·장의·유사·기타 직원을 두는 것이 통례이나, 그 지위·직무·권한 등은 서원마다 다르며 반드시 동일하지 않다. 서원의 직원이 서원의 기본 재산을 처분하는 결의를 하더라도 관계 유림의 승인이 없으면 효력이 없다.
4. 서원은 석유를 제사하고 경학을 강의하는 학사로서, 공인된 사액서원에는 학전 3결을 지급하였다. 그리고 정부는 민의에 상관없이 필요한 경우에는 그 폐지를 명하였다.

조회회답 295 | 1923년 5월 19일 부산지방법원 진주지청 재판장 조회
1923년 7월 14일 조추 제269호 정무총감 회답

제사상속에 관한 건

요지

1. 적장남(嫡長男)은 종가(宗家)가 아닌 생가의 상속을 위한 양자가 될 수 없다.

2. 양자의 처자식은 양자를 따라서 양가(養家)에 입가(入家)하고, 그 적장남은 그 가의 제사상속인이 되는 것이 관습이다.

조회

1. 조선에서 적장남은 종가의 상속 외에 생가[부(父) 또는 조부의 생가]의 상속을 위해서도 타가(他家)의 양자가 되어 그 가의 제사상속인이 될 수 있는 것이 관습인가?
2. 위와 같은 것이 관습이라면 그 생가의 상속을 인정하는 범위는 어떠한가? 예를 들어 부 또는 조부의 생가에 그치는가, 증조부 이상 몇 대까지도 미치는가?
3. 조선에서 적장남을 데리고 타가의 양자가 된 때에 그 적장남은 부(父)와 함께 입가한 가의 제사상속인이 될 수 있는가?

회답

1. 조선의 관습상 적장남은 종가의 상속 외에 생가[부(父) 또는 조부의 생가]의 상속을 위해서 타가의 양자가 될 수 없다.
2. 조선의 관습상 양자는 처자식이 있는 것이 상례(常例)로, 그 처자식을 데리고 입가할 수 있으므로 적장남은 그 가의 제사상속인이 될 수 있는 것이 관습이다.

조회회답 296 | 1923년 4월 16일 간이보험국 조회
1923년 7월 21일 조추 제280호 중추원 회답

가독 및 유산의 상속 순위에 관한 건

요지

1. 조선의 상속에는 제사상속·호주상속·재산상속의 세 종류가 있다.
2. 제사상속의 순위에서 자(子)는 손(孫)에 우선하고, 적자와 서자 간에는 적자가 우선한다

(단 여자는 상속권이 없음). 동일 순위에 있는 자가 상속 개시 전에 사망한다면 그의 자(子)가 상속인이 되고, 자가 없으면 사망한 상속인을 위해 양자를 들여 상속인으로 한다.
3. 호주상속의 순위는, 제사자가 이를 하는 경우에는 제사상속의 순위와 동일하지만, 제사자가 없는 경우 혹은 미정인 경우에는 그 가에 있는 여자 중 조모 → 모 → 처 → 딸 등의 순위로 한다.
4. 호주가 사망한 경우 재산상속인의 순위는, 제사상속인, 기타 제사자 및 그의 동생이고, 동생이 2인 이상인 때에는 동시에 상속인이 되지만, 그 가에 있는 자에 한한다. 손(孫)은 상속인인 부(父)가 이미 사망한 때에는 그 상속분을 받고, 사망한 상속인의 자(子)가 없는 때에는 처 또는 그의 양자가 이를 받으며, 그 외에는 호주상속의 경우와 다르지 않다.
5. 가족인 기혼 남자가 사망한 경우의 재산상속인은, 장남 및 차남 이하의 남자손이 이를 승계하고, 이상의 자가 없고 사자(死者)가 장남인 경우에는 부(父)가 이를 승계하고, 차남 이하의 중자(衆子)인 때에는 그의 처가 승계한다.
6. 가족인 미혼 남자 또는 여자가 사망한 경우에는 부(父), 부(父)가 없는 때에는 호주가 이를 승계한다.
7. 처의 유산은 부(夫)가 승계한다.
8. 과부의 유산은 자(子)·손(孫), 자·손이 없는 때에는 호주가 승계한다.

조회

1. 번거로우시겠지만 당국의 보험금 수령인 조사에 필요하기에 다음 지방에서 조선민사령(朝鮮民事令) 제11조 제2항의 소위 관습에 의한 상속의 순위(가독 및 유산의 구별에 따라 각각)를 회보(回報)해 주십사 의뢰합니다.

회답

조선의 상속에는 제사상속·호주상속·재산상속의 세 종류가 있다. 다만 민법에서 쓰는 가독상속(家督相續) 및 유산상속이라는 단어는 그 내용상 조선에서 이루어지는 상속과 다소 차이가 있다. 지금 상속의 순위를 설명하기 위해 우선 상속의 종류를 기술할 필요가 있기에 다음과 같이 간략히 서술한다.

1. 상속의 종류

   1) 제사상속

   조선에서는 조상의 제사를 매우 중요한 일로 여겨 장자손(長子孫, 장남 또는 장남 계열의 장남손)이 제사자의 지위에 서고, 만약 그 지위에 설 자손이 없는 때에는 양자(남자에 한함)를 들여 그 단절을 막고자 하였는데 이를 봉사(奉祀)라고 한다.

   제사자 지위의 상속은 호주 지위의 상속을 수반하는 것이 보통이지만, 가족이 제사자 지위를 승계하는 경우[부조(父祖)의 봉사자(奉祀者)인 가족이 사망하고 그 자(子)가 봉사자가 된 때 등]에는 그렇지 않다. 또 제사자 지위의 상속은 항상 재산상속을 수반한다.

   2) 호주상속

   조선에서는 호주의 사망이나 기타 사유로 가에 호주가 없게 된 때, 그 가에서 조상의 제사자 지위를 승계하는 자(남자에 한함)가 호주의 지위를 승계하고, 만약 제사자 지위를 승계할 자가 없는 때에는 특별한 경우(차양자의 경우)를 제외하고는 그 가에 있는 딸 중 가장 빠른 순위에 있는 자가 호주의 지위를 승계한다.

   민법의 가독상속과 같이 조선에서의 호주상속 역시 호주의 지위를 승계함과 동시에 호주가 가지고 있던 재산을 승계하지만, 어떤 경우는 그 모든 재산을 승계하고(독자 또는 딸의 호주상속의 경우), 어떤 경우는 2분의 1을 승계하며(상속인이 장남으로서 차남 이하에 2인 이상의 남자가 있는 경우), 혹은 3분의 1을 승계하는(상속인이 장남으로서 차남이 1인 있는 경우) 등 각각 다르다. 메이지 민법의 가독상속이 재산에 대해 전산상속주의(全産相續主義)를 채택하고 있는 데 비해 조선의 호주상속은 재산에 대한 분할상속주의에 따르기 때문에 이를 동일시해서는 안 된다. 따라서 그 명칭에 있어서도 가독상속이라고 부르는 것은 내용에 대한 오해를 초래할 우려가 있다.

   3) 재산상속

   조선에서 호주가 사망 및 기타 사유로 변경되었다면 전호주(前戶主)에게 속했던 재산은 그 전부 또는 일부를 신호주(新戶主)가 승계하고, 또 가족의 사망·파양 등의 경우에도 상속인이 그 유산을 승계하는 것이 상례다. 제사상속의 경우는 항상 재산상속을 수반한다. 그렇지만 재산상속은 제사상속 또는 호주상속의 경우와는 달리 전혀 다른 사람이 상속하는 경우가 있다. 예를 들어 장남이 제사상속을 했고 차남 이하의 자가 망부(亡父)의 유산 일부를 승계하는 경우, 차남 이하의 자는 재산만 상속하고 제사상속을 하지 않는다. 따라서 재산상속이 완전히 제사상속에 포함된다고 할 수 없다. 또 가족이 사망한 경우의 유산상속 같은 것은 호주상속과 관계없으므로 재산상속과 호주상속은 구별해서 관찰해야 한다.

2. 상속의 순위

1) 제사상속

제사상속의 경우 호주상속 및 재산상속과 함께 하는 것이 보통이며, 가독상속에 상당한다. 그 상속인이 될 지위에 있는 자는 피상속인의 (1) 친생자 또는 양자인 남자로서 여자는 제사상속인이 될 수 없고, (2) 그 가에 있는 자에 한한다. (3) 적출(嫡出)의 장남이 원칙이지만 만약 장자가 혼인 전에 사망하거나 그 가에 없는 때에는 중자(衆子), 즉 차자(次子) 이하의 남자가 장유(長幼)의 순서에 따라 상속인이 된다. (4) 적자가 없거나 적자가 혼인 전에 사망, 혹은 타가에 들어갔다면 서자가 상속인이 된다. (5) 장자가 혼인 후에 사망했다면 설사 중자가 있어도 중자는 제사상속인이 될 수 없다. 장자의 자(남자)에게 제사상속을 받게 하고, 그 자(아들)가 없는 때에는 죽은 장자[亡長子]의 양자를 들여 제사상속을 받게 한다. 존속은 직계, 방계(傍系)를 불문하고 제사상속인이 될 수 없다. 따라서 순위는,

(1) 자는 손에 우선한다.

(2) 남자에 한한다(여자에게는 제사상속권이 인정되지 않음).

(3) 적자와 서자 간에는 적자가 우선한다.

(4) 적자녀(嫡子女)와 서자남(庶子男) 간에는 여자의 상속을 인정하지 않으므로 서자남이 우선한다.

(5) 동일 순위에 있는 자 간에는 연장자가 우선한다.

(6) 빠른 순위에 있는 자가 상속 개시 전에 사망한 때에는 그의 자(子)가 상속인이 되고, 만약 그의 자가 여자라면 사망한 상속인을 위해 양자를 들여 그 양자를 상속인으로 한다.

제사상속인이 없는 자는 양자를 들여 그 양자를 상속인으로 할 수 있으므로 따로 제사

상속인을 지정하는 것을 인정하지 않는다. 또 상속인 없이 사망했다면 사후양자(死後養子)를 들여 그를 상속인으로 하므로 이는 상속인 선정에 해당하고 이 선정은 처 → 모 → 문회 등의 순위로 행하는 것이 관례이다.

2) 호주상속

제사자가 호주상속을 하는 경우는 제사상속의 순위와 동일하다. 예를 들어 제사자가 없는 경우 혹은 제사자가 정해지지 않은 경우에는 그 가에 있는 여자 중 다음 순위로 호주상속을 한다.

(1) 조모
(2) 모
(3) 처
(4) 딸. 적자녀(嫡子女)는 서자녀(庶子女)보다 우선하고 같은 자 간에는 연장자를 우선한다.

3) 재산상속

(1) 호주가 사망한 경우의 재산상속인

① 제사상속인, 기타 제사자 및 그 동생(이 경우 여자에게는 상속권이 없음)
　동생이 2인 이상인 때에는 동시에 재산상속인이 된다.
② 그 가에 있는 자에 한한다.
③ 손(孫)은 상속인인 부(父)가 이미 사망한 때 그 상속분을 받고, 만약 사망한 상속인이 자(子)가 없으면 처 또는 그 양자가 그 상속분을 상속한다.
④ 기타 호주상속의 경우와 같다.

(2) 가족이 사망한 경우의 재산상속인

① 가족이 기혼 남자인 경우
　장남자 및 차남 이하의 남자손(男子孫)이 이를 승계하고, 만약 남자가 없는 경우에 그 죽은 자가 장남이면 그 유산은 부(父)가 승계하며, 차남 이하의 중자인 때에는 그 처가 승계한다.
② 가족이 미혼 남자이거나 여자이면 부(父)가 그 유산을 승계하고 부가 없으면 호주가 승계한다.

③ 처의 유산은 부(夫)가 승계한다.

④ 과부의 유산은 자(子)·손(孫)이 승계하고, 자·손이 없으면 호주가 승계한다.

위의 관습은 경상남도 달성군(達城郡) 지방에서도 같다.

조회회답 297 | 1923년 8월 2일 전라북도 조회
1923년 8월 21일 조추 제368호 중추원 서기관장 회답

종중 소유의 재산에 관한 건

요지

1. 종중 소유의 재산을 처분할 때에는 종중의 협의에 의하며, 종손의 단독 처분을 허용하지 않는다.

조회

1. 조선의 종중유 재산은 종손이 단독으로 처분할 수 있는가?
2. 만약 단독으로 처분할 수 없다면 그 처분에 관한 관습.

회답

1. 종중 소유의 재산은 종손이 단독으로 처분할 수 없다.
2. 그 처분은 종중의 협의에 의하는 것이 관례다.

조회회답 298 | 1923년 3월 9일 대구복심법원장 조회
1923년 9월 6일 조추 제124호 정무총감 회답

서자의 제사권에 관한 건

요지

1. 200년 전의 관습에서 서자의 제사상속권을 부정한 경우는 없다.
2. 종손이 서자라는 이유로 차손(次孫)이 종손가(宗孫家)의 양자가 되거나, 문중 등의 승인을 얻어 제사권(祭祀權)을 획득하는 등의 관습은 없다.
3. 위는 그 가조(家祖)가 참봉(參奉), 군자주부(軍資主簿), 기타 관직을 역임하고 사후에 문묘에 종사(從祀)된 때라도 다르지 않다.

조회

1. 약 200년 전에 서자는 제사자로서 제사권을 상속할 수 없다는 관습이 있었는가, 없었는가?
2. 다음 사례와 같이, 종손 정(丁)이 서자인 경우에 차손 을(乙)이 종손가의 양자가 되지 않고 유림 문중의 승인을 얻어 제사권을 취득하여 이후 차손 을의 자손이 이를 승계하는 관습이 있는가?

   예)

   시조(始祖) (중략) 갑(甲) (중략) 병(丙) (중략) 정(丁, 서자)
   　　　　　(중략) 을(乙) (중략) 무(戊) (중략) 기(己)

3. 시조가 남부참봉(南部參奉), 군자주부(軍資主簿), 사헌부감찰(司憲府監察), 형조좌랑(刑曹佐郎)의 관직을 역임하고 사후 통정대부 승정원도승지 겸 경연참찬관 상서원정(通政大夫承政院都承旨兼經筵參贊官尙瑞院正)에 추증되고, 이에 더해 대광보국숭록대부 의정부우의정 겸 영경연감춘추관사(大匡輔國崇祿大夫議政府右議政兼領經筵監春秋館事)로 추증되어, 문경공(文敬公)이라는 시호를 받아 문묘(文廟)에 종사(從祀)된 자인 때에 2항과 같은 관습이 있는가?

회답

1. 약 200년 전의 조선의 관습에서 서자의 제사상속권을 부정한 경우는 없다.
2. 종손이 서자라는 이유로 차손이 종손가의 양자가 되거나 유림·문중 등의 승인을 얻어 제사권을 획득하는 등의 관습은 존재한 적이 없다.
3. 위는 그 가의 시조가 참봉·군자주부·사헌부감찰·형조좌랑 등의 관직을 역임하고 사후에 증직(贈職)되어 문묘에 종사된 자이더라도 굳이 다르지 않다.

조회회답 299 | 1923년 8월 1일 임야조사위원회 위원장 조회
1923년 9월 18일 조추 제362호 중추원 서기관장 회답

완문 성급의 권한에 관한 건

요지

1. 충훈부(忠勳府)는 공신(功臣)의 분묘가 소재한 산시에서 공증력(公證力)이 있는 완문(完文)을 발급할 수 있었다.

조회

1. 충훈부는 충신·훈신의 분묘가 소재한 산지에서 완문을 발급할 권한이 있었는가?
2. 해당 완문은 다른 관청 및 기타 일반에 대해 효력이 있었는가?

회답

1. 충훈부는 공신의 분묘가 소재한 산지에서 완문을 발급할 수 있었다.
2. 충훈부의 완문은 공증력이 있다.

조회회답 300 | 1923년 8월 23일 해주지방법원 서흥지청 조회
1923년 10월 1일 조추 제415호 정무총감 회답

인적역권에 관한 건

요지

1. 토지를 목적으로 하는 인적역권(人的役權)을 인정하는 관습은 없다.

조회

1. 조선에서 관습으로서 인적지역권(人的地役權)에 상당하는 물권이 있는가?
   예를 들어 토지소유자가 가족 중 분가자 또는 자기 친족의 사망 전까지 소유지를 사용·수익하게 하는 것과 같다.
2. 위의 인적지역권의 관습이 존재한다면 그 설정은 토지소유자의 일방적 의사표시만으로 성립하거나 소유자와 수익자 간의 합의로 성립하는 관습이 있는가?

회답

1. 조선의 관습상 토지를 목적으로 하는 소위 인적역권은 인정하지 않는다.
   토지소유자가 가족 중 분가자 또는 자기 친족의 사망 전까지 소유지를 사용·수익하게 하는 것과 같은 사례가 없지는 않지만, 그런 경우의 권리 관계는 관습상 인적역권으로 인정하지 않는다.

조회회답 301 | 1923년 9월 13일 함경남도 지사 조회
1923년 10월 15일 조추 제460호 중추원 서기관장 회답

분묘 부지의 소유권에 관한 건

요지

1. 조상의 분묘가 있는 임야의 매도증서에 특별히 분묘의 구역을 제외하는 뜻을 명시하지 않은 경우에, 위 구역은 당연히 매매지역에 포함된다고 보는 것이 관습이다. 단 해당 분묘는 여전히 존치할 수 있고 매수인은 굴이(掘移)를 강요할 수 없다.

조회

1. 갑(甲)은 조상의 분묘를 설치하여 자기의 소유로 만든 일록(一麓)의 임야를 을(乙)에게 매도하였다. 그 경우 매도증서에 분묘의 구역을 제외할 뜻을 명시하지 않았더라도 갑이 관습에 따라 자기 조상의 분묘 구역, 즉 사초지(莎草地) 내의 토지소유권을 주장할 수 있는가?
2. 전항의 경우에, 을이 매수할 당시 갑의 조상 분묘의 존재를 인지한 실인(實認, 매매문기 외에)이 있는 경우 갑의 주장은 어떠한가?

회답

1. 갑이 조상의 분묘가 있는 임야를 을에게 매도한 경우, 그 매도증서에 특별히 분묘의 구역[사초(莎草) 내]을 제외할 뜻을 명시하지 않았다면 해당 분묘의 구역은 당연히 매매지역에 포함된다고 보는 것이 관습으로서, 갑은 사초지 내의 토지소유권을 주장할 수 없다. 그렇지만 갑은 관습에 따라 여전히 분묘를 존치할 수 있고, 을은 갑에 대해 분묘의 굴이를 강요하거나 그 구역을 침해할 수 없는 것이 관습이다.
이는 을이 매수할 당시에 갑의 조상 분묘가 존재하는 것을 인지했는지 여부와는 관계가 없다.

| **조회회답 302** | 1923년 9월 14일 전라북도 지사 조회
1923년 10월 23일 조추 제457호 중추원 서기관장 회답

종중의 대표자에 관한 건

요지
1. 종중의 대표는 문장(門長)이고, 제사는 종손이 대표하며, 종중재산에 관해서는 특별히 대표자를 정하는 것이 보통이다.
2. 종중재산에 관한 대표자의 선임은 종중회의에서 다수결로 한다.

조회
1. 조선의 관습상 종중의 대표자는 전적으로 종손이 맡는가?
2. 위의 대표자에 대해 종중 간에 이의가 있는 경우에는 종중이 선임하는가? 선임할 수 있다면 그 방법은 선거로 결정하는 것인가?

회답
1. 조선의 관습에서 종중의 대표자는 종손에 한하지 않는다.
   종중의 대표는 문장이지만 제사는 종손이 대표하며, 종중재산에 관해서는 특별히 대표자를 정하는 것이 보통의 관례다.
2. 종중재산의 대표자에 대해 이의가 있는 때에 종중의 협의로 선임하는 경우가 있고, 선임 방법은 종중회의를 열어 다수결로 정한다.

조회회답 303 | 1923년 9월 13일 경성지방법원 철원지청 조회
1923년 11월 16일 조추 제458호 정무총감 회답

보의 소유권에 관한 건

요지

1. 보(洑)를 축조한 자가 몽리지(蒙利地) 소유자로부터 축보(築洑)에 대한 보수(報酬)로서 축보로 인해 새로 논이 된 토지의 2분의 1을 분급받은 경우, 그 보의 귀속에 관해 달리 정한 바가 없다면 그 보는 몽리지 소유자 전원의 공유에 귀속한다고 보는 것이 일반적인 관념이다.

조회

1. 조선에서 보를 축조한 자에 대해 몽리지를 개답(開畓)한 몽리지 소유자가 개답의 2분의 1을 제공한 경우, 그 보는 몽리지 소유주의 소유가 되는 관습이 있는가?

회답

1. 보를 축조한 자가 몽리지 소유자로부터 축보에 대한 보수로서 축보로 인해 새로 논이 된 토지의 2분의 1을 분급받은 경우, 그 보의 귀속에 관해 달리 정한 바가 없다면 그 보는 이후 몽리지 소유자들이 공유한다고 보는 것이 일반적인 관념이다. 그리고 이 경우에 보를 축조한 자도 역시 몽리지의 소유자이므로 공유자의 일원이다.

조회회답 304 | 1924년 1월 31일 임야조사위원회 위원장 조회
1924년 2월 29일 조추 제46호 중추원 서기관장 회답

이유재산에 관한 건

요지
1. 이유재산(里有財産)의 처분은, 이(里)의 주민 혹은 주요한 자의 협의에 따라 이장 및 주요한 주민의 명의로 하는 것이 통례이다.
2. 위의 방법에 의하지 않고 이장이 전단(專斷)한 처분은 무효이다.

조회
1. 지난날 이유재산(부동산)은 이장 전단으로 처분할 수 있었는가? 혹은 이 주민의 협의를 거친 후 이장 명의로 처분하였는가?
2. 만약 이의 주민이 협의해야 한다면 그 협의 없이 전행한 이장의 처분은 당연히 무효였는가?

회답
1. 이유재산(부동산)의 처분은, 이의 주민 혹은 주요한 자의 협의에 따라 대표자인 이장 및 주요한 주민의 명의로 처분하는 것이 통례이다.
2. 1항의 관습에 의거하여, 이장이 전단한 처분은 무효이다.

조회회답 305 | 1924년 2월 15일 대구복심법원 민사제2부 재판장 조회
1924년 5월 19일 조추 제82호 정무총감 회답

부를 살해한 처의 양자 선정권에 관한 건

요지

1. 부(夫)를 살해한 처는 양자선정권이 없고, 또 타인의 선정에 대해서도 이의를 진술할 권리가 없다.
2. 부(夫)를 살해한 자는 친족회원의 자격이 없다.

조회

1. 부(夫)를 살해한 처는 망부(亡夫)를 위해 차양자(次養子) 혹은 자(子) 없이 사망한 기혼 장남을 위해 양자선정권을 가지는가?
2. 부(夫)를 살해한 처는 자(子) 없이 사망한 기혼 장남의 양자선정 또는 망부의 차양자선정에 대해 이의를 진술할 권리가 있는가?
3. 부(夫)를 살해한 자는 친속회원의 사격이 있는가?
4. 위의 사항에 관한 전라남도 지방의 관습.

회답

1. 부(夫)를 살해한 처는 죽은 부[亡夫]를 위해 차양자 혹은 자 없이 사망한 기혼 장남을 위해 양자선정권을 가지지 못한다. 또 이들에 대한 양자선정 혹은 차양자선정에 대해 이의를 진술할 권리가 없다.
2. 부(夫)를 살해한 자는 친족회원의 자격이 없다.
3. 위의 사항에 관한 관습은 전라남도 지방에서도 다르지 않다.

조회회답 306 | 1924년 8월 1일 경성복심법원 민사제1부 재판장 조회
1924년 11월 29일 조추 제379호 중추원 의장 회답

파양과 상속재산에 관한 건

요지

1. 타가(他家)의 양자가 된 자가 파양 또는 입양의 무효로 그 가를 떠날 경우, 그 호주 지위의 상속을 통해 취득한 재산은 그 가에 잔류한다.
2. 조상의 제사에 충당하기 위해 친족 일문(一門)의 자(者)가 표현상속인(表見相續人)에게 증여한 재산은 상속재산과 동일시하는 것이 관습이다.

조회

1. 조선에서는 타가의 양자가 된 자가 파양으로 그 가를 떠나는 경우, 혹은 무효인 양자입양이나 양자를 모칭(冒稱)하여 타가에 들어간 자가 그 무효 또는 모칭한 사실이 판명되어 그 가를 떠나는 경우, 그 양자가 사실상 호주의 지위를 상속함으로써 취득한 그 가의 재산(상속재산)은 물론 사실상 그 가의 호주인 때 취득한 재산은 그 일신(一身)에 존속하는 것을 제외한 모두를 그 가에 남겨야 하고 이를 가져가는 것을 결코 허용하지 않으며, 잔류 재산은 당연히 새로 그 가의 호주가 된 자의 소유에 귀속된다는 관습의 유무.
2. 표현상속인이 사실상 호주인 동안에 그 가의 친족 일문의 자가 표현상속인에게 증여한 것이 아니라, 그 가의 조상제사에 충당하기 위한 제위토처럼 표현상속인이 사실상 호주의 자격을 가지고 있기 때문에 그에게 증여한 재산은 상속재산과 동일시하는 관습의 유무.

회답

1. 조선의 관습상 타가의 양자가 된 자가 파양으로 그 가를 떠날 경우, 혹은 무효인 양자입양이나 양자를 모칭하여 타가에 들어간 자가 그 무효 또는 모칭한 사실이 판명되어 그 가를 떠나는 경우, 그 양자가 사실상 그 가의 호주의 지위를 상속함으로써 취득한 그 가의

재산(상속재산)은 그 가에 남겨야 하며, 사실상 그 가의 호주인 때에 취득한 재산으로서 그 일신(一身)에 존속하는 것은 그 자에게 속하고 기타 재산에 대해서는 관습이 일정하지 않다.

2. 표현상속인이 사실상 호주인 동안에 그 가의 친족 일문의 자가 표현상속인에게 증여한 것이 아니라, 그 가의 조상제사에 충당하기 위한 제위토처럼 표현상속인이 사실상 호주의 자격을 가지고 있기 때문에 그에게 증여한 재산은 상속재산과 동일시하는 것이 관습이다.

조회회답 307 | 1925년 4월 23일 광주지방법원장 조회
1925년 6월 16일 조추 제232호 정무총감 회답

상속에 관한 건

요지

1. 남호주(男戶主)가 양자를 들인 후 출생한 아들을 분가시켰더라도, 그 후 양자를 파양[廢罷]하고 다른 아들이 없이 사망한 경우에는 분가한 아들이 당연히 죽은 호주[亡戶主]의 지위를 승계하고 가독상속(家督相續)을 한다.

조회

1. 조선인 간에 호주가 아들이 없어서 양자를 들인 후 아들이 출생하여 그 아들이 분가한 후 해당 양자를 파양한 채로 다른 아들이 없이 호주가 사망한 경우에, 분가한 아들이 당연히 사망한 호주의 가독상속을 하는 관습이 있는가?

회답

1. 조선인인 남호주가 아들이 없어서 양자를 들인 후 아들이 출생하여 그를 분가시키고, 또

양자를 파양하여 다른 아들이 없이 사망한 경우, 분가한 아들이 당연히 사망한 호주의 지위를 승계하고 가독상속(호주·제사·재산의 상속)을 하는 것이 관습이다.

조회회답 308 | 1925년 7월 11일 체신국장 조회
1925년 8월 3일 조추 제387호 중추원 서기관장 회답

유산상속의 효력에 관한 건

요지

1. 가족인 동생의 유산을 상속한 호주는 상속으로 취득한 재산의 한도 내에서만 피상속인의 채무를 부담하는 것이 관습이다.
2. 전항의 경우 죽은 동생이 소극재산(消極財産)만을 남겼다면 호주인 형이 이를 승계할 의무가 있다는 관습은 없다.

조회

조선인 호주 갑(甲)

갑의 동생 을(乙, 1920년 2월 20일 사망)

1. 을의 유산상속인 갑은 상속으로 취득한 재산의 한도 내에서만 피상속인의 채무를 부담하는가?
2. 을이 소극재산만을 남긴 경우 갑은 이를 승계할 의무가 없는가?

회답

1. 가족인 을이 사망하여 다른 상속인이 없어서 형인 호주 갑이 그 유산을 상속한 경우, 갑은 상속으로 취득한 재산의 한도 내에서만 피상속인의 채무를 부담하는 것이 관습이다.
2. 위의 경우 을이 소극재산만을 남겼다면 갑이 이를 승계할 의무가 있다는 관습은 없다.

조회회답 309 ｜ 1926년 6월 21일 대구복심법원 민사제2부 재판장 조회
1926년 8월 6일 조추 제266호 중추원 의장 회답

제사 · 가독상속에 관한 건

요지

1·2. 장남은 종가상속(宗家相續)을 위한 경우 이외에는 타가의 양자가 될 수 없는 것이 관습이다.
종가가 아니더라도 입양에 관해서 부(父)의 형의 가를 종가에 준하는 것이 관습이다.
3. 과거에는 전항의 관습에 반하여 한 입양이라도 이를 유효로 하고 나중에 취소하는 등의 경우는 없었다.

조회

1. 다음 그림에 기재된 바와 같이, 동생 A(분가)의 장남 B를 A의 형 C(분가)의 양자로 들인 경우(1914년 6월 18일 정무총감 회답 참조), 동생 A의 대를 D(B의 동생)가 상속하고 D에게 사자(嗣子)가 없으므로, B의 생가인 A가를 본가(本家) 또는 종가에 준하는 것으로 보고 생가상속(生家相續)을 위해 형 C의 양자가 된 B의 장남 F를 D의 가독상속인으로 양자로 들일 수 있는 관습이 있는가?(이 경우 B의 대를 차남 H가 상속한 것으로 함)

2. 만약 위의 사항이 조선의 관습상 인정된다면 B의 장남 F 1대에 한해 양자를 들일 수 있는 것인가? 또는 F를 A가의 양자로 들인 후 다시 A가에 사자(嗣子)가 없다면 C가를 상속한 H 계통의 장남을 양자로 들일 수 있는가?(설사 H의 장남 K도 계속하여 양자가 될 수 있는지 여부)

즉 2항은 결국 1항의 관습이 있다면 A가에서 F를 한 번, 그 후 C가 계통의 장남만을 두 번 세 번이라도 양자로 들일 수 있는가 없는가에 귀착된다. 단 이 경우 한 번 두 번이란 동일인의 횟수가 아니다.

3. 만약 1항과 같은 관습이 조선의 관습상 인정되지 않더라도, 한 번 생가상속을 위해 양자가 된 자는 상속에 관해서 양자의 신분을 취득하고 적출(嫡出) 남자와 동일한 권리를 가지

는 것이 관습 아닌가?

위의 경우

(1) 양자가 관습상 의식을 거행하여 양자가 되고 민적에 등록된 경우와

(2) 양자가 관습상 의식만 거행한 경우 사이에 차이가 있는지 여부(양자를 들이는 자에게 서자가 있는 때에는 양자를 들일 수 없더라도, 양자를 들였다면 양자는 상속에 관해 적출 남자와 동일한 권리를 가지는 것으로 한다.)[1915년 1월 14일 정무총감 회답 참조]

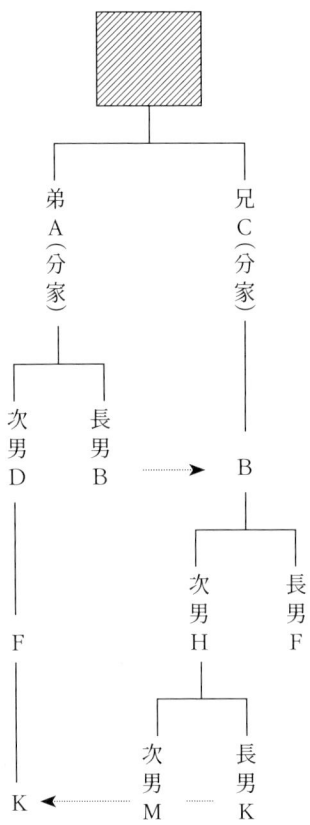

회답

1. 조선의 법제상, "적처와 첩이 모두 자식이 없는 자는 관청에 신고하여 동종의 지자[支子, 차자(次子) 이하의 자(子)]를 세워 양자로 삼는다. 동종의 장자로 후사를 삼는 것은 (중략) 허

락되지 않는다."(『경국대전』「예전」입후조(立後條) 및 『속대전』「예전」입후조 참조)라고 하여, 양자가 될 자는 지자에 한하고 장자는 타가의 양자가 될 수 없게 하였지만, 본가 또는 종가를 중히 여긴 결과 이들 가에 사자(嗣子)가 없는 때 상문특허(上聞特許, 왕에게 주청하여 특별한 허가를 받는다는 뜻)에 의해 본가 또는 지가(支家)의 남자를 양자로 들였는데 결국 이것이 통례가 되어 일반적으로 이를 인정하기에 이르렀고, 나아가서 본가 또는 종가가 아니더라도 형(둘째 형의 경우도 포함)에게 사자가 없는 때에는(형이 동생보다 연장자라는 이유로) 동생의 장남을 양자로 삼던 것이 마침내 관습으로 인정되었다. 그렇지만 이러한 경우 이외에는 어떠한 이유로도 장남은 타가의 양자가 될 수 없는 것이 일반적 관습이었다.

본 문의의 경우에도, A가의 상속인인 D는 C가의 상속인인 B의 동생이므로 자기에게 사자가 없는 경우에도 관습상 그 형의 장자를 양자로 들일 수 없을 뿐만 아니라, A가와 C가는 이들이 모두 다 분가하였으므로 설사 A가가 B의 생가라고 하여 이를 본가 또는 종가에 준하는 것으로 보고 그 장자를 동생인 D의 양자로 삼는 것과 같은 관습은 인정되지 않는 바이다. 단 사실상 그런 사례가 옛날에 경성(京城) 및 지방을 통틀어 상당히 널리 행해졌지만, 이는 원래 적법한 양자입양은 아니다.

2. 전항의 D가 그 형인 B의 장남 F를 양자로 삼는 것은 적법하지 못한 입양이지만, D의 양자인 F(B의 장남)에게 상속인이 없는 경우 그 동생인 H의 장남 K를 F의 양자로 삼는 것은 전술한 바와 같이 관습이 인정하는 바이므로, A가가 B의 생가이기 때문에 특별히 가능한 것이라고는 할 수 없다.

3. 전술한 바와 같이, 문의 1항의 양자입양은 조선의 관습상 인정되지 않는 것이지만, 과거에는 일단 양자입양을 한 이상 이로 인해 부자(父子)의 천륜으로 정하고, 설사 그 입양이 적법하지 않더라도(종가나 본가가 아닌 타가의 장자를 양자로 들이는 것은 관습에 반함) 이를 이유로 훗날 취소하는 것과 같은 일은 없었던 듯하다(최근의 관례는 그렇지 않음). 따라서 위와 같은 적법하지 못한 입양의 경우에도 양자는 입양한 날로부터 양친(養親)의 적출자(嫡出子) 신분을 취득하고, 상속에 관해서도 적출자와 동일한 권리를 가졌다. 그리고 양자입양의 의식을 거행하고 이미 양가(養家)의 민적에 등록된 경우와 단지 의식만 거행한 경우 사이에는 차이가 없다.

조회회답 310 | 1926년 6월 23일 법무국장 조회
1926년 8월 9일 조추 제293호 중추원 의장 회답

사생자 인지에 관한 건

요지

1. 사생자(私生子)의 인지(認知)에 관한 유언이 있었던 경우 유언자가 유언집행자를 지정한 때에는 그자가 이를 집행한다.

   유언자가 호주로서 집행자를 지정하지 않은 경우에는 제사상속인 → 조모 → 모 → 처 → 기타 근친의 순위로 유언집행자가 되고, 유언자가 가족인 경우에는 호주가 집행자가 된다. 유언집행자가 어리거나 무능력하면 근친자 또는 후견인이 대행한다. 유언집행자의 유고로 인해 유언을 집행할 수 없는 경우에는 최근친(最近親)이 대행하는 것이 관례이다.

조회

1. 유언으로 인지가 있었던 경우에 유언의 집행은 누가 맡는가?

회답

1. 사생자 인지에 관한 유언이 있었던 경우 유언자가 유언집행자를 지정한 때에는 지정된 자가 유언을 집행하는 것이 관습이지만, 그렇지 않은 경우에는 대개 그 가에 있는 친족이 아래에 기재한 순위로 유언집행자가 되는 것이 일반적 관습이다. 단 유언집행자가 어리거나 무능력자이면 친권자 또는 후견인이 이를 대행하고, 집행자의 유고로 인해 유언을 집행할 수 없는 경우 최근친이 대행하는 것이 관례이다.

   가. 유언자가 호주인 경우
   (1) 제사상속인 (2) 조모 (3) 모 (4) 처 (5) 기타 근친
   나. 유언자가 가족인 경우
   (1) 호주

조회회답 311 | 1928년 9월 27일 경성복심법원 민사제1부 재판장 조회
1929년 1월 18일 조추 제45호 정무총감 회답

승려의 유산상속에 관한 건

요지

1. 제1상좌(上佐)가 사승(師僧, 思師)에 앞서 사망하고 사승이 유산을 처분할 방법을 정하지 않고 사망한 경우에, 제2상좌 외에 손상좌(孫上佐, 제1상좌의 상좌. 이하 같음)가 있을 때에는 봉사자(奉祀者)인 제2상좌가 일단 전 재산을 상속한 후에 문회[門會, 사망한 사승의 사승·형제·제자·기타 법류(法類)로 조직된 법류회의(法類會議)]의 결의에 따라 손상좌에 대한 분배 등 기타 처분을 해야 한다.

위의 경우 사망한 사승이 제1상좌의 법사(法師)를 겸한 때에는, 봉사자인 제2상좌는 문회의 결의에 따라 상속재산 중 사망한 제1상좌가 승계할 법답[法畓, 법사인 사승이 그 법제(法弟)에게 지급하는 전답으로서 법사·법제 간에 전하는 전답]의 액수를 정하여 이를 그 법제인 손상좌에게 지급해야 한다.

조회

1. 조선에서 사승에게 제1, 제2의 2명의 상좌가 있는 경우에, 제1상좌가 사승에 앞서 사망하고 그 후에 사승이 사망하면 사승의 유산은 제1상좌의 상좌[법장손(法長孫)]가 상속하는가, 제2상좌가 상속하는가?

회답

1. 조선에서 사승에게 제1, 제2의 2명의 상좌가 있고 제1상좌가 사승에 앞서 사망하고 그 후에 사승도 역시 사망했는데, 제2상좌 외에 손상좌가 있는 경우 사승이 유언으로 유산을 처분할 방법을 정하지 않고 사망했다면 사망한 사승의 봉사자인 제2상좌가 일단 전 재산을 상속한 후, 문회의 결의에 따라 상속재산 중에서 손상좌의 상속분과 사망한 사승의 제사에 충당할 제위(祭位) 및 불공(佛供)에 쓸 불량위(佛糧位)를 정하여, 손상좌의 상속

분은 손상좌에게 상속시키고 불량위는 사찰에 기부하며, 남은 재산과 제위는 제2상좌가 취득하는 것이 일반적 관습이다.

또 위의 경우에 사망한 사승이 제1상좌의 은사임과 동시에 그 법사를 겸한 때에는, 사승이 제1상좌에 대해 법답을 지급해야 하는 것이 관습이므로, 만약 사승이 제1상좌의 생전에 이를 분급하지 않고 사망했다면 사망한 사승의 유산 중 제1상좌가 승계할 법답에 속하는 부분은 제1상좌의 법맥(法脈)을 계승한 손상좌(제1상좌의 법제가 되는 경우)에게 지급해야 한다. 또 사승의 법사가 빈곤하여 사승에게서 법답을 전해 주지 못한 경우에도, 승려가 재산을 가지고 있는 때에는 반드시 그 재산의 일부를 법답으로 분급하는 것이 관습이므로, 사망한 사승이 제1상좌의 생전에 이를 분급하지 않고 사망했다면 상속인인 제2상좌는 문회의 결의에 따라 제1상좌가 승계할 법답의 액수를 정하여 이를 손상좌(제1상좌의 법제가 되는 경우)에게 지급하는 것이 관습이다.

조회회답 312 | 1929년 3월 4일 임야조사위원회 조회
1929년 3월 19일 조추 제238호 중추원 서기관장 회답

절반한 매매문기에 관한 건

요지
1. 매매문기가 있는 1필의 토지를 매도할 때 그 문기를 절반(折半)하여 매수인에게 교부하는 관습은 없다.

조회
1. 매매문기가 있는 1필의 토지를 매도할 때 그 문기를 절반(折半)하여 매수인에게 교부한 사실이 있다. 이를 조선의 관습으로서 인정할 수 있을지 여부.

회답

1. 매매문기에 2필 이상의 토지가 기재되어 있는 경우에 그중 어느 필지를 매매할 때에는, 위 문기를 반으로 잘라 한쪽(매매의 목적인 토지가 기재되어 있는 부분)을 신문기(新文記)와 함께 매수인에게 교부하는 경우가 왕왕 있으나, 매매문기가 있는 1필의 토지를 매도할 때 그 문기를 절반하여 매수인에게 교부하는 관습이 있다는 사실은 아직 들어보지 못하였다.

조회회답 313 | 1929년 3월 27일 평양복심법원장 조회
1929년 4월 16일 조추 제269호 정무총감 회답

승니가 환속한 경우 그 상속재산의 귀속에 관한 건

요지

1. 사승(師僧)의 사망으로 인해 상속한 제1상좌(上佐)가 승니(僧尼)의 신분을 상실하면, 상속으로 취득한 재산은 그 상좌가 있으면 상좌에게, 없으면 그 소속 사원에 귀속된다.

조회

1. 승니 을(乙)은 승니 갑(甲)의 제1상좌였다. 갑이 사망하고 을이 갑의 재산을 상속했는데, 그 후에 을이 임의로 환속(還俗)하거나 혹은 본산(本山)으로부터 도첩(度牒)을 치탈(褫奪) 당하여 승니의 신분을 상실했다면, 그 상속으로 취득한 재산은 여전히 을의 소유인가, 그 승니가 속한 사원의 소유인가?

회답

1. 승니 갑의 제1상좌였던 승니 을이 갑의 사망으로 인해 그 재산을 상속한 후에 임의로 환속하거나 혹은 본산으로부터 도첩을 치탈당하여 승니의 신분을 상실한 경우, 그 상속으

로 취득한 재산은 을에게 상좌가 있는 때에는 상좌가 이를 상속하고 상좌가 없는 때에는 그 소속 사원에 귀속되는 것이 관습이다.

조회회답 314 | 1929년 6월 27일 임야조사위원회 조회
1929년 7월 3일 조추 제450호 중추원 서기관장 회답

노의 이름에 관한 건

요지

1. 과거 양반가에서 법률행위 또는 소송행위에 노(奴)의 이름을 사용하는 경우에는 항상 1인의 이름을 정해 사용하였다.

    어느 종의 이름으로 매수한 토지·가옥 등을 매각하는 경우 실제 그 종의 유무와 관계없이 그 노의 이름으로 매각하는 것이 통례였다.

    위의 경우에 사용하는 노의 이름은 주인의 택호(宅號) 혹은 성(姓) 밑에 그 이름만을 쓰는 것이 통례였다.

조회

1. 노의 이름은 한 종류 또는 여러 종류를 정하여 사용했는가? 그리고 호주 또는 택호를 변경하는 경우에도 이를 변경하지 않고 여전히 계속 사용했는가?
2. 노의 이름은 '김의흥댁노(金義興宅奴) 전일복(全逸福)' 또는 '송노(宋奴) 박노미(朴老味)'와 같이 성과 명을 모두 기재하는 것이 통례였는가?

회답

1. 과거 양반가에서 법률행위 또는 소송행위를 하는 경우 사용하는 노의 이름은, 그 소유하는 노의 이름으로 하는 경우와 가장(假裝)한 노의 이름으로 하는 경우를 불문하고, 항

상 1인의 이름을 정해 사용하였으며, 미리 여러 종류의 노의 이름을 정해 두는 경우는 없었다.

위의 노의 이름은 호주나 택호의 변경 또는 명의인인 노의 존부에 관계없이 수 대에 걸쳐 서로 계속 사용하는 일도 있고 혹은 명의인인 노의 사망 및 기타 이유로 인해 변경하는 경우도 있었으며, 일정한 관습은 없었다. 그렇지만 어느 노의 이름으로 매수한 토지·가옥 등 부동산을 매각할 경우에는 실제 그 노의 유무와 관계없이 그 노의 이름으로 매각하는 것이 통례였다.

2. 위의 경우 사용하는 노의 이름은 '김의흥댁노(金義興宅奴) 재득(才得)' 또는 '송노(宋奴) 귀금(貴金)' 등과 같이 주인의 택호(宅號), 혹은 성(姓) 밑에 그 이름만을 쓰는 것이 통례이지만, 성명을 병기하는 경우가 전혀 없지는 않다.

조회회답 315 | 1929년 8월 26일 임야조사위원회 조회
1929년 8월 31일 조추 제572호 중추원 회답

예사의 효력에 관한 건

요지
1. 장례원(掌禮院)에서 발급한 예사(禮斜)는 가독상속에서도 거기에 기재된 문언에 따라 확정판결과 대략 동일한 효력을 가졌다.

조회
1. 구한국시대 장례원에서 발급한 예사는 가독상속에서 어떠한 효력을 가졌는가?

회답
1. 한국시대 장례원에서 발급한 예사(입안)는 가독상속(제사·호주 및 재산의 상속)에서도 해당

예사에 기재된 문언에 따라 확정판결과 대략 동일한 효력을 갖는다고 인정되었다. 단, 예사는 나중에 왕왕 취소되기도 하였다.

조회회답 316 | 1930년 1월 13일 학무국장 조회
1930년 1월 31일 조추 제20호 중추원 회답

상좌의 신분에 관한 건

요지

1. 사승(師僧, 恩師)과 상좌(上佐)의 관계는 친애(親愛)를 주된 요소로 하며, 거의 양자와 양친(養親)의 관계에 가까운 정의(情誼)가 생기고 서로 부양할 의무를 진다. 사승은 어린 상좌에 대해 감호(監護) 및 교육을 행할 권리와 의무를 가진다.
사승이 사망하면 상좌는 봉사(奉祀)를 행하고 참최(斬衰)[90]로 3년간 복상(服喪)하며 유산을 승계한다.
2. 사승과 상좌의 관계를 창설함에는 당사자의 합의에 의한 출가의식[得度]이 필요하다.
3. 사승과 상좌의 관계는 당사자 또는 그 관계자의 협의에 의해 언제든지 해소할 수 있고, 또 일정한 사유가 있는 때에는 일방적 의사표시를 통하거나 혹은 의사표시를 기다리지 않고 당연히 해소되는 경우가 있다.

---

90 참최(斬衰): 상복제인 오복(五服) 중 가장 무거운 복(服)이다. 거친 삼베로 짓고 아랫단을 꿰매지 않으며, 아버지(아버지가 없을 때에는 할아버지)의 상(喪)을 당하였을 때 입는다. 상복을 입는 기간도 가장 긴 3년간이며, 그 친족을 참최친(斬衰親)이라고 부른다. 참최복의 재료로는 베 가운데에서 가장 굵은 생포(生布, 가공하지 않은 베)를 사용한다. 참(斬)이란 마르지 않는다는 뜻으로, 참최복은 생포의 가장자리를 바느질하여 꿰매지 않고 접어서 만든 상복을 말한다. 김장생(金長生)의 『가례집람(家禮輯覽)』은 상복의 각 부분마다 베의 굵기가 다르게 규정되어 있을 뿐만 아니라, 상복의 종류나 시신을 매장하기 전과 후에 따라 각각 다른 굵기의 베를 사용하도록 규정하고 있다.

조회

1. 조선에서 사찰의 사승과 상좌 간에는 민법상의 양친과 양자 사이와 같은 신분상의 관계를 인정하는 관습이 있는가?
2. 만약 있다면 위의 신분 관계를 창설할 때에는 당사자의 합의 표시에 의하는가, 혹은 사승만의 일방적 의사표시에 의하는가?
3. 위의 신분 관계를 해소할 때에는 당사자의 합의가 필요한가, 사승 혹은 상좌만의 일방적 의사표시로 충분한가?
   일방적 의사표시로 해소하는 경우는 어떤 사항이 해소의 원인이 되는가?
4. 이상의 관습은 전 조선에 걸친 것인가, 지방적인 것인가?

회답

1. 조선에서 사승(은사)과 상좌 간에는 메이지 민법상의 양자와 양친 사이와 같은 신분상의 관계를 발생시키지 않는다. 그렇지만 둘의 관계는, 법사(法師)와 법제(法弟)의 관계와 같이 구법전등(求法傳燈)을 목적으로 하는 것이 아니라 친애(親愛)를 주된 요소로 한다. 따라서 둘 사이에는 거의 양자와 양친의 관계에 가까운 정의(情誼)가 생기고 서로 부양할 의무를 진다. 은사는 상좌가 어릴 때에는 그 감호 및 교육을 행할 권리와 의무를 진다. 또 은사가 사망한 경우에, 상좌는 속인(俗人)이 그의 생부 또는 양부에게 하는 것처럼, 참최로 3년간 복상하고 제사를 봉행하며 유산을 승계하는 것이 일반적 관습이다. 특히 과거에는 은사와 상좌의 관계를 맺으면 상좌가 은사의 가적(家籍)에 들어가는 것이 통례였지만, 근래에 승려로서 대처(帶妻)하여 친자를 두는 자의 수가 점차 증가하게 되었고 이런 승려는 상좌와의 정의도 예전과 같지 않고 자연히 소박(疎薄)해지는 경향이 생겼다.
2. 은사와 상좌의 관계를 창설함에는 당사자의 합의 후 출가의식이 필요하다. 단, 이 경우 상좌가 될 자가 어린 경우에는 이에 대리할 부모 혹은 보호자와의 합의가 필요하고, 은사의 일방적 의사표시만으로 그 관계를 창설하는 경우는 없다.
3. 은사와 상좌의 관계 해소는 당사자, 또는 전항 단서의 경우에는 그 관계자와의 협의에 의해 언제든지 해소할 수 있고, 또 다음의 경우에는 일방적 의사표시에 의해 이를 할 수 있다.

(1) 당사자가 서로 그 일방으로부터 사제(師弟) 관계를 해소할 수 있는 경우

    가. 다른 일방으로부터 동거를 견딜 수 없는 학대 또는 중대한 모욕을 받은 때

    나. 다른 일방으로부터 악의로 유기(遺棄)된 때

    다. 다른 일방이 중죄를 범하여 형에 처해진 때

    라. 다른 일방이 승려로서의 체면을 손상하는 행위를 한 때

(2) 은사가 사제의 관계를 해소할 수 있는 경우

    가. 상좌가 은사의 직계 능화법류[能化法類, 은사의 은사 또는 조은사(祖恩師)와 같은 자]에 대해 중대한 모욕을 주거나 폭행을 가한 때

    나. 상좌가 방탕하여 은사의 재산을 탕진할 우려가 있는 때

    다. 상좌가 괘씸한 행위를 하여 도망한 때

(3) 상좌가 사제의 관계를 해소할 수 있는 경우

    은사의 직계 능화법류가 상좌에 대해 중대한 모욕을 주거나, 또는 동거하는 데 견딜 수 없는 학대를 한 때

이 외에 은사 또는 상좌가 도첩(度牒)을 치탈(褫奪)당하거나 환속한 때에는 승려의 신분을 상실하므로 은사와 상좌 관계도 자연히 해소된다.

4. 이상은 조선 전도(全道)를 통틀어 행해지는 관습으로서 특별히 지방에 따라 다른 관습은 없다.

조회회답 317 | 1930년 2월 25일 임야조사위원회 조회
1930년 4월 18일 조추 제132호 중추원 회답

사찰 재산의 처분에 관한 건

요지

1. 과거에는 소위 산내말사[山內末寺, 주사찰(主寺刹)과 동일 산내에 있는 부속 사암(寺庵)]를 제외

한 각 사찰은 본말의 관계없이 모두 독립된 지위에 있었다.

독립된 지위에 있는 사찰이 사유(寺有) 부동산을 처분함에는, 그 사찰에 재주(在住)하는 승려만의 협의에 의하는 것이 일반적 관습이었다.

조회

1. 1913년 12월 23일 자 제57호 신의주(新義州)지방법원 정주(定州)지청에 대한 귀 원의 회답에 의하면 사찰령(寺刹令) 시행 이전, 즉 1909년(융희 3)경에는, 말사(末寺)의 소유에 속하는 부동산을 타에 매각할 경우에 일산승려(一山僧侶)가 협의하고 또 본사(本寺)의 승인을 거칠 것을 필요로 하며, 만약 본사의 승인을 거치지 않고 처분하면 그 효력이 없다는 것이 관습의 취지인가? 이 관습은 시기에 상관없는 것인가? 만약 시기에 따라 관습을 달리한다면, 1833년[도광(道光) 13년, 즉 계사년이지만 매매문기에는 '임진(壬辰)'으로 되어 있음]에 기재한 아래의 매매문기에서 경상북도 예천군(醴泉郡) 평은면(平恩面) 동월사(涷月寺)의 일산승려가 같은 절의 소유에 속하는 부동산을 매각한 위 시기에도 본사와 말사의 관계가 존재하고 본사의 승인이 필요했는가, 아닌가?

> 도광 13년 임진년 12월 23일, 안동 김참판댁 노 석손 앞 명문. 위 명문에 의하면 동월사는 본래 한 읍의 하나뿐인 절로 관가 육방(六房)에 봉역하는 물품, 각 처 원당(院堂)에 납부하는 물품, 본 절에서 사용하는 물품이 적지 않은데 빚을 얻을 길이 없어서 약간의 불량전답을 해마다 팔아서 썼다. 그러나 이처럼 오래된 절이 부지하기 어려울 뿐만 아니라 대덕존상에 공양할 수 없는 지경에 이르러서 부처의 은혜를 입은 여러 승려가 눈물을 흘리나, 불상 봉공하는 길이 없으니 어찌하겠나? 전에 이미 매도한 전답을 다시 돌려받아 불전에 봉양을 드리고 싶을 뿐이나, 사세가 그렇지 않아서 상의하여 절 앞에 있는 오모록(烏帽麓) 폄장(窆葬) 땅과 절 내의 용호 사산(四山) 송수(松樹) 및 십리 수호를 모두 안동 김참판댁에 방매하고 대금 전문(錢文) 500냥을 수에 따라 받고 영구히 방매 차 문기를 작성하오니, 이후 여러 승려 중 다른 소리 하거든 문기를 가지고 관에 가서 바로 잡을 일.

두승(頭僧)	의찰(儀察)
	관찰(寬察)
화상(和尙)	우첨(宇瞻)
	상엽(尙葉)
수승(首僧)	성윤(性潤)
삼보(三寶)	치활(致活)
필집(筆執)	수인(守仁)
제승(諸僧)	행철(幸哲)
	신엽(信葉)
	부연(富演)
	부순(富淳)
	행준(幸俊)

회답

1. 사찰령 시행 이전에도 고래(古來)로 본사와 말사의 관계가 있는 경우, 본사의 부동산을 타에 매각할 때에는 그 절에 재주하는 승려가 협의하고 또 본사의 승인을 얻지 않으면 안 되었다는 점은 이미 정무총감(政務總監)이 회답하였고, 일반적으로 시기에 따라 관습을 달리하지 않는다.

그렇지만 과거에는 사찰의 본말 관계를 정하는 법규가 없었으므로[1902년 관리서(管理署)에서 국내사찰현행세칙이라는 것을 배포했지만 실행에 이르지 못함], 소위 산내말사를 제외한 다른 사찰은 본말의 관계를 가지는 것이 거의 없고 각 사찰이 모두 독립된 지위에 있었다. 부득이한 사정으로 그 사유(寺有) 부동산을 처분하는 경우에도, 그 사찰에 재주하는 승려만의 협의로 이를 처분하는 것이 일반적 관습이었으며 다른 절이 이를 간섭하는 일은 없었던 것 같다.

조회회답 318 | 1930년 6월 4일 경성복심법원 민사제3부 재판장 조회
1930년 7월 24일 조추발 제324호 정무총감 회답

어린 기혼 남자의 사망과 그 차남의 신분에 관한 건

요지

1. 기혼의 남자가 연소(年少)하여 자(子) 없이 사망하고 그의 과부가 타에 개가한 경우라도 이를 세대(世代)로 계산하는 것이 원칙이다.
2. 사망한 기혼 장남을 위해 양자를 들일 수 없는 경우에 한해 형망제급(兄亡弟及)의 법칙에 따라 차남이 장남의 신분을 취득하지만, 이것은 단지 소목(昭穆)의 관계상 부득이한 것으로서 단독신주(單獨神主)이기 때문이 아니다.

조회

1. 과거 조선에서 미혼 남자가 사망한 경우, 그 사망자는 대수(代數)에 산입하지 않는 관습이 있었는가? 이와 마찬가지로 기혼 남자이더라도 연소하고 또 자녀를 출산하지 못하고 사망하여 그 미망인이 개가했다면, 독신주(獨神主)는 없다는 관념에 근거하여 미혼자와 동일하게 취급하는 것이 관습이었는가? 그 사망자가 장남인 경우에는 차남이 장남의 신분을 취득하는가?

회답

1. 조선의 관습상 기혼 남자가 연소하고 또 자녀 없이 사망하여 그 미망인이 다른 곳에 개가한 경우에도 이를 미혼자와 동일하게 취급하지 않고, 사망자가 장남이면 이를 1대(代)로서 그 가의 세대로 계산하는 것이 원칙이다. 따라서 이 경우 차남이 있다 하더라도 차남은 당연히 장남의 신분을 취득하지 않는다.

단, 장남을 위해 양자를 들일 수 없는 경우에 한해 형망제급의 법칙에 따라 차남이 장남의 신분을 취득하지만, 이것은 소목의 관계상 어쩔 수 없이 망장남(亡長男)을 미혼자와 동일하게 취급하는 것이고, 단독신주이기 때문에 그런 것이 아니다.

조회회답 319 | 1930년 7월 15일 대구지방법원 민사제2부 조회
1930년 8월 19일 조추발 제446호 중추원 의장 회답

세습재산의 처분에 관한 건

요지

1. 국왕으로부터 하사받은 내탕금(內帑金)으로 건축한 가옥이나 이를 통해 매입한 부지 등에 대해 양도 및 기타 처분을 할 수 없다는 관습은 없다.

조회

1. 구한국정부시대에 국왕으로부터 하사받은 내탕금으로 건축한 가옥 및 매입한 부지 등 세습재산에 대해 그 자손의 매매·양도·증여 등 처분행위를 금지하는 관습이 있었는가, 없었는가?

회답

1. 구한국정부시대에 국왕으로부터 하사받은 내탕금으로 건축한 가옥 및 이를 통해 매입한 부지 등 부동산에 대해, 수급자[被給者] 또는 그 자손의 매매·양도·증여 등 처분행위를 금지하는 관습이 존재했다는 말은 듣지 못하였다.[단, 1908년(융희 2) 6월 29일 칙령 제39호 '궁내부(宮內府) 관할 및 경선궁(慶善宮) 소속 재산의 이속(移屬) 및 제실(帝室) 채무 정리의 건'의 발포로 인해 황실 소유 부동산이 국유로 귀속되자, 그 변혁의 시기에 편승하여 이를 모인(冒認)하여 자기의 소유로 삼고 기타 해당 부동산에 대해 부정행위가 행해지는 경향이 있었다. 이를 막기 위해 한성부(漢城府)와 교섭하여 해당 칙령 발포 후에 국유로 인정된 부동산에 대해서는 소유권의 이전 혹은 전당의 증명을 부여하지 않았고, 각 관찰사에게 통첩하고 부윤(府尹) 또는 군수에게 이것이 관리상 필요하다는 훈령을 발하도록 한 사실이 있다.]

조회회답 320 | 1930년 9월 8일 법무국장 조회
1930년 9월 23일 조추발 제566호 중추원 의장 회답

종중이나 문중의 대표자 또는 그 재산의 관리인 선정에 관한 건

요지

1. 종중이나 문중의 대표자 또는 그 재산의 관리인 선정은, 일족(一族) 또는 일문(一門)의 성년 이상의 남자를 소집한 회의에서 출석자 과반수의 결의로 하는 것이 일반적 관습이다.

조회

1. 종중이나 문중의 대표자 또는 그 재산의 관리인 선정 방법.

회답

1. 종중이나 문중의 대표자 또는 그 재산의 관리인 선정 방법은 종장[宗長, 통속적으로 이 경우도 여전히 문장(門長)이라 칭함] 또는 분상이 일족이나 일문의 성년 이상의 남자를 소집하고 회의를 열어, 출석자 과반수의 결의로 종중이나 문중으로부터 1인 혹은 여러 명을 선정하는 것이 일반적 관습이다.

조회회답 321 | 1931년 2월 15일 대구복심법원 민사제3부 재판장 조회
1931년 10월 1일 조추발 제423호 중추원 의장 회답

백치인 호주의 후견인에 관한 건

요지

1. 1922년 제령 제13호 시행 이전에 호주가 백치(白痴)로서 생모 및 처가 그 가에 있고 조부·백숙부(伯叔父)는 타가에 있는 경우, 모·조부의 순위로 후견인[護後人, 법정대리인]이 되었다.

   위의 경우에 모(母)가 후견인이 될 수 없으면 조부가, 조부 역시 될 수 없으면 생모의 지정에 따라 백숙부 중 1인 또는 처가 후견인이 되고, 생모가 이를 지정할 수 없다면 조부의 지정에 의한다.

조회

1. 조선에서 1922년 제령 제13호 시행 이전에, 백치인 호주에게 처, 생모, 조부, 백숙부가 있는 경우에 그중 어느 사람이 후견인이 되는 것이 관습이었는가?

   또 그 순위에 관한 관습은 어떠했는가?

2. 위의 경우 선순위자(先順位者)가 그 지위를 사임할 수 있는 관습이 있었는가? 만약 있었다면 사임자가 임의로 차순위자(次順位者) 중 어떤 자 또는 다른 자를 후견인으로 지정할 수 있는 관습이 있었는가?

회답

1. 1922년 제령 제13호 시행 이전에는 백치인 성년 호주에게 조부·생모·처·백숙부 등이 있는 경우, 위 호주의 후견인이 될 자의 순위는 이들 친족이 호주와 가(家)를 같이 하는지 여부에 따라 다르다. 즉 다음과 같다.

   (1) 생모 및 처만 가족이고 조부 및 백숙부는 타가에 있는 경우는 모 → 조부의 순위로 후견인이 된다.

(2) 조부와 손(孫)이 가를 같이 하는 경우에 손이 호주가 되는 것은 관습이 인정하지 않는 바이나, 만약 사실상 손이 호주로서 조부 및 모가 가족이 되는 일이 있다면 조부 → 모의 순위로 후견인이 될 것이다.

2. 위의 경우에 모 또는 조부는 친권자 또는 존장(尊長)으로서 후견인이 되는 것이므로 부득이한 사유가 있는 경우 외에는 그 임무를 사임할 수 없다. 그리고 선순위자인 모가 후견인이 될 수 없는 경우에는 당연히 조부가 후견인이 되고, 조부 역시 후견인이 될 수 없는 경우에는 생모의 지정에 따라 백숙부 중 1인 또는 처가 후견인이 되며, 만약 생모가 후견인을 지정할 수 없는 경우에는 조부의 지정에 따라 위에 기재된 사람 중 1인이 후견인이 되는 것이 일반적 관습이다.

조회회답 322 | 1932년 5월 31일 경성지방법원 민사제2부 재판장 조회
1932년 6월 15일 조추발 제261호 중추원 회답

종약소에 관한 건

요지

1. 종약소(宗約所)란 종약(宗約)에 의해 생긴 단체를 지칭한다. 또 단순히 종약을 실행하기 위해 설치된 사무소를 칭하는 경우도 있다.
2. 종약소는 같은 시조에서 나온 남계혈족(男界血族) 중 남자인 약원(約員)으로 이루어진다. 약원의 자격 및 입약(入約) 절차는 그 규약으로 정하는 것이 통례이다.
3. 종약소 임원의 종류 및 선정 방법은 각 종약소 규약에서 정한 바에 따르며, 일정한 관습은 없다.
4. 종약소의 목적은 그 규약에 따라 다소 차이가 있으나, 대략 조상의 존숭(尊崇), 종족의 단결, 친목·복리의 증진 등이 있다.
5. 종약소의 규약과 종중의 관계는 그 종약소의 성질에 따라 다르다. 어떤 것은 가맹한 종인

(宗人)만을 구속하고, 어떤 것은 종중 전원을 구속한다.

규약의 변경은 각 규약이 정한 바에 따르므로 절차가 반드시 일정하지는 않다.

6. 종약소가 종중과 별개의 종족단체로서 존재하는 경우에, 종약소는 종중재산과 관계없이 단독으로 재산을 소유하며, 그렇지 않은 경우에는 별도로 재산을 소유하지 않는다.

7. 종중의 사무소를 종약소라고 부르는 경우 종약소의 장(長)은 문장(門長)에 해당하지만, 그렇지 않은 경우에는 양자 간에 거의 관계가 없는 것이 보통이다.

조회

1. 종약소란 종중의 별칭인가? 혹은 종중의 사무를 집행하는 데 불과한 사무소인가? 또 종중은 별개의 단체가 아닌가?

2. 종약소는 어떤 회원으로 성립되는가? 종중 일동이 당연히 그 회원이 되는가? 또는 따로 어떤 자격이 있는 자가 입회 절차에 따라 가입하는 것인가? 만약 입회하는 것이라면 누가 이를 허가하는가?

3. 종약소에는 어떤 임원이 있는가? 종중의 임원이 당연히 종약소의 임원이 되는가? 혹은 다시 별개의 방법으로 그 임원을 선정하는가?

그 선정 방법, 연한 등은 어떠한가?

4. 종약소는 어떤 목적을 가지는가?

5. 종약소에는 어떤 규약이 있는가? 그 규약은 종중과 어떤 관계가 있는가? 그 규약의 변경 등에 관해 어떤 절차가 필요한가?

6. 종약소는 단독으로 재산을 소유하는가? 만약 소유한다면 이는 종중과 별개의 재산인가, 또는 종중의 재산인가?

7. 종약장(宗約長)과 문장은 동일인인가, 다른 사람인가? 그 관계는 어떠한가?

8. 김해 김씨(金海金氏) 종약소에 관한 참고자료.

회답

1. 종약소란 종약(친족 간의 계약)에 의해 이루어지는 단체의 칭호로서, 종래의 대종중(大宗中)을 변혁하여 그 대신 생겨난 것과 종중(대종중, 이하 같음) 외에 따로 설립된 것이 있다. 또

단순히 종중이 종약을 실행하기 위해 설치한 사무소를 종약소라 칭하는 경우도 있다.

2. 종약소는 같은 시조에서 나온 남계혈족 중 남자인 약원으로 성립된다. 이는 각 종약소를 통틀어 공통되는 점이다. 그리고 약원의 자격 및 입약하는 절차는 대체로 그 규약[규칙·종약 또는 종헌(宗憲)이라 칭하는 것이 있음. 이하 같음]이 정하는 바에 따르는 것이 통례이다. 그 중에는 연령에 제한을 두어 15세 이상 혹은 20세 이상이어야 하는 것도 있고, 혹은 전혀 연령 제한을 두지 않는 것도 있다. 위에 기재한 자격을 구비한 자는 당연히 약원이 될 수 있다고 하는 것도 있고, 위에 기재한 자격을 가진 자로서 입약금(入約金)을 납부하고 입약을 출원한 자에 한해 약원이 된다고 하는 것도 있다(위의 경우에 입약 출원자는 그 출원에 따라 당연히 약원이 되며 특별히 허가를 주는 등의 경우는 없는 것이 통례임).

3. 종약소의 임원은 각 종약소 규약에 따라 정하므로 반드시 일정한 것은 아니다. 이를 예시하면 다음과 같다.

   (1) 총재(總裁)·부총재(副總裁)·종약장(宗約長)·부약장(副約長)·도유사(都有司)·부유사(副有司)·고문(顧問)·부장(部長)·파유사(派有司)·각군유사(各郡有司)·각면유사(各面有司)·의장(議長)·부의장(副議長)·대의원(代議員)·상임의원(常任議員)

   (2) 약장(約長)·부약장(副約長)·부장(部長)·주임(主任)·장재(掌財)·서기(書記)·평의장(評議長)·평의원(評議員)

   (3) 종약장(宗約長)·부약장(副約長)·총무(總務)·부장(部長)·부원(部員)·의사장(議事長)·의원(議員)·고문(顧問)

   (4) 소장(所長)·부소장(副所長)·소감(所監)·서기(書記)·장재(掌財)·회계(會計)·평의장(評議長)·평의원(評議員)·고문(顧問)

   (5) 소장(所長)·부소장(副所長)·총무(總務)·장무(掌務)·간무(幹務)·장재(掌財)·회계(會計)·감사(監査)·향사원(享祀員)·별유사(別有司)·평의원장(評議員長)·평의원(評議員)·고문(顧問)

   (6) 의사장(議事長)·부의사장(副議事長)·의사원(議事員)·경의사원(京議事員)·향의사원(鄉議事員)·상유사(上有司)·유사(有司)·경유사(京有司)·향유사(鄉有司)·고문(顧問)·간사(幹事)

   (7) 약장(約長)·부약장(副約長)·총무(總務)·경유사(京有司)·향유사(鄉有司)·회계(會計)·

서기(書記)

상술한 바와 같이 종약소의 임원은 각 규약에 따라 정하므로 종중의 임원이 당연히 종약소의 임원이 되는 것은 아니다(실제로는 종중의 임원이던 자가 종약소의 임원이 되는 경우가 없지는 않다).

종약소 임원의 선정 방법 및 그 임기 역시 종약소 규약에 정한 바에 따르므로 반드시 동일하지 않다. 총회에서 선거하는 경우도 있고 임원회에서 선임하는 경우도 있으며 종약소의 장이 임명하는 경우도 있지만, 대체로 중요한 임원은 총회에서 선임한다. 그렇지 않은 경우는 임원회 또는 종약소의 장이 임명하는 것이 통례이다.

또 임원의 임기를 2년으로 하는 곳도 있고, 3년으로 하는 곳도 있으며, 5년으로 하는 곳도 있다. 어떤 곳은 임원의 종류에 따라 임기를 달리하기도 한다.

4. 종약소의 목적은 종약소 규약에 따라 정하는 것이 통례이므로, 그 목적 역시 다소 차이가 없지 않다. 그러나 대체적인 것은 거의 동일한바, 조상을 존숭하고 종족을 단결시켜 그 친목을 도모하며 상호 복리를 증진하는 데 있다. 또 위에 기재한 것 외에 교육 및 예속(禮俗)의 장려, 식산흥업(殖産興業) 등을 주된 목적으로 하는 곳도 있다.

5. 종약소에는 무릇 규약(규칙·종약·종헌이라 칭하는 것이 있음은 위에 기재한 바와 같음)이 있다. 종약소의 규약과 종중의 관계는 그 종약소의 성질에 따라 다르다. 즉 종약소가 종중과 별개의 종족단체인 경우에는, 종약소 규약이 오로지 이에 가맹한 종인(宗人)만을 구속하고 종중과 아무런 관계가 없다. 그렇지만 종중이 종약을 실행하기 위해 설치한 사무소를 종약소라 칭하는 경우, 규약은 바로 종중의 규약이므로 당연히 종중을 구속한다. 또 종래의 종중을 개변(改變)하여 종약소가 된 경우에는, 표면상 그 규약이 종중과 관계가 없지만 실제로는 종중과 종약소는 동일체이므로 종약소 규약이 사실상 종중을 구속한다고 보아야 한다.

또 규약의 변경은 각 규약이 정한 바에 따르므로 그 절차가 반드시 일정하지는 않다. 이를 예시하면 다음과 같다.

(1) 대의원회의 결의를 거친 후 총재의 결재로 행한다.

(2) 총회의 결의로 행한다.

(3) 의사회의 결의를 거친 후 총회에 제출하여 출석자 3분의 2 이상의 동의를 얻어 행

한다.

(4) 평의원회를 거쳐 총회에 제출하여 출석자 과반수의 동의를 얻어 행한다.

(5) 평의원회의 결의를 거친 후 총회에 제출하여 출석자 3분의 2 이상의 동의를 얻어 행한다.

6. 종약소는 단독으로 재산을 소유하는 것과 그렇지 않은 것이 있다. 즉 종약소가 종중과 별개의 종족단체로서 존재하는 경우 종약소는 종중재산과 관계없이 단독으로 재산을 소유하지만, 그렇지 않은 경우 종중과 별도로 종약소가 재산을 소유하지 않는다. 따라서 종약소 설립 후에도 묘위토·제위토 같은 것이 지금도 여전히 종중재산으로서 종중 대표자의 명의로 되어 있는 경우도 많다. 특히 종래의 종중을 개변하여 종약소가 된 경우에는, 종약소 설립 후에 종중에 따로 집행기관을 두지 않게 되었으므로 이들 재산을 종약소에서 관리하고, 그 수입으로 조상의 제사 및 기타 종중의 공동비용에 충당하는 것이 통례이다. 또 이외에 소종(小宗) 각파(各派)에서 종중재산을 소유하는 경우도 있으나 종약소와는 아무런 관계가 없다.

7. 종약소의 장(長)과 문장은 동일한 경우도 있고 동일하지 않은 경우도 있다. 즉 종중의 사무소를 종약소라고 부르는 경우, 그 종중에서 연령·항렬·덕망이 가장 높은 자를 종약소의 장으로 하므로, 이런 종약소에서 종약소의 장은 바로 문장에 해당한다. 종약소와 종중이 별개로 존재하는 경우에 종약소의 장과 문장은 각각 그 입장을 달리하므로, 양자 간에 거의 관계가 없는 것이 보통이다. 또 종래의 종중을 개변하여 종약소가 된 경우, 종약소의 장이 종약소 설립 후에 그 규약이 정한 바에 따라 종약소(종래의 종중)를 대표하여 모든 종사(宗事)를 처분하므로 따로 문장을 두지 않는 것이 통례이다.

8. 김해 김씨 종약소에 관한 참고자료는 없다.

조회회답 323 | 1932년 5월 31일 학무국장 조회
1932년 6월 30일 조추 제277호 중추원 서기관장 회답

사원의 인격 대표에 관한 건

요지

1. 사우(祠宇) 및 서원(書院)의 대표자 선임 방법에 관해서는 그 사우 또는 서원과 관계가 있는 유림(儒林)이 선정·추대하거나, 유림의 추천을 받아 관할 군수 또는 부윤이 임명하는 등 일정하지 않다.
2. 사우 및 서원 대표자의 권한은 보통의 사무는 전행(專行)하고 중요한 사무는 관계 유림의 동의를 얻어 행하는 것이 일반적이다.

조회

1. 조선에서 종래에 특별히 존치를 인허받은 사우 및 서원은 민법 시행법 제28조에 의해 당연히 법인 자격이 인정되는지에 관해서, 그리고 대표 선임에 관한 관습이 있다면 그 방법 및 권한을 알고 싶으니, 회답을 바랍니다.

회답

1. 사우 및 서원의 대표자인 재장(齋長) 또는 원장(院長)의 선임 방법에 관해서는 관습이 일정하지 않다. 사우 또는 서원과 관계 있는 유림이 선정·추대하는 경우가 있고, 유림의 추천을 받아 관할 군수(부윤)가 임명하는 경우가 있다.

   사우 및 서원의 대표자인 재장 또는 원장의 권한은 사우 또는 서원에 따라 꼭 동일하지는 않지만, 보통 재장 또는 원장은 하부 직원을 지휘·감독하고 보통의 사무를 전행하는데, 동산이나 부동산의 득실 변경을 목적으로 하는 법률행위 및 소송행위 등 중요한 사무는 관계 유림의 동의를 얻어 행하는 것이 일반적이다.

조회회답 324 | 1933년 9월 7일 법무국장 조회
1933년 9월 27일 조추 제378호 중추원 의장 회답

상속인 없는 유산의 귀속에 관한 건

요지

1. 상속인이 될 직계비속이 없는 죽은 자의 유산은, ① 부(父), ② 모, ③ 형제자매, ④ 조카·조카딸, ⑤ 종손(從孫)·종손녀(從孫女), ⑥ 조부, ⑦ 조모, ⑧ 백숙부·고모, ⑨ 종형제(從兄弟)·종자매(從姉妹)의 순서로 승계한다. 동일 순위에 있는 자가 2인 이상인 때에는 균일한 비율로 공동 승계한다. 단 주제자(主祭者)에게는 제사료(祭祀料)로서 상당한 가급(加給)을 해야 한다.
2. 과부가 상속으로 취득한 망부(亡夫)의 유산은, 과부가 사망하고 망부의 후사(後嗣)가 없는 때에는 망부의 본족(本族)이 전항의 순서에 따라 승계한다.

조회

1. 상속인이 없는 사사의 유신으로서 근친이 있는 때에는 그에게 귀속하는 것이 관습인데, 가(家)를 달리하는 근친으로 비속과 존속이 각각 여러 명이 있는 경우 또는 망부의 부모와 친부모처럼 같은 촌수의 근친이 있는 경우 유산의 귀속자와 이를 정하는 관습관습은 어떠한가?

참조

본건의 실제 문제는 다음과 같다.

갑녀(甲女)는 을남(乙男)과 혼인한 후 을남의 분가에 따라서 그 가에 들어갔는데, 을남의 사망으로 호주상속 및 재산상속을 했으나 상속인이 없이 사망하였다. 3년이 지난 후 을남이 창립한 가는 절가(絶家)가 되었고, 갑녀의 근친으로서 을남의 본가 호주, 을남의 친부모, 갑의 생부가 각각 가를 달리하고 있다. 갑녀의 유산은 누구에게 귀속하는가?

회답

1. 상속인이 될 직계비속이 없는 죽은 자의 유산은, ① 부(父), ② 모, ③ 형제자매, ④ 조카·조카딸, ⑤ 종손·종손녀, ⑥ 조부, ⑦ 조모, ⑧ 백숙부·고모, ⑨ 종형제·종자매의 순서로 승계한다. 동일 순위에 있는 자가 2인 이상인 때에는 균일한 비율로 공동승계한다. 단 주제자에게는 제사료로서 상당한 가급을 해야 한다.
2. 과부가 상속으로 취득한 망부의 유산은, 과부가 사망하고 망부의 후사가 없는 때에는 망부의 본족이 전항의 순서에 따라 승계한다.

이유

상속인이 될 직계비속이 없는 사자의 유산 귀속에 관해서는, 종래에 일반적으로 『경국대전』 혹은 『속대전』이 규정하는 바에 준거했는데, 이런 유산은 같은 가적(家籍) 여부와 관계없이 죽은 자의 근친에게 귀속됨은 물론이다(1916년 3월 2일 경성지방법원 조회; 1916년 4월 6일 서기관장 회답). 그리고 근친의 범위에 관하여 『속대전』「형전」 사천조(私賤條)에 "반부(班附)되는 사람의 노비는 제사를 주관하는 사람에게 먼저 5분의 1을 주되 10명을 초과할 수 없으며, 나머지는 사손(使孫)에게 준다."라는 규정이 있다. 이 규정은 자녀가 없는 죽은 자의 유산은, 먼저 제사를 행하는 자에게 상당한 제사료를 지급하고 나머지는 사손(使孫)에게 지급하라는 취지이다. 그리고 소위 사손이란 죽은 자의 부(父)에게서 태어난 ① 형제·자매, ② 조카·조카딸, ③ 종손·종손녀 및 조부에게서 태어난 ④ 백숙부·고모, ⑤ 종형제·종자매의 방계혈족을 지칭하는 것으로서, 그 유산상속의 순위도 역시 이 순위에 의하고, 동일 순위에 있는 자가 여러 명인 때에는 남녀를 불문하고 균일한 비율로 공동상속한다. 부모 및 조부모는 소위 사손에 속하지는 않으나, 사손이 유산을 승계할 수 있는 것은 부조(父祖)를 하나로 하는 데서 유래하는 것이므로, 부모 또는 조부모가 생존하는 때에는 각각 그 비속에 우선하여 유산을 상속하는 것이라고 해석해야 하고 관습 역시 그러하므로, 부모는 최우선으로 하고 조부모는 종손·종손녀 다음으로 유산을 승계하는 순위에 있다고 해야 한다.

앞에 말한 사손은 죽은 자의 본족에 대해 말하는 것이므로, 본 문의에서 갑녀와 같은 과부에 대해서는 친정 쪽의 친족이어야 하고 남편 쪽 친족은 이에 해당하지 않는다. 따라서 그 근친이 망부인 을남의 본가 호주, 을남의 친부모, 갑녀의 생부에 한정될 때에는 그 가적 여하를 불문하고 갑녀의 유산이 생부에게 귀속된다고 해야 한다. 그렇지만 이는 갑녀 고유의 재산에 대해서일 뿐이다. 만약 갑녀의 유산이라고 칭하는 것 중에 망부 을남의 유산이 포함된 경우에는 그 귀속을 달리하지 않을 수 없다.

오늘날에는 본 문의에서 말하는 것과 같이 갑녀가 상속을 통해 망부의 유산을 승계하였다고 인정되는 것 같지만, 종전의 관습은 그렇지 않다. 『경국대전』「형전」사천조에 "자녀가 없는 부처(夫妻)의 노비는 비록 전계(傳係)할 생존자가 없더라도 본족에게 구처(區處)하는 외에 타인에게 줄 수 없다."라고 주석된 것처럼 생존 배우자가 죽은 자의 유산에 대해 관리처분권을 가지지만, 여전히 죽은 자의 유산에 속하며 죽은 자의 본족 외의 자에게 주는 것을 허용하지 않았다. 이 점에서는 관습의 변경을 인정하기 어려우므로, 망부의 유산이 일단 유처(遺妻)의 소유에 귀속한다고 보는지 여부에 상관없이, 유처가 사망하여 망부의 후사가 없다면 망부에게 속한 재산은 앞에 말한 법칙에 따라 망부의 본족에게 귀속하는 것이 관습이라고 해석하는 것이 상당하다고 인정된다. 또 지금은 왕왕 유처의 고유 재산도 남편 쪽 본족에게 귀속시키기도 한다. 경시해서는 안 될 경향으로 인정된다.

2. 필사본 『속편고(1945)』

조회회답 325 | 1933년 10월 5일 고등법원장 조회
1933년 11월 4일 중추원 의장 회답[91]

가족인 양모의 유산상속에 관한 건

조회

조선에서 가족인 양모가 사망한 경우 그 사람에게 가적(家籍)을 같이하는 친딸이 존재할 때 사후양자(死後養子)는 그 친딸과 공동으로 유산을 평등하게 상속하는 관습이 있는가?

회답

조선에서는 가족인 양모가 사망한 경우 그 사람에게 가적을 같이하는 친딸이 존재할 때에는 양모의 유산 가운데서 얼마를 봉사조(奉祀條, 제사의 물자에 충당하는 재산)로서 공제하고 남은 것을 사후양자와 친딸 사이에 평등하게 분배하며, 사후양자는 그 상속분과 봉사조를 함께 상속하는 것이 관습이다.

이유

예전 조선에서는 재산상속에 있어서 피상속인이 생전 처분이나 유언으로 각 자녀들의 상속분을 정하지 않고 사망한 경우, 그 유산 분배에 관해 상속인이 될 자녀들 간에 협의가 이루어진 때는 별론으로 하더라도, 그렇지 않을 때에는 관에 제소하여 그 재정을 기다려야 하고, 관은 국전(國典)에 정해진 바에 준거함은 물론이다. 이에 당시의 국전을 살펴보건대, 『대전회통』 「형전」 사천조(私賤條)에는 "[원(原)] 분배하지 못한 노비는 아들과 딸의 생사를 막론하

---

91 『사법협회잡지』 12권 12호, 77~78쪽에 수록된 것을 필사한 것으로 보인다.

고 나누어 준다. 죽은 자에게 자손이 없을 경우에는 이 규정을 적용하지 않는다."라는 기록이 있다. 즉 부모가 생전에 혹은 유언으로 그 소유재산에 관해 처분 방법을 정하지 않고 사망한 경우 그 유산은 자녀의 존몰(存沒) 여부를 불문하고 나누어 주고, 다만 자녀가 사망하여 그 자손이 없는 경우에는 그렇지 않다는 것이다. 또 그 상속분에 관해서는 같은 조에 "부모의 노비는 승중자(承重子)[92]에게 5분의 1을 더 준다. 중자녀(衆子女)에게는 균등하게 나누어 준다."라고 되어 있어, 아들과 딸을 막론하고 적자(嫡子) 상호 간에는 대체로 균분주의를 채택하고 있고, 다만 제사승계자인 사람에게는 봉사조로서 얼마를 더 주어야 한다고 되어 있다. 적자와 서자 간의 상속분에 관해서는 별도의 규정이 있다(같은 조 참조). 특히 본 조회처럼 양자와 친자 간의 상속분에 관해서는 같은 조에 "[속(續)] 적처(嫡妻)에게 딸이 있고 또 계후자(繼後子)가 있으며 또 양자녀(養子女)가 있는 경우의 노비는 적녀(嫡女)와 계후자에게 균등하게 나누어 주되, 계후자에게는 봉사조로 더 주고 양자녀에게는 단지 그 나누어 줄 몫대로 준다."라는 기록이 있다. 즉 적남(嫡男) 없이 적녀, 양사자(養嗣子), 수양자녀(收養子女)만 있는 경우의 유산에 관해서는, 적녀와 양사자 간에는 적자녀 간에서와 마찬가지로 균등하게 나누고, 양사자에게는 봉사조를 더 주며, 수양자녀에게는 단지 그 나누어 줄 몫을 준다, 즉 "적자녀가 있는 수양부모의 유산에 관해서는, 수양자녀에게는 적자녀 상속분의 10분의 1을 지급하되, 다만 3세 이전에 수양된 자녀에게는 7분의 1을 준다."라는 것이다(『대전회통』 「형전」 사천조 '原' 참조). 그러나 위 규정에는 "적처에게 딸이 있고 또 계후자가 있으며 또 양자녀가 있는 경우의 노비"라고 되어 있기에, 아버지인 사람의 유산에 관해서도 언급이 있지 않을까 하는 의문도 생기지만, 『대전회통(大典會通)』은 부모의 자녀에 대한 관계에 있어서는 일반적으로 아버지와 어머니를 구별함 없이 총칭하여 '부모의 노비'라고만 규정하고 있으므

---

92 승중자(承重子): 조선의 승중에는 세 가지 뜻이 있다. 첫째는 종법(宗法)에 의하여 대종(大宗)에 후계자가 없으므로 소종(小宗)의 지자(支子)가 대종의 가계를 잇는 경우이며, 이 사람을 인후자(人後者) 또는 승중자(承重子)라고 한다. 둘째는 적손승조(嫡孫承祖), 즉 아버지가 먼저 사망하여 손자가 조부를 승계하는 것으로 승중봉사(承重奉祀)라고도 하며, 증조부 또는 고조부를 승계하는 경우도 포함한다. 이 승중을 하면 상복(喪服)이 가복(加服)되는데, 조부모를 위한 재최부장기(齊衰不杖期), 증조부모를 위한 재최오월, 고조부모를 위한 재최삼월의 복이, 부를 위한 참최삼년(斬衰三年), 모를 위한 재최삼년의 복으로 된다. 셋째로는 일반적으로 널리 종통(宗統) 또는 종조(宗祧)를 승계하여 제사자로 된다는 뜻이며, 예를 들어 중자(衆子)에 대한 장자(長子)를 승중자라 하고 적자(嫡子)가 없어서 서자(庶子) 혹은 첩자(妾子)가 종통을 이은 경우에 승중첩자(承重妾子)라고 함과 같다. 조선시대의 『경국대전』에서는 이 뜻으로 사용하고 있다.

로 위 규정은 본 조회의 경우에는 적용할 수 없다고 본다. 위 『대전회통』이 1894년의 개혁으로 인해 자연히 폐지되었다 하더라도, 그 주된 취지는 여전히 일반인의 표준이 되어 관습으로서의 기초 관념을 이루고 있음은 의문의 여지가 없으나, 다만 실제에 있어서는 딸의 상속분이 아들에 비해 적은 사례는 왕왕 있었다.

조회회답 326 | 1933년 12월 5일 진주지청 조회
1933년 12월 28일 중추원 의장 회답[93]

분묘의 기지에 관한 건

조회

[당사자] 경상남도 진주군(晉州郡) 금산면(琴山面) 가방리(加芳里)

　　　　원고 성호기(成鎬基)

　　　　경상남도 의령군(宜寧郡) 의령면(宜寧面) 동동(東洞)

　　　　피고 이우식(李佑植)

[사안] 위 원고는 진주군 대곡면(大谷面) 와룡리(臥龍里) 산 212번지에 임야 10정(町) 1반(反) 7무보(畝步)를 수백 년 전부터 소유하고 있고, 산 중턱에 200년 전 조상의 분묘를 설치하여 이를 소유하고 있으며, 해당 분묘 소재지의 약 2칸(間) 아래에도 위 조상의 비속(卑屬)이라 칭하는 자의 분묘 기지가 있다. 그런데 원고는 지금으로부터 28년 전 해당 임야를 타인에게 매도하고 그 후 소유 관계가 전전(輾轉)되었으며, 위 임야는 1925년(다이쇼 14) 10월 중 피고가 매수하여 소유권 이전 등기를 하였다. 원고가 해당 임야를 타인에게 매도할 당시 분묘의 소나무로 둘러싼[環松] 구역의 동서남북 직경 12칸 총평수 113평에 대해 등기하지 않고 그 소유권을 유보하여 매도한 것이라고 주장하지만, 해당 증명은 불명확하다. 그런데 피

---

93 『사법협회잡지』 13권 2호, 79~81쪽에 수록된 것을 필사한 것으로 보인다.

고는 1931년(쇼와 6) 중 원고의 위 조상 분묘라 칭하는 분묘의 좌측 2척(尺)가량 떨어진 위치에 사망한 부친의 분묘를 신설하였다(해당 임야 중에 신설하는 것에 대한 도지사의 허가가 있으나, 원고의 위 분묘에 근접하여 매장하는 것에 대한 허가는 아님). 원고는 해당 소나무로 둘러싼 구역에 대해 현재 소유권을 주장할 수는 없다고 하더라도 20년간 평온하고 공연하게 분묘의 기지를 점유한 경우에는 시효로 인해 해당 토지에 관해 지상권과 유사한 일종의 물권을 취득하는 관습이 있다는 취지의 주장을 하고, 피고에게 피고의 위 분묘를 이장할 것을 청구하고 있다. 원고의 위 소나무로 둘러싼 구역이라 칭하는 임야에는 위 분묘가 있을 뿐 평소 제단을 설치하고 제사 등을 행한 흔적이 없고, 본 안건에서 원고가 주장하는 소나무로 둘러싼 구역을 원고는 분묘의 기지라고 해석하고 피고에게 피고가 신설한 위 분묘를 이장해야 할 의무가 있다고 주장한다.

회답

종래 조선에서 조상의 분묘가 있는 임야의 소유자가 해당 임야를 타인에게 매도하는 경우에, 매도인이 그 매도 문기에 분묘의 소나무로 둘러싼 구역 안을 제외하는 취지를 명시하지 않고 또 달리 그 구역의 소유권을 유보하는 취지의 의사표시를 하지 아니한 때에는, 해당 구역은 당연히 매매의 목적물 안에 포함된다고 보는 것이 관습이다. 그렇다 하더라도 매매 당시 매수인이 특별히 분묘의 이장을 요구하지 아니한 때, 매도인은 여전히 해당 분묘를 소유하기 위해 사성(沙城) 안의 토지(사성이 없는 분묘의 경우에는 사성에 준하여 제사를 지내는 데 필요한 구역)를 사용할 권리가 있고, 이후 해당 임야가 전전 양도된 경우에도 분묘의 소유자는 그 권리를 신(新) 소유자에게 대항할 수 있었던 것으로 본다.

이유

조선에서는 분묘가 존재하는 임야를 매매하는 경우 분묘 기지의 소유권을 유보했을 때에는 반드시 그 방매(放賣) 문기에 '분묘 4면의 각 면 몇 보를 제외한다.'라고 표시하는 것이 통례이므로, 특별히 이를 문기에 표시하지 않고 또 달리 별도의 의사표시도 하지 아니한 경우에는 해당 분묘의 기지는 당연히 매매 토지의 구역 안에 포함된다고 보는 것이 일반적 관습이다(1923년 9월 13일 함경남도 도지사 조회; 1923년 10월 15일 중추원 서기관장 회답 참조). 따라서 매도인인 분묘 소유자는 해당 분묘의 소나무로 둘러싼 구역 안은 물론이고 분묘의 기지(사성 안)에서도 소유권을 상실한다고 할 것이지만, 매도인이 반드시 해당 분묘를 이장해야 하는 것은 아니다. 이제 분묘 소유자의 권리에 관해 살펴보건대, 『대전회통』 「예전」 상장조에 "분묘는 한계를 정하여 경작과 목축을 금한다."라고 되어 있고, 『대전회통』 「형전」 청리조에 "사대부의 분묘는 그 품계[品秩]에 따라 각각 보수(步數)가 정해져 있고 법령[法禁]에 위반하여 몰래 장사를 지내는 자는 법에 따라 파서 이장하도록 한다."라고 되어 있으며, 그 주(註)에는 "비록 보수의 정함이 없는 사람일지라도[증(增) 음직(蔭職)을 받은 사인(士人)을 말함] 좌청룡(左靑龍) 우백호(右白虎) 안의 산에 있어서 금양하는 곳에는 타인이 입장하는 것을 허용하지 아니하며, 좌청룡 우백호 밖이면 설혹 금양하는 산일지라도 광점함을 허용하지 않는다."라고 되어 있다. 또 같은 조에 "사대부가 늑장(勒葬)·유장(誘葬)·투장(偸葬)하는 따위는 각별히 엄금하고 범금자는 탈입여가율(奪入閭家律)에 의거 논죄하며 해당 고을의 수령이 알면서 금하지 아니하는 경우에는 잡아다가 처벌한다."라고 되어 있고, 그 주에는 "상민·천인이 부모의 묘소가 있는 산의 계속 장사 지낼 곳을 사대부가 점거하여 빼앗은 경우에도 같이 처벌하며 기한을 정하여 강제로 이장하도록 한다."라고 되어 있다. 즉 조선에서는 고래로 분묘를 중시하여 일단 적법하게 분묘를 설치한 경우에는 그 존엄을 유지하도록 각 그 신분에 맞게 분묘의 법정 계한(界限)이 있어서, 계한 내에서는 경작이나 목축, 장사 지내는 일 등 타인의 침해를 허용하지 않았다.

그렇지만 『대전회통』의 규정은 자기의 금양산(禁養山)이나 주인 없는 빈산에 분묘를 설정한 경우에 관한 규정이었던 것으로 보이고, 주인 있는 산에서는 타인이 함부로 분묘를 설치하는 것이 허용되지 않았다. 『대전통편』 「형전」 청리조에 "주인이 있는 산이나 인가 근처에 투장하는 것은 금지한다."라고 되어 있고, 그 주에는 "투장을 한 자가 100일 이내에 나타나지 않으면 무덤의 소유자가 관에 신고하여 임금에게 보고한 뒤에 관에서 파내어 이장하게 한다."라고 되어 있다. 이는 타인의 산에 투장하는 것을 금지하는 것으로서, 타인의 산야라 하더라도 이를 빌리거나 소유자의 승낙을 얻어 적법하게 분묘를 설정한 경우에는 분묘의 소유자는 이를 소유하기 위해 계한 내의 토지를 사용할 수 있고 또 누구에게나 그 계한을 주장하여 타인의 침해를 배제할 수 있으며, 토지소유자라 하더라도 그 권리를 침해할 수 없다. 소유자가 변경된 경우에도 다르지 않다.

그러나 『대전회통』은 갑오년 개혁 후 자연히 폐지되었고 그 후 분묘에 관해서 아무런 법령적 근거가 없어졌다고 하더라도, 그 관념이 관습으로서 여전히 일반에 준행되었던 것으로 보인다. 1905년 법률 제2호 형법에서도 『대전회통』과 대략 동일한 규정(형법 제453~455조 참조)을 두어 분묘의 소유자를 보호하였다. 해당 형법은 1912년 제령 제2호 조선형사령에 의해 폐지되었으나, 그 법률상 근본 취지는 여전히 관습으로서 일반에 행해져 오늘에 이르게 된 것이다. 분묘의 계한에 관해서는 『대전회통』 「예전」 상장조의 주에 "종친(宗親)인 경우, 1품은 사방 각 100보, 2품은 90보, 3품은 80보, 4품은 70보, 5품은 60보, 6품은 50보를 한계로 한다. 문무관(文武官)인 경우에는 10보씩 체감하되 7품 이하 및 생원(生員)·진사(進士)·음유자제(有蔭子弟)는 6품과 같이하고, 여자는 남편의 관직에 따른다."라고 되어 있고, 『결송유취보(決訟類聚補)』 「산송(山訟)」에는 "비록 보수가 없는 사람이 용호(龍虎) 안에 금양한 곳이라 하더라도 타인의 입장(入葬)을 허용하지 않는다."라는 1676년(강희 병진)의 수교가 있다.

또 갑오개혁 후에도 1905년 법률 제2호 『형법대전』에는 "① 종친 1품은 사방 각 100보, 2품은 90보, 3품은 80보, 4품은 70보, 5품은 60보, 6품은 50보로 되어 있고, ② 일반 관인(官人)은 종친보다 각 10보를 체감(遞減)하여 7품 이하는 6품과, 친임관(親任官)은 1품과, 칙임관(勅任官)은 2품과, 주임관(奏任官)은 3품과, 판임관(判任官)은 6품과 같으며, ③ 종친·공주(公主)·옹주(翁主)·국구(國舅)·훈신(勳臣)·정향공신(庭享功臣)·문묘종향인(文廟從享人)·사절인(死節人)·청백리·상신(相臣)·장신(將臣)·문형(文衡)·유선인(儒選人) 및 불조인(不祧人)의 사손(嗣孫)과 칙임관 전후 3대(代)와 주임관 전후 2대와 판임관 부자(父子)와 효열인(孝烈人)은 6품과 같고, ④ 서인(庶人)은 10보로 하고, 부인(婦人)은 남편의 직에 따르며, 봉증관(封贈官)은 실직자(實職者)와 같다."라고 하였다(형법 제32조 및 1922년 12월 8일 임야조사위원회 위원장 조회; 1922년 12월 28일 중추원서기관장 회답 참조). 이처럼 예전 조선에서는 위로 종친부터 아래로 서인에 이르기까지 각 그 신분에 따라 분묘의 계한이 있어서, 서인이라 하더라도 역시 분묘의 사방 각 10보를 계한으로 하였다. 그리고 당시 1보는 주척(周尺)으로 6척이었기에 이를 우리 칸수로 환산하면 분묘의 사방 각 6칸 6푼(分)이다(1921년 5월 9일 식산국장 조회; 1921년 8월 29일 중추원 서기관장 회답 참조). 그런데 『형법대전』은 앞서 말한 것처럼 1912년 조선형사령에 의해 폐지되었으나, 그 법률상 근본 취지는 여전히 관습으로서 일반에 행해졌다.

그렇지만 요즘 임야에 관해 소유권의 관념이 점점 발달하고 특히 임야조사에 의해 임야의 소유권이 확정됨에 따라 타인의 소유지 위에 존재하는 분묘에 관해 예전처럼 광범한 기지를 인용하지는 않게 되어, 지금은 일반적으로 사성 안(사성이 없는 분묘의 경우는 사성에 준하여 제사에 필요한 구역)에 한하여 이를 분묘의 기지로 보기에 이르렀다. 그러므로 적법하게 조상의 분묘를 설치하여 수호·금양해 온 임야의 소유자가 해당 임야를 타인에게 매도하고 더구나 당시 분묘의 보존이나 이장에 관해 별도의 의사표시가 없었던 경우에, 분묘의 소유자는 해당 분묘를 소유하기 위해 계속 그 토지를 사용할 권리를 가짐은 당연하며, 그 후 해당 임야가 전전 양도되어 소유자에 변경이 생긴 때에도 분묘 소유자의 권리에 지장을 초래하지 않는다는 것을 관습이라고 인정함이 상당하다.

조회회답 327 | 1934년 4월 13일 평양복심법원 조회
1934년 5월 26일 중추원의장 회답[94]

신주의 체천에 관한 건

조회

1. 위패의 체천(遞遷)[95] 관습 유무.
2. 만약 그런 관습이 있다면 해당 관습의 내용.
3. 해당 관습은 조선에서 일반적으로 행해지는 것인가, 혹은 특정 지방에 한해 행해지는 것인가?

---

94 『사법협회잡지』 13권 7호, 43~46쪽에 수록된 것을 필사한 것으로 보인다.
95 체천(遞遷): 봉사손이 신주를 모시고 제사를 지내는 기간에는 한계가 있다. 모시는 대수(代數)가 다한 신주나 위패를 최장방(最長房)이 제사를 받들게 하려고 그 집으로 옮기는 일을 이른다.

회답

1. 신주(神主) 체천의 관습이 있다. 조선에서 일반적으로 행해진다.
2. 조선에서는 조상의 제사는 원칙적으로 종손(宗孫)이 담당하고, 신분·계급의 여하를 불문하고 부모·조부모·증조부모·고조부모 4대를 한도로 이를 사당에 제사하며, 5대조 이상은 이를 대진(代盡)[96]이라 하여 그 신주(위패)를 묘소에 묻고[埋安] 1년에 한 번 단순히 묘제만 행하는 것이 일반적 관습이다. 다만 불천지위(不遷之位)[97]는 그렇지 않다. 하지만 종손이 대진이 될 경우에도 지손(支孫, 대진 조상의 자손) 중 대수(代數)가 아직 다하지 않은 자가 있을 때에는, 그 조상의 신주는 이들 지손의 가(家)로 옮겨 순차로 체천 봉사(奉祀)하는데 이를 대진으로 인한 체천('조천(祚遷)'이라고도 함)이라고 한다. 체천의 순서는, 남자 자손 중 최장방(最長房, 적서(嫡庶)를 불문하고 촌수[親等]가 가장 가까운 최연장자)의 가로 옮겨 봉사하고, 그 자가 사망한 때에는 그 자에게 대수가 다하지 아니한 자손이 있을 경우에도 반드시 이를 차장방(次長房)에게 옮겨 순차로 체천 봉사하며, 지손 중 제사를 모실 자격을 가진 자가 없게 되었을 때 비로소 그 신주를 묘소에 묻는 것이 일반적 관습이다.

종손이 대진으로 인해 그 조상의 신주를 지손에게 체천할 때에도 그 제전(祭田)은 종가에서 관리하는 것이 원칙이지만 실제 관습은 반드시 그렇지는 않다. 점유하는 신주와 함께 주제자(主祭者)인 지손에게 넘겨 그 수입으로 제사를 영위하도록 하는 경우도 있고, 혹은 이를 넘기지 아니하는 경우도 있다. 하지만 최초에 종가에서 신주를 최장방에게 체천할 때 제전의 점유도 최장방에게 이전한 경우에는 이후 제전의 점유도 신주의 체천에 수반하여 이전하며, 신주를 묘소에 묻게 되면 이를 종가에 반환하고 제전으로 삼는 것이 일반적 관습이다.

---

96 대진(代盡): 우리나라에서는 조선 중기부터 4대 봉사의 관습이 보편화되기 시작하였다. 부모·조부무·증조부모·고조부모의 기제(忌祭)를 사당에서 봉사하였다. 종손의 5대조의 신주는 제사의 대(代)를 다했다는 뜻에서 대진(代盡)이라고 하며, 그 신주를 묘소에 매안(埋安)하고 1년에 한 번씩 묘제(墓祭)만을 지낸다.

97 불천지위(不遷之位): 신주를 조매(祧埋)하지 않고 계속 봉사한다고 하여 부조위(不祧位)라 부르는 곳도 있으며, 불천위를 두는 사당을 부조묘(不祧廟)라고도 부른다. 불천위에는 나라에서 정한 국불천위(國不遷位)와 유림에서 발의하여 정한 유림불천위(儒林不遷位) 혹은 사불천위(私不遷位)가 있다. 일반적으로 유림불천위보다는 국불천위가 더 권위 있는 것으로 인정된다.

이유

1. 대진['친진(親盡)'과 같은 뜻으로서, 상복(喪服) 관계가 다함을 말한다. 『예기(禮記)』에 "4세대가 되면 시마복을 입으니 복이 다한 것이요, 5세대가 되면 정복이 없어 동성(同姓)의 의미가 쇠해진다."라고 되어 있음]으로 인한 신주의 체천에 관해서는 『대전회통』 「예전」 봉사조에 "종가에서 증조의 제사를 지낼 자손의 대수(代數)가 다하여 사당에서 신주를 보내야 할 경우에 윗 항렬[伯叔]로서 제사 지낼 차례[位服]가 다하지 않은 자에게 신주를 보내서 제사 지내도록 한다."라고 규정하고 있고, 또 『경국대전주해(經國大典註解)』 「예전」 봉사조에는 "종가에서 증조의 제사를 지낼 자손의 대수가 다하여 사당에서 신주를 보내야 할 경우에 윗 항렬로서 제사 지낼 차례가 다하지 않은 자에게 신주를 보내서 제사 지내도록 한다. 복이 다하지 않은 자손은 차마 제사를 폐할 수 없다."라고 되어 있다. 즉 종손은 대수가 다하여 봉사할 수 없다고 하더라도 동일 조상의 자손으로서 아직 대수가 다하지 않은 자가 여전히 생존해 있을 경우에, 그 조상의 신주를 아직 대수가 다하지 않은 자손의 가로 체천하는 것만 가능할 뿐 그 자로 하여금 제사를 계속하도록 해야 한다. 이와 같은 신주 체천의 관습이 존재하고, 또 널리 일반에 행해지고 있다.

2. 『대전회통』에 따르면 예전 봉사조에 "만약 적장자에게 자손이 없으면 중자(衆子)가 제사를 받들고, 중자에게도 자손이 없으면 첩자(妾子)가 제사를 받든다."라고 규정하여, 조상의 봉사는 원칙적으로 적장자가 이를 해야 한다고 하였다. 그리고 피봉사자(被奉仕者)의 대수에 관해서는 같은 조에 "문무관 6품 이상은 3대를 제사 지내고, 7품 이하는 2대를 제사 지내며, 서인은 단지 부모 제사만을 지낸다."라고 규정하고 있고, 또 그 주에는 "큰집 맏아들[宗子]의 관품(官品)이 낮고, 작은 아들 또는 작은 집 아들[支子]의 관품이 높으면 대수는 높은 쪽 아들의 것에 따른다."라고 규정하여, 봉사자의 신분·계급에 따라 각각 그 대수를 달리하고 규정 이상의 조상을 봉사할 수 없도록 하는 제도를 채택하였다. 그러나 이 제도가 조선 중엽까지는 준수되던 것으로 보이지만, 그 후 유학의 영향을 받아 주자가 창도한 『가례(家禮)』에 따라 신분 여하를 불문하고 부모, 조부모, 증조부모, 고조부모 4대를 제사 지내는 풍습이 생기게 된 것 같다.

『상변통고(常變通攷)』에 "문: 가례에서는 공경대부(公卿大夫)를 따지지 않고 모두 4대까지 제사 지내는 것을 허용했으나, 단지 우리나라의 제도에서는 '6품 이상은 3대까지 제사 지내고, 7품 이하는 2대까지 제사 지낸다.'라고 했는데, 어떻게 조처해야 하는가? 답: 우리나라의 제도가 이러하니 감히 어길 수 없다 하더라도 효자와 자손(慈孫)이 예에 따라 결정하여 시행한다면 어찌 불가하다고 하겠는가? 나라의 제도에서 7품 이하는 2대까지 제사 지낸다는 말은 더욱 시행하기 어렵다. 7품 이하에 있을 때에는 2대까지 제사 지내더라도, 품계가 6품에 오르면 응당 3대까지 제사 지내야 하니, 이때 과연 신주를 추가로 만들 수 있겠는가? 또 6품 이상은 3대까지 제사 지내다가, 혹 죄를 지어 관직이 삭탈되면 증조의 신주도 함께 헐어 버린단 말인가? 한번 만들고 한번 헐어 버리는 것을 한결같이 자손의 벼슬의 높고 낮음에 따른다면, 어디에 이런 이치가 있겠는가? 이는 도무지 이해할 수 없다."라고 기록되어 있고, 또 같은 책에는 "집람[輯覽, 율곡(栗谷)의 『격몽요결(擊蒙要訣)』]을 살펴보니, 우리나라의 제도에 따라 3대까지만 제사 지낸다고 했다. 그러나 가례에 이미 4대까지 제사 지내는 것을 알맞은 제도로 정했다. 그러므로 예를 좋아하는 집에서는 대부분 가례를 따른다."라고 하여 그 변천을 충분히 엿볼 수 있다(권1 '위사감이봉선세신주조(爲四龕以奉先世神主條, 네 개의 감실을 만들어 선세의 신주를 봉안함)' 참조). 대진 조상의 신주 매안(埋安)에 관해서는 주자의 『가례』에 "친진이란 신주를 묘소에 묻는 것이다."라고 하였고, 또 『상변통고』에도 "큰 가문에서는 시조를 친진하는데, 이는 바로 그 신주를 묘소에 묻는 것이다."라고 하였다(권1 '장주묘소조(藏主墓所條, 신주를 묘소에 보관함)' 참조). 불천의 위패, 즉 국가에 공훈이 있어서 그 신주를 영구히 사당에 제사 모시는 것이 허용된 경우에는 『대전회통』 「예전」 봉사조에 "처음 공신이 된 자는 대수가 비록 다하였더라도 신주를 없애지 않고, 따로 1실을 세워 둔다."라고 하여 영구히 이를 사당에서 봉사하게 하므로 대진의 문제는 생길 수 없다.

대진으로 인한 신주의 체천에 관해서는 앞서 말한 것처럼 『대전회통』 「예전」 봉사조에 규정이 있고, 이 외에도 『가례원류(家禮源流)』에 "사당에 만약 친진하는 조상이 있으면 당연히 옮겨야 한다. 그리고 족인 가운데 아직 대수가 다하지 않은 자가 있으면 그중 최장방에게 옮겨 이를 제사지낸다."라고 되어 있고, 이황(李滉)이 정구(鄭逑)에게 보낸 답서 중에는 "대진한 조상은 일족 중 아직 대수가 다하지 아니한 최연장자의 집으로 옮겨 제사를 모신다.(중략)"(『가례원류』 권11)라고 되어 있으며, 『상변통고』의 '친미진자천우최장방조(親未盡者遷于最長房條, 대수가 아직 다하지 않은 최장방에게 옮겨 제사함)'에는 "족인 가운데 아직 대수가 다하지 아니한 자는 친판(親版) 운운 고하기를 마치고, 최장방에게 옮겨 그 제사를 지내게 한다."라고 되어 있다. 또 『승정원일기』 1807년(순조 7) 9월 16일조에는, "이시수가 아뢰기를 '신은 선정신(先正臣) 문열공(文烈公) 조헌(趙憲) 집안의 제사를 주관하는 일을 매번 우러러 아뢰고자 하였으나 그러지 못하였습니다. 선정신이 불행히도 후사가 없어서 첫째 서자 완서(完緖)를 적자로 삼아 봉사(奉祀)하게 하였습니다. 열성조(列聖朝) 때에 수록된 경전과 여러 선현이 남긴 비장(碑狀)의 문장을 살펴 알게 되었습니다. 그 현손(玄孫)인 이엽(李燁)에 이르기까지 5대가 친진이었기 때문에 사판(祠版)과 체천을 최장방인 상옥(相玉)에게 요구하였습니다. 상옥은 바로 이엽의 숙부입니다.' 하였다."라고 되어 있다. 이와 같이 법전에 규정하는 바, 학자가 말하는 바, 실제로 행하고 있는 바가 모두 한결같으며, 종손이 어느 조상의 5대손이 되어 대진하여 봉사할 수 없게 된 때에 그 신주는 지손 중 대진하지 않은 최장방에게 체천 봉사해야 함이 명백하다. 왕왕 적자냐 서자냐에 따라 체천의 순위를 달리한다고 하는 자, 달리 말하면 최장방이 서자이고 차장방이 적자인 때에는 서자는 연장자일지라도 적자보다 우선하여 봉사할 수 없다고 하는 자가 없지 않다. 그러나 체천 봉사의 경우에는 종가에서 봉사하는 경우와 달리 적서를 막론하고 최장방에게 체천하는 것이 통례이다. 또 최장방의 사망으로 인한 체천에 관하여 『상변통고』에 "문: 최장방이 죽고 그 자식이 비록 대수가 아직 다하지 아니하였다 하더라도, 당연히 차장방에게 옮겨야 하는가? 사계(沙溪) 김장생(金長生)의 답: 그러하다."라고 되어 있으므로, 최장방이 사망한 때에는 설사 그자에게 대진하지 않은 자손이 있더라도 여전히 차장방에게 체천해야 하는 것이 관습임이 분명하다.

또 종손의 대진으로 신주를 지손에게 체천할 경우 제사의 처리에 대해서는 『경국대전주해』에 의하면 그 「예전」 봉사조에 "제향을 누릴 세대가 다하여 마땅히 증조의 신주가 가묘에서 나가게 되면 봉사자의 백숙부 가운데 상복이 다하지 않은 자가 증조를 봉사한다. 복이 다하지 않은 자손은 차마 제사를 폐할 수 없다. 만약 제사를 주재하는 자손의 집과 토지, 노비가 이미 돌아가야 할 곳이 있으면 이를 봉사자에게 옮겨 줄 수 없고, 다만 신주만 옮겨 제사를 받든다."라고 되어 있다. 곧 종손의 대진으로 조상의 신주를 지가로 체천할 경우에도 주제자가 거주하는 가옥, 즉 사당이 있는 가옥 및 제사의 자료에 제공되는 전토 및 노비를 이미 종손이 승계하였으므로 이를 최장방인 지손에게 옮겨 줄 수 없다.

따라서 오직 그 신주만을 옮겨 모셔 봉사해야 함을 밝힌 것이나, 이는 아마도 제전의 소유권에 관하여 말한 것일 것이다. 그 외에도 『병계집(屛溪集)』[윤봉구(尹鳳九)의 저술]에 의하면 "제전에서 친진하는 것은 바로 묘전을 말한다. 즉 조상의 제사를 받드는 대수가 다되어 그 신주를 무덤에 묻는 것이다. 이 때문에 묘전이라 하는 것이며, 1년에 한 번 제사를 지내는 땅이다. 최장방이 있어서 이미 그 위패를 제사 지냈고 또 집안이 가난하여 제사 지낼 수 없다면, 이 제전 역시 옮겨 차장방의 제전으로 한다. 이는 흡사 예를 저버리는 것처럼 보인다."라고 하였고, 『화천집(華泉集)』[이채(李采)의 저술]에는 "이미 사당을 세웠다면 늘 감실[龕室, 신주를 모셔 두는 장(欌)]이 있는 제전이 있을 것이다. 친진은 묘전에서 행하며, 종자가 이를 주관하고, 묘전 제사 비용에 지급한다. 이것이 바로 『가례』의 문장이다. 이를 살펴보건대, 친진하는 조상을 장방의 집으로 옮겼다 하더라도 제전은 거듭 묘전으로 경작한다. 종가에서 거듭 묘제를 지내는 데 의문이 없다. 또 최근 사대부가의 사례를 말하자면, 제전은 장방의 뜻으로 제사에 제공하고, 그 조상의 위패를 묻은 후 종가로 돌려보낸다. 이는 1년에 한 번 지내는 제사이다."라고 하였다. 이에 반하여 『우암집(尤庵集)』[송시열(宋時烈)의 저술] '제전을 두는 조'에 따르면 "친진은 묘전에서 행하고, 만약 대수가 다하지 않은 자손이 있다면 그 신주를 옮겨 제사를 모시며, 제전 역시 마땅히 제사를 모시는 집으로 옮겨야 하는가? 친진 소상의 제전을 묘전으로 하는 것은 이미 명문이 있으니, 어찌 이를 최장방에게 옮길 수 있겠는가?[민사앙(閔士昻)에게 보내는 답서]"라고 되어 있고, 『의례유집(疑禮類輯)』[박세채(朴世采)의 저술]에는 "문: 종가의 대진 신주는 최장방으로 옮겨 모시며 본래 제전에서 행하고, 아울러 제전을 허여하여 그 체천한 종가에서 이를 주관하고 영구히 묘전으로 삼으며, 1년에 한 번 제사를 지내는 것인가? 답: 이 예는 문장 말미에 언급되어 있는데, 경중 사대부의 종가에서는 전민(田民)을 장방에게 넘겨도 받지 않고, 향촌에서는 종손이 주지 아니하여 장방이 이를 다툰다. 대저 이런 일은 사람들의 송사 거리가 되어 우환이 많으니 가부간에 원하지 아니하는 바이다.[수암(遂庵) 권상하(權尙夏)가 채징휴(蔡徵休)에게 보낸 답서]"라고 되어 있다.

이상 학자들이 설시한 것을 종합 고찰하건대, 종손이 대진하여 지손에게 신주를 체천해야 할 경우에 그 제전을 묘전으로 하여 종손이 관리하며, 그 수입으로 묘제의 자료에 제공해야 하는 것이 예(禮)인 것 같으나, 실제의 관행은 구구하여 신주와 함께 이를 최장방에게 이전하는 자도 있고 혹은 그렇지 않은 자도 있음을 알 수 있다. 그러나 최초에 그 점유를 최장방에게 이전한 때, 최장방이 사망하여 차장방에게 체천할 경우에는 제전 역시 이를 차장방에게 이전하여 순차로 체천하며, 봉사할 자격자가 없게 된 때에는 그 신주를 묘소에 매안하고 제전은 종손에게 반환하여 묘전으로 삼아 매년 한 차례 행하는 묘제의 자료로 제공해야 함이 분명하다.

조회회답 328 | 1935년 3월 18일 광주지방법원 민사부 재판장 조회
1935년 5월 27일 중추원의장 회답[98]

유산의 상속에 관한 건

조사사항

1. 조선의 관습에서 호주인 남자가 사망하여 장남이 그 호주상속을 하고, 중자(衆子)가 여러 명 있을 경우 사망한 호주의 유산은 호주상속과 더불어 장남이 일단 전부 상속한 뒤 그 유산을 4분하여 장남 스스로 그 4분의 2를 취득하고 나머지 2분은 차남 이하 중자에게 나눠 주어야 할 의무가 있는가?
1. 위 중자 가운데 서자가 있을 때 서자는 적출자(嫡出子)인 중자에 비해 그 나누어 받을 비율이 어떻게 되는가?
1. 위 분재(分財)를 받아야 할 중자는 반드시 전호주(前戶主) 사망 당시 하나의 가적(家籍)에 있을 필요가 있는가? 사망 전 분가한 중자로서 전호주의 생존 중에는 생계를 같이하였으나 따로 분재를 받지 못한 자가 있을 때에는 어떠한가?
1. 호주상속을 한 장남이 이유 없이 분재를 하지 않을 때 호주인 장남에 대해 분재를 청구하고, 응하지 않을 경우 스스로 동산·부동산을 지정하여 그 인도나 소유권 이전 등기 절차

---

98 『사법협회잡지』 14권 7호, 62~66쪽에 수록된 것을 필사한 것으로 보인다.

를 요구할 수 있는가?
1. 또 전호주가 다액의 부채를 남기고 사망한 때, 호주상속을 한 장남은 우선 상속재산 가운데서 위 선대(先代)의 부채를 공제하고 위 분재를 해야 하는가?

   [본건은 전라남도 곡성군(谷城郡)에서 발생한 사건이다.]

회답

1. 요즘의 관습상 호주가 사망하여 장남이 호주상속과 동시에, 일단 호주의 유산 전부를 승계한 뒤 그 약 2분의 1을 자기가 취득하고 다른 약 2분의 1은 차남 이하 중자에게 나눠 주어야 할 의무가 있다.
2. 위 중자 가운데 서자가 있을 때, 서자는 적자(嫡子)에 비해 얼마 정도 그 비율을 감하는 것이 관습이다.
3. 분재를 받을 중자는 상속 개시 당시에 피상속인과 동일 가적에 있는 자인 것이 통례이나, 전호주의 사망 전에 분가한 중자로서 전호주의 생존 중에는 그와 생계를 같이하였으나 따로 분재를 받지 못한 자는 전호주의 유산에 대해 상당한 분재를 받을 권리가 있다.
4. 전호주의 유산 전부를 승계한 장남이 이유 없이 중자에 대해 분재를 하지 않을 때, 중자는 그 장남에 대해 분재를 청구할 수 있다. 하지만 스스로 목적 재산을 지정하여 그 인도나 소유권 이전 등기 절차를 요구할 수 있는 관습은 존재하지 않는다.
5. 피상속인인 전호주가 다액의 부채를 남기고 사망한 때, 호주상속을 한 장남은 그 승계한 재산으로 전호주의 부채를 변제하고 잔여 재산을 위 비율에 따라 분재해야 하는 것이 관습이다.

   이상에 관해서는 전라남도 곡성군에도 다른 관습이 존재하지 않는다.

이유

1. 조선에서 부모의 유산분할에 관해서는 『경국대전』「형전」 사천조에 "분배하지 못한 노비는 아들과 딸의 생사를 막론하고 나누어 준다."라고 하였고, 『대전속록』「호전」 전택조에는 "부모가 분재해 주지 않은 가사(家舍)와 재산은 노비와 전지(田地)의 예와 같이 그 몫을 나누어 준다."라고 하였으며, 『수교집록』「형전」 문기조에는 "무릇 부모가 분재해 주지

않은 노비는 그 자녀들이 화회(和會)하여 제비를 뽑는다[執籌]."라고 되어 있다. 즉 옛날에는 가장(家長)인지 여부를 불문하고 피상속인이 자녀를 두고 게다가 생전에 각 자녀에 대해 그 소유재산을 나누어 주지 않은 채 사망한 때, 해당 유산은 남녀를 불문하고 동생(同生) 간의 협의에 따라 분할하여 누구도 독점할 수 없도록 하였다. 만약 동생 가운데 전 재산을 독점하거나 다른 1인에게 나누어 줄 재산을 혼자 모조리 차지[合執]한 자가 있을 때 이해관계인의 소(訴)에 의해 그자를 처벌할 뿐만 아니라, 그자가 취득할 재산은 몰수되었다. 『경국대전』 사천조에도 "그것을 불균등하게 나누어 가진 자와 모두 차지하여 이익을 독점하는 자는 논죄 후에 그가 배당받을 노비를 속공(屬公)시킨다. 전택(田宅)도 이와 같다."라고 되어 있다. 하지만 유산의 분할에 관해 동생 간에 협의가 이루어지지 못한 경우에는 『속대전』 「형전」 사천조에 "부모의 노비에 대해 화회가 되지 않은 경우에는 관(官)에 올려서 나누어 갖게 한다."라고 되어 있어서, 이해관계인이 관에 제소하여 분할해야 하고 제사상속인인 장자라 하더라도 함부로 이를 분할하는 것이 허용되지 않았다. 또 조선에서는 유산을 상속할 자가 여러 명 있을 경우에도 분할 전의 상속재산에 관해 공유(共有) 관계를 인정하지 않았으므로, 장자이든 중자이든 상관없이 유산의 분할에 의해 비로소 그 소유권을 취득하고, 분할 전에는 여전히 죽은 자[死者]의 소유로 간주하는 것이 일반적 관념이었다(1913년 6월 7일 고등법원장 조회; 1913년 6월 19일 정무총감 회답, 『민사관습회답휘집』 139쪽 참조). 그러나 요즘에는 일반적으로 주인[主體] 없는 재산의 존재를 인정하지 않는 결과, 호주가 사망한 경우 호주권의 승계와 동시에 그 유산 역시 새로 호주가 된 장자가 일단 그 전부를 승계하는 것으로 해석하기에 이르렀다. 그렇다 하더라도 실제 관념은 예전과 거의 다를 바가 없어, 위와 같은 경우 장자가 하는 유산 전부의 승계는 내부적으로 관리의 의미로 하는 것으로서 차남 이하 중자에 대해 이를 나누어 줄 의무가 있다. 또 각 자녀에 대한 분재의 비율에 관해서는 『경국대전』 「형전」 사천조에 "부모의 노비는 승중자(承重子)에게 5분의 1을 더 준다. 중자녀(衆子女)에게는 균등하게 나누어 준다."라고 되어 있고, 그 주(註)에는 "예를 들어 중자녀에게 각각 5명을 준다면 승중자에게는 6명을 주는 것과 같다."라고 되어 있다. 즉 예전에는 각 자녀 간의 상속분은 균등함이 원칙이었고, 다만 승중자(제사상속인)에 대해 봉사조(피상속인의 제사 재원에 충당할 재산)로 겨우 상속분의 5분의 1을 더 주는 것에 불과하였다. 이처럼 아주 적은 봉사조를 가지고 승중자인

자로 하여금 혼자 조상 봉사를 맡도록 하는 것은 크게 형평[權衡]을 잃은 것이므로, 조상의 제사 역시 적자이든 중자이든 상관없이 각 상속인이 돌아가며 지내는 것이 관습이었던 것으로 보인다. 유척기(兪拓基)의 『지수재집(知守齋集)』에는, "나라의 풍속에 재산을 나누는 규정이 남녀에 심히 차별이 없으므로, 기제(忌祭)와 묘제를 모든 자손이 다 돌아가며 행하여, 비록 출가(出嫁)하여 대수가 먼 자라 하더라도 하나의 예로 이를 행하였으니, 대가(大家)의 세속(世俗)이 모두 이와 같다."라는 기록이 있다. 그런데 연대의 경과와 세태의 추이로 인해 일반에 종가를 중시하는 관념이 점차 발흥하여, 분재에서 유산 가운데서 우선 봉사조로 상당 재산을 공제해서 이를 종가에 귀속시켜, 이에 따라 장자로 하여금 단독 봉사를 하도록 하고, 그 나머지를 장자와 중자 사이에 균분하게 된 것으로 보인다. 특히 요즘의 관습상 분재할 때 특별히 봉사조인 각 항목을 정하지 아니하거나 여자에게는 분재를 하지 않으므로, 부친 사망 후에 자매가 출가하는 경우 단장 비용을 새로 호주가 된 장남이 부담하지 않으면 안 되고, 따라서 장자는 상당 유산을 승계하지 않으면 이들 비용을 지급할 수 없게 된다. 이것이 바로 분재에 있어 장자가 유산의 약 2분의 1을 취득하고 그 나머지를 중자에게 균분하게 된 이유이다(1913년 5월 23일 경성지방법원장 조회; 1913년 5월 30일 정무총감 회답, 『민사관습회답휘집』 236쪽 및 1913년 6월 7일 고등법원장 조회; 1913년 6월 19일 정무총감 회답, 『민사관습회답휘집』 140쪽 및 1917년 9월 18일 평양복심법원장 조회; 1917년 10월 20일 정무총감 회답, 『민사관습회답휘집』 330쪽 및 1919년 12월 17일 대구지방법원 민사부 재판장 조회; 1920년 1월 19일 정무총감 회답, 『민사관습회답휘집』 368쪽 참조).

2. 적자와 서자 간 상속분의 비율에 관해서는 『경국대전』 「형전」 사천조에 "중자녀에게는 균등하게 나누어 준다. 양첩자녀에게는 7분의 1을 준다. 천첩자녀에게는 10분의 1을 준다."라고 되어 있고, 주에는 "예를 들어 적자녀에게 각각 6명을 준다면 양첩자녀에게는 각각 1명을 주는 것과 같다."라고 되어 있다. 즉 예전에는 서자를 다시 양첩자녀(양인을 첩으로 하여 그 사이에서 태어난 자녀)와 천첩자녀(천인을 첩으로 하여 그 사이에서 태어난 자녀)로 구별하고, 양첩자녀에서는 적자녀의 상속분인 6에 대한 1의 비율을 주고, 천첩자녀에 대하여는 적자녀의 상속분인 9에 대한 1의 비율을 주었다. 이는 결국 서자를 비천하게 여긴 결과와 다름이 없다(양첩과 천첩의 구별은 갑오개혁 후 소멸되었음). 그런데 정조 때에 이르러 『통의절목(通擬節目)』을 만들어 서자에 대해 한품서용(限品敍用)의 범위를 확장하고, 다

시 순조 때에 이르러 『서얼소통절목(庶孼疏通節目)』을 만들어 서자에 대해 일반 임용의 길을 열어 줌에 따라 서자에 대한 일반적 관념에 대변동을 초래하게 되어, 적자가 없는 때라 하더라도 서자가 있을 때에는 서자로 하여금 상속하도록 하는 사례가 점점 많아지게 되었다. 특히 최근에는 서자가 있을 때에는 다른 데서 양자를 들일 수 없게 되었고, 적자와 서자 사이에 현격한 차이를 인정하지 않게 되어 분재를 할 때에도 적자에 비해 어느 정도 그 비율을 더는 것에 그쳤다(1913년 5월 23일 경성지방법원장 조회; 1913년 5월 30일 정무총감 회답, 『민사관습회답휘집』 136쪽 및 1913년 6월 7일 고등법원장 조회; 1913년 6월 19일 정무총감 회답, 『민사관습회답휘집』 141쪽 및 1917년 11월 21일 경성지방법원 민사제1부 재판장 조회; 1918년 1월 21일 정무총감 회답, 『민사관습회답휘집』 340쪽 및 1919년 12월 17일 대구지방법원 민사부 재판장 조회; 1920년 1월 19일 정무총감 회답, 『민사관습회답휘집』 369쪽 참조).

3. 조선에서는 부조(父祖)의 생존 중에는 중자라 하더라도 함부로 분가하는 것을 허용하지 않았고, 이와 동거하며 생계를 같이하는 것을 선한 풍속[良俗]으로 여겼다. 『대명률』 「호율」 별적이재조(別籍異財條)에 "무릇 조부모·부모가 살아 있는데 자손이 별도로 호적을 만들거나 재산을 나누어 따로 관리하는 경우 장 100에 처한다. 반드시 조부모·부모가 친히 고소해야 죄에 해당된다."라고 규정하였다. 따라서 중자라 하더라도 부모 생전에 분가하고자 할 때에는 반드시 부모의 승낙을 받은 후에 해야 한다. 그리고 부모가 자녀에 대해 분가를 허락할 때 상당 재산을 나누어 주는 것이 통례이므로, 부친인 호주가 사망한 후 다시 유산을 나누어 줄 필요가 없다. 또 입양[緣組]에 의해 타가의 양자가 된 자는 양부를 부친으로 하여 그 유산을 승계하므로 친부의 유산을 나누어 줄 필요가 없다. 따라서 부친인 호주가 사망한 경우 그 유산에 관해 분재받을 자는, 분가를 하지 않고 또 타가의 양자가 된 자가 아니며 부친인 전호주의 사망 당시 동일 가적에 있던 자일 것을 통례로 한다(1913년 5월 23일 경성지방법원장 조회; 1913년 5월 30일 정무총감 회답, 『민사관습회답휘집』 137쪽 및 1919년 12월 17일 대구지방법원 민사부 재판장 조회; 1920년 1월 19일 정무총감 회답, 『민사관습회답휘집』 369쪽 참조). 그렇지만 중자 가운데 1인이 부모의 승낙을 받아 그 생전에 분가하고 그 후 부친 생전에 따로 분재받지 않은 때에는 사망한 부친의 유산 가운데서 상당 분재를 받을 권리가 있는데, 그렇지 않으면 크게 형평을 잃게 되기 때문이다. 특히 본건에서, 분가한 중자가 그 부친으로부터 분재를 받지 않은 것은 부친 생존 중 그와 생계를

함께하기 위해 미풍양속에 따른 것으로서, 부친 사망 후에는 그 유산 가운데서 상당 분재를 받을 권리가 있음은 물론이다.

4. 장자가 이유 없이 분재를 하지 않을 때 중자는 장자에게 상당한 분재를 요구할 수 있고, 장자가 이에 응하지 않을 때에는 분재 청구 소송을 제기할 수 있다. 『속대전』「형전」사천조에 "부모의 노비에 대해 화회가 되지 않은 경우에는 관에 올려서 나누어 갖게 한다."라고 되어 있다. 즉 예전에 부모 유산의 분할에 관해 동생 간에 협의가 이루어지지 않을 때에는 관에 제소하여 그 분할을 구하는 것으로 하였다. 지금도 조선인 간에는 일반적으로 당사자 간에 해결이 불가능한 경우에는 관에 제소하여 해결하는 수밖에 없다는 관념이 있어, 예전과 지금 사이에 관습의 변경은 인정할 수 없다. 그렇지만 이와 같은 경우 스스로 그 목적 동산이나 부동산을 지정하여 그 인도나 소유권 이전 등기 절차를 요구할 수 있는지에 관해서 살펴보자면, 고래로 조선에서는 부모의 유산을 독점하거나 다른 사람보다 매우 많이 차지하여 오로지 그 이득을 보려는 자가 있을 때에는 관에 제소하여 분재를 청구하는 것으로 족하다. 관은 피상속인을 대신해 국법이 명하는 바에 따라 각 상속인에 대해 해당 유산을 나누어 주기 때문에 목적 재산을 지정하여 그 인도를 요구할 필요가 없었고, 따라서 이에 관한 관습도 존재하지 않았던 것이다(1919년 12월 17일 대구지방법원 민사부 재판장 조회; 1920년 1월 19일 정무총감 회답, 『민사관습회답휘집』 369쪽 참조).

5. 조선에서는 친자 간 채무 승계에 관해서는 『경국대전』「호전」징채조에서 "공가(公家)나 사가(私家)의 빚을 오랫동안 갚지 못한 자 등은 비록 본인이 죽더라도 처자에게 재산이 있을 경우에는 추징하는 것을 허용한다."라고 하였고, 『속대전』「호전」징채조에는 "공가나 사가에 부채(負債)가 있는 경우에는 이를 징수하기 위해 그의 친부나 친자 외의 형제 및 함께 살고 있는 일족을 침해하는 것을 일절 금한다."라고 하여, 호주인지 가족인지 상관없이 부채를 남기고 사망한 때에 채권자는 죽은 자의 유산에 대해 변제를 받을 수 있고, 또 유산이 없다 하더라도 처자가 있을 때에는 그들로부터 변제를 받을 수 있으며, 장자냐 중자냐에 따라 책임이 달라지는 것은 없다. 하지만 예전에도 호주가 부채를 남기고 사망한 때에는 그 유산으로 사망한 호주의 채무를 변제한 후 잔여 유산을 각 자녀에게 분배하는 것이 통례였던 것으로 보인다. 그런데 현재는 호주가 사망한 때에 장자가 호주상속을 하고 이와 함께 전호주의 유산 전부를 일시 승계하는 외에 그 부채도 승계하므로, 호주상

속을 한 장남은 그 승계 재산으로 전호주의 부채를 변제하고 잔여 재산에 대해서만 분재의 의무를 진다고 말하지 않을 수 없다.

조회회답 329 | 1936년 6월 8일 공주지방법원 조회
1936년 8월 1일 중추원 의장 회답[99]

절가의 유산 귀속에 관한 건

조회

1. 조선의 관습에서 절가(絕家)의 유산이 동리[里洞] 소유가 될 때에는 어떤 절차도 필요 없이 절가의 사실 발생과 동시에 당연히 이루어지는 것인가, 혹은 이 사실의 발생 후 편입 또는 이전 등기 등의 절차를 마쳐야만 비로소 그렇게 되는 것인가?

회답

1. 조선의 관습상 절가의 유산이 동리에 귀속되는 경우에 어떤 절차도 필요하지 않고, 그 유산의 승계자가 분명히 없을 때에는 절가의 사실 발생과 동시에 그 유산은 당연히 그 동리의 소유로 귀속된다.

이유

조선에서는 국초 이래로 호주가 사망하고 상속인이 없어 절가된 경우에도 다른 직계비속(분가나 양자입양[養子緣組] 또는 혼인으로 다른 가문에 들어간 자 및 수양자(收養子), 시양자(侍養子)를 포함)이 있을 때 죽은 호주의 유산은 이들에게 상속되고, 이들이 없을 때에는 호주의 본족(本族)인 ① 형제자매(2촌), ② 질(姪)·질녀(姪女)(3촌), ③ 종손(從孫)·종손녀(從孫女)(4촌) 등의

---

99 『사법협회잡지』 15권 9호, 82~83쪽에 수록된 것을 필사한 것으로 보인다.

순으로 이를 승계한다. 이들이 모두 없을 때에는 ④ 백숙부(伯叔父)·고모[姑](3촌)가 승계하고, 이들도 없을 때에는 ⑤ 종형제(從兄弟)·종자매(從姉妹)(4촌)가 승계하며, 이들도 또 없을 때 그 유산은 속공(屬公), 즉 국유가 된다.

『태종실록』권10, 1405년(태종 5) 9월 무술조 '의정부 상계 각년수판노비결절조목(議政府上啓各年受判奴婢決折條目)' 중에, "1. 자식이 없는 사람이 오로지 후사(後嗣)를 잇기 위하여 세 살 전에 절부(節付)하였거나 내버린 어린아이를 거두어서 기른 경우 그자에게는 노비를 전부 주고, 시양(侍養)한 자는 동성(同姓)은 3분의 1을 주고 이성(異姓)은 4분의 1을 주며, 그 나머지 노비는 상항(上項)의 예(例)대로 사손(使孫) 사촌에 한하여 나누어 주고 사촌이 없는 자는 속공시킨다."라는 구절이 있고, 『태종실록』권11, 1406년(태종 6) 2월 무진조 '의정부의 상언(上言)' 중에는 "형조 도관(刑曹都官)의 장신(狀申)에 의거하면, 지난 을유년 9월 판지(判旨) 가운데 있는 한 조문에, '자식이 없고 전계(傳繼)가 없는 경우에 노비는 사촌에 한하여 나누어 주고, 사촌이 없는 자는 속공한다.'라고 하였는데, (중략) 수판 전에 이미 속공된 것은 거론하지 말고, 수판 이후에 자식이 없고 전계가 없는 경우에는 비로소 사촌에 한하여 결급하고 사촌이 없는 자는 속공하게 하소서.' 하니 임금이 그대로 따랐다."라고 되어 있다. 또『경국대전』「형전」사천조에도 "자녀가 없는 적모의 노비는 양첩자녀(良妾子女)에게 7분의 1을 주되 승중자에게는 10분의 3을 더 주고, 나머지는 본족[親庭]에게로 돌려 준다. 본족이 없으면 공처(公處)에 귀속[屬公]시킨다. 천첩자녀(賤妾子女)에게는 10분의 1을 주되 승중자에게는 10분의 2를 더 주고, 나머지는 본족에게로 돌려 준다. 본족이 없으면 공처에 귀속시킨다."라고 규정되어 있다.

이상은 노비의 승계에 관한 것이긴 하지만, 당시 주된 사유재산은 노비였고, 전토(田土)와 가사(家舍)가 여기에 준했다. 예를 들어『태종실록』권25, 1413년(태종 13) 5월 무자조에, "한성부에서 세 가지 일을 조목별로 아뢰었다. (중략) '둘째, 자식이 없는 사람은 가사의 전계가 없으니, 노비의 예에 의하여 수양(收養)·시양(侍養)과 사촌에 한하여 결급하게 하소서.' (중략) 임금이 그대로 따랐다."라는 구절이 보이며, 또『경국대전』「형전」사천조의 주에는 "전토도 같다."라고 규정되어 있다.

이상 설명한 바와 같이, 조선의 법제상 재산상속인인 직계비속이 없을 때 피상속인의 방계친족 중 사촌친[四寸親, 단 종조부와 대고모(大姑)를 제외], 즉 사촌[親等] 내 친족에 한해 이를 '사손(使孫)'이라 칭하여 그 유산의 승계를 허락하고, 이들이 없을 때 비로소 국유에 귀속되는 것으로 하였다. 그러나 실제로는 반드시 그렇지만도 않았다. 대체로 절가되는 경우 많은 재산을 가지고 있는 경우가 거의 없고, 설사 있다 하더라도 아주 적은 것이 보통이다. 또 이런 경우에는 따로 근친이 없이 호주가 단신으로 사망해도 장례를 담당할 자가 없어 어쩔 수 없이 그 동리 주민들이 공동으로 장례 일체를 치르고 그 비용은 죽은 자의 유산으로 충당하며, 남은 재산이 있을 때에는 동리장[里洞長]이 관리한다. 이를 통해 죽은 자의 제사를 속행하는 것이 통례이다(1916년 3월 10일 내무부장관 조회; 1916년 4월 6일 중추원 서기관장 회답,『민사관습회답휘집』268쪽). 이런 경우에도 후일 국가가 이를 추심[追求]하는 일 같은 것은 없었기에 그 유산이 자연히 그 동리에 귀속되는 것이 관습으로 차차 정착된 것으로 보인다(1915년 4월 7일 고등법원장 조회; 1915년 4월 26일 중추원 서기관장 회답,『민사관습회답휘집』268쪽).

그런데 조선 전기의 법제상『경국대전』「형전」사천조에 "노비를 상속하거나 증여받은[傳得] 자는 1년[期年] 내에 관에 신고하여 입안(立案)을 받아야 한다."라고 하고 그 주에 "전택(田宅)도 같다."라고 규정되어 있고, 또『속대전』「형전」문기조에 "상속 또는 유증으로 취득하거나 매득한 노비에 관해서 기한 내에 신고장을 관에 제출한 경우에는 비록 1년 후라 하더라도 모두 확인[立案]을 해 주되 1년 후 또 1년이 경과하면 들어 주지 않는다."라고 규정되어 있듯이, 노비와 전택 같은 중요 재산의 이전 절차에 대해서는 상속에 의해서든 매매나 증여 또는 기타 법률행위에 의해서든 상관없이 법정 기간 내에 관에 신고하여 입안[증명]을 받아야 한다고 되어 있다. 이들 규정이 영조 말년경까지 엄중하게 준행되었음은 현존하는 고문기(古文記)가 증명하는 바이다. 그런데 어떤 사유인지는 명확하지 않지만, 그 후에는 토지와 가옥 같은 중요 재산의 득실 변경이 있는 경우에도 관에 신고하고 입안을 받는 자가 점차 감소하여, 순조 이후에는 입안을 받는 자가 완전히 사라지게 되었다. 이렇게 하여 조선 말기에는 토지 또는 가옥 같은 부동산에 관한 소유권의 득실 변경이 있는 경우에도 공증 절차가 필요하지 않게 되었고, 따라서 절가의 유산이 동리에 귀속되는 절차에 관해서도 특별한 관습이라고 볼 수 있는 것은 없다.

조회회답 330 | 1937년 9월 15일 경성복심법원 촉탁 조회
1937년 9월 29일 중추원 의장 회답[100]

이혼에 관한 관습조사의 건

조사촉탁
아내가 남편과의 동거를 거절하고 도주하여 오랫동안 행방불명인 경우 아내는 다시 남편 집으로 돌아갈 수 없고 이혼이 성립된다는 관습의 존부.

회답
아내가 남편과의 동거를 거절하고 도주하여 오래도록 행방이 분명하지 않은 경우에 어떤 절차도 필요 없이 당연히 이혼이 성립되거나 아내를 다시는 남편의 집에 돌아올 수 없게 하는 관습은 존재하지 않는다.

이유
아내가 남편을 배신하고 도망한 경우에는 『대명률』 「호율」 출처조에 "만약 아내가 남편을 배신하고 도망하면 장 100에 처하고 남편의 뜻에 따라 시집보내거나 팔게 하며[嫁賣], 도망 중에 개가하면 교형에 처한다."라고 규정하고 있다. 즉 『대명률』의 규정에 의하면 남편을 배신하고 도망한 아내는 처벌됨과 동시에 남편이 시집보내거나 팔아 버리는 결정[嫁賣]에 따르지 않으면 안 된다고 하였다. 그러나 『승정원일기』 1785년(정조 9) 6월 28일 기사에 "이소(履素)가 아뢰기를 '(중략) 대체로 사족(士族)의 부녀자가 규문(閨門)에서 한번 나온 뒤에 어찌 얼굴을 들고 다시 그 집에 들어갈 수 있겠습니까. 또 그 주가(主家)에서 반드시 이별하고자 마음을 정하였으니, 신의 보잘것없는 식견도 그러합니다. 민가(閔哥)의 공사(供辭)로 말하자면 또 해당 형률을 면하기 어렵습니다.' 하니, (중략) 주상이 말하기를 '지금은 형편상 이복초(李復初)의 집으로 돌려보내야 할 듯하다.' 하자, 이소가 아뢰기를 '(중략) 이는 풍화(風化)

---

100 『사법협회잡지』 16권 11호, 84~85쪽에 수록된 것을 필사한 것으로 보인다.

를 바로잡는 도리에 있어서 의당 형률을 적용해야 할 일이고, 사대부 집안의 여자가 다른 집에 제 몸을 팔아먹는 지경에까지 이르렀으니, 형세로 보아 용서할 수 없습니다.' 하였다."라고 기록되어 있고, 같은 7월 15일 기사에는 "지평 백사근(白師謹)이 상소하기를 '(중략) 지금 민녀(閔女)의 일은 비록 그간의 곡절이 어떠한지는 모르겠으나, 요컨대 제집 문을 나가 남의 집에서 여러 번 묵은 것은 분명합니다. 그것은 윤리와 기강에 관계되고 풍속과 교화에 관계되는 바가 크니, 이러한데도 대수롭지 않게 내버려 두어 그와 더불어 부부가 처음처럼 살게 한다면, 결코 조정에서 세교(世敎)를 권면하고 풍화(風化)를 돈독히 하는 도리가 아닙니다. 신의 생각에, (중략) 민(閔)의 딸은 부가(夫家)와 헤어지게 하게 하여, 사대부가 가법(家法)을 보존하고 예의를 숭상하는 방도를 결단코 그만두게 해서는 안 됩니다." 하였다. 라고 기록되어 있다. 또 1788년(정조 12) 12월 27일 이혼에 관한 일, "영돈녕부사(領敦寧府事) 신 정존겸(鄭存謙)이 '지금 민녀의 이혼한 일 때문에 이복초의 첫 고발장이 있기까지 하였는데, 그 실상에 거짓과 속임[誣罔]이 없는 이상 그 청은 실로 당청(當廳)에서 시행해야 마땅하지만, 일이 인륜에 관계되어 중하고 율문에 명확한 조문이 없으니 마땅히 더욱 심사해야 합니다. 삼가 바라건대 주상께서 재결하소서.'라고 하였습니다. 판중추부사(判中樞府事) 신 서명선(徐命善)은,'이번에 민씨 여인이 이혼한 일은 이미 그 남편의 정장(呈狀)으로 인하여 해당 조(曹)의 복계(覆啓)가 있기까지 하였으니, 원하는 대로 시행을 허락하는 것이 본디 안 될 것이 없지만, 우리나라의 이혼법은 역적 집안의 딸 이외에는 달리 근거할 만한 조문이 없으므로 감히 억측으로 대답할 수 없습니다. 삼가 바라건대 주상께서 재결하소서.'라고 하였습니다. 판중추부사 신 이휘지(李徽之)는 '(중략) 이혼하는 일은 법례(法例)가 어떠한지 모르겠으나, 사대부 집안의 부녀자라고 하는 자들이 밤을 틈타 몰래 나와 여러 날을 상놈의 남자와 함께 거처한다면 비록 복상(濮桑)의 시기는 없었다 하더라도 하간(河間)의 음행이 이미 드러난 것입니다. 지금 만약 이것을 사소한 일로 보고 다시 부부에게 이전처럼 똑같이 살게 한다면, 그 풍교(風敎)를 무너뜨리고 인륜에 관계됨이 또 클 것입니다. 삼가 바라건대 주상께서 재결하소서.'라고 하였습니다. 판중추부사 신 이복원(李福源)은 '『대명률』에 이르기를, 만약 남편과 아내가 서로 금슬이 좋지 않아 둘 다 이혼을 원한 경우에는 들어준다고 하였고, 또 아내가 남편을 배신하고 도망하면 장 100에 처하고 남편의 뜻에 따라 시집보내거나 팔게 한다고 하였습니다. 이번에 민씨 여인에게 불화한 자취를 볼 수는 없지만 도망중에 있는 것은 확실하니, 다른 데 시집보내거나 파는 것은 비록 논할 수 없다 하더라도 원에 따라 당청에서 이혼하게 하는 것은 본래 불가한 것이 아닙니다. 민씨 여인의 행동거지를 보면 매우 의심스러워 공공연하게 사족의 부녀자가 남의 집안의 천역(賤役)을 달갑게 여겨 동서로 나다니며 이리저리 난리 호들갑을 떨고 정절(情節)은 별로 지킴이 없이 행동거지가 거의 실성한 사람과 같으니, 보통 사람으로 대우하고 본래의 형률을 더하는 것은 정상을 살펴 신중히 용서하는 도리가 아니라고 생각합니다. 삼가 바라건대 주상께서 재결하소서.'라고 하였습니다. 판중추부사 신 김익(金熤)은, '민씨 여인이 당연히 이혼해야 하는지 여부는 오직 제집 문을 나갔는지 여부에 달려 있을 뿐이며, 여자가 제집 문을 나가고 촛불이 없으면 그만두는 것은 당규(唐閨) 연간에도 혐의스러운 점이 있다는 뜻입니다. 더구나 사족(士族) 집의 부녀자로서 어두운 밤에 자취를 감추고서 도보로 대문 밖으로 나가 남의 눈에 띌 것을 생각하지 않고 갑자기 밤을 지새웠고, 길에서 정신없이 뛰어다니며 동가식서가숙(東家食西家宿)하면서 여러 날을 원 없이 놀았음에도 미욱하여 부끄러워할 줄을 모르니, 처음부터 미치거나 실성한 사람이 아니라면 사정상 용서할 만한 점이 없고, 또 모래를 품고 칼날을 숨길 수 없듯이 실로 용서하기 어려우며, 그 행적을 가지고 사정을 논하면 실로 윤상(倫常)의 큰 변괴이니 이는 일세(一世)의 악행에 그치는 것이 아닙니다. 이혼은 국법이 가볍게 허락하지 않는 바이지만, 정리상 떠나지 않을 수 없는 경우에는 또 일찍이 허락하지 않은 적이 없었던 전례를 살펴볼 수 있고, 더구나 『대명률』에 실려 있는 것은 황조(皇朝)의 율령(律令)으로서 곧 우리나라의 법전과 같은데 지금 지아비가 이혼을 청한 것에 대해서도 오히려 법을 삼가는 뜻으로 허락하지 않았으니, 이는 부인이 지아비를 지아비로 여기지 않고 자신의 지아비를 스스로 끊어낸 것인데 오로지 남편으로 하여금 감히 그 이혼한 부인과 헤어지지 못하게 하는 것입니다. 이리하시면 아마도 영명한 성상께서 윤상(倫常)을 바로잡고 풍교를 맑게 하시는 정사가 아닐 것입니다. 삼가 바라건대 주상께서 재결하소서.'라고 하였습니다. 대신들의 의론이 이와 같으니 주상께서 재결하시는 것이 어떻겠습니까?"라고 하니, 전교하기를 "이 초기(草記)를 입계(入啓)한 지가 이미 오래되었으니 우선 그대로 두라." 하였다.'라고 기록되어 있다.

조회회답 331 | 1938년 3월 8일 법무국장 조회
1938년 3월 26일 중추원 서기관장 회답[101]

전주 최씨의 시조 및 혼인에 관한 건

조회
전주 최씨(全州崔氏)에는 시조를 달리하며 동일 남계혈족이 아닌 자가 있는데 이들 사이에 혼인을 하는 관습이 있는가?

회답
전주 최씨라 불리는 사람들 간에 시조가 다르고 동일 남계혈족이 아닌 자가 있는지 아닌지는 자세하지 않다. 그러나 이들 전주 최씨 사이에 서로 통혼하는 관습이 있다는 이야기는 아직 듣지 못한 바이다.

이유
전주 최씨에 대해서는, 『증보문헌비고』 권48 「씨족3 최씨」에 "전주 최씨(全州崔氏) 시조 최균[崔均, 고려조에 문과에 급제하여 명종(明宗) 때 예부 낭중(禮部郎中)을 지냈으며, 완산 부원군(完山府院君)에 추봉(追封)되었음], 아들 최보순[崔甫淳, 벼슬이 평장사(平章事)였고 시호는 문정공(文定公)임], 증손 최성지[崔誠之, 문과 출신으로 벼슬이 찬성(贊成)이었고 시호는 문간공(文簡公)임], 최성지의 아들 최문도[崔文度, 벼슬이 도첨의(都僉議)였고 시호가 양경공(良敬公)임], 최순작[崔純爵, 벼슬이 검교 신호위 장군(檢校神虎衛將軍)이었는데 한 파를 이루었음], 7세손 최유경[崔有慶, 벼슬이 참찬(參贊)이었고 시호는 평도공(平度公)인데 청백리(淸白吏)로 뽑혔고 서원(書院)에 배향되었음], 최유경의 아들 최사의[崔士儀, 벼슬이 판돈녕부사(判敦寧府事)였고 시호는 양도공(襄度公)인데 청백리(淸白吏)로 뽑혔음], 최순작의 10세손 최덕지[崔德之, 문과 출신으로 벼슬이 직제학(直提學)이었는데 서원에 배향되었음], 최군옥[崔群玉, 삼중 대관(三重大匡)이었고 시호는 문충공(文忠公)인데 한 파를 이루었음],

---

[101] 『사법협회잡지』 17권 5호, 60~62쪽에 수록된 것을 필사한 것으로 보인다.

최용[崔溶, 벼슬이 판자주사(判慈州事)였는데 한 파를 이루었음],

최윤위[崔允瑋, 위(瑋)를 또는 위(偉)라고도 씀. 벼슬이 직장(直長)이었는데 한 파를 이루었음],

최거(崔渠, 한 파를 이루었음),

최홍(崔洪, 한 파를 이루었음),

최제[崔濟, 벼슬이 원외랑(員外郞)이었고 시호는 정간공(貞簡公)인데 한 파를 이루었음],

최송(崔松, 한 파를 이루었음)." 등의 기록이 보이고,

『동화성보(東華姓譜)』「전주 최씨」에는 "최순작[崔純爵, 고려 신종(神宗) 때 상장군(上將軍)이었음], 아들 최숭[崔崇, 좌우위중랑장(左右衛中郞將)이었음], 아들 최남부[崔南敷, 통의대부좌우대장군(通議大夫左右大將軍)·지공부사(知工部事)였음], 아들 최전[崔佺, 좌우위보승랑장(左右衛保勝郞將)이었음], 아들 최정신[崔正臣, 좌우위중랑장(左右衛中郞將)이었음], 아들 최득평[崔得枰, 선부전서(選部典書)·한림학사(翰林學士)였음], 아들 최재[崔宰, 문과 급제, 전리판서(典理判書)·진하관제학(進賀館提學)이었음. 완산군(完山君), 시호는 문정공(文貞公)임], 아들 최사미[崔思美, 예의판서(禮義判書)였음], 둘째 아들 최덕성[崔德成, 삼사좌윤(三司左尹)이었음], 셋째 아들 최유경[崔有慶, 조선조의 참찬(參贊)이었음. 청백리(淸白吏)로 뽑혔고 시호는 평도공(平度公)임]."이라는 구절이 보이며,

『만성보(萬姓譜)』「전주 최씨」에는 "시조 최순작[崔純爵, 고려 장군 완주백(完州伯), 문과에 급제하였음], 아들 최숭[崔崇, 중랑장(中郞將), 일설에는 호부상(戶部尙)이었다고도 함], 아들 최남부[崔南敷, 대장군(大將軍)·지공부사(知工部事)였음], 아들 최전[崔佺, 낭장(郞將)이었음], 아들 최정신[崔正臣, 중랑장(中郞將)이었음], 아들 최득평[崔得枰, 선부전서(選部典書)였음], 아들 최재[崔宰, 문과 급제, 전리판서(典理判書)·완산백(完山伯)이었고 시호는 문정공(文貞公)임], 아들 최유경[崔有慶, 조선조 정헌대부(正憲大夫)·참찬평도공(參贊平度公)임], 시조 최균[崔均, 문과에 급제하여, 예부 낭중(禮部郞中)을 지냈으며, 완산부원군(完山府院君)이었음], 아들 최보순[崔甫淳, 벼슬이 평장사(平章事)였고 시호는 문정공(文定公)임], 아들 최윤용[崔允偁, 봉어(奉御)였음], 아들 최비일[崔毘一, 문과에 급제하여, 찬성(贊成)을 지냈으며, 시호는 사숙공(思肅公)임], 아들 최성지[崔誠之, 문과에 급제하여, 벼슬이 찬성(贊成)이었으며, 시호는 문간공(文簡公)임], 최성지의 아들 최문도[崔文度, 벼슬이 도첨의(都僉議)였으며 시호는 양경공(良敬公)임], 시조 최군옥[崔群玉, 삼중 대광(三重大匡)이었고 시호는 문충공(文忠公)임], 아들 최송년(崔松年), 둘째 아들 최구년(崔龜年), 아들 최희평(崔希平), 아들 최유(崔瑜), 아들 최선능(崔善能)."이라고 기록되어 있다.

이처럼 『증보문헌비고』는 전주 최씨의 시조를 고려 명종 때의 예부낭중(禮部郎中) 증완산부원군(贈完山府院君) 최균(崔均)이라 하고, 최순작(崔純爵), 최군옥(崔群玉), 최용(崔溶), 최윤위(崔允瑋), 최홍(崔洪), 최제(崔濟), 최송(崔松) 등의 각파는 단을 하나 내려 별도로 기재했다. 이에 의거해서 생각해 보면 이들 각파를 최균의 계통에서 분파된 것이라고 보기는 어렵지만, 이들 각파의 지조(支祖)가 누구의 아들인지 그 맥락을 기재하지 않고 있고, 또 『고려사열전』 및 『동국여지승람』 「인물부(人物部)」 등에 최균, 최보순(崔甫淳), 최성지(崔誠之), 최득평(崔得枰), 최재(崔宰) 등의 소전(小傳)이 있지만 이 역시 그 혈통의 맥락을 상세하게 기록하지 않았기 때문에, 전주 각파 최씨가 과연 최균의 후예인지 혹은 완전히 시조가 다른 것인지 분명하지 않다. 특히 앞의 『만성보』 기사에 따르면, 전주 최씨라 불리는 자 중에는 최균을 시조로 하는 일파와 최순작을 시조로 하는 일파, 최군옥을 시조로 하는 일파가 있다. 그러나 각파 시조인 최균, 최순작, 최군옥 등이 어디에서 나왔는지를 기재하고 있지 않기 때문에 이들 각파 최씨가 과연 동일 남계혈족인지 혹은 혈통이 전혀 다른지를 자세히 알 수 없다.

이 외에 옛날 전주에서는 우주[紆州, 고려 초 폐현(廢縣)되어 전주에 속하게 됨] 최씨, 이성(利城, 고려 초 폐현되어 전주에 속하게 됨) 최씨, 두모촌[豆毛村, 이성현(利城縣) 내에 있었음] 최씨라 불리는 사람들이 있었다(『증보문헌비고』 권48 「제씨」 및 『동국여지승람』 권33 「전주 성씨」 참조). 그런데 최근 들어 발행된 『만성보』에 따르면 이들 최씨가 보이지 않는다. 이렇게 보면 이들 최씨 역시 본래의 본관을 고쳐 전주 최씨라고 부르게 된 것이 아닐까 생각된다. 이들 최씨에서도 그 시조가 어떤 계통의 인물인가를 고증할 만한 자료가 없기 때문에 역시 동일 남계혈족인지 혹은 혈통을 전혀 달리하는 것인지를 자세히 알 수 없다.

또 전주 최씨로 불리는 사람 사이에 통혼하는 관습이 있는지 여부에 대해서는, 몇 년 전 전주에서 노인들을 모아 직접 조사한 조사보고서 중에도 동성동본인 전주 최씨 간에 통혼하는 관습이 있다는 이야기가 기재되지 않은 점으로 미루어 보면, 이런 관습은 없는 것이 아닐까 생각된다.

조회회답 332 | 1938년 6월 30일 대구복심법원 민사제2부 조회
1938년 8월 20일 중추원 서기관장 회답[102]

종중재산 관리 대표자 선정에 관한 건

조회

1. 조선인 종중의 합유(또는 공유) 재산의 관리(또는 처분)에 관하여 종중 대표자 선정 방법에 있어서 특별한 규약이 없는 경우, 그 대표자를 선정하는 방법에는 어떤 관습이 있는가?
2. 위 선임에 관하여,
   (1) 종장(宗長) 또는 문장(門長)이 회의를 소집할 것을 요하고, 여기에 따르지 않는 결의는 무효로 하는 관습이 있는가?
   (2) 종중원인 호주의 가족이 분가하여 호주가 된 경우에 독립된 생계를 꾸리고 있지 않고 또 혼인을 한 적이 없더라도 결의에 참가할 수 있는 관습이 있는가?
   (3) 결의권 행사에 있어 자기를 대표자로 선정하는 투표를 할 수 있는가?
   (4) 종중원 이외의 사람을 대표자로 삼을 수 있는가?

회답

1. 조선인 종중의 합유 또는 공유 재산의 관리나 처분에 관한 종중 대표자의 선정 방법에 대한 특별한 규약이 없을 때 그 종중의 총회(보통 '종회(宗會)'라고 칭함)에 부의하여 그 결의에 의해 선정하는 것이 일반적인 관습이다(1923년 9월 14일 전라북도 지사 조회; 1923년 10월 23일 조추발 제457호 중추원 서기관장 회답, 『민사관습회답휘집』 439쪽 및 1930년 9월 8일 법무국장 조회; 1930년 9월 23일 조추발 제566호 중추원 의장 회답, 『민사관습회답휘집』 470쪽 참조).
2. 종회 소집은 특별한 규약이 없을 때 관습상 종장(통속적으로는 이 역시 '문장'이라고 칭함. 혹은 '도문장(都門長)'이라고도 함)이 행하는 것이 보통이다. 종중재산의 관리 또는 처분에 관해 대표자를 선정하기 위해 행하는 종회 소집의 경우에도 다를 바가 없다(1930년 9월 8일

---

102 『사법협회잡지』 17권 9호, 64~65쪽에 수록된 것을 필사한 것으로 보인다.

법무국장 조회; 1930년 9월 23일 조추발 제566호 중추원 의장 회답, 『민사관습회답휘집』 470쪽 참조).

따라서 이에 의하지 않고 소집된 회의의 결의는 종회의 결의로서 효력을 가질 수 없다. 단, 종중 임원[役員] 대부분이 종중재산의 관리나 처분에 대해 대표자 선정의 필요성이 있다고 여겨 종장에게 종회의 소집을 청구했음에도 불구하고 종장이 정당한 이유 없이 소집하지 않아 부득이 차석의 임원 또는 발기인이 소집한 종회의 결의는 그렇지 않다.

3. 종중 임원인 호주의 가족이 분가하여 호주가 되었고 또 그가 성년 남자일 때, 아직 독립된 생계를 유지할 수 없고 또 미혼이라 하더라도 관습상 종회의 결의에 참가할 수 있다(1930년 9월 8일 법무국장 조회; 1930년 9월 23일 조추발 제566호 중추원 의장 회답, 『민사관습회답휘집』 470면 및 '구관 및 제도 조사위원회' 결의, 『민사관습회답휘집』 부록 39쪽 참조).

4. 종회원의 투표로 종중재산의 관리 또는 처분을 위해 대표자를 선정할 경우에는 자기를 대표자로 선임하는 투표행위를 할 수 있다.

5. 종중원 이외의 사람을 종중재산의 관리 또는 처분을 위한 대표자로 선정하는 경우는 없다.

조회회답 333 | 1939년 8월 2일 신의주지방법원 영변지청 형사 조회
1939년 9월 5일 중추원 회답[103]

영구 존속 차지권에서의 소작료에 관한 건

조회

평안북도 영변군(寧邊郡) 지방에서 ① 소작 기간은 무기한 영구[永代]로 하고, ② 소작권은 소작인이 자유로이 처분할 수 있으며, ③ 소작인에 변경이 있어도 지주와 상관없음을 내용으로 하는 이른바 경작전용(耕作專用)을 위한 영구 존속의 차지권[借地權, 영소작(永小作)과 유사한

---

103 『사법협회잡지』 18권 10호, 59쪽에 수록된 것을 필사한 것으로 보인다.

관습 물권으로서 일명 '도지권(賭地權)']에 대해 소작료의 정함이 있는 경우라 하더라도, ① 지가의 앙등이나 하락, ② 물가의 앙등이나 하락, ③ 공조공과(公租公課)의 증감, ④ 인근 토지의 차지료(借地料) 인상이나 인하, ⑤ 수확물 체감(遞減)에 영향을 미치는 영농법의 진보·개선 등의 사유로 소작료가 부적당하게 된 경우 당사자는 장래를 향해 상당액의 소작료를 증감청구할 수 있는 관습이 있는가?

회답

평안북도 영변군 내에서 조회한 것과 같은 내용의 영구 존속 차지 관행은 영변면(寧邊面) 서부동(西部洞) 천주사(天柱寺) 소유지에만 존재하고, 그 밖의 면에서는 그와 같은 차지 관행이 있음을 듣지 못하였다. 하지만 평안북도 의주군(義州郡)과 용천군(龍川郡) 일부에 존재하는 원도지(原賭地), 평안남도 대동군(大同郡)과 강서군(江西郡) 일부에 존재하는 전도지(轉賭地), 평안남도 중화군(中和郡) 일부에 존재하는 도지, 황해도 신천군(信川郡)과 안악군(安岳郡) 일부에 존재하는 영세(永稅) 같은 것은 관습상 모두 위에서 조회한 ①~③의 내용을 가지는 영구 존속의 차지 관계이다. 이들 차지 관계는 보통의 소작 관계와 달리 특별한 사정으로 이를 설정한 것이므로, 그 차지료는 정조법(定租法)에 의하는 것이 통례이다[다만 의주군 위화면(威化面)에 존재하는 도지에서는 타조법(打租法)에 따름]. 그리고 정조법에 의하는 것은 지주가 어떤 이유가 있어도 차지인(借地人, 도지권자)에게 차지료의 증액을 요구할 수 없고, 차지인도 천재지변 및 기타 불가항력으로 현저히 수확이 감소한 경우라도 지주에 대해 차지료의 감면을 요구할 수 없는 것이 관습이다(상세한 내용은 1930년 3월 본원이 발행한 '소작에 관한 조사서' 35면 이하 참조).

조회회답 334 | 1940년 2월 7일 대구복심법원 민사제3부 조회
1940년 3월 30일 중추원 의장 회답[104]

종중 또는 문중에 관한 건

조회

1. 조선에서 종중 또는 문중이라 함은 5대조 이상을 공동 시조로 하여 제사하는 경우에 한하여 성립하는가?
2. 위 종중 또는 문중의 성립에는 조직행위, 즉 출자, 제사의 계속, 기타 조직에 관한 협의를 요하며, 이러한 협의가 없을 때 종중 또는 문중은 성립하지 않는 것인가?
3. 동일인에게 자손이 2인 이상 있을 때 그자의 사망과 동시에 그 자손에 의하여 당연히 종중 또는 문중이 성립하는 것인가?

회답

1. 조선에서 종중 또는 문중은 봉사(奉祀)할 각 조상 단위로 성립하며 그 대수(代數)에 제한이 없다. 문중은 종중과 동의어이다.
2. 종중 또는 문중은 조상 제사에 관한 관습상 당연히 성립하는 것이며 조직 행위로 인하여 발생하는 것이 아니다.
3. 동일인에게 자손이 2인 이상 있을 때 그자의 사망과 동시에 그 자손에 의하여 당연히 종중이 성립한다.

이유

1. 조선에서 종중은 공동조상의 제사를 영위함과 더불어 상호부조와 친목을 도모함을 목적으로 하는 종족 단체로서, 제사를 받을 각 신위(神位) 단위로 그 자손을 일단(一團)으로 하는 종중이 성립하며(참고 자료 ① 참조), 그것이 5대조 이상이냐 아니냐에 따라 다르지 않다

---

104 『사법협회잡지』 19권 5호, 49쪽에 수록된 것을 필사한 것으로 보인다.

(참고 자료 ② 참조). 종중은 또 문중이라고도 하며(참고 자료 ③ 참조) 모두 같은 의미이나, 통례적으로 문중은 비교적 작은 종중, 특히 계고조(繼高祖) 이하의 종중을 지칭하는 일이 많다.

2. 종중은 조선의 관습이 의거하는 종법상의 가족 단체이므로 봉사할 조고(祖考)가 있게 되면 당연히 성립하며, 그 후 종자(宗子)의 역세(易世)마다 확대됨에 따라 그 성립에 관해 입약문관(立約聞官, 규약을 세우고 관에 신고함), 기타 행위가 있을 것을 요하지 않는다. 그러나 목적 수행을 위해서는 자금의 갹출, 관리 및 족인(族人)의 회합·협의 등의 방법을 정하여 두는 것이 편리하므로, 이른바 종약(宗約)을 정립하여 종회에 관한 규정을 설정하고 그 임원을 선임한다. 세상에 잘 알려져 있는 것은 이와 같은 종류의 구체화된 종중이지만, 아무런 재산[資財]도 없고 또 활동도 하지 않아 그 존재가 인식되지 않는 것도 있다. 그러나 그 재산이 없고 또 활동을 하지 않는다고 하여 종중의 존재를 부정하는 것은 마땅하지 않다.

3. 한 사람에게 아들이 2인 이상 있는 때 부친이 사망하면 장자가 종자가 되어 '계녜(繼禰)의 종(宗)', 즉 이를 봉사할 형제의 종중이 성립하며, 그 후 종자가 역세할 때마다 순차적으로 계조(繼祖), 계증조(繼曾祖), 계고조(繼高祖), 계오대조(繼五代祖) 등의 종중으로 확대됨은 1항에서 언급한 바와 같다. 그러나 계녜, 계조의 종중과 같이 형제 혹은 종형제(從兄弟)를 구성원으로 하는 종족 단체는 가족적 관계가 농후하며 종중으로서 활동할 필요가 극히 적으므로, 세간에서는 이것을 종중으로 생각하고 있지 않는 것 같다. 또 부친이 사망하고 아들이 1인인 때에는 형제의 종중이 생기는 일이 없는 것 같지만, 단신호주(單身戶主)의 가(家)라는 것이 있음을 인정하지 않으면 안 되는 것처럼 종자가 1인뿐인 경우에도 관념상은 종중의 성립을 인정해야 한다.

조회회답 335 | 1940년 7월 12일 경성지방법원 민사제1부 조회
1940년 9월 30일 중추원 의장 회답[105]

승려의 재산상속에 관한 관습조사 방법의 건

조회

1. 승려가 사망한 경우 그 유산은 비록 친자[實子]가 있어도 상좌(上佐)가 상속하는 것이 관례라고 하는 1917년(다이쇼 6) 10월 20일 자 부산지방법원 앞으로 보내는 정무총감의 회답(『민사관습회답휘집』 226번, 328쪽)이 있는데 현재도 여전히 그런 관습이 있는가?

처와 모친이 있을 때에는 어떠한가?

만약 위 관습이 있다면 다음과 같은 점에서는 어떠한가?

(1) 그 재산 취득의 성질은 상속인가, 또는 절가(絶家) 재산에서와 같은 단순한 승계(재산 귀속)인가? 이에 따라 상좌는 사망한 승려의 채무도 승계하는 것인가?

(2) 사망한 승려의 유산이 선사(先師)에게서 승계한 것인지 여부에 따라 그 승계자가 달라지는가?

(3) 상좌가 여러 명 있는 경우 승계 관계는 어떠한가?

(4) 승려가 사망한 경우가 아니라 환속한 경우라면 그 재산의 승계는 어떻게 되는가?

(5) 기타 참고가 될 현행 관습은 무엇인가?

회답

1. 승려가 사망한 경우 비록 친자가 있어도 그 유산을 전부 상좌가 상속하는 관습은 지금 이미 폐지되었고, 상좌 외에 친자가 있을 때 그 유산을 법물[法物, 승려가 은사(恩師)나 법사(法師)로부터 승계한 재산. 은사의 제위(祭位)를 포함함]과 승물(僧物, 승려 스스로 조성한 재산)로 구별하여, 법물은 상좌가 승계하고[다만 법물 중 법사로부터 승계한 재산은 이를 '법답(法畓)'이라 하여

---

[105] 『사법협회잡지』 19권 12호, 66~67쪽에는 조회와 회답 부분만 수록되고 이유 부분은 빠졌다. 이유가 부가된 것으로 보아 이 부분은 조회 원본을 토대로 필사한 것으로 보인다.

법맥(法脈)을 계승하는 법제(法弟)가 승계하지만, 법제가 없을 때에는 상좌가 이를 승계함] 승물은 친자가 상속하는 것이 일반적 관습이다.

다만 그 유산 전부가 법물이나 승물이면 그 일부를 나누어 이를 친자나 상좌에게 지급하는 것이 통례이다. 그렇지만 그 비율에 관해서는 정해진 것이 없고, 문중(門中) 회의[사망한 승려의 형제·제자, 기타 법류(法類)로 조직된 법류 회의]나 사중(寺中) 회의를 통해 그 액수를 결정하는 것이 통례이다.

위와 같은 경우 친자는 없어도 처와 모친이 있으면 법물은 상좌가 승계하고 승물은 남겨진 처가 상속하는 것이 관습이나, 모친은 승려가 된 자식의 유산에 대해서는 상속권이 없다. 다만 승려 말고 달리 그 모친을 부양할 자가 없고 승려가 생전에 그를 부양한 때에는, 각종 사정을 참작하여 유산 일부를 그에게 나눠 주어야 한다.

(1) 위의 경우 상좌의 재산을 승계한다는 의미는 단순한 승계가 아니라 상속으로 인정해야 할 것이다. 따라서 친자가 상속한 재산(승물)만으로 사망한 승려가 부담한 채무를 변제하기 어려운 경우에 상좌는 그 승계한 재산(법물)의 한도 내에서 채무도 승계해야 한다.

(2) 사망한 승려의 유산 중 법물은 상좌가 승계하고 승물은 친자나 그 남겨진 처가 승계하는 점은 앞서 설명한 바와 같다.

(3) 친자 외에 상좌가 여러 명 있는 경우 그 승려가 생전행위나 유언으로 각 상좌에 대한 분재액을 지정하지 않고 사망한 때, 제1상좌[제1차로 득도(得度)한 상좌]가 일시 법물인 유산의 전부를 승계한 후 문중 회의나 사중 회의를 열어 그 결의에 따라 각 상좌에 대한 분급액을 정하는 것이 일반적 관습이다.

(4) 승려가 환속한 경우 그 소유재산 중 법물은 반드시 상좌에게 전하고, 상좌가 없을 때에는 그 승적이 소재한 사찰에 귀속시키며 단지 승물인 재산만 그 사람의 소유로 하는 것이 관습이다.

(5) 기타 참고가 될 관습

현재의 관습에서도 승려의 사제 관계로는 법사와 법제, 은사와 상좌가 있고, 양자는 똑같이 종교상의 사제 관계이나 각기 목적이 다르다. 즉 법사와 법제의 관계는 오로지 법맥과 전계(傳繼)에 있지만, 은사와 상좌의 관계는 부양과 은애(恩愛)에 있다. 법사와 법제 간에는 법답이라 하여 그 액수는 매우 적어도 재산을 전승하는 것이 통례이다[석가(釋迦)가 그 제자에게 의발(衣鉢)을 전했다는 고사에 따른 것인가]. 하지만 법답의 전승은 오로지 전등(傳燈)의 증거 혹은 기념으로 이를 전승하는 것이며 상속으로 볼 수 없다. 또 법답의 전수(傳授)는 법사인 자의 생전에 하는 것이 통례지만, 생전에 전수하지 않았을 때에는 일반적으로 그 유산 가운데서 이를 나누어 주는 것이 통례이다.

이유

1. 조선의 예전 법제[『대명률』「호율」승도취처(僧道娶妻)조]와 관습은, 승려가 처를 두는 것을 허용하지 않았다. 따라서 승려는 친자가 없기에 '창식(唱食)'이라 하여 어린 남자를 양육하여 10세 이상이 될 때를 기다려 득도식(得度式)을 거행하고 은사와 상좌의 관계를 맺는데, 그 정의(情義)의 친밀함은 속인(俗人)의 양친자(養親子)와 전혀 다를 것이 없다. 은사가 사망하면 상좌는 자녀가 아버지에게 하는 것과 마찬가지로 참최삼년(斬衰三年)의 복상을 하고, 그 제사도 상좌가 봉행하며 유산 역시 상좌가 상속하는 것이 일반적 관습이었다. 그런데 얼마 전부터 이미 승적에 들어간 자는 완전히 속계(俗界)를 이탈한다고 판단하여, 종래 민적이 없던 승려도 그 민적은 각자의 생가나 기타 법령에 따라 정적(定籍)한 가(家)에 있게 되었고 본생 친족과의 관계도 속인과 전혀 다를 게 없게 되었다. 나아가 요즘 일반적 사상의 변천과 일본[內地]의 풍속 변천의 영향으로 인해 조선인 승려도 속인과 마찬가지로 처를 두고 친자를 가지는 자의 수가 점차 늘어나고 있으며, 처자와 함께 한 호(戶)를 구성하여 가족생활을 영위하기에 이르렀다. 따라서 은사와 상좌의 관계가 옛날같지 못하며 자연히 그 혈족인 친자를 중시하고 상좌를 경시하는 경향이 생겨났다.

이상 설명한 바와 같이, 시세(時勢)의 추이로 인해 승려도 처자를 갖게 된 점은 인정상 그럴 수 있다 해도, 고래의 관습을 묵수(墨守)하여 그 유산을 오로지 상좌에게만 상속할 수 없음은 물론이고 이를 처자에게만 전하는 것 역시 타당하지 않다. 따라서 부득이하게 승려 신분으로 취득한 재산, 즉 법물은 상좌에게 전하고 승려 신분과 관계없이 승려 스스로 조성한 재산, 즉 승물은 처자에게 전하게 된 것이다.

또 친모[實母]에게 승려가 된 자녀의 유산에 대한 상속권이 없다는 점에 관해서는, 고래로 조선의 관습상 승려가 될 때 이를 '출가(出家)'라 하여 속계를 이탈하는 것으로 보았으므로, 부모가 사망해도 그 생전에 증여받은 것이 있는 경우는 별개로 하고 그렇지 않은 경우에는 부모의 유산에 대한 분재 청구권이 없었다.

『태종실록』 권10, 5년 9월 무술조 '의정부 상계 각년수판노비결절조목(議政府上啓各年受判奴婢決折條目)' 중에 "1. 승려는 이미 부모를 하직하고 출가하였으니, 속인과 일례로 조업 노비(祖業奴婢)를 다투고 바랄 수 없으니, 부모에게서 전하여 받은 것 이외는 다투고 바라는 것을 금지한다."라는 기사가 보이고, 『세종실록』 권13, 3년 8월 을미조에는 "승려가 되는 길이 친척도 버리고 애정도 끊고 세상을 떠나 산에 들어가는 것이니, 비록 부모가 부리던 노비일지라도 사용하지 못할 것이다.(중략)"라고 기록되어 있으며, 『성종실록』 권259, 22년 11월 29일 신축조에는, "사헌부(司憲府) 장령(掌令) 이거(李琚)가 아뢰기를 '(중략)신이 『경제육전(經濟六典)』·『속육전(續六典)』과 『경제속록(經濟續錄)』을 보니, 승려가 되어 어버이를 떠난 자는 속인과 같지 않으므로, 부모의 물건일지라도 나누어 주지 못한다 하였는데, 이제는 이 법이 없어졌으므로, 근자에 노회신(盧懷愼)의 첩이 낳은 아들인 승려가 본부(本府)에 장고(狀告)하여 집과 재물을 다투니, 중이 된 도리가 과연 이러한 것이겠습니까? 지금 바야흐로 『대전(大典)』을 감교(勘校)하니, 부모의 재물을 승려가 된 자식에게 주는 것을 허가하지 않는다는 것을 기재하는 것이 어떠하겠습니까?' 하니, 주상이 말하기를 '좋다' 하였다."라는 기사가 보인다(그 후 『경세육전』에 이를 규정하는 데까지는 이르지 못하였으나 여전히 이런 관습이 있었음). 따라서 승려가 된 자녀가 사망한 경우에도 부모는 그 유산을 승계할 수 없었다.

(1) 승려가 사망하면 그 상좌가 유산을 승계하는 것의 성질이 상속인지 혹은 단순한 승계(재산 귀속)인지에 관해서, 은사와 상좌의 관계가 혈족 혹은 친족 관계는 아니라 하더라도 법사와 법제의 관계 같은 단순한 종교상의 사제 관계는 아니다. 즉 양자의 관계는 완전한 은애 관계로서, 상좌는 평상시[居常] 은사를 부름에 제 아버지처럼 하고 그 정의의 친밀함이 양친자와 다를 바가 없다. 은사는 상좌가 어릴 때에는 그 간호와 교육을 할 권리가 있고 의무를 부담하며, 이와 동시에 필요한 범위 내에서 그를 징계할 수 있다. 상좌는 그의 사권(師權, 일단 이를 '사권'이라 칭하며 '친권(親權)'과 같은 것임)에 복종해야 한다. 또 입실(入室) 후에 그 소속 사찰을 떠나고자 할 경우에도 은사의 허락을 받을 필요가 있다. 근래 승려가 처자를 가지게 된 것과 관련해서는, 은사와 상좌 사이

가 옛날 같지 않다 하더라도 여전히 양자는 서로 부양 의무를 지고 은사가 사망한 때 상좌는 참최삼년의 복상을 하며 그 제사 역시 상좌가 봉행하는바(물론 친자가 있을 때에는 친자 역시 아버지로서 그를 가에 제사 지내지만 이는 속인으로서의 제사이지 승려로서의 제사가 아님), 그 관계는 친자가 있는 양친자와 전혀 다르지 않다.

현재도 상좌와 은사의 관계는 앞서 설명한 바와 같이 단순한 종교상의 사제 관계가 아니다. 따라서 은사가 사망한 경우 유산의 승계도 상속인이 없는 자의 유산이 그 사손(使孫, 사손의 의의에 관해서는 『민사관습회답휘집』 483쪽 참조)이나 국고에 귀속하는 것처럼 단순한 승계(재산 귀속)가 아닌 상속으로 인정해야 한다. 즉 상속인이 없어서 그 유산이 사손이나 국고에 귀속되는 경우 귀속재산은 항상 적극재산이지만, 상좌가 승계할 유산은 적극재산뿐만 아니라 이를 한도로 하더라도 소극재산 역시 포괄적으로 승계해야 한다. 특히 그 승계재산 중 제위와 같은 것은 이에 의하여 그 사승(師僧)의 제사뿐만 아니라 고조사(高祖師)에 이르는 각 사승의 제사도 봉행해야 한다. 이것이 그 승계를 단순한 승계가 아닌 상속으로 인정해야 하는 이유다.

(2) 사망한 승려에게 상좌 외에 처자가 있을 때 그 유산을 법물과 승물로 구별하여, 법물은 상좌가 상속하고 승물은 처자가 상속하는 점에 관해서는 이미 앞에서 설명한 바와 같다. 법물은 그 승려가 어떤 승려의 상좌로서 법계(法界)에 있었기에 이를 그 사승으로부터 승계한 것, 다시 말하면 승려 신분을 가지고 있었기에 취득한 것으로서 그 신분이 아니었다면 이를 승계하지 못한다. 따라서 이를 법계에서의 준양자(準養子)인 상좌에게 전하는 것이 당연하며, 이를 속인인 처자에게 전할 까닭이 없다. 이에 반하여 승물은 법물과 인과 관계가 전혀 없지는 않지만, 그 신분에 상관없이 자기의 노동으로 이를 취득한 것이므로 이를 누구에게 전하는가도 자유이다. 이것이 법물은 상좌가 상속하고 승물은 처자가 상속해야 하는 이유다.

(3) 친자 외에 상좌가 여러 명 있는 경우에 그 승려가 생전행위나 유언으로 각 상좌에 대한 분재액을 지정하지 않고 사망한 때, 이들 상좌가 상속할 법물의 전부를 일시적으로 제1상좌가 승계한 후 문중 회의[門會]나 사중 회의의 결의에 따라 이를 각 상좌에게 나누어 주는 것은 특별한 이유가 있어서가 아니다. 승려 간에도, 속가(俗家)에서 호주상속인 외에 재산상속인인 직계비속이 여러 명 있는 경우에 호주가 생전행위나 유

언으로 각 상속인의 상속분을 지정하지 않고 사망한 때에, 호주상속인인 장자가 일시적으로 유산 전부를 상속한 후 근친과 협의한 뒤 이를 차남 이하 각 재산상속인에게 적절히 분배하는 관습에 준거한 것일 뿐이다.

(4) 승려가 환속한 경우라면 그 소유재산 중 법물은 반드시 상좌에게 전하고 상좌가 없을 때에는 소속 사찰에 귀속시키며 단지 승물인 재산만 그 사람의 소유로 하는 것은 (2)에서 설명한 이유에 따른 것이다.

조회회답 336 | 1941년 7월 10일 광주지방법원 민사부 조회
1941년 8월 4일 중추원 의장 회답[106]

종중 및 제위토에 관한 건

조회

1. 조선에서 종중을 표시하려면 반드시 '모관 모성 모모공파 종중(某貫某姓某某公派宗中)'이라고 하는 것이 관습이며, 개인의 성명 등을 명칭에 붙이는 일은 절대로 없는가? 예를 들어 '고응진(高應震)'이라는 자를 파조(派祖)로 하는 경우 '장흥 고씨 응진공파 종중(長興高氏應震公派宗中)'이라 하지 않고 단지 '고응진종(高應震宗)'이라고 표시하더라도 조선의 관습상 이것을 종중으로 인정할 수 있는가?

2. 종중은 조선의 관습상 동일 시조로부터 파생한 파조를 추대하여 그 직지계(直支系)의 자손이 공동으로 묘제를 행하는 것을 목적으로 하는 혈족 단체이며, 이 묘제는 제사 지낼 자의 '대진(代盡)', 즉 그 직지계의 5대손[고손(高孫) 항렬에 해당하는 자]이 사망한 후 비로소 행하게 되는가?

3. 조선의 관습상 묘제를 행하기 전에는 그 제사 지낼 자를 중심으로 하는 종중의 관념 및 그

---

[106] 『사법협회잡지』 20권 9호, 58쪽에는 조회와 회답만 수록되어 있지만, 필사본에는 이유가 부가되어 있어 주목된다.

존재는 없는 것인가?

4. 조선 관습상 묘제를 행하기 전에도 그 자손들은 미리 묘위토(墓位土)나 제위토(祭位土)를 설정하여 종중으로서 이를 합유(合有)할 수 있는가?

회답

1. 조선의 관습에서 지파 종중을 표시하는 데 단지 그 파조의 성휘(姓諱)만으로 하는 일이 있음은 듣지 못하였다. 그러나 종중을 표시하는 데 파조의 성휘만으로 하였다고 하여 곧 이를 종중으로 인정할 수 없다고는 할 수 없다.
2. 종중은 공동조상의 제사를 영위함과 더불어 종원(宗員)의 상호 친목 도모를 목적으로 자연히 발생하는 종족 단체이므로, 그 제사는 묘제에 국한되지 않는다. 묘제는 가(家)에서 행하는 사제(祠祭)에 대한 칭호이며, 대진 여부에 상관없이 묘에서 행하는 제사는 전부 이를 묘제라고 한다.
3. 대진으로 인한 묘제를 행하기 전, 즉 고조 이하의 조상에서도 제사 지낼 자를 중심으로 하는 종중이 존재한다.
4. 대진으로 인한 묘제를 행하기 전에도 그 자손들은 공동출연하여 제위토를 설치하고 종중으로서 합유할 수 있다고 해야 한다.

이유

1. 조선의 관습상 종중을 표시할 때 대종중(大宗中)은 본관과 성씨로 이를 표시하는 것이 통례이다. 예를 들어 '전주 이씨(全州李氏) 종중', '안동 김씨(安東金氏) 종중', '동래 정씨(東萊鄭氏) 종중'이라고 칭하는 것과 같다. 또 지파 종중은 파조의 직명(職名)이나 별호(別號) 혹은 그 거주지명에 본관과 성씨를 얹어 표시하는 것이 통례이다. 예를 들어 '안동 권씨(安東權氏) 사간공파(司諫公派) 종중', '풍산 유씨(豐山柳氏) 서애파(西厓派) 종중', '청주 한씨(淸州韓氏) 풍류산(風流山) 종중'을 들 수 있다. 대종중은 본관과 성씨만으로 표시하더라도 그 외에 같은 이름인 종중이 없으므로 다른 것과 혼동하는 일이 없으나, 지파 종중의 경우 단지 그 본관과 성씨만으로 표시하면 다른 지파 종중과의 혼동을 면할 수 없기 때문이다. 그러므로 그 파조인 자의 관직명이나 별호 혹은 그 거주지명에 본관과 성씨를 얹어 표시

하여 타파(他派) 종중과의 식별을 용이하게 하는 것이 통례이다.

조선에서 타파 종중을 표시할 때 파조의 성휘만으로 하는 예가 있다는 것은 듣지 못하였으나, 파조의 성휘만으로 표시하였다고 하여 관습상 이를 종중으로 인정할 수 없다고는 할 수 없다. 왜냐하면 종중은 공동조상의 제사를 영위하는 것을 주된 목적으로 자연히 발생하는 종족 단체로서, 조직행위를 기다려 그 후에 설립되는 것이 아니며 명칭의 적합 여부가 그 존재에 영향을 미치지 않기 때문이다.

2. 종중은 동일 조상에서 나온 자손이 공동으로 선친의 제사를 계속하고 분묘를 보호함과 더불어 종원 상호 간의 친목과 복리의 증진을 도모하기 위하여 자연히 발생하는 종족 단체로서, 규모가 큰 것에는 일족 전체를 포괄하는 대종중이 있고 작은 것에는 부(父)·조(祖)·증조(曾祖)·고조(高祖)를 공동 시조로 하는 계녜(繼禰)·계조(繼祖)·계증조(繼曾祖)·계고조(繼高祖)의 소종중이 있다(『사법협회잡지』 제19권 제5호 49면, 1940년(쇼와 15) 3월 30일 대구복심법원 민사제3부에 대한 중추원 의장 회답 '종중 또는 문중에 관한 건' 참조). 이러한 종중이 각자의 종자를 중심으로 행하는 제사 역시 그 조상의 세수(世數)의 원근(遠近)에 따라 다르며, 공동조상이 대진(5대 이상)으로 인하여 이미 신주(神主)를 분묘에 매몰한 경우 그 제사는 매년 1회 또는 2회 묘에서 행하는 묘제밖에 없으나, 대진 전의 조상인 경우에는 사제(祠祭)와 묘제를 병행하는 것이 일반적 관습이다.

3. 대진으로 인한 묘제를 행하기 전, 즉, 고조 이하의 조상에 있어서도 각자의 조상을 중심으로 하는 종중이 존재함은 전항에서 설명한 바와 같다.

4. 종중은 앞서 말한 바와 같이 공동조상의 제사를 영위함을 주목적으로 하는 종족 단체이므로, 대진으로 인한 묘제를 행하기 전, 즉 고조 이하의 조상에서도 그 제사의 봉행에 필요하다면 설사 이러한 제사를 주장(主掌)하는 종가가 빈곤하여 제전(祭田)을 설치할 수 없더라도 그 자손들이 공동 출연하여 제위토를 설치하고 종중으로서 합유하는 것이 일반적으로 행해지는 관습이다. 그렇지 않으면 제사를 계속하려고 해도 매우 불안해지기 때문이다. 제전과 묘전(墓田)은 그 본질에 차이가 없으며, 이것에 의하여 영위되는 제사가 대진 전의 제사인지, 그 후에 행해지는 묘제인지에 따라 그 명칭을 달리하는 것에 불과하다. 『예의유집(禮疑類輯)』에 "우암 송시열이 말하기를 '사당에 제사 지내는 것을 바로 제전이라 하고, 묘에 제사 지내는 것을 바로 묘전이라 한다.' 하였다."라고 하였고, 『사례편

람(四禮便覽)』에 "제전을 두려면 현재 있는 전지(田地)를 헤아려 감실마다 20분의 1을 취하여 제전으로 한다. 친진(親盡)하면 묘전으로 삼으며 (중략) 당초 제전을 두지 않았으면 묘위(墓位) 아래 자손들의 전지를 합산하여 분할하고, 모두 약조를 세우고 관가에 알려 전당 잡히거나 팔지 못하게 한다."라고 기록되어 있다. 즉 대진 전 조상의 제위토를 '제전'이라고 칭하며 대진한 조상의 제위토를 '묘전'이라고 칭하는 것이다.

조회회답 337 | 1940년 7월 4일 법무국장 조회
1940년 8월 23일 중추원 서기관장 회답

조선인의 호주상속에 수반하는 재산상속에 관한 건(원본에 의함[107])

조회

1. 별지 자료에 비추어 보면 조선인의 호주상속에 수반하는 재산상속에 관하여는,

   (1) 적서자(嫡庶子)가 여러 명 있는 경우에 그 상속재산에 관한 권리 전부는 일단 호주상속인인 적장자에게 귀속하며, 나머지 적서자들은 상속재산에서 상속채무를 공제한 잔여분에 대해 호주상속인에게 상당 비율의 분배를 하게 할 권리를 가짐에 불과하다.

   (2) 중자(衆子)의 위 상속재산에 대한 권리의 취득은 상속을 개시할 때가 아니라 분배를 통해 개개의 권리를 취득한다.

   (3) 재산을 분배하는 비율에서는 확연한 비율이 없는 것 같으나, 자료 (2)와 같이 호주상속인이 약 3분의 2 또는 3분의 1을 취하며 잔여분을 인원수에 따라 평등하게 분배한다. 단 서자는 적자에 비하여 어느 정도 그 비율을 감한다.

---

107 『사법협회잡지』에 게재된 것을 필사한 것이 아니라, 『사법협회잡지』에 게재되지 않은 회답 원본을 필사한 것이라는 의미로 보인다. 이러한 조회회답은 필사본 『속편고』에 총 4건(337, 338, 339, 341)이 있다.

(4) 상속 개시 당시에 재산의 전부 또는 일부가 분배하는 시점에 이미 호주상속인의 재산에 속하지 않더라도 분배하는 시점의 현존액을 한도로 분배하는 관습이 행해지고 있었던 것 같으나, 이 관습이 지금도 실제로 행해지고 있는가? 혹은 지금은 이 관습이 행해지지 않는다고 한다면 새로운 관행은 어떤 것인가?

2. 호주상속에 수반하는 재산상속제도에 관하여 입법상 다음 (가), (나) 중 어느 것에 의하는 것이 적당한가?

(가) 호주상속인의 상속재산 분배

호주상속인은 상속재산에 속하는 권리의무 전부를 상속하는 경우에 그 상속재산 중 가(家)를 유지하는 데 필요한 부분을 공제하고, 여분이 있을 때에는 피상속인의 직계비속에게 상당한 분배를 할 필요가 있다. 분배는 상속재산의 상태, 분배를 받을 자의 인원수, 자력, 직업, 재가(在家) 여부 및 기타 일체의 사정을 참작하여 그 사람의 적절한 생계유지를 기준으로 정해야 할 것이다.

위 분배를 하지 않거나 분배가 부당한 경우에도 통상재판소(通常裁判所)에 제소[出訴]를 불허하는데, 다만 그 분배가 현저히 부당한 경우나 부당하게 분배하지 않은 경우라면 가사심판소(아직 그 기구에 대해서는 확정되지 않았으나 인사 사건에 대하여 조정과 재판을 하는 특종의 재판소)는 청구를 통해 그 분배의 변경을 명할 수 있도록 해야 할 것이다.

(나) 공동상속

호주상속인은 다른 직계비속과 함께 상속재산에 대하여 일정한 상속분(그 비율에 관해서는 다음 3. 참조)으로 공동상속해야 한다. 즉 현행 민법의 재산상속과 같이 호주 사망과 동시에 모든 동생[諸弟]이 상속분에 상응하여 상속재산을 공유하는 것이다.

3. 위 2. (나)의 공동상속이 적당하다면 호주상속인 및 중자의 상속분 비율을 어떻게 정할 것인가?

4. 기타 위 제목의 건에 관하여 참고가 될 사항.

비고

(1) 위 1.에 관해서는 일반적 실정에 대해 의견을 내기 어렵다면 특수한 지방 계급 또는 특

정 개인의 실정 등을 적당히 종합하여 구체적으로 명시하기 바람.
(2) 2.의 (가)는 호주상속인 1인의 단독 상속이다. 중자에게는 호주상속인이 재산분배를 해야 하지만, 이 분배의 청구는 민법 재래의 권리 관념으로 규율하지 않고(이것을 '권리'라고 할 수 있을지 여부는 여기서 논외로 함) 가능한 한 당사자 간의 협조로 해결하게 하는 것을 본지(本旨)로 한다. 이에 대해서는 제소를 불허하고, 그 분배가 현저히 부당할 때나 부당하게 분배하지 않을 때 가사심판소에 청구하게 하는 것이다. 같은 항 중 '가를 유지하는 데 필요한 부분'이란 가업과 가격(家格)을 유지하는 데 필요한 부분을 뜻하고, 이는 결국 가를 존중하고 이를 유지하려는 관념에서 나온 것이다. 그 표현이 추상적인 감이 있으나 그 추상적인 점에 의미를 둠으로써 다른 분배 표준과 상응하여 일정한 비율에 따르지 않고 각각의 사정에 따라 구체적이고 타당한 해결을 도모하고자 하는 것이다.
(3) 3.에 대해서는 예를 들어 제자균분(諸子均分)한다거나, 혹은 호주상속인에게 2분의 1이나 3분의 2를 분배하고 나머지 중자는 평분(平分)한다거나, 또는 호주상속인은 중자의 상속분에 5분의 1을 가산하는 등 구체적이고 상세하게 명시하기 바람.
위 비율에 대하여 의견이 구구하게 나뉘어 결의가 성립되지 않을 때에는 각각의 의견을 정리하여 기재하기 바람.

회답의 경위

1940년(쇼와 15) 7월 4일 자로 조회한 위 제목의 건에 관해서는 본원에서 회답에 참고할 자료가 없으므로, 이를 각 참의(參議)에게 조회하여 각지에 현재 행해지는 관습을 문의하고 또 그 의견을 참고함과 동시에 원내에서도 촉탁회의를 열어 각 촉탁이 보고 들은 것과 그 의견을 청취한 것이 대체로 아래와 같으므로, 다음과 같이 회답합니다.

회답

1. 조선인의 호주상속에 수반하는 재산상속에 관한 관습

(1) 적서자가 여러 명 있는 호주가 생전행위 또는 유언으로 각 적서자에 대한 분재액을 지정하지 않고 사망한 경우, 그 재산(상속재산)에 관한 권리의 전부는 상속 개시와 함께 일단 호주상속인(적장자 또는 적장손)에게 귀속하며, 그 밖의 적서자는 상속재산 중

에서 상속채무를 변제하거나 변제에 필요한 정도의 재산액을 공제한 잔여 재산에 대하여 호주상속인에게 상당한 비율로 분배를 청구하게 하는 것에 불과하다는 관습. 위 관습이 지금도 여전히 행해지고 있다고 말하는 자가 대다수이다. 그러나 그중에는 위와 같은 경우 "상속인이 모든 재산을 단독 상속한 것처럼 보이지만 이것은 다만 표면적 관계이며, 내면적 관계에서는 호주상속인 이하 각 적서남(嫡庶男) 전원이 공동상속한 것으로 인정하는 것이 일반적 관습"이라고 하는 자가 있고, "호주상속인은 단지 그것을 분배할 때까지 관리하는 데 불과하다."라고 말하는 자가 있다. 전자와 후자는 그 상속 형태가 서로 크게 달라 어쩌면 두 종류의 관습이 존재하는 것이 아닌가 하는 의문이 있으나, 이는 관점의 차이에 의한 결과이지 결코 두 종류의 관습이 존재하는 것은 아니다. 즉 전자는 형식에 중점을 둔 관찰이고 후자는 실질에 중점을 둔 관찰로서, 양자 모두 그 귀착하는 바는 하나이다. 즉 전자에 있어서 호주상속인은 상속개시와 동시에 전호주(前戶主)의 재산 전부를 일시 승계한다고 하나, 그 전부의 승계는 종국적으로 하는 것이 아니라 후일 상속재산 중에서 차남 이하의 각 적서자에 대해서도 상당한 분재를 하도록 한 것이다. 또 그 분재에 대해서도 호주상속인은 자기가 상속한 재산을 모든 동생에게 증여하는 관념으로 하는 것이 아니라, 어디까지나 부친이나 조부의 재산을 그에 대신하여 나누어 주는 관념이라는 것이 일반적 통념이다.

그러나 실제로는 근래 조선에서도 민법의 가독상속 관념이 점차 침투하여 고래의 관습에 익숙하지 않은 호주상속인 중에는 왕왕 1913년(다이쇼 2) 7월 11일 고등법원의 "호주가 사망하고 적서의 남자가 여러 명 있는 경우 그 유산 전부는 일단 제사상속인의 소유가 되며, 그 밖의 적서남은 유산에 대하여 제사상속인에게 상당한 상속분을 분배하도록 청구하는 권리가 있음에 불과하다. 그리고 유산에 대한 소유권은 상속개시 시에 당연히 취득하는 것이 아니라 분배를 통해 취득하는 것이 조선인 간의 일반적 관습이다."라는 판결(고등법원 민사판결록 제2권 23면)의 취지를 오해한 나머지, 호주상속의 경우에 재산상속과 달라서 호주의 유산을 호주상속인 1인이 단독 상속해야 하기에 차남 이하의 적서자에게 나누어 주지 않는 경우가 있다. 차남 이하의 적서자에게 나누어 주더라도 부당하게 소액인 경우도 있어서 골육 간에 분쟁을 야기하는 자가 없지 않다.

또 호주가 생전행위 또는 유언으로 호주상속인 및 차남 이하의 각 적서자에 대한 분재액을 지정하고 사망한 때에 차남 이하의 각 적서자가 상속 개시와 동시에 각자의 지정 분재액에 대해 권리를 취득하는지 여부에 관하여, ① "차남 이하의 적서자는 상속 개시와 동시에 그 지정 분재액에 대하여 권리를 취득하는 것이 관습"이라고 말하는 자와, ② "호주가 각 적서자에 대한 분재액을 지정하고 사망한 경우에도 아직 그것을 분배하기 전에는 차남 이하의 각 적서자는 관습상 호주상속인에 대하여 지정 재산분배청구권을 가질 뿐, 상속재산에 대하여 소유권을 취득하는 것은 아니다."라고 말하는 자가 있다. 이 경우에도 역시 두 종류의 관행이 있는 것은 아닌가 의문스럽지만, 양자의 차이에 대하여 숙고해 보건대 호주가 생전행위 또는 유언으로 각 상속인에 대한 분재액을 지정하는 때에도 추상적으로 분재액을 지정하는 경우와 구체적으로 개개의 동산과 부동산을 지정하는 경우가 있을 것이며, 호주의 지정이 추상적인 경우에는 분재받을 재산의 수량은 확정되나 분배를 받을 목적물은 아직 확정되어 있지 않으므로 분배 전에는 차남 이하의 각 적서자가 상속재산에 대하여 직접 권리를 행사할 수 없음은 명백하다.

이에 반하여 호주가 각 상속인에 대하여 분재할 개개의 재산을 구체적으로 지정한 때에는 이로써 각 상속인이 승계할 재산이 확정되었으므로 각 상속인은 호주상속인의 분배를 기다리지 않고 상속 개시와 동시에 각자 상속할 재산에 대하여 직접 권리를 행사할 수 있다. 즉 전자는 호주가 호주상속인 이하 각 적서자에 대한 상속분을 구체적으로 지정한 경우만을 고찰하여 말한 것이고, 후자는 호주가 각 상속인에 대한 상속분을 추상적으로 지정한 경우만을 고찰하여 말한 것으로 보인다.

결국 양자의 차이는 어느 것이나 단지 그 일단만을 착안하고 각종 경우를 착안하지 않은 결과에 불과하다. 요컨대 호주가 생전행위 또는 유언에 의하여 각 상속인에 대한 분재액을 지정하고 사망한 경우라도, 그 지정이 구체적인 경우에는 각 상속인은 이로써 상속 개시와 동시에 상속재산에 대한 권리를 취득하나, 그 지정이 추상적인 경우에는 관습상 각 상속인은 호주상속인에 대하여 지정액 분재 청구권을 가지는 데 불과하다고 보아야 할 것이다.

(2) 중자의 위 상속재산에 대한 권리의 취득은 상속 개시 시점이 아니라 분배를 통해 개개의 권리를 취득하는 관습.

위 관습도 여전히 일반적으로 행해지고 있다. 그러나 이 역시 호주가 생전행위나 유언을 통해 구체적으로 각 상속인의 상속분을 정하지 않고 사망한 경우의 상속 관계이며, 호주가 생전행위 또는 유언으로 각 상속인의 상속분을 구체적으로 지정한 경우에는 각 상속인이 상속 개시와 동시에 각자의 지정 상속분에 대하여 권리를 취득함은 이미 위 (1)에서 논술한 바와 같다.

(3) 유산을 분배하는 비율에 대해서는 관습상 일정한 비율이 없으나, 호주상속인이 유산의 약 3분의 2 또는 2분의 1을 취득하고 나머지를 인원수에 따라 평등하게 분배하며 서자는 적자에 비하여 다소 그 비율을 감하는 관습.

유산을 분배하는 비율에 대하여는 현재도 관습상 일정한 비율이 없으나 위의 비율에 의하는 것이 통례이다. 그러나 실제는 가(家)의 빈부 정도나 사람에 따라 달라서 그 비율이 구구한데, 참의의 답신을 보면 다음과 같다.

(가) 형제 인원수의 다과를 불문하고 유산의 반분을 호주상속인이 취득하며 나머지를 차남 이하에게 균분한다.

(나) 호주상속인에게 동생이 1인 있을 때에는 유산의 약 5분의 1을 동생에게 나누어 주며, 동생이 여러 명인 때에는 유산의 약 10분의 1씩 차남 이하의 모든 동생에게 나누어 주고 나머지를 호주상속인이 취득한다.

(다) 유산의 약 10분의 2를 제사료로 공제하고, 나머지인 약 10분의 8을 호주상속인 및 그 밖의 각 아들에게 균분하며, 제사료는 호주상속인이 취득한다.

(라) 호주상속인에게 동생이 1인 있으면 호주상속인이 유산의 약 10분의 6을 취득하고 나머지인 약 10분의 4를 동생에게 나누어 주며, 동생이 2인 이상인 때에는 호주상속인이 유산의 약 5분의 2를 취득하고 나머지인 약 5분의 3을 차남 이하의 모든 동생에게 균분한다.

(마) 호주상속인에게 동생이 2인 이상 있으면 차남, 삼남, 사남의 순서에 따라 분재액에 다수의 차등을 두어 연장자에게 더 많이 주고 순차로 그 액을 체감한다.

(바) 호주상속인에게 동생이 1인 있으면 그에게 유산의 약 5분의 1을 나누어 주고 나

머지 5분의 4를 호주상속인이 취득한다. 또 동생이 2인 이상이면 유산의 약 3분의 2를 호주상속인이 취득하고 나머지인 3분의 1을 차남 이하의 각 동생에게 적절히 분배한다.

(사) 호주상속인에게 동생이 1인 있으면 유산의 약 10분의 2.5를 동생에게 주고 나머지 10분의 7.5를 호주상속인이 취득한다. 동생이 2, 3인 있으면 각 동생에게 10분의 1.5를 나누어 주고 나머지를 호주상속인이 취득한다.

(아) 호주상속인에게 동생이 1인 있으면 호주상속인이 유산의 약 4분의 3을 취득하고 나머지 4분의 1을 동생에게 나누어 준다. 동생이 3, 4인 있으면 호주상속인이 유산의 약 3분의 2를 취득하고 나머지 3분의 1을 모든 동생에게 균분한다.

또 서자인 동생에 대한 분재 비율에 대하여는 현재의 관습에도 일정한 것이 없으며 적자인 동생에 비하여 다소 감하는 것이 통례이다. 그러나 적자인 동생의 반액 내지 그 이하라고 하는 자도 있고, 혹은 적자인 동생과 같은 액을 나누어준다는 자도 있다. 특히 근래에 와서는 적서간에 차이를 두지 않는 경향을 보인다.

(4) 상속 개시 당시 유산의 전부 또는 일부가 분배 시에 아직 호주상속인의 재산에 속하지 않는 경우에도 분배 시의 현존액을 한도로 하여 분배하는 관습.

위 관습도 여전히 행해지고 있는 것 같다. 즉 현재도 상속 개시 후 유산 분할 전에 호주상속인이 상속재산의 일부 또는 전부를 타인에게 매각 또는 양도한 때에는, 호주의 생전행위 또는 유언으로 각 상속인에 대한 분재액의 지정(호주가 각 상속인에게 분재할 재산을 구체적으로 지정한 경우를 제외함) 여부를 불문하고 차남 이하의 각 적서자는 매수인 또는 양수인인 제3자에게 호주상속인이 행한 처분을 무효로 하여 반환을 청구할 수 없으며, 분배 시의 현존액을 한도로 분할하는 것이 통례이다. 그러나 그중에 장자가 악의(惡意)를 가지고 처분한 경우 "차남 이하의 적서자는 매수인 또는 양수인인 제3자에게 그 처분을 무효로 하여 반환을 청구할 수 있다."라고 하는 자가 있고, 혹은 위 경우에 "차남 이하의 각 적서자는 매수인 또는 양수인인 제3자에게 반환을 청구할 수 없으나 호주상속인에게 상속 개시 당시의 유산액을 표준으로 하여 상당한 비율의 분재를 청구할 수 있다."라고 하는 자도 있다. 또는 위 경우에 "차남 이하의 각 적서자는 호주상속인의 처분이 악의든 선의든 상관없이 매수인 또는 양수인인 제3자에게 호주상속인이 행한 처분을 무효로 하여 그 재산의 반환을 청구할 수 있으나, 현재 제도에서는 이를 할 수 없음이 유감"이라는 자도 있다.

생각건대 현재도 조선인의 일반적 통념으로는, 호주에게 적서남이 여러 명 있으면 그 유산에 대해 호주가 호주상속인만 이를 승계하도록 해야 하는 것이 아님은 이미 (1)에서 논한 바와 같다. 그러나 현재는 앞서 언급한 1913년(다이쇼 2) 7월 11일 고등법원 민사부의 판례가 있을 뿐만 아니라, 1917년(다이쇼 6) 9월 평양지방 서기회에서 "조선인 호주가 사망하여 차남과 삼남이 장남의 승낙을 얻어 상속분의 분배를 받고 상속에 의한 소유권 이전 등기를 신청한 경우라도, 일단 장남이 상속 등기를 한 후가 아니면 이를 수리할 수 없다."라고 결의하였고, 이것이 예규가 되어 등기소에서도 호주의 사망으로 인한 재산상속에 대해서는 반드시 일단 장남이 상속 등기를 할 것을 요구하며, 차남 이하의 자에게는 직접 상속으로 인한 소유권 이전 등기를 불허하고 있다. 이 때문에 왕왕 탐욕스러운 호주상속인은 이것을 기화로 하여 고의로 상속재산의 일부를 타인에게 매각하더라도 차남 이하의 각 재산상속인은 어떻게 할 수 없는 실정이다. 장래에 차남 이하의 각 재산상속인도 직접 상속으로 인한 소유권 이전 등기 신청을 할 수 있는 방법을 강구할 필요가 있다.

2. 호주상속에 수반하는 재산상속 제도에 관하여 입법상 다음 (가)와 (나) 중 어느 것에 의하는 것이 타당한가?

(가) 호주상속인의 상속재산 분배

(나) 공동상속

위 (가)와 (나) 두 안에 대하여 답신한 자 42명 중 (가) 안이 타당하다고 하는 자가 15명, (나) 안이 타당하다고 하는 자가 25명[그 밖에 촉탁 6명 전부가 (나) 안이 타당하다고 함], (가)와 (나) 두 안을 절충하여 상속재산은 공동상속으로 하고 분배방법에 대해서는 (가) 안에 의하고자 하는 자가 2명 있다.

3. 공동상속 시 호주상속인 및 그 밖의 재산상속인에 대한 분배의 비율에 대한 의견

(1) 호주상속인은 유산의 2분의 1, 차남 이하는 유산의 2분의 1을 균분한다(5명).

(2) 호주상속인에게 동생이 1인인 때 호주상속인은 3분의 2, 차남은 3분의 1이며, 동생

이 2인 이상인 때 호주상속인은 유산의 2분의 1, 차남 이하는 나머지 2분의 1을 균분한다(8명).

(3) 호주상속인과 그 밖의 재산상속인을 합한 수에 1을 더한 숫자로 상속재산을 나눈 몫을 차남 이하의 상속분으로 하고, 호주상속인에게는 그 2배를 준다(8명).

(4) 상속재산을 10으로 나누어 그 10분의 2를 제사조로 삼고, 나머지인 10분의 8을 호주상속인 이하 각 재산상속인이 균분하며, 제사조는 호주상속인에게 더해 준다(1명).

(5) 호주상속인에게 동생이 많으면 호주상속인과 그 외 상속인의 비율은 3대 1로 한다(1명).

(6) 호주의 채무를 변제하고 잔여 재산의 3분의 2를 호주상속인에게 주며 나머지 3분의 1을 차남 이하에게 균분한다(1명).

(7) 상속인의 수에 같은 수를 더한 숫자로 상속재산을 나눈 몫을 차남 이하의 상속분으로 하고, 잔여 재산을 호주상속인의 상속분으로 한다(1명).

(8) 상속재산의 5분의 1을 조상의 봉사료로 하고, 나머지 5분의 4를 호주상속인과 그 밖의 상속인이 균분하며, 호주상속인에게는 봉사료를 더해 준다(촉탁회의의 의견).

상속재산(소극 재산을 공제한 것)을 10만 원으로 가정했을 경우 위 비율에 의하면 다음과 같다.

상속인 수	호주상속인의 상속분	차남 이하 중자의 상속분	비고
2인	60,000원	40,000원	봉사료 20,000원
3인	46,000원	26,600원	
4인	40,000원	20,000원	
5인	36,000원	16,000원	

4. 기타 위 제목의 건에 관한 참고 사항

(1) 옛날의 관습상 유산의 분할은 피상속인의 상(喪, 부모는 3년, 즉 만 27개월)을 마친 후가 아니면 할 수 없도록 하였으나 현재는 장례 종료 직후 하는 것이 통례이며, 특히 부동산에 대해서는 분할 후 곧바로 상속으로 인한 소유권 이전 등기를 하는 자의 수가 점차 증가하게 되었다.

또 옛날의 관습상 차남 이하의 자에 대한 상속재산의 분배는 분가 시에 하는 것이 일반적 관습이었으나, 현재는 권리옹호사상이 점차 발달함에 따라 상속재산에 대한 권리 관계를 속히 확정하여 분재에 관한 분쟁을 미연에 방지하고자 유산 분할 후 부동산에 대하여 즉시 소유권 이전 등기를 하는 자가 점차 많아졌다는 것은 앞서 말한 바와 같다. 그러나 차남 이하의 재산상속인이 호주상속인과 동거하는 때에는 호주상속인이 부양하므로 그 상속재산(주로 부동산)의 관리 및 사용·수익은 호주상속인이 하며, 실제의 인도(본인으로 하여금 직접 사용·수익하게 하는 것)는 여전히 분가 시에 하는 자가 많다. 그러나 차남 이하의 상속인이 능력자이며 또 특별한 사정이 있는 경우에는 분가 전에도 인도하는 예가 있다.

(2) 모친의 유산상속에 대해서는 1933년(昭和 8) 12월 8일 고등법원 연합부의 결정에 따라 재가(在家) 여부를 불문하고 여자에게도 상속권을 인정하였기에 일반적인 관행이 된 것 같으나, 호주의 유산에 대하여 현행 관습은 재실녀(在室女)와 출가녀(出嫁女)를 불문하고 상속권을 인정하지 않는다. 그러나 여자라 할지라도 친자식[實子]이며 부모의 애정에 있어 남녀가 다르지 않다. 그러므로 장래에는 이러한 자에 대해서도 설사 그 액은 근소하다 할지라도 상속권을 부여하는 것이 가하다는 의견을 가진 자가 상당히 있는 것 같다.

(3) 호주의 생전행위나 유언에 따른 상속인의 상속분 지정을 절대 유효한 것으로 인정하려면[난명(亂命, 사망에 임박하여 흐린 정신으로 두서없이 남기는 유언)에 의한 것은 그렇지 아니함], 호주의 애증으로 인한 편파적 처분의 폐단을 방지하기 위하여 유류분에 관한 규정을 설정할 필요가 있다. 그리고 유류분의 액은 전체 유산의 3분의 2로 해야 할 것이다(중추원 촉탁회의의 의견).

조회회답 338 | 1944년 2월 2일 경성지방법원 개성지청 조회
1944년 3월 20일 중추원 서기관장 회답

소종중의 시조 및 그 칭호에 관한 건(원본에 의함[108])

조회

1. 조선에서 무위무관자(無位無官者)를 시조로 하여 소종중(小宗中)을 만드는 관습이 있는가?
2. 무위무관자의 본명을 붙여서 '모씨(某氏) 모공파(某公派) 종중'이라고 칭하는 관습이 있는가? 예를 들어 '김해 김씨(金海金氏) 갑길공파(甲吉公派) 종중'이라고 하는 경우이다['갑길'은 유명(幼名)도 자(字)도 아호(雅號)도 아닌 본명으로서, 조선에서는 옛날에 그 자손은 이를 부를 수 없었음].

회답

1. 조선에서는 무위무관자를 시조로 하여 소종중을 만드는 관습이 있다.
2. 조선에서 소종중은 그 종중을 표시할 때 본관 및 성씨에 파조(派祖)인 무위무관자의 휘(諱, 본명)를 붙여 '모씨 모파 종중' 또는 '모씨 학생(學生) 공파 종중' 등으로 칭하는 관습이 있다.

이유

1. 조선에서 대종중과 소종중을 불문하고 현재 '모모 종중'이라고 칭하며 활동하는 것은 대개 양반의 자손인 종족 단체이다. 그러므로 그 시조(파조를 포함)의 다수는 관직에 있던 자이다. 따라서 종중의 시조가 되기 위해서는 관직에 있었음을 요건으로 하는 것처럼 보이지만, 종중은 조직행위를 기다려 그 후에 설립되는 것이 아니라 공동 시조의 제사를 영위하는 것을 주목적으로 자연히 발생하는 종족 단체이므로 그 시조에 무위무관자가 있을

---

[108] 『사법협회잡지』에 게재된 것을 필사한 것이 아니라, 『사법협회잡지』에 게재되지 않은 회답 원본을 필사한 것이라는 의미로 보인다.

수 있다. 그러므로 무위무관자를 시조로 하는 종중이 존재함은 당연하다.

2. 조선의 관습에서 지파(支派) 종중을 표시하는 경우에는 그 본관과 성씨 외에 파조인 자의 관직명, 봉호(封號), 시호(諡號), 별호(別號) 또는 그 거주지명 등에 휘를 첨가하여 이를 표시하는 것이 통례이다. 그러나 종중은 위와 같이 조직행위를 기다려 그 후에 설립되는 것이 아니고, 공동 시조의 제사를 영위함을 주목적으로 하여 자연히 발생하는 종족 단체이므로, 파조가 될 자에 무위무관자가 존재함은 앞서 말한 바와 같다. 그러한 자를 파조로 하는 종중에서는 그 칭호에 본관과 성씨 외에 파조의 관직명, 봉호, 시호, 별호를 덧붙여서 부를 수 없으므로, 단지 본관과 성씨에 파조의 휘를 덧붙여서 '모씨 모파 종중'이라고 칭하거나, 여기에 파조의 신분을 표시하는 '학생'[양반의 적자손(嫡子孫)으로서 관직이 없는 자는 그 신분을 표시하기 위하여 생전에는 '유학(幼學)'이라 칭하고 사후에는 '학생'이라고 칭함]이라는 두 글자를 덧붙여서 '모씨 학생공파 종중'이라고 칭하는 것이 일반적 관습이었다.

조회회답 339 | 1943년 12월 15일 법무국장 조회
1944년 2월 21일 중추원 서기관장 회답

환관가의 양자에 관한 관습의 건(원본에 의함[109])

조회

1. 호주의 장남인 자라 하더라도 환관[宦者, 去精者, 거세된 자]은 (가) 자가(自家) 계승의 적격(추정호주상속인이 될 수 있는 적격)을 상실하고, (나) 환관가(宦官家, 조선시대에 환관이었던 자의 가계를 계승할 호주이자 환관인 가)의 양자로서 타가에 입적할 수 있는 관습이 있는가?

이 관습은 1913년(다이쇼 2)경에도 존재하였는가?

---

[109] 『사법협회잡지』에 게재된 것을 필사한 것이 아니라, 『사법협회잡지』에 게재되지 않은 회답 원본을 필사한 것이라는 의미로 보인다.

회답

1. 조선에서는 장남이더라도 환관은 자가 계승의 적격을 상실하므로 환관가의 양자로서 타가로 들어갈 수 있는 관습이 있었다. 이 관습은 1913년(다이쇼 2)경에는 존재한 바 없다.

이유

조선의 보통의 가에서 가계를 계승하는 목적은 조상의 혈통을 영속시켜 그 혈식(血食)을 단절시키지 않게 하려는 데 있다. 따라서 생식능력이 없는 거세된 자는 이를 '천환(天宦)' 또는 '천엄(天閹)'이라 지칭하여 일반적으로 폐질자(廢疾者)로 간주했고, 독자(獨子)건 장자건 상관없이 그 가계를 계승할 자격이 없는 자로 생각하였으므로, 그러한 자는 거가하여 타가에 입적할 수 있었다.

이에 반하여 환관가에서는 그 직무를 누대 계속하려면 그 후계자 역시 환관이 되지 않으면 안 된다. 그런데 환관은 생리적으로 친자를 생산할 수 없어 후사를 위탁할 친자식이 없으므로 타인이 생산한 소환(小宦)을 양자로 들여 그에게 그 가계와 직무를 계승하게 해야 한다. 이에 따라 천환자(天宦者)를 출산한 가에서는 장자건 차자건 상관없이 환관가의 양자가 되도록 하였으며, 환관가에서도 이를 양자로 삼으면 후사를 위탁할 수 있어서 서로 좋았기 때문에 환관은 장남인 경우에도 거가하여 환관가의 양자가 되어 그 가에 입적하는 관습이 생기게 되었다.

조선에서도 예전 궁중에서는 환관이 필요했기에 고려시대부터 이미 환관을 임용하는 관직이 존재했고, 이조(李朝)에 이르러서는 국초부터 내시부(內侍府)를 설치하여 상선(尙膳), 상온(尙醞), 상다(尙茶), 상약(尙藥), 상전(尙傳), 상책(尙冊), 상호(尙弧), 상탕(尙帑), 상세(尙洗), 상촉(尙燭), 상훤(尙烜), 상설(尙設), 상제(尙除), 상문(尙門), 상경(尙更), 상원(尙苑) 등의 관직을 두어 그 품계도 종2품(從二品) 내지 종9품(從九品)까지 미쳤으며, 금중(禁中)의 감선(監膳), 전명(傳命), 수문(守門), 소제(掃除)의 임무를 전담하게 했는데[『증보문헌비고』 권226 직관고내시부(職官考內侍府)조 및 『경국대전』「이전」내시부(內侍府)조, 『대전통편』「이전」내시부조 참조], 개국 503년의 대개혁(1894년 갑오의 대개혁)에 의해 내시부를 폐지함에 따라 위의 환관직도 자연히 폐관되었다. 그러나 궁중에서 실제로 이들 임무를 담당할 자가 없어서는 안 되므로, 관제상의 관직은 아니지만 구 내시부에서 예전처럼 환관에게 그 임무를 담당하게 하였다. 그러나 1895년

(開國 504) 11월에 새로 궁내부 관제가 제정되어 그 제26조에 따라 시종원(侍從院)을 설치하고 시종(侍從)과 의위(儀衛)를 관장하게 하였다. 그 직원 중에는 봉시[奉侍, 주임(奏任)] 12명을 두고[의정부 편찬, 『법규유편(法規類編)』 관제문(官制門) 궁내부 관제 참조] 환관에 한하여 임용하였으나, 그 후 1900년(光武 4)에 이르러 위 봉시 외에 승봉(承奉, 주임) 2명을 두어[의정부 편찬, 『법규유편』 속(續)2 관제문 궁내부 관제 중 '시종원 직원 개정증치(改正增置)의 건' 참조] 환관을 이에 임용하였다. 또 이 외에 갑오개혁 후 '전수(典守)'라는 직을 두어 이 역시 환관에 한하여 임용하였다고 한다. 그 후 1907년(隆熙 1)에 이르러 고종의 양위에 의하여 이왕(李王) 전하가 즉위하자 제반 개혁이 있었고, 궁내부 관제도 개정되어 위 봉시 및 기타 환관직을 철폐하여 시종이나 시종보(侍從補)에게 그 임무를 담당하게 하였다[1908년(隆熙 2) 내각기록과(內閣記錄課) 편찬, 『법규유편』 제1권 관제문 궁내부 관제 및 1907년(隆熙 1) 8월 11일 포달(布達) 제158호 승녕부(承寧府) 관제, 1907년(隆熙 1) 8월 12일 『조선관보』 참조].

이상과 같이 환관직은 갑오개혁 후 점차 감소하여 1905년(光武 9)에 이르면 겨우 봉시 10명에 불과했고(현행 『대한법규유찬(大韓法規類纂)』 관제문 궁내부 관제 참조), 1907년(隆熙 1)에 이르러서는 이를 완전히 폐지하여 그 존재를 인정하지 않게 되었으므로 그 후에는 환관가라도 환관을 양자로 들일 필요가 없게 되었고, 이와 더불어 한일병합 후에 일반적으로 폐질을 사유로 호주·제사상속인의 실격(失格)이나 폐제(廢除)를 인정하지 않는 추세를 반영하여 1913년(다이쇼 2) 무렵에는 위와 같은 관습이 이미 소멸하게 되었다.

조회회답 340 | 1944년 10월 5일 고등법원장 조회
1944년 11월 14일 중추원 의장 회답

유산상속에 관한 건

조회

1. 1928년(쇼와 3) 8월 1일 가족인 성년의 기혼 삼남이 사망하여 유족으로 장녀가 있는데,

사망한 아들을 위해 사후양자(死後養子)를 선정한 경우 사망한 아들의 유산은 장녀가 이를 상속하는가, 사후양자가 이를 상속하는가? 이 점에 관한 당시 조선인 사이의 관습은 어떠한가?

2. 위 관습이란 당시의 일반적 관습을 가리키는 것인가?

회답

1. 1928년(쇼와 3) 8월 가족인 성년의 기혼 삼남이 사망하여 유족으로 장녀가 있는데, 사망한 아들을 위해 사후양자를 선정한 경우 사망한 아들의 유산은 그 사후양자와 장녀 간에 분할 상속해야 한다. 그리고 그 상속분의 비율에 관해서 확정된 것은 없지만, 해당 유산을 3분하여 그 1분을 봉사조(奉祀條, 그 수입으로 제사 비용에 충당하는 것)로 떼어놓고 나머지 재산을 사후양자와 장녀 간에 균분하며, 봉사조는 봉사자인 사후양자에게 더 지급하는 것을 통례로 한다.

2. 위 관습은 조선 전체에서 행해지는 일반적 관습으로서, 이와 다른 지방적 관습이 있음을 인정하지 않는다.

이유

『경국대전』「형전」 사천조에 "부모의 노비는 승중자(承重子)에게 5분의 1을 더 주고, 중자녀(衆子女)에게는 균등하게 나누어 준다. 예를 들어 중자녀에게 각각 5명을 준다면 승중자에게는 6명을 주는 것과 같다."라고 규정되어 있고,『속대전』「형전」 사천조에 "적처에게 아들이 없는 경우의 노비는, 만약 계후자(繼後子)가 있을 것 같으면 적처에게 아들이 없다고 말하지 못할 것이므로, 그 나누는 몫은 적자인 승중자로서 논한다."라고 규정되어 있다. 즉 조선의 옛날 법제상 호주인지 가족인지를 막론하고 부모의 유산은 그 직계비속인 자녀가 분할 상속해야 하는 것이었다. 그리고 이런 경우에 계후자인 사후양자는 이를 실적자(實嫡子)와 마찬가지로 간주하였다. 피상속인에게 적녀(嫡女)와 계후자[양사자(養嗣子)와 사후양자 역시 마찬가지임]가 있으면 각 상속인의 상속분에 관해서는『속대전』「형전」 사천조에 "적처에게 딸이 있고 또 계후자가 있으며 또 양자녀가 있는 경우의 노비는 적녀와 계후자에게 균등하게 나누어 주되, 계후자에게는 봉사조로 더 주고 양자녀에게는 단지 그 나누어 줄 몫대로 준다."

라고 규정하고 있다(여기서 이른바 '양자녀'란 수양 자녀를 지칭함). 이와 같은 내용에 의한다면 본 조회의 경우에도 사망한 아들의 유산 가운데서 봉사조를 떼어 놓고 나머지 재산을 장녀와 사후양자 간에 균분하며, 봉사조는 사망한 아들의 봉사자인 사후양자에게 더 지급하는 것이 타당하다.

『경국대전』 규정에 따르면 승중자(제사상속인)가 받을 봉사조는 앞서 본 바와 같이 겨우 각 상속인 상속분의 5분의 1에 불과하다. 이처럼 봉사조가 아주 적었던 것은 당시 조상의 제사는 남녀를 불문하고 모든 자손이 돌아가며 행하는 것[輪行]이 관습이었기 때문이다. 그 후 유학자(儒學者) 중에 "종자(宗子, 조상의 제사를 모실 적장자)가 있음에도 불구하고 조상의 제사를 모든 자손이 돌아가며 행하는 것은 종자를 둔 취지에 위배되므로, 향후 조상의 제사는 오로지 종자가 행해야 한다."라고 주장하는 자들이 나왔고, 이에 따르는 자가 점차 증가하여 마침내 '종자 봉사'의 관습이 생겼으며, 이와 함께 승중자에게 더 지급해야 할 봉사조도 크게 증액되어 각 상속인의 상속분과 거의 비슷할 정도에 이르렀다.

위와 같은 관습은 1928년(쇼와 3)경에도 다를 바 없다. 다만 딸은 출가하여 타가(他家)에 들어가기 때문에 근래에는 실제 딸에게 나누어 줄 상속분을 감축하는 경향이 차츰 농후해졌다.

조회회답 341 | 1944년 10월 5일 고등법원장 조회
1945년 2월 20일 중추원 의장 회답

시양자의 상속자격 및 단신 여호주의 유산상속에 관한 건
(원본에 의함[110])

조회

1. 조선시대에 단신(單身)의 여호주(女戶主)가 시양자(侍養子) 아들을 수양한 경우 그 아들은 상속법상 어떠한 지위를 인정받았는가?
2. 종래 조선에서 상속인이 없는 단신의 여호주가 자기 사후의 제사와 분묘 설치 등 그 사후 행사를 타인에게 위탁하고 사망한 경우에 그 위탁을 받은 자가 죽은 자의 유산을 승계하는 관습이 있는가? 만약 그 관습에 추이와 변천이 있었다면 그 존폐된 연대는 언제인가?

회답

1. 조선시대에 단신의 여호주가 시양자 아들을 수양한 경우에도 그 아들은 양가의 제사 및 재산을 상속할 자격이 없었다.
2. 종래 조선에서는 상속인이 없는 단신의 여호주가 자기의 장례·제사와 분묘 설치 등 사후 행사를 타인에게 위탁하여 그 승낙을 받은 후 사망한 경우에, 별도의 의사표시가 없는 한 그 유산은 위탁을 받은 자가 이를 승계하는 것이 일반적 관습이었다.

이유

1. 조선시대의 법제와 관습상 계사(繼嗣)를 위해 들이는 양자와 그렇지 않은 양자를 엄격히 구별하여, 전자는 이를 '계후자(繼後子)'라 칭하고 '양자'라 부르지 않았고, 후자에 대해서만 이를 '양자'라고 불렀다. 그리고 계후자가 되려면 그 자가 남자일 것, 양부보다 나이가

---

[110] 『사법협회잡지』에 게재된 것을 필사한 것이 아니라, 『사법협회잡지』에 게재되지 않은 회답 원본을 필사한 것이라는 의미로 보인다.

어릴 것, 양부가 될 자와 동성(同姓, 남계혈족)일 것, 소목 관계에 있는 자일 것 등을 필요로 한다. 이는 계후자를 들이는 목적이 가계와 제사의 계속을 도모함에 있기 때문이다. 그런데 양자(계후자가 아닌 자)가 되는 데에는 위와 같은 자격이 필요하지 않고, 다만 그 자가 양부보다 나이가 어리면 족하다. 동성자인지 이성자인지, 또 남자인지 여자인지를 불문하고 타인의 자식을 수양한 자는 모두 이를 '양자녀'라 칭하고, 그중 3세 이전에 수양한 자는 이를 '수양자'라 칭하며 그 이후에 수양한 자는 이를 '시양자'라 칭한다. 『경국대전주해』는 "타인의 자녀를 거두어 길러 자녀로 삼는 것을 시양이라고 하는데, 3세 전에 거두어 기르면 곧 자녀와 같으며 이를 수양이라고 한다."라고 기록하여 앞서 말한 바와 같이 양자는 시양자인지 수양자인지를 불문하고 계후자가 될 자격이 없으므로, 이를 계후자로 삼는 것은 법제상으로나 관습상으로나 용인될 수 없다. 따라서 이자들은 양가의 가계를 이어 제사를 승계할 수 없다. 세간에서는 왕왕 가(家)에 아들이나 계후자가 될 자가 없는 경우, 시양자나 수양자를 들여 그에게 자기 사후의 제사를 모시도록 하는 자가 있다. 그러나 이는 『경국대전』「예전」 봉사조의 "사대부가 자녀가 없어서 노비나 묘지기로서 제사를 주관하도록 하고자 하는 경우에는 재주(財主)의 뜻에 따라 문기(文記)에 서명하여 그 제사를 받들게 한다."라는 규정에 해당되는데, 이는 제사상속인 이외의 자가 부득이하게 임시로 행하는 제사로서 본래 상속법상 의의를 가시는 제사승계기 이니다[1911년(메이지 44) 11월 10일 경성지방재판소 민사 제3부 재판장 조회; 1911년(메이지 44) 12월 20일 제394호 취조국 장관 회답, 『민사관습회답휘집』 86쪽 및 1913년(다이쇼 2) 7월 5일 함흥지방법원 조회; 1913년(다이쇼 2) 9월 13일 제46호 정무총감 회답, 『민사관습회답휘집』 156쪽 참조].

『경국대전』「형전」 사천조에 "자녀가 없는 양부모의 노비는 양자녀에게 7분의 1을 준다. 3세 전의 양자이면 전부 준다. ○ 적처에게 자녀가 있는 경우에, 양부모의 노비는 양자녀에게 10분의 1을 주되, 3세 전이면 7분의 1을 준다. 10분의 1을 준다는 것은 적처에게 자녀가 있으면 시양자녀에게는 10분의 1을 준다는 것이다. 만약 적처에게 자녀가 없고 단지 첩자녀만 있으면 부(父)의 노비는 양자녀에게 7분의 1을 주고 나머지는 모두 첩자녀에게 주며, 모(母)의 노비는 규정된 몫에 따라 첩자녀와 양자녀에게 주고, 나머지는 본족에게 돌려 준다. 7분의 1을 준다는 것은 적처에게 자녀가 있으면 수양자녀에게 7분의 1을 주고, 만약 적처에게 자녀가 없고 단지 양첩자녀만 있으면 부의 노비를 수양자녀와 더불어 균등하게 나누어 주며 천첩자녀에게는 5분의 1을 준다는 것이고 모의 노비는 규정된 몫에 따라 첩자녀에게 주고 나머지는 모두 수양자녀에게 준다는 것이다. 3세 전에 기른 양자녀와 승중한 의자(義子)는 즉 친자녀와 같으므로 비록 유서(遺書)에 다른 사람에게 주지 말라는 말이 있더라도 그 말대로 하지 않는다."라고 규정되어 있고,

『속대전』「형전」 사천조에 "적처에게 딸이 있고 또 계후자가 있으며 또 양자녀가 있는 경우의 노비는 적녀와 계후자에게 균등하게 나누어 주되, 계후자에게는 봉사조로 더 주고 양자녀에게는 단지 그 나누어 줄 몫대로 준다. ○처가 남편이 죽은 후에 자기 친족을 수양하여 자녀로 삼은 경우에는 그 남편 쪽 노비는 봉사조로서 나누는 몫에 따라 나누어 준다. 남편의 처에 대한 관계에 있어서도 역시 이와 같다."라고 규정하고 있다. 즉 양부모의 유산에 대한 시양자 및 수양자의 재산상속을 인정했을 뿐만 아니라, 실제로도 자녀가 없고 계후자가 될 자가 없는 경우에는 시양자나 수양자를 두어 그에게 사후를 부탁하여 그 소유재산을 따로 지급하는 일이 있었다. 하지만 조선 말기에 이르러서는 이 규정들이 자연히 시행되지 못하게 된 것처럼 문헌에도 시양자나 수양자가 양가의 유산을 승계했다는 기사가 더이상 보이지 않는다. 이리하여 6, 7십 년 전부터 지금까지의 관습상 양부모가 생전에 위 자들에게 재산을 따로 지급한 경우는 별개로 하더라도, 그렇지 않은 경우에는 시양자나 수양자에 의한 양가의 유산 승계를 인정하지 않으며, 다만 그 가에 유산을 승계할 자가 전혀 없는 경우에 그 유산은 자연히 시양자나 수양자에게 귀속하는 것으로 하였다. 또 유산을 상속할 자가 있는 경우 시양자나 수양자에게 그 얼마를 지급하는 사례가 없지는 않으나, 이는 본래 법률상의 상속에 속하는 것이 아니다[1911년(메이지 44) 11월 10일 경성지방재판소 민사제3부 재판장 조회; 1911년(메이지 44) 12월 20일 취조국 장관 회답, 『민사관습회답휘집』 208쪽 참조].

2. 『경국대전』「형전」 사천조에 "자녀가 없는 적모의 노비는 양첩자녀에게 7분의 1을 주되 승중자에게는 10분의 3을 더 주고 나머지는 본족에게로 돌려 준다. 본족이 없으면 속공한다."라고 규정되어 있고, 『속대전』「형전」 사천조에 "반부(班附)되는 사람의 노비는 제사를 주관하는 사람에게 먼저 5분의 1을 주되 10명을 초과할 수 없으며 나머지는 사손(使孫)에게 준다."라고 기록되어 있다. 즉 조선의 법제상 호주인지 가족인지 상관없이 직계비속인 상속인이 없는 상태에서 사망한 때에 그 유산은 본족에 귀속되고[1933년(쇼와

8) 9월 7일 법무국장 조회; 1933년(쇼와 8) 9월 27일 제378호 중추원 의장 회답, 『민사관습회답휘집』 841쪽 참조], 본족이 없는 경우에는 국고로 귀속하였다. 그렇지만 이렇게 되면 그 제사를 봉행할 자가 없이 홀로 사망하는 것이 되므로, 이를 피하기 위해 그런 경우에는 대체로 그 생전에 거주하던 부락이나 그 밖의 다른 자에게 자기 사후의 제사 및 기타 후사를 부탁하고 그에게 유산을 승계하도록 하는 것이 통례이다. 『경국대전』 「예전」 봉사조에 "사대부가 자녀가 없어서 노비나 묘지기로서 제사를 주관하도록 하고자 하는 경우에는 재주의 뜻에 따라 문기에 서명하여 그 제사를 받들게 하되 대부는 6명, 사 이하는 4명으로 한다."라고 규정하여 이를 용인하였을 뿐만 아니라, 요즘의 일반적 관습에서도 이를 인정하고 있는 바이다[1914년(다이쇼 3) 3월 10일 함흥지방법원 북청지청 조회; 1914년(다이쇼 3) 5월 29일 참(參) 제28호 정무총감 회답, 『민사관습회답휘집』, 186쪽 참조]. 그렇다면 자녀가 없는 단신의 여호주가 자기의 장례·제사와 분묘 설치 등 사후행사를 타인에게 위탁하고 사망한 경우에는 별도의 의사표시가 없는 한 유산을 그 자에게 승계하도록 하는 취지라고 해석해야 하므로, 유산은 위탁을 받은 자에게 귀속하는 것이다.

IV

「구관·제도조사위원회 결의」

1.
「구관·제도조사위원회 결의」 해제

『민사관습회답휘집(1933)』 부록에 「구관·제도조사위원회 결의」가 수록되어 있는데 이 부분이 왜 부록으로 수록되었는지 의문이 제기된다. 여기서는 이 결의들이 어떤 의미를 가지는가에 초점을 맞추어 고찰해 보기로 한다.

1. 결의가 성립된 날짜

『민사관습회답휘집(1933)』 부록에 수록된 「구관·제도조사위원회 결의」를 각각의 결의가 성립된 날짜순으로 열거하면 다음과 같다.

(1) 친족(親族)에 관한 사항(1921년 8월 6일~17일 결의)
(2) 혼인(婚姻)에 관한 사항(1921년 8월 6일~17일 결의)
(3) 양자(養子)에 관한 사항(1921년 10월 13일 결의)
(4) 가(家)에 관한 사항(1921년 12월 1일~5일 결의)
(5) 친자(親子)에 관한 사항(1921년 12월 1일~5일 결의)
(6) 친족회(親族會)에 관한 사항(1921년 12월 1일~5일 결의)
(7) 부양(扶養)에 관한 사항(1921년 12월 1일~5일 결의)
(8) 상속(相續)에 관한 사항(1923년 12월 25일 결의)

결의의 주체인 '구관·제도조사위원회'의 성격을 파악하려면 그 전신(前身) 격인 '구관심사위원회'의 성격을 알아야 한다. 이미 구관심사위원회에서 위 8개 결의의 상당 부분을 심의한 바 있으며 단지 결의에까지 나아가지 않았을 뿐이기 때문이다.

2. 구관심사위원회(1918. 11.~1921. 4.)의 활동

1918년 9월 26일 조선총독부 중추원(이하 '중추원'으로 약칭함)은 구관조사의 내용을 심의하기 위하여 구관심사위원회를 설치하였다. 그 설치안의 내용은 다음과 같다.

1. 다음 사항을 심사하기 위하여 위원을 둔다. (1) 법령의 효력을 인정하거나 법령에 의하여 당연히 적용이 있는 관습, (2) 법령의 제정과 개정의 기본 또는 참고가 되는 제도·관습, (3) 행정에 참고가 되는 제도·관습
2. 위원은 ㉮ 조선총독부 참사관, 사법부 사무관, 고등법원·경성복심법원과 경성지방법원의 판사 각 1명, ㉯ 중추원 조사과장, ㉰ 찬의, 부찬의와 촉탁 중 2명을 선정하여 구성한다. 중추원 서기관장을 위원장으로 한다.
3. 위원회는 매월 1회와 임시로 필요한 때에 연다.

세키야 데이자부로(關屋貞三朗)가 위원장, 나가누마 나오가타(永沼直方) 외 8명이 위원으로 임명되었다.

1918년 11월 21일 제1회 심사위원회를 열어 (1) 개간소작(開墾小作), (2) 대동군(大同郡) 내의 원도지(元賭地), (3) 대동군 내의 전도지(轉賭地) 등 3개의 의안(議案)이 제안되었다. 먼저 제1의안(개간소작)에 대하여 심의하고, 일부 가결의(假決議)를 붙여 원안(原案)을 가결하였지만 심의를 마치지 못하고 산회(散會)하였다.

1918년 12월 12일 제2회 심사위원회를 열어 제1회에 이어 개간소작에 대하여 심의하고, 제1회의 가결의를 채택하여 확정하고, 제2의안 심의로 넘어갔지만 심의를 마치지 못하고 종료되었다.

1919년 1월 23일 제3회 심사위원회를 열어 제2회 심사위원회에서 심의를 마치지 못한 의안에 대하여 심의하여 일부를 수정하고, 제3의안을 심의하여 두 개의 의안을 결의하였다.

같은 해 2월 13일 제4회 심사위원회를 열어 (4) 의주군·용천군의 원도지, (5) 중화군의 특종소작, (6) 중도지(中賭地), (7) 전주군의 화리매매(禾利賣買) 등 4개 의안에 대하여 심의에 붙이고 원안의 일부를 수정 또는 삭제하고 가결하였다. (4) 의주군·용천군의 원도지, (5) 중화군의 특종소작, (6) 중도지, (7) 전주군의 화리매매 등 4개 의안에 관한 결의사항은 중추원이 발행한 『소작에 관한 관습조사서』에 수록되었다.

같은 해 3월 13일 제5회 심사위원회를 열어 친족의 범위에 관하여 심의하고 대체로 유복친을 친족의 범위로 결정하였으며, 그 취지에 따라 원안을 기초(起草)하고 제출하는 것으로 하였지만 끝내 심의를 마치지 못하였다.

같은 해 4월 10일 제6회 심사위원회를 열어 (8) 분가·양자·파양과 이혼의 경우에 배우자, 직계존속 등의 전적(轉籍)에 관한 의안과 재판소의 조회·회답을 심의하고 이를 가결하였다. 의안에 대한 결의사항은 다음과 같다.

"가족이 분가로 인하여 일가(一家)를 창립하는 경우, 가족 또는 호주가 양자가 되어 타가(他家)에 들어가는 경우, 파양으로 인하여 양자가 실가(實家)에 복적하는 경우에 그 가(家)에 있는 그자의 처자(妻子)는 당연히 부(夫) 또는 부(父)를 따라 분가·양가 또는 실가에 입적하는 것이 관습이다. 만약 그자에게 처자가 있으면 역시 부(夫) 또는 부(父)를 따라 가를 옮기는 것으로 한다. 또 초서(招壻, 데릴사위)가 이혼하는 경우에 그 자녀는 초서를 따라 실가에 입적하고 만약 그 자(子)에게 처자가 있는 때에는 역시 부(夫) 또는 부(父)를 따라 가를 옮기는 것으로 한다."

같은 해 5월 19일 제7회 심사위원회를 열어 (9) 혼인[相婚]의 제한을 의안으로 삼았지만, 제5회 심사위원회에서 심의를 마치지 못한 친족의 범위에 관하여 심의하기로 하고 바로 심의하였지만 다시 심의를 마치지 못하여 당일 의안의 심의는 차회로 연기하고, 제6회에서 결의한 초서의 이혼에 관해서는 현재의 민적 취급상 초서의 입직을 인정하지 아니하여 잠시 그 1항을 삭제하는 것으로 결정하고 산회하였다.

이리하여 1921년 4월까지 9개 항목에 대한 심의를 마친 후 심사위원회는 폐지되었다.

3. 구관·제도조사위원회의 활동

1921년 4월 30일에 구관심사위원회 대신에 구관·제도조사위원회를 설치하는 규정이 조선총독부 훈령 제25호로 마련되었다. 종래의 구관심사위원회가 효율적이지 못하다고 생각하여 새 위원회를 만든 것이다. 이 위원회는 위원장 1인, 부위원장 1인, 위원 약간 인으로 조직하는 발상이었다. 위원장은 조선총독부 정무총감, 부위원장은 조선총독부 중추원 서기관장으로 배정하고, 위원은 조선총독부 또는 조선총독부 소속 관서의 고등관과 학식 있는 자 중 조선총독이 명하거나 촉탁한다(구관·제도조사위원회를 설치하는 규정 제2조).

1921년 6월 위원장에 정무총감 미즈노 렌타로(水野鍊太郎),[1] 부위원장에 중추원 서기관장 마쓰나가 다케요시(松永武吉), 위원에 유성준(兪星濬) 외 18명이 임명되었다.

같은 해 8월에 제1회 구관·제도조사위원회가 열렸다. 여기서 제1의안 친족에 관한 관습, 제2의안 혼인에 관한 관습을 의제로 삼고 그 일부를 가결하였다.

같은 해 8월 17일에 제2회 위원회를 열어 제1회에서 가결하지 못한 부분을 가결하였다.

같은 해 10월 13일에 제3회 위원회를 열어 제3의안 양자에 관한 관습을 부의(附議)하고 일부 수정하여 가결하였다.

같은 해 12월 1일에 제4회 위원회를 열어 제4의안 가(家)에 관한 관습, 제5의안 친자에 관한 관습, 제6의안 친족회에 관한 관습, 제7의안 부양에 관한 관습을 의제로 제공하여, 먼저 제4의안(가에 관한 관습)을 심의하고 일부를 수정하여 원안대로 가결하였다.

같은 해 12월 5일에 제5회 위원회를 열어 제5의안, 제6의안, 제7의안과 제4의안의 정리안(整理案)을 가결하였다.

1923년 1월 25일에 제6회 위원회를 열어 제8의안 상속에 관한 관습을 심의하고 원안을 가결하였다.[2]

4. 이 결의들이 어떤 의미를 가지는가

이 문제에 대해서는 아직까지 치밀한 연구가 진척된 바 없다. 생각건대 다음과 같은 세 가지 점에 초점을 맞추어 분석할 필요가 있을 것이다.

첫째, "조선총독부 취조국이 편찬한 『관습조사보고서』(1910년판·1912년판·1913년판, 이하 『보고서』로 약칭함)는 초창기에 급히 조사한 것으로 불비한 점이 있을 뿐만 아니라 이후의 조사에 의하여 견해를 달리하게 된 사항도 적지 않('『휘집(1933)』, 서문')"다고 하므로, 무엇이 어떻게 달라졌으며 그 이유가 무엇일까를 추적해 볼 필요가 있다. 상속의 세 가지 카테

---

[1] 미즈노 렌타로(水野鍊太郎, 1868~1949): 일본의 관료 및 정치가로서 1919년부터 1921년까지 조선총독부의 정무총감을 지냈다. 3·1운동 후에 문화통치의 방침을 천명한 사이토 마코토(齋藤實) 총독 밑에서 조선의 교육과 문화에 관한 회유정책을 담당하였다.

[2] 朝鮮總督府 中樞院, 1938, 『朝鮮舊慣調査事業槪要』, 74~81쪽에서 발췌한 것이다.

고리(제사상속·호주상속·재산상속)의 연원을 추적한 최근의 연구에 따르면 『보고서』와 「결의(1921~1923)」 사이에 모순이나 충돌은 거의 발견되지 않는다. 유일한 수정 부분은, 『보고서』에는 "㉠ 제사자 지위의 승계는 항상 호주 지위의 승계를 수반"한다고 적혀 있었는데, '가족이 봉사자인 경우'가 있으므로 「결의(1921~1923)」에는 "제사자 지위의 승계는 항상 호주 지위의 승계를 수반하지 않"는다고 수정[3]한 것이다. 그러나 이 추적은 오로지 상속의 세 가지 카테고리(제사상속·호주상속·재산상속)에 대한 서술 부분에 한정하여 추적한 연구결과이므로 다른 부분에 대해서도 유사한 추적조사가 필요하다.

둘째, "(조선)민사령의 규정도 여러 차례 개정에 의하여 친족 및 상속에 관해서 어느 정도 (메이지) 민법의 규정에 따르게 되었"다고 하였으므로, 민사령 규정이 언제 어떻게 왜 개정되었으며 위 결의들이 민사령 규정의 개정에 어떻게 반영되었는지 추적할 필요가 있다.

1921년 11월 조선총독부는 제령 제14호를 공포하여 조선민사령 제11조에서 조선의 관습에 따르기로 한 '능력, 친족, 상속'에서 '능력' 부분을 삭제하였다. 이하 이 개정은 '1921년 11월 14일 자 개정(1921. 12. 1. 시행)'[4]으로 지칭하겠다. 그런데 이렇게 되면 행정기관이나 사법기관은 '처(妻)의 능력'에 관하여 메이지 민법을 적용해야 한다. 그 의미에 대하여 조선총독부 법무국 민사과장은 다음과 같이 말하였다.

> "구제도에 의하면 처(妻)는 절대로 부(夫)에 종속되어 중요한 법률행위는 물론, 극히 사소한 행위를 제외하면 모두 부의 허가 없이 독단으로 할 수 없음을 본칙(本則)으로 하였다. 이와 같은 것은 결코 금일의 시세에 순응한 제도로 인정하기 어렵다. 신제도도 역시 처를 무능력자로 인정하여 일정한 행위를 함에 부의 허가를 받을 것을 요하고 그 허가 없이 행한 행위는 처와 부가 이를 취소할 수 있게 하였는데, 그 허가를 요하는 사항을 중요한 법률행위와 가정의 평화를 문란시킬 우려가 있는 행위에 한정함으로써 여자의 인격 향상

---

[3] 심희기, 2022, 「제사상속·호주상속 담론(1910~1923)에 대한 비판적 고찰」, 『사법』 1권(통권 60호), 사법발전재단, 439~447쪽.

[4] 정긍식, 2017, 「조선민사령과 한국 근대 민사법」, 『동북아법연구』 제11권 제1호, 동북아법연구소, 106쪽. 이 개정은 제1차 개정으로 불리기도 한다.

을 인정하였다.(《경성일보(京城日報)》 1921년 11월 18일 자)"⁵

1921년 8월 6~17일에 결의된 혼인(婚姻)에 관한 사항에 "처는 행위능력에 제한을 받고 또 영업을 함에는 부의 허가를 받을 것이 필요하다."라고 기재되어 있는데, 이 기록은 너무나 일반적인 서술이어서 『보고서』와 위 결의, 그리고 1921년 11월의 조선민사령 제11조 개정과의 관련성을 서술하는 데 단서를 제공하지 않는다. 추가적인 연구가 필요하다.

다음에 1922년 12월 7일 제령 제13호로 민사령 중 친족, 상속의 일부 개정이 단행되었다. 이하에서 이 개정은 '1922년 12월 7일 자 개정(1923. 7. 1. 시행)'⁶으로 약칭하겠다. 이 개정에 주목한 선행 연구들⁷이 있는데 이 개정과 위 결의들의 관련성은 향후 추가적인 연구 검토가 필요하다.

5. 8개의 결의 중 '(8) 상속에 관한 사항(1923년 12월 25일 결의)' 이전에 나온 조회·회답

『휘집(1933)』에 수록된 324건의 조회·회답 중 '(8) 상속(相續)에 관한 사항(1923년 12월 25일 결의)' 이전에 나온 조회·회답의 개수는 303개에 달한다. 관습조사 당국이 인식한 조선의 친족·상속에 관한 관습법의 대강(大綱)이 합방 후 13년이 경과한 1923년 말에 대부분 형성되었음을 알 수 있다.

6. 소결

『보고서』는 서술이 매우 난삽하여 핵심이 무엇인지 파악하기 어려운 책자였다. 「결의

---

5   노기 가오리(野木香里), 2011, 「朝鮮における 婚姻의「慣習」と植民地支配」, 『ジェンダー_史學』 7卷, ジェンダー_史學會, 30쪽에서 재인용.
6   이 개정은 '제2차 개정'으로 불리기도 한다.
7   이승일, 1999, 「일제시대 친족관습의 변화와 조선민사령 개정에 관한 연구」, 『한국학논집』 제33집, 한국학연구소; 野木香里, 2011, 「朝鮮における 婚姻의「慣習」と植民地支配」, 『ジェンダー_史學』 7卷.

(1921~1923)」가 완성됨을 계기로 관습조사 당국이 인식한 친족·상속에 관한 조선 관습법의 전모가 보다 간결함과 명확성을 띠게 되었다. 이 점은 친족의 범위와 가족의 범위에 관한 서술만 비교해 보아도 알 수 있다.

7. 메이지 민법의 친족·상속편의 개요

위의 8개 결의의 의의를 좀 더 심층적으로 파악하려면 메이지 민법의 친족·상속편의 기본구조를 대략적으로나마 이해할 필요가 있다. 이하에서 메이지 민법의 친족·상속편의 개요를 살펴보기로 한다.

1) 친족의 범위

친족편 제1장 총칙의 첫 조문인 725조는 친족의 범위를 "6친등 안의 혈족(血族), 배우자, 3친등 안의 인족(姻族)"으로 규정하였다. 이 규정의 설치로 형법의 '친속례(親屬例)' 조문은 삭제되었고, 친족이란 이 사법(私法)상의 규정을 기본으로 함이 명확해졌다. 친족의 범위가 위와 같이 낙착된 계기 중 가장 중요한 계기는, 일본의 구민법이 친속을 혈족만으로 규정한 것에 불만을 품어 민법 시행 연기파론자가 구민법이 '가제도(家制度)를 무시한 개인주의의 소산'이라고 비판하였는데, 그 비판에 대응하려고 '3친등 안의 인족'이 친족 개념 속에 삽입된 것이다.[8]

2) 가제도(家制度)[9]

메이지 민법에서 가족법의 가장 두드러진 특징은 근대 일본의 '가제도'를 창출했다는 점이다. 겉으로는 이 가제도가 일본 도쿠가와 시대의 관습이라고 선전되었지만 일본법제사학

---

8 川口由彦, 2014, 『日本近代法制史』第2版, 新世社, 416쪽.
9 이하의 서술은 日本近代法制史研究會 編輯, 1992, 『日本近代法120講』, 法律文化社, 136~137쪽; 山中永之佑 監修, 山中永之佑·藤原明久·中尾敏充·伊藤孝夫 編, 2010, 『日本現代法史論-近代から現代へ-』, 法律文化社, 202~205쪽; 加藤雅信, 2022, 「歴史の中の日本民法·家族法序說: 政治·外交と法制定の交錯」, 『名古屋學院大學論集』社會科學篇 第58卷 第4號, 名古屋學院大學, 241~279쪽에서 발췌한 것이다.

의 통설은 이 가제도를 메이지 전기(前期)에 새로 창출된 제도로 본다. 메이지 민법 제4편(친족법) 제1장 총칙 다음의 제2장은 '호주와 가족'이라는 제목으로 여러 조문을 두고 있는데 그 내용은 다음과 같다.

일본 국민이라면 어느 누구나 호주(戶主) 혹은 그 호주의 친족법(이하 '신분'으로 약칭함)상의 통제를 받는 가족(家族) 중의 하나에 소속되어야 한다. 호주는 가족원에 대하여 강력한 신분상의 통제를 가하는데 이 통제권을 호주권이라 부른다. 호주의 지위와 그 재산을 어느 누군가가 계승하여 가(家)의 영속성(永續性)을 도모하게 되는데, 이 메커니즘을 담고 있는 키워드가 가독상속(家督相續) 개념이다. 가독상속제도로 달성하고자 하는 더 큰 목표는 '가의 영속성'의 보장이다.

호주권의 내용은 가족에 대한 거소지정권과 이를 따르지 않는 가족원에 대한 이적권(移籍權)(메이지 민법 749조, 이하 조문만 표시한 것은 메이지 민법의 조문임), 가족의 혼인·입양에 대한 동의권과 이에 수반되는 이적권·복적거절권(750조), 가족의 분가·입가·거가에 대한 동의권(737~743조) 등의 가구성권(家構成權) 등이 있다. 호주는 가족구성원에 대하여 위와 같은 권한을 갖는 대신에 가족구성원을 부양할 의무가 있다.

호주권은 존속(尊屬)에 대해서도 미치며, 가족원으로부터의 불복신청이 허용되지 않는 절대적인 것이었다.

가독상속은 호주의 지위·신분과 그 재산이 상속인에게 단독으로 상속되게 하는 제도였다. 법정추정가독상속인(970조)은 가독상속을 포기할 수 없게 설계되었다. 다음에 조선(祖先)의 제사를 위하여 가(家)가 끊겨서는 안 된다는 조상숭배이데올로기의 요청에 의해서 조선의 제사에 관한 재산이 상속 대상(987조)으로 지정되었다. 가독상속인은 원칙적으로 피상속인의 직계비속이었다. 그 순위는 남자·연장자가 우위에 서고, 적출여자(嫡出女子)보다 서남자[庶男子, 부(父)가 인지한 비적출의 남자]가 선순위(970조)인 점은 사실상 일부다처제를 인정하는 것이었다. 또 서자는 부(父)의 가에 입적하고, 서자와 부의 처 사이에는 적모서자 관계라고 하는 친자와 동일한 친족 관계가 부의 처의 의사에 관계없이 발생하였다(728조).

3) 남녀·부부의 불평등

가제도는 가족을 지배·총괄하는 호주 지위의 계승 순위에서 남자를 우위에 두었기 때문에 가에서 여자의 지위는 열위(劣位)에 놓였다. 그러나 상속의 순위를 제외하면 남녀의 불평등보다 오히려 부부(夫婦) 사이의 불평등이 문제였다.

처는 행위무능력자로 설정되었다(14조). 법정부부재산제는 관리공통제를 채용하여 처의 권리능력을 인정하고 그 특유재산도 인정하였지만, 재산의 관리권·사용수익권은 부(夫)에게 있었다(801조, 799조). 또 이혼 원인에 관한 간통의 취급방법에서 처는 단지 '간통한 때'가 요건임에 비하여 부는 '간음죄로 인하여 형에 처해진 때'와 가중간통의 경우로 한정되었다(813조). 또 간통죄의 대상은 처와 그 상대방인 상간자만이고, 부가 미혼여성과 간통하는 것은 불문에 붙였다.(메이지 형법 183조: 유부의 부(婦)가 간통한 때에는 2년 이하의 징역에 처한다. 그 상간자도 같다.)

자의 친권자는 일단 부(父)이고, 부가 친권을 행사할 수 없을 경우에만 모가 친권을 행사하는 것으로 규정되었다.

4) 가제도와 가족국가관의 결합

『교육칙어』 해설서인 『칙어연의(勅語衍義)』에 "국군(國君)의 신민(臣民)에 대한 관계는 부모와 자손의 관계와 같다. 즉 일국(一國)은 일가(一家)의 확충"이라고 기술되어 있다. 이처럼 천황제국가의 지배이데올로기인 가족국가 이념은 메이지 20년대에 『교육칙어』, 법전 논쟁을 통하여 대두되기 시작하여 메이지 40년대에 확립되었는데, 메이지 민법이 가제도를 채용한 것이 그 기초가 되었다. 그러나 교육계에서 메이지 민법의 가제도는 호주와 부모에 대한 절대적 복종을 규정한 것이 아니라는 강력한 비판이 나왔다.

2.
「구관·제도조사위원회 결의」 목차

Ⅰ. 친족(親族)에 관한 사항 ·········· 658
1. 친족의 명칭 ·········· 658
2. 친족의 범위 ·········· 660
3. 친등(親等)의 계산 ·········· 661
4. 준친자(準親子)·출모(出母)·가모(嫁母)와 실자(實子) ·········· 661
5. 호주·가족 ·········· 663

Ⅱ. 혼인(婚姻)에 관한 사항(1921년 8월 6일~17일 결의) ·········· 664
1. 혼인의 연령 ·········· 664
2. 통혼(通婚)의 제한 ·········· 664
3. 혼인의 방식 ·········· 664
4. 혼인의 효력 ·········· 664
5. 이혼 ·········· 667
6. 배우자의 사망으로 인한 친족 관계의 변경[異動] ·········· 668
7. 초서(招婿) ·········· 668
8. 혼인과 성(姓)의 관계 ·········· 668

Ⅲ. 양자(養子)에 관한 사항 ·········· 669
1. 양자의 종류 ·········· 669
2. 입양[緣組]의 요건 ·········· 671
3. 입양의 방식 ·········· 674
4. 입양의 효력 ·········· 675
5. 파양[離緣] ·········· 676

Ⅳ. 가(家)에 관한 사항 ·········· 677
1. 호주권(戶主權) ·········· 677
2. 가족의 특유재산(特有財産) ·········· 678

3. 분가(分家) ·· 679
　　4. 폐가(廢家) ·· 680
　　5. 절가(絶家) ·· 680
　　6. 자(子)가 들어갈 가(家) ·· 681

Ⅴ. 친자(親子)에 관한 사항 ·· 682
　　1. 실자(實子)의 종류 ··· 682
　　2. 자(子)의 인지(認知)와 부인(否認) ··· 683
　　3. 친권(親權) ·· 683

Ⅵ. 친족회(親族會)에 관한 사항 ·· 685

Ⅶ. 부양(扶養)에 관한 사항 ··· 685

Ⅷ. 상속(相續)에 관한 사항 ··· 687
　　1. 상속의 종류 ·· 687
　　2. 상속의 개시(開始) ·· 690

3.
「구관·제도조사위원회 결의」 본문

Ⅰ. 친족(親族)에 관한 사항(1921년 8월 6일~17일 결의)

1. 친족의 명칭

조선에서 현재 가장 보통으로 사용하고 관습상의 친족 명칭으로 인정되는 것을 들면 다음과 같다.

(1) 부(父)[실부(實父)·양부(養父)][10]
(2) 모(母)[실모·양모·계모(繼母)·적모(嫡母)]
(3) 조부(祖父)[부의 부]
(4) 조모(祖母)[부의 모]
(5) 증조부[조부의 부]
(6) 증조모[조부의 모]
(7) 고조부[증조부의 부]
(8) 고조모[증조부의 모]
(9) 부(夫)
(10) 처(妻)
(11) 자(子)[실자·양자·부의 선처의 자·서자]
(12) 여(女)[실자·부의 선처의 자·서자]
(13) 자부[자의 처]
(14) 손(孫)[자의 아들]
(15) 손녀[자의 딸]
(16) 손부(孫婦)[손의 처]
(17) 증손(曾孫)[손의 아들]
(18) 증손녀[손의 딸]
(19) 장증손부[장증손(長曾孫)의 처]
(20) 현손(玄孫)[증손의 아들]
(21) 현손녀[증손의 딸]
(22) 장현손부[장현손의 처]
(23) 형제[동부형제]
(24) 자매[동부자매]
(25) 질(姪)[동부형제의 아들]
(26) 질녀[동부형제의 딸]
(27) 질부[질(조카)의 처]
(28) 종손[질(姪)의 아들]
(29) 종손녀[문의 딸]
(30) 종손부[종손의 처]
(31) 종증손[종손의 아들]
(32) 종증손녀[종손의 딸]
(33) 백숙부[부의 동부형제]
(34) 백숙모[백숙부의 처]

---

10 부(父)[실부(實父)·양부(養父)]: '부(父)' 부분은 친족 명칭을 표시하며, '[실부(實父)·양부(養父)]' 부분은 친족 관계를 표시한다.

(35) 고[부의 동부자매]　　　　　　(36) 종형제[백숙부의 아들]

(37) 종자매[백숙부의 딸]　　　　　(38) 종질[종형제의 아들]

(39) 종질녀[종형제의 딸]　　　　　(40) 종질부[종질(從姪)의 처]

(41) 재종손[종문의 아들]　　　　　(42) 재종손녀[종문의 딸]

(43) 종조부[조부의 동부형제]　　　(44) 종조모[종조부의 처]

(45) 대고(大姑)[조부의 동부자매]　(46) 종백숙부[종조부의 아들]

(47) 종백숙모[종백숙부의 처]　　　(48) 종고(從姑)[종조부의 딸]

(49) 재종형제[종백숙부의 아들]　　(50) 재종자매[종백숙부의 딸]

(51) 재종질[재종형제의 아들]　　　(52) 재종질녀[재종형제의 딸]

(53) 종증조부[종조부의 동부형제]　(54) 종증조모[종증조부의 처]

(55) 증대고[종조부의 동부자매]　　(56) 재종조부[종증조부의 아들]

(57) 재종조모[종증조부의 처]　　　(58) 재종대고[종증조부의 딸]

(59) 재종백숙부[재종조부의 아들]　(60) 재종백숙모[재종백숙부의 처]

(61) 재종고[재종조부의 딸]　　　　(62) 삼종형제[재종백숙부의 아들]

(63) 삼종자매[재종백숙부의 딸]　　(64) 외조부[모의 부]

(65) 외조모[모의 모]　　　　　　　(66) 외숙부[모의 동부형제]

(67) 외숙모[외숙부의 처]　　　　　(68) 이모[모의 동부자매]

(69) 외종형제[외숙부의 아들]　　　(70) 외종자매[외숙부의 딸]

(71) 이종형제[이모의 아들]　　　　(72) 이종자매[이모의 딸]

(73) 여서(女壻)[딸의 남편]　　　　(74) 외손[딸의 아들]

(75) 외손녀[딸의 딸]　　　　　　　(76) 외손부[외손의 처]

(77) 생질(甥姪)[자매의 아들]　　　(78) 생질녀[자매의 딸]

(79) 생질부[생질(甥姪)의 처]　　　(80) 내종형제[고(姑)의 아들]

(81) 내종자매[고(姑)의 딸]

2. 친족의 범위

조선에서 친족으로 불리고 있는 범위는 매우 광범하다. 그러나 그에 대하여 특히 유복(有服)의 친족을 근친(近親)으로 삼으므로 이것으로 법령에 친족으로 칭하는 범위로 간주하는 수밖에 없다. 관습상의 유복친족은 아래와 같다.

(1) 부　　　　(2) 모　　　　(3) 조부　　　　(4) 조모
(5) 증조부　　(6) 증조모　　(7) 고조부　　　(8) 고조모
(9) 부　　　　(10) 처　　　 (11) 아들　　　 (12) 딸
(13) 자부　　 (14) 손　　　 (15) 손녀　　　 (16) 손부
(17) 증손　　 (18) 증손녀　 (19) 장증손부　 (20) 현손
(21) 현손녀　 (22) 장현손부 (23) 형제　　　 (24) 자매
(25) 형제의 처 (26) 질　　　(27) 질녀　　　 (28) 질부
(29) 종손　　 (30) 종손녀　 (31) 종손부　　 (32) 종증손
(33) 종증손녀 (34) 백숙부　 (35) 백숙모　　 (36) 고
(37) 종형제　 (38) 종자매　 (39) 종형제의 처 (40) 종질
(41) 종질녀　 (42) 종질부　 (43) 재종손　　 (44) 재종손녀
(45) 종조부　 (46) 종조모　 (47) 대고　　　 (48) 종백숙부
(49) 종백숙모 (50) 종고　　 (51) 재종형제　 (52) 재종자매
(53) 재종질　 (54) 재종질녀 (55) 종증조부　 (56) 종증조모
(57) 증대고　 (58) 재종조부 (59) 재종조모　 (60) 재종대고
(61) 재종백숙부 (62) 재종백숙모 (63) 재종고　 (64) 삼종형제
(65) 삼종자매 (66) 외조부　 (67) 외조모　　 (68) 외숙부
(69) 외숙모　 (70) 이모　　 (71) 외종형제　 (72) 외종자매
(73) 이종형제 (74) 이종자매 (75) 여서　　　 (76) 외손
(77) 외손녀　 (78) 외손부　 (79) 생질　　　 (80) 생질녀
(81) 생질부　 (82) 내종형제 (83) 내종자매　 (84) 처의 부

(85) 처의 모   (86) 부(夫)의 부   (87) 부(夫)의 모   (88) 부의 조부
(89) 부의 조모   (90) 부의 증조부   (91) 부의 증조모   (92) 부의 고조부
(93) 부의 고조모   (94) 부의 형제   (95) 부의 자매   (96) 부의 형제의 처
(97) 부의 질   (98) 부의 질녀   (99) 부의 질부   (100) 부의 종손
(101) 부의 종손녀   (102) 부의 종손부   (103) 부의 종증손   (104) 부의 종증손녀
(105) 부의 백숙부   (106) 부의 백숙모   (107) 부의 고   (108) 부의 종형제
(109) 부의 종자매   (110) 부의 종형제의 처   (111) 부의 종질   (112) 부의 종질녀
(113) 부의 종질부   (114) 부의 재종손   (115) 부의 재종손녀   (116) 부의 종조부
(117) 부의 종조모   (118) 부의 대고   (119) 부의 종백숙부   (120) 부의 종백숙모
(121) 부의 종고   (122) 부의 재종질   (123) 부의 재종질녀   (124) 부의 외조부
(125) 부의 외조모   (126) 부의 외숙부   (127) 부의 이모

3. 친등(親等)의 계산

조선의 관습상 친등을 계산하는 방법은 자기(自己)를 중심으로 다음과 같이 계산하는 것이다. 직계(直系)에 있는 사람은, 자기를 출생시킨 사람은 순자 위로 소급하고, 지기가 출생시킨 사람은 순차 아래로 내려 계산한다. 방계(傍系)에 있는 사람은 동일 부조(父祖)까지 소급하고 거기서부터 내려서 계산한다. 친등의 호칭은, 직계는 세(世) 또는 대(代)로 표시하고, 방계는 촌(寸)으로 계산한다. 어느 경우에나 일세(一世)를 일친등(一親等)으로 계산한다.

4. 준친자(準親子)·출모(出母)·가모(嫁母)와 실자(實子)

1) 준친자

조선에서는 실제로 친자가 아닌데 관습상 친자로 간주하는 것이 3가지 있다. 하나는 양친(養親)과 양자(養子)이고 또 하나는 계모(繼母)와 선처(先妻)의 자(子)이며, 또 하나는 적모(嫡母)와 서자(庶子)이다.

(1) 양친과 양자

양자를 들일 수 있는 사람은 남자에 한하므로 양친이 되는 자는 항상 남자이다. 사후에도 양자들임을 인정하므로 양친이 되는 자가 사자(死者)일 수 있다. 양자가 될 수 있는 자는 남자에 한하므로 양친과 양자, 여자인 양자는 없다.

양자는 양친에게 적자 신분을 취득한다. 양친의 처와 양자의 사이에는 모자 관계가 생긴다.

종전(從前)에는 수양자녀(收養子女)라는 것을 인정하여 기아(棄兒), 기타 부모가 불명한 유아(幼兒)를 양육하기 위하여 자신의 가적(家籍)에 입록함이 허용되었다. 그러나 현재는 이를 허용하지 않는다. 다만 종래 수양자였던 자에 한하여 그대로 가적에 있는 것으로 한다. 수양자는 수양부(收養父)의 성(姓)을 따르지만 수양부와 수양자, 수양부의 처와 수양자 사이에 친자 관계는 인정되지 않는다.

(2) 계모와 선처의 자

계모란 선처(先妻)의 자의 입장에서 본 후처(後妻)를 이른다. 계모와 선처의 자는 모자(母子)로 간주하여 모자로 부르고, 계모자라는 명칭은 사용하지 않는다. 양자와 양부의 후처 사이도 동일하게 계모자의 관계를 발생시킨다.

(3) 적모와 서자

처(妻)의 소생이 아닌 자(子)를 서자라고 한다. 서자의 입장에서 부의 처를 적모라 이른다. 적모와 서자는 모자로 간주하여 모자라 부르고 적모·서자의 명칭을 사용하지 않는다. 서자를 적모의 친자로 인정하는 관습은 동일 가적에 있는지 여부를 묻지 않는다.

2) 출모·가모와 실자

조선에서는 부(夫)에게 이혼당하여 그 가를 나간 처를 실자(實子)의 입장에서 출모(出母)라 이른다. 부(父)의 사후 재혼한 처를 실자의 입장에서 가모(嫁母)라 이른다. 출모·가모와 자 사이는 친자(親子)의 정의(情誼)가 끊어지지 않는다. 그러나 윤의(倫義)를 중시하는 결과 모자 관계는 존재하지 않는 것으로 간주한다.

5. 호주 · 가족

조선의 관습상 가(家)를 인정하여 사람[人]은 반드시 가에 속해야 한다. 가에는 호주(戶主)가 있고 호주 이외의 자가 가족이다.

호주는 남자임을 통례로 한다. 그러나 호주가 되어야 할 남자가 없는 경우에 여호주(女戶主)가 생길 수 있다. 여호주의 입부혼인(入夫婚姻)을 인정하지 않으므로 여호주의 입부가 호주가 되는 경우는 없다. 또 호주의 은거를 인정하지 않으므로 자(子)가 호주가 되거나, 부(父)가 가족이 되거나, 딸이 호주가 되고, 모(母)가 가족이 되거나, 자부(子婦)가 호주이거나, 부(夫)의 모가 가족인 경우는 없다.

가족의 범위는 다음과 같다. 남호주인 경우 호주를 중심으로 그 직계의 여자 존속, 처, 직계비속과 그 처, 방계혈족으로서 아직 출가하지 않거나 분가하지 않은 자와 그 처와 직계비속을 포함한다. 여호주의 경우는 직계비속인 딸, 직계비속인 과부, 방계혈족으로서 아직 출가하지 않았거나 분가하지 않은 자, 그 처와 직계비속을 포함한다.

그 밖에 민적법에서 입가(入家)를 인정하여 호주는 그 친족 또는 가족의 친족을 자기의 가적에 올릴 수 있으므로, 호주 또는 가족의 친족으로서 그 가에 있는 자는 역시 가족이 된다.

> "수양자(收養子)와 첩(妾)은 종전에 이를 가족에 포함시켰지만, 현재는 수양자와 첩을 인정하지 않으므로 새로 가족에 포함시킬 수 없다. 다만 종래 가족이었던 자는 그대로 가족으로 그 가적(家籍)에 둔다."

또 1909년(융희 3) 4월 민적법 시행 이래 부적(附籍)이라는 것을 인정하여 일가(一家)의 민적에 다른 가족의 민적을 부속시키는 것도 가능하게 되었다. 다만 현재는 가능한 한 부적을 허용하지 않는다.

Ⅱ. 혼인(婚姻)에 관한 사항(1921년 8월 6일~17일 결의)

1. 혼인의 연령

　　혼인의 연령에 대하여 관습상 정해진 사항은 없다. 다만 실제로 10세 이상이 아니면 혼인을 할 수 없음이 보통이다. 조선시대의 법령 규정으로서는 『경국대전』에 남자 15세, 여자 14세를 허혼 연령으로 규정한 것이 있다. 이 규정은 최근 『대전회통』의 편성 시에도 이를 개정하지 않았다. 그러나 실제로 이를 엄격히 실행한 형적이 없다. 특히 중류(中流) 이상의 가에서 조혼(早婚)이 유행하여 15세 이하의 남자를 혼인시키는 사례가 많아 법령의 제한은 전혀 공문(空文)에 속한다. 그 후 개국 503년(1894)에 조혼의 폐를 막기 위하여 허혼 연령을 정하여 남자 20세, 여자 16세로 하기도 하였지만, 융희 원년(1907)에 다시 남자가 만 15세 이상이어야 비로소 가취(嫁娶)를 허용하는 것으로 하였다. 그러나 일반적으로 주지되지 아니하여 이에 위반된 혼인을 무효로 한 예는 없다. 병합 후인 1915년에 남자는 만 17세 이상, 여자는 만 15세 이상의 혼인은 민적계를 수리하지 말라는 취지의 통첩을 내려서 그 연령에 달하지 아니한 자는 실제로 혼인을 해도 그 입적을 허용하지 않았다. 또 그 사이에 태어난 아이는 서자(庶子)로 민적에 입록하는 것으로 해도 관습이 의연 고쳐지지 않아서 고등법원에서도 몇 해 전[先年]에 연령에 제한이 없다는 취지의 판결을 하였다. 그 이후 관습이 실제의 취급과 같이 고쳐졌음을 인정한 판례는 나오지 않는다.

2. 통혼(通婚)의 제한

조선에서 관습상 통혼을 허용하지 않는 경우는 아래와 같다.

1) 중혼
배우자 있는 자는 거듭하여 혼인을 할 수 없다. 설사 혼인을 해도 그 혼인은 무효이다.

2) 간통자 사이의 혼인

처(妻)가 간통하여 이혼당하거나 형벌을 받은 때 처와 그 상간자(相姦者)는 혼인할 수 없다. 설사 혼인을 해도 그 혼인은 무효이다.

3) 혈족(血族)·인족(姻族) 사이의 혼인

조선에서는 남계(男系)의 혈족 사이에 혼인할 수 없다. 혹 어느 범위의 혈족·인족과 혼족 사이에도 관습상 통혼이 허용되지 않는 혈족·인족은 아래와 같다.

(1) 남계혈족
(2) 남계 외의 직계혈족
(3) 직계인족
(4) 이부자매와 이부형제
(5) 이모와 이질
(6) 외종자매와 내종형제
(7) 이종자매와 이종형제
(8) 모의 종자매와 종자매의 아들
(9) 모의 내종자매와 외종자매의 아들
(10) 모의 외종자매와 내종자매의 아들
(11) 모의 이종자매와 내종자매의 아들
(12) 모의 외종고와 종자매의 외손
(13) 부의 외종자매와 내종질
(14) 부의 이종자매와 이종질
(15) 부의 외종고와 종자매의 손
(16) 생질녀와 외숙부
(17) 종자매의 딸과 외종숙부
(18) 내종자매와 외종형제
(19) 대고의 딸과 외종질
(20) 형제의 처와 부(夫)의 형제
(21) 이부형제의 처와 부의 이부형제
(22) 질부와 부의 백숙부
(23) 종손부와 부의 종조부
(24) 종증손부와 부의 종증조부
(25) 백숙모와 부의 질
(26) 종형제의 처와 부의 종형제
(27) 종질부와 부의 종백숙부
(28) 재종손부와 부의 재종조부
(29) 종조모와 부의 종손
(30) 종백숙모와 부의 종질
(31) 재종형제의 처와 부의 재종형제
(32) 재종질부와 부의 재종백숙부
(33) 종증조모와 부의 종증손
(34) 재종조모와 부의 재종손
(35) 재종백숙모와 부의 재종질
(36) 삼종형제의 처와 부의 삼종형제
(37) 종조고모와 부의 종현손
(38) 재종증조모와 부의 재종증손

(39) 삼종조모와 부의 삼종손 (40) 삼종백숙모와 부의 삼종질
(41) 사종형제의 처와 부의 사종형제 (42) 외숙모와 부의 생질
(43) 외종형제의 처와 부의 내종형제 (44) 이종형제의 처와 부의 이종형제
(45) 생질부와 부의 외숙부 (46) 내종형제의 처와 부의 외종형제
(47) 자부의 자매와 재매의 부(夫)의 부(父) (48) 여서의 자매와 형제의 처의 부
(49) 손부의 자매와 자매의 부의 조부

3. 혼인의 방식

조선의 관습상 혼인을 하려면 신랑과 신부의 양가(兩家)가 먼저 주혼자(主婚者)를 정하여야 한다. 주혼자는 조부가 있으면 조부가 되고, 조부가 없을 때에는 부가 된다. 그러나 조부·부 모두 없을 때에는 형(兄)이 주혼자가 된다. 이들 모두가 없을 때에는 백숙부가 되고 백숙부도 없을 때에는 근친인 남자존속이 주혼자가 된다. 혼인은 주혼자들이 결정하고 본인 상호 사이에 의사표시를 하는 일이 없다. 그러나 백숙부, 기타의 근친이 주혼자가 되는 경우에, 만약 모 또는 조모가 있을 때 실제로 혼인을 결정하는 자는 모 또는 조모이고, 주혼자는 단지 표면상 중요한 역할을 할 뿐이다. 형이 주혼자인 경우에도 모 또는 조모의 의사에 반하여 결정하는 예는 없다.

혼인의 의식(儀式)은 신부집에서 거행하는 근례(卺禮)로서 혼인 성립의 증거로 삼는다. 근(卺)은 표주박[匏]을 잘라 만든 술잔으로 신랑·신부가 각기 1잔씩 잡고 혼례 식주(式酒)를 마시는데, 이를 합근(合卺)이라 이른다. 그러나 근래는 반드시 근을 사용하지 않고 보통의 술잔으로 대용하는 일이 있다. 그러나 여전히 그 명칭은 고치지 않는다.

위의 일 외에 근년 종교상의 의식에 따라 혼례를 행하는 예가 있는데, 관습상 혼인 의식으로 유효한 것으로 인정한다.

4. 혼인의 효력

조선에서 관습상 인정하는 혼인의 효력은 다음과 같다.

1) 당사자 사이에 부처(夫妻)의 관계가 생긴다.
2) 보통 혼인에서 처는 부의 가에 들어가지만 초서(招壻)에서는 부가 처의 가에 들어간다.
3) 부는 처의 일족(一族)과의 사이에, 처는 부의 일족과의 사이에 어느 범위 안에서 친족관계가 생긴다.(⇨ 2. 친족의 범위 참조)
4) 처는 행위능력에 제한을 받고 또 영업을 함에는 부의 허가를 받을 것이 필요하다.
5) 처의 거소는 부가 지정함에 따를 것이 필요하다.
6) 혼인 후의 생활비용은 부가 부담한다.
7) 부는 처의 재산을 관리하고 사용·수익을 할 수 있다. 그러나 부는 처의 승낙을 받지 않으면 처의 재산을 처분할 수 없다.
8) 일상가사에 관하여 처가 행한 행위는 부에게 효력이 생긴다.
9) 부·처는 상호 동거할 의무가 있다.
10) 부·처는 상호 부양할 의무가 있다.

5. 이혼

조선의 관습에서 이혼은 주로 처를 쫓아내는[離出] 경우를 인정한다. 부·처의 협의로 하는 이혼은 다소 명확성이 떨어진다. 그러나 이를 구태여 부정하지 않는다. 협의상의 이혼에는 부모의 동의를 요한다. 부모가 없을 때에는 조부모의 동의가 필요하다.

부나 처 일방의 의사에 의한 이혼은, 종전에 일정한 원인에 의하여 부의 의사로 처를 이혼시키는 것을 인정한다. 그러나 처가 부를 상대로 이혼을 요구하는 것은 허용되지 않는다. 다만 최근 이혼소송을 제기하는 사례가 왕왕 있다. 재판소도 상당한 이유 있는 경우에 그 요구를 시인하여 재판으로 이혼을 선고한다. 일반 관념상 처에게 도벽이 있거나 처가 중혼 또는 간통을 하거나 혹은 도망하거나 조부모·부모 등 부의 직계존속에게 불효행위가 있었던 경우에는 부(夫)가 이혼할 수 있고, 부가 처를 유기하거나 처의 직계존속에게 심하게 학대 또는 모욕을 가한 경우에 처가 이혼을 요구할 수 있다. 부모·조부모의 동의를 필요로 함은 협의이혼의 경우와 같다.

6. 배우자의 사망으로 인한 친족 관계의 변경[異動]

조선의 관습에서 부(夫)의 사망으로 인하여 처와 부의 일족(一族)과 친족 관계에 변경이 생기지 않는다. 그러나 처가 재가(再嫁)한 때 그 친족 관계는 소멸한다. 또 처의 사망은 부와 처 일족과의 친족 관계에 영향이 없다.

7. 초서(招婿)

조선에서는 가취(嫁娶)를 혼인의 본지(本旨)로 보고 혼인하면 처가 부의 집에 들어가는 것을 통례로 한다. 그러나 부가 처의 집에 들어가는 것을 비굴하게 보아 일반적으로 발생하지 않는다. 그것은 여자만이 있는 하류층에서 드물게 발생하는 사례에 지나지 않는다. 그러나 관습이 인정하는 바이니, 이를 초서(데릴사위)라 이른다.

8. 혼인과 성(姓)의 관계

조선인은 모두 성을 칭한다. 각인의 성은 부(父)의 성을 따라 정해지고 평생 변경하는 법이 없다. 다만 타인에게 수양(收養)되어 수양자의 성을 따르는 자는 부가 판명되면 본성을 회복한다.

이처럼 성은 평생 변경되지 않으므로, 혼인으로 타가에 들어가도 구태여 성을 변경하는 일이 없어 부처(夫妻)는 성을 달리하고 모자(母子)가 성을 달리하는 것이 오히려 통례로서, 일가 안에 있는 사람들의 성이 복수로 존재하는 일이 드물지 않다.

Ⅲ. 양자(養子)에 관한 사항(1921년 10월 13일 결의)

1. 양자의 종류

조선에서 종래 행해지는 양자에는 양부생전(養父生前)의 양자, 양부사후(養父死後)의 양자, 차양자(次養子) 등이 있다.

1) 양부생전의 양자

양부생전의 양자는, 양부가 되는 자가 아들 없이 혹은 아들이 있어도 그 아들이 혼인하지 못하고 사망하는 경우에, 이미 노년(老年)에 도달하거나 기타의 사정으로 인하여 아들을 낳을 전망이 없을 때 하는 것이다.

2) 양부사후의 양자

양부사후의 양자는, 양부가 되는 자가 아들 없이 혹은 아들이 있어도 그 아들이 혼인하지 못하고 먼저 사망하는 경우에 하는 것이다. 그 명칭은 단순히 양자라 이르고 양부생전의 양자와 구별하는 명칭을 사용하지 않는다.[11]

---

11 수원박물관에 보관되어 있는 문건 『구관·제도조사위원회(제2회) 의안』(수원박물관 행정번호 B-1-697, 1921년 10월 13일. 이하 이 문건은 『구관·제도조사위원회(제2회) 의안』의 형식으로 약칭함]에는 '(2) 양부사후의 양자'의 본문 다음에 〈참조사항〉으로 다음과 같은 내용이 기재되어 있다. ○ 사법부장관 회답(司法府長官回答)[1916년(다이쇼 5) 4월 11일 전라북도 장관(全羅北道長官) 앞] [문] 호주의 장남이 혼인 후 아들 없이 사망한 후 또는 호주가 사망한 경우 호주의 차남이 있어도 호주가 될 수 없으면 죽은 장남의 남계혈족의 남자 중 아들뻘에 해당하는 남자를 영입하여 호주로 하든가 혹은 양자로 들일 수 없는 때 죽은 장남의 모 또는 처가 양자를 정할 때까지 일시적으로 호주가 될 수 있는가? [답] 귀하의 의견대로이다. ○ 재판례(裁判例)[1918년(다이쇼 7) 4월 29일 평양복심법원 재결] "조선에서 양자제도는 조상의 봉사를 끊어지지 않게 하기 위한 법률의 의제로서, 부의 사망 전에 아들이 먼저 사망하고 상속인이 없는 경우에 아들이 미혼자일 때에는 이를 세대로 계산하지 않기 때문에 양자를 들여 부를 상속하게 하지만, 아들이 성혼자인 때에는 이를 세대로 계산하는 관계상 아들의 양자를 세워 아들을 상속하게 하는 것이 각지 예외 없는 관습이다." [1920년(다이쇼 9) 1월 27일 경성복심법원 판결] "조선의 관습에 의하면 사후양자라는 것은 양부(養父)의 직접 상속인으로서 세대로 계산하는 것이 예가 되었지만, 그 유산은 죽은 양부의 처였던 과부(寡婦)가 있는 경우에는 일단 과부가 이를 승계하고 양자는 입양됨과 동시에 당연히 과부를 통하여 당해 유산에 속하는 권리의무를 포괄적으로 승계하는 것이다. 따라서 양자는 재산 관계의 범위 안에서 과부의 일반승계인으로 인정하는 것이 지당하다."

3) 차양자(次養子)

기혼의 장남 또는 양자가 사망하고 그에게 아들이 없고 또 자신의 다른 아들이 없는 경우에, 그 장남 또는 양자의 양자를 들이지 않고 자신과 같은 항렬에 해당하는 자를 자신의 양자로 들인 후 그 양자에게 아들이 출생하기를 기다려 사망한 장남 또는 사망한 양자의 양자로 삼는 예가 있어, 풍속상 이를 차양자라 이른다. 이 종류의 양자는 양부가 될 사람의 사후에 하는 예도 있다. 다만 현재는 민적의 취급상 이를 양자라 이르고 차양자라는 칭호는 사용하지 않는다.[12]

이상의 사례 외에 생양가봉사(生養家封祀)라 이르는 경우가 있다. 양자 된 사람의 실가에 제사를 모실 자가 없으므로 양가의 제사를 모심과 동시에 실가의 제사를 모시는 경우로서 왕왕 그 사례가 있다. 그러나 생양가봉사를 모시는 양자도 양자인 점에서는 보통의 양자와

---

12 『구관·제도조사위원회(제2회) 의안』에는 본문의 다음에 〈참조사항〉으로 다음과 같은 내용이 기재되어 있다. ○ 관통첩(官通牒)[1916년(다이쇼 5) 6월 85호] [문] 혼인한 장남(또는 양자)이 아들이 없는 경우에 차양자를 들여 그 차양자가 양부의 사망과 동시에 호주가 되고 그 후 차양자에게 아들이 출생한 때 그 아들이 죽은 장남(또는 양자)의 양자가 되고 이에 정당한 그 가의 상속인이 된다. 그 후 차양자는 호주를 물러나는 것이 관습이지만, 민적의 취급은 차양자의 신고를 수리할 수 없으니 이 점에 대하여 지시바랍니다. [답] 호주의 양자로서 취급해야 한다. [비고] 양자를 들일 필요가 있는 경우에 양자로 들일 만한 적당한 사람이 없지만 양손으로 삼을 만한 사람이 있을 수 있다. 이 경우에 양손의 아버지가 이미 사망한 때 그 죽은 아버지를 양자로 하는 형식을 취하고 양손은 죽은 양자의 아들로 삼아 아버지와 아들을 그 가에 들인 것으로 간주하거나, 양손의 아버지가 생존하였든 사망하였든 관계없이 양자로 들일 만한 사정이 없을 때에는 다른 소목에 맞는 죽은 남자를 양자로 삼고 양손을 그 자의 양자로 간주하는 것을 속(俗)에서 백골양자(白骨養子), 신주양자(神主養子) 또는 사당양자(祠堂養子)로 칭하지만, 양손에게는 특별히 양손이라는 칭호를 사용하지 않는다. 현재 민적의 취급상 그 양손을 바로 양자로 한다. ○ 『大典會通』 「禮典」 立後: [原] 嫡妾俱無子者告官 立同宗支子爲後. 兩家父同命立之. 父歿則母告官. 尊屬與兄弟及孫不相爲後. ○ 사법부 장관 회답[1915년(다이쇼 4) 6월 8일 평안북도 장관(平安北道長官) 앞] [문] 손자 항렬에 있는 남자를 들여 양손(養孫)으로 수리해도 문제가 없는지요? 또 이를 양자로 취급해도 좋은지요? [답] 가급적 양자로 취급할 것. [1915년(다이쇼 4) 9월 3일 경상북도 장관(慶尙北道長官) 앞] [문] 양자는 양친과 같은 항렬에 해당하는 남계에 한하여 들일 수 있지만, 실제로 양자로 들일 만한 사람이 없을 때 또는 양자가 될 만한 사람이 있어도 너무 먼 계열인 때에는 왕왕 양친과 같은 항렬에 해당하는 남계의 손(孫)을 들여 양자로 삼는 관습이 있습니다. 그러나 이 경우에 민적상으로 양친이 될 수 있는 사람이 없으므로 양자로 들일 수 없습니다. 또 양손으로 함에 사실상 지장이 없다 하더라도 민적에는 그 절차가 없습니다. 어쨌든 그 취급방법에 대한 지시를 바랍니다. [답] 가급적 양자로 취급할 것. [1916년(다이쇼 5) 3월 9일 평안북도 장관 앞] [문] 민적사무취급에 관한 건(관통첩 240호) 제1항 제1호에 의하면 양자가 될 수 있는 사람은 양친의 남계혈족 남자 중 아들 항렬에 해당하는 자에 한하므로, 아들 이하의 항렬에 해당하는 자, 예를 들어 손자 항렬에 해당하는 자 같은 자는 양자로 취급할 수 없는 뜻으로 생각됩니다. 그런데 도부군(道府郡) 서기(書記) 강습회의 민적(民籍)에 관한 강연록(講演錄)에 의하면 양자가 될 수 있는 사람은 양친의 남계혈족 남자 중 아들 항렬에 해당하는 자는 물론 그 이하의 항렬에 해당하는 자도 양자로 수리(受理)하지 않을 수 없다는 취지처럼 보입니다. 종래의 관례는 후자로 보이지만 의문이 있으니 회시하여 주십시오. [답] 양친의 남계혈족 남자 중 친(親)의 자의 항렬에 해당하는 남자뿐만 아니라 그 이하의 항렬에 해당하는 자도 양자가 될 수 있다고 생각한다.

다르지 않다.[13]

2. 입양[緣組]의 요건

1) 양친의 요건

남자일 것, 기혼자일 것, 아들이 없거나 아들이 있어도 혼인을 하지 않고 아들이 사망하였을 것이 필요하다. 양자는 항상 1인에 한한다.

(1) 남자일 것

조선에서 양자를 들이는 목적은 후계자를 얻어 혈통의 단절을 막는 데 있다. 혈통은 남계(男系)만을 인정하고 여계(女系)를 인정하지 않으므로 양자를 들일 수 있는 사람은 남자에 한하고 여자는 양자를 들일 수 없다.

(2) 기혼자일 것

조선에서 친족관습의 기초되는 관념에 의하면 부와 처가 있음에 비로소 자(子)가 있으며, 아직 혼인하지 않은 사람은 자를 둘 자격이 없다. 그러므로 아직 혼인하지 않은 사람은 생전인지 사후인지 여하를 묻지 않고 양자를 들일 수 없다. 양자를 들일 수 있는 사람은 항상 기혼자에 한하고 그 연령에는 제한이 없다.[14]

---

[13] 『구관·제도조사위원회(제2회) 의안』에는 본문의 다음에 〈참조사항〉으로 "또 수양자라는 것이 있지만 관습상 이를 양자로 인정하지 않는다."라는 본문을 추가하고 다음과 같은 내용이 기재되어 있다. ○『大明律』「禮律」立嫡子違法: 1. 凡立嫡子違法者 杖八十. 其嫡妻年五十以上無子者 得立庶長子 不立長者 罪亦同. 2. 若養同宗之人爲子 所養父母無子而捨去者 杖一百 發付所養父母收管 若有親生子及本生父母無子 欲還者聽. 3. 其乞養異姓義子 以亂宗族者 杖六十 若以子與異姓人爲嗣者 罪同 其子歸宗. 4. 其遺棄小兒年三歲以下 雖異姓 仍聽收養 卽從其姓 5. 若立嗣 雖係同宗 而尊卑失序者 罪亦如之 其子亦歸宗 改立應繼之人. 6. 若庶民之家 存養奴婢者 杖一百 卽放從良 其遺棄小兒年三歲以下 雖異姓 仍聽收養 卽從其姓." ○『형법대전(刑法大全)』「입사위범율(立嗣違犯律)」582조: 違法立嗣ᄒᆞᆫ 者ᄂᆞᆫ 左開에 依ᄒᆞ야 處홈이라. 一. 妻의 次子로나 妻의 子가 有ᄒᆞᄃᆡ 妾의 子로 立嗣ᄒᆞᆫ 者ᄂᆞᆫ 竝히 笞 八十에 處ᄒᆞ고 改正홈이라. 二. 妻妾이 俱無子ᄒᆞᆫ 境遇에 最近ᄒᆞᆫ 同宗의 子를 率養ᄒᆞ고 告官ᄒᆞ야 禮斜를 蒙有ᄒᆞᄂᆞ니, 違ᄒᆞᆫ 者ᄂᆞᆫ 笞 四十에 處ᄒᆞ고, 其子ᄂᆞᆫ 本宗에 歸홈이라. 三. 妾의 子가 有ᄒᆞᄃᆡ 同宗에 率養ᄒᆞᆫ 者ᄂᆞᆫ 懲役 一年에 處ᄒᆞ고, 其子ᄂᆞᆫ 本宗에 歸홈이라. 四. 尊卑의 次序를 失ᄒᆞ고 率養ᄒᆞᆫ 者ᄂᆞᆫ 笞 六十에 處ᄒᆞ고, 其子ᄂᆞᆫ 本宗에 歸홈이라. 五. 異姓子孫을 乞養ᄒᆞ야 立嗣ᄒᆞᆫ 者ᄂᆞᆫ 笞 六十에 處ᄒᆞ고, 其子ᄂᆞᆫ 本宗에 歸홈이라. 但 遺棄ᄒᆞᆫ 三歲 以下 小兒ᄂᆞᆫ 異姓이라도 收養ᄒᆞ야 其姓을 從하게 호ᄃᆡ, 立嗣홈은 不得홈이라. 六. 子孫을 異姓人에게 給ᄒᆞ야 子孫을 作ᄒᆞᆫ 者ᄂᆞᆫ 笞 一百에 處ᄒᆞ고, 其子ᄂᆞᆫ 歸宗홈이라.

[14] 『구관·제도조사위원회(제2회) 의안』에는 본문의 다음에 〈참조사항〉으로 다음과 같은 기록이 있다. ○ 관통첩 [1915년(다이쇼 4) 8월 7일 240호] 양자가 되려면 (중략) 기혼의 남자로서 실자손(남자)이 없는 경우에 한한다. ○ 메이지 민법 837조: 성년(成年)에 달한 자는 양자를 들일 수 있다.

(3) 아들이 없거나 아들이 있어도 혼인을 하지 않고 아들이 사망하였을 것

양자란 아들이 없기 때문에 타인의 아들을 들여 아들로 삼는 것이므로, 만약 아들이 있으면 다시 양자를 들일 수 없다. 그 아들이 적자인지 서자인지를 묻지 않는다. 기혼의 아들이 있는 사람은 그 아들이 양자를 들여 후사를 이을 수 있으므로 역시 양자를 들일 수 없다.[15]

(4) 양자는 1인에 한한다

양자의 목적은 후계자인 남자를 얻는 데 있으므로, 이미 양자를 들인 사람은 아들 있는 사람에게 양자를 허용하지 않는 것과 동일한 이유로 다시 양자를 들일 수 없다.

2) 양자의 요건

양자가 되는 자는 남자일 것, 양부보다 연소(年少)일 것, 양부가 되는 자의 남계혈족(男系血族)일 것, 양부가 되는 자의 비속(卑屬)일 것, 양부가 되는 자와 소목(昭穆) 관계가 있을 것을 요한다.

(1) 남자일 것

양자를 들이는 목적은 혈통의 연속과 제사를 위하여 후계자를 얻는 데 있다. 남자가 아니면 혈통이 전해지지 않고 또 제사자가 될 수 없으므로, 양자가 될 수 있는 사람은 남자만이고 여자인 양자를 인정하지 않는다.

(2) 연소자일 것

양자는 양부보다 연소할 것이 필요하다. 친자가 되는 관계상 당연한 이치이다. 그러나 그 연령의 차에 관해서는 별도로 정해진 것이 없다. 다만 실제로 부자 관계로 보기에 상당한

---

15 『구관·제도조사위원회(제2회) 의안』에는 "[비고] 종전에는 일반적으로 서자(庶子)의 계통을 천시하는 풍토가 있어 서자인 남자가 있음에도 양자를 들이는 예가 있지만, 지금은 적자인지 서자인지 묻지 않고 아들 있는 사람의 양자를 허용하지 않는다."라고 하고, 그 다음에 〈참조사항〉으로 다음과 같은 기록이 있다. ○ 『대전회통』 「예전」 입후: 嫡妾俱無子者告官 立同宗支子爲後. 兩家父同命立之 父歿則母告官. ○ 『형법대전』 582조 3호: 妾의 子가 有흔딕 同宗에 率養흔 者는 懲役 一年에 處ㅎ고, 其子는 本宗에 歸홈이라. ○ 사법부 장관 회답[1917년 4월 5일 경상북도 장관(慶尙北道 長官宛) 앞] 서자 아들이 있는 호주가 사망한 경우에는 그 서자 아들이 호주가 되어야 하고 양자의 신고는 이를 수리(受理)할 일이 아니다. ○ 메이지 민법 839조: 법정의 추정가독상속인인 남자는 양자로 들일 수 없다. 단 여서(女壻)를 입양하는 경우에는 그렇지 않다.

연령의 사람을 선택하는 것이 예일 뿐이다.[16]

(3) 남계혈족일 것

조선에서 양자 제도는 혈통의 연속을 기초로 한다. 혈통은 남계만을 인정하고 여계를 인정하지 않으므로 양자가 될 수 있는 자는 남계혈족에 한한다.[17]

(4) 비속일 것

존속을 비속으로 하거나 비속을 존속으로 하는 것은 윤서(倫序)를 문란시키는 것이므로 양자는 항상 양친이 되는 자의 비속일 것을 요한다.[18]

(5) 소목(昭穆)에 해당할 것

조선에서는 자기와 같은 항렬에 있는 남자의 아들이 아니면 양자로 들이지 않는다. 같은 항렬에 있는 남자란 형제·종형제·재종형제 등으로서 그 아들은 즉 질·종질·재종질 등이다.

소목이란 부자(父子)의 서(序)로서 질과 백숙부, 종질과 종백숙부, 재종질과 재종백숙부 등은 소목의 관계에 있는 것이다.[19]

---

16 『구관 제도조사위원회(제2회) 의안』에는 본문의 다음에 〈참조사항〉으로 다음과 같은 기록이 있다. ○ 관통첩 [1915년(다이쇼 4) 8월 7일 240호] 양자가 될 수 있는 자는 양친의 남계혈족 남자 중 자의 항렬에 있고 또 양친보다 연소한 자에 한한다. ○ 메이지 민법 838조: 존속 또는 연장자는 양자가 될 수 없다.

17 『구관·제도조사위원회(제2회) 의안』에는 "[비고] 남계혈족인지 여부는 사실에 기초하여 결정되는 것이다. 그러나 조선에서 사람은 모두 성(姓)과 본(本)을 칭하고 동본동성은 대체로 남계혈족이므로 성과 본에 기초하여 남계혈족인지 여부를 알 수 있다."라고 하고, 다음에 〈참조사항〉으로 다음과 같은 기록이 있다. ○『대전회통』「예전」입후: [原] 嫡妾俱無子者告官 立同宗支子爲後. 兩家父同命立之 父歿則母告官. 尊屬與兄弟及孫 不相爲後. 以同宗之長子爲後者 及一邊父母俱沒者 竝勿聽. [增] 情理可矜 則或因一邊父母及門長上言 本曹回啓 許令立後. [補] 一邊或兩邊父母俱死 而拘於常規 不得登聞者 本曹論理草記. ○『大明律』「立嫡子違法」3: 其乞養異姓義子 以亂宗族者 杖六十 若以子與異姓人爲嗣者 罪同 其歸宗. ○ 관통첩 582조 5호: 異姓子孫을 乞養호야 立嗣훈 者는 笞 六十에 處호고, 其子는 本宗에 歸호이라. 但 遺棄훈 三歲 以下 小兒는 異姓이라도 收養호야 其姓을 從하게 호되, 立嗣훔은 不得훔이라. ○ 관통첩 [1915년(다이쇼 4) 8월 7일 240호] 양자가 될 수 있는 자는 양친의 남계혈족 남자 중 자의 항렬에 있고 또 양친보다 연소한 자에 한한다.

18 『구관·제도조사위원회(제2회) 의안』에는 본문의 다음에 〈참조사항〉으로 다음과 같은 기록이 있다. ○『형법대전』582조 4호: 尊卑의 次序를 失호고 率養훈 者는 笞 六十에 處호고, 其子는 本宗에 歸홈이라. ○『大明律』「禮律」立嫡子違法: 若立嗣 雖係同宗 而尊卑失序者 罪亦如之 其子亦歸宗 改立應繼之人. ○ 메이지 민법 838조: 존속 또는 연장자는 양자가 될 수 없다.

19 『구관·제도조사위원회(제2회) 의안』에는 "[비고] 양자가 될 수 있는 사람은 차남 이하의 아들임이 통례이다. 대개 장남(長男)은 그 가의 제사를 모셔야 하므로 타가에 입양함을 허용하지 않는다. 그러나 종가(宗家)를 중시하는 결과 종가에 아들이 없을 때에는 지가(支家)의 장남이 양자가 되는 예가 있다."라고 하고, 그 다음에 〈참조사항〉으로 다음과 같은 기록이 있다. ○『대전회통』「예전」입후: [原] 嫡妾俱無子者告官 立同宗支子爲後. 兩家父同命立之 父歿則母告

3. 입양의 방식

1) 양자의 선정

양부가 되는 자가 선정하는 것이 본칙(本則)이다. 양부가 되는 자에게 부모가 있을 때에는 부모의 동의를 얻는 것이 필요하고, 조부모가 있을 때에는 그 동의를 얻지 않으면 안 된다. 만약 양부가 되는 자가 가족으로서 존속이 호주인 경우에는 호주의 동의도 얻을 것이 필요하다.

양자의 선정은 유언으로 할 수 있다. 양부가 되는 자의 유언이 있을 때 양자는 그 유언에 의하여 선정되는 것이다. 그러나 그 배우자는 망부(亡夫)의 부모·조부모의 동의가 있을 때 이를 변경할 수 있다.

양부사후의 양자를 선정하는 경우에 양부가 될 자의 배우자가 선정하게 되는데, 망부(亡夫)의 부모·조부모가 있는 때에는 그 동의를 얻는 것이 필요하다. 배우자가 가족이고 존속이 호주일 때 그 동의를 필요로 함은 양부가 될 자가 선정하는 경우와 다를 바 없다. 배우자가 없을 때에는 부(父), 부도 없을 때에는 모, 부모 모두 없을 때에는 조부, 조부 역시 없을 때에는 조모, 조모 역시 없을 때에는 형(兄)이 선정하고, 형도 없을 때에는 백숙부가 선정하고, 위의 사람이 없을 때에는 문회(門會)가 선정한다.

양자를 선정해야 할 배우자가 선정할 수 없는 때에는 부·모·조부·조모·형·백숙부 등이 순차로 선정한다. 위의 사람들이 모두 없을 때에는 문회가 역시 이를 선정할 수 있다.[20]

官. 尊屬與兄弟及孫 不相爲後. ○ 재판례[1917년(다이쇼 6) 6월 30일 고등법원 판결] 분가의 장자는 종가상속의 경우에 종가의 양자가 되어 그 가에 들어가는 관습이 있지만, 장자가 분가한 자기의 부(父)의 형의 양자가 되어 그 가에 들어갈 수 있는 관습은 없다. ○ 메이지 민법 744조: 법정의 추정가독상속인은 타가(他家)에 들어가거나 일가(一家)를 창립할 수 없다. 단 본가상속(本家相續)의 필요가 있는 때에는 그렇지 않다. 이 규정은 750조 2항의 적용에 영향이 없다.

20 『구관·제도조사위원회(제2회) 의안』에는 본문의 다음에 〈참조사항〉으로 다음과 같은 기록이 있다. ○ 관통첩[1919년(다이쇼 8) 5월 2일 황해도 장관(黃海道長官) 앞] [문] 처와 조카(남자) 2인으로 구성된 가의 호주가 사망한 후 그 호주의 대를 잇는 양자는 죽은 호주의 처가 정하는 것(입양을 포함함)이 관습이다. 그러나 만약 양자로 들일 만한 적격자가 있는데도 처가 재산을 매각하여 재가하려는 목적에서 양자를 들이지 않는 경우에, 죽은 호주의 백숙부 또는 문회가 결의로 양자를 정할 수 있는가? [답] 죽은 호주의 처가 양자를 하지 않을 의사인 때에는 친족회에서 양자를 선정할 수 있다. ○ 메이지 민법 750조: 가족이 혼인 또는 입양을 하려면 호주의 동의를 얻을 것이 필요하다. 가족이 전항의 규정에 위반하여 혼인 또는 입양을 한 때 호주는 그 혼인 또는 입양한 날부터 1년 안에 이적(離籍)시키거나 복적(復籍)을 거부할 수 있다. 가족이 양자를 들인 경우에 전항의 규정에 따라 이적된 때에 그 양자는 양친을 따라 그 가

2) 실가(實家)의 승낙

조선에서 입양은 양친이 되는 자와 실친(實親)이 결정하는 것이 본칙이다. 양자가 되는 자는, 부(父)가 있는 때에는 부, 부가 없을 때에는 모가 결정한다. 그러나 만약 부모가 모두 없는 때에는 조부가 결정한다. 조부도 없는 때에는 조모가 결정하고, 조모도 없는 때에는 형이 결정한다. 이들이 모두 없는 때에는 백숙부가 결정한다. 위의 결정자에게 부모, 조부모 등이 있는 때에는 그 동의를 얻을 것이 필요하다. 동의할 자가 가족인데 그 존속인 호주가 있을 때에는 그 동의도 얻을 것이 필요하다.[21]

3) 입양의 의식(儀式)

입양의 의식으로는 다만 양가가 이를 조상의 사당(祠堂)에 보고하는 것이 관례이다.[22]

4. 입양의 효력

1) 양자가 된 자는 양부의 적장자인 신분을 취득하고 또 양부의 친족과의 사이에 실자와 동일한 친족 관계가 생긴다.[23]

에 들어간다. 844조: 성년(成年)의 자가 양자를 들이거나 만15세 이상의 자가 양자가 되려면 그 가에 있는 부모의 동의를 얻을 것이 필요하다.

21 『구관·제도조사위원회(제2회) 의안』에는 본문의 다음에 〈참조사항〉으로 다음과 같은 기록이 있다. ○ 『대전회통』 「예전」 입후: 兩家父同命立之. ○ 메이지 민법 843조: 양자(養子)가 될 자가 15세 미만인 때에는 그 가에 있는 부모가 대신하여 입양에 대한 승낙을 할 수 있다. 계부모(繼父母) 또는 적모(嫡母)가 전항의 승낙을 할 때에는 친족회의 동의를 얻을 것이 필요하다. 844조: 성년의 자가 양자를 들이거나 만 15세 이상의 자가 양자가 되려면 그 가에 있는 부모의 동의를 얻을 것이 필요하다.

22 『구관·제도조사위원회(제2회) 의안』에는 "[비고] 과거에는 예조(禮曹)에 청원하고 예사(禮斜)를 받는 것이 성규(成規)였으므로 그 방식을 밟아야 하였지만 수십 년 이래 점차 행해지지 않게 되었다."라고 적은 다음에 〈참조사항〉으로 다음과 같은 기록이 있다. ○ 『대전회통』 「예전」 입후: 嫡妾俱無子者告官 立同宗支子爲後. (중략) 外方人立後者 呈狀 本道觀察使開錄啓聞 自本曹成立案下送. 繼後文書 無長官時 則次堂上二員聯名入啓外方. ○ 『형법대전』 582조 2호: 妻妾이 俱無子흔 境遇에 最近흔 同宗의 子를 率養하고 告官하야 禮斜를 蒙有하나니, 違흔 者는 笞 四十에 處하고, 其 子는 本宗에 歸흠이라. ○ 메이지 민법 847조: 774조부터 775조의 규정은 입양에 준용한다. 775조: 혼인은 이를 호적리(戶籍吏)에게 신고하므로 인하여 효력이 발생한다. 전항의 규정은 당사자 쌍방과 증인 2인 이상의 사람이 구두로 또는 서명한 서면으로 함이 필요하다.

23 『구관·제도조사위원회(제2회) 의안』에는 본문의 다음에 〈참조사항〉으로 다음과 같은 기록이 있다. ○ 메이지 민법 860조: 양자는 입양일부터 양친의 적출자(嫡出子) 신분(身分)을 취득한다.

2) 양자는 입양으로 바로 양가에 들어가고, 그 처 및 직계비속과 그 처 등이 있을 때에는 이들도 역시 따라서 그 가에 들어간다.

차양자는 입양으로 바로 양가에 들어간다. 처와 직계비속이 있을 때에는 이들도 역시 따라서 그 가에 들어간다.[24]

3) 양부사후의 양자는 양부가 호주였을 때에는 그 가에 들어감과 동시에 호주가 된다. 차양자의 경우에도 양부가 이미 사망하고 또 호주였을 때 차양자는 그 가에 들어감과 동시에 호주가 된다.[25]

5. 파양[離緣]

종전에 양자는 양가(養家)에서만 파양하는 것을 인정하고, 실가(實家)는 절사(絕嗣)의 경우에 한하여 양자의 복귀를 허용하는 것이 성규(成規)였다.

[비고] 근래에는 협의이연(協議離緣)을 인정하고 이를 파양(罷養)이라 이른다. 또 양자 또는 양자의 실가가 파양을 구하는 사례가 나타나는 경향이 생겼다.

파양의 원인으로서는 양자가 양가의 직계존속에게 불효행위를 한 경우, 친족 간에 간음이 생긴 경우가 현저한 사례이다. 또 양자가 가명(家名)을 더럽히는 중대한 죄를 범하거나 가산이 기울 정도로 낭비한 때 등은 부득이한 경우에 한하여 파양의 원인으로 삼는다.

파양할 수 있는 자는 양가의 부(父)임이 본칙이다. 부가 없을 때에는 조부, 조부도 없을 때에는 모, 모도 없을 때에는 조모이다. 이들이 파양하는 때 부모·조부모 등이 있으면 그 동

---

24 『구관·제도조사위원회(제2회) 의안』에는 본문의 다음에 〈참조사항〉으로 다음과 같은 기록이 있다. ○ 관통첩 [1915년(다이쇼 4) 8월 7일 240호] 처자가 있는 자가 양자가 된 때 그 처자는 당연히 양가에 들어가는 것이므로 별도로 입가(入家) 신고를 요하지 않는다. ○ 메이지 민법 861조: 양자는 입양으로 양친의 가에 들어간다.

25 『구관·제도조사위원회(제2회) 의안』에는 본문의 다음에 "[비고] 아들이 출생하였을 때 차양자가 실가에 복귀하거나 분가하는 예가 있다. 그 아들은 양가의 죽은 장자 또는 죽은 양자의 양자가 되는 것이다. 양자가 되는 자는 실부모의 상(喪)에 상복을 1등급 낮춰 마치 백숙부모의 상을 치르는 것 같은 관계에 선다."라는 기록이 부기되어 있다.

의를 얻을 것이 필요하다. 존속인 호주가 있을 때에는 그 동의를 얻을 것이 필요하다. 모 또는 조모가 파양함에는 문회의 동의를 얻을 것이 필요하다. 또 이들 모두가 없을 때에는 문회도 파양할 수 있다. 파양은 양자가 호주인지 아닌지에 구애되지 않는다.

파양의 방식으로서는 사당에 보고하거나 양자가 사실상 실가에 복귀하는 것이고, 특별히 정해진 형식이 없다.[26]

IV. 가(家)에 관한 사항(1921년 12월 1일~5일 결의)

1. 호주권(戶主權)

조선에서는 일면(一面)에서 호주(戶主)의 가족(家族)에 대한 권리를 인정하지만, 다른 일면에서 존비(尊卑)의 서(序)를 중시하므로 호주의 권리는 가족이 비속(卑屬)인 경우에만 행해지고 가족이 존속(尊屬)인 경우에는 행해지지 않는다.

호주의 가족에 대한 권리를 들어 보면 대개 다음과 같다.

1) 가족의 입양[養子緣組] 또는 파양[養子離緣]의 동의
2) 가족의 분가(分家) 결정 또는 분가 동의
3) 가족의 거소(居所) 지정
4) 가족의 직업 지정

---

26 『구관·제도조사위원회(제2회) 의안』에는 "[비고] 과거에 예사(禮斜)를 받아 입양한 자는 파양의 경우에도 예사를 받았다."라고 하고, 〈참조사항〉으로 다음과 같은 기록이 있다. ○『大明律』「戶律」戶役 立嫡子違法: 若有親生子及本生父母無子欲還者聽. ○『大典會通』「禮典」立後: 爲人後者 本生父母絶嗣 則罷繼歸宗 許其所後家改立後. 若所後父母已死不得改立後 則從旁親班祔例 權奉其神主 俾不絶祀. ○『六典條例』「禮典」禮曹 稽制司 繼後: 爲人後 而有狂易及惡疾 不合奉祀者 因兩家門長呈單 啓聞罷繼. ○『형법대전』583조(養子捨去): 人의 繼後흔 子가 所後父母를 捨去ᄒᆞᄂᆞᆫ 者ᄂᆞᆫ 笞 一百에 處ᄒᆞ고, 所後父母에게 發付ᄒᆞ야 收管하게 ᄒᆞ되, 其所後父母가 不願ᄒᆞᄂᆞᆫ 者ᄂᆞᆫ 聽ᄒᆞ고, 生子흠을 因ᄒᆞ야 繼後흔 子를 罷歸ᄒᆞᄂᆞᆫ 者ᄂᆞᆫ 笞 四十에 處ᄒᆞ고, 仍舊繼後 홈이라. 但 所後父母가 生子ᄒᆞ고 本生父母가 無子ᄒᆞ야 還歸ᄒᆞᄂᆞᆫ 者ᄂᆞᆫ 勿論홈이라. ○ 재판례[1919년(다이쇼 8) 11월 28일 고등법원 판결] 조선의 관습에서 양친이 파양하려면 양자에게 파양하는 취지의 의사표시를 하는 것으로 충분하고, 기타 친족에 대하여 의사표시를 하는 등의 정해진 절차는 없다.

5) 가족의 재산관리와 수익

6) 가족의 재산처분 허락

7) 가족의 교육

8) 가족의 감호(監護)

9) 가족의 징계(懲戒)

가족이 독립의 생계를 영위하는 경우에 호주는 4), 5), 6)의 권리를 행사하지 않는다.

호주가 유년(幼年)인 때 또는 신체·정신의 이상(異常)으로 인하여 스스로 호주권을 행사할 수 없는 경우, 그 가에 조모(祖母)가 있는 때에는 조모, 조모가 없는 때에는 모(母)가 대행하고, 이들도 없을 때에는 근친(近親) 중에서 보호자를 정하여 그 보호자가 대신하여 호주권을 행사한다.

호주는 가족의 거소를 지정할 수 있지만, 가족이 이에 따르지 않는 경우에 호주가 그 가족을 이적(離籍)시키거나 부양의무(扶養義務)를 면하는 것[27] 같은 관습은 없다.[28]

2. 가족의 특유재산(特有財産)

조선에서 일가(一家)의 재산은 호주의 소유에 속한다. 호주가 당연히 가족을 부양해야 하

27　메이지 민법상 호주는 가족을 부양할 의무가 있다(메이지 민법 747조). 그 대신 호주는 가족의 거소를 지정할 수 있다. 만약 가족이 이에 따르지 않는 경우에 호주는 그 가족을 이적(離籍)시키거나 그 가족에 대한 부양의무(扶養義務)를 면한다(메이지 민법 749조). 조선의 호주에게는 가족의 거소를 지정할 권리가 없으며 호주의 지정에 따르지 않는 가족에 대한 부양의무의 면제가 인정되지 않는다는 취지이다.

28　『구관·제도조사위원회(제3회) 의안』에는 본문의 다음에 〈참조사항〉으로 다음과 같은 기록이 있다. ○ 메이지 민법 750조: 가족이 혼인하거나 입양함에는 호주의 동의를 얻는 것이 필요하다. 가족이 전항의 규정에 위반하여 혼인하거나 입양하였을 경우에 그 혼인 또는 입양일로부터 1년 안에 이적하거나 복적하는 것을 거절할 수 있다. 가족이 양자를 들인 경우, 전항의 규정에 따라 이적시킨 때 그 양자는 양친의 가에 들어간다. 743조: 가족은 호주의 동의가 있을 때에는 타가를 상속하고, 분가를 하거나 폐절한 본가, 분가, 동가(同家), 기타 친족의 가를 재흥할 수 있다. 단 미성년자는 친권을 행사하는 부 또는 모 또는 후견인의 동의를 얻을 것이 필요하다. 751조: 호주가 그 권리를 행사할 수 없는 때 친족회가 행사한다. 단 호주에 대하여 친권을 행사하는 자 또는 그 후견인이 있을 때에는 그렇지 않다. 749조: 가족은 호주의 의사에 반하여 그 거소를 정할 수 없다. 가족이 전항의 규정에 위반하여 호주가 지정한 거소에 있지 않는 동안은 호주가 부양의무를 면한다. 전항의 규정에서 호주는 상당한 기간을 정하여 그 지정한 장소를 떠날 것을 최고(催告)할 수 있다. 만약 가족이 그 최고에 응하지 않는 때 호주는 이적시킬 수 있다. 단 그 가족이 미성년자일 때에는 그렇지 않다.

므로 가족은 재산을 가지지 못한다. 가족이 얻은 재산은 호주에게 귀속됨이 통례(通例)이다. 그러나 가족이 특별히 재산을 보유하는 일이 있다. 이 경우에 이 재산은 호주의 재산과 구별된다.

　가족의 재산은 가족이 독립한 생계를 세운 때 그 가족이 스스로 관리하고, 호주는 이에 대하여 간섭(干涉)하지 않는다. 그러나 가족이 호주에게 부양되는 경우에, 가족의 재산은 그 가족이 상당한 연령에 도달하고 호주가 특히 그 관리를 허용한 때가 아니면, 호주가 이를 관리하고 그 수익에 대해서도 특히 가족의 소득으로 이를 구분하지 않아 자연히 호주의 소득으로 귀속되는 수가 있다. 가족이 부동산이나 기타 중요한 재산을 처분함에는 호주의 허락을 받아야 하는 예가 있다.

3. 분가(分家)

　조선의 관습에서 가(家)를 계승하는 자는 장계(長系)의 장남자(長男子)이어야 함이 본칙(本則)이고, 기타의 남자는 분가(分家)한다. 여자는 타가(他家)에 시집가야 하므로, 장계의 장남자가 아닌 남자는 조만간 분가해야 하는 경우에 놓인다.

　분가하는 자는 기혼자라는 조건이 필요하고 미혼자의 분가는 인정하지 않는다. 여자는 타가에 시집가야 하는 것이므로 여자의 분가는 인정되지 않는다.

　가족의 분가는 분가하려는 자의 존속인 호주가 이를 결정함이 통례이지만, 또 본인의 의사로 분가하는 수가 있다. 본인의 의사로 분가하는 경우에 존속인 호주의 동의를 얻지 않으면 안 된다.

　분가하는 자의 배우자와 직계비속은 분가하는 자에 수반하여 분가에 들어가는 것이 관습이다. 만약 직계비속에게 배우자가 있는 때에는 그 배우자도 역시 함께 분가에 들어가는 것으로 한다.

　관습상 정해진 분가의 절차는 없다. 다만 민적법에 분가한 경우의 신고를 규정하였을 뿐이다.[29]

---

29 『구관·제도조사위원회(제3회) 의안』에는 본문의 다음에 〈참조사항〉으로 다음과 같은 기록이 있다. ○ 민적법 제1조

4. 폐가(廢家)

조선의 관습은 임의로 폐가함을 허용하지 않는다. 그러나 호주가 타가의 양자가 되는 경우에, 그 가에 제사해야 할 조상이 없을 때 상속인을 정하지 않고 그 가족은 호주와 함께 양가(養家)에 들어가 그 가(家)는 저절로 폐가가 된다. 또 분가한 자가 본가의 절사(絶嗣)로 인하여 본가를 상속하는 경우에 그 분가는 스스로 폐가가 된다. 민적법에서도 폐가 사실을 신고하는 데 그친다. 폐가 절차의 규정은 없다.

관습상 폐가의 재흥(再興)은 인정되지 않는다.[30]

5. 절가(絶家)

조선의 관습상 호주가 사망하거나 호주가 타가에 들어간 경우에 그 가에 호주가 될 만한 사람이 없으면, 양자를 들여 호주로 삼는 예가 있다. 그러나 양자로 들일 만한 사람이 없을 때 그 가는 자연히 절가가 된다. 그러나 호주의 사후 또는 호주가 타가에 들어간 후 바로 양자를 들일 수 없는 경우가 있다. 이 같은 경우에는 일단 그 가를 절가로 인정하지 않고 양자

의 2: 아래 각호의 1에 해당하는 경우에는 그 사실 발생일로부터 10일 이내에 본적지 소할 부윤 또는 면장에게 신고해야 한다. 단 사실의 발생을 알 수 없을 때에는 사실을 알게 된 때로부터 기산한다. 8호. 분가. ○ 메이지 민법 743조: 가족은 호주의 동의가 있는 때에는 타가를 상속하고, 분가하거나 폐절한 본가, 분가, 동가(同家), 기타 친족의 가를 재흥할 수 있다. 단 미성년자는 친권을 행사하는 부 또는 모 또는 후견인의 동의를 얻을 것이 필요하다. ○ 관통첩 [1915년(다이쇼 4) 8월 240호] 장남 또는 여자의 분가 신고는 수리할 수 없다. ○ 사법부 회답 [1917년(다이쇼 6) 5월 사법부 황해도 장관 앞] 가족인 남자로서 가독상속인이 아닌 자는 누구라도 분가할 수 있다. 분가는 분가자의 의사로 하고 분가 호주의 동의를 얻을 것을 보통으로 한다. 그러나 분가 신고는 특히 본가 호주의 연서(連署)가 필요하지 않다.

30 『구관·제도조사위원회(제3회) 의안』에는 본문의 다음에 〈참조사항〉으로 다음과 같은 기록이 있다. ○ 메이지 민법 762조: 새로 가를 세운 자는 그 가를 폐하고 타가에 들어갈 수 있다. 가독상속으로 인하여 호주가 된 자는 그 가를 폐할 수 없다. 단 본가를 상속하거나 재흥하거나 기타 사유로 인하여 재판소의 허가를 얻은 때에는 그렇지 않다. 763조: 호주가 적법하게 폐가하고 타가에 들어간 때에는 그 가족도 역시 그 가에 들어간다. 743조: 가족은 호주의 동의 있는 때에는 타가를 상속하고, 분가하거나 폐절한 본가, 분가, 동가(同家), 기타 친족의 가를 재흥할 수 있다. 단 미성년자는 친권을 행사하는 부 또는 모 또는 후견인의 동의를 얻을 것이 필요하다. ○ 관통첩[1915년(다이쇼 4) 8월 240호] 제사드릴 조상이 없는 자의 절가 재흥 신고는 수리할 수 없다. [1915년(다이쇼 4) 7월 420호] 분가 또는 일가 창립으로 인하여 새로 호주가 된 자의 폐가 신고는 수리해야 한다. [1916년(다이쇼 5) 10월 119호] 여호주는 혼인으로 인하여 폐가할 수 있다. ○ 사법부 회답[1916년(다이쇼 5) 10월 사법부 평안남도 장관 앞] 여호주는 상속으로 인하여 절가한 가가 있는 때라 하더라도 혼인의 경우에 한하여 폐가할 수 있다.

를 들일 전망이 없을 때에 비로소 절가가 생긴다고 해석하는 수밖에 없다.

절가의 경우에 가족은 종래 근친가에 기식(寄食)하고 가적(家籍)이 없는 자가 생기지만, 현재 민적(民籍)의 취급에서는 일가를 창립하는 것으로 한다.

절가의 유산은 가족이 승계한다. 가족이 없을 때에는 친족이 이를 처분한다. 친족도 없을 때에는 그 재산이 있는 곳의 부락(部落)의 소유로 귀속된다.

절가된 후 최후의 기혼(旣婚)의 죽은 남호주[亡男戶主]에게 양자를 들여 그 가계를 계속하게 하는 예가 있다. 이 경우에 그 가는 재흥된 것이어서 역시 관습이 인정하는 바이다. 이를 제외하면 친족이든 아니든 묻지 않고 절가가 재흥됨은 허용되지 않는다.[31]

6. 자(子)가 들어갈 가(家)

조선의 관습상 자(子)는 부가(父家)에 들어가야 하고 모가(母家)에 들어가는 것은 허용되지 않는다. 따라서 적자(嫡子)이든 서자(庶子)이든 묻지 않고 진실로 부가 정하는 자는 당연히 부가에 들어간다. 가족의 서자라 하더라도 호주는 그 입적을 거절할 수 없다. 그러나 사실 부가 정하지 않는 자는 들어갈 가(家)가 없다. 근년에는 민적의 취급상 모가에 입적시킨다. 부모를 모두 모르는 자는 일가(一家)를 창립(創立)한다.[32]

---

31 『구관·제도조사위원회(제3회) 의안』에는 본문의 다음에 〈참조사항〉으로 다음과 같은 기록이 있다. ○ 메이지 민법 764조: 호주를 상실한 가에 가독상속인이 없는 때에는 절가된 것으로 하고 그 가족은 각기 일가를 창립한다. 단 자(子)는 부(父)를 따른다. 부를 모르는 때 혹은 부가 타가에 있거나 사망한 때에는 모를 따라 모가 있는 가에 들어간다. 전항의 규정은 745조의 적용을 방해하지 않는다. 743조: 가족은 호주의 동의 있는 때에는 타가를 상속하고, 분가하거나 폐절한 본가, 분가, 동가(同家), 기타 친족의 가를 재흥할 수 있다. 단 미성년자는 친권을 행사하는 부 또는 모 또는 후견인의 동의를 얻을 것이 필요하다. ○ 관통첩[1916년(다이쇼 5) 8월 137호] 호주가 사망하고 상속할 만한 사람이 없는 때에는 그 가는 절가하고 가족인 제(弟)는 일가를 창립하는 것으로 한다. [1917년(다이쇼 6년) 5월 108호] 호주가 사망한 후 3년을 경과해도 여전히 상속할 만한 사람이 없는 때 그 가는 호주가 사망한 때에 소급하여 절가가 된 것으로 취급해야 한다. [1916년(다이쇼 5) 8월 137호][문] 호주가 사망하고 상속 없는 경우, 바로 양자를 영입하지 못하고 일시 사망자의 최근친에게 섭사(攝祀)하게 하고 후일 양자를 선정하여 상속받게 하면, 그 가는 절가가 되는가? [답] 호주가 사망한 후 양자가 있는 때 그 가는 당해 양자에 의하여 상속되는 것이고 일시 섭사자가 있어도 그 때문에 절가가 되는 것은 아니다. 따라서 이 경우에는 섭사자가 양자 신고를 행한 다음 위 양자가 호주를 변경하는 신고를 하게 해야 한다.

32 『구관·제도조사위원회(제3회) 의안』에는 본문의 다음에 〈참조사항〉으로 다음과 같은 기록이 있다. ○ 메이지 민법 733조: 자는 부의 가에 들어간다. 부를 모르는 자는 모의 가에 들어간다. 부모 모두 모르는 자는 일가를 창립한다. 735조: 가족의 서자와 사생자는 호주의 동의가 없으면 그 가에 들어갈 수 없다. 서자가 부의 가에 들어갈 수 없으면

V. 친자(親子)에 관한 사항(1921년 12월 1일~5일 결의)

1. 실자(實子)의 종류

실자는 종래 적자(嫡子)·서자(庶子)·간생자(姦生子)의 3종으로 구별되지만, 근래 간생자의 명칭은 사용하지 않고 사생자(私生子)의 명칭을 사용하기에 이르렀다.

1) 적자
처의 소생을 적자라 이르며, 처가 혼인 중에 회태(懷胎)한 자는 간통으로 인한 회임임이 분명하지 않은 한 부의 자로 추정한다.

혼인 전에 회태한 자는 혼인 중에 출생하거나 부(夫)의 자임이 명백한 경우라도 적자로 간주하는 관습이 없지만, 최근 민적의 취급상으로는 이를 적출자로 한다.

2) 서자
첩(妾)의 소생과 부(父)가 인정한 혼인 외의 자를 서자라 이른다. 지금 민적의 취급상 남자 17세, 여자 15세 미만인 자의 혼인을 인정하지 않는 결과 그 사이에 태어난 자를 서자라 한다.

3) 사생자
종전에는 사통(私通) 또는 간통으로 태어난 자를 간생자로 불렀지만, 근래에는 이를 사생자로 이른다. 적자·서자 이외의 자는 모두 사생자 중에 포함시킨다.[33]

모의 가에 들어간다. 사생자가 모의 가에 들어갈 수 없으면 일가를 창립한다. ○ 사법부 회답[1916년(다이쇼 5) 7월 전라북도 장관 앞] 자는 당연히 부의 가에 들어가야 한다. 부는 그 자의 입적(入籍)을 거부할 수 없다. ○ 관통첩[1915년(다이쇼 4) 8월 240호] 사생자는 모의 민적에 등록한다.

33 『구관·제도조사위원회(제3회) 의안』에는 본문의 다음에 〈참조사항〉으로 다음과 같은 기록이 있다. ○ 메이지 민법 820조: 처가 혼인 중에 회태(懷胎)한 자는 부의 자로 추정(推定)한다. 혼인 성립의 일로부터 200일 후 또는 혼인 해소 또는 혼인 취소의 일로부터 300일 안에 출생한 자는 혼인 중에 회태한 것으로 추정한다. 827조: 사생자는 그 부 또는 모가 인지할 수 있다. 부가 인지한 사생자는 서자(庶子)로 한다. 836조: 서자는 그 부모의 혼인으로 인하여 적출자(嫡出子)인 신분(身分)을 취득한다. 혼인 중 부모가 인지한 사생자는 그 인지 시점으로부터 적출자인 신분을 취득한다.

2. 자(子)의 인지(認知)와 부인(否認)

자의 인지에 관해서는 정해진 방식이 없으므로, 자기의 자로 인정하거나 인정하였다고 볼 만한 사실이 있는 경우에 인지가 있다고 간주하는 수밖에 없다. 유언으로 인정하는 예가 있고 태내(胎內)의 자에 대하여 인정하는 예가 있다. 다만 태내의 자를 인정함에는 모의 동의가 필요하다.

처가 출산한 자를 부가 부인하는 것은 관습이 인정하는 바이지만, 실제로는 그 예를 많이 볼 수 없다.[34]

3. 친권(親權)

조선에서 관습상 인정되는 친(親)의 자(子)에 대한 권리는 대체로 다음과 같다.

---

[34] 전 2항의 규정은 자가 이미 사망한 경우에 준용한다. ○ 관통첩[1916년(다이쇼 5) 9월 144호] 처가 혼인 중에 회태한 자는 부의 자로 추정해야 하므로 재판에 의하지 않으면 적출자임을 부인할 수 없다. [1916년(다이쇼 5) 8월 240호] 남자 17세 미만, 여자 15세 미만인 자 사이에 출생한 자는 그 남녀가 혼인식을 거행한 경우라도 서자로 취급해야 한다. 전항의 경우에 서자의 부모가 후일 혼인신고를 한 때에는 '서자'의 신위(身位)를 적자로 고쳐 출생별, 기타의 관계 사항을 정정(訂定)할 것. [1916년(다이쇼 5) 7월 118호] 서자는 부모의 혼인 시부터 이미 적출자의 신분을 취득하므로, 이미 적출자 있는 때에는 설사 서자보다 연소한 자라도 그 순위가 변동되지 않는다. 장남이 있는 때에는 적출자가 된 서자남의 신위는 이남(二男)으로 고치는 것으로 한다. ○ 사법부 회답[1917년(다이쇼 6) 6월 함경남도 장관 앞] 성혼 연령에 달하지 않은 갑남(甲男)이 성혼 연령에 도달하지 못한 을녀(乙女)와 혼인하고 갑남이 을녀의 임신 중 사망한 경우에 출생아는 서자로 취급해야 한다. [1917년(다이쇼 6) 6월 함경남도 장관 앞] 혼인 중에 출생한 자는 부(夫)가 부인하지 않는 한 부의 적출자로 취급하는 것으로 한다. 『구관·제도조사위원회(제3회) 의안』에는 본문의 다음에 〈참조사항〉으로 다음과 같은 기록이 있다. ○ 메이지 민법 829조: 사생자의 인지는 호적리(戶籍吏)에게 신고[屆出]하는 방식으로 한다. 인지는 유언으로 할 수 있다. 831조: 부(父)는 태내(胎內)에 있는 자를 인지할 수 있다. 이 경우에는 모(母)의 승낙이 필요하지 않다. 부 또는 모는 사망한 자를 그 직계비속이 있는 때에 한하여 인지할 수 있다. 이 경우에 그 직계비속이 성년자일 때에는 그 승낙을 얻는 것이 필요하다. 821조: 767조 1항의 규정에 위반하여 재혼한 여자가 분만한 경우에 전조(前條, 820조)의 규정에 따라 그 자의 부를 정할 수 없는 때에는 재판소가 이를 정한다. ○ 관통첩[1916년(다이쇼 5) 9월 144호] 간통으로 출생한 경우에 본부(本夫)가 간부(姦夫)의 자임을 승인한 때 그 자는 간부의 서자로 취급해야 한다. ○ 판례[1912년(메이지 45) 6월 고등법원 판결] 사생자의 인지는 출생 시에 소급하여 그 효력이 생긴다. [1918년(다이쇼 7) 5월 경성복심법원 판결] 자의 인지는 부가 스스로 하는 것이어서 자가 부에게 인지를 청구할 수 있는 법령 또는 관습은 존재하지 않는다. [비고] 종전에는 부(父)가 자의 인지를 다투는 소송이 왕왕 있었고 이를 결정할 때 적혈법(滴血法)으로 그 진위를 판별하였다. 그 법을 담고 있는 『증보무원록(增補無冤錄)』의 내용은 아래와 같다. 신체와 발부는 부모에게서 받은 것이다. 대개 자식은 부가 끼친 체요, 모가 낳았다. 자식의 피 한두 방울을 부모의 해골에 떨어뜨려 보라. 친자식이라면 피가 뼛속에 스며들고, 친자식이 아니면 스며들지 않는다(身體髮膚 受之父母 蓋子乃父之遺體 而生之者母也. 試就子身 刺一兩點血 滴父母骸骨上 是親生 則血沁小飮 入骨內 否則不入).

1) 자의 교육

2) 자의 감호

3) 자의 징계

4) 자의 거소지정

5) 자의 직업의 지정

6) 자의 재산관리

7) 자의 혼인결정 또는 이혼동의

8) 자의 입양결정·동의 또는 파양동의

친의 자에 대한 권리는 그 가에 있는 부가 함이 본칙이다. 부가 없을 때는 모가 친권을 행사한다. 부가 이 권리를 행사하는 경우라도 징계, 이혼의 동의, 입양의 동의는 모도 역시 그 권리를 행사한다. 다만 분가한 자의 (7), (8)의 권리는 본가의 부모 역시 이 권리를 행사한다. 모가 이 권리를 행사하는 경우에 중요한 사항에 대해서는 자의 백숙부에게 협의함이 통례이다. 그러나 구태여 이를 필요로 하는 것은 아니다. 그 모가 실모인지 계모인지 적모인지 여부에 따라 그 권리에 조금도 차이가 없다.

자가 독립의 생계를 꾸리는 경우에 친권자는 (5), (6)의 권리를 행사하지 않는다.

친의 자에 대한 권리는 관습상 그 상실이 인정되지 않는다. 그러나 모가 자의 재산을 위태롭게 할 우려가 있을 때는 문회의 결의로 그 관리를 제한하거나 관리를 못하게 할 수 있다.[35]

---

35 『구관·제도조사위원회(제3회) 의안』에는 본문의 다음에 〈참조사항〉으로 다음과 같은 기록이 있다. ○ 메이지 민법 877조: 자는 그 가에 있는 부의 친권에 복종한다. 단 독립의 생계를 세운 성년자는 그렇지 않다. 부를 알 수 없는 때, 부가 사망한 때, 부가 가를 떠난 때 또는 친권을 행사할 수 없는 때에는 모가 이를 행사한다. 878조: 계부, 계모 또는 적모가 친권을 행사하는 경우에는 차장(次章)의 규정을 준용한다. 879조: 친권을 행사하는 부 또는 모는 미성년인 자의 감호와 교육을 할 권리를 가지고 의무를 부담한다. 882조: 친권을 행사하는 부 또는 모는 필요한 범위 안에서 그 자를 징계하거나 재판소의 허가를 얻어 징계장(懲戒場)에 들일 수 있다. 자를 들이는 기간은 6개월 이하의 범위 안에서 재판소가 이를 정한다. 단 이 기간은 부 또는 모의 청구로 이를 단축할 수 있다. 883조: 미성년의 자는 친권을 행사하는 부 또는 모의 허가를 얻지 않으면 직업을 영위할 수 없다. 부 또는 모는 6조 2항의 경우에 전항의 허가를 취소하거나 제한할 수 있다. 884조: 친권을 행사하는 부 또는 모는 미성년의 자의 재산을 관리하거나 그 재산에 관한 법률행위에 관하여 그 자를 대표한다. 단 그 자의 행위를 목적으로 하는 채무를 발생시키는 경우에는 본인의 동의를 얻을 것

VI. 친족회(親族會)에 관한 사항(1921년 12월 1일~5일 결의)

조선에서 종래 행해지던 친족회에는 2종이 있다. 하나는 문회(門會)라 이르고 또 하나는 종회(宗會)라 이른다. 문회는 일문(一門)의 회합으로, 유복친을 그 범위로 하고 일문의 남자가 열석(列席)하고 여자는 열석하지 않는다. 남자라고 해도 종래 미관자(未冠者)는 열석하지 않는다. 문회에서 논의되는 사항은 일문에 관한 사항으로서, 일문의 제사·분묘·문중·재산·양자·유자(幼子) 또는 신체와 정신에 이상(異狀)이 있는 자의 보호 등이 그 현저한 것이다. 문회의 초집(招集)은 문장(門長)이 한다. 일문 중 항렬과 연령이 모두 가장 높은 남자가 문장이 된다.

종회는 일족의 회합으로, 남계의 혈족을 일족이라 이른다. 본과 성을 같이하는 자가 곧 남계의 혈족이다. 종회에 회부되는 사항은 종중에 관한 사항으로서, 종중의 제사·종산·종중재산·종족의 양자 등이 주요 사항이다. 회의에 열석하는 사람은 그 회의에 관계 있는 종중의 남자만이고 여자는 열석하지 않는다. 종래 미관자를 열석시키지 않는 점은 문회의 경우와 다르지 않다. 종회의 초집은 일족 중 항렬과 연령이 모두 가장 높은 남자가 한다.[36]

VII. 부양(扶養)에 관한 사항(1921년 12월 1일~5일 결의)

조선에서 관습상 부양을 인정하는 범위는 그 한계가 명확하지 않다. 그러나 대체로 아래

이 필요하다. 886조: 친권을 행사하는 모가 미성년의 자를 대신하여 아래의 행위를 하거나 자가 행하는 것에 동의함에는 친족회(親族會)의 동의를 얻을 것이 필요하다. 1. 영업을 하는 것, 2. 차재(借財) 또는 보증하는 것, 3. 부동산 또는 중요한 동산에 관한 권리의 상실을 목적으로 하는 행위를 하는 것, 4. 부동산 또는 중요한 동산에 관한 화해(和解) 또는 중재(仲裁) 계약을 하는 것, 5. 상속을 포기하는 것, 6. 증여 또는 유증을 거절하는 것. 896조: 부 또는 모가 친권을 남용하거나 현저히 행적(行跡)이 없는 때 재판소는 자의 친족 또는 검사의 청구로 그 친권 상실을 선고할 수 있다. 897조: 친권을 행사하는 부 또는 모가 관리를 잘못하여 그 자의 재산을 위태롭게 한 때 재판소는 자의 친족 또는 검사의 청구로 그 관리권의 상실을 선고할 수 있다. 부(父)가 전항의 선고를 받은 때 관리권은 모가 행사한다.

36 『구관·제도조사위원회(제3회) 의안』에는 본문의 다음에 〈참조사항〉으로 다음과 같은 기록이 있다. ○ 메이지 민법 944조: 본법과 기타 법령의 규정에 따라 친족회를 개최하는 경우에는 회의에 필요한 사건의 본인, 호주, 친족, 후견인, 후견감독인, 보좌인, 검사 또는 이해관계인의 청구에 따라 재판소가 초집한다. 945조: 친족회원은 3인 이상으로 하고, 친족 및 기타 본인 또는 그 가(家)에 연고가 있는 자 중 재판소가 친족회원을 선정한다. 후견인을 지정할 수 있는 자는 유언으로 친족회원을 선정할 수 있다.

의 사람에 대하여 부양을 해야 한다.

   1) 본종직계존속
   2) 부(夫)의 본종직계존속
   3) 본생(실가)직계존속
   4) 부(夫)의 본생(실가)직계존속
   5) 배우자
   6) 본종직계비속과 그 처
   7) 출계자손
   8) 본종형제자매와 그 처
   9) 부(夫)의 본종형제자매와 그 처
   10) 본생형제자매와 그 처
   11) 출계형제
   12) 본종백숙부모·고
   13) 부의 본종백숙부모·고
   14) 본종질·질녀·질부
   15) 부의 본종질·질녀·질부
   16) 본종종형제자매
   17) 본종의 외조부모
   18) 본종종조부모·대고
   19) 처의 부모
   20) 외손·외손녀
   21) 본종종손·종손녀
   22) 여서(女壻)
   23) 가족

이 중 손녀 이하의 직계비속인 여·고·질녀·종자매·대고·외손녀·종손녀는 출가(出嫁)

전에 한한다. 처부모·여서는 처 또는 딸의 생존 중에 한한다. 시집간 자가 부양해야 할 본종(本宗)의 범위는 부모·형제·자매에 한한다.

부양은 받는 자의 필요와 그 정도에 대응하고, 부양하는 자의 자력(資力)에 달려 있는 것이다. 그 순서는, 대체로 부양을 받는 자는 본종과 인척 사이는 본종을 먼저 하고, 본족 중에서는 직계존속·배우자·직계비속·형제자매·백숙부모·기타 방계친족의 순서이다. 부양하는 자 사이에서는 배우자·직계비속·직계존속·형제자매·백숙부모의 순서이다. 그러나 확실한 관습이 있는 것은 아니다. 호주는 당연히 가족을 부양해야 하는 것이므로, 달리 부양해야 할 사람이 있는지에 관계없이 그 가족을 부양해야 한다.[37]

Ⅷ. 상속(相續)에 관한 사항(1923년 12월 25일 결의)

1. 상속의 종류

조선에서는 종전에 상속이라는 말을 사용하지 않았다. 이 용어를 사용하기 시작한 것은 최근의 일이다[참조 1, 참조문은 뒤에 수록함]. 그러나 요즘은 법령과 재판상 일반적인 용어로 인정되고 있을 뿐만 아니라 일상담화에서도 통용되기에 이르렀다.

조선에서 인정되는 상속에는 조상의 제사자(祭祀者)인 지위를 승계하는 것, 일가(一家)의 호주(戶主)인 지위를 승계하는 것, 피상속인에 속하는 재산을 승계하는 것의 세 가지 종류가 있다. 종전부터 사용된 명칭에 봉사(奉祀)라는 용어가 있다[참조 2]. 조상의 제사자인 지위를

---

37 『구관·제도조사위원회(제3회) 의안』에는 본문의 다음에 〈참조사항〉으로 다음과 같은 기록이 있다. ○ 메이지 민법 954조: 직계혈족과 형제자매는 상호 부양의무가 있다. 부부의 일방과 타방의 직계존속으로서 그 가(家)에 있는 자 사이도 역시 같다. 955조: 부양의무를 지는 수인이 있는 경우에 그 의무를 이행해야 할 자의 순서는 아래와 같다. 1. 배우자, 2. 직계비속, 3. 직계존속, 4. 호주, 5. 전조, 2항에 기재된 자, 6. 형제자매. 직계비속 또는 직계존속 사이에서는 친등(親等)이 가까운 자가 선순위에 있다. 전조 2항에 기재한 직계존속 사이도 역시 같다. 957조: 부양받을 권리를 갖는 자가 수인 있는 경우에 부양의무자의 자력이 그 전원을 부양하는 데 충분하지 않은 경우에 부양의무자는 아래 순서로 부양함이 필요하다. 1. 직계존속, 2. 직계비속, 3. 배우자, 4. 954조 2항에 기재된 자, 5. 형제자매, 6. 전 5호에 기재된 자가 아닌 가족. 955조 2항의 규정은 전항의 경우에 준용한다. 960조: 부양의 정도는 부양권리자의 수요와 부양의무자의 신분·자력에 맞게 정한다. 747조: 호주는 가족에게 부양의무를 부담한다. 790조: 부부는 서로 부양의무를 부담한다.

승계하는 경우에 이 용어를 사용하지만, 봉사는 조상의 제사자가 된다는 의미로서 특별히 승계의 의미를 포함하지 않는다. 따라서 이 용어를 가지고 제사자 지위의 상속에 해당시키는 것은 적절하지 않다. 또 호주인 지위의 상속과 재산상속에 해당시킬 만한 용어도 존재하지 않는다. 따라서 세 가지 종류의 상속에 대하여 종래의 용어로 그 명칭을 표시할 수 없다. 또 일본 민법이 사용하는 가독상속(家督相續)과 유산상속(遺産相續)이라는 용어는, 아래에 적는 것처럼 그 내용이 조선에서 행해지는 상속과 다소 다른 바가 있어 일본 민법상의 용어를 바로 해당시킬 수 없다. 그러나 종래의 조사(調査)는 그 실질상 제사자인 지위의 승계를 제사상속, 호주인 지위의 승계를 호주상속, 재산승계를 재산상속으로 칭하고, 재판소도 그와 같은 명칭을 사용하는 예가 있다. 위 세 가지 종류의 상속의 내용은 아래와 같다.

1) 제사상속(祭祀相續)

조선에서는 조상의 제사를 가장 중요한 일로 삼는다[참조 3]. 장자손(장남 또는 장남계의 장손)이 제사자 지위에 선다[참조 2]. 만약 그 지위에 설 자손이 없으면 양자(養子, 남자에 한함)를 들여 그 단절을 막는다[참조 4]. 이를 봉사라 칭한다. 봉사자는 통상 조상의 봉사자 지위를 승계하고 동시에 선대(先代)의 봉사자가 되지만, 조상의 봉사자 지위를 승계하는 것이 아니고 단지 선대의 봉사자가 되는데 지나지 않는 예가 있다. 예를 들어 이미 대수(代數)를 다한 가에서 봉사자는 항상 선대가 가지는 조상의 봉사자 지위를 승계하고 동시에 선대의 봉사자가 되는 것이지만, 분가(分家)한 가의 초대(初代)의 사망으로 인하여 그 자손이 봉사자가 되는 경우에는 선대가 가지는 봉사자인 지위에 있는 것이 아닌 결과 단지 선대의 봉사자가 되는 데 지나지 않는다. 또 가족이 사망하여 그 자손이 봉사자가 되는 경우에는 사자(死者)가 조상의 봉사자 지위에 서는 것이 아니므로[드물게 있는 예로서 사자가 부조(父祖)의 봉사자인 경우가 있을 수 있음], 자손은 단지 부조의 봉사자가 되는 데 지나지 아니함이 통례이다.

제사자 지위의 상속은 호주 지위의 상속을 수반함이 보통이지만, 가족이 제사자 지위를 승계하는 경우[부조(父祖)의 봉사자인 가족이 사망하여 그 아들이 봉사자가 되는 경우와 같음]에는 그렇지 않다. 또 제사자 지위의 상속은 항상 재산상속을 수반한다.

2) 호주상속

조선에서는 호주(戶主)의 사망 및 기타 사유로 인하여 가(家)에 호주가 없게 되는 때에는 그 가에서 조상의 제사자인 지위를 승계하는 자[아들에 한함]가 호주의 지위를 승계한다. 제사자 지위를 승계하는 자가 없을 때에는 특례의 경우[차양자(次養子)가 있을 때]를 제외하고 그 가에 있는 여자 중 가장 선순위에 있는 자가 호주 지위를 승계한다[참조 5·6]. 그러나 제사자 지위의 승계가 항상 호주 지위의 승계를 수반하는 것은 아니고[가족이 봉사자인 경우와 같음],[38] 호주 지위의 승계도 역시 반드시 제사자 지위의 승계를 수반하지 않는다[차양자 또는 여자가 호주인 경우와 같음]. 이 점에서 제사자 지위의 승계와 호주 지위의 승계는 이를 별개의 상속으로 간주할 수밖에 없다. 다만 어느 가의 제사자가 될 수 없는 자가 호주가 되는 것은 변칙(變則)이며 일가(一家)의 제사는 호주가 행하는 것을 본칙(本則)이라고 하는 근본관념에서 보면, 제사상속과 호주상속은 본래 일체의 것이라고 말할 수 있다고 해야 한다.

메이지 민법이 규정하는 가독상속(家督相續)은 호주인 지위를 상속하는 것이므로 이 점에서 조선의 호주 지위 승계에 상당한다. 그러나 가독상속에서는 호주 지위를 승계함과 동시에 호주가 가지는 전 재산도 함께 승계하며, 그 재산에 대하여 다른 상속인이 있을 수 없다. 조선의 호주상속도 역시 호주 지위를 승계함과 동시에 호주가 가지는 재산을 승계하는 것이 된다. 그러나 어느 경우에는 그 전 재산을 승계하고[독자(獨子) 또는 여호주가 상속하는 경우와 같음], 어느 경우에는 2분의 1을 승계하고[상속인이 장남이고 이남 이하가 2인 이상의 남자인 경우와 같음], 어느 경우에는 3분의 2를 승계하는[상속인이 장남이고 차남 1인이 있는 경우와 같음] 등 각기 달라 메이지 민법의 가독상속이 재산에 대하여 전재산상속주의를 채택한 것임에 비하여, 조선의 호주상속은 재산에 대하여 분할상속주의[참조 7·8·9]를 취하여 메이지 민법과 동일시할 수 없다. 따라서 그 명칭상으로도 가독상속의 명칭을 사용하면 내용상 오해를 초래할 우려가 없지 않다.

---

38 『관습조사보고서(1910)』에서는 "㉠ 제사자 지위의 승계는 항상 호주 지위의 승계를 수반"한다고 적혀 있었는데 가족이 봉사자인 경우가 있으므로 "제사자 지위의 승계는 항상 호주 지위의 승계를 수반하지 않는다."라고 수정한 것으로 보인다.

3) 재산상속

조선에서는 호주가 사망 및 기타의 사유로 인하여 변경된 때에는 전호주(前戶主)에 속하는 재산은 그 전부 또는 일부[幾分]를 신호주(新戶主)가 승계하고, 또 가족의 사망·파양 등의 경우에도 상속인이 그 유산을 승계하는 것이 예(例)이다. 제사상속의 경우에는 항상 재산상속을 수반하고 호주상속의 경우에도 역시 항상 재산상속을 수반한다. 그러나 재산상속의 상속인은 제사상속 또는 호주상속의 상속인과 전혀 별개의 상속인이다. 예를 들어 장남이 제사상속을 한 경우에 차남 이하는 망부(亡父)의 유산의 몇 분의 1을 승계한다. 차남 이하는 재산만을 상속하고 제사상속을 하지 않기 때문에 재산상속이 제사상속에 포함되는 것이라고 말할 수 없다. 또 가족이 사망하는 경우 발생하는 유산상속은 호주상속과 관계가 없으므로, 재산상속과 호주상속을 별개로 관찰하지 않을 수 없다.

메이지 민법이 규정하는 유산상속은 재산상속인 점에서 조선의 재산상속과 동일하지만, 유산상속은 가족이 사망하는 경우에만 이를 인정하고 호주가 사망한 경우에는 이를 인정하지 않는다. 그러나 조선에서 재산상속은 피상속인이 사망하는 경우에만 이루어지는 상속이 아니다. 호주가 경질(更迭)되거나 호주가 그 지위를 떠남으로 인하여 재산상속이 개시되기 때문에[여호주가 그 가(家)에 양자(養子)를 들이거나 또는 출가(出嫁)한 경우와 같음] 그 명칭상으로도 양자를 구별할 필요가 있다.

2. 상속의 개시(開始)

1) 제사상속의 개시

제사상속은 조상의 제사자 지위에 있는 자가 사망하거나 그 지위를 떠난 경우에 개시된다. 즉 다음과 같다.

(1) 봉사자의 사망

조상의 제사자 지위에 있는 자를 칭하여 봉사자(奉祀者)라 이른다. 그리고 봉사자는 호주임이 보통이다. 그러나 가족이 봉사자일 때가 있다. 예를 들어 가족인 부(父)가 사망하여 가족인 자(子)가 그 봉사자가 되는 경우가 그렇다. 또 봉사자가 될 수 있는 사람은 아들에 한하고 딸은 봉사자로 인정되지 않는다. 따라서 봉사자는 항상 남자이고 여성이 봉사자가 되는 경우는 없다.

봉사자가 사망하는 때에 사자(死者)의 제사를 올리고 조상의 제사를 하기 위하여 봉사자가 필요하게 된다. 이 경우에는 장자손이 봉사손(奉祀孫)이 되는 것이 관습이고 여기서 제사상속이 개시됨을 보게 된다.

(2) 봉사자의 출계(出繼)

봉사자인 자가 호주인 경우이든 가족인 경우이든 그 가에서 조상의 제사를 드려야 할 자는 타가에 입적할 수 없음이 본칙이다. 그러나 본가와 분가의 관계에 있으면 본가를 중시하는 결과 분가의 봉사자가 본가에 입적하여 봉사자가 될 수 있다[참조 10]. 즉 분가의 봉사자가 본가의 양자가 되는 경우에는 항상 제사상속의 개시를 보는 것으로 한다.

(3) 봉사자의 파양[離緣]

봉사자가 양자인 때에는 파양으로 인하여 봉사자 지위가 상실되므로 이 경우에도 역시 제사상속이 개시되는 것으로 한다. 양자가 봉사자인 경우란 양부가 사망한 경우에 한정되는 것인데, 조선에서는 양부사후(養父死後)의 입양을 인정하므로 봉사자인 양자의 파양을 볼 수 있다.

2) 호주상속의 개시

호주상속은 호주가 사망하거나 호주가 그 지위를 떠남으로 인하여 개시된다. 또 새로 호주가 되는 자가 생기는 경우에 개시된다. 즉 아래와 같다.

(1) 호주의 사망

호주의 사망은 호주상속 개시의 가장 보통의 경우로서, 가족 중 호주의 지위를 승계할 만한 지위에 있는 자가 상속하거나 양자를 들여 상속하게 함을 예로 한다.

호주상속은 제사상속과 동시에 행해지며 상속인도 역시 1인임이 보통이다. 호주가 그 가의 봉사자가 되는 것이 본칙이다. 그러나 가족이 그 부조의 봉사자인 경우가 있으므로 봉사자는 항상 호주가 된다고 말할 수 없다. 여자가 호주인 경우가 있으므로 호주는 항상 봉사자가 된다고 말할 수 없다. 따라서 호주상속과 제사상속은 반드시 항상 동시에 발생하는 것이 아니므로 그 개시 원인도 별개로 관찰하는 수밖에 없다.

(2) 호주의 출계

본가에 호주인 봉사자가 없기 때문에 분가의 호주가 본가의 양자가 되는 예가 있다. 이 경우에 만약 그 분가가 초대(初代)인 때에 그 가는 자연히 폐가가 되지만, 2대(代) 이상을 경유한 가일 때에는 가를 폐할 수 없으므로 호주상속의 개시를 보게 된다. 이 경우에는 물론 항상 재산상속의 개시가 수반된다.

(3) 호주의 파양

호주가 양자인 경우, 파양할 때 양자는 파양의 결과 호주의 지위를 벗게 되므로 항상 호주상속이 개시된다. 조선에서는 양부 사후에 양자를 들이는 예가 적지 않으므로 이 경우에 양자는 항상 호주가 된다. 이 종류의 양자는 그 가의 봉사자가 된다. 호주임에도 불구하고 파양할 수 있는 것이 관습이므로 호주의 파양으로 인한 호주상속이 개시되는 예는 왕왕 있다.

(4) 여자가 호주인 가(家)의 입양

여자가 호주가 되는 일은 그 가에 남호주가 될 사람이 없는 경우에 일어난다. 이런 가에서는 최후의 죽은 남호주(다만 미혼인 채로 사망한 자는 제외함)의 양자가 될 만한 자를 구하여 그 가의 제사자 지위를 잇게 하는 것이 관습이다. 그 양자는 동시에 호주가 되므로 여호주는 입양과 동시에 그 지위를 벗어난다. 이 경우에는 새로 호주가 되는 자가 생겨 호주의 변경이 생기므로, 보통으로 보이는 호주상속의 경우와 그 관계가 다르다.

여자가 호주인 경우에 그 가 조상의 제사는 그 여호주가 임시로 모시거나 근친인 남자가 제사를 섭행(攝行)한다[이를 섭사(攝祀)라 이름]. 상속이 개시되었는데 상속인이 없는 상태에 있으므로 그 가에 양자를 들일 때 양자는 호주가 됨과 동시에 봉사자가 되어 제사상속을 하는 것이다.

(5) 여자가 호주인 가의 남자 출생

여자가 호주인 경우에 여호주 또는 그 자부(子婦)가 죽은 남호주의 처로서 부(夫)의 사망 전부터 회태(懷胎)한 사례가 있다. 그 회태 중의 자가 출생하여 아들인 때 그 아들은 출생과 동시에 그 가의 제사자가 되고 또 호주가 되는 것이 관습이므로, 여호주는 그 지위를 떠나고 이에 호주상속이 개시됨을 보게 된다. 즉 이 경우에도 역시 새로 호주가 되는 자가 생겨 호주의 변경이 발생하여 보통의 경우와 그 관계를 달리함은 여자가 호주인 가에 양자를 들인 경우와 같다.

(6) 여호주의 출가(出嫁)

조선에서 종전에는 출가 전의 여자가 호주인 일이 없었지만, 최근에 이르러 출가 전의 여자는 그 가에 호주가 될 만한 남자가 없을 때에는 당연히 호주의 지위에 서게 된다. 호주인 출가 전의 여자가 혼인하여 타가에 들어가는 것은 관습상 지장이 없으므로, 이 경우에 그 가에 호주가 될 자가 없게 되고 따라서 호주가 없는 결과가 생긴다.

(7) 여호주의 거가(去家)

조선에서 과부의 재혼은 윤상(倫常)에 반하는 일이다. 오랫동안 이를 금지[참조 11]하였으나, 1894년(개국 503)에 그 금지를 해제[참조 12]하였다. 그러나 과부가 재가하는 것은 관습상 인정하지 않는 바[참조 13]로서 여호주는 일응 그 혼가(婚家)를 떠나지 않으면 재가할 수 없다. 호주인 과부가 혼가를 떠난 때에 그 호주 지위를 벗는 것임은 물론이어서 혼가에서는 호주상속의 개시를 보게 된다.

(8) 차양자(次養子)의 아들 출생

차양자는 자기의 아들이 출생할 때 이를 양가의 죽은 장남의 양자로 인정하고 그 가의 제사자 지위를 잇게 한다. 그 차양자가 호주일 때 그가 낳은 아들은 호주가 됨과 동시에 차양자는 호주 지위를 물러난다. 따라서 호주인 차양자에게 아들이 출생할 때 호주의 변경이 생기고 이에 따라 호주상속이 개시된다. 이 경우에 새로 호주가 되는 자가 있게 되어 호주상속이 개시되는데, 보통의 경우와 그 관계를 달리함은 여호주 경우의 입양과 동일하다.

(9) 차양자가 호주인 가의 입양

차양자가 호주인 경우에 자기에게 아들이 출생하지 않는 때에는 때로 양가의 죽은 장남의 양자를 들이는 일이 있다. 이 경우에 그 양자는 양가의 봉사자가 됨과 동시에 호주가 됨이 관습이므로 호주상속의 개시를 보게 된다. 이 경우에는 차양자에게 아들이 출생한 경우와 같이 호주상속을 하는 사람이 생긴 것이기 때문에 호주의 경질이 생긴다. 따라서 호주상속이 개시되는 것이다.

3) 재산상속의 개시

재산상속은 호주 또는 가족의 사망·파양으로 인하여 발생한다. 또 호주가 그 지위를 떠나거나 혹은 경질되므로 인하여 생기는 것으로 한다. 즉 아래와 같다.

(1) 호주의 사망

호주가 사망하는 때 호주의 유산은 호주상속을 하는 자에게 그 전부 또는 일부가 승계되고, 동시에 달리 상속인이 있는 때에는 그 일부가 승계된다. 이 경우에 그 재산상속은 제사상속·호주상속과 동시에 행해지는 것이 통례이지만 제사상속을 하는 자가 없을 때[남자가 없거나 양자로 들일 만한 사람이 없는 경우] 또는 호주가 여자인 때[이 경우에는 상속하는 자도 역시 여자임] 호주상속만 동시에 행해지는 것으로 한다. 조선에서는 가족이 재산을 보유하는 것이 오히려 희귀하므로, 호주의 사망은 재산상속 개시의 원인 중 가장 보통의 원인이다.

(2) 호주의 출계

분가의 호주가 본가에 양자가 되는 경우에, 만약 그 분가가 초대가 아닌 때에는 그 가를 폐할 수 없어 차남 이하의 자가 그 가를 잇게 하거나 또는 양자를 들여 대를 잇게 한다. 여기서 제사상속·호주상속의 개시를 봄과 동시에 또 재산상속의 개시를 보는 것으로 한다.

(3) 호주의 파양

호주의 파양은 항상 호주 지위의 상실이라는 결과를 발생시킨다. 호주가 파양으로 인하여 그 지위를 떠날 때 그 재산은 새로 호주가 되는 자가 승계함이 관습이다. 이 경우에 새로 호주가 되는 자는 호주 지위와 전호주의 재산을 승계함과 동시에 제사상속을 하게 된다. 그러나 그 피상속인은, 호주 지위와 재산에 관해서는 전호주, 즉 파양당한 양자가 되지만, 제사상속에 관해서는 새로 호주가 되는 자가 전호주를 대신하여 제사자 지위에 서는 것이므로 피상속인은 즉 최후의 죽은 남호주, 즉 양부가 된다.

(4) 호주의 경질

호주가 사망 이외의 이유로 변경되는 때에는 항상 신호주가 전호주의 재산을 승계하는 것이 관습이므로, 이 경우에도 역시 재산상속의 개시가 있다. 이 경우는 여자가 호주인 가에 남자가 출생하거나 입양이 있거나, 호주인 차양자에게 아들이 출생하거나, 차양자가 호주인 가에 입양하는 것 등이다

호주의 경질로 인한 재산상속은 항상 호주상속과 동시에 일어남이 물론이다. 그러나 혹 제사상속과 동시에 행해지는 예가 있고(양자를 들이는 경우와 같음), 혹 그렇지 않은 예도 있다(여호주가 출가하는 경우에는 제사상속을 하는 자가 없음).

(5) 여호주의 출가

여호주가 출가하였을 때 그 재산은 새로 호주가 되는 자가 상속하는 것이 관습으로서 여호주의 출가와 동시에 그 재산에 대하여 재산상속의 개시가 있는 것으로 한다.

(6) 여호주의 거가(去家)

여호주가 혼가(婚家)를 떠난 경우에 그 가의 호주 지위를 상실하는 것은 물론이고, 그 재산은 여호주 출가의 경우와 같이 새로 호주가 되는 자가 이를 상속하는 것이 관습이므로 이 경우에도 역시 재산상속의 개시가 있는 것으로 한다.

(7) 가족의 사망

가족이 사망하여 만약 유산이 있는 때 관습상 정해지는 승계자가 이를 승계한다. 따라서 이 경우에도 역시 재산상속의 개시가 있다. 가족의 사망으로 인한 재산상속은 드물게 제사상속과 동시에 행해지는 것이 있다[사자(死者)가 부조(父祖)의 봉사자인 때]. 그러나 재산상속만 행해지는 것이 통례이다.

(8) 가족의 파양

부조의 봉사자인 가족이 양자가 된 후 파양한 경우에, 만약 부조로부터 상속한 재산이 있는 때 그 재산은 새로 그 부조의 봉사자가 되는 자가 이를 상속하는 것이 관습이다. 그러므로 이 경우에도 역시 재산상속의 개시가 있는 것으로 한다.

[비고] 봉사자 실종(失踪)의 경우에 사실상 제사상속의 개시를 보는 수가 있다. 즉 봉사자의 종적이 끊어진 채 긴 연월이 경과하여 생사불명인 경우에 그 자(子)를 사자로 간주하고 그 자에게 제사상속을 하게 하는 일이 있다. 그러나 조선에서는 종전에 실종에 관한 제도가 확립되지 않았고 또 이에 관한 일정한 관습이 없다. 다만 사실상 실종 후 긴 연월이 경과한 자를 사자로 간주하는 일이 있어 관습상 이를 인정하는데 지나지 않으므로, 이 경우의 제사상속의 개시는 실종으로 인한 것이 아니고 사망으로 인한 제사상속 개시의 한 변례(變例)로 해석할 만하다. 그러나 조선민사

령 시행 이후에는 메이지 민법 규정에 따라 실종선고를 해야 함과 동시에 그 선고가 있을 때 사망한 것으로 간주해야 한다.

이것은 호주상속과 재산상속의 경우에도 동일하여 호주상속 또는 재산상속에 있어서 피상속인의 사망에 당연히 포함되는 것으로 한다.

[참조 1] 〈1906년(광무 10) 5월 家契發給規則[39]의 家契請求式樣〉

家契請求書

所在　　坊·契·面·里　統　戶
瓦家　　間　草家　間　空垈　間
計　　　間
賣買價値
舊文券 張·板·券　張　立旨　張

右는 賣買·新築·相續·闕失·毁損·典當하였삽기 官契發給하심을 望홈.

　　　　　　　　　　　　　　　　　　　　光武　年　月　日
　　　　　　　　　　　　　　　　　　　　賣主
　　　　　　　　　　　　　　　　　　　　買主
　　　　　　　　　　　　　　　　　　　　家儈
　　　　　　　　　　　　　　　　　　　　保證

[備考] 築等할 時는 家主와 保證人이 連書하고 相續할 時는 相續人과 保證人이 連書하고 闕失·毁損 時도 亦同.

---

39 『內部令 第二號 家契發給規則(1906. 5. 22.)』 第一條 家舍所有主가 家契를 請求ᄒ고져 홀 時는 左開 式樣의 請求書에 舊文券를 添付ᄒ야 漢城府나 各該所管 地方官에게 提出홈이 可홈이라. 但 舊文券를 調査훈 後에 新契를 發給홈이 可홈이라. 第二條 家舍를 買收홀 時는 買主는 賣主 及 家儈와 連署ᄒ야 共히 出廳ᄒ고 前家契를 添付ᄒ야 請求書를 提出홈이 可홈이라. 第三條 前條 境遇에 在ᄒ야는 家契에 尙未裏書홀 餘地가 有홀 時는 此에 裏書ᄒ야 發給홈이 可홈이라. 第四條 家契는 所管官廳에 備置홀 家契原簿에 査照ᄒ야 發給홈이 可홈이라. 但 新築時에는 該原簿에 登錄홈이 可홈이라. 附則 第五條 本規則은 頒布日노붓터 施行홈이라. 光武十年 五月 二十二日.

[참조 2] "○ 若嫡長子無後 則衆子 衆子無後 則妾子奉祀 嫡長子只有妾子願以弟之子爲後者聽 欲自與妾子別爲一支 則亦聽 ○ 良妾子無後 則賤妾子承重 凡妾子承重者 祭其母於私室止其身 [續] 長子死無後 更立他子奉祀 則長子之婦 毋得以家婦論 田民 依衆子例分給 立廟家舍 傳給於主祭子孫 而擅賣者禁斷"『大典會通』「禮典」奉祀

[참조 3] "[原] 文武官六品以上 祭三代 七品以下 祭二代 庶人 則只祭考妣"『大典會通』「禮典」奉祀

[참조 4] "[原] 嫡妾俱無子者告官 立同宗支子爲後 兩家父同命立之 父歿則母告官 尊屬與兄弟及孫 不相爲後"『大典會通』「禮典」立後

[참조 5]
"합장리계(合掌里契)[북부(北部)]

(중략)

제4호 사비 독녀 예성개: 나이는 53세이며 상전은 유학 이덕근이다. 아버지는 사노 박룡이고 어머니는 반비 기축이다. 천은 확인과정이 아직 끝나지 않았다(第四戶 私婢 獨女 禮成介 年五十三 上典 幼學 李德根 父 私奴 朴龍 母 班婢 己丑 賤 不准印).

(중략)

말흘산계(末屹山契)[북부]

(중략)

제5호 고 학생 엄형구의 처 허씨: 나이는 41세이며 본관은 양천이다. 아버지는 전력부위[40] 수이고, 조부는 어모장군 행 충무위 부사과 굉이며, 증조부는 절충장군 행 용양위부사직 당이다. 외조부는 증 정의대부 은양군 창선대부 은양군 양이다.

---

40 전력부위(展力副尉): 종9품 무관(武官)의 품계로, 효력부위(效力副尉)의 아래 직급이다.

거느리고 있는 솔노 기봉의 나이는 28세, 비 난춘의 나이는 36세, 옥태의 나이는 34세, 노 사남의 나이는 32세이다. 외방의 노 조금,잉질, 을시와 비 연옥·분향·대일금·영대가 있다. 도망노 대립과 대생은 병자년에 도망쳤고, 비 춘합·허농개·허농춘은 2월에 영원히 도망쳤다. 현천은 확인과정이 아직 끝나지 않았다(第五戶 故學生 嚴衡喬 妻許氏 年四十一 籍陽川 父展力副尉 洙 祖禦侮將軍 行忠武衛副司果 宏 曾祖 折衝將軍 行 龍驤衛 副司直 瑠 外祖 贈正義大夫 恩陽君 彰善大夫 恩陽君 諒 率奴 起奉 年二十八 婢 難春 年三十六 玉泰 年三十四 奴士男 年三十二 外方奴 趙今 芿叱 乙屎 婢 連玉 分香 代一今 令代 逃亡奴 大立 大生 丙子逃亡 婢 春合 許弄介 許弄春 二月 久遠逃亡 顯賤不準 印).[41] 『癸卯(1663, 현종 4)式 漢城府帳籍』

[참조 6] 『庚午(1570, 선조 3)式 慶尙道 山陰縣帳籍』

[참조 7] "[續] 長子死無後 更立他子奉祀 則長子之婦 母得以冢婦論 田民依衆子例分給 立廟家舍傳給於主祭子孫 而擅賣者禁斷"『大典會通』「禮典」奉祀

[참조 8] "父母未分家舍財産 依奴婢田地分數分給"『大典續錄』「戶典」田宅

[참조 9] "未分奴婢 勿論子女存歿分給 身歿無子孫者 不在此限. 未滿分數者 均給嫡子女. 若有餘數 先給承重子 又有餘 則以長幼次序給之. 嫡無子女 則良妾子女 無良妾子女 則賤妾子女同. ○ 田地同"『大典續錄』「刑典」私賤

[참조 10] "○ 以同宗之長子爲後者及一邊父母俱沒者 竝勿聽 [增] 情理可矜 則或因一邊父母及門長上言 本曹回啓 許令立後 [補] 一邊或兩邊父母俱死 而拘於常規 不得登聞者 本曹論理草記"『大典會通』「禮典」立後

[참조 11] "成宗八年 命禁婦女再嫁 其再嫁人子孫 勿許授官赴擧著爲令"『文獻備考』「禮

---

41 번역은 서울특별시 편찬위원회,『국역 한성부 북부장호적(1999)』, 100·275쪽을 참조하였다.

考」私婚禮

[참조 12] "寡女再嫁無論貴賤任其自由事"『開國 503年(1894) 6月 28日 議案』「寡女의 再嫁를 자유롭게 하는 件」, 6月 28日子의 다른 議案으로 "一. 從今以後國內外公私文牒 書開國紀年事 一. 與淸國改正約條 復派送特命全權大使于列國事 一. 劈破門閥班常等級不拘貴賤選用人材事 一. 廢文武尊卑之別 只從品階 另有相見儀事 一. 罪人自己外緣坐之律一切勿施事 一. 嫡妾俱無子然後始許率養申明舊典事 一. 男女早婚亟宜嚴禁 男子二十歲 女子十六歲以後始許嫁娶事 一. 寡女再嫁無論貴賤任其自由事 一. 公私奴婢之典 一切革罷禁販買人口事 一. 雖平民苟有利國便民之起見者 上書于軍國機務處付之會議事 一. 各衙署皂隷酌量加減設置事 一. 朝官衣制 陛見衣服紗帽章服盤領窄袖品帶靴子燕居私服漆笠搭護絲帶 士庶人衣制漆笠周衣絲帶 兵弁衣制遵近例將卒不宜異同事" 등이 있었다.

[참조 13] "女戶主가 寡婦인 경우에는 일단 實家에 들어간 후가 아니면 재가할 수 없다."『1916년(다이쇼 5) 7月 官通牒 119號』「女戶主의 廢家에 關한 件」

V

조선총독부 중추원 관련
조선 관습조사 사료 목록(1910~1945)

번호	대표 표제어	언어	집필자	필사/활자본	생산연도	소장처
관습조사 일반						
1	慣習調査報告書	일본어	법전조사국 조사 조선총독부취조국 교정[訂補]		1913	학습원대학교 우방문고
2	特別調査	일본어	조선총독부 중추원	筆寫本	1918	수원시박물관
3	舊慣調査	일본어	조선총독부 중추원	필사본	1926	수원시박물관
4	(慣習調査) 復命書	일본어	조선총독부 중추원	필사본	1927	수원시박물관
5	咸鏡北道三郡 舊慣調査	일본어	조선총독부 중추원	필사본	1927	수원시박물관
6	報告書	일본어	조선총독부 중추원	필사본	1928	수원시박물관
7	舊慣制度調査	일본어	조선총독부 중추원	필사본	1929	수원시박물관
8	舊慣制度調査	일본어	조선총독부 중추원	필사본	1929	수원시박물관
9	舊慣地方制度調査	일본어	조선총독부 중추원	필사본	1931	수원시박물관
10	慣習及制度調査計劃	일본어	조선총독부 중추원	활자본	1933	서울대도서관
11	朝鮮舊慣制度 調査事業槪要 原稿(昭和十二年十二月)	일본어	조선총독부 중추원	필사본	1937	수원시박물관
12	事務日誌	일본어	조선총독부 중추원	필사본	1938	수원시박물관
13	朝鮮舊慣制度調査事業槪要	일본어	조선총독부 중추원	활자본	1938	국립중앙도서관
14	中樞院官制改正ニ關スル資料	일본어	조선총독부 중추원	油印版	1910~1945刊	국사편찬위원회
15	朝鮮辭書審査委員會記事附屬書類綴		조선총독부 참사관실 사서위원회	필사본	1914年	규장각
16	慣習及制度調査沿革草起稿狀況	일본어	조선총독부 중추원	寫本	1938寫	국사편찬위원회
17	慣習調査報告書 : 瑞山 保寧	일본어, 국문 혼용	조선총독부 중추원	필사본	미상	경상대학교도서관
18	舊調査書表	일본어	조선총독부	필사본	미상	수원시박물관
19	朝鮮總督府參事官分室關係書類(1~3)	일본어	조선총독부 참사관분실	활자본	미상	서울대도서관
20	慣習調査事項	일본어	조선총독부 중추원	필사본		수원시박물관
21	慣習回答目錄	일본어	조선총독부 중추원	필사본		수원시박물관
22	舊慣及制度調査書並同資料出版計劃書	일본어	조선총독부 중추원	필사본		수원시박물관
23	民事慣習調査項目	일본어	조선총독부 중추원	필사본		수원시박물관
24	第一. 諮問機關改革ニ關スル意見	일본어	조선총독부 중추원	필사본		수원시박물관

번호	대표 표제어	언어	집필자	필사/활자본	생산연도	소장처
	민사					
25	典當權	일본어	조선총독부 중추원	필사본	1908	수원시박물관
26	慣習調査報告書	일본어	조선총독부	활자본	1910	국회도서관
27	國事犯者ハ相續人 ハトナルユトラ得サル力	일본어	미상	필사본	1910	수원시박물관
28	分家ニ付キ特別ナル家督相續開始ノ原因	일본어	미상	필사본	1910	수원시박물관
29	養子ニ關スル件(庶子アル場合ニ養子ヲ爲ッ得ルヤ否ヤノ件)	일본어	참사관실	필사본	1911	수원시박물관
30	驛屯土實地調査槪要	일본어	조선총독부	활자본	1911	국립중앙도서관
31	入會權原稿	일본어	조선총독부 중추원	필사본	1911	수원시박물관
32	土地調査事業現況報告書	일본어	조선총독부 임시토지조사국	활자본	1911	국립중앙도서관
33	(能力) 10 能力ニ關スル事項	일본어	조선총독부 중추원	필사본	1912	수원시박물관
34	(能力) 16 能力ニ關スル事項	일본어	조선총독부 중추원	필사본	1912	수원시박물관
35	(能力) 29 能力ニ關スル事項	일본어	조선총독부 중추원	필사본	1912	수원시박물관
36	(相續) 22 相續ニ關スル事項				1912	수원시박물관
37	(遺言) 19 遺言ニ關スル事項				1912	수원시박물관
38	(親族) 6 特別調査事項	일본어	조선총독부 중추원	필사본	1912	수원시박물관
39	(親族) 親族ニ關スル事項	일본어	조선총독부 중추원	필사본	1912	수원시박물관
40	慣習調査報告書	일본어		활자본	1912	동국대도서관
41	慣習調査報告書	일본어	조선총독부	활자본	1912	서강대도서관
42	相續ニ關スル事項	일본어	조선총독부	필사본	1912	수원시박물관
43	相續ニ關スル事項	일본어	조선총독부	필사본	1912	수원시박물관
44	相續ニ關スル事項	일본어	조선총독부	필사본	1912	수원시박물관
45	小作農民ニ關スル調査	일본어		활자본	1912	국립중앙도서관
46	遺言ニ關スル事項	일본어	조선총독부 중추원	필사본	1912	수원시박물관
47	朝鮮慣習調査報告書	일본어	조선총독부	활자본	1912	서울대도서관
48	特別臨時調査事項(全州)	일본어	조선총독부 중추원	필사본	1912	수원시박물관
49	特別調査事項(光州)	일본어	조선총독부 중추원	필사본	1912	수원시박물관
50	(5-1) (物權) 物權, 債權, 親族, 相續, 其他	일본어	조선총독부 중추원	필사본	1913	수원시박물관
51	(能力) 46 能力ニ關スル事項	일본어	조선총독부 중추원	필사본	1913	수원시박물관
52	(能力) 53 能力ニ關スル事項	일본어	조선총독부 중추원	필사본	1913	수원시박물관

번호	대표 표제어	언어	집필자	필사/활자본	생산연도	소장처
53	(能力) 63 能力ニ關スル事項	일본어	조선총독부 중추원	필사본	1913	수원시박물관
54	(物權) 物權ニ關スル事項	일본어	조선총독부 중추원	필사본	1913	수원시박물관
55	(相續) 61 相續ニ關スル事項	일본어	조선총독부 중추원	필사본	1913	수원시박물관
56	(相續) 55 相續ニ關スル事項	일본어	조선총독부 중추원	필사본	1913	수원시박물관
57	(相續) 58 相續ニ關スル事項	일본어	조선총독부 중추원	필사본	1913	수원시박물관
58	(遺言) 62 遺言ニ關スル事項	일본어	조선총독부 중추원	필사본	1913	수원시박물관
59	(遺言) 49 遺言ニ關スル事項	일본어	조선총독부 중추원	필사본	1913	수원시박물관
60	(制度) 43 鄕校ノ建物及基址				1913	수원시박물관
61	(親族) 64 親族ニ關スル事項	일본어	조선총독부 중추원	필사본	1913	수원시박물관
62	慣習調査報告書	일본어	조선총독부	활자본	1913	국립중앙도서관
63	慣習調査報告書	일본어	조선총독부	활자본	1913	국립중앙도서관
64	慣習調査報告書	일본어	미상		1913	콜롬비아대학
65	慣習調査報告書	일본어	조선총독부		1913	프린스턴대학
66	館習調査報告書	일본어	조선총독부	미상	1913	국립중앙도서관
67	慣習調査報告書	일본어	조선총독부	활자본	1913	서울대도서관
68	朝鮮不動産用語略解	일본어	조선총독부 관방토목국	활자본	1913	국립중앙도서관
69	朝鮮森林山野所有權ニ關スル指針	일본어	조선총독부	활자본	1913	국립중앙도서관
70	出張調査書 (物權)	일본어/국한문 혼용	조선총독부 중추원	필사본	1913	수원시박물관
71	親族ニ關スル事項	일본어	조선총독부 중추원	필사본	1913	수원시박물관
72	(6-1) (親族, 相續) 121 親族ニ關スル事項	일본어	조선총독부 중추원	필사본	1914	수원시박물관
73	(親族 相續 其他) 98 親族, 相續, 物權 特別事項 考事資料	일본어	조선총독부 중추원	필사본	1914	수원시박물관
74	(債權, 物權) 130 火田, 漁場, 海藻採取場, 市場, 鹽田ニ關スル事項	일본어	조선총독부 중추원	필사본	1915	수원시박물관
75	奴婢ニ關スル調査	일본어	조선총독부 중추원	필사본	1915	수원시박물관
76	物權ニ關スル事項	일본어	조선총독부 중추원	필사본	1915	수원시박물관
77	相續ニ關スル事項	일본어	조선총독부 중추원	필사본	1915	수원시박물관
78	相續ニ關スル事項	일본어	조선총독부	필사본	1915	수원시박물관
79	立後ニ關スル事項	일본어	조선총독부 중추원	필사본	1915	수원시박물관
80	朝鮮鑛泉要記	일본어	조선총독부 경무총감부		1915	도쿄경제대학 사쿠라이 요시유키 (櫻井義之)문고

번호	대표 표제어	언어	집필자	필사/활자본	생산연도	소장처
81	朝鮮鉄道史	일본어	조선총독부 철도국		1915	도쿄경제대학 사쿠라이 요시유키 문고
82	親族, 相續ニ關スル事項	일본어	조선총독부 중추원	필사본	1915	수원시박물관
83	賦役ニ關スル調査	일본어	조선총독부 중추원	필사본	1916	수원시박물관
84	朝鮮土地調査事業槪覽: 大正4年度	일본어	조선총독부 임시토지조사국	활자본	1916	국립중앙도서관
85	夫婦間財産關係	일본어	조선총독부 중추원	필사본	1917	수원시박물관
86	入夫, 婚姻, 傳籍, 復籍ニ關スル事項	일본어	조선총독부 중추원	필사본	1917	수원시박물관
87	特別調査	일본어	조선총독부 중추원	필사본	1917	수원시박물관
88	特別調査	일본어	조선총독부 중추원	필사본	1917	수원시박물관
89	(6-1)(能力)能力ニ關スル事項	일본어	조선총독부 중추원	필사본	1918	수원시박물관
90	(9-1)(能力)能力, 物權, 債權, 親族, 相續, 僧侶 及白丁ニ關スル事項	일본어	조선총독부 중추원	필사본	1918	수원시박물관
91	(物權)小作ニ關スル事項	일본어	조선총독부 중추원	필사본	1918	수원시박물관
92	朝鮮土地調査事業報告書	일본어	조선총독부 임시토지조사국	활자본	1918	국립중앙도서관
93	朝鮮土地調査事業報告書	일본어	조선총독부 임시토지조사국		1918	하와이대학
94	朝鮮土地調査殊ニ地價設定ニ關スル說明書	일본어	조선총독부	활자본	1918	국립중앙도서관
95	親族關係ノ發生及消滅	일본어	조선총독부 중추원	필사본	1918	수원시박물관
96	親族關係ノ發生及消滅	일본어	조선총독부 중추원	필사본	1918	수원시박물관
97	土地ノ貸借ニ關スル往古及近來ノ慣習	일본어	조선총독부 중추원	필사본	1918	수원시박물관
98	(物權)遺蹟及遺物其他ニ關スル事項	일본어	조선총독부 중추원	필사본	1919	수원시박물관
99	(物權)特別調査	일본어	조선총독부 중추원	필사본	1919	수원시박물관
100	親族間ニ於ケル民事及刑事事件ニ關スル慣習	일본어	조선총독부 중추원	필사본	1919	수원시박물관
101	(物權)報告書	일본어	조선총독부 중추원	필사본	1920	수원시박물관
102	(物權, 親族)入會, 小作, 親族ニ關スル特別調査	일본어	조선총독부 중추원	필사본	1920	수원시박물관
103	(土地還退)土地還退賣買ニ關スル件	일본어	조선총독부 중추원	필사본	1920	수원시박물관
104	高等土地調査委員會社務報告書	일본어	조선총독부	활자본	1920	국립중앙도서관
105	保證債務 連帶債務 等(債權, 物權)	일본어	조선총독부 중추원	필사본	1920	수원시박물관
106	調査報告書(朝鮮ノ土地制度及地稅制度)	일본어	조선총독부	활자본	1920	국립중앙도서관

번호	대표 표제어	언어	집필자	필사/활자본	생산연도	소장처
107	朝鮮鄕約ニ關スル書	한문	조선총독부 중추원	필사본	1920	국립중앙도서관
108	朝鮮ノ土地制度及地稅制度調査報告書	일본어	조선총독부 임시토지조사국		1920. 2.	도쿄대학
109	朝鮮に於ける寺院及僧侶財産に對する慣例調査書	일본어	조선총독부 중추원	필사본	1921	국립중앙도서관
110	朝鮮の灌漑及開墾事業	일본어	조선총독부 식산국		1921	도쿄경제대학 사쿠라이 요시유키 문고
111	朝鮮の十大漁業	일본어	조선총독부 식산국		1921	도쿄경제대학 사쿠라이 요시유키 문고
112	火田に關する慣習	일본어	미상		1921	콜롬비아대학
113	朝鮮ニ於ケル畜牛使役用語	일본어	조선총독부 권업모범장		1922	도쿄경제대학 사쿠라이 요시유키 문고
114	親族ノ名稱	일본어	조선총독부 중추원	필사본	1922	수원시박물관
115	火田に關する慣習	일본어	미상		1922	콜롬비아대학
116	(物權) 報告書	일본어	조선총독부 중추원	필사본	1923	수원시박물관
117	(制度) 233 小作制度ニ關スル調査等	일본어	조선총독부 중추원	필사본	1923	수원시박물관
118	(祭祀權) 海州郡ニ於ケル祭祀權ニ關スル慣習	일본어	조선총독부 중추원	필사본	1923	수원시박물관
119	契に關する調査(朝鮮民政資料)	일본어	조선총독부	활자본	1923	국립중앙도서관
120	小作慣行調査書	일본어	전라남도 내무부		1923	하와이대학
121	沃川·永同狀ニ關スル調査	일본어	조선총독부 중추원	필사본	1923	수원시박물관
122	朝鮮ニ於ケル主要作物分布ノ狀況	일본어	조선총독부 권업모범장		1923	도쿄경제대학 사쿠라이 요시유키 문고
123	朝鮮の特用作物並果樹蔬菜	일본어	조선총독부 식산국		1923	도쿄경제대학 사쿠라이 요시유키 문고
124	里有財産處分ニ關スル事項, 年中行事ニ關スル件	일본어	조선총독부 중추원	필사본	1924	수원시박물관
125	小作制度ニ關スル事項	일본어	조선총독부 중추원	필사본	1924	수원시박물관
126	立旨立案相續戶籍異動庶子分家生母入家相待人廢止等ニ關スル件	일본어	조선총독부 중추원	필사본	1924	수원시박물관
127	朝鮮に於ける支那人	일본어	조선총독부		1924	도쿄경제대학 사쿠라이 요시유키 문고

번호	대표 표제어	언어	집필자	필사/활자본	생산연도	소장처
128	(親族)舊慣調査報告	일본어	조선총독부 중추원	필사본	1925	수원시박물관
129	朝鮮に於ける主なる鑛山の槪況	일본어	조선총독부 식산국		1925	도쿄경제대학 사쿠라이 요시유키 문고
130	朝鮮の契	일본어	조선총독부	활자본	1925	국회도서관
131	舊慣調査(靈光·潭陽·務安·扶餘·公州)	일본어	조선총독부 중추원	필사본	1926	수원시박물관
132	調査資料第17輯朝鮮の契朝鮮總督府總督官房文書課	일본어	조선총독부 총독관방 문서과		1926	학습원대학교 우방문고
133	朝鮮雜記	일본어	조선총독부		1926	도쿄경제대학 사쿠라이 요시유키 문고
134	慣習調査復命書	일본어	조선총독부 중추원	필사본	1927	수원시박물관
135	禮山 洪城 瑞城郡地方ニ拎ケル舊慣制度及民精視察ニ關ケル調査報告書	일본어	조선총독부 중추원	필사본	1927	수원시박물관
136	調査報告書	일본어	조선총독부 중추원	필사본	1927	수원시박물관
137	小作慣例及驛屯賭に關する調査書	일본어	조선총독부내무국 사회과	활자본	1928	국립중앙도서관
138	小作農民に關する調査	일본어	조선총독부 식산국	활자본	1928	국립중앙도서관
139	調査復命書	일본어	조선총독부 중추원	필사본	1928	수원시박물관
140	朝鮮の小作慣習	일본어	조선총독부	활자본	1929	국립중앙도서관
141	朝鮮の小作慣習	일본어			1929	하와이대학
142	朝鮮の小作慣習	일본어	조선총독부	미상	1929	東京大學,學習院大學東洋文化硏究所
143	親族範圍ニ關スル件	일본어	조선총독부 중추원	필사본	1929	수원시박물관
144	京畿道小作慣行の數字的調査	일본어	경기도 산업부 농무과	필사본	1930	수원시박물관
145	出張報告書	일본어	조선총독부 중추원	필사본	1930	수원시박물관
146	出張調査報告書	일본어	조선총독부 중추원	필사본	1930	수원시박물관
147	親族ニ關スル事項	일본어	조선총독부 중추원	필사본	1930	수원시박물관
148	風俗調査(咸興·北靑·利原)	일본어	조선총독부 중추원	필사본	1930	수원시박물관
149	韓國經濟史資料大系	일본어	조선총독부 중추원	미상	1930	한양대도서관
150	畦畔小作料問題·差米込米ニ關スル鑑定書·違作引ニ關スル慣習ノ鑑定書	일본어		활자본	1930	新潟縣立圖書館
151	現行小作及管理契約證書實例集(朝鮮に於ける)	일본어	조선농회	활자본	1931	국립중앙도서관
152	朝鮮ノ小作慣行 上·下卷	일본어	조선총독부	활자본	1932	국립중앙도서관
153	農業統計表(昭和七年)	일본어	미상		1933	하와이대학

번호	대표 표제어	언어	집필자	필사/활자본	생산연도	소장처
154	朝鮮農務提要	일본어	조선농회		1933	하와이대학
155	戶口統計	일본어	경성부		1933	하와이대학
156	農家經濟調査	일본어	조선농회		1934	하와이대학
157	朝鮮の姓	일본어	조선총독부	활자본	1934	국립중앙도서관
158	朝鮮の姓	일본어	조선총독부		1934	하와이대학
159	朝鮮の姓名氏族に關する硏究調査	일본어	조선총독부 중추원		1934	하와이대학
160	朝鮮の姓名氏族に關する硏究調査	일본어	조선총독부 중추원		1934	프린스턴대학
161	農山漁村に於ける契	일본어	조선총독부		1937	학습원대학교 동양문화연구소
162	朝鮮の習俗	일본어	조선총독부	활자본	1937	국립중앙도서관
163	朝鮮舊慣制度調査事業槪要	일본어	조선총독부 중추원		1938	하와이대학
164	朝鮮舊慣制度調査事業槪要	일본어	조선총독부 중추원	미상	1938	日本國立國會圖書館, 東京大學
165	朝鮮舊慣制度調査事業槪要	일본어			1938	콜롬비아대학
166	朝鮮田制考	일본어			1940	콜롬비아대학
167	朝鮮田制考	일본어	조선총독부 중추원		1940	프린스턴대학
168	朝鮮田制考	일본어	조선총독부 중추원 조사과		1940	하와이대학
169	家庭と女性を中心に見た: 支那の社會と慣習	일본어		활자본	1942	日本日本國立國會圖書館, 東京大學東洋文化硏究所圖書室, 東京大學大學院人文社會系硏究科文學部圖書室, 靑山學院大學圖書館, 京都大學法學部圖書室, 高知大學總合情報센터(圖書館)中央館, 國立民族學博物館情報管理施設, 財團法人東洋文庫, 相愛大學圖書館, 東北大學附屬圖書館, 明星大學日野校舍圖書館, 遼寧省圖書館

번호	대표 표제어	언어	집필자	필사/활자본	생산연도	소장처
170	朝鮮の姓氏と同族部落	일본어	미상		1943	하와이대학
171	小宗中ノ始祖及稱號ニ關スル件	일본어	조선총독부 중추원	필사본	1944	수원시박물관
172	朝鮮土地税制度調査報告書	일본어	미상		1967	하와이대학
173	朝鮮の小作慣習	일본어	조선총독부		1972	프린스턴대학
174	朝鮮總督府 臨時土地調査報告書		조선총독부 임시토지조사국	활자본	1983	국립중앙도서관
175	國譯慣習調査報告書	한국어	미상		1992	콜롬비아대학
176	慣習調査報告書, 韓國最近事情一覽	일본어	조선총독부		1995	프린스턴대학
177	同姓不婚の慣習に就て	일본어	조선총독부 중추원 조사과	활자본	19--	서울대도서관
178	親族親子關係資料: 各種文獻.	한문		필사본	19--	서울대도서관
179	親族相續關係資料: 李朝實錄 其他	한문		필사본	19--	서울대도서관
180	親族婚姻相續關係資料: 大典會通 其他	한문		필사본	19--	서울대도서관
181	田案式	국한문혼용	조선총독부 중추원	寫本	1900경	국사편찬위원회
182	韓人歸化ニ關スル件	일본어	조선총독부 중추원	필사본	1906?	수원시박물관
183	土地測量法	한문	조선총독부 중추원	寫本	1906	국사편찬위원회
184	驛屯土及牧場以外國有各地種調査	한문	조선총독부	油印版	1908	국사편찬위원회
185	家舍(비변사능록)	한문	조선총독부 중추원	寫本	1910~1945	국사편찬위원회
186	家舍(實錄)	한문	조선총독부 중추원	寫本	1910~1945	국사편찬위원회
187	結作	한문	조선총독부 중추원	寫本	1910~1945	국사편찬위원회
188	男女相互ノ身分關係ニ因ル婚姻ノ制限	한문	조선총독부 중추원	寫本	1910~1945	국사편찬위원회
189	奴婢(日省錄)	한문	조선총독부 중추원	寫本	1910~1945	국사편찬위원회
190	奴婢ニ關スル資料原本(실록)	한문	조선총독부 중추원	寫本	1910~1945	국사편찬위원회
191	屯田(일성록)	한문	조선총독부 중추원	寫本	1910~1945	국사편찬위원회
192	量田	한문	조선총독부 중추원	寫本	1910~1945	국사편찬위원회
193	墓地(실록)	한문	조선총독부 중추원	寫本	1910~1945	국사편찬위원회
194	普通人墳墓	국한문혼용	조선총독부 중추원	寫本	1910~1945	국사편찬위원회
195	墳墓ノ種別及其界限	일본어	조선총독부 중추원	寫本	1910~1945	국사편찬위원회
196	蔘政(일성록)	한문	조선총독부 중추원	寫本	1910~1945	국사편찬위원회
197	喪禮(일성록)	한문	조선총독부 중추원	寫本	1910~1945	국사편찬위원회

번호	대표 표제어	언어	집필자	필사/활자본	생산연도	소장처
198	相續(실록)	한문	조선총독부 중추원	寫本	1910~1945	국사편찬위원회
199	相續(일성록)	한문	조선총독부 중추원	寫本	1910~1945	국사편찬위원회
200	喪制(실록)	한문	조선총독부 중추원	寫本	1910~1945	국사편찬위원회
201	水利ニ關スル舊慣	일본어	조선총독부 중추원	寫本	1910~1945	국사편찬위원회
202	養子ニ關スル資料	한문	조선총독부 중추원	寫本	1910~1945	국사편찬위원회
203	養子緣組ニ關スル資料	한문	조선총독부 중추원	寫本	1910~1945	국사편찬위원회
204	漁稅(일성록 발췌)	한문	조선총독부 중추원	寫本	1910~1945	국사편찬위원회
205	魚鹽(備局謄錄)	한문	조선총독부 중추원	寫本	1910~1945	국사편찬위원회
206	田制	한문	조선총독부 중추원	寫本	1910~1945	국사편찬위원회
207	田制	한문	조선총독부 중추원	寫本	1910~1945	국사편찬위원회
208	田制(일성록 발췌)	한문	조선총독부 중추원	寫本	1910~1945	국사편찬위원회
209	田宅ニ關スル資料	일본어	조선총독부 중추원	寫本	1910~1945	국사편찬위원회
210	田宅ニ關スル資料(일성록 발췌)	한문	조선총독부 중추원	寫本	1910~1945	국사편찬위원회
211	絶家ニ關スル資料(일성록 발췌)	한문	조선총독부 중추원	寫本	1910~1945	국사편찬위원회
212	祭祀	한문	조선총독부 중추원	寫本	1910~1945	국사편찬위원회
213	祭祀(비국등록)	한문	조선총독부 중추원	寫本	1910~1945	국사편찬위원회
214	祭祀相續ニ關スル資料	한문	조선총독부 중추원	寫本	1910~1945	국사편찬위원회
215	堤堰	한문	조선총독부 중추원	寫本	1910~1945	국사편찬위원회
216	諸田	한문	조선총독부 중추원	寫本	1910~1945	국사편찬위원회
217	朝鮮舊慣及制度沿革ノ調査	한문	조선총독부 중추원	寫本	1910~1945	국사편찬위원회
218	親子ニ關スル資料	한문	조선총독부 중추원	寫本	1910~1945	국사편찬위원회
219	土地	한문	조선총독부 중추원	寫本	1910~1945	국사편찬위원회
220	土地ニ關スル件	한문	조선총독부 중추원	寫本	1910~1945	국사편찬위원회
221	土地ニ關スル件	한문	조선총독부 중추원	寫本	1910~1945	국사편찬위원회
222	罷養ニ關スル資料	한문	조선총독부 중추원	寫本	1910~1945	국사편찬위원회
223	婚姻	한문	조선총독부 중추원	寫本	1910~1945	국사편찬위원회
224	婚姻	한문	조선총독부 중추원	寫本	1910~1945	국사편찬위원회
225	婚姻(비국등록)	한문	조선총독부 중추원	寫本	1910~1945	국사편찬위원회
226	婚姻ニ關スル資料(실록 발췌)	한문	조선총독부 중추원	寫本	1910~1945	국사편찬위원회

번호	대표 표제어	언어	집필자	필사/활자본	생산연도	소장처
227	契	일본어	조선총독부 중추원	新活字寫本 混用版	1910~1945	국사편찬위원회
228	冠禮笄禮ニ關スル調査報告書	일본어	조선총독부 조사국	油印版	1910~1945	국사편찬위원회
229	各道小作料割合調査	일본어	조선총독부 중추원	寫本	1910~1945	국사편찬위원회
230	開墾小作資料	일본어	조선총독부 중추원	寫本	1910~1945	국사편찬위원회
231	慶尙南道調査報告書綴	일본어	조선총독부 중추원	寫本	1910~1945	국사편찬위원회
232	慶州府江東面甲午式戶籍臺帳	한문	미상	寫本	1910~1945	국사편찬위원회
233	契ニ關スル資料	한문	조선총독부 중추원	寫本	1910~1945	국사편찬위원회
234	冠禮	한문	조선총독부 중추원	寫本	1910~1945	국사편찬위원회
235	國有地調査書	한문	조선총독부 중추원	寫本	1910~1945	국사편찬위원회
236	宮庄土	일본어	조선총독부 중추원	寫本	1910~1945	국사편찬위원회
237	歸化ニ關スル事項	일본어	조선총독부 중추원	寫本	1910~1945	국사편찬위원회
238	奴婢ニ關スル資料原本	한문	조선총독부 중추원	寫本	1910~1945	국사편찬위원회
239	奴婢田宅其他ノ財産ニ關スル相續ノ制度慣習	한문	조선총독부 중추원	寫本	1910~1945	국사편찬위원회
240	東國文獻備考拔萃禮考中次養子	한문	조선총독부	寫本	1910~1945	국사편찬위원회
241	量案ニ於ケル自然人以外ノ所有者	한문	조선총독부 중추원	寫本	1910~1945	국사편찬위원회
242	離婚	한문	조선총독부 중추원	寫本	1910~1945	국사편찬위원회
243	立案ト立旨ノ性質及區別	국한문혼용	조선총독부 중추원	寫本	1910~1945	국사편찬위원회
244	名貫證號ニ關スル資料	한문	조선총독부 중추원	寫本	1910~1945	국사편찬위원회
245	門中及宗中ニ關スル資料	한문	조선총독부 중추원	寫本	1910~1945	국사편찬위원회
246	法外繼後謄錄	한문	조선총독부 중추원	寫本	1910~1945	국사편찬위원회
247	普通人喪禮	한문	조선총독부 중추원	寫本	1910~1945	국사편찬위원회
248	普通人婚禮	국한문혼용	조선총독부 중추원	寫本	1910~1945	국사편찬위원회
249	三綱六紀 宗族 姓名 嫁娶ニ關スル資料	한문	조선총독부 중추원	寫本	1910~1945	국사편찬위원회
250	姓ニ關スル資料	일본어	조선총독부 중추원	寫本	1910~1945	국사편찬위원회
251	姓名ニ關スル記述原稿(草稿)	일본어	조선총독부 중추원	寫本	1910~1945	국사편찬위원회
252	姓名ニ關スル資料	한문	조선총독부 중추원	寫本	1910~1945	국사편찬위원회
253	姓名ニ關スル草稿二號	일본어	조선총독부 중추원	寫本	1910~1945	국사편찬위원회
254	姓名及貫	일본어	조선총독부 중추원	寫本	1910~1945	국사편찬위원회

번호	대표 표제어	언어	집필자	필사/활자본	생산연도	소장처
255	姓氏彙集	한문	조선총독부 중추원	寫本	1910~1945	국사편찬위원회
256	小作資料	일본어	조선총독부 중추원	寫本	1910~1945	국사편찬위원회
257	收養子侍養子次養子養子ニ關スル資料	한문	조선총독부 중추원	寫本	1910~1945	국사편찬위원회
258	神主ノ遞遷ニ關スル資料	한문	조선총독부 중추원	寫本	1910~1945	국사편찬위원회
259	養子緣組ニ關スル法文拔萃	한문	조선총독부 중추원	寫本	1910~1945	국사편찬위원회
260	驛屯土及宮房土ニ關スル事項	국한문혼용	조선총독부	寫本	1910~1945	국사편찬위원회
261	驛屯土調査	일본어	조선총독부 중추원	寫本	1910~1945	국사편찬위원회
262	隱居ニ關スル資料	한문	조선총독부 중추원	寫本	1910~1945	국사편찬위원회
263	子ノ認知及否認ニ關スル資料(原本)	일본어	조선총독부 중추원	寫本	1910~1945	국사편찬위원회
264	財産相續ニ關スル資料(원본)	일본어	조선총독부 중추원	寫本	1910~1945	국사편찬위원회
265	田制(太祖實錄)	한문	조선총독부 중추원	寫本	1910~1945	국사편찬위원회
266	田制詳定所遵守條畵	한문	조선총독부 중추원	寫本	1910~1945	국사편찬위원회
267	絶家再興ニ關スル資料	한문	조선총독부 중추원	寫本	1910~1945	국사편찬위원회
268	祭祀相續ニ關スル資料	한문	조선총독부 중추원	寫本	1910~1945	국사편찬위원회
269	祭祀相續ニ關スル資料(法外繼後謄錄 拔萃)	한문	조선총독부 중추원	寫本	1910~1945	국사편찬위원회
270	祭位土ニ關スル資料	한문	조선총독부 중추원	寫本	1910~1945	국사편찬위원회
271	朝鮮人ノ露國歸化	일본어	조선총독부 중추원	잉크寫本	1910~1945	국사편찬위원회
272	朝鮮人ノ姓名	일본어	조선총독부 중추원	寫本	1910~1945	국사편찬위원회
273	宗法ニ關スル資料	한문	조선총독부 중추원	寫本	1910~1945	국사편찬위원회
274	宗中門中ニ關スル資料	한문	조선총독부 중추원	寫本	1910~1945	국사편찬위원회
275	地稅ニ關スル調査	일본어	조선총독부 중추원	寫本	1910~1945	국사편찬위원회
276	出張調査報告書	국한문혼용	조선총독부 중추원	寫本	1910~1945	국사편찬위원회
277	親族ノ種類及親等ニ關スル資料	국한문혼용	조선총독부 중추원	寫本	1910~1945	국사편찬위원회
278	親族關係ノ發生及消滅	한문	조선총독부 중추원	寫本	1910~1945	국사편찬위원회
279	親族相續編纂資料項目	일본어	조선총독부 중추원	寫本	1910~1945	국사편찬위원회
280	特殊財産	일본어	조선총독부 중추원	寫本	1910~1945	국사편찬위원회
281	平安南道戶籍單子	한문	조선총독부 중추원	寫本	1910~1945	국사편찬위원회
282	戶籍 戶牌ニ關スル資料	일본어	조선총독부 중추원	寫本	1910~1945	국사편찬위원회
283	或ル事情ノ下ニ在ル男女ニ對スル婚姻ノ制限	한문	조선총독부 중추원	寫本	1910~1945	국사편찬위원회

번호	대표 표제어	언어	집필자	필사/활자본	생산연도	소장처
284	或ル身分ヲ有スル者ニ對スル婚姻ノ制限	일본어	조선총독부 중추원	寫本	1910~1945	국사편찬위원회
285	婚禮	일본어	조선총독부 중추원	寫本	1910~1945	국사편찬위원회
286	婚姻	일본어	조선총독부 중추원	寫本	1910~1945	국사편찬위원회
287	婚姻ニ關スル資料	한문	조선총독부 중추원	寫本	1910~1945	국사편찬위원회
288	婚姻ニ關スル資料原本	일본어	조선총독부 중추원	寫本	1910~1945	국사편찬위원회
289	婚姻ノ無效ニ關スル資料	한문	조선총독부 중추원	寫本	1910~1945	국사편찬위원회
290	婚姻ノ實質上要件ニ關スル資料	국한문혼용	조선총독부 중추원	寫本	1910~1945	국사편찬위원회
291	婚姻ノ制限ニ關スル資料	한문	조선총독부 중추원	寫本	1910~1945	국사편찬위원회
292	婚姻ノ形式上ノ要件ニ關スル資料原本	일본어	조선총독부 중추원	寫本	1910~1945	국사편찬위원회
293	禾利賣買資料	일본어	조선총독부 중추원	寫本	1910~1945	국사편찬위원회
294	永給田ニ關スル調査報告書	일본어	조선총독부 중추원	油印版	1910	국사편찬위원회
295	慶尙南道·慶尙北道管內 契·親族關係·財産相續ノ槪況報告	일본어	조선총독부 조사국	寫本	1911	국사편찬위원회
296	錦江及洛東江沿岸泥生浦落慣習調査報告書	일본어	조선총독부 취조국	寫本	1912	국사편찬위원회
297	小作制度調査	일본어	조선총독부	寫本	1913	국사편찬위원회
298	田制ニ關スル事項	한문	조선총독부	寫本	1915	국사편찬위원회
299	家族範圍家屬家口	한문	조선총독부 중추원	寫本	1917	국사편찬위원회
300	繼親子及嫡母庶子ノ關係	국한문혼용	조선총독부 중추원	寫本	1917	국사편찬위원회
301	他家相續廢家絶家廢家再興	국한문혼용	조선총독부 중추원	寫本	1917	국사편찬위원회
302	婚姻ニ關スル事項	일본어	조선총독부 중추원	寫本	1917	국사편찬위원회
303	特種小作其ノ他ニ關スル件	일본어	조선총독부 중추원	寫本(原本)	1918	국사편찬위원회
304	婚姻年齡調査表	한문	조선총독부 중추원	寫本	1918	국사편찬위원회
305	男子結髮ニ關スル沿革	국한문혼용	조선총독부 중추원	寫本	1919	국사편찬위원회
306	江原道小作調査書	일본어	조선총독부 중추원	寫本(原本)	1920	국사편찬위원회
307	歸化人事項拔萃	한문	조선총독부 중추원	寫本	1921	국사편찬위원회
308	朝鮮地方的租稅課徵ニ關スル調査	일본어	조선총독부 중추원	寫本	1923	국사편찬위원회
309	小作制度ニ關スル件	일본어	조선총독부 중추원	寫本	1924	국사편찬위원회
310	調査事項綴	일본어	조선총독부 중추원	寫本	1924	국사편찬위원회
311	灌漑調査	일본어	조선총독부 중추원	寫本	1925	국사편찬위원회

번호	대표 표제어	언어	집필자	필사/활자본	생산연도	소장처
312	東萊密陽兩郡ニ於ケル入會調査書	일본어	조선총독부 중추원	寫本	1927	국사편찬위원회
313	姓名ニ關シ參考トシテ諸書ヨリ拔萃セル資料	일본어	조선총독부 중추원	寫本	1927	국사편찬위원회
314	親族會種類及姓門別ニ關スル件	일본어	조선총독부 중추원	寫本	1929	국사편찬위원회
315	民事判決綴	일본어	조선총독부 재판소	활자본	1931-1933	국립중앙도서관
316	宗約所ニ關スル事項	일본어	조선총독부 중추원	寫本	1932	국사편찬위원회
317	朝鮮小作年報	일본어	조선총독부 농림국	미상	1937-1938	東京大學, 京都大學
318	農村村に於ける契	일본어	조선총독부 농림국		1938序	도쿄경제대학 사쿠라이 요시유키 문고
319	朝鮮の海と魚	일본어	조선총독부 수산시험장		1942. 2.	도쿄대학
320	漁村社會の生活慣習	일본어	미상		1973~1974	콜롬비아대학
321	小作ニ關スル慣習	일본어	조선총독부 중추원	寫本	1903(광무 7)	국사편찬위원회
322	奴婢ニ關スル資料原本	한문	조선총독부 중추원	寫本	미기재	국사편찬위원회
323	遺言ニ關スル資料	한문	조선총독부 중추원	寫本	미기재	국사편찬위원회
324	婚姻原本(特種)(諸書 拔萃)	한문	조선총독부 중추원	寫本	미기재	국사편찬위원회
325	公課負擔ト年齡トノ關係, 戶主權行使ト年齡トノ關係	일본어	조선총독부 중추원	필사본	미상	수원시박물관
326	大典會通 に於ける 財産相續に關する規定の意釋	일본어	미상	필사본	미상	수원시박물관
327	離緣ニ關スル資料	일본어	조선총독부 중추원	필사본	미상	수원시박물관
328	民事慣習回答彙集(續編稿)	일본어, 국문 혼용	조선총독부 중추원	필사본	미상	서울대도서관
329	維新後不動産法	일본어	조선총독부	활자본	미상	국립중앙도서관
330	典當權 原稿	일본어	조선총독부 중추원	필사본	미상	수원시박물관
331	朝鮮ニ於ケル火田ノ性質及改良策	일본어	조선총독부	활자본	미상	국립중앙도서관
332	朝鮮地方慣習調査報告書	일본어	조선총독부 중추원	필사본 (原稿本)	미상	서강대도서관
333	地役權原稿	일본어	조선총독부 중추원	필사본	미상	수원시박물관
334	妾ノ取戾ノ可否ニ關スル件	국한문혼용	조선총독부	필사본	미상	수원시박물관
335	田制攷	한문	조선총독부 중추원	寫本	1653(효종 4)	국사편찬위원회
336	(物權) 祖先ノ墳墓及墓地ノ所有管理處分等	일본어	조선총독부 중추원	필사본		수원시박물관
337	(10-5)(債權) 小作種類, 舍音	일본어	조선총독부 중추원	필사본		수원시박물관

번호	대표 표제어	언어	집필자	필사/활자본	생산연도	소장처
338	(6-3)(能力) 現時ニ於ケル行爲能力ト年齡トノ關係	일본어	조선총독부 중추원	필사본		수원시박물관
339	(6-4)(親族,相續) 宗會及門會等	일본어	조선총독부 중추원	필사본		수원시박물관
340	(7-1)(能力) 成年及無能力幷ニ法定代理	일본어	조선총독부 중추원	필사본		수원시박물관
341	(8-2)(能力) 成年及無能力幷ニ法定代理	일본어	조선총독부 중추원	필사본		수원시박물관
342	(8-4)(親族) 親族會及親族組合	일본어	조선총독부 중추원	필사본		수원시박물관
343	(8-7)(債權) 連合債務等	일본어	조선총독부 중추원	필사본		수원시박물관
344	(9-7)(親族,物權) 僧侶ノ氏名	일본어	조선총독부 중추원	필사본		수원시박물관
345	(物權) 担保ノ目的ツ以テスル賣買ノ慣例アリヤ	일본어	조선총독부 중추원	필사본		수원시박물관
346	(物權) 獨立ノ財産	일본어	조선총독부 중추원	필사본		수원시박물관
347	(物權) 墓位土, 祭位土ノ所有者如付等	일본어	조선총독부 중추원	필사본		수원시박물관
348	(物權) 物權ニ關スル事項	일본어	조선총독부 중추원	필사본		수원시박물관
349	(物權) 物權ニ關スル事項	일본어	조선총독부 중추원	필사본		수원시박물관
350	(物權) 物權ニ關スル事項	일본어	조선총독부 중추원	필사본		수원시박물관
351	(物權) 物權ニ關スル事項	일본어	조선총독부 중추원	필사본		수원시박물관
352	(物權) 鹽田ニ關スル事項	일본어	조선총독부 중추원	필사본		수원시박물관
353	(物權) 遺失物, 埋藏物, 표류물 取得ニ關スル慣習等	일본어	조선총독부 중추원	필사본		수원시박물관
354	(物權) 堤堰, 賜牌地等	일본어	조선총독부 중추원	필사본		수원시박물관
355	(物權) 祭位田畓ハ長孫ノ所有ナルヲ普通トスルヤ特タ長支孫ノ共有ナルヲ普通トスルヤ	일본어	조선총독부 중추원	필사본		수원시박물관
356	(物權) 祖先ノ墳墓及墓地所有者等	일본어	조선총독부 중추원	필사본		수원시박물관
357	(物權) 祖先墳墓ノ所有者等	일본어	조선총독부 중추원	필사본		수원시박물관
358	(物權) 祖先墳墓ノ所有者等	일본어	조선총독부 중추원	필사본		수원시박물관
359	(物權) 浦洛地	일본어	조선총독부 중추원	필사본		수원시박물관
360	(物權) 火田ニ關スル事項等	일본어	조선총독부 중추원	필사본		수원시박물관
361	(物權,債權)	일본어	조선총독부 중추원	필사본		수원시박물관
362	(用例熟語) 號牌ノ種類, 祭祀相續等	일본어	조선총독부 중추원	필사본		수원시박물관
363	(債權)	일본어	조선총독부 중추원	필사본		수원시박물관
364	(債權)	일본어	조선총독부 중추원	필사본		수원시박물관

번호	대표 표제어	언어	집필자	필사/활자본	생산연도	소장처
365	(債權) 債權ニ關スル事項	일본어	조선총독부 중추원	필사본		수원시박물관
366	(債權) 債權ニ關スル事項	일본어	조선총독부 중추원	필사본		수원시박물관
367	(債權) 債權ニ關スル事項	일본어	조선총독부 중추원	필사본		수원시박물관
368	(債權) 債權ニ關スル事項	일본어	조선총독부 중추원	필사본		수원시박물관
369	(債權,物權) 社倉及其敷地,祠院,漁場等	일본어	조선총독부 중추원	필사본		수원시박물관
370	(風俗) 77 婚姻ニ關スル慣例等	일본어	조선총독부 중추원	필사본		수원시박물관
371	(婚姻) 婚姻	일본어	조선총독부 중추원	필사본		수원시박물관
372	(婚姻) 婚姻ニ關スル件	일본어	조선총독부 중추원	필사본		수원시박물관
373	漑ニ關スル慣習	일본어				하와이대학
374	契ニ關スル調査資料 原稿	일본어	조선총독부 중추원	필사본		수원시박물관
375	公法上ノ年齡ニ關スル法規ノ拔萃	일본어	조선총독부 중추원	필사본		수원시박물관
376	公有地ニ於ケル入會	일본어	조선총독부 중추원	필사본		수원시박물관
377	冠禮	일본어	조선총독부 중추원	필사본		수원시박물관
378	國有地ニ於ケル入會權	일본어	조선총독부 중추원	필사본		수원시박물관
379	奴婢ニ關スル資料 原本	일본어				하와이대학
380	大典會通財産相續ニ關スル規定の意釋	일본어	조선총독부 중추원	필사본		수원시박물관
381	母ノ親權ニ對シ遺言ッ以テ制限	일본어	조선총독부 중추원	필사본		수원시박물관
382	保證債務	일본어	조선총독부 중추원	필사본		수원시박물관
383	不動産所有權ノ取得	일본어	조선총독부 중추원	필사본		수원시박물관
384	父母力 遺言ヲ以テ 保護者ヲ 指定スルコトノ有無	일본어	조선총독부 중추원	필사본		수원시박물관
385	分家, 養子, 罷養及離異ノ場合ニ於ケル配偶者, 直系卑屬等ノ轉籍	일본어	조선총독부 중추원	필사본		수원시박물관
386	相續	일본어	조선총독부 중추원	필사본		수원시박물관
387	相續ニ關スル規定ノ拔萃	일본어	조선총독부	필사본		수원시박물관
388	相續ニ關スル事項	일본어	조선총독부 중추원	필사본		수원시박물관
389	相續ニ關スル事項	일본어	조선총독부 중추원	필사본		수원시박물관
390	相續ニ關スル事項	일본어	조선총독부 중추원	필사본		수원시박물관
391	相續ニ關スル事項	일본어	조선총독부 중추원	필사본		수원시박물관
392	相續ニ關スル事項	일본어				수원시박물관

번호	대표 표제어	언어	집필자	필사/활자본	생산연도	소장처
393	相續ニ關スル事項, 遺産 ノ方式, 僧侶ノ遺産相續	일본어	조선총독부 중추원	필사본		수원시박물관
394	市場稅調査	일본어	조선총독부 중추원	필사본		수원시박물관
395	女戶主ニ關スル事項 甲午以前ニ於ケル舊戶籍(單子) 婚姻ニ關スル事項 妾ニ關スル事項 養子ニ關スル事項 葬式ノ風習 財産相續ノ順位	일본어	조선총독부 중추원	필사본		수원시박물관
396	鹽田	일본어	조선총독부 중추원	필사본		수원시박물관
397	幼者(幼者の意義, 幼者の能力, 幼者の成年)	일본어	조선총독부 중추원	필사본		수원시박물관
398	離緣ニ關スル資料(著書 拔萃) 原本	일본어	조선총독부 중추원	필사본		수원시박물관
399	入會(調査報告 咸興地方)	일본어	조선총독부 중추원	필사본		수원시박물관
400	入會權 各地に於ける實例	일본어	조선총독부 중추원	필사본		수원시박물관
401	入會地か他人所有に屬する場合	일본어	조선총독부 중추원	필사본		수원시박물관
402	立後ニ關スル書類(實錄 拔萃) 原本	일본어	조선총독부 중추원	필사본		수원시박물관
403	自作農設定·小作關係等指導監督員增員經費農林局	일본어	조선총독부 농림국			학습원대학교 우방문고
404	財産相續人ノ廢除	일본어	조선총독부 중추원	필사본		수원시박물관
405	祭祀改革	일본어	이왕직	필사본		수원시박물관
406	第四資料 婚姻ノ制限(宗親ト庶孼子女トノ婚姻)	일본어	조선총독부 중추원	필사본		수원시박물관
407	第一款 (婚姻) 實質上の要件	일본어				수원시박물관
408	第一節 婚姻の實質上の要件(第五款 相姦者間の婚姻)	일본어				수원시박물관
409	朝鮮に於ける戶籍制度の變遷	일본어				하와이대학
410	朝鮮人ノ戶主相續ニ伴ウ財産相續ニ關スル件	일본어				하와이대학
411	中賭地ノ概要	일본어	조선총독부 중추원	필사본		수원시박물관
412	地上權	일본어	조선총독부 중추원	필사본		수원시박물관
413	地役權	일본어	조선총독부 중추원	필사본		수원시박물관
414	次養子ノ近例	일본어	조선총독부 중추원	필사본		수원시박물관
415	債權ノ讓渡	일본어	조선총독부 중추원	필사본		수원시박물관
416	治水ニ關スル李朝實錄拔萃飜譯	일본어	조선총독부 중추원	필사본		수원시박물관

번호	대표 표제어	언어	집필자	필사/활자본	생산연도	소장처
417	親子ニ關スル慣習調査	일본어				하와이대학
418	親族ニ關スル慣習	일본어	조선총독부 중추원	필사본		수원시박물관
419	親族ニ關スル事項	일본어	조선총독부 중추원	필사본		수원시박물관
420	親族ニ關スル事項	일본어	조선총독부 중추원	필사본		수원시박물관
421	親族ニ關スル事項	일본어	조선총독부 중추원	필사본		수원시박물관
422	親族ニ關スル事項	일본어	조선총독부 중추원	필사본		수원시박물관
423	親族ニ關スル事項	일본어	조선총독부 중추원	필사본		수원시박물관
424	親族ノ範圍	일본어	조선총독부 중추원	필사본		수원시박물관
425	土地所有權ノ沿革	일본어	조선총독부 중추원	필사본		수원시박물관
426	許與文記	일본어	조선총독부 중추원	필사본		수원시박물관
427	戶主及祭祀相續ノ順位及家族死亡ノ場合ケル相續ノ順位	일본어	조선총독부 중추원	필사본		수원시박물관
428	婚姻ノ無效ニ關スル資料	일본어				하와이대학
429	婚姻ノ成立	일본어	조선총독부 중추원	필사본		수원시박물관
430	婚姻ノ制限	일본어				하와이대학
431	婚姻ノ制限資料	일본어				하와이대학
432	婚姻ノ制限資料 三-駙馬ノ意義	일본어	조선총독부 중추원	필사본		수원시박물관
433	婚姻ノ效力	일본어	조선총독부 중추원	필사본		수원시박물관
434	婚姻年齡ノ件	일본어	조선총독부 중추원	필사본		수원시박물관
435	婚姻制限資料 一(婚姻制限中僧侶ノ婚姻)	일본어	조선총독부 중추원	필사본		수원시박물관
436	貨幣	일본어	미상			콜롬비아대학
437	朝鮮田土名稱考	한문	조선총독부	寫本	1910~1945	국사편찬위원회
민사/상사						
438	民事及商事ニ關スル特別調査	일본어	조선총독부 중추원	필사본	1917	수원시박물관
439	民商克ニ關スル舊時ノ法制	일본어	조선총독부	필사본	1909	국립중앙도서관
440	制令(明治四十四年 第1~14號)	일본어	조선총독부	필사본	1911	수원시박물관
441	明治四十五以降 彙報揭載 朝鮮舊慣ニ關スル回答	일본어	법전조사국	활자본	1912	수원시박물관
442	不動産證明關係法令竝例規	일본어	조선총독부 내무부 지방국	활자본	1912	국립중앙도서관
443	朝鮮民事令朝鮮刑事令	국한문 혼용	조선총독부	활자본	1912	국립중앙도서관

번호	대표 표제어	언어	집필자	필사/활자본	생산연도	소장처
444	土地調査例規 第2輯, 會計	일본어	조선총독부 임시토지조사국	활자본	1915	국립중앙도서관
445	慣習ニ關スル照會回答案	일본어	조선총독부 중추원	필사본	1916	수원시박물관
446	大正六年 慣習ニ關スル照會回答案	일본어	조선총독부 중추원	필사본	1917	수원시박물관
447	民籍例規集	일본어	조선총독부 사법부 법무과	활자본	1917	국회도서관
448	墳墓ニ關スル舊慣竝ニ舊法規	일본어	조선총독부 중추원	필사본	1919	국립중앙도서관
449	大正七年 大正八年 大正九年 慣習ニ關スル照會回答案	일본어	조선총독부 중추원	필사본	1920	수원시박물관
450	民事刑事裁判手續	일본어	조선총독부 중추원	필사본	1920	수원시박물관
451	民籍例規集	일본어		활자본	1920	국립중앙도서관
452	舊慣及制度調査委員會議案	일본어			1921	수원시박물관
453	訳文大典會通	한자	미상		1921	콜롬비아대학
454	訳文大典會通	한자	조선총독부 중추원		1921	프린스턴대학
455	民籍例規	일본어	조선총독부 법무국	활자본	1922	국립중앙도서관
456	朝鮮法制提要	일본어	미상		1922	하와이대학
457	大正十二年度 辯護士試驗書類	일본어	조선총독부	필사본	1923	수원시박물관
458	裁判關係法令	일본어	조선총독부 중추원	필사본	1924	수원시박물관
459	朝鮮に於ける小作制度	일본어	조선총독부	활자본	1925	국립중앙도서관
460	朝鮮親族相續慣習法總攬	일본어	미상		1926	하와이대학
461	慣習ニ關スル照會回答綴	일본어			1929	하와이대학
462	朝鮮戶籍法令集	일본어	조선총독부 법무국		1929	하와이대학
463	朝鮮戶籍例規	일본어	조선총독부 법무국	활자본	1929	국회도서관
464	朝鮮ニ於ケル小作ニ關スル法令	일본어	조선총독부 식산국 농무과	활자본	1931	서울대도서관
465	朝鮮親族相續要論	일본어	미상		1931	하와이대학
466	朝鮮戶籍法令集	일본어	조선총독부 법무국	활자본	1932	국회도서관
467	民事慣習回答彙集	일본어	조선총독부 중추원		1933	하와이대학
468	民事慣習回答彙集	일본어	조선총독부 중추원	활자본	1933	국립중앙도서관
469	民事慣習回答彙集	일본어	조선총독부 중추원		1933	프린스턴대학

번호	대표 표제어	언어	집필자	필사/활자본	생산연도	소장처
470	朝鮮ニ於ケル小作ニ關スル法令(前編)	일본어	조선총독부 농림국	활자본	1933	국립중앙도서관
471	朝鮮親族法相續法-主として朝鮮高等法院判例を中心として考察	일본어	미상		1933	하와이대학
472	朝鮮戶籍例規(改訂)	일본어		활자본	1933	국립중앙도서관
473	經國大典	일본어	조선총독부 중추원		1934	하와이대학
474	經國大典.6卷	한자	미상		1934	콜롬비아대학
475	朝鮮小作關係法規集	일본어	조선총독부 농림국	활자본	1934	부산대학교도서관
476	大典續錄及註解	일본어	미상		1935	콜롬비아대학
477	大典統錄及註解	일본어	조선총독부 중추원		1935	프린스턴대학
478	大典總錄及註解	일본어	조선총독부 중추원		1935	하와이대학
479	第16號-5 民事訴訟記錄	일본어			1935	수원시박물관
480	朝鮮於ける小作に關する基本法規の解說	일본어	미상		1935	하와이대학
481	現行朝鮮親族相續法類集	일본어	미상		1935	하와이대학
482	訓令(昭和十年)	일본어	조선총독부 중추원	필사본	1935	수원시박물관
483	李朝の財産相續法	일본어		미상	1936	도쿄대학,도쿄경제대학 시카다 히로시(四方博) 조선문고
484	李朝の財産相續法		조선총독부 중추원 조사과		1936	도쿄경제대학 시카다 히로시 조선문고
485	李朝の財産相續法	일본어	조선총독부 중추원		1936	프린스턴대학
486	李朝法典考	일본어	조선총독부 중추원		1936	프린스턴대학
487	李朝の財産相續法	일본어	조선총독부 중추원	활자본	1936	국립중앙도서관
488	李朝の財産相續法	일본어	조선총독부 중추원 조사과		1936	하와이대학
489	李朝法典考	일본어	조선총독부 중추원	활자본	1936	국회도서관
490	李朝法典考	일본어	조선총독부 중추원 조사과		1936	하와이대학
491	朝鮮の司法制度	일본어	조선총독부 법무국 법무과	활자본	1936	국립중앙도서관
492	最新朝鮮民刑事法令	일본어	문림당 편집부		1936	하와이대학
493	朝鮮社會法制史研究	일본어	경성제국대학법학회		1937	하와이대학
494	續大典	한자	미상		1938	콜롬비아대학
495	續大典	일본어	조선총독부 중추원		1938	하와이대학

번호	대표 표제어	언어	집필자	필사/활자본	생산연도	소장처
496	朝鮮不動産登記書式	일본어	미상		1939	하와이대학
497	朝鮮祭祀相續法論序說	일본어	미상		1939	콜롬비아대학
498	朝鮮祭祀相續法論序說	일본어	조선총독부 중추원		1939	프린스턴대학
499	朝鮮祭祀相續法論序說	일본어	조선총독부 중추원 조사과		1939	하와이대학
500	秋官志	한자	미상		1939	콜롬비아대학
501	現行朝鮮親族相續法類集	일본어		활자본	1939	東京大學東洋文化研究所圖書室, 京都大學人文科學研究所圖書室, 日本貿易振興機構アジア經濟研究所圖書館
502	李朝實錄 朝鮮婚姻考	일본어			1941	하와이대학
503	朝鮮戶籍法令集(現行)	일본어	조선총독부 법무국	활자본	1942	국회도서관
504	現行朝鮮戶籍法令集	일본어		활자본	1942	도쿄경제대학 시카다 히로시 조선문고
505	朝鮮戶籍及寄留例規	일본어	조선총독부 법무국		1943	하와이대학
506	朝鮮戶籍及寄留例規	일본어	조선총독부 법무국	활자본	1943	국회도서관
507	朝鮮戶籍及寄留屆書式集	일본어	조선총독부 법무국	활자본	1944	국회도서관
508	經國大典制定頒布ニ關スル事項	한문	조선총독부 중추원	寫本	1910~1945	국사편찬위원회
509	李朝ノ法典ニ關スル資料	한문	조선총독부 중추원	寫本	1910~1945	국사편찬위원회
510	裁判	한문	조선총독부 중추원	寫本	1910~1945	국사편찬위원회
511	祭祀相續ニ關スル資料	한문	조선총독부 중추원	寫本	1910~1945	국사편찬위원회
512	朝鮮ノ法典ニ關スル資料	일본어	조선총독부 중추원	寫本	1910~1945	국사편찬위원회
513	舊慣審查委員會議錄	일본어	조선총독부 중추원	油印版	1910~1945	국사편찬위원회
514	舊慣審查委員會議案原稿	일본어	조선총독부 중추원	油印版	1910~1945	국사편찬위원회
515	決訟類聚補	한문	조선총독부 중추원	寫本	1910~1945	국사편찬위원회
516	訴訟에 대한 參考文記	한문	조선총독부 중추원	寫本	1910~1945	국사편찬위원회
517	舊慣審查委員會誌	일본어	조선총독부 중추원	寫本	1918	국사편찬위원회
518	皇族ノ訴訟ニ關スル事項	국한문 혼용	조선총독부 중추원	寫本	1918	국사편찬위원회
519	慣習ニ關スル照會回答綴	일본어	조선총독부 중추원	寫本(原本)	1936~1938	국사편찬위원회
520	裁判官宣告書	한문	조선총독부 중추원	電子複寫版	1981 복사	국사편찬위원회

번호	대표 표제어	언어	집필자	필사/활자본	생산연도	소장처
521	不動産證明事例	일본어	조선총독부 내무부 지방국	활자본	미상	국립중앙도서관
522	朝鮮戶籍令事案	일본어	조선	필사본	미상	국립중앙도서관
523	決訟類聚	한문	조선총독부 중추원	寫本	1585(선조 18) 跋	국사편찬위원회
524	決訟類聚補	한문	조선총독부 중추원	寫本	朝鮮朝末期	국사편찬위원회
525	Chōsen shoshūkan chōsa hōkoku, V1-22	일본어	조선총독부 중추원			하버드대학
526	Chōsen shoshūkan chōsa hōkoku, V1-22	일본어	조선총독부 중추원			하버드대학
527	Chōsen shoshūkan chōsa hōkoku, V1-22	일본어	조선총독부 중추원			하버드대학
528	Chōsen shoshūkan chōsa hōkoku, V1-22	일본어	조선총독부 중추원			하버드대학
529	經濟六典	일본어	조선총독부 중추원	필사본		수원시박물관
530	高等法院判決錄	일본어	미상			하와이대학
531	慣習ニ關スル回答綴	일본어				하와이대학
532	慣習法ニ關スル民事令改正條文(大正七年以後)	일본어	조선총독부 중추원	필사본		수원시박물관
533	舊慣ニ關スル照會回答案內容目錄	일본어	조선총독부 중추원	필사본		수원시박물관
534	民法商法ノ部	일본어	조선총독부 중추원	필사본		수원시박물관
535	民事令改正ノ件(大正七年以降)	일본어	조선총독부 중추원	필사본		수원시박물관
536	社會法(其二)	일본어	조선총독부 중추원	필사본		수원시박물관
537	第二冊 李朝最初の法典	일본어	조선총독부 중추원	필사본		수원시박물관
538	朝鮮祭祀相續法論序說 原稿(二)	일본어	미상	필사본		수원시박물관
539	朝鮮戶籍令	일본어	조선총독부 중추원	필사본		수원시박물관
법/재판						
540	法規大全(現行)	일본어		활자본	1917	국립중앙도서관
541	刑具(太宗·世宗·世祖·正宗·李太王)	일본어	조선총독부 중추원	필사본	1920	수원시박물관
542	經國大典	일본어		활자본	1934	
543	大明律直解(校訂)	일본어	조선총독부 중추원 조사과	활자본	1936	국립중앙도서관
544	李朝法典考	일본어		미상	1936	東京大學
545	朝鮮舊時の刑政	일본어	미상		1936	하와이대학
546	大典會通(註解)	한문	조선총독부 중추원	활자본	1939	서울대도서관
547	度支田賦考	한문	조선총독부 중추원	필사본	19--	서울대도서관

번호	대표 표제어	언어	집필자	필사/활자본	생산연도	소장처
548	法典	한문	조선총독부 중추원	寫本	1910~1945	국사편찬위원회
549	法制	한문	조선총독부 중추원	寫本	1910~1945	국사편찬위원회
550	法制(備邊司謄錄)	한문	조선총독부 중추원	寫本	1910~1945	국사편찬위원회
551	節目	한문	조선총독부 중추원	寫本	1910~1945	국사편찬위원회
552	座目(비변사등록)	한문	조선총독부 중추원	寫本	1910~1945	국사편찬위원회
553	懲戒(비변사등록)	한문	조선총독부 중추원	寫本	1910~1945	국사편찬위원회
554	懲戒(일성록 발췌)	한문	조선총독부 중추원	寫本	1910~1945	국사편찬위원회
555	處刑	한문	조선총독부 중추원	寫本	1910~1945	국사편찬위원회
556	處刑(비변사등록)	한문	조선총독부 중추원	寫本	1910~1945	국사편찬위원회
557	刑獄	한문	조선총독부 중추원	寫本	1910~1945	국사편찬위원회
558	刑獄(비변사등록)	한문	조선총독부 중추원	寫本	1910~1945	국사편찬위원회
559	節目	국한문 혼용	조선사편수회	寫本	戊子?	국사편찬위원회
560	秋曹決獄錄	한문	조선총독부 중추원	寫本	1835(헌종 1)	국사편찬위원회
사회사정						
561	生活狀態調査 水原郡	일본어	조선총독부		1919	하와이대학
562	朝鮮部落調査予察報告	일본어	조선총독부		1923	하와이대학
563	朝鮮部落調査豫察報告 第1冊	일본어	조선총독부	활자본	1923	국립중앙도서관
564	朝鮮の特殊部落	일본어	조선총독부	활자본	1924	국립중앙도서관
565	朝鮮部落調査報告 : 火田民來住支那人	일본어	조선총독부	활자본	1924	국립중앙도서관
566	朝鮮部落調査特別報告 第1冊	일본어	조선총독부	활자본	1924	국립중앙도서관
567	朝鮮の群衆	일본어	조선총독부 관방문서과	활자본	1926	국립중앙도서관
568	生活狀態調査 其1水原郡	일본어	조선총독부	활자본	1929	국립중앙도서관
569	生活狀態調査 其2濟州島	일본어	조선총독부	활자본	1929	국립중앙도서관
570	生活狀態調査 其2濟州島(調査資料:第29輯)	일본어		활자본	1929	國立國會圖書館
571	生活狀態調査水原郡	일본어		활자본	1929	學習院大學 東洋文化研究所
572	生活狀態調査濟州島	일본어		활자본	1929	學習院大學 東洋文化研究所
573	生活狀態調査 其3江陵郡	일본어	조선총독부	활자본	1931	국립중앙도서관

번호	대표 표제어	언어	집필자	필사/활자본	생산연도	소장처
574	生活狀態調查 其3江陵郡付·江陵郡地圖(縮尺: 20万分の1) 1枚, 江陵邑內及其付近地圖(縮尺: 5万分の1) 1枚	일본어		활자본	1931	學習院大學 友邦文庫
575	生活狀態調查 其4平壤府	일본어	조선총독부	활자본	1932	국립중앙도서관
576	生活狀態調查 平壤府	일본어		활자본	1932	學習院大學 東洋文化研究所
577	生活狀態調查 其7慶州郡	일본어	조선총독부	활자본	1934	국립중앙도서관
578	生活狀態調查	일본어		활자본	1935	學習院大學 東洋文化研究所
579	朝鮮の聚落	일본어	조선총독부		1935	하와이대학
580	朝鮮の聚落 後篇	일본어	조선총독부	활자본	1935	국립중앙도서관
581	朝鮮人の生活狀態	일본어	병고현 사회과		1937	하와이대학
582	朝鮮社會調查綱目	일본어	조선총독부 중추원	寫本	1910~1945	국사편찬위원회
583	朝鮮舊時ノ社會事業一班	일본어	조선총독부 중추원	寫本	1921	국사편찬위원회
584	生活狀態調查, 其1水原郡, 其2濟州島, 其3江陵郡, 其4平壤府, 其7慶州郡	일본어		미상	1929~1934	東京大學
585	朝鮮事情調查書	일본어	조선총독부	필사본	미상	국립중앙도서관
586	李朝生活狀態	일본어	미상			하와이대학

상사

번호	대표 표제어	언어	집필자	필사/활자본	생산연도	소장처
587	土地改良特殊會社ニ關スル解說案	일본어	미상	필사본	1922	수원시박물관
588	朝鮮の市場	일본어	조선총독부	활자본	1924	국립중앙도서관
589	朝鮮の市場	일본어	조선총독부		1924	하와이대학
590	(商事) 舊慣調查事項	일본어	조선총독부 중추원	필사본	1927	수원시박물관
591	社會法の研究	일본어		활자본	1935	國立國會圖書館
592	買賣(실록)	한문	조선총독부 중추원	寫本	1910~1945	국사편찬위원회
593	市場(비변사등록)	한문	조선총독부 중추원	寫本	1910~1945	국사편찬위원회
594	漁業	한문	조선총독부 중추원	寫本	1910~1945	국사편찬위원회
595	漁業ニ關スル調查	한문	조선총독부 중추원	寫本	1910~1945	국사편찬위원회
596	魚鹽	한문	조선총독부 중추원	寫本	1910~1945	국사편찬위원회
597	漁鹽(일성록 발췌)	한문	조선총독부 중추원	寫本	1910~1945	국사편찬위원회
598	商業ニ關スル調查書	일본어	조선총독부 중추원	寫本	1910~1945	국사편찬위원회

번호	대표 표제어	언어	집필자	필사/활자본	생산연도	소장처
599	身分階級調査書	일본어	조선총독부 중추원	寫本	1910~1945	국사편찬위원회
600	義莊ニ關スル件	일본어	조선총독부 중추원	寫本	1910~1945	국사편찬위원회
601	平安南道(市場)	일본어	조선총독부 중추원	寫本	1920	국사편찬위원회
602	市場ニ關スル件	일본어	조선총독부 중추원	油印版	1920	국사편찬위원회
603	財團法人濟州三姓祠ニ關スル資料	국한문 혼용	조선총독부 중추원	寫本	1932	국사편찬위원회
604	慣習調査報告書 債權	일본어	조선총독부 중추원	필사본	미상	수원시박물관
605	慣習調査報告書(債權)	일본어, 국문 혼용	조사과비부	필사본	미상	경상대학교도서관
606	米券倉庫ニ關スル調査書	일본어	조선총독부	활자본	미상	국립중앙도서관
607	(8-6) (商事) 客主及旅閣	일본어	조선총독부 중추원	필사본		수원시박물관
608	商業慣習	일본어				하와이대학
인명사전						
609	朝鮮人名彙考人名原稿	한문	조선총독부 중추원	寫本	1919	국사편찬위원회
610	朝鮮人名辭書	일본어	미상		1937	콜롬비아대학
611	朝鮮人名辭書.索引	일본어	미상		1939	콜롬비아대학
612	朝鮮人名辭書	일본어	조선총독부 중추원		1959	프린스턴대학
613	辭書編纂ニ關スル書類綴			筆寫本	1912	규장각
614	名ニ關スル調査書	일본어	조선총독부 중추원	寫本	1910~1945	국사편찬위원회
615	命名ニ關スル調査書	한문	조선총독부 중추원	寫本	1910~1945	국사편찬위원회
616	人名辭書原稿	한문	조선총독부 중추원	寫本	1910~1945	국사편찬위원회
617	人名彙考補遺草稿	일본어	조선총독부 중추원	寫本	1910~1945	국사편찬위원회
618	人名彙考原稿	한문	조선총독부	寫本	1910~1945	국사편찬위원회
619	人名彙考人名簿	일본어	조선총독부 중추원	寫本	1910~1945	국사편찬위원회
620	人名彙考人名簿	한문	조선총독부 중추원	寫本	1910~1945	국사편찬위원회
621	人名彙考資料	국한문 혼용	조선총독부 중추원	寫本	1910~1945	국사편찬위원회
622	人名彙考進行一覽	한문	조선총독부 중추원	寫本	1910~1945	국사편찬위원회
623	朝鮮人名彙考人名簿	한문	조선총독부 중추원	寫本	1910~1945	국사편찬위원회
624	朝鮮人名彙考資料	한문	조선총독부 중추원	寫本	1910~1945	국사편찬위원회
625	書類綴		조선총독부 참사관실 사서위원회	筆寫本	1913~1914	규장각

번호	대표 표제어	언어	집필자	필사/활자본	생산연도	소장처
626	書類綴		조선총독부 참사관실 사서위원회	筆寫本	1916~1917	규장각
627	書類綴		조선총독부 참사관실 사전편찬계	筆寫本 (一部 謄寫)	1918~1920	규장각
628	朝鮮人名辭書音別索引原稿	일본어	조선총독부 중추원	寫本	1938	국사편찬위원회
제도 조사 일반						
629	(李朝時代) 要調査文集類	일본어	조선총독부 중추원	필사본		수원시박물관
630	官制(官報) 光武九年四月至光武十年八月	일본어	조선총독부 중추원	필사본	1906	수원시박물관
631	學校官制ノ制定廢止, 學校長特別任用令制定ノ件	일본어	조선총독부	필사본	1911	수원시박물관
632	(制度) 舊慣調査	일본어	조선총독부 중추원	필사본	1923	수원시박물관
633	(制度) 舊慣制度調査	일본어	조선총독부 중추원	필사본	1924	수원시박물관
634	(制度) 舊慣制度調査	일본어	조선총독부 중추원	필사본	1925	수원시박물관
635	(制度) 舊慣調査報告書(達城·東萊·梁山·密陽)	일본어	조선총독부 중추원	필사본	1925	수원시박물관
636	地方制度調査(全州·光州·木浦·群山)	일본어	조선총독부 중추원	필사본	1930	수원시박물관
637	地方制度調査(慶州·蔚山·東萊)	일본어	조선총독부 중추원	필사본	1931	수원시박물관
638	制度調査 事務概要	일본어	조선총독부 중추원	필사본	1941	수원시박물관
639	調査資料書目	한문	조선총독부 중추원	寫本	1910~1945	국사편찬위원회
640	制度調査項目	일본어	조선총독부 중추원	寫本	1910~1945	국사편찬위원회
641	韓國時代ノ諸制度槪要	일본어	조선총독부 중추원	寫本	1910~1945	국사편찬위원회
642	(地方制度) 領中樞府事李克培は …	일본어	조선총독부 중추원	필사본		수원시박물관
643	官制調 原稿	일본어	조선총독부 중추원	필사본		수원시박물관
644	內閣官制			筆寫本		규장각
행정 및 내무						
645	四色ニ關スル調査	일본어	조선총독부 취조국	필사본	1911	국립중앙도서관
646	(制度) 76 令市ニ關スル調査(大邱)	일본어	조선총독부 중추원	필사본	1913	수원시박물관
647	社還米制度(舊慣制度調査書)	일본어	조선총독부 중추원	활자본	1933	국립중앙도서관
648	社還米制度(舊慣制度調査書)	일본어		활자본	1933	國立國會圖書館
649	朝鮮田制考	일본어	조선총독부 중추원 조사과	활자본	1940	국립중앙도서관

번호	대표 표제어	언어	집필자	필사/활자본	생산연도	소장처
650	警察(실록)	한문	조선총독부 중추원	寫本	1910~1945	국사편찬위원회
651	敎育(일성록)	한문	조선총독부 중추원	寫本	1910~1945	국사편찬위원회
652	交通(일성록)	한문	조선총독부 중추원	寫本	1910~1945	국사편찬위원회
653	禁制	한문	조선총독부 중추원	寫本	1910~1945	국사편찬위원회
654	禁制(실록)	한문	조선총독부 중추원	寫本	1910~1945	국사편찬위원회
655	禁制(실록)	한문	조선총독부 중추원	寫本	1910~1945	국사편찬위원회
656	皂隷(비변사등록)	한문	조선총독부 중추원	寫本	1910~1945	국사편찬위원회
657	流民(일성록)	한문	조선총독부 중추원	寫本	1910~1945	국사편찬위원회
658	馬政(비변사등록 발췌)	한문	조선총독부 중추원	寫本	1910~1945	국사편찬위원회
659	賣官	한문	조선총독부 중추원	寫本	1910~1945	국사편찬위원회
660	賣官(실록)	한문	조선총독부 중추원	寫本	1910~1945	국사편찬위원회
661	免稅	한문	조선총독부 중추원	寫本	1910~1945	국사편찬위원회
662	免稅(실록)	한문	조선총독부 중추원	寫本	1910~1945	국사편찬위원회
663	名臣奏議(일성록)	한문	조선총독부 중추원	寫本	1910~1945	국사편찬위원회
664	牧場	한문	조선총독부 중추원	寫本	1910~1945	국사편찬위원회
665	牧場(일성록)	한문	조선총독부 중추원	寫本	1910~1945	국사편찬위원회
666	文廟(실록)	한문	조선총독부 중추원	寫本	1910~1945	국사편찬위원회
667	賠賞(비변사등록)	한문	조선총독부 중추원	寫本	1910~1945	국사편찬위원회
668	邊政(비변사등록)	한문	조선총독부 중추원	寫本	1910~1945	국사편찬위원회
669	邊政(실록)	한문	조선총독부 중추원	寫本	1910~1945	국사편찬위원회
670	補償(일성록)	한문	조선총독부 중추원	寫本	1910~1945	국사편찬위원회
671	補償(일성록)	한문	조선총독부 중추원	寫本	1910~1945	국사편찬위원회
672	復戶(실록)	한문	조선총독부 중추원	寫本	1910~1945	국사편찬위원회
673	復戶(일성록)	한문	조선총독부 중추원	寫本	1910~1945	국사편찬위원회
674	烽燧(비변사등록)	한문	조선총독부 중추원	寫本	1910~1945	국사편찬위원회
675	社倉(일성록)	한문	조선총독부 중추원	寫本	1910~1945	국사편찬위원회
676	常平倉	한문	조선총독부 중추원	寫本	1910~1945	국사편찬위원회
677	常平倉(일성록)	한문	조선총독부 중추원	寫本	1910~1945	국사편찬위원회
678	儲置	한문	조선총독부 중추원	寫本	1910~1945	국사편찬위원회

번호	대표 표제어	언어	집필자	필사/활자본	생산연도	소장처
679	儲置	한문	조선총독부 중추원	寫本	1910~1945	국사편찬위원회
680	儲置(일성록 발췌)	한문	조선총독부 중추원	寫本	1910~1945	국사편찬위원회
681	籍沒	한문	조선총독부 중추원	寫本	1910~1945	국사편찬위원회
682	政務	한문	조선총독부 중추원	寫本	1910~1945	국사편찬위원회
683	政務(일성록 발췌)	한문	조선총독부 중추원	寫本	1910~1945	국사편찬위원회
684	政治	한문	조선총독부 중추원	寫本	1910~1945	국사편찬위원회
685	政治	한문	조선총독부 중추원	寫本	1910~1945	국사편찬위원회
686	賑恤	한문	조선총독부 중추원	寫本	1910~1945	국사편찬위원회
687	土木	한문	조선총독부 중추원	寫本	1910~1945	국사편찬위원회
688	土木(비변사등록)	한문	조선총독부 중추원	寫本	1910~1945	국사편찬위원회
689	通信	한문	조선총독부 중추원	寫本	1910~1945	국사편찬위원회
690	行政監督(비변사등록)	한문	조선총독부 중추원	寫本	1910~1945	국사편찬위원회
691	行政監督(실록 발췌)	한문	조선총독부 중추원	寫本	1910~1945	국사편찬위원회
692	行幸	한문	조선총독부 중추원	寫本	1910~1945	국사편찬위원회
693	號牌	한문	조선총독부 중추원	寫本	1910~1945	국사편찬위원회
694	號牌(실록 발췌)	한문	조선총독부 중추원	寫本	1910~1945	국사편찬위원회
695	還上	한문	조선총독부 중추원	寫本	1910~1945	국사편찬위원회
696	還上(비변사등록)	한문	조선총독부 중추원	寫本	1910~1945	국사편찬위원회
697	文券	한문	조선총독부 중추원	寫本	1910~1945	국사편찬위원회
698	烽燧調査表	한문	조선총독부 중추원	寫本	1910~1945	국사편찬위원회
699	完文	한문	조선총독부 중추원	寫本	1910~1945	국사편찬위원회
700	籍沒	한문	조선총독부 중추원	寫本	1910~1945	국사편찬위원회
701	道路交通附賦役調査	국일 혼용	조선총독부 중추원	寫本	1916	국사편찬위원회
702	烽燧ニ關スル調査	한문	조선총독부 중추원	寫本	1916	국사편찬위원회
703	(6-5) (制度) 各種ノ屯土	일본어	조선총독부 중추원	필사본		수원시박물관
704	(6-7) (制度) 山尺, 社還, 屯土等	일본어	조선총독부 중추원	필사본		수원시박물관
705	(9-8) (制度) 白丁	일본어	조선총독부 중추원	필사본		수원시박물관
706	(制度) 白丁ニ關スル慣習	일본어	조선총독부 중추원	필사본		수원시박물관
707	褒貶	일본어	조선총독부 중추원	필사본		수원시박물관

참고문헌

1. 사료

규장각한국학연구원 소장, 『金山郡訟案』奎古5125 - 115. v.1
규장각한국학연구원 소장, 『金山郡訟案』奎古5125 - 113. v.2
국립중앙도서관 소장, 1908, 『慣習調査問題』
《동아일보》
《東亞法政新聞》
《매일신보》
《조선일보》
『朝鮮總督府官報』, 1910~1945
국사편찬위원회 소장, 1908, 『(隆熙2)調査報告書(安城)』
국사편찬위원회 소장, 1909, 『(隆熙3)韓國慣習調査報告書 - 平北篇(寧邊)』
김선경 편, 1987, 『韓國地方史資料叢書13·14·15(民狀篇4·5·6)』, 여강출판사
수원광교박물관 소장, 1921~1923, 『구관·제도조사위원회(제3회) 의안』

2. 단행본

우치다 다카시(內田貴) 저, 정종휴 역, 2022, 『법학의 탄생』, 박영사
이승일, 2008, 『조선총독부 법제정책』, 역사비평사
전재경, 1992, 『慣習法調査硏究1(豫備調査篇)』, 韓國法制硏究院
정긍식·장창민, 『식민지기 사법 관련 자료』, 한국법제연구원, 2004
한국정신문화연구원, 1988~1995, 『한국민족문화대백과사전』
岡崎まゆみ, 2020, 『植民地朝鮮の裁判所: 慣習と同化の交錯·法の「實驗」』, 晃洋書房
九州國際大學, 1997, 『九州國際大學五十史』
吉武繁, 1931, 『朝鮮親族相續法要論』, 巖松堂書店
南雲幸吉, 1935, 『現行朝鮮親族相續法類集』, 大阪屋號書店
馬場社, 1926, 『朝鮮親族相續慣習法綜攬』, 大版屋書店
法典調査局, 1913, 『慣習調査報告書』
切山篤太郎·春澤得一 共編, 1920, 『朝鮮親族相續慣習類纂』, 巖松堂京城店
朝鮮新聞社 朝鮮人事興信錄 編纂部, 1935, 『朝鮮人事興信錄』
朝鮮總督府 法務局 法務課, 1936, 『朝鮮の司法制度』

朝鮮總督府, 1914~1941, 『(朝鮮總督府及所屬官署)職員錄』

朝鮮總督府 中樞院, 1933, 『民事慣習回答彙集』

朝鮮總督府 中樞院, 1938, 『朝鮮舊慣調査事業槪要』

朝鮮總督府 中樞院, 1945, 『(筆寫本)續編稿』

秦郁彦, 1981, 『戰前期日本官僚制の制度·組織·人事』, 東京大學出版會

3. 연구논문

고민정, 2020, 「17~18세기 兄亡弟及의 사례를 통해 본 가계계승의 실현과정」, 『사학연구』 140, 한국사학회

김백경, 2017, 「한말 신용거래 양상에 대한 법적 분석: 구한말민사판결문의 '換錢' 사례를 중심으로」, 『법사학연구』 56, 한국법사학회

문준영, 2013, 「구한국기의 임대차 분쟁과 전세 관습」, 『법사학연구』 48, 한국법사학회

문준영, 2016, 「관습조사시기 한국의 전당(典當)과 대만의 태(胎)·당(當)에 대한 인식과 취급」, 『法學硏究』 57-3, 부산대학교 법학연구소

문준영, 2019, 「19세기 후반 지방사회에서 민소(民訴)와 청송(聽訟)실무: 전라도 영광군 민장치부책(民狀置簿冊)의 분석」, 『法學硏究』 60-1, 부산대학교 법학연구소

박범, 2015, 「조선후기 양향청(糧餉廳)의 둔전(屯田) 수취방식 변화와 잡비(雜費) 운영」, 『대동문화연구』 92, 성균관대학교 대동문화연구원

서호철, 2010, 「계 파동의 계보- 식민지기 윤번제 상호금융의 도입과 명암」, 『사회와 역사』 88, 한국사회사학회

심희기, 2012, 「조선시대 지배층의 재판규범과 관습- 흠흠신서와 목민심서를 소재로 한 검증-」, 『법조』 61-2, 법조협회

심희기, 2012, 「동아시아 전통사회의 관습법 개념에 대한 비판적 검토- 일본식민지 당국에 의한 관습조사를 중심으로-」, 『법사학연구』 46, 한국법사학회

심희기, 2022, 「일제강점기의 제사상속론 비판」, 『경희법학』 57-2, 경희대학교 법학연구소

심희기, 2022, 「제사상속·호주상속 담론(1910~1923)에 대한 비판적 고찰」, 『사법』 60, 사법발전재단

심희기·박동진, 2021, 「조선시대의 건물(家舍)과 그 대지(垈地)의 일체성」, 『토지법학』 37-2, 한국토지법학회

심희기·박동진, 2024, 「일제강점기 친족·상속관습법의 핵심 범주의 창설」, 『법학연구』 74, 전북대학교 법학연구소

심희기·심영, 2023, 「조선시대와 구한말의 所志·題辭에서 전개되는 法的 談論들」, 『고전번역연구』 14, 한국고전번역학회

심희기·이철우·박덕영·심영, 2022, 「관습조사보고서의 지상권 부분 기록에 대한 비판적 고찰」, 『토지법학』 38-2, 한국토지법학회

양현아, 2008, 「식민지사법관료의 가족관습인식과 젠더질서-『관습조사보고서』의 호주권에 대한 인식을 중심으로-」, 『사회와 역사』 79, 한국사회사학회

염정섭, 2020, 「17세기 후반~18세기 초반 궁방전(宮房田)의 변화 추이- 절수(折受)·면세(免稅)에 대한 논의와 정

책을 중심으로-」, 『인문학연구』 60, 조선대학교 인문학연구원

유상규, 2010, 「韓·中 關帝信仰의 史的 展開와 傳承 樣相」, 고려대학교대학원 석사학위논문

윤대원, 2014, 「한말 만인계(萬人契)의 내부 구조와 실상」, 『한국문화』 67, 서울대학교 규장각한국학연구원

이상욱, 1988, 「일제하 호주상속관습법의 정립」, 『법사학연구』 9, 한국법사학회

이승일, 1999, 「일제시대 친족관습의 변화와 조선민사령 개정에 관한 연구-조선민사령 제11조 제2차 개정안을 중심으로-」, 『동아시아문화연구』 33, 한양대학교 동아시아문화연구소

임상혁, 2023, 「洞里의 당사자능력과 조선고등법원의 관습 선언」, 『법사학연구』 28, 한국법사학회

정긍식, 2011, 「生養家 奉祀 慣習에 대한 小考」, 『저스티스』 124, 한국법학원

정긍식, 2016, 「雪松 鄭光鉉 선생의 생애와 학문의 여정」, 『법사학연구』 54, 한국법사학회

최원규, 2012, 「한말 일제 초기 공토 정책과 국유민유 분쟁」, 『한국민족문화』 45, 한국민족문화연구소

홍양희, 2005, 「식민지시기 친족관습의 창출과 일본민법」, 『정신문화연구』 28-3, 한국학중앙연구원

홍양희, 2006, 「식민지시기 친족·상속 관습법 정책」, 『정신문화연구』 29-3, 한국학중앙연구원

홍양희, 2009, 「조선총독부 판사, 노무라 초타로(野村調太郞)의 조선 사회 인식-가족제도에 대한 인식을 중심으로-」, 『가족법연구』 23-1, 한국가족법학회

工藤忠輔, 1915, 「文獻以外に朝鮮を硏究せよ」, 『朝鮮及滿州』 100, 京城: 朝鮮及滿洲社

吉川美華, 2014, 「舊慣溫存の臨界: 植民地朝鮮における舊慣溫存政策と皇民化政策における總督府の「ジレンマ」」, 『アジア文化硏究所硏究年報』 49, アジア文化硏究所

川瀨貴也, 2015-2, 「植民地朝鮮における宗敎政策と日朝佛敎: 一九二〇年代から三〇年代を中心に」, 『宗敎硏究』 89, 日本宗敎學會

찾아보기

ㄱ

가(家) 12
가계(家契) 466
가독상속(家督相續) 539, 553
가례(家禮) 451, 590
『가례원류(家禮源流)』 591
가묘(家廟) 63
가봉자(加捧子) 405
가사심판법 32, 87~88, 135
가적(家籍) 124
가전환퇴(加錢還退) 497
가제도(家制度) 651
가족국가관 653
간생자(姦生子) 232
간석(干潟) 193
감리서(監理署) 290
감실[龕室] 593
갑오승총(甲午陞總) 369
강락지(江落地) 193, 379
강화둔(江華屯) 360
개가(改嫁) 268, 447, 487
검색의 항변권 220, 221
『격몽요결(擊蒙要訣)』 591
결두사패지(結頭賜牌地) 330
결송유취보(決訟類聚補) 587
결수사패(結數賜牌) 344, 377
『경국대전주해(經國大典註解)』 590
『경제속록(經濟續錄)』 617
『경제육전(經濟六典)』 617

계자(啓字) 225, 287
계출주의(屆出主義) 33, 122~123
계후(繼後) 295, 328, 343, 356
계후자(繼後子) 333, 583, 636, 638
공동상속 396, 580, 623, 625, 629
공서 34, 130~131, 133
과부의 재가 179, 180, 382, 406
관개용수권 184, 519
관습법실재론 21~22
관습법창출론 21~22
『관습조사보고서』 18~19, 25
관유공대(官有空垈) 466
관제묘(關帝廟) 481
교호계산(交互計算) 498
구관심사위원회 12~13
구관온존 20
「구관·제도조사위원회 결의」 14
구관조사 사업 12
구례(舊例) 23
국유미간지이용법 340~341, 347, 369, 370
규례(規例) 23
금양(禁養) 282, 423, 512
금양산(禁養山) 586
기토 헤이이치(喜頭兵一) 13
『김산군송안(金山郡訟案)』 22

ㄴ

남호주(男戶主) 318, 333, 492, 525, 553
내부(內部) 322, 338

내수사(內需司) 388, 445~446
내연부부 32, 72, 122~123
노(奴)의 이름 196, 562
노무라 초타로(野村調太郎) 19

ㄷ

대도(貸渡) 486
대리 70, 102, 141, 155~157
대습상속(代襲相續) 392
『대전회통(大典會通)』 65
대종중(大宗中) 574, 620
대진(代盡) 589, 619
『대한법규유찬(大韓法規類纂)』 635
덕대 33, 102~103
도랑 주인[垌主] 324
도조(賭租) 289, 344, 439, 487, 532
도중(都中) 454
도지권(賭地權) 389, 611
동계(洞契) 229
동본 결혼 33, 98, 100, 103, 111
동사업(同事業) 376
동사원(同事員) 375, 385, 404
동산(洞山) 253
동성동본(同姓同本) 94, 147
동성동본혼 34, 127
동성동본 혼인 97
동성 상혼 33~34, 100, 132, 134
동업(同業) 201
동화(同化) 정책 20
동화성보(東華姓譜) 607
둑[垌] 304, 471
둑을 쌓은 자[築垌者] 471
둔토(屯土) 234

ㅁ

마름[舍音] 128
마쓰데라(松寺) 법무국장 32, 84, 87
『만성보(萬姓譜)』 607
매매의 중개수수료 179, 394
메이지(明治) 민법 18
면·동·이의 인격 173, 208
묘위토(墓位土) 279, 620
묘지소유권 184, 520
무토결사패(無土結賜牌) 399
무후(無後) 214, 306, 327
무후봉사(無後奉祀) 342
문장(門長) 170, 199, 247, 287, 293, 297, 309, 403, 500, 533, 548, 571, 574, 609
문중(門中) 244, 247, 269, 500, 615
문중의 인격 174, 247
물상담보 189~191, 194~195
민간규례(民間規例) 22
『민사관습회답휘집(民事慣習回答彙集)』 11, 13~14, 18
민사령 개정 29, 32~34, 51~52, 54~55, 68~69, 71, 73, 78~79, 81, 83~84, 95~97, 111~112, 116, 134~135, 141, 144~146, 148, 150
민사령 일부 개정 32, 69

ㅂ

반부(班附) 580, 640
발상(發喪) 258
방주(房主) 325, 339, 353
번두(番頭) 202
『법규유편(法規類編)』 635
법률 고문 32, 91~92
법물[法物] 614
별묘(別廟) 311
보(洑) 278, 361, 420, 476, 484, 499, 519, 549
보수(步數) 243, 515, 535, 586

보수(洑水) 357, 476, 484, 499
보의 소유권 182, 185, 420, 476~477, 499, 549
보인(保人) 189, 220
보증어음 173, 220
보증인 52
보증채무자 173, 194~195, 220~221
본관(本貫) 153
봉사손(奉祀孫) 233, 273
봉사조(奉祀條) 582, 636
봉산(封山) 282, 512
부권(夫權) 336
부담부증여(負擔附贈與) 500
부재자의 재산관리 174, 238
부조인(不祧人) 273
부첨(富籤) 419
분묘 부지의 소유권 185, 547
분묘의 경계 174, 226, 241~243, 282, 515~516, 535
분묘의 기지 62
분재(分財) 22
불량전(佛糧田) 213, 348
불천위(不遷位) 265
불천지위(不遷之位) 589

ㅅ

사권(師權) 617
『사례편람(四禮便覽)』 451
사례편람(四禮便覽) 451
사립학교의 인격 173, 209
사법법규조사위원회 33, 94, 105, 106
『사법협회잡지』 14, 164, 167~168, 582, 584, 588, 594, 600, 603, 606, 609, 610, 612, 614, 619, 621, 622, 632~633, 638
사(祠) 311~313
사생자(私生子) 123
사생자 인지 174, 185, 245, 558
사손(嗣孫) 285~286, 288, 587

사손(祀孫) 273, 285~286, 288
사숙(私塾) 434
사승(師僧) 444, 561, 618
사원 소속 재산 211~213
사원 소속 재산의 처분 173, 211, 213
사제(祠祭) 620, 621
사주(砂洲) 372
사찰령(寺刹令) 321, 325, 339, 348, 567
사찰 재산의 처분 185, 566
사천조(私賤條) 580, 582
사초(莎草) 282, 547
사패(賜牌) 329, 351, 393, 516, 524
사환미(社還米) 423
「사환조례(社還條例)」 438
사후양자(死後養子) 96, 147
산통계(算筒契) 270
삼림법(森林法) 347
『상변통고(常變通攷)』 590
상속법과 친족법의 성문화 139
상속(相續) 54, 96
상속세령 33, 99
상속의 순위 538~539, 541~542, 580
상속인 없는 유산의 귀속 186, 579
상좌(上佐) 444, 455, 459, 527, 559, 561, 564, 614
상좌의 신분 185, 564
생양가봉사(生養家奉祀) 236, 415
생우(生牛) 493
생전행위 615, 618, 624, 626~628, 631
서기청(書記廳) 435
서양자제도 34, 121, 133, 137~139, 144, 146, 153
『서얼소통절목(庶孼疏通節目)』 598
서원(書院) 513, 536, 578, 606
서원전 177, 319, 320
서원토(書院土) 314
서자가 있는 자의 양자 177, 328, 337
서자의 제사상속권 544~545
선소(先訴)의 항변권 221

섭사(攝祀) 333
섭행자(攝行者) 285
세수(世數) 426, 621
소목(昭穆) 199, 373, 495, 569
소비대차 173, 189~190
소작권 12, 180, 340~341, 354~355, 388, 401~402, 485~486, 610
소종중(小宗中) 632
『속육전(續六典)』 617
『속편고(續編稿)』 14
수세(水稅) 304, 361, 471, 476, 499, 514
수양자(收養子) 199, 315, 359, 517, 600
승니(僧尼) 443, 561
승도취처(僧道娶妻) 616
승려의 유산상속 185, 559
승려의 특유재산 184, 211, 527
승적(僧籍) 459
승적(承嫡) 253, 256, 262, 295, 300, 336, 406, 440
승중상속(承重相續) 425
승중자(承重子) 583, 596, 636
승총(陞總) 369
시대순응 34, 136
시양자(侍養子) 600, 638
시장사패(柴場賜牌) 393
신문지법 32, 89
신원보증(身元保證) 390
신탄사패(薪炭賜牌) 393
씨제도 34, 146, 150, 153~155, 158

ㅇ

안산(案山) 423
양사자(養嗣子) 277, 583, 636
양자선정 180~181, 183~185, 236, 412, 427~428, 490, 522, 551
양자(養子) 94, 147
양자입양 138, 149, 150, 158

양향청(粮餉廳) 344
어기(漁基) 432
어린아이[幼者] 363
어업자 간 대차 184, 530
여호주(女戶主) 291, 490, 496, 638
영당(影堂) 462
영세(永稅) 611
영소작(永小作) 610
예사(禮斜) 277, 563
예사의 효력 185, 563
『예의유집(禮疑類輯)』 621
완문(完文) 290, 393, 422, 449, 515, 545
원도지(原賭地) 611
위토(位土) 267, 279, 510, 527
유산의 분배 299, 434, 460~461, 470, 492~493, 533~534
유산의 상속 176, 178~186, 299, 302~303, 366, 387, 395, 432~433, 457, 460, 470, 478, 488, 492, 496, 502, 508, 517, 538, 594
유언 39, 73, 78, 83, 119, 139
유전당(流典當) 206
유주산(有主山) 535
은거제도 34, 114, 135~136
은거제도의 인정 33, 114
『의례유집(疑禮類輯)』 593
의정부 상계 각년수판노비결절조목(議政府上啓各年受判奴婢決折條目) 601, 617
이생지(泥生地) 198
이성양자 34, 146~147, 149
이유재산(里有財産) 550
이의 소송능력 174, 222
이전(移典) 204
이혼의 효과 184, 531
인적역권(人的役權) 546
인지(認知) 73
입지(立旨) 197, 410, 515

ㅈ

자유결혼 34, 129~130
작백계(作百契) 419
장례원(掌禮院) 215, 563
장리(長利) 482
장자상속의 원칙 35, 159
재가한 자의 친권 184, 528
적장자(嫡長子) 242, 470, 492
적(磧) 193
전국적 관습 25
전당권(典當權) 204, 272, 441
전당(典當) 204, 224, 389
전도지(轉賭地) 485, 611
전례(前例) 23
전세는 34, 125
전세(傳貰) 264
전토사패(田土賜牌) 344, 377, 399
절가의 사후양자 34, 140
절가의 유산 귀속 186, 600
절가(絶家) 306, 496, 525~526, 579, 600, 614
절목(節目) 449
정무총감 32, 50, 55, 63, 80, 105, 112, 114, 141
정조법(定租法) 611
정처(正妻) 386, 425, 430
제사상속인 176, 183, 285, 294, 299~304, 313, 314, 350~351, 416, 434, 436, 460~461, 470, 504, 538~539, 541~542, 558, 596, 625, 635, 637, 639
제위토(祭位土) 279, 510, 527, 620
제자균분(諸子均分) 624
『조선구관제도조사사업개요』 163~164
조선민사령 18, 20~21
조선사법협회 167~168
조선의 고민 34, 151
조선의 관습법 19
조선의 특수관습 32, 88
조선총독부 9, 11~12, 14

『조선친족상속관습법종람(朝鮮親族相續慣習法綜攬)』 19
조이[김史] 506
조혼 31, 34, 44~46, 49, 55, 77, 129, 130
종가(宗家) 265, 415, 537
종산(宗山) 397, 402~403
종손 자격 184, 525
종약소(宗約所) 573
종중 공유재산 174, 251
종중 소유의 재산 185, 543
종중의 대표자 185, 548
종토(宗土) 267, 279
종회(宗會) 268, 281, 609
주척(周尺) 218, 515, 587
『증보문헌비고』 606, 608, 634
『증보문헌비고(增補文獻備考)』 218
지파(支派) 279, 633

ㅊ

차양자(次養子) 307, 332, 352, 472, 474, 522, 551
차인동사(差人同事) 376
참의(參議) 624
참최(斬衰) 564
천엄(天閹) 634
천환(天宦) 634
첩(妾) 255
체천(遞遷) 588
초생지 173, 191~193, 361~362
충훈부(忠勳府) 545
친권의 상실 68
친권(親權) 68, 73
친자(親子) 141
친족의 범위 12, 95, 120~121
친족(親族) 54, 96, 120
친족상속법 제정 32, 93
친족회(親族會) 73, 645, 656, 685

ㅌ

타조법(打租法) 611
탈입여가율(奪入閭家律) 586
택호(宅號) 506, 562~563
통례(通例) 25, 679
『통의절목(通擬節目)』 597
통행규례(通行規例) 25
통행지규(通行之規) 25
통행지례(通行之例) 25
퇴속(退俗) 445
투장(偸葬) 288, 535, 586
투탁(投托) 284

ㅍ

파양(罷養) 92, 214, 343, 408
파장(罷掌) 376
판셈[板細音] 301
패지(牌旨) 196
폐제(廢除) 364, 504, 525, 635
포전도가(布廛都家) 454
포전도중(布廛都中) 454
피후견인 463, 500

ㅎ

한성부윤(漢城府尹) 523
해손(海損) 174, 248
행위능력 41
『현행조선친족상속법유집(現行朝鮮親族相續法類集)』 20
협의이혼 177, 179, 335, 375~376
협의파양(協議罷養) 437
형망제급(兄亡弟及) 307, 327, 333, 569
『형법대전(刑法大全)』 218, 239, 535
형식법 34, 136
호적령 32, 34, 60, 75, 77, 79, 80, 83, 128~129, 135, 150, 153~154
호적법 개정 계획 32, 90
호주 34, 35, 62, 91, 128~129, 134, 139~140, 146, 149~150, 155~159
호주상속 157~159, 168~169, 186, 538~542, 579, 594~595, 599, 618~619, 622~631, 633
호주의 권리의무 114~115, 136
호주의 파양 175, 281
호주중심주의 34, 134
호포세(戶布稅) 230
혼인예약 32, 81, 83
혼인(婚姻) 73, 645, 650, 655, 664
혼폐전(婚幣錢) 421
환간(換簡) 220
환곡(還穀) 230, 438
환관가 186, 633~635
환관가(宦官家) 633
환표(換標) 220
후견인 52, 70, 76, 108, 130, 155, 157

동북아역사재단 일제침탈사 자료총서 15
정치편

관습조사(3)
- 역주 민사관습회답휘집

초판 1쇄 발행 2024년 12월 31일

기획 | 동북아역사재단 일제침탈사 편찬위원회
편역 | 심희기·왕현종·방광석·심희찬
펴낸이 | 박지향
펴낸곳 | 동북아역사재단

등록 | 제312-2004-050호(2004년 10월 18일)
주소 | 서울시 서대문구 통일로 81 NH농협생명빌딩
전화 | 02-2012-6065
홈페이지 | www.nahf.or.kr
제작·인쇄 | (주)동국문화

ISBN 979-11-7161-174-4 (94910)
      978-89-6187-685-8 (세트)

- 이 책은 저작권법으로 보호를 받는 저작물이므로 어떤 형태나 어떤 방법으로도 무단전재와 무단복제를 금합니다.
- 책값은 뒤표지에 있습니다. 잘못된 책은 바꾸어 드립니다.